安徽历史文化研究文库·第十五辑

皖江文化与绿色发展

——第八届皖江地区历史文化研讨会论文选编

主　编　马　雷

副主编　刘晓平　江　涛

合肥工业大学出版社

安徽历史文化研究文库

前　言

　　"厚重安徽"是省社科联重点打造的地域历史文化研究平台，旨在组织开展对安徽地域历史文化的研究，注重挖掘整理我省历史文化资源，结合时代精神和发展需求，推动安徽地域历史文化的创造性转化和创新性发展，不断提升当代安徽文化的软实力，进一步坚定我省文化自信，促进创新性文化强省建设。

　　2018 年 10 月 27 日，第八届皖江地区历史文化研讨会在宣城召开。本届会议的主题是"皖江文化与绿色发展"，由省社科联与合肥工业大学联合主办。研讨会坚持以习近平新时代中国特色社会主义思想为指引，采取主题报告与分组讨论相结合的方式。主题报告分别围绕皖江地区文化旅游开发、生态景观空间研究、乡村振兴战略、传统生态文化等课题深度展开。会议分皖江绿色文化生态旅游研究、皖江文化经济发展研究、皖江文化社会学研究、皖江区域文化与流派研究、皖江历史人物研究、皖江家风·文房四宝·宗教研究、皖江文化戏曲民间艺术研究等 7 个专题小组，对皖江地区历史文化进行较为全面深入的研讨。研讨会共收到论文 119 篇，来自沿江各市社科联的嘉宾和省内外专家学者、有关单位代表，共计 130 多人参加了研讨会。

　　本届研讨会参与面广、成果丰硕，从专家学者提交的 119 篇论文来看，研究领域有新的拓展，研究的视角更加丰富，研究的方法不断创新，研究的水平进一步提升，体现了皖江地区历史文化研究的最新进展。当然，在新的时代条件下，还需要在结合当今皖江经济社会发展的实践和现实需求，从以下三个方面进一步深化研究：一是强化理论武装，以习近平新时代中国特色社会主义思想为指引，进一步聚力践行"举旗帜、聚民心、育新人、兴文化、展形象"的使命担当；二是深入挖掘历史文化资源，丰富滋养社会主义核心价值观，推出更多优秀成果感染人民、鼓舞人民；三是充分发挥智库作用，服务新时代人民群众美好生活的需要，推动哲学社会科学更加繁荣。

为充分反映本次会议优秀学术成果，我们会后对与会论文进行重新梳理，精选58篇成《皖江文化与绿色发展——第八届皖江地区历史文化研讨会论文选编》，作为安徽省社科联《安徽历史文化研究文库》第十五辑出版。部分作者对提交的论文作了修订；池州学院皖南民俗文化与旅游发展研究院院长、教授谈家胜审读了书稿；合肥工业大学出版社的领导和编辑对论文集的编辑出版付出了辛勤劳动，在此一并表示衷心感谢。

编辑部

2019 年 1 月

目　录

一、皖江绿色文化生态旅游研究

二、皖江文化经济发展研究

三、皖江文化社会学研究

四、皖江区域文化与流派研究

五、皖江历史人物研究

六、皖江家风·文房四宝·宗教研究

七、皖江文化戏曲民间艺术研究

共抓大保护视角下的安徽省沿江城市带绿色城镇化路径选择研究

王黎明

摘　要：新时代，皖江城市带作为长江经济带的重要组成部分，在"两山"理论和习近平总书记关于长江经济带发展的系列重要论述指引下，理应成为我国走绿色发展之路的重要示范。本文基于皖江城市带沿线 5 市的面板数据和制约绿色发展的相关因素的分析，提出要加速优化调整产业结构，发展壮大绿色产业，大力建设绿色城市群；依托长江加快建设绿色基础设施，保护修复水生态，积极探索建立沿江绿色文化休闲廊道。

关键词：生态文明；绿色发展；皖江城市带；推进路径

一、研究背景与意义

进入 21 世纪，我国城市化发展呈井喷状态，同时生态文明意识加速觉醒。一方面，急速城镇化（2000 年以来年均增长近 1.3 个百分点）造成的环境污染与破坏日益凸显，需要努力去修复；另一方面，生态文明被纳入国家五位一体建设布局中，急需实施绿色发展。长江作为中华民族的母亲河，覆盖 11 个省市，约占 1/5 的国土面积，聚集的人口占全国 40% 以上。长江流域的大规模开发，造成了水环境质量降低、生态系统受损、重要湿地萎缩，环境污染风险加大。习总书记审时度势，两次专题视察调研长江经济带发展，及时做出了要把修复长江生态环境摆在压倒性位置、共抓大保护、不搞大开发的重大决定。推动长江经济带走生态优先、绿色发展新路子也成为落实习近平新时代生态文明建设思想的集中和具体体现。2016 年 9 月印发的《长江经济带发展规划纲要》提出，必须围绕生态优先、绿色发展的理念，把长江经济带建设为生态文明建设的先行示范带。皖江城市带的概念和范围虽一直处于变动之中，但始终是长江经济带的重要

作者简介：王黎明，安庆市住房城乡建设委建筑节能与科技科科长、市政协人口环资委委员。

组成部分。本文基于长江大保护的视角,选取地理空间上沿江分布的安庆、池州、铜陵、芜湖和马鞍山5个皖江沿线城市作为研究对象。

二、皖江城市带沿江5市的发展现状及存在的问题

(一)皖江城市带发展战略演变

伴随着长江经济带的发展,皖江城市带发展大致经历了以下几个阶段。

1. 发展雏形

20世纪90年代初,随着三峡建设、浦东开发,国家对包含皖江城市带中芜湖市在内的沿江6市实行开放的经济政策。安徽省提出了"开发皖江,呼应浦东"的皖江开发战略,但受制于行政体制和交通基础设施等的制约,加之我省的发展重点在"皖江地区"和"皖中地区"间摇摆不定,皖江城市带(群)未能发展为协调的经济带。

2. 快速发展

进入新世纪,为抢抓发展机遇,沿江各市自下而上不断呼吁将长江经济带的发展上升为国家战略。2005年安徽省实施"东向发展"战略,重点打造"沿江城市群",力图将中部崛起的国家战略落实在省域空间层面。2006年国家将皖江城市带列为中部崛起战略中的重点发展区域①。2008年安徽省正式加入长三角三省一市合作机制。2010年1月,国务院正式批复《皖江城市带承接产业转移示范区规划》(下文简称《规划》),皖江城市带承接产业转移示范区成为全国唯一以产业转移为目的的示范区,皖江地区第一次进入国家宏观战略视野。《规划》确立了以长江一线为"发展轴"、合肥和芜湖为"双核"的空间结构。《规划》实施后,皖江地区积极加快发展,迅速成为安徽省经济发展的驱动引擎。

3. 全面提升、绿色发展

2013年,我国经济发展进入增速换挡、结构调整的新常态,城镇功能不健全、生态环境恶化、城市水患和交通拥堵等一系列城市病不断显现,迫切需要寻找新的发展路径来支撑长江经济带向更高质量的发展方向迈进。2018年6月,长三角地区主要领导座谈会在上海举行,沪苏浙皖三省一市就"更高质量的一体化发展"形成一系列共识和成果。安徽提出加强与沪苏浙联动发展,打造长三角世界级城市群的重要增长极和水清岸绿产业优的美丽长江(安徽)经济带。

---

① 张立,赵民. 大区域视角下的皖江城市带发展趋势和规划思考 [J]. 上海城市规划, 2012, (4).

(二) 空间结构现状及问题

1. 中心城市辐射带动力不强

作为我省经济社会发展的重心和活力中心，皖江城市带沿江 5 市沿江全长 416km，是安徽省城市密集度最高的带状区域。根据安徽省统计年鉴，2016 年末，皖江城市带沿江 5 市累计常住人口 1360.2 万，地区生产总值 1493.76 亿元，分别占全省的 21.95% 和 30.15%，平均城镇化率为 56.72%；高于全省平均值 4.7 个百分点，人口分布处于低水平均衡（见表 1）。建成区面积扩张迅速，2016 年其建成区面积已达到 452.02km^2，近十几年间其建成区面积扩大了数倍，但区内经济发展水平总体较低，中心城市不强且城镇化发展不均衡、不充分的矛盾十分突出。5 市城镇化率和经济发展水平与地理分布相一致，呈西南—东北走向，逐市梯度降低。芜湖市和马鞍山市依靠紧邻长三角的空间区位优势明显（其中马鞍山市距南京市只有不到 50km），GDP、进出口总额和实际利用外资等指标的比重都在 20% 以上，有的甚至超过 40%，是城市带的龙头，但带动效应不明显。以芜湖市为例，芜湖是皖江城市带的经济中心，2016 年芜湖市的城镇人口规模为 246 万人，经济规模为 2699.44 亿元，占皖江城市带的比重分别为 14.13%、16.7%，在皖江城市带 5 市中的经济首位度弱，城镇人口规模甚至不及上游的安庆市，经济总量与江苏省各市相比普遍偏低，对周边城市的带动力不强，辐射力偏弱。较弱的中心城市一定程度上制约了皖江城市带的总体发展水平（表 1）。

表 1 皖江城市带沿江 5 市城市化空间差异

区域名称		城镇化率	面积（km^2）	人口（万人）	人口密度（人/km^2）
核心	芜湖市	63.46%	6026	387.58	643
一带	马鞍山市	66.49%	4049	229.35	566
	铜陵市	54.14%	3008	170.85	568
	池州市	52.3%	8399	162.36	193
	安庆市	47.19%	13589.99	529.1	389

2. 战略统筹不到位

从 20 世纪 90 年代的"皖江经济区""皖江经济协作区"到 21 世纪初的"沿江城市群""皖江城市带"，皖江城市带的范围频繁调整，导致出台的规划、战略不断更换，未能发挥实际的管控作用，例如在沿江 5 市中跨地区设立的江南和江北集中区。沿江 5 市正处于城镇化的加速发展时期，各市域的规划目标、定位、策略不一致，实行的政绩考评体系仍为 GDP 导向，环境准入门槛无法控制；长期缺乏核心统筹战略、操作层面的规划和绿色开发管理的政策法规，来指导皖江城市群及皖江流域的协调发展。

3. 跨江联动发展不足

河流对城市的生存与发展有着不可替代的作用，兼具经济与景观生态两大功能。早期，长江的航运功能为滨江城市发展奠定了良好的经济基础，但长江航运功能的衰落以及现代城市化的快速发展，限制了城市空间的拓展，并阻隔了人才、产业、信息等要素的流动，空间冲突所带来的经济冲突、居住冲突、基础设施冲突等复合作用使城镇化发展受限[①]。经过几次区划调整，皖江城市带 5 市中已有芜湖、马鞍山、铜陵具备了城市跨江发展的行政区划基础，其中，芜湖市已从城市用地、功能布局和产业发展上实现了跨江发展。

（三）环境与产业结构的现状及问题

1. 水生态环境形势严峻

皖江城市带以水为纽带，境内水资源和生物多样性丰富，是长江经济带实现绿色发展的重要支撑。皖江城市带沿江 5 市水资源相对丰富，但由于其产业、人口密集，也要容纳更多的污染，导致生态系统退化和环境风险隐患。安徽省统计年鉴公布的数据显示，截至 2016 年底，皖江城市带沿江 5 市用水总量高达113.22 亿立方米，占皖江城市带用水总量的 61%；特别是工业用水量达 60.04亿立方米，占皖江城市带工业用水量的 84.3%；工业废水排放高达 1.98 亿吨，占皖江城市带工业废水排放量的 64.5%，其中废水中的主要毒害物质氨氮高达817.9 吨，高于全省平均水平，用水强度、废水排放总量和排放强度在高位区间运行。其原因是：第一，由于区域分割、部门分割、条块分割等问题，在沿江水生态环境管理方面缺乏统一有效的协调机制，导致了生态环境治理的"碎片化"，跨行政区域污染（水污染、大气污染、土地污染、酸雨污染等）纠纷及污染事故频发，严重阻碍着生态环境的治理，造成皖江城市带生态大规模破坏。第二，生态环境保护责任追究不力，法律制度体系不完善，绿色政绩考评体系未建立，一定程度上阻碍了皖江城市带的绿色发展进程。第三，沿江港口岸线无序开发，部分城市以保护的名义围绕长江搞开发。

2. 产业结构不合理

皖江城市带沿江 5 市是我省传统制造业的重要基地，沿线布局了钢铁、化工、有色金属等高污染、高能耗的资源型行业与产能过剩行业。根据《安徽省

---

① 高凌宇，李俊峰，陶世杰. 跨江城市群城镇化空间格局演变及机制研究——以皖江城市带为例[J]. 世界地理研究，2017，26（2）.

统计年鉴（2017）》显示，2016 年底，皖江城市带沿江 5 市产业结构总体处于"二三一"的发展阶段（图 1），表现为工业化阶段，与长江经济带中下游城市（如江苏、上海）产业发展进入"三二一"的信息化发展阶段的城市相比，产业布局还明显地存在产业层次较低、产业布局经济效果差异大、技术创新能力较低、产业转移力度较差、生态环境保护不力等问题[①]。一段时期以来，"大招商""大开发"给长江生态系统敲响阵阵警钟：化工围江成势、工业废水偷排、非法码头林立、非法采砂泛滥、河湖湿地萎缩[②]……产业结构布局不合理致使绿色发展不足。皖江城市带沿江 5 市规模以上工业企业有 6217 户，全年实现工业增加值 3304.8 亿元，比上年增长 32.27 亿元。其中，化学肥料、水泥、生铁产量分别达到 110 万吨、4801 万吨、2233 万吨，分别占全省比重的 37.8%、35.9% 和 99.6%。可见，当前皖江城市带沿江 5 市依然延续着重化工型产业化趋势，存在着绿色发展与经济发展的两难取舍，绿色发展难以跨越依赖重化工型产业的褐色门槛。皖江城市带沿江 5 市要实现产业转型面临着长江经济带内外部的一系列制

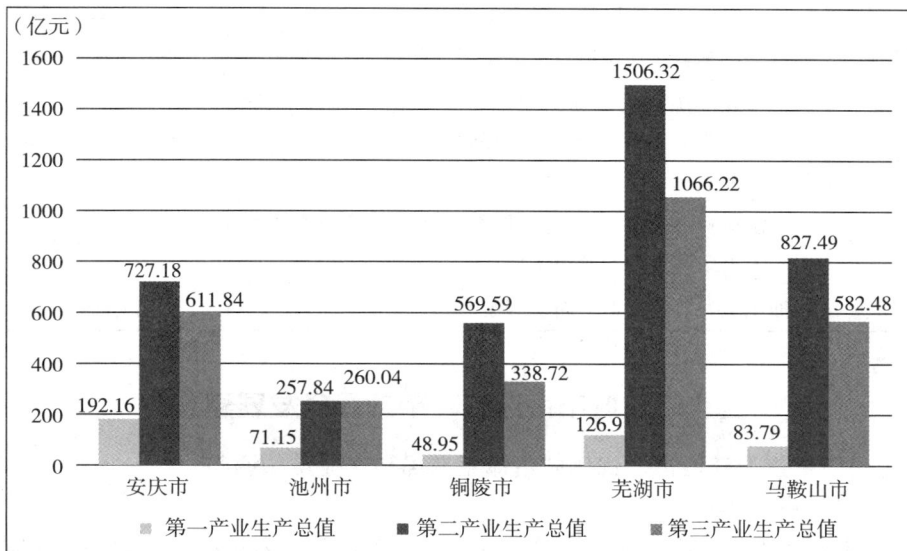

图 1   2016 年底皖江城市带沿江 5 市产业结构

数据来源：安徽省统计年鉴

---

①   徐春迎，程克群. 安徽参与长江经济带建设的创业布局和路径选择研究［J］. 安徽农业大学学报，2017，26（1）.

②   人民日报，2018 年 07 月 17 日，05 版.

约因素。首先，随着下游长三角与东部沿海发达地区产业转型升级，产业结构逐步迈向智能化、绿色化、高端化、服务化，中上游地区依托劳动力、资源资本比较优势积极承接下游地区资源密集型与劳动密集型非环境友好型产业，而引导未来经济社会发展的战略性新兴产业的发展空间可能会受到挤压①。第二，同质竞争加剧。随着皖江城市带承接产业转移示范区的建立，国内同类型的产业转移示范区相继建立，如湘南承接产业转移示范区、湖北荆州承接产业转移示范区、江西赣南承接产业转移示范区。其他中西部地区和东北老工业区也正在积极加快承接产业转移的步伐，各省区竞相出台鼓励承接产业转移的政策，逐步削弱了皖江城市带的区域比较优势。皖江城市带沿江5市虽已提出各自的主导产业和首位发展产业（表2），但产业特色仍不够突出，产业集聚力不强，未能形成错位承接发展的格局，产业布局需要进一步明晰。

表2　皖江城市带沿江5市各市主导产业及首位产业

地区	主导产业	首位产业
芜湖	汽车、材料、电子电器、电线电缆	汽车和装备制造
马鞍山	钢铁、汽车、装备制造、精细化工、食品加工、建材	铁基新材料产业
铜陵	有色金属冶炼和压延加工业、电气机械和器材、化学原料和化学制品、非金属矿物制品业、黑色金属冶炼和压延加工业	铜基新材料产业
池州	装备制造业、化学原料及制品制造业、非矿采掘及加工、黑色金属采选及延压工业	集成电路产业
安庆	石油化工、装备制造、纺织服装	化工新材料

三、皖江城市带沿江5市的绿色发展建议

（一）聚焦沿江城市，优化城镇体系布局和产业结构调整

1. 优化城镇体系结构布局

规划将合肥纳入皖江城市带发展的核心，但合肥远离长江的地理位置又制约了其与皖江其他城市的协同发展。皖江城市带的竞争优势在于优越的长江深水岸线和紧邻长三角的经济区位，皖江城市带的空间战略必须更加突出沿江发展带，通过政策引导，做强城市群的中心城市。皖江城市带沿江5市中唯一的中心城市芜湖的首位城市规模小，带动能力较弱。在评估既有规划的科学性基础上，进一

① 付保宗. 长江经济带产业绿色发展形势与对策［J］. 宏观经济管理，2017（1）.

步完善城市群空间战略，现阶段要进一步聚焦皖江城市带沿江 5 市。促进芜湖市跨江联动发展，使其扩大对整个区域物流、资金、人才、信息、科技等要素集散的辐射带动功能。针对皖江上游区域城镇体系中缺乏中心城市带动的突出问题，选择基础条件好、发展潜力大的安庆市作为区域门户城市进行定位，增强其皖西南中心城市的功能，选择皖江城市带沿江 5 市中发展势头好的县级市承担区域次中心城市的部分职能，适当扩大其规模。

2. 优化产业结构

在经济新常态下和产业转型升级的关键时期，皖江城市带沿江 5 市要缩小与发达地区的差距，必须在逐步化解产业结构偏重的过程中，坚持承接转移和转型升级两手抓，在提升数量的同时提高质量。搞好产业发展规划，以产业布局的全局性、经济性、比较优势和可持续发展原则为指导，避免同质化竞争，走错位发展、协调发展之路。沿江各市要建立产业发展区域协调机制，科学选择主导产业，积极主动地承接产业转移，推进产业联动模式的创新，拓展现代农业的发展空间。

3. 加大交通基础设施建设力度

要依托安徽沿江城市群"十三五"规划以及国家中部四大城市群建设的契机，在沿江高速公路，城际高速铁路建设的基础上，继续加大城镇体系的基础设施建设，实行"统一规划、统一建设"的原则，增强城市间的联系，加速沿江城市带的一体化进程。

（二）突出绿色发展，构建皖江城市带绿色基础设施带

1. 划定生态保护红线

皖江城市带沿江 5 市需要突破行政区划的藩篱，统筹制定"三线一单"[①]；近期以修复以水为主导因子的生态系统，结合现有"河长制""林长制"等工作制度，科学统筹划定沿江 1 千米、5 千米、15 千米三道生态防线（图2），将生态修复落实于实体空间。长远以景观安全格局理论、反规划理论和海绵城市理论为指导，通过对皖江流域生态过程的完整性分析，找出影响景观生态过程具有战略意义的版块和廊道，构建包括洪水调蓄、生物多样性保护、水土保持等不同生态过程的安全格局底线，通过地方立法将沿江森林、湿地等具有关键性生物保护意义的大型栖息地板块纳入法定规划保护体系，通过雨涝调蓄、水源保护和涵养、地下水回补、雨污净化、栖息地修复、土壤净化等生态途径，对长江流域生态系统结构和功能进行调理，以增强其整体生态服务能力。从生态系统服务出

---

① "三线一单"指生态保护红线、环境质量底线、资源利用上线和环境准入负面清单。

发，逐步对工程性的、缺乏弹性的"灰色基础设施"进行改造，构建多尺度水生态基础设施。

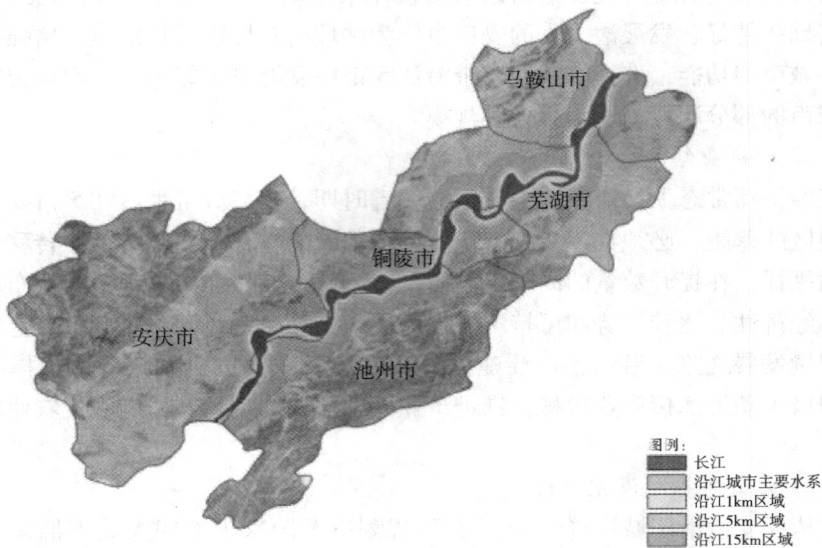

图例：
长江
沿江城市主要水系
沿江1km区域
沿江5km区域
沿江15km区域

图 2　皖江城市带水系分布

2. 打造皖江城市带滨江绿色文化休闲廊道

建设连续完整的具有多种功能的滨江绿色文化休闲廊道，贯通以河流、铁路、公路两侧绿化带和农田防护林为主要载体的生物廊道系统，构建城乡连续的乡土生境保护网络。通过滨江绿色文化休闲绿道，可以将皖江城市带沿江 5 市长期的历史发展过程中形成的内容丰富、历史价值高的乡土景观和文化遗产串珠成链，形成集自然生态、遗产保护、文化教育和市民游憩于一体的综合性绿色廊道。

（三）整合完善机制，积极探索行之有效的绿色发展政策

1. 建立皖江流域综合智能管理机构

整合单纯以承接产业转移为主的相关机构，设立皖江城市带建设综合管理办公室，扩大其相应职能与权力，特别是在绿色政绩考核评价与结果运用、绿色发展规划编制、全流域生态补偿机制、绿色承接产业转移机制设计、流域综合开发管理法规制定、突发环境事件应急处理及地区行政壁垒破解与一体化市场构建等方面①。

---

①　彭劲松. 长江经济带区域协调发展的体制机制［J］. 改革，2014（6）.

2. 开展皖江绿色生态城市群建设

绿色发展离不开绿色空间，通过培育绿色城市、绿色乡镇，由点及面打造绿色城市群。组织编制符合皖江城市特色的绿色生态城市、乡镇指标体系，通过财政奖补资金的示范引领，构建集约高效、低碳清洁、和谐宜居的绿色城市群格局。

全域旅游视阈下的皖江城市带
文化旅游资源整合开发研究

凤 卓

摘 要： 以皖江城市带文化旅游资源为研究对象，通过对皖江8市全域旅游的开发基础、发展现状、发展机遇、问题与挑战的分析研究，可以看出皖江城市带旅游资源组合严密，旅游产业发展业态良好，主题文化资源突出，因此应该紧密抱团取暖，突破时空界限，增强当地的文化旅游内涵和市场吸引力，打造全域皆可游的理想化旅游目的地。

关键词： 全域旅游；皖江城市带；文化旅游资源；整合开发

随着社会经济的发展和人民生活水平的提高，全民旅游的需求日益旺盛，旅游业以每年4%～5%的速度增长，俨然成为带动社会经济发展的引擎之一。安徽物华天宝、人杰地灵，具有高品质的自然和人文旅游资源。

如表1所示，七年来，安徽省旅游业蓬勃发展，产业规模不断扩大，旅游收入、旅游外汇、接待国内外游客数量逐年增加，旅游产业占GDP的份额逐年递增，距"2020年基本建成旅游强省"的目标也日益接近。近几年，安徽旅游虽然发展态势良好，但区域合作不明显、旅游产品质量不高、开发规划重复建设严重等问题依旧突出，如何实现旅游资源的优化配置，又如何将优秀资源转化为优势产业？在休闲度假旅游时代，旅游业的发展理念也要与时俱进、不断创新，这是区域旅游发展进程中的重要命题。

表1 2010—2017年安徽旅游收入情况

项目 时间	接待入境游客数量 （万人次）	接待国内游客数量 （亿人次）	旅游总收入 （亿元）	国内旅游收入 （亿元）	旅游外汇收入 （亿美元）
2011年	265.2	2.25	1900.6	1815	13.2
2012年	331.5	2.92	2617.8	2519.1	15.6

作者简介： 凤卓，芜湖职业技术学院人文旅游学院教师。

（续表）

时间 \ 项目	接待入境游客数量 （万人次）	接待国内游客数量 （亿人次）	旅游总收入 （亿元）	国内旅游收入 （亿元）	旅游外汇收入 （亿美元）
2013 年	385.5	3.36	3010.4	2903.2	17.3
2014 年	405.1	3.8	3430.1	3309.7	19.6
2015 年	444.6	4.44	4120.2	3980.5	22.6
2016 年	485.4	5.22	4932.4	4763.6	25.4
2017 年	549.2	6.26	6196.9	6002.4	28.8

注：根据安徽省国民经济和社会发展统计公报（2011—2017）整理所得。

全域旅游理念是："点状旅游向面状旅游的拓展，发展全域旅游是促进旅游业转型升级和可持续发展的必然选择。一个区域的旅游质量，不单单取决于旅行社、酒店、景区的服务质量，而是由整个区域的综合环境决定的。这就要求我们从全域整体优化旅游环境、优化旅游全过程，配套旅游基础设施、公共服务体系和旅游服务要素。"[1]皖江城市带拥有能代表中国旅游高水准、颇具国际影响力的品牌旅游资源，具备了发展全域旅游的基础和条件。

一、皖江城市带文化旅游资源开发的基础分析

2010 年 1 月 12 日，国务院正式批复《皖江城市带承接产业转移示范区规划》，安徽沿江城市带承接产业转移示范区建设纳入国家发展战略。皖江城市带各地区位居长三角西部，承东启西、连南接北，与长三角无缝对接，是长三角地区产业向中西部地区转移和辐射最接近的区域，是新欧亚大陆桥与长江黄金水道的接合部，是长江流域经济带的重要组成部分，有独特的区位优势。[2]

由表 2 可知，皖江的人口密度较大，2016 年地区生产总值、财政收入、接待游客和旅游收入四项指标占全省的份额较大，旅游经济基础较好，区域旅游发展成效显著。

表 2   皖江城市带 2016 年各市基本情况

项目	单位	合肥市	芜湖市	马鞍山市	铜陵市	安庆市	池州市	滁州市	宣城市
土地面积	km²	11445.1	6026	4049	3008	13590	8271.7	13398	12340
人口	万人	786.90	387.58	229.35	170.85	529.10	162.40	454.1	280.40

（续表）

项目	单位	合肥市	芜湖市	马鞍山市	铜陵市	安庆市	池州市	滁州市	宣城市
5A级景区	处	1	1	0	0	1	1	1	1
地区生产总值	亿元	6200	3699.4	1493.8	957.3	1531.2	589.0	1423	1057.8
财政收入	亿元	1114.1	512.3	222.75	153.8	267.6	100.1	256.4	202.4
接待旅游者	万人次	9278.3	4006.7	2817.87	1683.6	5145.72	5171.0	2009.1	2567.8
旅游收入	亿元	1184.1	417.67	209.57	127.2	492.23	545.3	166.0	205.4

注：根据安徽省各市2016年统计年鉴、政府工作报告整理所得。

二、皖江城市带文化旅游资源整合开发的现状分析

文化旅游资源是发展区域旅游的重要条件，从总体来说，皖江城市带的文化旅游资源整合开发尚处于初期磨合阶段，将其建成我国发达、成熟的示范区，充分发挥其在我国旅游产业中的战略作用还有较长的历程。

（一）发展现状

1. 旅游资源组合严密

从国土资源开发利用适应性评价来看，皖江城市带涵盖八大主类的旅游资源单体类型，不仅是安徽省旅游资源最丰富、最秀丽、最集中也是最具特色的区域，也是理想的观光、度假、休闲之所，具有极大的旅游开发利用潜能（表3）。

表3　皖江城市带旅游资源单体类型

八大主类的单体类型	亚类（处）		基本类型（处）	
	全国	皖江	全国	皖江
地文景观	5	2	37	9
水域风光	6	4	15	6
生物景观	4	4	11	8
天象与气候景观	2	1	8	1
遗址遗物	2	2	12	8

（续表）

八大主类的单体类型	亚类（处）		基本类型（处）	
	全国	皖江	全国	皖江
建筑与设施	7	7	49	29
旅游商品	1	1	7	7
人文活动	4	4	16	13
合计	31	25	155	81

注：根据《中国旅游资源普查规范》（2003）、《皖江城市带总体规划》（2011）整理而得。

2. 主题文化资源突出

皖江地区的旅游资源主题文化十分鲜明，合肥市的古城文化与巢湖，池州的傩文化与九华山，安庆的戏曲文化与天柱山，芜湖的现代文化，马鞍山的诗歌文化，宣城的文房四宝，铜陵的青铜文化，滁州的民俗文化等，容易构建主题旅游产品体系，对应旅游市场需求（表4）。

表4　皖江城市带各市文化旅游资源类型

文化旅游资源类型	合肥	芜湖	马鞍山	铜陵	安庆	池州	滁州	宣城
历史文化旅游资源	吴王庙、三国遗址公园、三河古镇、包公园	人字洞遗址、乌霞寺、滴翠轩、烟雨墩、雅积楼、儒林街	凌家滩遗址、和县猿人遗址、烟墩山遗址、大青山遗址、采石矶、霸王祠、天门山	战国墓遗址、汉武帝射蛟台、三国吕蒙城遗址、陈氏宗祠、大工山古采矿遗址、金牛洞古采矿遗址	薛家岗化遗址、太平天国英王府、胡氏宗祠、赵朴初故居、程长庚故居、独秀园	徽池古道、七星墩新石器遗址、古石城遗址、尧舜遗址、新四军遗址	醉翁亭、丰乐亭、皇甫山、儒林老街、魁光楼	敬亭山、桃花潭、陈山遗址、徽杭古道、新四军军部旧址、皖南事变烈士陵园
宗教文化旅游资源	明教寺、开福寺、清真寺、露德圣母天主教堂	广济寺、清真寺、天主教堂、圣雅阁教堂	采石广济寺、天主教堂、小九华	大通天主教堂、大士阁	三祖寺、迎江寺、天主堂、基督堂、南关清真寺	九华山、镇国寺、明王禅寺、观音寺、珍珠寺	琅琊寺、龙山寺、禅窟寺、龙兴寺	紫金寺、广教寺

（续表）

文化旅游资源类型	合肥	芜湖	马鞍山	铜陵	安庆	池州	滁州	宣城
民俗文化旅游资源	蛋雕、羽毛扇、火笔画、庐剧	繁昌民歌、髦儿戏、湖阴曲、十兽灯	当涂民歌、姑溪情歌	元宵灯会、铜陵牛歌	徽剧、黄梅戏、观音灯会	池州傩戏、青阳腔、石台民歌、九华佛教音乐、十番锣鼓	凤阳花鼓、凤阳民歌、凤画、走太平、手狮灯、全椒民歌	皖南花鼓戏、皖南皮影戏、诗词吟诵会、朱桥板龙灯
建筑文化旅游资源	逍遥津公园、瑶海公园、淮河路步行街、徽园	芜湖古城、鸠兹古镇、陶辛水韵	运漕古镇、采石矶古镇、和县宁和山庄、白桥古镇	大通古镇	桐城文庙、振风塔、六尺巷、孔城老街	陵阳镇、东流古镇、庙前镇、南溪古寨、九华乡	凤阳鼓楼、吴敬梓故居、明中都皇故城	查济、龙川、江村、水东
饮食文化旅游资源	肥西老母鸡、三河米饺、庐州烤鸭	芜湖江鲜、芜湖小吃	黄池酱菜、采石茶干	铜陵江鲜、枞阳黑猪、枞阳媒鸭、黄公山白茶、铜陵生姜	天柱山茶叶、潜山传文瓜蒌子、胡玉美、麦陇香、顶雪贡糕	富硒养生宴、九华素斋、农家特色土菜、池州渔船宴、臭鳜鱼	管坝牛肉、秦栏卤鹅、凤阳豆腐	绩溪徽菜、宁国休闲食品
节庆文化旅游资源	小龙虾节、城隍庙庙会、包公文化节、巢湖郁金香节	美食文化节、国际动漫产业交易会、雨耕山文化旅游节	钢铁文化节、李白诗歌节、美食文化节、乡村旅游节、国际户外旅游节	青铜文化节、顺安庙会	黄梅戏艺术节、桐城文化节、天柱山国际登山节	九华山庙会、中国国际地藏文化节、杏花村旅游节、全国绿色运动会	神山寺庙会、界首庙会、琅琊寺初九庙会	文房四宝旅游艺术节、泾县红色文化旅游节、素食文化节
产业文化旅游资源	双凤湖旅游度假区、万达主题乐园、神秘的科技岛、汉海极地海洋世界	芜湖方特主题公园、奇瑞汽车文化节、新华联文化旅游产业园、鼎湖1876国际文化旅游广场	香泉温泉度假村、凤凰湖原生态度假区、濮塘度假区	天井湖旅游度假区、浮山国家地质公园、凤凰山牡丹园、中国数字铜博物馆	天柱山旅游度假区、五千年文博园、天悦湾养生温泉	九华山大愿文化园、升金湖旅游度假区、杏花村文化旅游园、牯牛降生态旅游区	琅琊寺国家级风景区、小岗村乡村旅游区、凤阳狼巷迷谷景区、白鹭岛风景区	敬亭山文化旅游度假区、卢湖生态度假区、太极洞溶洞度假区、宣纸文化园、畲族文化园

注：根据《旅游资源分类、调查与评价》（GB/T18972—2003）、《安徽导游基础知识》（2016）相关资料整理而得。

（二）发展机遇

1. 政策支持机遇：国家重大发展战略叠加

国家推动长江经济带战略、中部崛起战略和《皖江城市带承接产业转移示范区规划》等国家级战略，都明确把皖江地区纳入规划范围，这有利于皖江城市带发挥区位与旅游双重组合的整体优势，促进皖江与国际旅游全面接轨，成为连接中西部旅游的重要节点和内陆地区新一轮旅游开放的前沿地带，形成全方位立体型开放态势。

2. 区域发展机遇：长江经济带发展规划所带来的旅游合作

2014 年，国务院发布了《关于依托黄金水道推动长江经济带发展的指导意见》①，标志着长江经济带升格为国家战略并付诸实施。依托长江建设中国经济新支撑带，是继我国西部开发、东北振兴、中部崛起等战略后的又一重大区域发展战略，将联动长三角、长江中游、东中西三大区域和"一带一路"倡议，具有全局性和整体性的重大意义。

3. 产业变革机遇：新的科技革命为整合旅游产业集群提供机遇

全球新一轮科技革命和产业变革趋势，为皖江发挥后发优势、实现跨越式发展提供了契机，为皖江推动旅游产业由要素驱动向创新驱动转变打开了"机会窗口"。皖江 8 市应加快改造、提升传统旅游产品、产业，大幅提高旅游服务业从业比重，引导旅游产业合理布局和有序转移，为培育形成具有国际水平的旅游产业集群创造条件和可能性。

（三）问题与挑战

1. 明星效应显著，观光型客源市场亟待转型

从整个区域来看，除了九华山、天柱山的观光旅游占据了较大比重，其他地市相对落后，并没有太多拿得出手的明星旅游景点。从文化资源来看，"宣城、安庆和池州 3 市，资源类型齐全，开发条件较好；马鞍山、铜陵和芜湖 3 市的资源组合状况较差，类型相对单调，开发难度较大。"[3] 同时，皖江地区也未在市场配套资源的基础上形成合理的分工关系，旅游产业结构尚处于较低的粗放型层次，并不具备全域旅游的经济实力。

---

① 长江经济带覆盖上海、江苏、浙江、安徽、江西、湖北、湖南、重庆、四川、云南、贵州 11 个省市，面积约为 205 万 km^2，人口和国内生产总值均占全国的 40% 以上，是中国新一轮改革开放转型实施新区域开放开发战略区域。参见：席建超，葛全胜《长江国际黄金旅游带对区域旅游创新发展的启示》，《地理科学进展》，2015 年第 11 期。

2. 体制机制僵化，文化旅游创意有待加强

合肥市在 2017 中国旅游城市排行榜中名列 20 位[①]，在旅游管理和经营机制等诸多方面走在全省甚至全国前列，但是在新形势下，皖江地区作为"一盘大棋"的整体，还需要进一步创新，包括旅游行政管理部门的综合协调能力、旅游企业集团资源整合能力等方面。示范区尤其在文化旅游方面要多做文章，积极改变以自然旅游资源为导向的陈旧业态，大力实施文化创意，形成有影响力的旅游产品，弥补传统旅游产品的不足之处。

3. 竞争压力增大，区域旅游呈现新格局

近年来，安徽各地市十分重视当地旅游业的发展，全省旅游攻略版图发生了重大变化，逐步形成了特色鲜明的四大功能性旅游板块：皖北文化旅游区、环巢湖旅游休闲区、大别山生态旅游区、皖南国际文化旅游示范区。其中以黄山为代表的皖南国际文化旅游示范区发展最为稳定，皖南占据着安徽省旅游半壁江山，旅游资源禀赋状况最佳，而且在区域性特大城市建设背景下，人口增长、经济增速迅猛，相关景区景点接待人次增长迅速，是安徽乃至全国旅游的重点核心。

三、示范区整合开发的对策与措施

（一）紧密抱团取暖，着力提升全域旅游的核心竞争力

1. 推动地域旅游合作，拓展旅游发展空间

（1）加强区域旅游合作。皖江城市带要加强合作理念，进一步加强省内各区域的交流合作和经验分享。在新的历史时期，示范区各地市之间不仅要有效整合旅游资源，拓展发展空间，还需要进一步无缝对接核心客源市场。安徽省内市场依旧是示范区的主体客源市场，要继续强化产品组合、客源交流、市场监管，将"环巢湖"7 市尤其是省会合肥打造成皖江区域旅游的重要客源地和中转站。加强皖北文化旅游区、大别山生态旅游区与皖江重点城市的资源整合，打通北向、南向和东向快速通道，建成与皖江地区密不可分的旅游联合体。

（2）对接区域旅游发展合作平台。继续深化与长三角旅游区、皖南旅游带、长江黄金旅游带的合作，要在已有合作的基础上，进一步扩大合作领域和范围，争取从单一市场合作迈向全方位融合型发展、从自发市场推广进入自主无障碍对接阶段，不断提升区域旅游一体化水平。继续加速国际合作进程，借助"一带一路"倡议的东风，加大对沿线旅游市场的推广营销力度和广度，积极投放皖

---

① 本次排行榜通过对全国地级以上城市的旅游人数、旅游收入、旅游业比重、交通便利程度和旅游基础设施等进行比较，数据来源主要是 CEIC 数据库、国家文化与旅游部及各地统计局数据。

江旅游的宣传广告，推送旅游产品和旅游服务信息，早日开通旅游专线、专列，推进项目实质性进展。

2. 提升旅游队伍质量，加强人才队伍建设

（1）整体提高旅游人才队伍的质量。针对目前全域旅游的发展趋势及示范区实情现状，积极推进政府、旅游行业协会、旅游企业集团及省内外旅游专业的高效四方联动，着力培养和强化专业人才的"旅游+"思维、国际化视野、"互联网+旅游"意识，创新人才培养模式，改革教学内容。

（2）创新旅游人才保障机制。在当今时代，区域旅游的竞争最终还是人才的竞争，人力资源作为"第一资源"的重要地位突显出来。要突破旅游进一步发展的瓶颈，就要在旅游人才发掘、选拔、使用、激励、评价制度上采取实质性措施，完善旅游人才发展资金配套改革，保障旅游人才选用、教育、培训与发展资金，优先支持培养旅游电子商务、景区规划与设计、旅游市场营销、旅游文化演艺等紧缺人才。

3. 传承特色地域文化，提升文化旅游创意

（1）挖掘皖江传统地域文化资源。"文化是旅游的灵魂，是一种潜在的旅游产品"[4]，当然也是全域旅游的重点。加强区域文化的学术研究，继续开展环巢湖文化、桐城文化、佛教文化、诗词文化等研究，积极举办皖江历史文化研讨会、"中国·傩文化"等学术论坛。

（2）创新文化旅游业态。充分发挥名城、名人、名胜资源优势，重点进行文化创意产业的发展，促进文化资源的旅游开发。结合示范区现有的 6 个 5A 级景区，重点谋划，办好办活旅游节庆，比如九华山庙会、黄梅戏艺术节、芜湖国际动漫节等特色活动，营造浓厚的文化旅游氛围，使之成为传承特色地域文化并吸引游客的核心旅游产品。

（二）突破时空界限，着力加快全域旅游的区域联动

1. 依托特色资源，整合共建全域旅游市场

（1）举办营销主题活动。与安徽省"1+N"旅游营销计划①相呼应，策划组织不同类型、不同层次的主题营销活动，增强旅游宣传的生动性、公众性和轰动性。比如，邀请旅游专栏作家、记者、画家、摄影家实景创作，举办系列摄影展、书画展；邀请影视明星、著名电影编导考察访问，体察皖江山水，策划"印象·皖江"旅游宣传片的拍摄；鼓励民众积极创作本地旅游好故事，组织

---

① "1+N"旅游营销计划：强化旅游宣传营销，建立省市联动、区域联合、政企互动的旅游宣传营销工作机制，深入推进"1+N"宣传模式，强化安徽旅游整体形象宣传。参见：《安徽省人民政府办公厅关于进一步促进旅游投资和消费的实施意见》，皖政办〔2015〕69 号。

"皖江旅游故事创作大赛""跟着故事游皖江"等采风创作活动。

（2）开拓新媒体渠道。依托皖江特色自然人文旅游资源，充分开展"线上线下"的整体营销。利用旅游景区景点 App、微信微博、公众号等新媒体开展营销，定期更新内容，完善信息推送功能，满足游客旅游信息查询、交通导航、产品预订、旅行记录、投诉建议等多种需求，降低游客时间成本，方便游客决策。鼓励游客在携程、去哪儿、途家、途牛、马蜂窝等旅游网站分享来皖江旅游的经历与见闻，增加皖江在网络媒体上的曝光率，提升皖江全域旅游的知名度。

2. 构建崭新格局，树立全域旅游品牌形象

（1）构建特色鲜明的空间格局。皖江地区要全面提升 4A 级以上景区品质，在巩固观光旅游的基础上，加快特色旅游的发展，促进旅游产业由粗放型向集约型升级换代，逐步形成以芜湖方特主题公园、齐云山—平天湖、铜陵天井湖为区域旅游节点，将各重要节点串珠成链，争取形成"一盘棋"战略方阵。同时，还应积极筹备各种交易会、展销会、博览会、推销会，联合做好全域旅游形象宣传。

（2）科学设计旅游品牌形象。依托皖江地区文化丰富、生态优越的先天优势，走业态创新、产业融合之路，通过文化挖掘、空间整合等手段与方法，全方位、深层次地进行全域旅游品牌的推广工作，塑造良好的国内外品牌形象，强化全域旅游品牌在游客心目中的认知度、美誉度和忠诚度，吸引更多的自驾游散客、商务休闲游客、养生度假游客的光临。

3. 时空联合推广，设计全域精品旅游线路

拥有丰富的旅游资源还远远不够，旅游开发规划必须"点线面体"四位一体，设计出科学合理的金牌旅游线路，最大限度节约"人力、物力、财力"成本（表5）。

表5　皖江城市带文化旅游专题线路设计

线路名称	线路设计	主要特色	客源市场
朝圣寻禅悟道之旅	池州市九华山—安庆市迎江寺、赵朴初故居、天柱山（三祖寺）、禅院太湖（西风禅寺、二祖禅堂）、司空山二祖寺、宿松五祖禅堂	考察宗教文化遗迹遗址，了解佛教、道教的文化知识	普通旅游者有宗教信仰的人群
皖江休闲之旅	安庆市天柱山、花亭湖—池州市九华山、升金湖—环巢湖国际旅游风景区	青山碧水，登高山、游大湖，看皖江山山水水之秀美	普通旅游者休闲养生爱好者

（续表）

线路名称	线路设计	主要特色	客源市场
李白皖江游踪之旅	马鞍山市采石矶—宣城市敬亭山、桃花潭—池州市秋浦河、九华山	诗性雅韵十足，文化品位很高	普通旅游者 文学爱好者
皖江都市风情之旅	芜湖市中江塔、鸠兹风景区—铜陵市天井湖、凤凰山景区—池州市杏花村—安庆市迎江寺、振风塔	了解城市历史变迁，增长皖江都市文化知识	普通旅游者
皖江文化研学之旅	安庆市独秀园、六尺巷—马鞍山市褒禅山、天门山—宣城市宣纸文化园、徽杭古道、太极洞—池州市升金湖、杏花村	了解文化旅游韵味，考察皖江文化多姿多彩的表现形式	普通旅游者 文化爱好者
皖江浪漫自驾之旅	马鞍山市采石矶—芜湖市马仁奇峰、丫山花海石林—宣城市"皖南川藏线"	领略皖江魅力风光，感受自驾特色标识的 IP 化产品和 IP 化活动	普通旅游者 自驾游爱好者
皖江红色之旅	泾县云岭新四军文化园—安庆市陈独秀陵园—岳西县烈士陵园—芜湖市王稼祥纪念园	缅怀革命先烈，接受革命精神教育，继承老一辈革命家优良传统	普通旅游者 青少年旅游者
皖江名人故里之旅	合肥包公园、李鸿章故居、刘铭传故居—绩溪胡宗宪尚书府、胡适故居、胡雪岩故居—桐城博物馆、桐城派名人故居	了解皖江历史名人，增长历史文化知识	普通旅游者 青少年旅游者

四、结语

综上所述，皖江城市带文化旅游要以创建国家全域旅游目的地为主线，充实省内周边市场，拓展全国、海外客源地。示范区各地市要立足自身优势，以区域联动发展和整合市场营销为重点，加大整合力度，加强人才队伍建设，提升文化创意，突破各自为战的单一品牌形象，培育丰富多彩的复合型全域旅游线路，满足现代旅游消费者的迫切需求。

参考文献：

［1］李金早．全域旅游的价值和途经［N］．人民日报，2016-03-04.

［2］国家发展和改革委员会．皖江城市带承接产业转移示范区规划［Z］．北京：国家发展和改革委员会，2010.

［3］程晓丽，史杜芳．皖南国际文化旅游示范区文化资源丰度评价［J］．地理科学，2017（5）：766-771.

［4］张复．旅游文化［M］．哈尔滨：北方文艺出版社，1991.

皖江农业文化遗产旅游开发研究

吕君丽

摘　要：农业文化遗产的旅游开发对皖江的文化保护和经济发展有重要意义。皖江农业文化遗产旅游资源类型丰富、处于活态，地域文化交流性明显，旅游开发具有品牌、基础和外部环境优势，本文通过分析开发中存在的问题，提出皖江农业文化遗产开发的原则，与乡村旅游联动开发的具体途径和需要注意的问题。

关键词：农业文化遗产；旅游；开发；皖江

皖江 8 市地处苏皖沿江平原，苏皖沿江平原位于北纬 30°至北纬 32°，东经116°至东经 120°，其中包括芜湖平原和巢湖平原，由长江及其支流挟带的泥沙冲积而成，地质构造基础及自然地理环境结构比较均一，是中国开发历史悠久、经济文化发达的地区。① 农业文化遗产除涵盖一般意义上的农业文化和技术知识，还包括历史悠久、结构合理的传统农业景观和农业生态系统，且它们至今仍是遗产地居民赖以生息的主要生产方式②。2002 年，联合国粮农组织（FAO）发起了"全球重要农业文化遗产"（Globally Important Agriculture Heritage Systems，GIAHS）保护项目，对农业文化遗产解释为："农村与其所处环境长期协同进化和动态适应下所形成的独特的土地利用系统和农业景观，这种系统与景观具有丰富的生物多样性，而且可以满足当地社会经济与文化发展的需要，有利于促进区

基金项目：教育部人文社会科学研究青年基金项目"明清时期皖江流域农业开发和农民生活状况研究"（15YJCZH104）；安徽省高校优秀青年骨干人才国内访学研修项目"安徽地域优秀文化资源的旅游开发研究"（gxgnfx2018033）；安徽省社会科学普及规划项目"安徽优秀地域文化传承规划发展研究"（Y17011）。

作者简介：吕君丽（1982—），女，安徽界首人，巢湖学院旅游管理学院副教授，硕士，研究方向：地方文化与旅游开发。

① 　张理华，朱诚，张强. 苏皖沿江平原全新世气候变化与洪水事件研究［J］. 武汉大学学报（理学版），2002，48（6）：709-714.

② 　李文华，闵庆文，孙业红. 自然与文化遗产保护中几个问题的探讨［J］. 地理研究，2006，25（4）：561-568.

域的可持续发展。"① 此项目的目的是在世界范围内发掘和保护具有重要科学价值的农业景观、农业生物多样性群落、农业工程、农业工具和以非物质形态传承的各种农业知识与技术的集成。2008 年，该保护计划的完整陈述被扩大为"全球重要农业文化遗产动态保护与适应性管理"（Dynamic Conservation and Adaptive Management of GIAHS)，并获得全球环境基金理事会（GEF）的批准；2012 年，中国正式启动"中国重要农业文化遗产"（China-NIAHS）的发掘保护工作，旨在充分挖掘"遗产的历史价值、文化和社会功能，并在有效保护的基础上，与休闲农业发展有机结合，探索开拓动态传承的途径、方法"②。农业文化遗产是由农耕知识、农具文化以及农业历史等很多方面来演示人类文明的足迹，包含着千百年来皖江人民适应自然的智慧，包含着对于人类未来具有重要意义的文化多样性和生物多样性，因此，对于应对气候变化、生物多样性、生态安全、粮食安全、解决皖江扶贫任务等所面临的重大问题以及促进农业可持续发展和农村生态文明建设具有重要的战略意义。随着社会经济的日益增长和科学技术的发展，农耕地位也在下降，农村大量的劳动力都流往大城市，传统的农耕文化面临消亡。在这种情况下，对农业文化遗产进行适度的旅游开发，让游客在快乐中学习体验农业知识、农耕文化，了解农民的生活，完善农村基础设施的建设，提高当地居民的就业率，增加当地的收入，从而推动农村建设，不仅是对农业文化遗产的保护与传承，还能带来现实的经济社会效益。

一、皖江农业文化遗产资源

（一）皖江农业文化遗产资源概况

皖江集江、河、湖泊、丘陵、平原于一体，属北亚热带湿润季风气候，季风明显，雨量充沛、光照充足，气候温和，复杂多样的地貌地形和气候适合多种农作物生长。丰富的水资源不仅为农作物提供灌溉，也适合多种淡水渔业的发展，农业文化遗产资源丰富，类型多样。皖江古镇众多，有孔城镇、响肠镇、东流镇、梅龙镇、大通镇、五松镇、西河镇、乌江镇、铜闸镇、水东镇、桃花潭镇、梅渚镇、胡乐镇、烔炀镇、柘皋镇、汤池镇等历史文化名镇。截至 2017 年 6 月底，农业部在全国范围内先后遴选产生 4 个批次共计 91 座重要农业文化遗产进入 China-NIAHS 试点保护清单，安徽省入选 4 座，处于皖江的铜陵"白姜种植系统"于 2017 年第四批次入选。拥有多项重要的农业文化遗产：安庆绿茶（岳

---

① 孙业红，闵庆文，成升魁等．农业文化遗产的旅游资源特征研究［J］．旅游学刊，2010，25（10）：57-62.

② 农业部．农业部关于开展中国重要农业文化遗产发掘工作的通知，农企发〔2012〕4 号．

西翠兰）文化系统、泾县（涌溪火青）绿茶文化系统、池州东至（葛公红茶）红茶文化系统、石台（雾里青）绿茶文化系统、安庆桐城（桐城小花）绿茶文化系统、宣城绩溪（金山时雨）绿茶文化系统、宣城郎溪（瑞草魁）绿茶文化系统、宿松（宿松香芽）绿茶文化系统、宣城宣州区（塔泉云雾）绿茶文化系统、滁州菊花种植系统、巢湖稻鸭系统、安庆桑树种植文化系统、宣城水东枣文化系统等。此外，皖江拥有6个全国农业旅游示范点：贵池农业科技示范园、安徽天方茶叶集团、东至县龙泉农业生态旅游区、安庆大龙山石塘湖农业旅游示范点、潜山县水吼农业生态观光园、太湖县花亭湖等。皖江一带活态的非物质文化遗产，琳琅满目，原汁原味，独具地域特色，包括方言、传统表演、传统技艺、生产商贸习俗、消费习俗、岁时节令等。安徽省非物质文化遗产（截至2018年）5批共469项，皖江8市有216项，其中很多与农业文化遗产密切相关，主要体现在技术类（各类农产品制作工艺）、特产类（农产品）和民俗类（民歌、戏曲、庙会等）三个方面，涵盖了农业生产、生活的方方面面，蕴藏着皖江一代传统农耕文明的深厚根源，具有不可估量的价值和现实意义。农业文化遗产包含使用价值、美学价值、艺术价值、旅游价值和研究价值，作为一种潜在的旅游产品，为皖江地区乡村旅游和区域经济的协调发展提供了良好的条件。

（二）皖江农业文化遗产资源特点

皖江农业文化遗产具有多样性和复合性。皖江是中国重要的商品粮基地，几千年前就有人在此耕种繁衍生息，农业发展历史悠久。皖江农业文化遗产不仅包括一般意义上的传统农业知识和技术，还包括那些历史悠久、结构合理的传统农业景观。皖江地区独特的农业生物资源与丰富的生物多样性，体现了自然遗产、文化遗产、文化景观遗产、非物质文化遗产的多重特征。

皖江部分农业文化遗产处于活态，仍然处于有人参与的、不断发展变化的系统，至今仍然具有较强的生产与生态功能，是农民生计保障和乡村和谐发展的重要基础。皖江一些古民居就是文化遗产里的有形资源，例如洪疃村，这个村依山傍水，民居建筑不管是色彩上还是空间构架上都体现着徽派建筑特色，灰瓦白墙、四水归堂、终生平静（摆钟、水瓶、铜镜）。

皖江农业文化遗产的地域文化交流性明显。皖江位于安徽省中部，长江北岸与巢湖相通，是南北方文化的交流地，其中农业文化遗产也有明显的交流。比如巢湖与芜湖、马鞍山相连，在农业文化遗产中保留着季风水田农业和稻田养虾。巢湖北边和合肥相连，农业文化遗产方面，在方言、民歌以及吃无丝藕方面更偏向合肥。

但是皖江农业文化遗产也面临农业生物多样性减少、传统农业技术和知识丧失以及农业生态环境退化的风险。

二、皖江农业文化遗产旅游开发的可行性分析

（一）皖江"鱼米之乡"的品牌优势

长江两岸一年内可种植两季稻，其中粮、棉、水产在全国都占据重要地位，所以长江尤其是铜陵、马鞍山、芜湖、环巢湖一带素称"鱼米之乡"。

（二）皖江的旅游开发有一定基础

皖江景色宜人，人文底蕴厚重。截至 2018 年 6 月，皖江 8 市共有 AAAAA 级景区 3 家、AAAA 级景区近 100 家，景区类型几乎涵盖地文景观类景区、历史遗址景区、建筑物景区、博物馆景区等各种类型（表 1）。

表 1　皖江城市带代表性景点景区

城市	代表性景点景区
安庆	天柱山、迎江寺、巨石山生态文化旅游区、菱湖风景区
池州	九华山、牯牛降自然保护区、升金湖、杏花村
铜陵	天井湖公园、凤凰山
芜湖	芜湖鸠兹景区、芜湖赭山景区、丫山风景区、马仁风景区、芜湖方特欢乐世界、王稼祥纪念园、天井山国家森林公园、大浦乡村世界
马鞍山	采石矶风景名胜区、濮塘风景区
宣城	敬亭山、太极洞、绩溪龙川、桃花潭、中国鳄鱼湖、江村、石佛山、中国宣纸文化园、王稼祥故居、皖南事变烈士陵园
滁州	琅琊山、皇甫山国家森林公园、醉翁亭、凤阳县小岗村
合肥	合肥城隍庙、三河古镇、六家畈古民居、吴复墓石雕群、瑶岗渡江战役总前委旧址、大陈墩遗址、刘铭传故居、李鸿章享堂、渡江战役纪念馆、长临河镇、徽园、龙泉古寺、明教寺、宝莲禅寺、包公园、包氏宗祠、清风阁、包公祠、包公墓、浮庄、汉海极地海洋世界、合肥欢乐岛、阿酋湾水上乐园、合肥万达文化旅游城、汤池温泉、半汤温泉

（三）外部环境优势

皖江地理位置优越，水路、公路、铁路交通都很便利，辐射长三角，也有客源优势。2012 年农业部颁布《关于开展中国重要农业文化遗产发掘工作的通知》，提出："要把重要农业文化遗产作为丰富休闲农业的重要历史文化资源和

景观资源来开发利用，能够增强产业发展后劲，带动遗产地农民就业增收，可以实现在发掘中保护，在利用中传承。"党的十八大召开后，提倡生态文明建设，各级政府都比较重视治理皖江水系水质，这为农业文化遗产保护开发提供了良好的政策环境。

三、皖江农业文化遗产的旅游开发

（一）开发原则

目前，农业文化遗产旅游开发已是大势所趋。"遗产保护与旅游发展并不是不可调和的矛盾，而是相辅相成的对立统一体。"①

保护与开发并重。良好的生态环境是皖江农业文化遗产旅游的重要物质基础，处理好旅游开发与保护是可持续发展的关键。总体应坚持"在开发中保护，在保护中开发"的原则，在开发的同时，要注意保护，对已开发的旅游资源要加强维护和管理，对未开发的资源，要做好预防工作。既要发掘当地特色农业文化遗产资源，又要围绕重点项目进行打造，让特色农业文化遗产旅游资源带动其他产业综合发展。

农旅合一。农业文化遗产旅游是农游合一的产业，挖掘农业文化遗产，在城乡旅游发展中融入更多农业元素。在策划旅游景点景区时，必须与乡村自然和人文环境紧密相连，根据每个地区的自然环境、季节特点、作物生长周期、交通的便利性等进行不同的策划。

突出特色，利益均衡。农业文化遗产旅游开发要大力挖掘当地的特色文化内涵，体现旅游资源的多样性，形成鲜明的个性特点。对遗产地的开发，工作人员应尽量用当地居民，然后进行统一管理，培训，提高居民参与度，利益的分配要兼顾当地居民，甚至要与扶贫项目相联系。

可持续发展。可持续发展的核心问题就是旅游地的承载力。旅游地的承载力是指"一个旅游目的地在不至于导致当地环境质量和来访游客经历的质量出现不可接受的下降这一前提下，所能吸纳的外来游客的最大能力"②。皖江在开发农业文化遗产旅游的同时，要对皖江地区的水资源、文化资源和乡村休闲旅游资源进行调查，认真研究皖江旅游的承载力，加强遗产地的生态维护。

（二）与乡村旅游联动开发——具体途径

乡村旅游其本质是乡村文化，包括物质和非物质文化两部分。其中物质文化

---

① 闵庆文. 发展旅游是促进（农业文化）遗产地保护的有效途径——中国科学院地理科学与资源研究所自然与文化遗产保护论坛综述 [J]. 古今农业，2008（3）：82-84.

② 李天元. 旅游学概论 [M]. 天津：南开大学出版社，2013：367-369.

包括乡村田园景观、农耕文化、乡村建筑文化、乡村饮食文化、乡村手工艺文化等；而非物质文化则主要为乡村农耕技艺文化、乡村节日文化、乡村家庭生活文化、乡村艺术文化。① 乡村旅游展示的是农村文化，根本就是农业文化的展示，即乡村农业景观、农业产品和人类在历史上创造并传承保存至今的经典农耕生产经验的展示，而这些精华的部分，恰恰作为农业文化遗产存在，所以，农业文化遗产旅游开发契合了乡村旅游的精神文化特点。皖江农业文化中一些农业生态景观、传统的农耕文化、独具地方特色的劳动技艺等都对游客产生强烈的吸引力。

1. 文化游

皖江农业文化遗产广泛存在于乡村土壤中，许多生产商贸习俗、消费习俗、传统技艺、农事风俗、传唱节令、农谚等都涉及农业和农民生活，这些遗产包含了深刻的思想内涵。对农业文化遗产的展示、理解、参与、互动和学习能够极大地提升人们的旅游乐趣。皖江一带农具种类多样（表2），民间传统技艺文化遗产丰厚，皖江各级非物质文化遗产名录中，涉及榨油、制茶、酿酒、制酱、做饼、做糕点、制糖等传统技艺（表3）。

表2　明清时期皖江流域传统农具

序号	用　途	农具名称
1	耕整	犁、耙、耖、锹、镢头、钉齿耙、抓钩
2	播种、插秧	耧、秧马
3	松土、除草	锄、乌头
4	收割	短柄镰刀、钐镰
5	谷物脱粒	石磙、连枷、禾桶
6	净谷	木、铁杈、扫帚、落耙、推板、扬场铣（木铣）、风车、簸箕、筛子
7	灌溉	龙骨水车
8	谷物加工	杵臼、踏锥、磨、砻、碾
9	运输	扁担、篮子、挑筐、笆斗、稻箩、抬筐、独轮手推车
10	积（施）肥	泥夹、粪瓢、粪桶

---

① 赛江涛，乌恩. 乡村旅游文化内涵的界定 [J]. 河北林果研究，2006，21（3）：343-345.

表3　皖江地区涉及农业文化遗产的非物质文化遗产项目

序号	项　　目	申报单位
1	石台油坊榨制技艺	池州市石台县
2	红茶制作技艺（葛公红茶制作技艺）	池州市东至县
3	滁菊制作技艺	滁州市
4	宣酒纪氏古法酿造技艺	宣城市
5	铜陵白姜制作技艺	铜陵市
6	顶雪贡糕制作技艺	安庆市怀宁县
7	庐江小红头制作技艺	庐江县
8	一品玉带糕制作技艺	巢湖市
9	皖南木榨油技艺	宣城市宣州区
10	铜陵凤丹制作技艺	铜陵市
11	石台雾里青绿茶制作技艺	安庆石台县
12	胡玉美蚕豆辣酱制作技艺	安庆市
13	红曲酒酿造技艺	宣城市宁国市
14	九华布鞋制作技艺	池州市青阳县
15	丫山藕糖制作技艺	芜湖市南陵县
16	姚村闷酱制作技艺	宣城市郎溪县
17	横望山米酒酿造技艺	马鞍山市博望区
18	宣纸帘制作技艺	宣城市泾县
19	正兴隆酱菜制作技艺	宣城市泾县
20	采石矶茶干制作技艺	马鞍山市雨山区
21	乌江霸王酥制作技艺	马鞍山市和县
22	甘露饼制作技艺	滁州市天长市
23	绩溪挞粿制作技艺	宣城市绩溪县
24	四季春传统小吃制作技艺	芜湖市镜湖区
25	绿茶制作技艺（桐城小花、金山时雨、瑞草魁、宿松香芽、塔泉云雾）	安庆市桐城市，宣城市绩溪县，宣城市郎溪县，宿松县，宣城市宣州区
26	芜湖木榨油	芜湖市芜湖县

这些传统农具和传统技艺具有一定历史和文化底蕴,与农业丰收的庆典、农业时令和生产劳作有关。不少农作工具,至今在皖江地区仍在使用。古老的活态农业文明再现了原生态的农业人文景观,游客身临其境可以体会到它们的魅力,它们构成了乡村旅游资源的核心,是乡村旅游资源的灵魂和精髓所在。

2. 民俗游

民风民俗、民间演艺等是一个地区文化的沉淀和缩影,由于文化发展环境迥异,各地的风俗习惯不尽相同(表4)。

表4　皖江民俗类非物质文化遗产项目

序号	项　　目	申报单位
1	走太平	滁州市全椒县
2	霸王祠三月三庙会	马鞍山市和县
3	九华山庙会	池州市九华山风景区
4	跳五猖	宣城市郎溪县
5	徽菜	宣城市绩溪县、黄山市
6	抬阁	宣城市绩溪县
7	天长孝文化	滁州市天长市
8	琅琊山初九庙会	滁州市琅琊区
9	繁昌县中分村徐姓祭祖习俗	芜湖市繁昌县
10	安苗节	宣城市绩溪县
11	赛琼碗	宣城市绩溪县
12	花车转阁	宣城市绩溪县
13	福主庙会	池州市东至县
14	王圩灯会	安庆市桐城市
15	畲族婚嫁习俗	宣城市宁国市
16	祭社	宣城市绩溪县
17	小马灯	宣城市郎溪县
18	八社神灯	芜湖市芜湖县
19	九连麒麟灯会	芜湖市繁昌县
20	广济寺庙会	芜湖市镜湖区
21	群龙朝神山	芜湖市繁昌县

（续表）

序号	项　目	申报单位
22	送春	芜湖市南陵县
23	紫蓬山庙会	合肥市肥西县
24	降福会	宣城市
25	许岭灯会	宿松县
26	花园胡氏龙灯	安庆市
27	茅坦杜氏"祭茅镰"	池州市贵池区
28	南谯二郎庙会	滁州市南谯区
29	鹊江龙舟赛	铜陵市郊区
30	九十殿庙会	芜湖市芜湖县
31	陆家湾老龙灯会	铜陵市枞阳县
32	灵璧古庙会	宿州市灵璧县
33	岳西灯会	安庆市岳西县
34	打棍求雨习俗	宣城市旌德县
35	陡岗板龙灯	芜湖市无为县
36	朱桥板龙灯	宣城市宣州区

皖江地区的非物质文化遗产代表性的民俗有 36 项，许多风俗与农业生产息息相关，在这些民俗节日，传统的音乐、舞蹈、戏曲等方面都有相应的演出。皖江 8 市的民俗类文化艺术类型有黄梅戏（怀宁县）、民歌（当涂县）、徽剧（绩溪县伏岭镇）、挑花（望江县鸦滩镇）、花会（合肥市包河区大圩镇）、傩戏（池州市贵池区梅街镇）、花鼓灯（怀远县）、民歌（巢湖市居巢区）、青阳腔（青阳县杜村乡）等，资源类型不可谓不丰富。将民俗类文化遗产旅游资源以表演、演出的形式展现在旅游者面前，直观形象，又能与游客互动，能让游客对该区域的文化有较深刻的印象。民俗游可采用节庆化营销的方式，吸引游客，扩大影响。

3. 景观游

皖江地区独特的自然环境和古色古香的建筑融为一体，经典的建筑景观是文化遗产的优秀代表，皖江 8 市有国家历史文化名镇 4 个（肥西三河镇、宣城水东镇、泾县桃花潭镇、铜陵大通镇），国家级历史文化名村 4 个（旌德县白地镇江村、泾县桃花潭镇查济村、泾县榔桥镇黄田村、绩溪县瀛洲镇龙川村），这些古镇名村不仅规划建筑都别有特色,也保存了大量的农业文化遗存,其农耕文化、农业生态景观文化等是当地农业文明的典型代表。皖江地区一些沿江的圩田,先民使用科学的规划、简易的技术、天然的材料,因地制宜地建成了完备的自流灌溉工程体系,为沿江农田提供了水利保障,持续使用了上千年。可在此基础上建立完善的文化观赏系统,提升沿江圩田观光带,进一步深化和融入农业文化元素,让游客留住乡愁记忆。皖江地区乡村旅游特有的田园风光和雅静的自然生态环境以满足现代都市人返璞归真的需要,乡村朴实的生活状态和多姿多彩的乡土文化深深地吸引了游客,满足了城市人"求异""怀旧""精神回归"等心理诉求。皖江稻豆种植系统体现了生态农业和循环农业的理念。水旱轮作的种植制度,既丰富了农作物的种植结构,又改善了土壤的营养成分。种植系统与养鱼养鸭系统的有机结合是一种传统的复合农业技术,无形中建立了一套良性循环的农业生态体系,此外,还有旱粮薯类贮藏法、茶叶的加工制作方法等。这里的技术类农业文化遗产强调人与环境共荣共存、可持续发展,蕴含着深厚的生态哲学理念、有效的农业种养殖技术以及丰富的可持续发展潜力。这些高文化品位原生态的传统农耕文明正是皖江地区乡村旅游重要的吸引力。也可打造农产品加工观光园,通过展示当地特色农产品的传统加工流程,进一步吸引游客,挖掘拓展旅游资源,促进城乡旅游业发展。

4. 养生游

安徽有 16 个"中国特产之乡",皖江地区 8 市占 8 个,包括安庆岳西菖蒲镇(中国板栗之乡)、宣城广德县(中国板栗之乡)、宣城泾县(中国木梳之乡/中国宣纸之乡)、宣城郎溪县(中国绿茶之乡)、合肥庐江县白山镇(中国水产之乡)、宣城宁国市(中国山核桃之乡)、池州石台县(中国山茱萸之乡)、安庆岳西县(中国板栗之乡)。皖江有 34 个国家地理标志产品(安徽省有 86 个),主要为农畜产品及加工品,如铜陵白姜,铜陵牡丹(凤丹),滁菊,明绿御酒,岳西茭白,石台富硒茶,岳西翠兰,三河米酒,和县黄金瓜,桐城水芹,桐城小花,安庆胡玉美蚕豆辣酱,南陵大米,小窖宣酒,明光绿豆,皖南土鸡,肥西老母鸡,天长龙岗芡实,繁昌长枣,和县辣椒,无为板鸭,铜陵凤丹皮,东至云尖,宁国山核桃,巢湖麻鸭,枞阳媒鸭等。以特色农产品为主导,再加上皖江一带发达的渔业产品、良好的生态环境、特有的自然景观,可有效地开展原生态自然式的养生游。皖江地区在饮食、烹饪技艺上有自身特色,包括茶文化遗产、酒文化遗产、农产品加工调制技艺遗产、传统烹调技艺遗产等,与皖江地区人民的日常生活息息相关。以养生为特色的旅游,可依据地方特点,在各乡村旅游点建成一批销售网点。大力推广特色风味饮食,开发有机、绿色、药膳等健康菜肴,通过组织厨师大赛、美食大赛,推出一系列的传统产品、生态精品,形成具有特色的饮食文化、养生文化，推动地方特色农产品的销售。

5. 体验游

在农业文化遗产的旅游开发中，应以游客体验项目为主，农业文化旅游者最强烈的旅游动机是异质文化，他们对异质文化具有猎奇心理，希望参与到当地的民俗活动中，也愿意以主角的身份去体验这一过程，以获得新奇感受，满足好奇心。尤其是非物质文化遗产旅游资源开发，应采取体验参与型开发模式，让旅游者亲身体验其民俗风情、社会活动，如宣城市宁国市畲族婚嫁习俗，游客可参与其中，甚至成为婚庆仪式的主角，去体验皖江传统的祭祀文化、婚庆文化、节庆文化、礼仪习俗等，浓缩精华，创新形式，丰富旅游形态。也可根据农事季节合理安排一些经典农事生产活动，让游客在零距离的参观、学习和品味中得到升华；同时设计一些游客 DIY 体验活动或场所，仅供游客娱乐，做到既有体验，又有情趣和收获。游客作为旅游活动开展的主体，他们积极参与诸如"农家乐"等各种旅游项目及参与一些农事劳作等，也是提高乡村旅游活动质量和效果的关键。体验游强调的是旅游者的切身体验，因此，在旅游过程中强化参与性环节是一种必需，也是非常有效的旅游产品设计，例如，皖江一带茶制作工艺非常古老，可借机开展茶文化体验游，集制茶、观艺、品茶、悟道为一体。在各种趣味农事活动中，通过村民与游客的频繁交流与相互促进，游客把先进的理念与意识、市场信息等通过自己的言行带到乡村，而村民则通过旅游活动把淳朴的乡情传遍四方，从而促进现代文明与传统文化的对接，加快文化发展的步伐。

（三）需要注意的问题

制定保护与开发规划。皖江发展农业文化遗产旅游要从战略转型的高度进行，要树立和坚持美好乡村建设的可持续发展理念，既要保证传统农业文化遗产，又要挖掘当地特色优良产业，制定一套完整的发展规划，既要有长远产业链规划，又要有近期组织规划。

挖掘整理农业文化遗产，改善开发措施。农业文化遗产资源没有得到很好的搜集整理，历史文物修缮保护有待提升。在开发农业文化遗产旅游时，出现了"毁农造景"的现象，有些地方不按照农作物的生长规律来开发，违背自然生态环境。例如巢湖一带夏天小龙虾卖得很火爆，一些开发商把圩田圈出来灌入巢湖水，投放大量的饲料，让小龙虾快速成长，而后有一些营养性污染物又渗透到巢湖，有一些表面漂浮物留在田里，这种造成污染的短视行为屡见不鲜。

农业文化遗产资源具有雷同性，要注重特色项目打造。皖江 8 市都在长江一带，所生产的农作物大多相似，与江苏长江沿岸相比，也有一定的雷同，所以在建设美好乡村和发展农业文化遗产旅游时具有重复性。皖江旅游地吸引的大多都是本地的居民和来自周边城市的市民，但旅游大多一天时间就能游完，没有更多的更深层次的旅游项目吸引游客继续探寻，而江浙的观光农业发展更为迅速，且已经形成品牌。皖江农业文化遗产旅游发展比较晚，在一定程度上也是效仿，所以具有相似性，更需要注意挖掘地方特色，打造特色项目。

以政府为主导，企业为主体，拓宽资金融资的渠道，改善基础设施，吸引周边居民参与。由于一家一户的农业生产所产生的经济效益有限，再加上现代生活方式的影响，有些年轻人甚至不会种植农作物，大部分的青壮年都外出务工甚至搬离乡村，留下的基本是老弱病残，劳动力欠缺。从事乡村旅游服务的工作人员很多是年龄偏大的居民，文化素质普遍偏低，不能对农业文化遗产进行良好的挖掘和转化，知识的讲解、农业遗存的展示等都不到位，例如巢湖半汤的三瓜公社，虽都是以水泥路为主，但乡村道路过窄，有的地方两辆车都过不去，而且观光游览的车辆过少。村容、村貌缺乏统一管理，房屋建设比较杂乱无章，绿化工作不到位，制约了美好乡村建设的进程，这都制约了农业文化遗产的旅游开发。皖江各市的政府要和旅游企业一起，依托皖江的地理位置和经济基础，积极招商引资，适当放宽税收、土地等政策，要坚持谁投资谁收益的管理原则。在政府的引导下，做好旅游地的交通、住宿、餐饮、购物、娱乐场所的基础设施建设、监控与管理，政府对市场要积极干预，保持资源共享，使企业竞争有序开展。

重视营销推广。皖江8市发展进度不一样，没有形成一个整体的文化推广。而且农业遗产旅游中农民的创新积极性也不是很高，开发初具规模的农业文化遗产旅游项目也缺乏创新，对于品牌文化也没有过多的宣传，好多优秀的农业文化遗产旅游资源的市场认可度不高。可利用高铁站火车站、大LED广告牌、手机App、微信公众号等对皖江地区的农业文化遗产旅游进行宣传。除此之外，还可邀请皖江各大旅行社高层和管理人员以及报社记者和作家一同参观游览，邀请文化名人为景区题字、摄影、绘画；印刷各种印有皖江农业文化遗产地的购物袋、画册、台历以及徽标；把皖江农业文化遗产旅游资源整合成电子资源，做成旅游宣传片，把景点做成电子版画册进行转发等。

要与教育连接。农业文化遗产要为教育服务。如今城市化进程越来越快，农业文化越来越无人问津，好多地方出现断层的情况。可利用节假日，组织学生来乡村亲身感受农业文化，学习知识，丰富假期生活。提高旅游资源地居民和工作人员的文化素质，吸引当地居民参与旅游服务业，即可让传统农业文化继续传承，让习惯大都市生活的年轻人不忘本；政府和机关单位应结合当地的旅游管理公司，培养培训农业文化遗产旅游服务队伍；同时可以和当地的高等院校进行校企合作，让学校输送更多优秀学生；企业也要做出更多创新，吸引人才。

　　从皖江农业旅游发展来看，农业遗产旅游对皖江的美好乡村建设和社会经济发展有巨大影响，不仅为当地提供了更多的工作岗位，还留住了当地一部分青壮年劳动力。但皖江农业旅游业也面临着一些威胁和挑战，如和周边城市的旅游资源具有相似性、开发措施不当造成"毁田造景"的现象以及没有深度的旅游项目。农业遗产开发必须走以政府为主导，企业为主体的政企联合之路，才能保持传统农业遗产旅游资源的可持续发展，同时，要发展第二、第三产业，拓宽旅游地销售渠道，获取更多投资资金，打造更深层次的旅游资源。

　　目前，皖江地区的农业文化遗产旅游有了一些发展，但还存在不足，我们必须遵循"在开发中保护，在保护中开发"，维持皖江当地的传统农业文化，积极创新更符合时代潮流的农业文化，让传统和现代相融合，整合旅游资源，走可持续发展道路。

绿色发展视域下安徽传统生态文化探析

朱凤琴　黄莹莹　王能引

　　摘　要：绿色发展就是要在发展过程中实现人与自然和谐共生。本文基于绿色发展的理论视域，通过发掘、整理安徽传统生态文化思想资源，从"天人合一"的生态整体思想、生态平等的生态伦理思想、"取用有节"的生态保护思想、"以时禁发"的环境管理思想四个方面加以探析，论述这些思想为推进绿色发展和生态文明建设所提供的重要历史借鉴意义，以及在创新性发展实践中所蕴含的时代价值。

　　关键词：绿色发展；传统生态文化；创新性发展

　　党的十八大以来，习近平总书记站在中华民族永续发展的高度，将生态文明建设置于更加突出位置，鲜明提出了绿色发展理念，并为推动绿色发展提出了一系列新思想新战略。习近平总书记指出，绿色发展，就其要义来讲，是要解决好人与自然和谐共生问题；人类发展活动必须尊重自然、顺应自然、保护自然，否则就会遭到大自然的报复，这个规律谁也无法抗拒。① 绿色发展，即绿色和发展的辩证统一，其内在要求是既要金山银山也要绿水青山，绿水青山就是金山银山，旨在创造性地解决人类需求无限性和资源环境有限性之间的矛盾，将生态环境与资源承载力作为经济发展的刚性约束，实现经济社会生态全面协调可持续发展。

　　2018 年 5 月，习近平总书记在全国生态环境保护大会上指出：中华民族向来尊重自然、热爱自然，绵延 5000 多年的中华文明孕育着丰富的生态文化。文化同人与自然关系相伴而生，并肩同行，是人类适应自然的方式。生态文化，作为认识和处理人和自然关系过程中形成的适应性文化，在本质结构上是人与自然

　　基金项目：2014 年度安徽省哲学社会科学规划项目"生态强省视阈下的安徽生态文化建设研究"（AHSKY2014D77）；安徽高校人文社会科学研究重点项目"安徽农村宅基地有偿转让的路径研究"（SK2017A0602）；安徽高校人文社会科学研究重点项目"大学生廉洁文化教育研究"（SK2017A0603）。

　　作者简介：朱凤琴，合肥学院马克思主义学院教授。

　　① 习近平. 在省部级主要领导干部学习贯彻党的十八届五中全会精神专题研讨班上的讲话［N］. 人民日报，2016-05-10（2）.

一体的文化，致力于人与自然的共生共荣、经济与生态协调发展，其意识形态、价值取向和行为准则充分体现并深刻影响着绿色发展，为绿色发展提供文化土壤。中国传统文化中尽管没有直接提出"生态文化"这一概念，但有关生态文化的思想却非常丰富。

　　2016 年 4 月，习近平总书记在视察安徽时强调，安徽山水资源丰富，自然风光美好，要把好山好水保护好，着力打造生态文明建设的安徽样板，建设绿色江淮美好家园。安徽省承接中原与淮河、长江流域，名山大川众多，文化底蕴深厚，历史名人荟萃。先秦时期，皖北地区的涡河流域就产生了管子的学术思想，此后又出现了以老子、庄子为代表的道家学说；汉魏时期，淮南王刘安与门客所著《淮南子》一书，系统阐明了道家哲学；隋唐时期，江南名山九华山日渐昌华，以至后来成为全国佛教四大名山之一；宋明时期，新安理学形成，徽州人朱熹作为理学宗师，对儒家经典作了划时代的解释，有力维持了儒学在中国文化中的统治地位。无论是管子、老子、庄子、朱子，还是道教、佛教、儒教，他们的学说和思想中都蕴含着丰富的生态文化内容，其中绿色发展的元素占有重要地位，对解决当前人类面临的资源约束趋紧、环境污染严重、生态系统退化等生态危机，推进绿色发展和生态文明建设，仍具有重要的借鉴意义。穿越历史时空，透过绿色发展视域，本文通过挖掘整理安徽传统生态文化思想，试从以下四个方面加以探析。

一、"天人合一"的生态整体思想

　　"天人合一"是中国传统生态文化的基本要义，即人与自然的和谐共生。道家和儒家都比较系统地论述了天人关系。美国人文主义物理学家卡普拉认为，道家提供了最深刻并且最完善的生态智慧，它强调在自然的循环过程中，个人和社会的一切现象和潜在两者的基本一致。① 老子，安徽涡阳人，道家思想的创始者。在老子看来，人是天地万物的一部分，是组成自然系统不可或缺的要素之一，"道大，天大，地大，人亦大。域中有四大，而人居其一焉"②。庄子，安徽蒙城人，他进一步表达了这一思想，"天地与我并生，而万物与我为一"③。亦是说，宇宙、天地、万物和人类共同生存，万物与人休戚相关。

　　宋明理学家们认为，天地万物原本就是与人相互统一的整体。朱熹，以安徽省徽州为故里的南宋儒家杰出代表、宋代理学集大成者，他在《中庸章句》中论述人与自然界的统一性时说："盖天地万物本吾一体，吾之心正，则天地之心

---

①　转引自葛荣晋主编. 道家文化与现代文明［M］. 北京：中国人民大学出版社，1991.

②　老子. 道德经（第 2 版）［M］. 韩宏伟，何宏，注译. 合肥：安徽人民出版社，2005.

③　靖林.《庄子》释义［M］. 北京：新华出版社，2016.

正矣，吾之气顺，则天地之气顺矣。"① 即人与天地万物一体相连，天人之间应该相互协调。

道家最先提出尊重自然规律，强调人与自然和谐相处。老子认为，自然界的运动变化是有规律的，人应该适应、遵循和服从自然规律。"人法地，地法天，天法道，道法自然。"② 天、地、人在相互制约中发展，是一种自然性的客观规律，人不能违背自然本性，只能遵循自然规律与自然和谐相处。"知常曰明。不知常，妄作凶"③，认识天地万物变化的规律，才叫作明智；不认识规律，又要乱作妄为，必然会招致凶险的结果。庄子主张人类要顺应天命、顺应自然，不要因为自身对物质的欲望，超越自然界的承载力，故意去破坏自然，人只能和自然和谐相处，共同发展，要"不以心捐道，不以人助天"，"无以人灭天，无以故灭命"，这样才有可能达到"畸于人而侔于天"的境界。④

道家的人与自然和谐共生思想，在《管子》《淮南子》中都得到了充分体现。春秋时代的管子，安徽颍上人，是齐国著名的政治家，他在集中反映其思想的著作《管子》中提出："人与天调，然后天地之美生"⑤，主张要顺应自然、依照自然发展、尊重自然规律，人不能"上逆天道，下绝地理"，否则"天不予时，地不生财"。⑥《淮南子》是西汉淮南王刘安招集宾客编辑而成的，其中深刻阐述了只有"顺自然而为"才能"辅万物成其为自然"的思想。"禹决江疏河，以为天下兴利，而不能使水西流；稷辟土垦草，以为百姓力农，然不能使禾冬生。岂其人事不至哉？其势不可也！"⑦ 在探讨自然与人之间关系时，强调"人事"不违天地规律，顺应自然使用人力。

"天人合一"的生态整体思想，追求的是人与自然万物和谐共生的境界，为践行绿色发展奠定良好的文化基础。

二、生态平等的生态伦理思想

道家和佛家都认为，人与自然万物的权利具有平等性，具有同等的价值和地位。人类应承认和尊重自然的固有价值，把自然当成与人平等的伙伴来珍惜和爱护，不能为了追求个人需求的满足而剥夺其他生命最起码的生存需要，不

---

① 朱熹. 四书章句集注［M］. 杭州：浙江古籍出版社，2014.
② 老子. 道德经（第2版）［M］. 韩宏伟，何宏，注译. 合肥：安徽人民出版社，2005.
③ 老子. 道德经（第2版）［M］. 韩宏伟，何宏，注译. 合肥：安徽人民出版社，2005.
④ 靖林. 《庄子》释义［M］. 北京：新华出版社，2016.
⑤ 滕新才，荣挺进. 《管子》白话今译［M］. 北京：中国书店，1994.
⑥ 滕新才，荣挺进. 《管子》白话今译［M］. 北京：中国书店，1994.
⑦ 刘安. 淮南子（珍藏版）［M］. 北京：中国华侨出版社，2002.

能破坏大自然的平衡。这种生态平等的价值取向与绿色发展理念具有高度的一致性。

在对待生命的态度上，道家认为之所以应该平等地尊重所有的生命和珍爱自然，在于它们与人类一样是由"道"产生的，是"道"的体现。老子说："道生一，一生二，二生三，三生万物。万物负阴而抱阳，冲气以为和。"① 既然万物由"道"所生，那么"道"的本质就是一个生态共同体，在这个共同体之中，万物都有自己不可替代的价值，都有平等存在、发展的权利；人不仅要尊重自己的生命，还应该尊重他人和动植物的生命，维护万物的存在。庄子提出："以道观之，物无贵贱。以物观之，自贵而相贱。"② 以道的观点看待万物，才能看到万物无贵贱之分，万物的贵贱不在物自身；人之所以贵己而贱物，皆因站在人的立场，没有到达道的境界。就是说，之所以有贵贱之分，是因为万物从自身的需求出发，仅以自己的评价标准去判定其他物种。其实，人类同其他物种一样，只是宇宙整体中的一分子，"人"和"物"是平等的。

在传统文化中，佛教是尊重生命思想表述最完整的宗教。在佛家看来，人与自然之间是没有明显界限的，生命与环境是不可分割的一个整体，人与其他所有生物都是平等的。佛教虽为外来文化，但传入中国后即很好地实现了与中国本土文化的融合，最具中国特色的莫过于禅宗。佛教文化大约于东汉时期传入安徽，最负盛名的是皖南的九华山佛教和皖中的天柱山禅宗文化。

"众生平等"是佛教的重要思想。天柱山禅宗文化认为，无论是无情之山川树木，还是有情之人类动物，众生皆有佛性，人与其他所有生物没有明显的界线，皆有生存的权利，因而都是平等的。既然众生平等，那对待生物要"慈悲为怀"，应该像对待自己那样对待世间万物，善待万物。当用慈悲的眼光与心去对待众生的时候，时刻不忘是众生成就了我们，就能与自然界和谐共处。九华山佛教主张不杀生，把"勿杀生"奉为"五戒"之首，尊重生命、珍爱生命、珍惜万物。不仅如此，佛教还主张"放生"，即买来被捕的飞禽走兽放回山川、森林等，使其重获自由。放生体现着对自然环境的尊重和保护，本质是一种众生平等和对于生命的敬畏之心。佛家对生命的尊重，还包括对居住环境的关心，对"宁静、和谐、美丽"美好生态环境的渴望。因追求"净土"，佛教徒此生修行时会自觉选择名山大川周围优美的自然环境，建造寺庙，广植林木花卉，使庄严的宗教精神与优美的自然环境相得益彰。

---

① 老子. 道德经（第2版）［M］. 韩宏伟，何宏，注译. 合肥：安徽人民出版社，2005.
② 靖林.《庄子》释义［M］. 北京：新华出版社，2016.

三、"取用有节"的生态保护思想

传统生态文化中很早就认识到保护生态环境、维护自然生态平衡对于人类社会可持续发展的重要性，并由此提出了许多的精辟观点。

道家认为，人类想要从事物质资料生产活动，肯定要从大自然中索取生产资料和生活资料，但自然资源是有限的，人类应该懂得适可而止，不能一味地开发和滥用自然资源。老子针对那些追求名利、贪图财利的极端奢侈行为，提出了严肃的忠告："名与身孰亲？身与货孰多？得与亡孰病？甚爱必大费，厚藏必多亡。故知足不辱，知止不殆，可以长久。"① 名誉与生命相比，哪个更亲近？生命与财产相比，哪个更重要？获得与丧失相比，哪个更有害？贪得无厌必然招致更大的破费，过多的贮藏必然招致更多的损失；知道满足就不会受到屈辱，知道适可而止就不会带来危险，这样才可以更长久地发展。

道家主张保护生态环境，使自然资源得以持续发展和实现永续利用。庄子在《庄子·天地篇》中提出"爱人利物之谓仁"②，意思是人类既要利用自然资源，又要保护自然和更新自然资源，达到持续发展的目的，这才真正的道德。道家反对采取灭绝性的方式开发利用自然资源，主张将开发与保护自然环境相结合，以保持资源再生能力。汉代刘安在《淮南子·主术训》中也指出"孕育不得杀，壳卵不得采，鱼不长尺不得取，彘不其年不得食"③，强调人类的生产活动要建立在维护资源再生能力的基础之上。

保护自然和维护自然资源持续发展和永续利用，就应将人的欲望控制在"自然"范围。"俭"是老子推崇的一项重要品德，老子自称："我恒有三宝，持而保之；一曰慈，二曰俭，三曰不敢为天下先。"④ 此三宝中，"俭"最为可贵。在老子看来，"俭故能广"，人们坚持节俭，生活就会越来越宽裕；执政者坚持节俭，国家就会越来越富足；如果"舍其俭且广"，不能节俭而一心想扩大事业，那是不会有好结果的。老子既积极提倡节俭，又明确反对奢侈，指出"见素抱朴，少私寡欲"⑤，即保持人性的本来面目，回归自然、真实、纯朴的自然状态，节制自己的私欲，不过分追求物质享受，不过分追求名利等身外之物。庄子承袭老子的思想，指出："鹪鹩巢于深林，不过一枝；偃鼠饮河，不过满

---

① 老子.道德经（第2版）[M].韩宏伟，何宏，注译.合肥：安徽人民出版社，2005.
② 靖林.《庄子》释义 [M].北京：新华出版社，2016.
③ 刘安.淮南子（珍藏版）[M].北京：中国华侨出版社，2002.
④ 老子.道德经（第2版）[M].韩宏伟，何宏，注译.合肥：安徽人民出版社，2005.
⑤ 老子.道德经（第2版）[M].韩宏伟，何宏，注译.合肥：安徽人民出版社，2005.

腹。"① 喻指人的消费行为，应该以满足基本需要为目标，减少对大自然的索求，以免资源枯竭。老庄的这一思想，与当前强调绿色消费、节约资源、保护环境和维护生态的绿色发展理念不谋而合。

理学家朱熹将历代产生的关于自然资源保护利用思想归纳为"取之有时，用之有节"。"节"，既包含着节俭的生活消费的态度，节制自己的生活欲望，约束自己的消费行为，又包含着生产和生活方式，节约资源、节约财用、俭约生活。"取用有节"，合理开发和利用自然资源，不对抗自然和掠夺自然，体现了保护自然资源、维护生态平衡、寻求永续利用自然资源的思想，与绿色发展有着相通之处。

四、"以时禁发"的环境管理思想

为保证传统生态文化的思想智慧在现实生活中得到施行，我国历史上不少朝代都制定有相应的律令，有些朝代还设有保护自然资源和生态环境方面的专门机构与官员。

春秋时期，管仲从发展经济和富国强兵的目标出发，十分注重以法制和行政手段保护山林川泽和自然资源。在开发利用自然资源上，管子指出了自然资源的有限性和人们的需要之间的矛盾，提出了"以时禁发"的原则。他认为，"山林虽近，草木虽美，宫室必有度，禁发必有时"②，并将保护与利用、节制与索取的辩证思想运用到政策制定上，提出林木、水塘要按时封禁与开放，顺应生物繁殖规律。《管子·八观》要求人们在开发利用自然资源时，要有恰当的固定的时限，按照规定的时节进行，与天地自然的发展规律相合。《管子·立政》主张对山泽林木实行国家垄断，普遍建立管理山林川泽的机构，提出"敬山泽林薮积草，夫财之所出，以时禁发焉"③ 的观点。《管子·轻重》把保护山泽林木作为对君王的道德要求，提出"为人君而不能谨守其山林菹泽草莱，不可以立为天下王"④ 的思想，亦是说，统治者的守土之责不仅在于守护疆土安全，还包括保护自然资源。管仲在齐国还颁布了严酷的封山禁令，据《管子·地数》记载："苟山之见荣者，谨封而为禁。有动封山者，罪死而不赦。有犯令者，左足入，左足断，右足入，右足断。"⑤ 即任何人都不得随便开山采矿。

秦汉时期，统治者对生态环境保护的立法施法发展到一个新阶段。西汉刘安

---

① 靖林.《庄子》释义［M］. 北京：新华出版社，2016.
② 滕新才，荣挺进.《管子》白话今译［M］. 北京：中国书店，1994.
③ 滕新才，荣挺进.《管子》白话今译［M］. 北京：中国书店，1994.
④ 滕新才，荣挺进.《管子》白话今译［M］. 北京：中国书店，1994.
⑤ 滕新才，荣挺进.《管子》白话今译［M］. 北京：中国书店，1994.

的《淮南子·时则训》记载："禁伐木，毋覆巢杀胎夭，毋麛，毋卵。"① 禁止对处于生长期的树木进行砍伐，不猎杀处于怀孕和哺乳期的动物，不损毁鸟窝，特别要保护好幼小的麛和鹿等。这是对古代生物资源保护政策做出的最完善的论述。

传统生态文化中关于保护生态环境和自然资源的价值理念，不仅借助教育得到广泛普及和传承，还通过民间治理、宗族力量深入到人们基本的社会生活实践中，固定为乡规民约。以皖南的祁门县文堂村为例，该村山林资源丰富，世世代代坚持祖坟山、水口林、护风林以及新生毛竹林严禁砍伐的规矩。该村陈氏宗族制定的《文堂乡约家法》明确规定："各户祖坟山场、祭祀田租，须严守旧约，毋得因贫变卖，以致祭享废缺。如违，各户长即行告理，准不孝论无词"；"本都远近山场栽植松杉竹木，毋许盗砍盗卖。诸凡樵采人止取杂木。如违，鸣众惩治。"②

为保护生态，防止水土流失，避免破坏林木所造成的严重后果，在安徽省石台县源头村，李氏族人于 1828 年订立"输山碑"规约。此碑立于皖南仙寓山的古徽道旁，碑文写道："募修岭路，挨路上下之山，必先禁止开种，庶免沙土泄流壅塞。斯为尽善乐助，有功兹幸。众山主矢志好善，自岭头至岭脚，凡崎岖之处，不论公私，永远抛荒；平坦处，挨路，上输三丈、下输二丈，永禁开挖。"③正是由于传统乡规民约严格制约乱砍滥伐山林等破坏生态环境的行为，培养了人们尊重和爱护山水林木的习俗，提升了人们守住绿水青山的生态意识。

结　语

马克思说："人们自己创造自己的历史，但是他们并不是随心所欲地创造，并不是在他们自己选定的条件下创造，而是在直接碰到的、既定的、从过去承继下来的条件下创造。"④ 毫无疑问，传统生态文化与绿色发展理念相似、相近、相通的内容很多，如强调人与自然的和谐共生，强调人对自然万物的尊重与保护，主张人在遵循自然规律的基础上进行实践活动，对生态环境和自然资源进行有效管理等。传统生态文化中的"天人合一""道法自然""万物平等""取用有节""以时禁发"等思想，是当代绿色发展的深厚文化土壤。传统生态文化思想虽产生于古代，却包含着超越时代、超越制度的合理因素和永恒价值。其

① 刘安. 淮南子（珍藏版）［M］. 北京：中国华侨出版社，2002.
② 王广. 好规矩共遵守——乡规民约代代传［M］. 北京：中华书局，2017.
③ 王广. 好规矩共遵守——乡规民约代代传［M］. 北京：中华书局，2017.
④ 马克思. 路易·波拿巴的雾月十八日［M］. 北京：人民出版社，1962.

"合理内核"已成为现代生态文明思想的重要组成部分，践行绿色发展需要继承传统生态文化的精华部分为当代所用。

既然领悟传统生态文化的立足点要以促进绿色发展为基础，那么在继承上就要取其精华、去其糟粕，否则就无法得到真正的"合理内核"。应当看到，传统生态文化思想主要源于人对自然关系的直觉和猜测，甚至包括相当一部分落后和愚昧的观念，是科学发展不充分的产物。由于实践基础的封闭性、保守性和狭隘性，传统生态文化更多地表现为对自然的外在模仿和适应，而难以在变革自然的同时实现人与自然的协同进化。因此，传统生态文化必须完成向现代的转化，这才是研究和发掘传统生态文化的真正意义之所在。正如习近平总书记指出的，"对历史文化特别是先人传承下来的价值理念和道德规范，要坚持古为今用、推陈出新，有鉴别地加以对待，有扬弃地予以继承"[①]。

在绿色发展视域下从事传统生态文化的现代转化，不是要全盘否定传统生态文化思想，而是重新审视传统生态文化并对之进行扬弃，在创新性发展中彰显其所蕴含的时代价值。新时代的绿色发展，对传统生态文化思想在很多方面进行了超越，如人与自然是生命共同体，坚持人与自然和谐共生，绿水青山就是金山银山，都是对"天人合一""道法自然"理念的创新性发展，奠定了新时代绿色发展的哲学基础；像对待生命一样对待生态环境，像保护眼睛一样保护环境，是对"万物平等"生态伦理思想的创新性发展，为实现绿色发展提供了价值导向；保护生态环境就是保护生产力，改善生态环境就是发展生产力，要给自然生态留下休养生息的时间和空间，倡导简约适度、绿色低碳的生活方式，是对"取用有节"生态保护思想的创新性发展，为实现人与自然和谐共生提供了绿色生活与绿色消费的支持；用最严格的制度和最严密的法治保护生态环境，是对山川林泽"以时禁发"环境管理思想的创新性发展，为绿色发展提供了最可靠的保障。推动绿色发展，就是要运用好传统生态文化的思想和智慧，从现实出发，创造性地解决人类需求的无限性和自然资源的有限性之间的矛盾，为人类的永续发展找到一条新的道路。

---

① 习近平在十八届中央政治局第十三次集体学习时的讲话。

绿色发展理念是皖江文化发展重要指针

汪 冰 金 迪

摘 要：绿色发展理念是中国共产党在对当今全球环境现状和我国现实国情的深刻把握基础上提出的治国理政新理念，它既体现中国古代天人合一、道法自然等朴素的生态自然观，又反映出经典作家马恩的生态思想，同时也吸收了西方生态学马克思主义思想，其对于我们最终实现皖江文化的永续发展具有十分重要意义。

关键词：绿色发展理念；生态文明；皖江文化

习近平同志在党的十八届五中全会上，首次提出绿色发展理念并把它作为"十三五"乃至更长时期内我国经济社会发展的一个基本理念。这是中国共产党在新的历史条件下在对经济社会发展规律的深刻认识和把握后提出的治国理政新理念。理念是行动的先导，因此，研究其理论依据和现实必然性，对于我们在皖江文化生态文明建设实践中更好地贯彻落实这一理念具有重大意义。

一、绿色发展理念的理论依据

绿色发展理念是一种新理念，它既体现中国古代天人合一、道法自然等朴素的生态自然观，又反映出经典作家马恩的生态思想，同时也吸收了西方生态学马克思主义思想。其理论依据有以下三个方面。

1. 中国古代朴素的自然观是绿色发展理念提出的思想渊源

我国古代很早就提出了天人合一的思想。如老子提出的道法自然，"人法地，地法天，天法道，道法自然"（《道德经·道经第二十五章》）。庄子提出的民胞物与，"天地与我并生，而万物与我为一"（《齐物论》）。儒家提出的性天相通，"能尽人之性，则能尽物之性；能尽物之性，则可以赞天地之化育；可以赞天地之化育，则可以与天地参矣"（《中庸》第二十二章）。还有张载提出的辅

作者简介：汪冰，安徽外国语学院副教授；金迪，中共合肥市委党校副教授。

相参赞，"乾称父，坤称母；予兹藐焉，乃浑然中处。故天地之塞，吾其体；天地之帅，吾其性。民，吾同胞；物，吾与也"（《西铭》）。

这些论述都闪耀着天人合一的思想智慧，其把人与天地万物看成是一个相互联系的有机整体，认为它们都是由同一宇宙本源所创生的，都是有生命的存在物，相互之间处在一种血肉相依的生态联系中。人类源于自然、顺其自然、益于自然、反哺自然。人类和自然应该共生、共处、共存、共荣。因此，人类为了自己的生存和发展，为了实现自己的生命价值，也必须保护自然生态环境，善待宇宙万物。

2. 马克思主义生态思想是绿色发展理念提出的基本遵循

马克思和恩格斯在生态环境方面做了许多论述，其思想主要包括以下两方面。

（1）人和自然之间的物质变换是人类生活得以实现的永恒的必然性。马克思在《1844年经济学哲学手稿》中写道："自然科学却通过工业日益在实践上进入人的生活，改造人的生活，并为人的解放做准备，尽管它不得不直接地完成非人化。工业是自然界同人之间，因而也是自然科学同人之间的现实的历史关系……在人类历史中即在人类社会的产生过程中形成的自然界是人的现实的自然界；因此，通过工业——尽管以异化的形式——形成的自然界，是真正的、人类学的自然界。"马克思认为，劳动是人和自然之间物质变换的过程，人通过劳动把人的身体力量释放给自然，并把自然的力量转化为人身上的力量。劳动创造了人类，劳动也推动了人类的发展。

（2）人与自然在互动中可持续发展思想。马克思认为："自然界起初是作为一种完全异己的、有无限威力的和不可制服的力量与人类对立，人们同它的关系完全像动物同它的关系一样，人们就像牲畜一样服从它的权力。因而，这是对自然界的一种纯粹动物式的意识。"（马克思《德意志意识形态》）但是，随着人类物质生产实践水平的提高，人与自然不断走向统一，即"人与自然的统一性"。（马克思《德意志意识形态》）如果无视自然界相对于人类社会的根源性和整体性，那必将使人类遭到自然的报复，"我们不要过于得意我们对自然界的胜利。对于我们的每一次胜利，自然界都报复了我们。每一次的这种胜利，第一步我们确实达到预期的结果，但第二步和第三步却有了完全不同的意想不到的结果，常常正好把那第一个结果的意义又取消了"（恩格斯《自然辩证法》）。

当前，我们党提出的绿色发展理念与马克思主义的生态思想是一脉相承的。也就是把自然看作一个有机的整体，人及社会是自然的一部分，人类的一切活动最终都必须服从整体的自然规律。只有充分认识自然、尊重自然和保护自然，与自然和谐相处，人类才能做到可持续发展。

3. 西方生态学马克思主义思想是绿色发展理念提出的重要参考

"生态学马克思主义"是产生于20世纪70年代西方资本主义世界的绿色运动，并在20世纪80年代末90年代初逐步趋于理论成熟。它提出了一整套以维护生态平衡为基础，以满足新兴需要为目标，人与自然和谐发展的未来社会理论，并试图寻找一条通向生态社会主义现代化的现实道路。主要代表有威廉·莱易斯的《自然的控制》和《满足的极限》，本·阿格尔的《西方马克思主义概论》，安德烈·高兹的《作为政治学的生态学》《资本主义、社会主义和生态学》，大卫·佩玻的《生态社会主义：从深生态学到社会正义》和格仑德曼的《马克思主义与生态学》等。其重要思想主要是，人与自然是辩证统一的历史过程。一方面，人与自然是不可分离的，它们各自通过对方来规定自己、展现自己；另一方面，它们又是互相渗透、互相作用的，人类作为自然界整体的一部分，必须服从它的内在规律，必须承认外部自然或第一自然的优先性，但是同时人类又可以作用于它所产生的第二自然。

在"生态学马克思主义"看来，强调人类的生存和发展的需要在生态系统中的中心地位，同时也并不否认自然生态系统内其他自然存在物同样有它们各自的生存和发展的要求。如格仑德曼等人认为，包括人类在内的自然界是一个完整的有机系统，它的整体性决定了人类利益与自然利益的统一，人类保护自然、维护生态系统的完整性同维护人类自己的生存权是一致的。提出以生态保护为宗旨的理性，即生态理性。只有消灭那种仅仅坚持经济理性的资本主义生产方式，建立坚持生态理性和经济理性统一的社会主义生产方式，建立新型的生态社会主义社会，才能彻底解决好生态危机，实现人与自然发展的双赢。

因此，协调好人与自然之间的关系，处理好社会经济发展与生态保护的关系，实现人与自然的和谐发展等思想，对于我们提出的绿色发展理念具有重要的启迪作用和借鉴意义。

二、皖江文化生态环境现状分析

安徽省位于中国东南部，简称皖，地处中国东部，位于东经114°54′至东经119°37′、北纬29°41′至北纬34°38′，紧靠以上海为中心的长江三角洲经济区，是临江近海的内陆省份，五大淡水湖之一的巢湖横卧江淮中部，境内山河秀丽、物产丰富、稻香鱼肥、江河密布。安徽跨长江、淮河中下游，长江流经安徽段俗称"八百里皖江"，以长江、淮河为界，形成了淮北、江淮、江南三大地域。东连江苏、浙江，西接湖北、河南，南邻江西，北靠山东。安徽地形呈现多样性，全省分为五个自然区域：淮北平原、江淮丘陵、皖西大别山区、沿江平原以及皖南山区。长江流经安徽南部，境内全长416公里，淮河流经安徽北部，境内全长

240 公里。独特的自然环境是形成独特文化的重要条件，所以皖江文化是有山有水的文化。

在中国的古诗词中，唐朝大诗人李白写道："众鸟高飞尽，孤云独去闲。相看两不厌，只有敬亭山。""天门中断楚江开，碧水东流至此回。两岸青山相对出，孤帆一片日边来。""绝壁临巨川，连峰势相向。乱石流洑间，回波自成浪。但惊群木秀，莫测精灵状。更听猿夜啼，忧心醉江上。"岳飞笔下的皖江是这样的："经年尘土满征衣，特特寻芳上翠微。好水好山看不足，马蹄催趁月明归。"明朝文人胡缵宗眼中的安庆是这样的："青山下碧流，江树引舒州。千里轻帆外，层层见水楼。"这些古代文人墨客们对皖江地区的自然美景的赞叹也充分体现了皖江文化的优良的生态环境——绿水青山。

改革开放 40 年来，皖江地区经济和全国经济发展一样，取得了举世瞩目的巨大成就。但与此同时，经济建设与生态环境之间的矛盾也日益突出，长期以来形成的粗放型的经济结构、能源结构和交通运输结构，对生态环境造成很大的影响。资源紧缺、环境污染、生态失衡等问题已经严重阻碍了经济社会持续稳定健康发展。

当前的一段时间内，皖江地区的生态环境承载力、环境容量对粗放式经济发展仍有一定的承受空间，虽然各地在政策层面对生态文明的响应较为积极，但环境保护仍以行政手段为主线，尚未完全转化为企业和公众的自觉行动。根据2017 年安徽省环保厅发布的《2017 年安徽省环境状况公报》来看，皖江地区环境质量改善的力度、程度和进度与群众的要求仍有较大差距。

以水污染、大气污染为例，2018 年 3 月 27 日至 29 日，新华社联合安徽省环保厅对池州市贵池区前江工业园区进行暗访，发现该园区部分企业非法将工业固体废物堆放长江岸边。经查，两处现场堆放固体废物约 6.05 万吨，其中有异味的约 0.8 万吨，未采取防扬散、防流失、防渗漏"三防"措施的约 1.45 万吨。[①]全省空气质量还没有达到国家环境空气质量一级标准；PM 2.5 的指标完成得不理想。[②] 由此可见，蓝天保卫战还任重道远。

三、皖江实施绿色发展战略举措

早在 2002 年，联合国开发计划署在《2002 年中国人类发展报告：让绿色发展成为一种选择》报告中就提出绿色发展的概念。现在，中国共产党已经把绿色发展上升到战略高度并把它系统化，让绿色发展理念成为治国方略，切实融入

---

① 安徽日报，2018-04-07.
② 2017 年安徽省环境状况公报.

经济、政治、文化、社会建设各方面和全过程。因此，皖江在实施绿色发展战略中，要牢固树立绿水青山就是金山银山的意识，坚持节约资源和保护环境的基本国策，明确走向生态文明新时代，建设美丽安徽的奋斗方向。

1. 牢固树立绿水青山就是金山银山的意识

习近平同志说："绿水青山就是金山银山。""既要金山银山，又要绿水青山。""绿水青山既是自然财富，又是社会财富、经济财富。""保护生态环境就是保护生产力，改善生态环境就是发展生产力。"① 这些生动形象的重要论述，深刻阐明了经济发展与环境保护的辩证关系。

唯物史观告诉我们，自然环境是人类社会发展的重要条件，良好的自然环境能够促进生产力发展。现在的状况是自然环境阻碍生产力发展了，所以我们必须改善生态环境使之与生产力相适应，从而促进生产力发展，保护生态环境就是保护生产力，改善生态环境就是发展生产力。要在全社会普及绿色发展理念，树立"绿水青山就是金山银山"的发展理念，树立非绿色消费就是增加自身健康成本、绿色消费就是提高健康效益的消费理念，倡导绿色生产生活方式，更加自觉地推动绿色发展、循环发展、低碳发展，绝不以牺牲环境为代价去换取一时的经济增长。

2. 坚持节约资源和保护环境的基本国策

2013 年 5 月 24 日，习近平总书记在主持中共中央政治局就大力推进生态文明建设进行第六次集体学习时强调，节约资源是保护生态环境的根本之策。要大力节约集约利用资源，推动资源利用方式根本转变，加强全过程节约管理，大幅降低能源、水、土地消耗强度，大力发展循环经济，促进生产、流通、消费过程的减量化、再利用、资源化。

坚持走循环发展、低碳发展的路子。循环发展就是通过发展循环经济，提高资源利用效率，其基本理念是没有废物，废物是放错地方的资源，实质是解决资源可持续利用和资源消耗引起的环境污染问题；低碳发展就是以低碳排放为特征的发展，主要是通过节约能源提高能效，发展可再生能源和清洁能源，增加森林碳汇，降低能耗强度、碳强度以及碳排放总量，实质是解决能源可持续问题和能源消费引起的气候变化等环境问题。只有在经济建设和社会发展的各个方面充分考虑自然资源和生态环境承载能力，推动城乡建设和生产、流通、消费各环节的绿色化、循环化、低碳化，大力推进节能减排，实施循环经济，加大环境保护力度，加快生态修复保护，才能有效促进生态文明建设。

---

① 习近平总书记系列重要讲话读本 [M]. 北京：人民出版社，2016.

3. 明确走向生态文明新时代，建设美丽安徽的奋斗方向

习近平总书记指出："走向生态文明新时代，建设美丽中国，是实现中华民族伟大复兴的中国梦的重要内容。"这是实施绿色发展战略的目标方向，它也是随着实践发展而逐渐完善的。2012 年 11 月召开的党的十八大，把生态文明建设纳入中国特色社会主义事业"五位一体"总体布局，首次把"美丽中国"作为生态文明建设的宏伟目标。党的十八大审议通过《中国共产党章程（修正案）》，将"中国共产党领导人民建设社会主义生态文明"写入党章，作为行动纲领；党的十八届三中全会提出加快建立系统完整的生态文明制度体系；党的十八届四中全会要求用严格的法律制度保护生态环境；党的十八届五中全会，提出"五大发展理念"，将绿色发展理念系统化，成为党关于生态文明建设、社会主义现代化建设规律性认识的最新成果。十九大报告中提出，建设生态文明是中华民族永续发展的千年大计。

生态文明新时代，就是实现人与自然协调发展、和谐共生的时代。美丽中国是生态文明建设的目标指向。因此，我们要以绿色发展理念为指针，坚持环境保护优先，积极探索保护好皖江这条"母亲河"的有效路径，通过转型发展、低碳发展、绿色发展，筑牢生态安全屏障，唱响人与自然和谐发展、建设美丽安徽的主旋律。

皖江文化与生态旅游融合发展模式初探

——以皖江池州杏花村文化旅游区为例

陈保平

摘　要：皖江文化与生态旅游融合发展，是皖江地区当前整合城市带和郊区新农村历史文化与生态旅游全面协调发展的一种有效组织模式。依据构建社会主义和谐新农村与当前生态文明建设的发展需求，首先阐述皖江文化与生态旅游融合发展模式及其历史背景；其次结合皖江池州杏花村文化旅游区实际，分析该文化旅游区发展的有利条件，进一步阐释传统文化与生态旅游融合发展的设计原则和内容；最后提出杏花村传统文化与生态旅游融合发展的实践模式和主要对策。

关键词：皖江文化；生态旅游；融合发展；实践模式；对策；杏花村文化旅游区

皖江文化与生态旅游的融合发展，通常是指皖江地区的历史文化与生态旅游产业二者在不断融合与发展过程中所形成的新型文化旅游产业化过程。从党的十六大到十八大，都非常强调要发展文化旅游，促进文化与旅游融合发展，这是党中央做出的重大决策部署之一，也是推动传统文化与生态旅游两个产业转型升级、提质增效的重要途径。历史传统文化与生态旅游经济二者之间的辩证关系为生态保护和文化传承提供了一定的理论基础，结合当前我国新农村建设与生态文明创建热潮中的文化旅游产业化，传统文化与生态旅游融合发展，实际上是在社区或乡村文化面临现代文明和外来多元文化的冲击中再建构的过程，并在这个过程中演化为重新整合农村社区传统文化与生态旅游经济等各类资源的全面协调、和谐发展的一种有效组织模式[1]。传统文化与生态旅游融合发展是一种崭新的生态文化保护与可持续利用的理念和方式，其实践模式的构建是当前传统民俗文化与生态旅游融合发展与实践应用的迫切需要，也是作为解决皖江地区"三农"

作者简介：陈保平，池州学院皖南民俗文化与旅游发展研究院教授。

问题，实现城乡融合、发展乡村文化旅游新的经济增长点[2]。这对于实现皖江地区文化与生态旅游业可持续发展，对于加强该地区的文化传承与生态文明建设均具有重要的现实意义。

一、传统文化与生态旅游融合发展模式与历史背景

（一）传统文化与生态旅游融合发展模式

所谓传统文化与生态旅游融合发展模式，就是指通过弘扬当地的社区（或村社）传统文化，保护该地区的生态旅游环境，整合各类文化旅游与生态旅游资源，同时由所在地的广大民众自觉参与，自主经营和管理，以达到促进当地文化产业与旅游经济可持续发展，提高当地民众物质文化生活与生态文明建设水平为目的的一种新型发展模式。

（二）传统文化与生态旅游融合发展模式的历史背景

国外传统文化与生态旅游融合发展的早期发展模式之一是生态文化村，其最早研究源于生态博物馆。早在20世纪70年代初，作为博物馆学界新概念的生态博物馆在法国诞生了，这是人类社会现代生态环境保护与绿色发展意识不断觉醒，并在博物馆学界和旅游界的实践应用，也是当代文化遗产权和文化遗产诠释权应回归原地和原住民的呼声日益高涨的产物。近40年来，全世界范围内已先后建成了320多座生态博物馆，我国也于1996年与挪威政府合作在贵州六盘水市六枝特区梭戛乡建立了"中国第一座生态博物馆"。此外，我国民族生态文化村建设的倡导者是云南大学尹绍亭教授[3]，1997年，尹绍亭教授就提出在云南省建设民族生态文化村的构想，并获得美国福特基金会的资助，该项目组选择了云南省的5个村作为试点。经过5年多的探索和实践，5个试点村在文化传统文化与生态旅游融合发展方面都取得了丰硕的成果，已有美国、英国、德国、尼泊尔、泰国、日本、法国等国家和地区的学者到云南省与该项目组进行了交流，部分国外学者还专程到试点村进行了参观和考察[4]。

二、皖江池州杏花村文化旅游区概述及其发展的有利条件

（一）皖江池州杏花村文化旅游区概述

皖江池州杏花村文化旅游区，位于安徽省长江下游南岸的池州市西郊，距今已有1300多年的历史，晚唐著名诗人杜牧出任池州刺史时曾写下脍炙人口的《清明》诗："清明时节雨纷纷，路上行人欲断魂；借问酒家何处有，牧童遥指杏花村。"该诗使得地处杏花春雨江南地的杏花村名扬天下，此后，历代文人墨客纷至沓来，饮酒赋诗，寻踪怀古，杏花村十二美景诗文载道，伴随着黄公美酒香飘四海、饮誉天下。《清明》让池州杏花村闻名中外，成为当地享誉中外的历

史文化遗产和重要旅游文化品牌之一。池州杏花村文化旅游区建设已初具规模。杏花村文化旅游区建设主要以史载杏花村旧址为基础，规划区总建设面积约为$35km^2$。如今，池州杏花村文化旅游区建设已初具规模，并以浓郁的历史文化与优美的生态旅游景观受到广大游客的青睐[5]。

（二）杏花村文化旅游区发展的有利条件

1. 地理位置优越，水陆交通便利

杏花村文化旅游区位于我国著名的"长三角"经济开发区和皖南国际文化旅游示范区的"西大门"，并作为皖江城市带和皖南国际文化旅游示范区的核心园区之一。从水陆交通来看，该文化旅游区紧临长江"黄金水道"和安宁高铁、沿江高速公路以及318国道，附近建有长江旅游港口和九华山国际旅游机场，水陆交通十分便利。此外，杏花村文化旅游区拥有"长三角"和武汉经济区两个巨大旅游客源市场，以池州为中心的"一小时经济圈"主要覆盖安庆、铜陵、宣城等地市，"两小时经济圈"覆盖芜湖、马鞍山、合肥、黄山、南京、九江、景德镇等城市，客源腹地基本上囊括了整个皖江城市带的核心区和"长三角"的部分地区，覆盖周边近1亿的人口，拥有1000余万人的有效旅游消费人口，旅游市场优势明显，发展潜力巨大。该文化旅游区先后被列入国家级农业科技示范园区核心区、皖南国际文化旅游示范区核心区、省级重点扶持文化产业示范园区，并被评为国家水利风景区、省级文化产业示范基地、省级湿地公园等称号。

2. 历史文化厚重，生态旅游资源丰富

首先从池州杏花村的历史文化来看，这里古代处于吴头楚尾，吴楚文化与我国南北传统文化互相交融，使得这里的历史文化比较丰富和厚重。一方面，池州市作为我国第一个国家级生态经济示范区，同时享有"千载诗人地"的美誉。地处吴头楚尾，北望合肥，东邻南京、上海，南接黄山，西眺江西匡庐，这一独特的地理位置造就了池州独特的区域文化，吴侬软语、三楚情思、中原雄风在这里融汇流转，孕育了一代代文人骚客、俊才名流。另一方面，池州设州置府具有1300多年历史，晚唐杜牧、北宋包拯先后任过池州刺史、知府。唐代诗人李白曾五游秋浦河，三上九华山，留下45首不朽诗篇；石台县杜村是晚唐诗人杜荀鹤的故乡；杜牧的《清明》一诗，使十里杏花村名扬中外。

其次，池州杏花村及其附近地区的文化资源和生态旅游资源比较丰富。这里有以佛教著称的古庙、古塔、古民居、古牌坊、古墓葬；有历代文人墨客、游士留下的大量遗迹与诗歌；有中外闻名的池州十里"杏花村"，有一定的考古、科研和寻幽价值；附近还有齐山、万罗山、九华山、牯牛降、仙隅山、舜耕山、碧山、大王洞、蓬莱仙洞、秋浦河、清溪河、昭明钓台、太白钓台、升金湖、平天湖、月亮湖、十八索、九华天池等生态旅游景区或景点。在这里已发现的古文化

遗址，主要有新石器时代的七星墩遗址、团山泡遗址，著名的石刻和碑刻主要有万罗山石刻、齐山摩崖石刻、钓鱼山石刻、宝胜寺碑刻等。

杏花村文化旅游区始终坚持"绿水青山与金山银山有机统一"，不断加快建设步伐。累计投入 6.7 亿元资金，努力搞好区内文化旅游基础服务设施与配套设施的建设，大力开展旅游项目的招标与建设，并加强文化旅游品牌宣传、市场营销等重点工作，实现了旅游区持续快速健康发展。目前杏花村民俗体验区基础配套设施完善，生态环境优美，已建成北村口红墙照壁、问酒驿、九杏坛、神农台、唐茶村落、窥园、憩园、百杏园、白蒲荷风、乐耕园等多处重要景点；杏花村民俗体验区于 2015 年 10 月正式对外开放，吸引了国内外众多游客前来参观游览。截至目前，该文化旅游区已接待的国内外游客量突破了 150 万人次。

三、杏花村传统文化与生态旅游融合发展的设计原则和内容

（一）杏花村传统文化与生态旅游融合发展的设计原则

池州杏花村传统文化与生态旅游融合发展，应遵循以下主要原则。

1. 注重环保的可持续发展原则

洁净的旅游环境、良好的生态意识是传统文化与生态旅游融合发展建设的本质，杏花村文化旅游区应重视环境保护工作，既保持经济的不断增长，又保持自然资源合理利用与农业生态的持续发展，使经济发展与人口、资源和环境承载力相协调，促进居民生活条件的改善和生活质量的提高，如提倡生态农业建设，发展环保型生态工业，使人们能吃上放心的、不施化肥农药的新鲜水果和蔬菜等绿色食品[6]。

2. 明确主题，突出特色原则

以生态文化为主题，在特色农业和"田园味""民俗风格"上多做文章，形成鲜明的个性特点，使游客能充分领略"采菊东篱下，悠然见南山"的田园情趣，而不是城市旅游的延续和重复，与此同时还要吸取各地建设生态文化村的有益经验，避免低层次、低格调的模仿建设。

3. 经济、社会、文化、生态协调发展原则

通过杏花村生态文化与旅游的融合发展，进一步促进当地生态经济与文化产业的融合发展，在开发过程中要按经济规律行事，既要考虑到投资效益，切忌盲目投资，又要在取得经济效益的同时，努力获得较高的生态效益和社会效益，应控制并适当缩减那些缺乏生态保护的乡镇工业企业盲目上马和建设，避免造成对当地生态环境的破坏[7]。

4. 不断充实生态文化知识、公众参与原则

通过加强当地居民生态环境教育，不断充实人们的生态文化知识，努力培养

公众善待生命、善待自然的伦理观，应大力挖掘地方文化内涵，突出当地民俗传统文化、农耕文化、民居文化、风土人情等。牢固树立"生态环境就是生产力"的生态观，逐步形成崇尚自然、保护环境的意识和循环利用、节能减排、厉行节约的行为规范，营造全社会关心支持传统文化与生态旅游融合发展的良好风气，应设计一系列可供游客参与的生态文化旅游项目，以丰富游客新颖有趣而又轻松休闲的旅游经历[8]。

（二）杏花村传统文化与生态旅游融合发展的设计内容

传统文化与生态旅游融合发展，应以符合维持当地自然生态平衡的生态文化景观和旅游环境资源作为基础，进一步挖掘民间传统民俗文化，最终形成一个良性循环、协调发展的生态经济系统。通过增强广大村民和游客的环保意识，保护好地方文化，发展有益于当地社会经济的文化旅游产业。因此，在其主要设计内容、功能导向、典型项目方面可做出以下设计（表1）。

表1 池州杏花村传统文化与生态旅游融合发展的设计内容与功能项目

传统文化与生态旅游融合发展的分类	主要设计内容	功能导向	典型项目
农业耕作和农耕文化	田地耕作、田园风光、果树与花卉栽植、苗圃维护、牛羊放牧、水产养殖与捕捞、农产品收摘和加工	让游客充分参与、体验农业生产与劳动过程，深入乡村生活，感受劳动乐趣，丰富旅游经历	农田灌溉、水车使用、纺纱织布、老牛耕地、植树种花、牵牛牧羊、车水捕鱼、捉虾抓蟹、采茶摘果、石臼舂米、竹编工艺等
休闲式农业田园风光观赏	休闲式农业自然风光、观赏性农园（果园、茶园）、鱼塘、花卉、植物园	使游客身临其境，感受到真切的"农家乐"等自然情趣和欣赏优美的田园风光	果园或花卉基地、云茶山庄（茶文化）、杏花溪和山村鱼塘钓鱼休闲等
农村居民点与乡风民俗	古镇老街、乡村古民居、现代新型民居、生产民俗、生活民俗、社会民俗、游艺民俗、民族文化探源	营造游客能深入其中的乡村生活空间，了解乡村建筑文化，体验乡村民俗风情	皖南古民居、饮食民俗、服饰文化、傩戏傩舞、青阳腔、目连戏、黄梅戏、花灯戏、罗城民歌、赛龙舟等

（续表）

传统文化与生态旅游融合发展的分类	主要设计内容	功能导向	典型项目
特殊生态文化与旅游景观	以春耕大典、民俗文化展示、非遗文化展演为主题的杏花村文化旅游节，以龙舟嘉年华、绿色生态嘉年华等活动为依托的休闲娱乐旅游	根据具体地理环境营造休闲娱乐空间，以良好的生态环境增强游客爱护环境的意识	佛文化和竹文化、车水捕鱼、农民画、杏花醉雨、养生休闲、梅洲晓雪、唐茶村落、民间刺绣、佛扇佛伞与竹编工艺品展示

四、杏花村传统文化与生态旅游融合发展的实践模式和对策

以生态规划为科学基础、前提条件，本着和谐共生、健康安全、科学求是、永续发展的宗旨，应用生态旅游与文化产业规划等理论作为技术指导，提出CQE人类聚居环境工程体系和景观生态规划设计的三元理论，通过紧密探索与合作，完成池州市杏花村生态文化试点村的规划编制与设计、技术方法确定以及编制内容的落实，有利于建成美丽和谐的新型乡村[9]。

（一）杏花村传统文化与生态旅游融合发展的实践模式

当前国内游客参加率和重游率最高的乡村旅游项目，主要是以"住农家屋、吃农家饭、干农家活、享受农家乐"为内容的民俗风情旅游，以收获各种农产品为主要内容的务农采摘旅游，以民间传统节庆活动为内容的乡村节庆旅游等实践项目。

1. 就地取材的沿河滨溪、依山（岗）傍水发展模式

池州市杏花村位于池州市西郊的秋浦河畔，毗连清溪河，境内有十里山岗和碧清的杏花溪。古时曾有"十里烟村一色红，村酒村花两共幽"的佳境记载，是全国唯一以村建志的村。古时的杏花村，村内茅屋酒帘，亭台楼榭，十里杏花，灿若红霞，是历代仕宦文人赏花沽酒之地。杏花村1987年被列为安徽省首批省级风景名胜区。杏花村古井文化园位于池州市西郊1公里处，交通十分便利，是在杏花村古井遗址基础上建成的新的旅游景点。园区占地面积约为13520m²，主景区由黄公酒楼与井院、酿酒坊、杏花亭、村志馆、焕园等组成[10]。

2. "四赢"的可持续发展模式

所谓"四赢"，即经济效益、社会效益、文化效益、生态效益共赢，具体是

指通过立足于当地的传统文化与生态旅游资源优势以及社会经济优势，大力发展可持续的生态农业和绿色有机食品生产，使得当地村民的物质文化与生活水平得到提高，并取得良好的经济、社会、文化和生态效益。当前处于工业化和现代化农业发展阶段的地区，需要良好的生态环境和充足的自然资源作为保障，自然环境是衡量一个地区"软实力"的重要标志，在区域竞争中起着举足轻重的作用。那些生态环境较良好的地区，就能拥有更多的多元文化和生产要素。因此，良好的生态环境能够成为推动旅游经济发展的引擎。当前绿色发展是经济转型的时势所趋，生态文明是科学发展的重要标志，在那些经济欠发达地区迫切需要从"非此即彼"的"对抗性"思维中解脱出来，寻求一种全新的可持续发展模式。

3. 错落有致的立体综合发展模式

杏花村文化旅游区可根据不同海拔高度，通过采用立体栽种与培植技术，形成错落有致和具有明显特色的立体综合发展模式（表2）。

表2　池州杏花村文化旅游区立体综合发展模式及其生态旅游建设项目

依据地势 （不同海拔高度）	立体综合发展模式	生态旅游建设项目
0～20m	以湖泊、水塘、溪流的设置与观光休闲为主，湖畔可培育荷花、睡莲等水生植物，低洼农田可栽种双季稻，可适当种植垂柳、梨树、桑树等，可体验农耕文化	生态农业、休闲农业、农耕文化等；湖面观鸟、休闲垂钓，欣赏湖畔的木芙蓉和水芙蓉、垂柳、梨花和田园风光、喂养家禽（鹅、鸭等）
21～50m	以杏花树、桃树、桂花树、蜡梅树为主，旱地种植油菜、棉花、玉米、菊花等；经济林主要有杉树、毛竹、马尾松、杜仲树等，行道树为银杏、香樟树、水杉等	赏花（杏花、桃花、油菜花、莲花、桂花、菊花、梅花）、小溪漂流、骑马活动、宗教活动考察等
51～80m	以山地丘陵、岗地利用为主，可栽种黄山松、杨梅树、柿树等，可种植茶树或山茶树、杜鹃、山菊花等，喂养或放牧水牛、绵羊等	生物多样性和茶园观光、赏花（山茶花、杜鹃花、山菊花等）、野生动植物考察、采茶活动等
≥80m	适宜种草发展畜牧业，可保护和营造水源涵养林、山地草甸，放养黄牛、山羊、马等，修建动物园、植物园	登高探险、观看气象景观、考察山地丘陵生态景观等

（二）杏花村传统文化与生态旅游融合发展的主要对策

1. 积极整合多元文化元素，加强传统文化与生态旅游融合发展的科学管理

首先要积极整合多元文化元素，针对杏花村文化旅游区的基本定位和实际需要，加快实现文化与旅游、生态与文化、历史传统文化与现代生态文化、南方文化与北方文化的互相融合，构建特色鲜明的多元文化生态体系。其次，要加强生态文化与旅游融合发展的科学管理，这不但是杏花村文化旅游业可持续发展的需要，而且是社会资金寻求新的投资领域的最佳选择之一，必将成为生态旅游经济的增长点，也为传统的、不够完善的旅游业在 21 世纪提供了一条新的发展途径。建设好杏花村文化旅游区，一方面可以不断增强该区的生态文化旅游特色，进一步拓展旅游空间；另一方面可以为振兴当地农村经济，安排剩余劳动力，提供新的途径，并将产生良好的社会、经济和环境效益。因此，池州市旅游部门及当地有关政府管理部门，应对杏花村文化旅游区给予重视，通过恰当的政策引导，合理开发利用各类资源，使该地区的生态文化旅游产业得到蓬勃发展，并形成以现代观光、休闲农业和生态绿色产业为主导的环保型产业体系，通过进一步强化生态文化市场管理，进而提供生态文化与旅游市场运行的制度保障[11]。

2. 发展观光农业和生态旅游，科学评估，精心设计，制订长期发展规划

要积极发展观光农业、休闲旅游等生态旅游项目，大力推广生态茶园和水果、蔬菜栽培，不断引进新品种，推广使用畜禽共育技术，畜禽免疫技术，中小型水库和精养鱼塘高产、高效技术；开展有害生物综合治理，提高对病虫害的防治率；积极推广立体种植技术，充分利用光能，进行复合生态技术种植或养殖，并利用时差，科学合理地进行间作或轮作，以提高复种指数。要在深入调研和考察的基础上科学地评估当地的文化旅游资源，充分挖掘其潜在价值，要克服主观性，不受狭隘的乡土观念和感情因素的影响；要在调查研究和科学评估的基础上，选择那些文化品位相对较高，既富有特色，又符合市场需求，且交通与经济条件较好的地方发展文化旅游。同时要以生态建设为本，依托当地民俗、民间文化特点，精心设计，让广大游客真正体验传统文化魅力与生态旅游的意义、全身心放松于山水田园之间[12]。

3. 提高当地广大村民的人文素质，注重加强生态环境和生物多样性保护

池州杏花村文化旅游区的建设，不能是"千人一面"，也不能是简单的人造城市公园，应扬长避短，充分突出地方的特色和民俗文化特征，这是旅游活动能够吸引游客的保证，也是旅游经济旺盛生命力之所在。对于那些比较珍贵的观光农业资源，应制定切实可行的开发策略和保护措施，这是一种旅游开发与生态农业相协调、特色开发与环境资源保护相结合的开发方式。与此同时必须加强生态

环境和生物多样性保护，避免破坏当地生态环境的不合理开发建设。在城郊接合部地区，可以适当建设一些生态果园和花卉基地、徽派民居与民俗文化村，通过培育优质果林，建立"农家乐"示范园，发展旅游型观光农业；应建设好秋浦河畔、清溪河畔与杏花溪畔的绿色长廊和各类渔民村寨，以展现当地的风土人情，彰显地方民俗文化特色[13]。此外，在现有的杏花村内道路或新修的人行道两边，应尽早多栽种一些风景绿化树种，如银杏树、香樟树、水杉等。只有在保护当地的生态文化和旅游环境资源的前提下，才能使杏花村的文化与生态旅游产业走上健康、可持续发展的道路[14]。

4. 积极开拓文化旅游市场，重视市场营销，加强旅游基础服务设施建设

杏花村文化旅游区一方面应积极开拓文化旅游市场，重视市场营销，另一方面要加强旅游基础服务设施建设。既要立足于国内客源市场，又要拓展海外客源市场，运用灵活多样的促销方法和手段，通过开展旅游促销活动，不断扩大客源市场的覆盖面，以吸引更多的客源，进而获取更大的经济效益。当前应重视池州及其附近地区的旅游客源市场优势，使其率先成为发展文化生态旅游的有利因素[14]。与此同时，应广开筹集资金渠道，实行比较灵活的经营方式，通过适当引入信贷资金，或以知识、技术与劳工的方式进行投入，来保障杏花村建设所必需的各类建设资金；应从客观实际出发，保证重点文化旅游项目的开发与建设；要大力加强旅游基础服务设施建设，使村内的交通、通信、食宿、休闲、娱乐、购物、文化教育等设施得到不断完善，既能满足现代游客多样化的需求，为人们留下天蓝、地绿、水净的美丽园区，又能将这些服务设施建设与当地的自然环境与历史文化背景有机结合在一起[15]。

综上所述，在当前社会主义新农村与生态文明建设的进程中，一方面要加强保护和弘扬优秀的地方传统文化，并努力实现历史文化与生态旅游经济的协调发展；另一方面，要针对池州杏花村文化旅游区建设的实际情况，通过加强当地的非物质文化遗产保护，尤其是要大力加强对被誉为我国戏曲"活化石"的傩戏与傩文化的保护与研究。与此同时要积极保护和弘扬九华山佛文化、杏花村诗文化，还要妥善保护好当地的历史文物与文化遗迹，通过培育生态文化，构建文明社区与村落，倡导绿色旅游与消费，积极保护并挖掘具有池州地方特色的傩舞与傩戏、青阳腔、目连戏、文南词、九华山民歌、罗城民歌、皖南根雕等传统民俗文化。池州市现阶段要重点建设好杏花村文化旅游区，一方面以杏花村为依托，弘扬诗歌文化；另一方面以傩文化与青阳腔、目连戏、罗城民歌等古老的口头非物质文化遗产为依托，不断丰富当地传统的饮食文化与服饰文化内涵，从而塑造出具有地方鲜明特色的传统民俗文化，并积极探索历史文化与生态旅游融合发展的新模式和新途径。

参考文献:

[1] 董鸣. 文化与旅游深度融合的经典案例 [J]. 当代贵州, 2016 (13): 29-30.

[2] 向云发. 关于民族文化生态村全面协调可持续发展的思考 [J]. 黑龙江民族丛刊, 2008 (1): 70-75.

[3] 尹绍亭. 民族文化生态村云南试点报告 [M]. 昆明: 云南民族出版社, 2002: 19-26.

[4] 杨大禹. 云南民族文化生态村及建筑的保护与建设 [J]. 福建工程学院学报, 2003, 1 (1): 49-52.

[5] 陈保平. 池州市生态经济建设与可持续发展研究 [J]. 池州师专学报, 2002, 16 (3): 40-42.

[6] 殷贤华. 文化与旅游深度融合发展路径 [J]. 重庆行政 (公共论坛), 2016 (10): 13-16.

[7] 季昆森. 发展高效生态农业开发安全食品 [J]. 中国生态农业学报, 2001, 9 (3): 92-94.

[8] 张壬午, 赵土强. 健康安全食品与生态农业 [J]. 农业环境与发展, 2002 (3): 9-10.

[9] 王亚南. 民族文化生态村: 探索乡村社区经济与文化协调发展的新路 [J]. 中国民族, 2002 (5): 20-22.

[10] 向延振. 把丰富的民族文化资源转化成为旅游产业优势 [J]. 湖南社会科学, 2002 (2): 86-88.

[11] 黄萍, 杜通平等. 文化生态村: 四川民族旅游可持续发展的有效模式 [J]. 农村经济, 2005 (1): 106-109.

[12] 韦杨波, 彭恒礼. 论民俗文化开发与民俗文化主体的参与 [J]. 中州大学学报, 2003, 20 (4): 33-34.

[13] 徐铜柱. 西部地区民族文化生态建设的战略选择 [J]. 科学·经济·社会, 2007, 25 (1): 15-18.

[14] 刘家志, 朱海林. 西部民族文化资源的综合开发与产业化的思考 [J]. 思想战线: 云南大学人文社科学报, 2001, 27 (5): 25-29.

[15] 张军占. 地方文化资源产业化开发研究 [J]. 科技经济导刊, 2016 (27): 75-76.

龙潭古寨的生态景观空间研究

胡小兵

摘　要：龙潭古寨拥有具有600年历史的古建筑群，保存完好，具有浓郁的徽派建筑特色，文化底蕴深厚。本文通过实地考察，对龙潭古寨地理生态景观空间开展研究，揭示其所蕴含的人与自然和谐发展的经典内涵。

关键词：龙潭古寨；生态景观；空间

龙潭古寨位于太湖县汤泉乡，深处皖西南大别山区腹地，东与潜山县交界，南和寺前镇相连，西接朱湾村，北面连接岳西。龙潭寨历史悠久，文化底蕴深厚，有建造历史达600余年的胡氏宗祠、龙潭寨古民居群；龙潭寨自然山水资源丰富，环境优良。

龙潭古村落建筑群依山而建，落址于两山之间，地势高且有层次，充分体现出徽派建筑与皖西南民居特色和精湛的建筑工艺。龙潭村落自古文风昌盛，书法与民间小调文化深厚。古寨群地理落址、文化现象体现出明显的徽州文化特色，如徽商文化、风水文化以及以程朱理学为核心的儒家伦理文化。

一、龙潭古寨的由来及其生态空间

龙潭古寨的由来决定其在建筑风格上有自己的特色。三千多米长的龙潭河穿越古寨，随山势起落，蜿蜒曲折。沿河顺山而上，有一口深潭，潭水清澈。深潭之上，50余米高的瀑布顺崖石飞流直下，甚是壮观。在崖壁上，白色岩石（硅含量较高，在岩石里犹如玻璃一般）形成长约5米宽约20厘米，形似蛟龙的图案，古人遂将此3000多米河潭称作"龙潭"。据胡氏家谱史料记载，690多年前，江西发生特大水灾，一位胡姓号涵琏的人，携家带口，背着自己娘亲的骨灰，准备前往现在的岳西境内安家，然而在半途休息之时，发现随身携带的干粮不见了，遂原路折回寻找干粮，路经龙潭之地时，发现此地山水秀美，是个安家

作者简介：胡小兵（1976—），安庆师范大学美术学院副教授。

生活与农作生产的风水宝地，于是决定同家人安居于此地，此人便是龙潭古寨的一世祖诲琏公，之后胡氏家族世代安居于此，并不断繁衍生息，以龙潭河为轴线，在河的两岸构建民居，便有了现在的古民居群，龙潭寨也由此形成。

龙潭古寨在建筑的样式上徽派特色明显，但也有别于徽州其他村落：皖南的古村落大多建在平地上，墙高气势大；龙潭古寨顺狭谷两边有限的建筑空间而建，高低错落，富有立体感与层次感，其建筑以平房为主。建筑结构布局方面，龙潭古寨具有北方移民的凹形住宅的特征，这一特征对龙潭民居建筑产生巨大影响；另外，古寨的建筑又有皖南民居的特色，住宅的大门大多开在中轴线上，由四合房围成院子而形成天井，用作采光与排水。屋顶内侧坡的雨水从四面流入天井，所以在水口布局上产生了"四水归堂"的住宅空间布局。由此看出龙潭古寨建筑空间的风格体现出当地居民对于外来文化的兼收并蓄，体现出本土原始传统与外来文化融合的特征。

龙潭民居建筑

龙潭梯田

龙潭古寨在生态空间上，具有中国传统建筑的特征，背山面水。以两条沿溪的青石小道为主要间架，形成东西向延伸为主的村落巷道系统，村落中的古建筑群多为土木结构，屋顶铺小青灰瓦，屋梁上的木雕、庭前的石雕、墙上的砖雕交相辉映。五座古石桥架于溪流之上，水口园林、巷道、植被十分考究，符合中国传统的枕山、环水、面屏居住理念。龙潭古寨的祠堂、更楼、社屋、牌坊、古桥等公共建筑，反映了不同的功能，讲究"天人合一"，群山环抱，小桥流水，是具有中国传统特色的建筑典范。清代蒋平阶辑《秘传水龙经》中记载："水积如山脉之住……水环流则气脉凝聚……后有河兜，荣华之宅；前逢池沼，富贵之家。左右环抱有情，堆金如玉。"[1]水塘、溪流、水渠、暗沟充分体现建筑之青山绿水、山环水绕、动静相乘、阴阳互济的生态美学思想。

龙潭古寨拥有丰富的自然资源，翠竹、奇花、飞瀑、溪流、陡崖、山色、梯田、峡谷、古寨、石桥、木楼、青石小道等构成了独特的自然景观，绚丽多姿的山色，山水相互映衬等体现出古寨的人与自然和谐发展。"在龙潭古宅，胡氏历经30余代，寨内的人口持续多年稳定维持在500人左右，另外古寨整个山冲内，炎炎夏日非常凉爽且没有蚊虫，由于古寨环山而建，南面是扇子山，北面是烟包山，扇子扇烟熏走了蚊子，这构成了龙潭古寨具有两大奇特现象。"[2]

二、龙潭古寨的人文景观空间

龙潭古寨建筑群聚集而建，形成古寨内的四大特有生态人文景观——胡氏宗祠、皖西南民居及徽派建筑群、名人故居、五福桥，既有徽派建筑特色的共性，每个群落又都有自己的独特一面。

（一）胡氏宗祠

族群大多以亲缘、地缘、宗法相同等的群体聚合在一起，以将我族与"他者"进行区分，形成"凝聚性结构"最后达到文化认同。在中国古村落中，最重要的宗族建筑是宗祠，古人认为："君子营建宫室，宗庙为先，诚以祖宗发源之地，支派皆多源于兹。"[3]（清代《阳宅会心记》卷上"宗祠说"）对于群族而居的人来说，宗祠无疑成为具有纪念碑性的建筑，也是代表宗族社会地位的象征。胡氏宗祠建于清嘉庆六年，坐东北向西南。整个宗祠面宽30余米，进深23米有余，建筑面积达720平方米左右，是一幢保存完整的大型建筑。祠堂主体为三进三开间，两个天井，大堂外大门上檐，所书的"胡氏宗祠"匾额为南京总督张柏林所赠。胡氏祠堂结构巧妙精致，设前堂、后堂、东厢、西厢，有天窗、过廊、门厅等。主体建筑整栋为土木结构，硬山顶，青砖、小灰瓦，屋身石材基础；内部砖雕、石雕、木雕装饰，富丽堂皇；结构主要为五架梁，立柱穿枋，以圆鼓石为基，方格纹石柱门框，卷棚式外廊；雀替、横梁、托斗、斜撑等雕刻有龙、凤、人物、花草、飞禽走兽等图案，外廊布满绚丽的彩绘。砖雕上的亭阁楼台、人物戏文，象征着胡氏家族的显赫地位。祠堂整体结构严谨，古朴气派，雕刻、彩绘工艺精湛，整体完整。祠堂的结构之巧、布局之工、营造之精、装饰之美等富有深层之文化内涵，彰显徽派古民居建筑的艺术典范，具有极高的历史、建筑艺术和学术研究价值。

（二）皖西南民居及徽派建筑群

1. 祠堂屋古民居

此古名居建于清代嘉庆年间，是胡氏家族分支的古民居村落，位于胡氏宗祠西南面10米处山坎下，坐东南向西北，建筑的总面积达1600多平方米，建筑在结构基础上以石条为主，以青砖、土坯砖、木材、小灰瓦等材料为辅。建筑整体结构独特，以老神堂为轴心三面延伸居屋，整体只有一扇朝向西面的小门和一扇朝向北面的两个出入口，户户有巷弄相通，内置天井采光，排水系统齐全，整体结构布局严谨，防盗性能好，整体完好，保存状况较好。

徽派建筑群

2. 转桥屋古民居

转桥屋古民居建于清末，位于五福桥头，龙潭河北岸。由于古山寨人数不断增加，原有老居民的后代向外扩建，转桥屋古民居聚落群由此逐渐形成。这些建筑内容简单，木结构用砖墙维护，石条基础，土坯砖墙，小灰瓦屋面，户户相通，与花屋古民居连成一体。

3. 花屋古民居

花屋古民居位于转桥屋北部，龙潭河北岸。据胡氏家谱记载，该建筑建于道光八年，由胡纶潞老人修建。古民居整体坐西北朝东南，大小房屋 90 多间，居民建筑总占地面积为 1782 平方米，木结构砖墙维护，石条基础，土坯砖墙，小灰瓦屋面，外墙青砖到顶齐沿封火，内置多个采光天井。花屋大堂是一幢三进七开间的建筑，东西两边为厢房，房屋面宽约为 12 米，整个进深 24 米左右，面积约为 290 平方米，屋顶为齐檐马头墙，屋身具有立柱、隔扇门、木板墙、封火山墙，建筑的院门形制为八字形。第一进大门额上挂有木雕阴线刻"文定治徽"，第二进门额上挂有木雕阴线刻"教衍苏湖"匾额，落款："道光八年戊子岁吉旦"，整体民居设计精巧，结构严谨。

4. 老屋古民居

老屋古民居位于花屋东南面，与花屋民居隔龙潭河相望。此建筑建于清朝乾隆年间。整栋建筑坐东南朝西北，大小房屋有 280 多间，建筑总占地面积约为 2475 平方米。建筑以木石结构为主，砖墙维护，石条作基，土坯砖墙，小灰瓦屋面；建筑独特，户户弄道相通。老屋古民居大堂，二进一开间，一个天井，左右为厢房，堂心面宽 4 米，进深 20.8 米，建筑面积为 83.2 米。一进为木板墙，此木板墙设计巧妙，可根据不同需要方便撤移；二进为隔扇门，前檐挑梁有木雕斜撑。

5. 上屋古民居

上屋古民居位于老屋北面，龙潭河北岸，建于清朝末年，总建筑面积为 900 多平方米。民居内容构造简单，建筑以木结构砖墙维护，青石条为屋基，土坯砖墙为主体，小灰瓦屋顶。其中以胡胜高老人居屋较为独特，屋内的彩绘精致，木雕精湛，双石柱大门典雅整齐，阁楼宽敞。

6. 龙潭屋古民居——胡百万故居

胡百万故居位于老屋古民居东北部，龙潭河南岸。该建筑建于清末，大小房屋有 60 余间，建筑面积为 1185.6 平方米，为青砖小瓦木结构，建筑结构简洁整齐。大堂内三进一开间，左右为厢房，外加边屋，有立柱穿枋，木隔扇门，民居和大堂有弄道与过廊相连，内置 5 个采光天井，12 户人家共一扇石柱大门。二扇石柱耳门出入，外观看上去如一户人家。整体布局严谨，设计合理，防盗性能好。该建筑堂心正大门的河心三宝鼎立（升子宝、船篓宝、锭子宝），独特的风水佳境、古老村庄，加上一位巨富商贾，令人深思。

（三）名人故居

名人故居位于龙潭古寨斯家组，建于清代光绪初年。此名人故居是咸丰年八品顶戴的文林郎大学士斯荣卿的故居。此人为官清正，且文武双全、乐善好施。该建筑是一幢上连五、下连五及两厢组成四水归堂屋，大门口有方块石条砌成的五步台阶，精细光滑的木制大门附以漆油加以装饰，精美庄重。房屋屋檐下的挑梁以东西两组图文并茂的木撑和副撑相支，文字与图形都富有中国传统吉祥寓意。西撑上，整撑雕有"鹿鹤盘松"与值日官手提"指日高升"；东撑通花雕有"凤凰穿牡"与值日官手提"天官赐福"的纹样；东西副撑的纹样为"草圈盘寿"。第一重门的梁枋匾额为"富润长春"四个大字，天井以方块石条砌成，排水流畅。上堂门用八块精雕的厅门拼装而成，厅门的上段以拼花构图，中间的两边镶有精雕花块——蝙蝠展翅，在中块镶以"八仙过海，各显神通"的木雕。正堂内的几案正中立放着"天地君亲师位"牌位，两边有中间高两边低一字排开

斯荣卿故居

的列祖列宗的位牌，每个牌位两边雕有精致的龙凤图形。

（四）五福桥

五福桥建于清代中期，位于龙潭古寨的山寨口，呈南北向，架在龙潭河上，是龙潭寨居民与外界联系的唯一通道。根据胡氏族谱记载，该桥为胡公尚多老人修建，尚多公为解乡亲出入涉河不便之苦，率五个儿子（大福、二福、三福、四福、五福）筹钱建起这座石拱桥，故取名"五福桥"，至今有300多年历史。五福桥为单孔石拱桥，桥身由大小不一的梯形石块镶砌，桥面用长短不一的方块石板铺砌，护栏用长方块石条垒砌，以重量保稳定。桥长10米，面宽3米，桥面距河床约为5米，桥面厚约为1.2米，基墩为天然巨石，建筑占地面积约为30平方米，古朴坚固。桥的两侧绿树成荫，桥下龙潭溪水潺潺，这一动一静构成龙潭古寨的一幅独特的画面。

三、龙潭古寨人居的文化空间

"文化空间"属人类学范畴，有诸多的概念界定，在此不一一赘述。刘魁立先生认为："根据同一性质的区域文化特点，选定传统文化保存相对完整，在生产方式、生活方式和观念形态等方面具有一定代表性，在价值观、民间信仰以及诸多具体的文化表现形式方面具有突出特点的人群聚居空间。"[4] "文化空间的范围小至村落社会，大至区域社会，其存在除了地理空间的聚落形态之外，更侧重文化意义上的空间概念，亦即它既能够反映某一社群世代相传的、与其生活密切相关的文化表现形式，又是社区民众在历史的演变过程中形成的认同纽带和认知空间。"[5] 由此，文化空间可以以共同的信仰与文化认同等概言之。胡氏与斯氏两个宗族长期生活于龙潭古寨，在此聚居环境下长期形成的文化认同、宗法信仰等自然代代相传，这种文化认同与宗法信仰分别体现为风水观念、山水自然敬畏、文风昌盛的文化意识等。

建筑风水带有迷信的色彩，但也内含一定的科学性。王其亨先生的《风水理论研究》对背山面水模式的聚落选址做了详尽解释："背山可以阻隔冬季之寒流；面水可以吸收夏季之凉风；朝阳可以赢得充足阳光；近水可以方便汲取生活用水……"[6] 作为传统的古村落，龙潭古寨幽居于扇子山与烟包山之间，龙潭河穿村而过，在哲学文化层面，将中国传统哲学中的道家"气论"、儒家的"天人合一"、阴阳与五行等思想融为一体。晋人郭璞《葬书》："气乘风则散，界水则止，古人聚之使不散，行之使有止。"[7] 清《阳宅集成》云："阳宅须教择地形，背山面水称人心。山有来龙昂秀发，水须围抱作环形。名堂宽大斯为福，水口收藏积万金。关煞二方无障碍，光明正大旺门庭。"[8] 龙潭古寨与中国其他的古村落有相似之处，择山傍水而居，趋吉避凶。

古寨风景优美

古寨民居追求山水意境

风水信仰在古寨中的推崇是潜移默化的，他们认为：山主贵，水主财，水能旺财，养鱼蓄气。山可以庇佑村民使其不受恶劣环境影响，水象征着财富与宗族人丁的祸福兴衰。因此，水口对于龙潭古寨来说，非常珍贵。龙潭河被视为村落之瑰宝，家家厅堂门前皆有天井用以储水，修建明沟暗渠用于排水，使得村落的水系不断循环，整个龙潭古寨获得福祉与兴盛不衰。龙潭古寨重视山水风水的建设，崇尚自然，从环境空间层面而言受儒家"天人合一"自然观影响，人是自然的一部分，须融于自然。古寨人素以此为主导，敬畏自然，在现代工业化大力发展、污染严重、雾霾横行环境下，向世人呈现出青山绿水的优美画卷。

龙潭古寨在建筑环境空间追求与自然相谐的风水文化同时，亦追求一种山水的意境空间。古寨一向重视程朱理学的封建伦理文化、徽商文化与山水自然的风水文化等，这样的重商崇文的氛围使古寨的商人与文人占有一定的比重，懂得如何营造优雅宁静的聚居生活环境空间。依山而建的高低起落且富有立体感的民居群落，随山势形成的梯田，加之古村落的小青灰瓦（用于中国传统的民居建筑之上，体现出一种素雅、厚朴、宁静之美）、木质构件、土基墙面等建筑元素与自然山水，随四季颜色不同，相互启迪与映照，加之山间雾气与居民生火时的炊烟袅袅，构筑了一幅绿水青山、小桥流水式的山水空间与"山深人不觉，全在画中居"天然山水诗画。

赫伯特·里德曾就艺术评论道："艺术总是象征性的对话，一旦没有了象征，也就没有了对话，也就没有艺术。"古村落建筑作为一种艺术形式，与其他艺术形式一样，融象征性与音乐性于一体，蕴含着特定时代的文化精神，在空间布局与地理选址上均表现出和谐美的性质。象征性在中国传统文化中，是约定俗成的心理语言，将自然对象人化，加以形式化，从而使其具有伦理色彩。中国建筑文化，亦具有独特的象征文化空间，这表现在建筑的台阶与开间为单数等，这一点在前面龙潭古寨的人文景观分析得到验证。象征性使传统建筑具备独特的精神文化空间，在历史的进阶中，使古村落民居体现出极强的纪念碑性的价值。龙潭古寨纪念碑性的价值在于储存记忆、构造历史，通过建筑自然图像将信息传递给后人，实现生者与往者的交流。

综上所述，生态景观是个复合生态系统，包含了地理空间格局、水口园林、气候条件等自然景观和文化、历史、社会人口、风俗等人文景观。作为重要的文化遗产，龙潭古寨独特的地理位置与空间布局、丰富的旅游资源都具有鲜明的特色，是一个值得进一步探讨的课题。

参考文献：

[1] 蒋平阶辑订，李峰整理. 祕传水龙经 [M]. 海口：海南出版社，2003.

[2] 刘沛林，董双双. 中国古村落景观的空间意象研究 [J]. 地理研究，1998（17）：33.

[3] 刘魁立. 文化生态保护区问题刍议 [J]. 浙江师范大学学报（社会科学版），2007（3）.

[4] 刘朝晖. 中俄非物质文化遗产保护比较研究：基于文化空间的分析视野 [J]. 中南民族大学学报（人文社会科学版），2010（1）.

[5] 王其亨. 风水理论研究 [M]. 天津：天津大学出版社，1992.

[6] 郭璞等. 葬书 [M]. 北京：华龄出版社，2012.

[7] 姚迁銮. 阳宅集成 [M]. 北京：中医古籍出版社，2010.

小三线建设与沪皖人民互助

刘　洋

摘　要： 20 世纪 60 年代中后期上海奔赴皖南山区进行三线建设，前后历时 24 年，数万青年职工将青春热血留在了大山深处。他们在进行生产建设的同时也竭力支援当地农业的发展，皖南政府和人民也根据自身优势积极配合、支持三线建设。24 年共同奋斗，沪皖人民结下了深厚友谊，建立了稳固的工农联盟。后由于国家经济策略的调整，1985 年起上海将三线企业无偿移交给安徽，促进了接收地经济的快速发展，三线建设也宣告终结。文章将依据沪皖两地现存档案资料，分析两地人民如何建立友谊、发展工农联盟，望能对当前的城乡建设有些许启示。

关键词： 三线建设；工农联盟；中西医结合；"双抢"运动

20 世纪 60 年代中叶，上海遵从国家战略调整计划，在安徽皖南山区建立自己的后方小三线，前后历时近 24 年，其间为了小三线事业的发展，大量上海职工随工厂一起迁入皖南山区深处。据 1984 年统计，上海在皖南的职工及其家属合计 73000 余人。目前关于上海小三线的研究成果颇多，李云在《上海小三线与皖南地方关系研究》①　介绍了三线建设时期，上海方面对皖南地区人民在电力、交通、医疗卫生、物资方面的支援以及上海职工帮助当地人民进行农业生产的友谊；同时也涉及两地人民在例如征用土地、生活方面发生的一些矛盾。陈熙在《落地不生根：上海皖南小三线人口迁移研究》②　中认为：数万名上海职工奔赴皖南山区进行国防建设，虽然经历 24 年风雨，但是他们大多都是因为政治动员而迁移至小三线企业的，当政治条件改变大多数上海职工便纷纷要求返回上海，体制和出身的差距使大多数上海职工始终未能在皖南落地生根。上海在皖南小三线建设特别是后期无偿移交给皖南当地政府，对小三线所在城市的经济发展产生

作者简介： 刘洋，安徽师范大学历史与社会学院 16 级中国史硕士研究生。

①　李云：《上海小三线与皖南地方关系研究》，《安徽史学》（合肥），2016 年第 4 期。
②　陈熙在：《落地不生根：上海皖南小三线人口迁移研究》，《史学月刊》（开封），2016 年第 2 期。

一定的推动作用，有力地改善了当地的工业基础，为其经济快速发展奠定了基础。段伟在《安徽宁国"小三线"企业改造与地方经济腾飞》[①] 中介绍：宁国共接收小三线企事业单位 14 个，宁国市改造利用接收企业后产生了极大的经济效益，充实了宁国的工业基础，促进了当地社会经济的发展。虽然皖南小三线主要由上海人民建设和发展，但三线职工在工厂建设初期与皖南当地人民共同努力，两地人民也结下了深厚的革命友谊。总的来说，建设初期是两地人民为革命建设努力的艰苦时期，文章将就这一时期他们之间发生的故事展开论述。

1964 年 5 月，毛泽东在中共中央政治局常委会会议提出两个问题，其一是对第三线建设注意不够，表示"最近这几年又忽略'屁股'（基础工业）和后方了"[②]。根据毛泽东的讲话精神，中央决定新建国防工业要坚决执行"靠山、分散、隐蔽，有的国防尖端项目要进洞"的方针，其他项目要"大分散、小集中，不建集中地城市，多搞小城镇"[③]。1965 年 5 月 6 日，上海向中央做出书面报告，表示将以皖南黄山和浙江天目山一带作为上海的后方基地；该年 10 月上海成立后方建设领导小组，皖南小三线的建设徐徐展开。

一、工农联盟的初步建立

上海在皖南后方基地分布在今黄山市、池州市、宣城市等 12 个市县，前后共迁建企事业单位 80 个。小三线迁建工厂不可避免地要占用农民的田地，当时生产力低下，农民除种植业外鲜有其他的收入，因而企业选址时尽量注意避免占用农田。在迁建伊始，上海三线领导小组做出指示：三线建设要重视支援农业，促进农业的发展，在可能的条件下，供水、排水、供电工程的建设，要兼顾农业的需要；少占农田，不占高产田；尽量不让农民搬家；组织家属参加农业劳动[④]，减轻当地政府和农民的负担。迁建工厂虽然以占山地和荒地为主，但仍侵占了农民部分农田。据 1970 年统计，仅在徽州专区（今黄山市）共征土地 2921 亩，其中水稻田 1192 亩。徽州地区以丘陵山地为主，本就地少人多，粮食紧张，但当地农民为了支持三线建设，积极配合土地征用工作，有的生产队甚至将土地基本上献于三线建设，如井冈山厂所在地旌德县孙村公社后塘大队上庄小队 25户 138 人，原有水稻田 118 亩，被征用了 47 亩，还偿用了 20 亩；联合机械厂所

① 段伟在：《安徽宁国"小三线"企业改造与地方经济腾飞》，《当代中国史研究》（上海）2009 年第 3 期。

② 中共中央文献研究室编：《毛泽东年谱》第五卷，北京：中央文献出版社，2013 年版，第 358 页。

③ 周明长：《三线建设与中国内地城市发展（1964—1980）》，《中国经济史研究》（北京），2014 年第 1 期。

④ 《全国迁建工作会谈纪要（草稿）》，1965 年 9 月，档号：B103-3-586，上海市档案馆馆藏。

在地宁国霞西公社强联大队第一生产队，征地后平均每人只剩下三分地。① 皖南地区不仅是农民积极配合上海方面的征地工作，徽州地委和专区为小三线建设专门召开市级领导会议（包括专区及其下属的县、公社、大队四级干部大会），明确指出上海方面需要什么地方，当地就给予什么地方，且不允许讲条件。② 皖南当地政府更是简化审批程序，有时甚至是在手续不全的情况下支持上海的征地建厂工作。红星木材厂1970年基建时，征用土地手续没有完全办妥，需要征用（旱）荒地80.17亩，经当地队、社、县地革委等同意征用后，该厂专门派人去合肥办理征地手续；但省民政劳动局不同意征用，主要原因是该厂基建当时没有市级机构的批文，手续不全；本不予办理，后来省劳动局考虑到这些地是507项目配套急需，经再三协商，先同意征用35市亩，其中尚有45.17市亩至1972年仍没有办好手续，但为了三线建设的需要，当地政府也默认了红星木材厂对土地的实际使用权，而征地手续至1972年底才在当地政府的催促下方才补办齐全。③

　　皖南小三线是上海遵循国家备战决策从1965开始实施的迁建工程，至1983年底，上海在皖南山区的工厂、职工宿舍及其他设施共计占地927万平方米，建筑面积为235万平方米（其中生产面积为101万平方米）。④ 上海方面对工厂建设多采取包建的形式，由上海的施工团队到预定厂址进行施工建设。但是当时生产力水平较低且皖南地区距离上海较远，施工团队很难带来大量一线员工到皖南进行施工，因而施工建设阶段员工不足成为亟待解决的问题。皖南地区作为迁建地，为了支援上海三线建设，主动动员选址地附近的农民参加三线的施工建设，皖南特意组织两支约400人的建工大队和大量的民工参与建设；在抢建507工程时，派出6个民兵团和副业队合计约1.5万人参与建设。在基建时期，上海团队主要负责指挥、设计和重大的工程建设，而皖南民工参与码头、公路、水沟、房屋等基建工作，为小三线建设的快速开展付出了大量的汗水，做出了重大贡献。皖南人民参与建设，不仅仅是为了几毛钱的工资，他们是怀有革命热情而投身于三线的基建工程的。在修筑险峰公路时，老贫农王金生膝盖受伤，坚持不下火线，经再三劝说，才离开工地；可是第二天清晨又派他的儿子从20里路外赶过

---

① 《上海市劳动局革委会关于"812"指挥部需要安排征地农民的情况调查》，1970年3月，档号：B127-3-119-3，上海市档案馆藏。

② 中共上海市委党史研究室编：《口述·小三线建设》，上海：上海教育出版社，2015年版，第114页。

③ 《红星木材厂革命委员会关于补办征用土地的请示报告》，1972年10月，档号：B68-2-10-51，上海市档案馆馆藏。

④ 《中共上海工业党委、经委、国防科工办对上海小三线调整的请示、报告》，1984年7月，档号：B246-4-787，上海市档案馆馆藏。

来接手他的工作。险峰厂在沪皖两地人民日夜赶工的情况下，6 个月内完成了全部土建工程，其间更是两个月完成了一条 3 公里长、65000 土石方，劈开 18 米高山的公路。① 皖南人民不怕艰辛、不怕牺牲，把革命热情奉献于三线建设之中，据统计：仅协同、联合、协作三厂的建设过程中牺牲的农民就达 11 人之多。两地人民的携手奋战，确保了三线建设的快速发展，同时沪皖人民为国家建设而结下了深厚情谊。

二、巩固与发展

（一）革命精神教育

上海三线厂职工在艰苦的大山深处进行国家的备战攻坚任务，同时国家还要求他们进行三线建设时要支援当地农业，注意工农团结、巩固工农同盟，因此，上海有关领导结合锻炼职工精神意志和巩固工农同盟的目的，与地方政府共同对来皖上海人员进行革命再教育。三线各厂首先组织本厂的男女职工进行适应山区生活的长途野营训练：如光明厂参加野营训练共有 81 人，其中女职工为 25 人，行程共计 285 公里；燎原厂参加野营训练共有 63 人，其中女职工为 27 人，行程共计 250 公里；光辉厂参加野营训练共有 72 人，其中女职工女为 26 人，行程共计 227 公里。在整个野营训练的过程中，三线各厂职工的日常生活多依靠沿途村民。沿途村民热情接待，他们为三线职工生火、点灯、送被子、送菜、买米；并称赞他们是国家的好工人，是响应国家号召而来的。当地人民也结合自身实际经历，对三线职工进行革命精神再教育，老农忆苦思甜，老党员讲革命斗争史。经过教育，三线职工也深有感触，在更加坚定革命建设意志的同时，也决心向当地人民学习，相互帮助。② 在野营的训练过程中，三线职工也主动帮助村民，为当地人民做好事，医病、挑水、打扫卫生、理发等，主动向村民大力宣传毛泽东思想，并开办工农联欢会以增加友谊。其中一次在石川村夜宿时，几个女职工洗东西，不慎把一块肥皂同肥皂盒一起掉到井里，而全村只有两口井，几十户村民和三线职工们都靠这两口井吃水、用水。为了不影响村民的饮用水和工农关系，在当地人民劝阻无效的情况下，9 名职工互相协作，几个人争先恐后地脱去衣服，不顾天寒水冷和个人安危，跳入水井里打捞肥皂和皂盒。经过 15 分钟的努力，他们不仅打捞起了肥皂和皂盒，还把水井的污物都捞出来了。打捞的过程中村里

---

① 《上海后方基地管理局八一二指挥所 1970 年工作总结》1971 年 1 月，档号：B67-1-2，上海市档案馆馆藏。

② 《八一二指挥部第三工区编印的〈情况简报〉1971 年 2 期》1971 年 2 月 1 日，档号：B68-2-4-1，上海市档案馆馆藏。

部分男劳力也参加了，双方用实际行动谱写了工农团结相互协作的篇章。①

（二）"立足备战、中西结合"

皖南山区在医疗卫生方面相对落后，以歙县为例：1962 年仅有公社卫生院 60 所，病床 154 张；而在农村地区，至 1967 年也仅在生产大队、生产队设有卫生所 247 个，仅有卫生员和半农半医的农村医生 321 人。② 由此可见，在皖南地区尤其是深山农村医疗卫生条件相对落后。为改善当地医疗条件，沪皖两地人民密切协作，促进了当地医疗卫生事业的发展：响应国家关于中西医结合工作的号召，1970 年 2 月—1973 年 5 月，上海先后派三批医疗卫生队奔赴三线厂所在地区，支援当地的卫生事业，仅第一、三批医务人员就达到 365 人。他们不仅帮助培训当地医务人员，还奔赴大山深处进行巡回医疗，向村民普及中草药知识，努力建立了一批"土药房"，开办了"土药厂"；八个月时间内，用"土洋结合、以土为主"的方法，在所在地区培训了赤脚医生 196 名、卫生员 420 名，基本做到生产队有卫生员，大队有两三名赤脚医生；同时还根据农民农忙时无时间服用中草药剂的实际，利用简陋的工具将临床上医疗效果较好的草药制成了各种丸、散、膏、丹、药水、滴耳液等 180 多种医药用品，方便病人服用，更以疗效好价格实惠受到了农民的欢迎。

与此同时，上海医务人员进入陌生的山区对当地环境不熟悉，当地农民主动充当向导，带领草药组进山寻药。在老药农的帮助下，医疗队中的三队草药组在不到一个月的时间内，从一草不识到能认识一百多种草药，从一窍不通到能有效验方应用于临床，还试制 20 种草药试剂。当地人民还积极贡献力量，有老农把祖传穿骨流痰治骨结核的秘方献了出来，大队干部献出了曾治愈一百多例五步蛇咬伤的家传秘方，许多农民把珍藏了十几年的八角金盘和 15 斤重的朝鲜参献给了合作医疗；从十几岁的儿童到白发苍苍的老农，从公社干部到社会群众，有方献方，懂药采药。③ 上海方面后来为解决三线职工医疗卫生问题，在绩溪县临溪乡、宁国市胡乐乡、贵池县刘街乡、东至县合镇乡分别建立瑞金医院、古田医院、长江医院及天山医院，改善了当地的就医环境。虽然这些医院服务的对象主要是三线职工，但是为巩固工农同盟，改善当地的就医条件，医院也接收当地人民到院就医；并且为减轻农民经济负担，上海市卫生局对医院收费做出调整，规定地方人民就医部分收费标准参照当地医疗机构标准，如门诊费（初诊 0.1 元、

---

① 《八一二指挥部第三工区编印的〈情况简报〉1971 年 8 期》1971 年 3 月，档号：B68－2－4－53，上海市档案馆馆藏。

② 歙县地方志编纂委员会：《歙县志》，北京：中华书局，1995 版，第 544 页。

③ 《上海市皖南医疗队报告——立足战备、中西结合》，1970 年 10 月，档号：B244－3－221－66，上海市档案馆馆藏。

复诊 0.05 元），透视费（0.3 元/次），注射费（静脉、肌肉）0.05 元，补液 0.2 元，住院费每天 0.7 元，观察床每天 0.4 元等①。沪皖两地人民在中西医结合的运动中友谊进一步加深，这些医院的建立则成为两地人民沟通情感的桥梁。

（三）日常生活方面

上海三线职工及其家属大量（人数最高时达到 73000 多人）涌入皖南大山深处，且分布范围较为零散，山区在食品供应方面本就相对困难，随着上海职工的到来这一问题更加突出。安徽政府为减轻上海食品供应负担，主动承担对在皖小三线企业的粮油供应。粮油供应标准规定：上海厂的职工，暂按原上海定量，食油一律按我省当地标准供应，职工家属按当地居民定量标准供应。② 1965 年 7 月，安徽规定省辖市及专署所在地城镇食油定量为每人每月 5 两，县城和县以下为 4 两；1980 年调整为全省城镇居民统一标准为每人每月 5 两。③ 省政府对上海三线职工的粮油供应基本上保持了他们原有生活的标准甚至有所提高。蔬菜和肉类食品则是由地方直接供应。各所属县、市突然涌入大量上海职工，对皖南地区的副食品供应造成极大压力，皖政府也努力解决三线职工的蔬菜、肉类食品短缺问题。省政府发挥统筹全局作用，积极协调全省猪肉供应渠道向三线地区倾斜，如为缓解猪肉供应困难，特地从阜阳、宿县等地区向宣城地区调拨咸肉 150 万斤、肥膘肉 220 万斤，将每人供应不少于一斤肉作为任务来完成。④ 为解决蔬菜供应问题，省政府鼓励地方兴办专业菜地提高蔬菜产量。如宁国县为方便对三线厂供应蔬菜，分别在霞西、胡乐、宁墩建立 4 个蔬菜基地，面积约为 341.3 亩，同时鼓励农民在自留地种植蔬菜，且对三线企业所需食品优先供应。⑤ 批准池州增加专业菜地 1100 亩，培训、发展专业菜农 2200 人，以增强蔬菜产量和供应能力。⑥ 除政府层面的努力外，当地农民也竭力帮助三线工厂缓解蔬菜日常食用压力，农民将自家多余的蔬菜拿到地方小集市售卖给三线职工，并且价格相对便

① 《上海市卫生局革命委员会关于后方医院医疗收费标准的批复》，1971 年 10 月，档号：B242-3-249-32，上海市档案馆馆藏。

② 《上海市粮食局关于本市在安徽小三线粮油供应情况和粮食局党委对供应工作中的错误检查报告》，1973 年 5 月，档号：B135-4-513，上海市档案馆馆藏。

③ 安徽省地方志编纂委员会编：《安徽省志·粮食志》，合肥：安徽人民出版社，1996 年版，第 47-48 页。

④ 《关于当前生猪生产和购销调存情况的汇报》，1982 年 1 月，档号：J104-5-108，安徽省档案馆馆藏。

⑤ 宁国县地方编纂委员会：《宁国县志》，北京：生活·读书·新知三联出版社，1977 年版，第 232 页。

⑥ 《对你区关于增批池州镇专业菜地报告的复函》，1978 年 10 月，档号：J74-1-9，安徽省档案馆馆藏。

宜，如花生 0.3 元一斤、冬笋 0.3～0.4 元一斤等。当地农民还乐于用自家多余农副食品与上海职工进行物物交换，上海人用多余的香烟、白糖、洗衣粉、肥皂等与农民交换芝麻、山核桃、花生等当地特产。[①] 上海工人为解决自身的农副食品短缺的问题更是绞尽脑汁，成立专门的采购团队，赴浙江、山东、江苏等地采购食品，还根据市价不计里程往价格向对便宜的地方去购买食品。此外，他们发挥自力更生的精神，在工厂的空余土地建立蔬菜园、养猪栏等，并请当地经验丰富的农民指导，取得不错的效果。

身在异乡为异客。作为远道而来的客人，三线职工始终把巩固工农联盟放在重要的地位，不断支持当地的发展，改善地方交通环境，向厂所在附近农村供应自来水，不时地向当地支援农业生产工具等。而更能体现沪皖友谊的则是上海人积极参加"双抢"、抗旱生产运动。当时农业的工业化水平较低，特别是山区田地小而分散，农业种植多以人力劳动为主，皖南山区人口较为稀疏，农忙季节时人力资源匮乏问题相对明显，三线企业为贯彻"备战、备荒、为人民"的思想教育路线，积极发动和组织工厂干部职工参加"双抢"支援当地农业发展。位于贵池县的胜利厂在生产任务重、时间紧的情况下，利用星期天组织职工 220 多人参加"双抢"。宁国市的协同厂在参加"双抢"的同时，还专门组织了 5 位技术工人成立农机检修小组，巡回在附近社队修理拖拉机、脱粒机等农业机械。仅上海后方机电公司所属企事业单位，在农忙的半个月组织 1273 人次参加"双抢"工作。三线职工不怕苦、不怕累，与当地农民并肩作战，共同促进农业发展，真正做到工农一家人。[②] 1971 年绩溪县发生旱灾，当时隶属于 812 指挥部的第三工区积极支援农业发展，召集职工协助当地农民抗旱救灾；燎原模具厂所属职工为帮助岑外大队抗旱，从厂里抽调了 8 台水泵，1200 米水管，1000 多米电线，140 多米消防水龙带，帮助农民灌溉 300 多亩水稻田；光辉器材厂则为三个大队安装 2 台抽水泵，600 多米水管，1100 多米电线，解决了 100 余亩水稻田的干旱问题。[③]

上海利用自身工业和技术优势支援当地农业的发展，皖南地区则利用本土优势解决三线职工子女就学问题。三线建设是国家长期的战略计划目标，皖南又远离上海，为缓解三线职工家庭亲属分离的问题，上海允许三线职工将配偶和子女接到三线所属地区生活。当时到皖职工多以青壮年为主，因而随之而来的子女就学对当时正处于筹建和发展初期的三线企业来说是一个棘手问题。当地政府积极

---

① 崔海霞：《小三线：生活在皖南的上海人》，《档案春秋》（上海），2013 年第 9 期。
② 《情况简报·第三十期》，1976 年 8 月，档号：B69-2-54，上海市档案馆馆藏。
③ 《情况简报·第四期》，1971 年 2 月，档号：B68-2-4-152，上海市档案馆馆藏。

协调教育资源帮助三线企业。1971 年徽州地委发布文件，指出三线职工响应国家号召到山区进行三线建设，其子女就学问题应该由当地政府解决，使三线职工安心抓革命、促生产；在办学设点问题上，要求应本着方便社员子女和三线职工子女就近入学的精神，有关单位要采取积极措施切实保证三线职工子女都能就近入学；并对学校原有宿舍进行翻新维护，更新学校硬件设施，加强师资力量和安保力量，保证三线职工子女有较好的学习环境。徽州专区所属宁国、绩溪、旌德等 7 个市县，1970 年帮助三线职工解决 1553 个孩子的就学问题，其中小学 1223人、中学 311 人、高中 19 人；1971 年三线职工子女入读当地学校人数达到 2487人。[①] 皖南地方帮助解决职工子女就学问题，使他们能够安心工作。三线厂渡过初建期后，开始自力兴办学校，而当地政府帮助其度过艰难的过渡期，赢得了三线领导和职工的赞赏。

三、尾声

三线建设是国家为应对国际环境所做出的战略性决策，对厂址的选择主要出于备战因素的考虑，企业选址所需要的交通、人才等非政治因素则处于次要地位，因而三线建设充满了不合乎经济发展规律的因素。在三线建设前期，国家对三线企业多下达计划性军工指标，三线企业只需要负责研发和生产任务，产品则由国家直接收购。1978 年后国家做出改革开放的战略转变，贯彻调整、改革、整顿、提高的八字方针，缩减军品指标。随着改革开放的深入，国家又对三线企业实施转移、军民结合的决策。这样，位于皖南山区的三线企业的劣势被放大，由于所处的地理位置偏僻和工人迫切回归上海等原因，企业内部不稳定因素愈发突出，影响到企业的政策发展。1979 年，三线企业工业总产值为 48616 万元，上缴利润达到 6530 万元；至 1982 年，工业总产值下降至 28013 万元，其中盈利企业为 25 个，亏损企业为 27 个，盈亏相抵亏损 155 万元，三线企业的经营发展愈发困难。[②] 1984 年，沪皖两地就在皖三线企业进行协商，达成三线企业无偿移交给安徽的决定，至 1988 年底，完成交接，大部分三线职工陆续返回上海，皖南三线建设宣告终结。为合理利用三线资源，促进当地经济发展，两地做出对三线企业"择优搞活"的政策，对三线企业进行迁、改、分等，上海方面为帮助当地政府搞活企业，鼓励技术职工以合同制的方式留在原有企业帮助企业度过困

---

① 《812 指挥部关于转发徽州专区革命委员会有关解决"三线"职工子女入学文件的通知》，1971年 1 月，档号：B154-6-165-10，上海市档案馆馆藏。

② 《上海市国防工办、市计委等关于小三线调整过程中有关问题的请示及市领导的批示》，1983 年 6月，档号：B1-10-231，上海市档案馆馆藏。

难时期。上海向安徽实际移交固定资产原值为 56103.08 万元，净值为 37441.29 万元（房屋建筑物固定资产原值为 24604.14 万元，净值为 17221.75 万元，建筑面积为 195.6 万平方米）；实际向安徽移交国拨流动资金 7876.96 万元（含货币资金 1415.55 万元）、企业流动资金 9.72 万元。① 三线遗产的再利用增强了当地的工业基础，促进了皖南地区的经济发展，最终造福于皖南人民。

　　皖南小三线建设历时 24 年，沪皖两地人民携手在大山深处开辟革命事业，为国家的发展贡献自身力量。三线企业多为军品工厂对外保密性较严，皖南人民甚至只知其存在却不知其为何；三线企业步入正轨后，随着厂内生活设施的完善，更是形成一个小社会，与当地人民交流逐渐减少。但这些并不能阻碍两地人民革命友谊的建立，筹建时期共同奋斗的岁月依然时常出现在彼此脑海。曾在筹建阶段借助当地人家居住的一位副厂长，为感谢房东老人对自己的照顾，拿出一个月的工资请其家人到县城的酒店团聚；在三线厂原址的村民时常会迎接从上海而来的原三线职工。2012 年，原燎原厂党支部书记，因年岁已老经不起旅途的劳累，派他的儿子专门去拜访其战友——原燎原厂征地工胡家声，临走时还偷偷在碗底塞了钱。② 岁月已逝，当初的工农联盟是共同的革命理想的硕果，今天也给予我们在市场经济体系如何协调城乡二元经济发展，缩小城乡差距，构建和谐社会，实现伟大复兴的中国梦诸多启示……

　　① 安徽省地方志编纂委员会编：《安徽省志·军事工业志》，合肥：安徽人民出版社，1996 年版，第 202 页。
　　② 采访绩溪县瀛洲乡徐忠辉、胡家声（原燎原厂征地工），安徽师范大学新闻与传播学院 2017 年暑期赴皖南实践团队采访稿。

舒城七门堰水利秩序与地方社会

关传友

摘　要：舒城七门堰是兴建于西汉初期的皖西地区著名水利灌溉工程，历代都发挥了水利灌溉作用。明代在地方官府的主导下，建立了七门堰水利管理制度，有效地确保了七门堰的水利秩序，形成了以引水渠和堰、陂为核心的"流域型"水利社会。本文从水利社会史角度，根据作者实地考察和文献资料，对七门堰水利秩序与社会群体的互动展开讨论，论述了七门堰水利社会群体在建立和维护水利秩序中分别扮演的不同角色。

关键词：水利社会；七门堰；水利秩序；社会群体

七门堰，又称三刘堰，是位于安徽舒城县境内杭埠河（古称龙舒水、巴洋河）中段的引水灌溉工程，是汉高祖刘邦伯兄之子、羹颉侯刘信创建，距今2200余年，是皖西地区至今仍发挥着农田灌溉效用的三大著名古水利工程之一（另两处是寿县的安丰塘和霍邱县的水门塘）。但学术界对此重视不够，专门研究较少，且深度不足。① 本文从水利社会史角度，对历史上七门堰水利秩序与社会群体的互动展开讨论，以此展示七门堰水利社会不同阶层的作用。敬请诸方家批评指正。

一、七门堰历史概述

舒城县位于大别山东麓、巢湖之滨的江淮地区，地形地貌复杂，有山地、丘陵、岗地、平原，西南山区峰峦秀丽，中部丘陵起伏，东北为冲积平原。有舒城人母亲河之称的杭埠河发源于西南大别山区的孤井园、主簿园，贯穿全境，汇入巢湖，呈现出山区易发山洪、岗丘地区易旱、平畈地区易涝的特点。因此，旱涝

作者简介：关传友，皖西学院文化艺术中心研究人员。

① 作者通过查阅，仅有卢茂村的《话说"七门堰"》（刊《农业考古》1987年第2期）、李晖的《万古恩同万古流——论"七门三堰"及"三堰余泽"》（刊《合肥学院学报》2007年第6期）两篇论文是对七门堰创始者、修治历史及效益的考述。

灾害是制约舒城县农业生产的主要因素。刘信根据舒城县地貌山川水文特点，因地制宜，因势利导，选择邑境西南三十五里之处七门岭东的杭埠河阻河筑堰，创建七门堰，故地方志书称："舒为江流要道，庐郡塞邑也。西去层峰萃起，巑峦秀拔，绮绾绣错，联岚四匝，若为境保障，而水利源头出是西山峻岭之下，势若建瓴，奔腾崩溃，汪洋浩荡，而民告病。龚颉侯分封是邑，直走西南，见山滨大溪下，有石洞如门者七，乃分为三堰，别为九陂，潴为十塘，而坝、而沟、而冲也，灌田二千余顷，而民赖以不病。"[1]（卷之八艺文志，明盛汝谦《舒城县重修水利记》）其灌溉用水形成一个自上而下由河入堰，由堰入陂，由陂入塘，由塘入沟入田的陂、塘、坝、沟相结合的"长藤结瓜"式自流灌溉系统。

七门堰由七门、乌羊、艚牍三堰组成。七门堰坐落七门岭东，灌田八万余亩。乌羊堰坐落新河口东，灌田万余亩。艚牍堰坐落县城西关外，灌田约二万亩。因堰初有艚牍，以时启闭，故曰艚牍。

自刘信之后，历代均有修治。如东汉末年扬州刺史（治所时在合肥）刘馥"广屯田，兴治芍陂及茹陂、七门、吴塘诸竭，以溉稻田，官民有蓄"[2]（卷十五，《魏书》《刘馥传》）。魏晋至北宋时期，史未确载，但不能排除其曾得到修治，否则其不可能保持近千年而不淤废。南宋绍兴末年出任庐州太守的宋宗室赵善俊"复芍陂、七门堰，农政用修"[3]（卷二百四十七，《列传第六》《宗室四》）。元末曾任舒城统兵元帅的舒城人许荣"按地形，修七门、艚牍、乌羊诸堰，以供灌溉之利，教民筑陂塘，垦荒芜，植桑麻。故虽兵旱相仍，而免流离转徙之患也"[1]（卷之九艺文志，元杨淞《庐州许同知传》）。明洪武年间任舒城县学教谕的芒文缜《三堰余泽》诗："泉流滚滚岂无源，三堰由来出七门。灌溉千畴资厚利，涵濡百世沐深恩。潜藏神物沦波冥，湿润嘉禾绿颖蕃。每向城东颙望处，故侯庙祀至今存。"[4]（卷之三十三，《艺文》《诗》）当是对许荣修治七门堰后发挥灌溉之利的高度赞许。

明清时期修治七门三堰多有记载。明宣德年间，舒城县令刘显"细增疏导"，重修七门三堰，为荡十五，民"赖以不病"[1]（卷之八艺文志，明盛汝谦《舒城县重修水利记》）。舒城人世代因感刘信、刘馥、刘显兴修七门堰之功，"蒙受其利，不忘其恩"，分别在七门堰口及县城隍庙旁建祠立碑，名"三刘祠"。七门堰又名"三刘堰"即源于此。明弘治十六年（1503），庐州知府马汝砺、知县张维善令义官濮钝之率民整修龙王、三门等荡，邑人、时任南京吏部尚书秦民悦为之记。万历乙亥年（1575），知县姚时邻和治农主簿赵应卿"由七门岭以至十丈等陂，则为修理。由杨柳、鹿角以至黄泥等坝，则为疏通"[1]（卷之八艺文志，明盛汝谦《舒城县重修水利记》）。清康熙二十七年（1688）冬，舒城知县朱振"开坝濬沟"，重修七门堰，"俾山水盈科而进，溉数千顷，十荡九陂，咸食其德"；针对乌羊堰故道久湮，重开包家堰，使舒城东南乡"遂为腴田"[4]（卷之十九，名宦）。康熙六十一年（1722），江淮秋旱，时任舒城知县蒋鹤鸣，"以灾告者一十八州县"，劝民乐输，以工代赈，募饥民、疏浚整治七门三堰。[4]（卷之三十四,朱轼《舒城县开复县河记》）雍正八年（1730）二月，舒城县令陈守仁针对牐牍堰淤塞湮废之况，重开牐牍堰，使一万二千四百亩农田获得灌溉之利。[4]（卷之三十四,余汝霖《重开牐牍堰记》）嘉庆初年，邑人高珍开引水渠，"北通七门堰，以资下十荡忙水之利"[5]（卷十一,《沟渠志》《水利》）。由于七门堰得到了多次的修治，其充分发挥了灌溉之利，起到了抗旱保收的作用，地方志载舒城县"蓄水之利，昔称三堰，今以七门为最"[5]（卷十一,《沟渠志》《水利》），故舒城人尽享七门三堰之恩泽，将"三堰余泽"视为明清时期舒城县的"八景"之一。清邑人高华在《三堰余泽赋》中所赋："山庄日丽，葭屋云兰，田分上下，亩尽东南。谛郭公之宛转，闻燕子之呢喃。一犁碧浪，叱乌犍处处，畦卦布；千顷青畴，飞白鸟村村，水护烟含，伫看秧马行来行行队队，却听田歌唱去两两三三。盖由源泉不竭，涵濡有余；惠泽灌千区恍接巢湖之水，恩波流万世若随仙令之车。白苹卧鹿之郊，咸肩耒耜；红蓼印龟之岸，齐力耘锄。惟导源夫一脉，实利赖乎三渠。"[4]（卷之三十三,《艺文》《赋》）其正是舒城人尽享其灌溉之利的写照。

舒城县古七门三堰示意图（选自《舒城县水利志》）

民国时期七门堰"有整修的记载，但因受连年战乱影响，工程荒于修治"。至 20 世纪 40 年代末，七门堰渠首严重淤塞，灌区渠道几为荒废，水利效益锐减，"上五荡灌田仅万余亩，下十荡引冬闲水灌田也不到四万亩"[6](P58)。

中华人民共和国建立后，舒城县人民政府十分重视水利事业的发展，"从 1951 年 11 月份开始动工，对七门堰进行了全面大修和扩建，至 1953 年底竣工。在 26 个月内，共开新干、支渠 36000 米，建涵闸、斗门、水坝等 156 处，计完成土石方 230806 方（其中石方 18628 方），实际用款 356000 余元，灌溉面积达 97410 亩。至 1957 年七门堰灌溉面积扩展到 15 万余亩，使这个古老的水利工程真正恢复了青春，发挥了它硕大的灌溉能力"。1958 年始，在杭埠河"上游兴建了龙河口滗干渠，七门堰灌区纳入杭滗干渠的配套工程"，成为闻名中外的滗史杭工程的一个组成部分。[7](P18)

二、维护七门堰水利秩序的制度

水利秩序就是"水利社会的群体（水利共同体）在获得水利的过程中形成的并为民众普遍遵守的用水使水、修治和维护水利设施的若干规则"[8]，这些若干水利规则就被称为水利制度或水利规约。有史料可证舒城县建立维护七门堰水利秩序的制度是在明宣德年间，由当时知县刘显制订，其"分闲忙定引水例，董以堰长，民至今遵行之（上五荡引忙水，自四月朔起。下十荡引闲水，自八月朔起）"[5](卷十一，《沟渠志》《水利》)，即"上五荡（苏家荡、洪家荡、蛇头荡、银珠荡、黄鼠荡）用忙水，每年农历四月初一至七月底接堰水灌田；下十荡（三门荡、戴家荡、洋萍荡、黄泥荡、新荡、鹿角荡、柳叶荡、马饮荡、蚂蟥荡、焦公荡）用闲水，每年八月初一至次年三月底，引堰水灌塘、陂、沟，蓄水灌田"[6](P61)。明弘治癸亥年，庐州知府马汝砺、知县张维善、义官濮钝之率民重修七门堰水利后，于"三门荡立为水则，画以尺寸，使强者不得过取，弱者不至失望"[1](卷之八艺文志，明秦民悦《重修七门堰记》)。此用水制度一直至民国时期仍得到执行，在一定程度上维护了七门堰的水利秩序。

为了确保七门堰水利工程设施能够得到合理有效运行，还实行水费征收制度，即按照正伏水、挂伏水标准计收水费。"全使用堰水的田称为正伏水，每担田（5 市亩）收稻谷一斗。塘水为主、堰水为辅的农田称为挂伏水，每担田收稻谷 5 升。上五荡每车水埠征收糙米 5 斗（50 公斤）。各荡征收的水费只作荡长补贴，如有整修事例，另行摊派，每年清淤整治用工近 2 万个，皆由农民自行负担。"[6](P61)

三、地方社会各群体所扮演的角色

七门堰以人工开挖的引水渠为主体形成的堰、陂、塘、荡（挡）、沟相结合灌溉系统而产生的水利社会群体，其无疑是属于"流域型"的水利社会。因此，七门堰所实际承担农田灌溉系统产生的水利社会群体就是一个大型的水利社会群体，其每一个荡（挡）、陂、塘就是一个小型的水利社会群体。如果七门堰上下游水利群体的水利权利和义务均等，能够在使水用水及工程修治活动中相互支持、帮助和谅解，就形成了"水利共同体"。故在七门堰水利社会中，地方社会各群体均扮演着不同的角色。地方官府、管理组织是水利秩序的维护者，地方士绅既是水利秩序的维护者也是破坏者，豪民无疑是水利秩序的破坏者。

（一）地方官府

七门堰属舒城县域的"公共之水"，是受地方官府控制的公共资源，所以地方官府十分注重对七门堰水利秩序的干预，其主要涉及水利修治、管理制度、水利纠纷等方面。

1. 主导水利修治

"食者民之天也，水者食之源也。而水利不兴，有司责也"[1]（卷之八艺文志,明盛汝谦《舒城县重修水利记》），所以水利修治乃地方官府最重要的事项之一，体现了其治理地方的能力。舒城县历代地方官多次对七门堰进行修治，以使之发挥灌溉效益，如明嘉靖后期"日灌千顷"的七门三堰出现"溃决壅塞"的严重情况，知县的何偶率民"岁筑浚之"[1]（卷之八艺文志,明欧阳德《舒城县何侯去思记》）。明万历三年（1575），舒城县令姚时邻和治农主簿赵应卿针对舒城县出现"有陂塘为道路者，有荡堰为沙堤者，有民间侵占致妨水道者，有汹涌湍激而沦没故址者，有壅塞横涨漂流民舍十余里者，致使春秋两无禾麦，而民之病者不可数计，独岁凶使然"的严重局面，遂"条陈申府及抚部"诸当道，修复七门堰工程，"见高者平，浅者深，浸者复，泛滥者消除，淤填者濬沦，水由地中行"，实现了"大小灌溉，远近沾濡"[1]（卷之八艺文志,明盛汝谦《舒城县重修水利记》）。清康熙二十七年（1688）冬，舒城县知县朱振发布《修复七门堰示》，要求"水口如有应修应濬工程，十三挡齐心公举，不得互相推诿"；"着两边堰长从公妥议，禀覆以凭，择吉祀神兴工，时迫春耕，勿得迟延自悞"[9]（卷之二十艺文志,清朱振《修复七门堰示》），使七门堰得到了及时修治。以上可见地方官府在七门堰工程修治方面的主导作用。

2. 制定管理制度

舒城地方官对七门堰日常管理的介入主要是确认堰长、塘长等管理人员资格，建立维护七门堰水利秩序的管理制度，如明知县刘显首定七门堰引水规则，董以堰长；清雍正八年，知县陈守仁在重修牌壩堰后，"查编细册，设立规条，锓梓以颁农氓，使永相遵守"[10]（卷之三十一艺文志,清余汝霖《重开古牌壩堰记》）。

3. 平息水利纠纷

良法美意，积久弊生。舒城县水利纠纷自明代弘治年间就已经发生。癸亥年，天旱不雨，"舒民以堰久不治，诣郡控诉"[1]（卷之八艺文志,明秦民悦《重修七门堰记》）。清雍正年间，舒城县七门堰的"堰口淤泥日积月累，渐成高阜"，"以致控司控道批府批县"[10]（卷之三十二艺文志,清陈守仁《复开膳牌堰通详各宪稿》）。所引二例是因工程淤塞、水利不兴而引起的争讼，地方官员及时修治使之平息。

"大旱望泽，民有同情，上若有余，下必不足，上下相争，每有械斗之时"[5]（卷十一,《沟渠志》《水利》），因天气干旱，由争水而引起纷争在舒城县极为普遍。明末，"舒遭寇乱，井里为墟，水道率多湮没。时十垱之人路远心散，不能协力襄事，惟苏、蛇、洪三垱，紧接七门堰为力甚易。故康熙初年，即行开濬故道使水。今苏、蛇、洪三垱之人竟将七门堰据为己有，堵塞下流，忍将用余之水撇入天河，不容下十垱沾其余沥，返令其取给龙王垱，舍却现成有益之膏，不肯益人，强令人行不可行之事"[9]（卷之二十艺文志,清朱振《修复七门堰示》），是因苏（家垱）、蛇（头垱）、洪（家垱）三垱民户据七门堰水利为私利，引起下十垱民户兴讼到县，知县朱振惩治"顽梗之徒"，并为此发布《修复七门堰示》。到民国时期，舒城县水利纷争尤甚，因争水而引发械斗时有发生。故舒城县知事鲍庚称该县"一至久旱为灾，挖沟争水，农民聚斗，动至千人，甚有辗转借用枪械凶器，互相搏击"[11]（附录三,鲍庚《舒城县大概情形》）。民国八年（1919），舒城县民方瑞庭等人因争执水利殴斗而杀伤人命，经安徽省高等审判庭审理，杀伤人命者受到惩罚。[12]（P233）民国十七年（1928），"乌羊堰下游向上游要水发生械斗，死伤9人"。民国三十三年（1944）大旱，"下十荡地主石鼎九与上五荡地主张省如各带武装煽动群众，在洪家荡发生武装械斗，当场死伤3人"[6]（P61），在官府的强力介入后，才得以平息。

（二）地方士绅

中国传统社会里的地方士绅作为"四民"之首，凭其自身的文化素质和特权优势，在地方社会占有举足轻重的地位。历史学家张仲礼先生对士绅的作用概括云："绅士作为一个居于领袖地位和享有各种特权的社会集团，也承担了若干社会职责。他们视自己家乡的福利增进和利益保护为己任。在政府官员面前，他们代表了本地利益。他们承担了诸如公益活动、排解纠纷、兴修公共工程，有时还有组织团练和征税等许多事务。他们在文化上的领袖作用包括弘扬儒学社会所有的价值观念以及这些观念的物质表现，诸如维护寺院、学校和贡院等。"[13]（P32）因此，他们对稳定地方社会秩序发挥着主导作用。作者曾结合皖西地方实际，从兴学教化、文化建设、社会公益、慈善救济、敦宗睦族、调解纷争、社会代言、保聚乡里等八个方面论述了地方士绅在皖西地方社会的主导作用。[14]（P231-283）

明清时期舒城县的地方士绅多次参与七门堰水利修治活动及工程管理，并发挥了积极作用。明弘治癸亥年，舒城县亢旱不雨，庐州知府马汝砺、舒城知县张惟善修治七门堰，得到义官濮钝之的筹策谋划才功成。[1]（卷之八艺文志，明秦民悦《重修七门堰记》）万历乙亥年，舒城知县姚时邻、治农主簿赵应卿修治七门堰水利，得"午峰武君、少泉杨君咸协力赞助，遂观厥成"[1]（卷之八艺文志，明盛汝谦《舒城县重修水利记》）。清康熙庚子年（1720）任县令的浙江秀水人蒋鹤鸣体察民情，与县内"绅衿士庶商度费用，皆愿量力乐输"，报经上宪批准，复开河道，选择一"为一邑一乡之望者"的绅衿，"总理其事，以董其成"，修治七门堰水利。[10]（卷之三十二，清蒋鹤鸣《复开河道通详稿》）自康熙六十一年九月开始至十二月止，历时三月而成。因"钱米出入繁杂，畏难者几欲避去"，太学生周朝聘"代之，持筹握算，日无宁晷，而宽裕自如，侪辈推之，令尤加礼匾旌焉"[4]（卷之二十三卓行）。恩贡生祝云奇与附贡生、乡饮长者束三锡督工役，事竣之后，上宪奖曰"良员上选"[5]（卷之四十一，人物，耆寿）。雍正八年二月，舒城知县陈守仁重开牐牸堰，同堰食水士绅生员李炽然等十数人担任首事之人。[10]（卷之三十二艺文志，清陈守仁《复开牐牸堰通详各宪稿》）乾隆年间舒城县举人程溁，曾官内阁中书，去官后家居，"遇利人济物事，为之不稍让。舒邑七门堰水利最巨，久之沟淤塞，溁捐田二十亩为沟道，因势疏浚，利泽复兴"[5]（卷之四十，人物志、义行）。绅耆石朱霞五世同堂，"里有大格荡者，西引七门堰水，东经戴家荡，又东至大格。而自戴家荡分流下注道民人杨正秋田中，每苦启放不便，朱霞捐百八十金，购田九亩，开沟通流，至今下六荡犹利赖之"[5]（卷四十一，人物志、耆寿）。

地方士绅还直接参与七门堰水利工程事务的管理。乾隆间，卫守备高子珍，"因汉羹颉侯创制水利代远几废，屡清理原委，务令上下十三垱均沾水利泽。间有豪强阻占，珍独不避艰险，力寻旧例。至今上下田亩不失水利，珍力多也"[4]（卷之二十三，卓行）。他有效地确保了七门堰水利的灌溉秩序。

地方士绅在维护七门堰水利秩序中发挥的作用可见一斑，他们之所以热衷于地方水利，诚如著名历史学家萧公权先生指出："乡绅对水利非常热心的理由是显而易见的。由于大多数（虽然不是所有）乡绅都是地主，他们很容易了解确保租种其土地的农民收获的重要性。实际耕种土地的农民也懂得灌溉的重要性，但由于他们没有乡绅那样的威望、财富或知识，自然要让后者来扮演领导角色。"[15]（P337）其所说正是如此。

但在涉及具体利益时，地方士绅并不完全是水利秩序的维护者，有时会利用自身的权势地位充当破坏者的角色。清后期合心垱士绅刘翰林买通官府委任其管家王士泰为垱长，霸占合心垱水利，农户使水一次，一石田（5市亩）要缴八斗大米作"桩草费"[16]（P183）。

（三）堰（垱）长

七门堰日常水利事务是由官方支配下的堰长行使管理职责，最迟在明宣德年间就已经确立由堰长管理。自后，凡是属公共资源的水利设施都有官方委派一至数人管理人员进行日常管理，堰设堰长、塘设塘长、垱设垱长，都是由民间推举有威望、处事公正之人担任，其报酬来自受益农户缴纳的水费收益，其职责是使水季节按时按量放水灌溉，冬春季节组织受益农户出夫岁修。

（四）豪民

七门堰水利秩序的维护都需要社会大众（使水农户）的参与才能够得以有效实现，因其处在社会下层的普通民众，一般都是被动参与。但还有一类争强斗胜、欺弱的人群，即人们常以豪强、豪恶、顽民、凶徒、地棍等称之。在七门堰水利社会里，这类人群常劫夺侵占七门堰的水利资源，破坏水利社会秩序，是地方官府打击的对象。明万历《舒城县志》对此该县水利评述称云：舒城县"有可虑者，愚民狃于小利而昧大体"；"豪右循辄轻价欺侵，则争田争水旧事复作矣"[1]（卷之三食货志、水利）。明季兵燹后，因"豪强占塞"七门堰水，造成县西北乡"田多苦旱"[4]（卷十九，名宦）。清康熙二十七年左右，舒城知县朱振发布《修复七门堰示》告示，针对七门堰上三垱农户霸占水利称云："如有顽梗之徒仍前霸占阻扰，本县即按作凶徒张秀明供报姓名，通申各宪，请以大法重处，决不轻恕。"[9]（卷之二十艺文志，清朱振《修复七门堰示》）其在《劝谕息争均泽示》中对下十垱"平日既悭吝不出人工，临事又恶劳却步，今突妄希使水"的豪民，"尔若恃势用强，垱有成规，官有三尺，徒自取咎，水终不与也"[9]（卷之二十艺文志，清朱振《劝谕息争均泽示》）。

四、结束语

综合以上的考察分析，舒城县七门堰上下游用水民众在地方官府的主导下，对其水利资源进行合理有序的共同管理，建立了以利益均沾、义务共享的相对较为合理的用水使水制度，形成了一种较为有效的水利秩序，保证了七门堰水利灌区农业的有序发展，但这种水利秩序深受"水利周期"的影响。所谓"水利周期"是法国法兰西学院院士、著名社会史学家魏丕信（Pierre-Etienne Will）在研究晚期水利史时，曾经以16—19世纪湖北地区水利事业的发展为例而提出了国家干预水利事务（主要是水利基础设施的建设）的"三阶段论"：第一阶段是"大规模的国家干预"，国家强力推行鼓励、组织修治水利的政策，采取各种措施大力发展水利事业；第二阶段是国家"作为本地区各种矛盾的仲裁者"，处理各种类型的水利纠纷，发挥仲裁者的角色；第三阶段是"国家屈服于本地区的困难"，对水利事务的干预能力大幅度下降。[17]（P614—650）这就是所谓"发展—危机—衰退"的水利周期现象。明清舒城县七门堰水利事业的发展无疑也表现出这种明显的周期性。明前期、清前期七门堰的大规模修治都是在官府（国家）强力干预之下完成的，水利秩序得到了有效维护，是水利周期第一阶段的"发展"现象；明中期、清中期的地方官府处理七门堰水利有关的矛盾纠纷，水利秩序受到挑战，是属水利周期第二阶段的"危机"现象；明后期、清后期七门堰水利设施因淤塞得不到及时修治而湮废，水利秩序遭到严重破坏，是水利周期第三阶段的"衰退"现象。受这种水利周期现象的影响，七门堰上下游十五荡水利秩序也出现了"运转—危机—破坏"的循环现象。

舒城七门堰水利秩序还与舒城县杭埠河流域生态环境的变化有关联。地方志书称：前河（即杭埠河）源自县境内二百余里的西南山区，至七门山以东"河出平地，故转徙无常"。人们在龙王庙处筑"石坝障河"，使其向北，水"绕南关外，环保县治，故风气攸聚，人文鼎盛，连艟巨舰，直抵城闉，无往来输挽之苦，民称便焉"[5](卷五舆地志、山川)，故称之为县河。但因"生齿日繁，山民不足于食，垦荒渐多，树叶草根无以含水，浮沙细石随雨暴注，日积月累，河道遂塞"[5](卷十一沟渠志、水利)。自明万历以后，杭埠河多次因山洪暴发而发生改道南徙，杭埠河中下游生态环境遭到严重破坏，水利设施因此湮废而失去灌溉之利。七门堰因"堰引河流，山水挟沙，倒灌入堰，岁时挑掘，积沙渐高。夹堰皆民田，不容淤垫，苟非别筹隙地积土，则水利半废矣"；乌羊堰则因"南徙七里，沟屡泛决，田尽淤，而堰遂废"，出现"堰水所灌之田尽皆淤垫，宜稻者什之一，余皆宜豆麦杂植"的局面；艚帻堰是因"堰初有艚帻，以时启闭，故曰艚帻。河淤堰废，艚帻遂荡然，猝遇大涨，河流倒灌，常为城郭、田庐之害"[5](卷十一沟渠志、水利)。虽经清康熙、雍正、乾隆及嘉庆年间的数次疏浚开复河道，但仅"一时之利"，不能从根本上解决问题。

参考文献：

[1]（明）陈魁士. 万历舒城县志 [M]. 舒城：万历八年刻本.

[2]（晋）陈寿. 三国志 [M]. 北京：中华书局，1999.

[3]（元）脱脱，欧阳玄. 宋史 [M]. 北京：中华书局，1999.

[4]（清）熊载升，杜茂才. 嘉庆舒城县志 [M]. 南京：江苏古籍出版社，1998.

[5]（清）孙泜泽. 续修舒城县志 [M]. 合肥：黄山书社，2009.

[6]李少白. 舒城县水利志 [M]. 舒城县水利电力局编印资料，1992.

[7]汤光升. 汉代著名水利工程——七门堰 [C]. 舒城文史资料（第一辑）[A]. 政协舒城县文史委编印资料，1986.

[8]关传友. 明清民国时期安丰塘水利秩序与社会互动 [J]. 古今农业，2014（1）.

[9]（清）沈以栻，褚磐. 康熙舒城县志 [M]. 北京：国家图书馆出版

社，2003.

　　[10]（清）陈守仁，贾彬，郭维祺. 雍正舒城县志 [M]. 北京：中国书店出版社，1992.

　　[11] 舒城县地方志编纂委员会. 舒城县志 [M]. 合肥：黄山书社，1995.

　　[12] 胡旭晟，夏新华，李交发点校. 民事习惯调查报告录（上册）[M]. 北京：中国政法大学出版社，2000.

　　[13] 张仲礼. 中国绅士——关于其在 19 世纪中国社会中作用的研究 [M]. 上海：上海社会科学院出版社，1991.

　　[14] 关传友. 明清民国时期皖西宗族与地方社会 [M]. 合肥：安徽人民出版社，2016.

　　[15] 萧公权. 中国乡村——论 19 世纪的帝国控制 [M]. 台北：联经出版事业股份有限公司，2014.

　　[16] 李用言. 来自杭埠河畔的报告 [C]. 湦史杭报告文学集——胜天歌 [A]. 合肥：安徽人民出版社，1979.

　　[17] 陈锋. 明清以来长江流域社会发展史论 [M]. 武汉：武汉大学出版社，2006.

安庆"老字号"及其困境

吴　荧

摘　要：中华老字号具有悠久的历史，大都经历了一个世纪甚至几个世纪的时间，经历了不同的经济浪潮，我国古代已经注重品牌的宣传，我国悠久的历史成就了一批老字号流传至今。作为千年古城、百年省会的安庆，在中国近代工业发展史上留下了辉煌的篇章，也诞生了一批积淀历史文化的老字号。

关键词：安庆；老字号；困境；发展

一、皖江地区与皖江文化

　　皖是安徽的简称，顾名思义，皖江地区是指长江流域安徽段两岸地区，覆盖地域涉及现行行政区划的 8 市，即合肥（除长丰县）、安庆、池州、铜陵、芜湖、马鞍山、宣城（除绩溪县）和滁州市东部。从狭义上说皖江城市仅指与长江相接的马鞍山、芜湖、铜陵、安庆、池州 5 市。而关于皖江文化，广义的理解是指安徽文化，狭义的理解是专指以安庆一带地方文化特色为主色调的安徽省局部地区文化。[1]

　　历史上皖江地区屡经战乱，导致经济发展水平和文化水平不完全一致，但内部相互联系一直很紧密，总体上呈现出随着经济发展而逐步发展的态势。皖江地区开发较早，远古时期就有人类活动的遗迹，他们开始创造皖江文化。先秦以来，皖江地区经济落后，文化上也同样落后。三国时期吴国对皖江地区进行了较大规模的开发，北方人民为避战乱大量南移，促进了皖江地区经济的发展，皖江文化开始复苏。南宋以后，随着全国经济重心的南移，皖江地区经济蓬勃兴起，皖江文化进一步崛起。明清以来，伴随着经济的迅速发展，皖江文化也进入繁荣时期，这一时期安庆也涌现出一大批老字号。

　　安庆位于安徽省西南部，长江下游北岸，皖河入江处，西接湖北，南邻江

　　作者简介：吴荧，安徽大学历史系研究生。

西，西北靠大别山主峰，东南倚黄山余脉，素有"万里长江此封喉，吴楚分疆第一州"的美称。全市现辖怀宁、桐城、望江、太湖、岳西、宿松、潜山7县（市）及迎江、大观、宜秀3区。安庆之名始于南宋绍兴十七年（1147）"改德庆军为安庆军"作军号名称出现，由"同安郡"（隋代大业三年始置，治所同安，今桐城）和"德庆军"（北宋政和五年始置，治所怀宁，今潜山县梅城）各取一字而命名，含"平安吉庆"意。

二、安庆老字号

作为一个城市的文化内容和历史象征，老字号不仅凝结着民族精神，还蕴含着历史文化，体现着独特的地理属性。现代国际品牌的成长平均只有一百年的历程，有的甚至只有几十年，而中华老字号平均都有一百六十年以上历史，有的甚至达到三四百年。[2]作为一种独特的标识，老字号在历史的长河中洗练而出，积累了难以估量的无形财富，本身就是巨大的无形资产。纵观中国老字号，它们或是拥有"祖传秘方"、独门绝招，靠着卓越的品质、独特的风味立于不败之地；或是恪守诚实守信的经营思想，依靠良好的信誉口碑得到顾客们长久的支持。它们代表的不仅仅是顶尖的技艺，更是品牌的传承与传统商业文化的精髓。

作为千年古城、百年省会的安庆，在中国近代工业发展史上留下了辉煌的篇章，也诞生了一批积淀历史文化的老字号，这一个个老字号，就是一个个故事，一家老字号的兴衰史，有如一部中国传统商业文化的史诗，是安庆文化的重要组成部分。

（一）柏兆记

说到安庆的老字号，就不得不提到柏兆记。柏兆记创建于清光绪三十年（1904），专营生产加工清真糕点，距今已有一百多年历史。其创始人名为柏绍卿。柏绍卿从一根扁担开始，一炉饼、一壶水，沐清风、踏明月，勤勤恳恳，一步一步建立了自己的店铺。[3]柏兆记一直维持着前店后坊式的经营格局，常年有师傅、工人七八人。1938年到1949年，柏兆记创造了第一个事业巅峰，其资本发展很快，最终达到了清真糕点在安庆糕点业的垄断地位。中华人民共和国成立后，柏兆记作为安庆市唯一的回民糕点店继续营业。"柏兆记"的中秋月饼是"柏兆记"的拳头产品，皮薄馅靓、口感滋润柔软、品味高尚、质量上乘。历史成就品牌，今天的柏兆记成为安庆食品行业一朵靓丽的奇葩，为安庆的百姓购买高档糕点、美食消遣提供了各种丰富的选择。

（二）胡玉美蚕豆辣酱

胡玉美蚕豆辣酱已有一百多年生产历史。据史料记载，清道光十年（1830），一胡氏人家由徽州婺源（今属江西）移居安庆，一个叫胡兆祥的人开始在本地走街串巷，肩挑贩卖酱货，继而开设"四美"酱园、"玉成"酱园。清咸丰二年（1852），胡兆祥的长子长龄、次子长杰继承父业，制造元缸酱、酱油、酱麻油等出售，这就是"胡玉美"的雏形。清同治二年（1863），胡家独资在安庆商业中心四牌楼开设"胡玉美酱园"（"玉美"是店号，既以之志前人创业之艰辛，又寓之以"玉成其美"之意），至今已有180年，是一个负有盛名的"中华老字号"企业。蚕豆辣酱原是四川特产，川中、川东一带几乎处处生产，尤以郫县豆瓣酱和重庆的金钩豆瓣酱最为有名。胡家慕名，三次派人入川，把川酱生产工艺学到手，接着按照长江下游人们的口味，创造性地生产出源于川酱，别于川酱，具有自己独特风味的蚕豆辣酱。经过几十年的惨淡经营，到辛亥革命前，以振风古塔为商标的"胡玉美"蚕豆辣酱这一后起之秀挤进了名产行列，与当时以"山城"为商标的四川重庆豆瓣酱并驾齐驱，名噪一时。

（三）麦陇香

"麦陇香"同样是安庆一家生产中式糕点的百年老字号，也是安庆乃至整个皖西南地区的著名品牌。清光绪年间，浙江有位商人在安庆胡玉美酱园附近开了一间名叫"稻香村"的糕点店。胡兆祥想与之竞争，就在自己的酱园旁也办了一间糕点店，取名为"麦陇香"。此名出自苏东坡"麦陇风来饼饵香"的诗句。胡兆祥采取两个办法：一要精选当地原料，二是不惜工本从广州、苏州、上海请来名师高手，提高做工技术，发展品种，终于胜过了"稻香村"。麦陇香的传统名点很多，比如墨子酥、寸金、白切、元宝糖，龙糖、方片、麦香酥，个个形色兼备，样样香味宜人。

"墨子酥"是"麦陇香"的传统名牌糕点。墨子酥的主要原料是上等黑芝麻、小磨麻油和精制白糖等。墨子酥的制作须经过九道工序，精心配料，在做法上：一要求精工细作，二把好配方关，三注意火功得当。如此，制作出的墨子酥色泽乌黑，油润细腻，香甜浓郁，形如古墨。不仅营养丰富，而且具有滋补润肺、止咳平喘等功效，老少皆宜。

（四）余良卿号

"余良卿"号是安徽省著名的老字号中药企业，创建于清咸丰五年（1855）。1853年，太平天国攻克安庆城，太平天国开始统治安庆城。太平天国翼王石达开为了战争和救死扶伤的需要于清咸丰五年（1855）创办太平天国"官办""余良卿"膏药厂（由余性庭负责制药）。后湘军攻克安庆城，改由余性庭私营，由于历代余良卿人秉承"扶贫惜弱，诚信济世"的宗旨，精心创业，所以余良卿招牌历百余年而不衰，产品畅销于国内外。被誉为安徽"三珍"之一的传统产品"鲫鱼膏药"（现名"余良卿膏药"）因其独特优良的疗效而有"铁拐李下凡，神仙赐偏方"的传说在民间广为流传。

余良卿膏药的创始人为太平天国翼王石达开，生产负责人为余性庭。余性庭，居安徽省桐城余家湾（今安庆市区余湾），为乡里中医，善制药，太平天国运动时期参加太平军，并于清咸丰五年（1855）在安庆城内太平天国"官办"膏药厂制作膏药。清咸丰十一年（1861），湘军收复安庆城，因余性庭善于制作膏药，曾国藩有癣疾需要膏药止痒，获得湘军扶持，太平军"公有"制膏药作坊改为私营作坊，自制自销。

初创时期，因膏药疗效卓著，当年在安庆民间流传着"铁拐李下凡，神仙赐偏方"的传说。据传，铁拐李化为烂脚跛子乞丐下凡，来"余良卿号"医腿，常住在余良卿几个月，得到了老板悉心照顾，精心医治；乞丐被老板济世惜贫、讲求医德的精神所感，在一个严冬的早晨，乞丐忽然走了，走时留下鲜荷叶一张，活鲫鱼一尾，嘱店家投入药锅，熬制膏药。店主遂将膏药取名为"鲫鱼膏药"。余良卿号从此声名鹊起。

1884 年，余鹤笙接管膏药店，余良卿膏药的质量得到了显著提高。生意开始好转，因余鹤笙谙熟中药，经苦心钻研，改进了膏药配方，将主要成分铅丹改为铅粉和麻油煎熬，同时，攻克了膏药的"老""嫩"和黏性不强等技术难题。使得熬出来的膏药黏性强、封闭好，贴在患处不会移动，也不伤皮肤，起到滋润、防腐和收敛的良好作用，愈后不留疤痕，对疮疖、冻裂、湿疹均有良好疗效，并且价格低廉，使用方便，深受劳动人民欢迎。赣南一带群众不仅用于外贴，有腹痛者刮取适量膏药油化水吞服，亦能见效，因而声名远播。

1894 年至 1932 年，余良卿膏药店达鼎盛时期，除主销"鲫鱼膏药"外，还制售虎骨追风酒、风损膏药、吹耳散、下疳散等，年营业额达银币 4 万元。

1933 年前后，由于帝国主义买办资本的挤压，国内局势动荡以及假冒伪劣产品的冲击，生意黯然，店主余永年（余鹤笙兄长之子）被迫将店屋出典与人。1938 年，余良卿店主余达谟（余永年之子）悉数携带店内现金及财物出走。安庆老店难支撑，抗战胜利后，余达谟迁回安庆旧址复业，并将 1933 年出典的店屋完全赎回，然而内战时期，该店只能维持惨淡经营。

1949 年以后，余良卿逐渐恢复了生机。2001 年 8 月，余良卿与民营高科技企业——安徽安科生物股份公司联姻，彻底转换机制，引进先进的管理经验和技术，致力于中药现代化事业。历经风雨沧桑的百年老字号"余良卿"，将秉承"献爱心、济苍生"的宗旨，续写新篇章。

（五）刘麻子刀剪

在安庆，刘麻子刀剪与胡玉美蚕豆酱、余良卿鲫鱼膏药，并称为"三绝"。刘麻子刀剪在沿江一带，甚至在全国，都算得上是老字号品牌。安庆人大多知道胡玉美蚕豆酱在 1915 年荣获巴拿马万国商品博览会金奖，但不知道代表安徽参加博览会并获得银奖的，还有件安庆出的产品，它就是刘麻子刀剪。

"刘麻子"创始人刘朝山，生在河北冀县。刘朝山清光绪二十二年（1896）来安庆时，刚刚30岁出头，是条壮实的北方汉子。当时闹市倒扒狮子、鸳鸯栅一带，常有人围着圈子看热闹，不用挤进去，十有八九，肯定是刘麻子光着膀子在卖武。刘麻子的武艺在安庆街头也是一绝，他能耍大刀，能舞长剑，也能玩蛇矛。刘朝山小时生过天花，脸上留有缺陷，但他并不忌讳，走到哪儿，打的都是"刘麻子"招牌。刘麻子当然不是卖武为生，他是想借他的武艺，推销他自制的药丸。这种药丸，按他自己的话说，用的是家传秘方，能包治跌打损伤等百病。当时的安庆毕竟是安徽省城，围观者欣赏他的武艺，但对他拍着胸膛推销的药丸，却以"狗皮膏药"而戏之。不得已，刘麻子只好改行，重拾起他少年时学的铁匠手艺。依旧是在闹市街头摆地摊，打的仍然是"刘麻子"招牌，他卖的刘麻子刀剪，却一下子在城区声名远扬。两年后，腰包比以前粗了许多的刘朝山，在倒扒狮街租了间门面，开始坐店经营他自产的刀剪以及武术器材（兼营中药）。他还专门请人为他取了个名号，叫"双合成"。剪刀自然由两柄合二为一，这个"双合成"，叫得也实在是绝。1915年旧金山举办巴拿马万国商品博览会，他拿出的参展剪刀，打的就是"双合成"的牌子。但安庆人不认"双合成"，包括周边六邑过来的，到倒扒狮街，"双合成"的剪刀不要，要就要刘麻子刀剪。

（六）江万春

老字号"江万春"曾经是安庆第一块金招牌。"江万春"的金招牌，即北方称为馄饨的"江毛水饺"。

江毛水饺起家于清光绪年间，当时罗岭人江庆福挑着一副饺儿担怯生生进城，仅仅是为养家糊口。但相比较其他家水饺的业主，他的心思更重些，比如说饺皮儿能不能擀得更薄，哪个部位的猪肉更适合做馅等。在反复琢磨不断求新的过程中，他的水饺广受欢迎，因他姓江且颈上长有一撮白毛，所以他将自己研制的水饺称为"江毛水饺"，生意也一日日红火起来，火到在闹市三步两桥租店经营，成为老城第一家小吃大做的品牌店。

后人用16个字总结江毛水饺的特点：皮如薄纸，馅如珍珠，形如猫耳，肉嫩汤鲜。但这只是局外人看江毛水饺的表象，真正想做好江毛水饺，关键是内功。江毛水饺用料讲究接近极限，比如馅，选用江北后山生养黑毛猪的后腿，肉更活更嫩；比如油，选用次于板油的网状花油，因为花油浮在汤面上，直观效果更好；等等。

江毛水饺成名，也与三步两桥相关，三步两桥以地名正江毛水饺之源，区别其他混杂，这也是许多老字号的共性。如此等等，江毛水饺已经从普普通通的小吃，上升到高层次的经营文化了。

三、老字号传承的困境

中华老字号具有悠久的历史，大都经历了一个世纪甚至几个世纪的时间，经历了不同的经济浪潮。我国古代已经注重品牌的宣传，我国悠久的历史成就了一批老字号流传至今。然而今天，曾经辉煌的老字号，却面临着生存危机和发展困境。中华儿女既要传承"中华老字号"，也要振兴"中华老字号"，使其焕发青春的活力。我国目前现存 1600 多家中华老字号企业，70% 处于自生自灭状态，经营十分困难，只能勉强维持；20% 长期亏损，濒临倒闭；只有 10% 经营良好。[4]

（一）传承人的缺失

传统上，老字号的工艺技术传承方式主要是"师傅带徒弟"。但是现如今，人们多是根据工资待遇来选择工作地点，很多老字号的职工待遇较低，又缺乏激励机制，一方面很难吸引人才；另一方面原本身怀一技之长的员工很容易被其他企业挖走，剩下来的员工平均年龄大、文化程度低，如此便后继乏人。现代化的生产方式培养的人才也都是现代化的人才，能够熟练操作先进的机器，但是对从事传统制作行业缺乏兴趣，即使有愿意进入老字号企业的，大多也都是冲着高额的利润去的，并没有从内心深处真正热爱这个行业。传承人的缺失成为老字号企业亟须解决的一个重要问题。

（二）传统技艺被忽视

现代化大机器生产在促使社会经济生活快速发展的同时，也使一些群众在现代社会中过于浮躁，如大多制作板鸭的作坊主都想用最快最简便最便宜的方式去完成一只板鸭，而忽略了最重要的原材料的采买和精细的板鸭制作技艺。因此，传统的手工制作技艺由于大机器生产的发展而受到严重的冲击。"虽然最巧的时候这种由传统手工制作技艺加工的产品也都是拿出来贩卖，但是后来逐渐发展成主顾之间的非物质条件性交易，即卖家也不知道自己的顾客是谁，如网络销售。"[5]传统的手工制作技艺伴随着大机器生产逐渐消失，比如老字号江万春，很多人都表示招牌仍存，但江毛水饺已不是早先的味道。

（三）宣传力度不够

过去人们一直信奉"酒香不怕巷子深"，认为凭借产品质量好、经营诚实守信就能够赢得名声和信誉，然后保持相对固定的忠诚的顾客群体就足够了，很少甚至不进行宣传；而竞争对手却是通过各种渠道大力宣传，如此就导致一部分忠实顾客的流失。由于缺少宣传，无法吸引年轻的消费者，很有可能导致顾客结构断层，影响老字号企业的发展壮大。市场经济中，品牌效应已经成为企业存活的法宝之一。老字号主要凭借口头传播来建立自己的声誉，也就是所谓的口碑，但是随着信息传播和更新的速度越来越快，原来的传播方式大大限制了品牌传播的速度和广度。像贵州茅台、云南白药、马应龙、全聚德，充分利用电视广告等其他传播方式对品牌进行整合传播，从而大大提高了品牌知名度，所以安庆的这些老字号企业也要转变观念，注重对自己品牌进行宣传。

（四）缺乏创新

老字号企业中普遍存在"倚老卖老"的现象，认为只要掌握核心配方和生产工艺就可以永远立于不败之地，而忽略了产品创新。另外消费者随着生活质量的提高，对产品性能的要求也不断提高，如此就需要有新产品来满足消费者的新需求。然而老字号企业普遍缺乏产品创新意识，安于现状，不开发新产品，造成大批消费者"移情别恋"，寻找其他品牌。老字号企业独特的工艺导致很多产品多年不变，但消费者能够快速地接受新产品，所以固定不变就会导致顾客的消失。一些老字号无法提供满足消费者需求的产品，导致被边缘化，在市场经济中举步维艰，有的处于破产的边缘，甚至一些老字号已经销声匿迹。另外国际品牌的流入也对一些老字号造成冲击，由于国际品牌产品对中国消费者来说比较新颖，他们更倾向于选择这些国际品牌，这就有可能使老字号失去一定的市场份额。

这一方面老字号柏兆记、麦陇香做得比较好，两家老字号都是生产传统糕点的，但是传统糕点糖多、油大，而现代人饮食习惯越来越健康，口味也逐渐挑剔，没有丰富层次的口感、健康的配料，很难赢得消费者的青睐。如今，老字号糕点店除了老品种，还多了不少新面孔，像柏兆记就推出了蛋黄酥、一口酥、曲奇饼、坚果奶酥等口味较清淡的产品。

四、结语

很多老字号背后都有动人的故事，创业经营历程饱含智慧和心血，是中华商业文化的一部分，是一种不可再生的资源。[6]老字号企业是中华民族智慧的结晶，是中华民族传统文化的积淀，是前辈们创造、发展、传承下来的宝贵财富。安庆老字号企业发展到今天，已不仅是某个人、某个家族、某个城市的财富，而是安庆人民乃至皖江地区人民宝贵的物质和文化遗产，因此发展这些老字号企业有利于促进安庆地区经济的发展，增强皖江地区经济的整体实力。如何解决安庆老字号企业发展中遇到的问题，是实现老字号企业更好向前发展的关键。

参考文献：

[1] 李良玉. 关于皖江文化 [J]. 安徽师范大学学报（人文社会科学版），2009，37（03）：333–336.

　　[2] 埃克哈特·保尔. 中国老字号受冷落了 [N]. 环球时报,2006-01-13 (6).

　　[3] 范竹标. 柏兆记:凝结厚重食品文化 [N]. 中国质量报,2007-06-26 (10).

　　[4] 阴月灵. 中华老字号发展研究 [J]. 前沿,2010 (10):90-92.

　　[5] 霍萌萌. 德州扒鸡文化的传承和保护研究 [D]. 济南:山东大学,2012.

　　[6] 刘艺. 振兴"中华老字号"与树立中国品牌 [J]. 中国检验检疫,2007 (6):55-56.

皖江文化与实施皖江乡村振兴战略的研究

汪恭礼

摘　要：党的十九大报告中提出的实施乡村振兴战略，涵盖了政治、经济、文化、社会、生态等领域。2018 年中央一号文件全面部署实施乡村振兴战略工作，把文化建设放到了很重要的位置。皖江文化底蕴深厚、内容丰富、范围广泛，涉及历史重大事件和重要人物以及文学、戏曲、经济、政治、书画、宗教、科技、生态环境、民俗风情等众多领域。本文以皖江文化为视角，探索文化要素在实施乡村振兴战略中扮演的角色，并提出文化助推乡村振兴的发展路径。

关键词：皖江文化；乡村振兴；研究

一、皖江文化与实施皖江乡村振兴战略的关系分析

党的十九大报告提出："文化是一个国家、一个民族的灵魂。文化兴国运兴，文化强民族强。"皖江文化底蕴深厚、内容丰富、范围广泛，涉及历史重大事件和重要人物以及文学、戏曲、经济、政治、书画、宗教、科技、生态环境、民俗风情等众多领域。实施皖江乡村振兴战略也只有抓住皖江文化这个"魂"，才能真正激发出皖江乡村振兴的动力。

（一）皖江文化是实施皖江乡村振兴战略的"魂"

皖江文化是皖江人民在生活实践与农业生产中逐步形成和发展起来的风俗习惯、社会心理、道德情感、行为方式、理想追求、是非标准等，表现为行动章法、物质生活与民俗民风等，以潜移默化、言传身教的方式影响大众，反映了皖江人民对社会的认知模式、人生理想以及处事原则等，是皖江人民生活的重要组成部分，也是皖江人民赖以生存的意义所在和精神依托。在城镇化背景下，大量

作者简介：汪恭礼，安徽大学中国三农问题研究中心研究员、安徽省政治学会常务理事、安徽省农村社会学研究会理事、中共宣城市委党校特聘研究员，主要研究领域为产业经济、农村发展理论。本文为安徽省社会科学界联合会"三项课题"研究成果。

村民进城经商务工，进入现代化生活，但承载着乡情、乡土、乡音以及恒久的传统和价值的皖江文化受到前所未有的冲击。虽然村庄空心化、人口老年化，但皖江历史悠久的文化依然存在，乡村依然是皖江村民心灵的寓所，依然是皖江村民魂牵梦绕的地方。落叶归根、回归乡里依然是皖江村民的期望和选择。传承好乡村文脉，在一定意义上可以让每个人真切地体会到属于自己的"根"。没有文化传承与创新，就谈不上真正意义上的乡村振兴[1]。

（二）皖江文化是实施皖江乡村振兴战略的重要动力

在当前信息化、市场化和全球化的社会背景下，竞争的决定性要素发生了重大变化，创新性、技能性、知识性要素成为乡村振兴的重要力量，甚至是决定性力量。八百里皖江，哺育善于创新的人文传统。繁荣发展皖江文化，应正确处理好"富脑袋"与"富口袋"的关系，立足新时代，培养培育创新型、技能型、知识型职业农民，提高他们科学种田的能力，增强他们国际化市场竞争的意识，提升他们科学文化素养，助推农业高质量发展。同时，立足于传统皖江文化的视角，探索具有皖江乡村风格、乡村属性、乡村特色的经济发展路径，促进皖江乡村经济健康发展，实现乡村产业兴旺。繁荣发展皖江文化，已成为实施皖江乡村振兴战略的持续动能和重要动力。

（三）皖江文化引领乡风文明目标的实现

乡风文明是实现乡村振兴战略五大目标之一，也是乡村振兴的智力源泉和精神动力；而传承优秀的村风、家风，发扬和继承诚实守信、邻里互助、尊老爱幼等优秀传统文化是乡风文明建设的重要内容。皖江乡村形态、风俗习惯、标志建筑、民居格局、民间信仰、制度安排等诸多方面形成了皖江乡村文化的有机整体。繁荣兴盛皖江文化，应以优质健康的文化占领皖江乡村文化阵地，引导皖江村民自觉抵制落后腐朽的文化侵蚀，让健康文明的生活方式和积极向上的精神追求引领皖江乡风文明的实现。

（四）皖江文化不断推进皖江乡村德治建设

"千里修书只为墙，让他三尺又何妨？万里长城今犹在，不见当年秦始皇。"《六尺巷》的故事源于邻里之间的宅基地纠纷，体现崇德重礼、德治礼序和宽容旷达的皖江文化精华的六尺巷故事也为广泛传诵。在物欲横流的今天，在实施乡村振兴战略过程中，弘扬恭谦礼让、心胸宽广、放眼远处的皖江文化精华，更为必要。退一步海阔天空，忍一时风平浪静，当一些人争权夺势、追名逐利、争长论短、尔虞我诈、勾心斗角和虚假寒暄的时候，皖江文化带来的谦和礼让精神发人深省、触及灵魂，在世事纷争中和邻里矛盾面前，让更多干戈化为玉帛，出现和谐局面[2]。推进皖江乡村德治建设，应挖掘皖江文化宽容礼让等美德，引导皖江村民勤俭持家、孝老爱亲、重义守信、向上向善，发挥乡规民约、礼序家规的教化作用，传播正能量、弘扬真善美、贬斥失德失范、抵制陈规陋习，让德治与法治相得益彰，使皖江文化的独特功能在乡村治理中发挥作用。

二、皖江文化在实施乡村振兴战略中面临的问题

随着工业化、城镇化的加剧，皖江乡村人口向工业园区、大中城市迁徙，农业人口锐减，导致偏远乡村出现衰败、凋敝的现象，给皖江文化的传承造成了一定的冲击，导致皖江传统文化在乡村振兴中发挥的作用有逐渐削弱的趋势。

（一）皖江文化的各种遗存面临流失

一座老宅子、一口老井、一棵老树、一栋戏楼都具有乡村的记忆，承载着乡愁，也是珍贵的文化遗产。"看得见青山绿水，记得住乡愁"，习近平总书记讲话中强调保存好乡村的文化记忆，保护好传统文化。在工业化、现代化、城镇化建设中，能够保存乡村记忆的祠堂、老宅子、庙宇、书院、戏楼等一些古老的建筑以及能够反映农耕文化的马（牛）车、犁铧、水磨、人力水车等一些日常的劳动工具和碾盘、风箱、马灯、拴马（牛）桩、轱辘等一些生活用具，被人为地遗弃、损坏。特别是在城市扩张和美好乡村建设中，许多地方一味地追求村容村貌整洁、生活舒适便捷，不太重视对传统文化形态和文化遗存的保护。一些含有深厚文化底蕴的牌坊、庙宇、戏楼、街道等古建筑被拆除或者遗弃，如宣城北门的凤凰山被推平、木制房屋被推倒，在原址重建钢筋混凝土的现代高楼大厦。乡村一些传统的集市和庙会也因人口的锐减而冷清。

（二）皖江文化核心的传统美德和价值观念逐步消失

新一代年轻人大多是独生子女，不能够正确理解和认识家族成员应该尽到的义务和责任，也感受不到过去传统家族中家族成员之间的亲密关系，集体主义精神、故土情结、家庭观念、家乡文化认同正在逐步淡化，传统的价值观念在乡村年轻一代中也逐步减弱。乡村年轻人外出经商务工，为了生计而穿梭、奔波于城市和乡村之间，虽然文化生活单调，但习惯沉迷于网络游戏等虚拟世界，对于皖江礼仪习俗、艺术形式、传统的戏曲也不感兴趣。"老龄化""空心化"的皖江乡村，一些古老的婚丧礼俗仪式，传统的风俗习惯，也因后继无人而渐渐消失，严重影响皖江传统文化的传承和保护。

（三）皖江文化在乡村发展中的引领作用不强

在工业化、现代化、城镇化建设中，大量素质相对较高的青壮年进城务工经商，科学文化素质偏低的老弱人员和妇女儿童对先进文化的重要性认识不高。不少乡村干部思想认识上有偏差，认为经济建设看得见、摸得着，高度重视体现政绩明显的经济建设，而文化建设的意识淡薄，甚至缺失，认为文化建设费钱费力不讨好，以致不想抓、不愿抓，虚于应付；也有不少乡村干部对乡村先进文化丰

富内涵的整体把握不准确，不能够因势利导宣传乡村先进文化，工作方法不对路，乡村先进文化的号召力、凝聚力和影响力缺乏，导向、引领作用不强，以致不能调动广大村民参与先进文化建设的主动性、积极性和创造性。乡村文化生活贫乏单调，打麻将等赌博之风盛行，封建迷信沉渣泛起，假和尚假道士走村串户，做道场、装"半仙"，算命看病，骗取钱财，皖江先进文化亟待占领乡村阵地。

（四）皖江文化设施和阵地没有发挥应有的作用

目前，从皖江地区来看，县市区、乡镇所在地附近以及城市周边的村及美好乡村建设示范点的文化设施比较完备；而交通不便、较偏远的村落及非美好乡村建设示范点就相当落后，文化设施短缺，少数村落几乎没有文化设施，文化广场及一些必备的健身器材就更谈不上，文化设施建设差异明显。除各级美好乡村建设示范点外，大部分村只有一些比较简单的设备，如文化活动中心、广播、戏台等。有些村老年活动中心、报刊阅读室、乒乓球室等公共活动场所仅有几个凳子，一两张桌子而已，设备极其简单，而且相当陈旧。有的村娱乐健身无设备、活动无场所等问题严重，仅存的一些设备没有及时进行保养维修，也是十分陈旧落后，这些村文化设施已严重不能满足当地村民的实际需要。有的村文化设施较齐全，但利用率很低，已经建设的文化设施没有充分发挥其功能。有的村里戏台大部分时间都是闲置，每年也只使用一两次，周围杂草丛生无人问津。有的村里宣传栏字迹模糊不清，破旧不堪，周围粘贴的有关教育、安全、卫生等的宣传页残缺不整，其功能也没有得到发挥。有的村里文化活动中心门可罗雀，常年大门紧闭。大多数村级图书室的桌子上是一层灰尘，鲜少有人来借书。

三、皖江文化助推乡村振兴发展路径的几点建议

乡村振兴需要内外兼修，既要壮大经济、发展产业，更要激活文化、提振精神：把皖江传统文化资源利用好、配置好、开发好，促进文化资源优势转变为乡村产业优势，实现皖江乡村产业兴旺、生活富裕；同时，深挖皖江文化蕴含的道德规范、人文精神、思想观念，推动皖江乡村文化繁荣发展，为乡村振兴提供持续的精神动力[3]。

（一）在乡村振兴规划中要注重皖江文化的传承和保护

在乡村振兴规划中，要准确地定位和解析皖江文化的价值，正确处理继承与发展、传统与现代的关系，找准乡村振兴战略中皖江文化振兴的衔接点和落脚点。一是建立完善乡村规划体系，提高乡村规划设计水平，突出皖江乡村地域特色和自然肌理，与村庄历史文化、区位条件、资源优势和集聚特征、产业发展等因素相衔接，合理确定村庄规模和布局。二是充分发掘皖江乡村文化资源，把皖

江乡村文化融入村庄规划中，尤其是文化遗产、民俗文化、旧民宅、名木古树等保护、发掘的规划设计，深入发掘每个村庄的生态、人文特色内涵，打造文化产业品牌、文化长廊、文化团队、文化活动，做好"一村一品牌、一村一特色"规划设计。三是遵循皖江乡村自身发展规律，优化整合村庄资源，注重融入文化、创意、绿色等元素，配套体育、娱乐、文化等设施，最大程度创造亲近自然的集休闲、娱乐、社交等于一体的多元化空间格局，提升村民生活品质，满足城市人才对乡村生活的向往。四是注重保持皖江民族村寨、传统村落、历史文化古村等资源丰富的自然历史特色村庄的整体空间形态，注重传承民族生产生活方式和民风民俗，注重保护传统建筑和历史文化资源，努力保持村庄的延续性、真实性和完整性。要尊重原住民的传统习惯和生活形态，加快改善村庄公共环境和基础设施，合理利用村庄特色资源，发展乡村旅游和特色产业，形成村庄发展和特色资源保护的良性互促机制。严格按照地方特色和风格对传统村落民居外部进行改造，使乡村建设与传统村落民居相得益彰、相互辉映，充分彰显皖江文化魅力。要尊重历史记忆，全面保留、保护古树名木及有文化底蕴和景观价值的传统民宅民居、历史建筑、文物古迹等历史遗存。五是支持技艺传承和专利申报、非遗申报及各级非物质文化遗产传承人抢救性记录等工作，推进皖江乡村非物质文化遗产展示、场所建设，不断拓展各级非遗项目保护性生产，加强与企业、学校的合作，对非物质文化遗产进行创意开发与研究，把资源转化为文化产品。

（二）以保护、传承和弘扬皖江传统文化来增强传统的价值观念

党的十九大报告指出："深入挖掘中华优秀传统文化蕴含的思想观念、人文精神、道德规范，结合时代要求继承创新，让中华文化展现出永久魅力和时代风采。"一是以乡村为核心，抢救性保护皖江传统文化，弘扬皖江优秀传统文化与美德，构建完善皖江传统文化传承体系，逐步提高皖江乡村居民的文化水平。二是以乡村为平台，利用皖江乡村凝聚优势，充实和丰富乡村文化，为塑造皖江乡村形象提供内在支撑。三是以乡村为纽带，依靠皖江乡村的群众组织、物质基础等优势，为传承皖江乡村民俗文化提供条件。四是以乡村为依托，发扬和继承皖江本土精神内涵，加强保护皖江民间传统文化，沿袭皖江古朴的工艺制作，把皖江地区的传说故事纳入本地教材中，若有机会和条件，积极申报非物质文化遗产以保护皖江民间传统文化。五是以习近平新时代中国特色社会主义思想和理论体系为指导，引导皖江乡村各地通过公开选举、民主评定、公开表彰等形式，开展好媳妇、好公婆、好邻居、"五好家庭"等评选表彰活动，召开表彰大会，促进皖江乡村村民形成正确的道德观，邻里和睦、家庭幸福。六是立足于皖江传统乡村文化，关注随着时代发展变化而不断产生的新的文化，对皖江传统文化进行新的解读，使村民逐渐接受新的思想，并推陈出新，去其糟粕，取其精华，在继承中进行发展，弘扬皖江传统乡村文化的优越性。七是制订乡俗民规，弘扬皖江时代新风、传统道德，倡导婚恋自主、尊老爱幼和礼尚往来，破除封建陋习、拒绝盲目攀比和不索要高额彩礼，用体现时代风尚、蕴含优秀民俗的婚丧新文化取代旧的风俗陋习。

（三）着力提升皖江文化在乡村发展中的引领作用

农村文化相对滞后，成为乡村发展中最大的"弱项"和"短板"。可以说，解决发展不充分不平衡的问题，最迫切需要的是文化，要更好地夯实基础、增强弱项、补齐短板，必须把乡村文化建设摆在突出的位置[4]。一是深入皖江乡村各地开展习近平新时代中国特色社会主义思想的理论学习宣传，用习近平新时代中国特色社会主义思想武装教育乡村干群，让习近平新时代中国特色社会主义思想在皖江乡村各地落地生根，像阳光雨露滋润皖江干群心田，引导干群心往一处想、劲往一处使，齐心协力参与乡村文化建设，提振乡村精气神。二是乡村文化建设是实施乡村振兴战略的重要组成部分，应强化各级干部特别是乡村干部对乡村文化建设的主体意识，促使他们摒弃文化建设搞得好坏与乡村工作业绩考评关系不大的错误思想，消除把文化建设当作"软任务"的做法，进一步增强做好乡村文化建设的使命感、紧迫感、责任感。三是各级党委、政府要高度重视乡村文化建设与振兴，把乡村文化建设与振兴纳入重要议事日程，加强乡村经济建设和乡村文化建设与振兴的总体布局调整，认真制定乡村文化建设与振兴发展规划、分类指导、实施意见和年度工作目标计划，真正做到乡村经济建设和乡村文化建设与振兴同步部署推进、互促互动，促进乡村文化建设与振兴向前向深层次发展。四是采取皖江广大村民喜闻乐见的形式，贴近村民生活实际，运用村民听得进、听得懂的语言，开展社会主义核心价值观"宣讲"活动，增进乡村群众对社会主义核心价值观的情感认同和思想认同，依法治理皖江乡村宗教领域乱象，正本清源，澄清思想上的模糊认识、划清是非界限，巩固、占领和壮大乡村意识形态阵地。

（四）加强皖江文化设施建设与阵地管理

皖江乡村文化振兴，前提条件是乡村文化设施建设，最终目的是充实皖江乡村居民的精神文化生活[5]。目前，从总体上来看，皖江乡村文化设施还不能满足皖江乡村居民日益增长的物质文化需要。乡村文化设施建设一定要因地制宜，切实考虑皖江乡村居民的实际需要，除了必备的图书室（或农家书屋）、体育建材设备、文化广场等，一些村庄也可根据本村的风土民情，建设一批与本村风格相符的文化设施，丰富村民精神文化生活和业余生活，从而无形中提高他们的整体素质。一是根据皖江乡村实际制定具体规划，并以构建完整的皖江乡村文化服务体系为抓手，整合乡村宣传文化、科学普及、党员教育、体育健身等，坚持因地制宜、便民利民、综合利用的原则，统筹建设乡镇文化站、村文化室及阅报栏等各类活动场所，以满足公共卫生、文体活动、综合治理、便民超市、教育培训等乡村文化服务功能的发展要求。二是不同年龄层次的村民对文化活动的参与和认同呈现显著差异[6]。因此，乡村文化建设要区分不同群体，层次分明，既要建设乡村老年人文化活动场所，又要建设无线网络、数字文化广场等年轻人喜爱的新兴文化设施，增强乡村文化建设的针对性，以满足乡村各类群体的文化生活需求。三是各级政府从人力、财力、物力等多方面加大对乡村文化建设的支持力度，动员广大村民、社会能人或企业等各方面力量参与乡村文化建设，形成乡村文化建设的强大合力。同时，将乡村原来闲置的如乡村卫生院、文体活动室、文化大院等有利于开展文化活动的设施改建为乡村文化活动场所。引导广大村民自觉树立主人翁意识，带头建设和维护乡村文化基础设施，推动乡村文化服务体系建设顺利进行。五是乡村文化场所建设后，要组织各级各类文化团体到乡村开展文化惠民活动，指导皖江乡村各地举办群众文艺晚会，播放公益电影，组织舞狮、腰鼓等文艺演出，使皖江村民享受丰富的精神文化生活。同时，健全或制订乡村文化活动场所和设施的管理制度，灵活、合理地安排活动开放时间，提高皖江乡村现有文化场所和设施的综合利用率。

（五）以发展皖江乡村特色文化产业来促进皖江乡村经济发展

乡村振兴战略有"产业兴旺、生活富裕"两个目标要求。皖江乡村文化底蕴丰厚，田园风光、山水文化、农耕文化及红色文化等特色文化为发展乡村休闲旅游和文化产业创造了有利条件。精心打造"文化+"多元化综合体，将皖江乡村文化渗透入农业生产中，促使文化向农业生产各环节融合与蔓延，形成品牌农业、观光农业、创意农业，激发乡村经济发展活力。一是统筹乡村发展规划，充分发挥气候养生、文化体验、休闲观光、生态涵养等功能，做好乡村发展"文化+"的文章。立足皖江乡村特色和建设实际，准确选择"文化+"的结合点、切入点、增效点，推进"文化+"多元融合发展，将文化与农业、旅游、商贸、金融、生态、教育、科技、康养等相融合，推动乡村经济发展转型升级，不断提升皖江乡村经济文化生产力和创造力，创造皖江乡村振兴发展新态势。二是紧紧依托皖江乡村的田园风光和青山绿水，大力发展观光农业、休闲农业，满足游客农事体验、果园游憩、品尝农家饭菜等享受皖江乡土文化的需求，推出具有皖江特色的精品农业体验旅游活动和精品民俗活动，提升乡村经济发展质量和效益，如安徽宣城市以泾县云岭为核心的红色基因旅游，以皖江徽文化元素为代表的古村落旅游以及以文房四宝为代表的文化体验游等。到 2017 年底，该市拥有敬亭山景区、查济景区、江村景区等 24 个 4A 级景区，龙川景区 1 个国家 5A 级景区，A 级景区达 60 家。2017 年全年接待旅游入境者 20.5 万人次，其中接待外国人 12.7 万人次，旅游外汇收入 1.1 亿美元；接待国内旅游者 3115.4 万人次，实现旅游业总收入 270 亿美元[7]。三是随着皖江乡村文化产业稳步发展，产业规模、创新能力和影响力都得到进一步提升，文化产业发展也成为乡村经济的支柱性产业。鼓励和支持村民创业就业，发展分享农场、共享农庄、创意农业、乡村民宿等特色文化产业；积极发展乡村手工艺、皖江文化文艺和乡村文化创意产业，打造一批美食村、养生村、休闲村、艺术村等特色村，拓宽村民增收渠道，增加村民获得感，助推乡村振兴战略"产业兴旺、生活富裕"两个目标要求的实现。

（六）以皖江乡村文化发展来给皖江乡村振兴"添砖加瓦"

乡村振兴战略有"生态宜居、乡风文明、治理有效"三个目标要求。

一是综合用好科技文化卫生"三下乡"活动，从农业、农村和农民的实际出发，采取人们喜闻乐见、灵活多样的宣传形式和手段，增强生态环境保护宣传的感染力和吸引力，强化皖江村民的生态环境保护和治理意识，改变他们传统生产生活方式，像对待自己的生命一样对待生态环境。同时，在乡村振兴过程中，乡村干部也要真正树立"生态环境保护是功在当代、利在千秋的事业"的新观念、新理念，以"对子孙后代高度负责"的精神，保护和治理乡村生态环境。"宁要绿水青山，不要金山银山"，要清楚地认识到生态价值高于经济利益，建设利于生态保护、生态循环和生态友好型的农业产业体系，绝不能以牺牲乡村生态环境为代价换取乡村经济的发展。"绿水青山就是金山银山"，要尊重乡村的文化传统、产业属性、皖江特色、生态环境和审美诉求，建设生态宜居的乡村生活生产空间，让皖江村民留住"乡愁"。

二是加强无神论宣传教育，抵制封建迷信活动，提倡厚养薄葬，倡导仪式文明办理、从简办理，遏制人情攀比、大操大办、厚葬薄养等陈规陋习。倡文明树新风，培育良好家风、淳朴民风、文明乡风，将文明乡风融入村民生活生产各个方面，有力激发乡村文化活力。

三是注重与皖江乡土文化对接，以文化道德力量教化乡民，让乡规民约内化为乡村礼俗文化，在乡村治理中使乡规民约发挥其独特功能，使广大村民带着感情参与乡村治理的整个过程，实现法治、德治、自治与情治的有效融合，以达到乡村善治。

参考文献：

[1] 眭谦. 乡村振兴　文化为魂 [N]. 光明日报，2017-11-11.

[2] 方腾. 王岐山造访安徽六尺巷　做官先做人获中央倡导 [EB/OL]. http://www.ce.cn/xwzx/gnsz/gdxw/2014/11/19/t20141119_ 3941330. shtml.

［3］李慧，徐谭. 传承文化记忆　推动乡村振兴［N］. 光明日报，2017-11-21.

［4］杨超. 为乡村振兴战略提供思想保障和精神支撑［J］. 时事报告，2018 （2）：48-51.

［5］刘会强. 农村文化设施建设现状及对策分析——以河南省孟津县为例 ［J］. 知识经济，2016（18）：7-8.

［6］张春华. 让农村文化建设形神兼备［N］. 人民日报，2016-10-27.

［7］安徽省宣城市统计局. 宣城市 2017 年国民经济和社会发展统计公报 ［EB/OL］. http：//tjj. xuancheng. gov. cn/content/detail/5ab840a920f7fe9e07063e12. html. 2018-3-26.

皖江文化软实力助推新时代安徽创新发展研究

——以"一带一路"倡议与"长江经济带"战略为视角

张家智

摘　要："一带一路"倡议业已构筑起新时代我国对外开放的新格局，因为它不但进一步加快了东部省份和沿江、沿边地区的对外开放步伐，而且也为中西部地区的跨越式发展提供了宝贵的新机遇。而与此同时，"长江经济带"战略又正式成为我国创新改革开放格局、促进经济转型发展的新型区域开放开发战略，作为带动东中西部地区协调发展的重要纽带，其与"一带一路"倡议形成互动的新格局，必将成为推动我国经济转型升级的重要引擎。这既给新时代安徽的创新发展带来了重大战略新机遇，也为我们充分利用皖江文化软实力助推现代化五大发展美好安徽建设开辟了新路径。

关键词：皖江文化；一带一路；长江经济带；安徽创新发展

一、新时代国家重大战略赋予安徽加快发展新机遇

长期以来，既不沿海也不沿边，开放型经济短缺曾是严重制约安徽加快发展的瓶颈，但拥有八百里皖江的安徽仍有着沿江近海、承东启西、连南接北的区位优势。特别是近年来，随着国家"一带一路"倡议与"长江经济带"重大战略的逐步推进，安徽经济增长不仅一直稳居中部地区前列，还呈现出区域协调发展的崭新态势。得益于地处长江经济带与"一带一路"的重要节点，安徽目前正在积极抢抓机遇、齐心协力推动国家两大战略的贯通融合，努力将自身打造为"一带一路"的重要枢纽与经济腹地、长江经济带的重要战略支撑以及长三角新发展的重要增长极。

先从交通区位来讲，安徽具有参与"一带一路"建设的独特优势。安徽不仅是长江经济带承东启西的重要组成部分，而且是沿海地区与中西部内陆腹地的

作者简介：张家智（1968—），男，安徽六安人，法学博士，滁州学院马克思主义学院副教授，研究方向：公共管理。

过渡地带。目前已初步建成水、陆、空并举的立体交通网，连接"一带一路"的交通物流体系亦基本形成，具备互联互通的坚实基础。

从经济贸易来看，安徽与"一带一路"沿线国家的经济互补性较强。近年来，我省与"一带一路"国家经贸交往日益密切，产业与区域融合不断加深。据统计，2017 年我省对"一带一路"沿线国家和地区进出口贸易额为 138.6 亿美元，占全省进出口总量的 25.8%；新引进"一带一路"沿线国家和地区投资企业 24 家；在"一带一路"沿线国家和地区新设立境外企业 25 家。省级"一带一路"重点项目库吸纳和储备了基础设施、经贸合作、产业投资等领域项目114 个，总投资近万亿元，入库项目现已开工过半。①

从产业输出来看，安徽人力和技术资源丰富，产业优势明显，部分"一带一路"沿线国家已成为我省对外工程承包以及劳务输出的重点区域。近年来，借助"一带一路"倡议的强劲东风，我省马钢、海螺、中鼎等优势企业纷纷扬帆出海，在 137 个国家或地区设立了 700 多家企业，对外投资额年均增长22.5%，累计对外投资 39.08 亿美元。②

说到文化旅游，安徽则更是独具特色。享誉世界的徽商不仅曾经在与沿线国家的商贸往来中发挥过重要作用，而且安徽文化的影响也早已伴随其行商的足迹遍布亚欧非各地。加之安徽地方特色历史文化旅游资源十分丰富，对沿线国家的游客无疑是别具吸引力。

展望未来，"一带一路"倡议必将促进安徽与沿线国家开展更大范围、更高水平、更深层次的区域合作，共同打造开放、包容、均衡、普惠的区域经济合作架构，进而实现互融共生、合作共赢。自参与"一带一路"建设以来，安徽积极通过"请进来""走出去"拓展友好交流合作，"一带一路"沿线"朋友圈"不断扩大，合作交流日趋广泛。据统计，截至目前，我省与"一带一路"沿线20 多个国家签署了友好省州、友好城市协议，经贸、文化、教育等多领域合作交流均取得了显著成果。

从全国角度来看，当前在中国经济新常态的背景下，要推动区域经济发展取得新突破，就必须要有更高级别的形态、更有力的抓手来推动区域的整合发展；而长江经济带本身就具有天然的独特优势与巨大的发展潜力，加之国家《关于依托黄金水道推动长江经济带发展的指导意见》的正式出台，必将愈加有利于

---

① 安徽"一带一路"朋友圈不断扩大与沿线 20 多国"交好"［EB/OL］（2018-07-16）. http：//www. anhuinews. cc/p/421834. htmll.

② 一带一路［EB/OL］（2018-07-16）. http：//epaper. anhuinews. com/html/ahrb/20171022/article_3608575. shtml.

将整个经济带更好地串联起来，增强要素的整合能力，形成统一的大市场，促进区域发展的新融合。这既适应了中国区域经济联动发展的方向，也是宏观经济政策的一项重要创新。①

安徽作为长江经济带承东启西的重要组成部分，长江经济带发展战略的实施则必将为新时代安徽的创新发展打造更加广阔的空间。站在新时代的起点上，安徽可以进一步借力长江黄金水道，充分发挥沿江近海、承东启西的区位优势，在更大范围、更高层次上加快与长三角地区的基础设施互联互通、产业集群协同合作、市场体系统一开放、生态环境联防联控、社会管理互通互认，最终实现其自身与长江经济带及"一带一路"建设的深度融合，推动长三角地区进行更高质量的一体化发展。特别是在 2018 年度长三角地区主要领导的座谈会上，安徽提出要立足自身实际，切实打造长三角科技创新策源地、长三角产业发展生力军、长三角对接"一带一路"西大门、长三角能源供给大通道、长三角生态绿色后花园的战略性目标，这就必然要求安徽全面深度融入"一带一路"、长江经济带建设以及京津冀协同发展等国家战略，围绕打造长三角世界级城市群的新兴增长极，全面提升安徽在全国区域发展和开放合作中的战略地位；大力实施创新驱动发展战略，加强供给侧结构性改革；着力优化沿江产业布局，加快推进产业转型升级；重点推进重大新兴产业基地、重大新兴产业工程、重大新兴产业专项，加快构建创新型现代产业体系；全面创新改革试验，推动科技创新，破除体制机制障碍；精准聚焦规划对接，推动长三角区域产业链、创新链、价值链布局一体化②。如今坐拥天时、地利、人和发展格局，安徽积极打造双向互动内外联动的内陆开放新高地真可谓正当其时，恰逢其势。

二、皖江文化软实力助推新时代安徽创新发展研究

当今国际经济发展的格局早已清晰地表明，无论世界范围内任何国家或地区的经济崛起，它们无一例外地都需要精神文化的引领。伴随着经济全球化与世界经济一体化的逐渐形成，由物质财富极度充裕而催生的消费时代已悄然来临，广泛而深刻的社会变革在不断提升人们精神文化需求的同时亦促进了文化产业的异军突起，甚至在一些经济发达国家，文化产业已渐次成为国民经济的支柱。事实证明，当今世界正逐步进入文化经济时代，在这个时代里文化与经济已经密不可分，经济的文化化和文化的经济化已成为全球重要的趋势，文化对经济发展的推

---

① 刘元春. 形成大市场 促进新融合［N］. 经济日报，2014-9-26（13）.
② 潮涌皖江推动长三角产业升级［EB/OL］ （2018-07-16）. http：//ah. workercn. cn/32535/201806/08/180608093000750. shtml.

动、引导和支撑作用亦越来越明显。无论是大到区域经济发展战略和产业政策的制定，还是小到企业生产管理和名牌产品的创立，都既是科学周密的经济活动又是纷繁复杂的文化活动，均需要深厚的文化力量以及高端的策划智慧。甚至一个国家或地区的经济发展模式和产业结构特点，都能够凸显出相当的文化背景和人文因素。因而对我国来说，发展社会主义市场经济，既是经济建设的中心主题，也是社会科学文化建设课题。如果没有文化的协调发展，不但经济伦理和经济规范确立不了，经济建设难以搞好，就连社会主义市场经济体制也根本无法建立起来，正是从这个意义上来讲，现代市场经济就是文化经济，就是知识化经济，就是以文化知识作为支撑的经济。发展文化经济，可以提高企业及其产品的文化含量，提升产业结构的文化层次和品位，这不仅已经成为提高国民经济整体素质的重要途径，而且亦正在持续不断地转化为推动经济增长和生产力发展的内在动力。为此，我们必须高度重视经济增长的文化内涵，切实发挥文化因素在经济社会发展中的重要作用，加快发展文化产业，不断提高产业层次和经济发展质量，从而为经济社会的持续快速健康发展提供强大的文化动力。①

对于目前的安徽来说，创新文化建设，引领经济发展亦是势在必行。由于受自身结构性矛盾累积和复杂严峻的国内外经济环境共同影响，我省经济未来发展的形势依然是喜中隐忧：发展不足、不优以及不平衡的问题仍较突出，城乡区域发展差距较为明显。如何打赢转型升级与精准脱贫攻坚战，力争五大发展闯新路、全国方阵走在前；决战决胜全面小康、建设现代化五大发展美好安徽是我们面临的紧迫任务。在充分调动社会各方面积极性的基础上，我们尚须借助传统文化对现代经济社会发展的强大推力，而在这其中，历史上曾经数领风潮的皖江文化现可谓风帆正劲，必可乘势而为，再发创新引领之功。

而事实上，我们通常所称的皖江文化一般是指由古到今覆盖整个皖江地区（大体接近现在的皖江经济带）的历史文化，主要涉及文学与戏曲、政治和经济等多个领域。而作为推动安徽经济社会持续发展的标志性文化，其早期特征主要表现在以明代桐城方氏学派"坐集千古之智"的治学胸襟为代表的兼容并包的文化情怀、以桐城宋学"士"的精神为标志的刚毅进取的人生品格以及以《新青年》杂志早期作者群为代表的开放融通的世界意识等方面。② 而皖江文化的现代特征则应该毫无疑问地表现为对外开放与对内融通。因而如今安徽在全面深度融入"一带一路"与长江经济带战略之时，应该充分展现皖江文化的现代特征

---

① 经济与文化［EB/OL］（2018-07-16）. http：//blog. sina. com. cn/s/blog_ 56ac4a590100a2e6. html.
② 皖江文化［EB/OL］（2018-07-16）. http：//www. 360doc. com/content/18/0213/12/30067642_ 729748994. shtml.

并保持其刚毅进取的文化品格。

（一）对外开放时要注重深化人文交流，促进民心相通

鉴于安徽文化一直享誉海外，我省文化企业应该坚定文化自信，紧抓当前有利时机，充分发挥自身优势，大力培育骨干企业，加快发展新型文化业态，持续打响"文化皖军、创意安徽"品牌，积极推动文化创意产业与相关产业融合发展，加快转型升级步伐，努力将改革的先发优势转化为产品优势、主业优势、品牌优势和产业集群优势，全力推动文化产业成为安徽经济支柱产业。① 主动依托"一带一路"布局文化产业，加快文化"走出去"步伐，切实加强与沿线国家在文化领域的务实合作，将徽风皖韵的种子不断播向五湖四海，而具体到实际的工作当中，主要应从以下几方面努力。

首先是要继续推进安徽高校与沿线国家深入开展校际交流与合作，倾力支持它们在该地区创办孔子学院或者徽学院并选派华文教师任教。

其次是积极开展华裔青少年联谊活动以增强其对国家和民族的认同感。青少年是祖国的未来、民族的希望。海外沿线国家的华裔青少年与祖国内地的"小伙伴"们同样肩负历史和时代赋予的责任，同样怀抱远大理想，同样渴望实现个人价值和社会价值，这是海内外青少年的精神交集，也是深化相互交流的基础。积极组织和深入开展一系列新型体验式的学习参观考察活动，让华裔青少年们身临其境，亲眼看、亲耳听、亲手做，并与内地同龄人亲密互动，不但可以促使他们对同根的历史传统、同祖的血脉亲情有更加深切的体会，还能进一步增强他们对于国家的归属感以及对民族的认同感。同时激发他们为国家民族的宏图伟业奉献智慧与力量的使命感和责任感，进而积极主动地与内地同龄人一道，同心同向而行，携手成为中华民族伟大复兴中国梦的"梦想家"和"圆梦者"。

最后就是深入拓展沿线国家的经济文化市场，鼎力支持省属文化及商贸集团定期在沿线国家举办"安徽文化周"与"国际徽商论坛"以持续扩大和发挥安徽文化以及"徽商大会"的品牌影响力，努力让"丝路书香工程"等相关国际展会平台成为安徽文化走向世界的高端阵地，促使安徽人民与沿线各国人民一道携手推动"一带一路"成为和平、繁荣、开放、创新、文明之路，更好地造福各国人民。②

---

① 文化产业，打响"创意安徽"品牌［EB/OL］（2018-07-16）. http：//www.sohu.com/a/213068197_259577.

② 安徽打造"一带一路"重要腹地和枢纽的对策［EB/OL］（2018-07-16）. http：//epaper.anhuinews.com/html/ahrb/20170523/article_3562484.shtml.

（二）对内合作时要讲究互连融通，着力谋求合作共赢

众所周知，融合（通）发展一直是社会发展的重要规律之一。新时代经济社会发展的"不平衡"与"不充分"等问题以及各类主体之间的矛盾，必须要用融合发展来妥善处理。当前，文化经济已经成为一国经济发展的战略驱动力量。随着世界经济从工业经济时代向后工业时代过渡，生产的要素已经从过去的以自然资源为主，转化为以文化、信息、科技等要素为主。文化与经济渗透融合的范围、深度和效果，直接影响产出的效率和竞争力。文化经济迅速发展、扩张，已经成为经济发展中最为活跃的力量，甚至对经济发展全局都具有举足轻重的作用。① 而推动长江经济带发展是党中央的重大区域发展战略，是实现城市和区域融合发展的创举。长江经济带各省市既相对独立，同时又是一个有机的整体，所以必须要以"一盘棋"的思想从总体上谋划长江经济带发展，正确把握自身发展和协同发展的关系，努力将长江经济带打造为有机融合的高效经济体。

放眼全国，长三角地区不仅是我国经济最具活力、开放程度最高、创新能力最强的区域之一，而且"一带一路"倡议与长江经济带建设目前均已进入大力实施阶段。而更为重要的是，习近平总书记在主持召开深入推动长江经济带发展座谈会时着重强调：长江经济带的各个地区、每个城市在各自发展过程中一定要从整体出发，树立"一盘棋"思想，把自身发展放到协同发展的大局之中，实现错位发展、协调发展、有机融合，形成整体合力。必须从中华民族长远利益考虑，把修复长江生态环境摆在压倒性位置，共抓大保护、不搞大开发，努力把长江经济带建设成为生态更优美、交通更顺畅、经济更协调、市场更统一、机制更科学的黄金经济带，探索出一条生态优先、绿色发展新路子。而与此同时，他还特别强调，长江既是中华民族的母亲河，也是中华民族发展的重要支撑。推动长江经济带发展必须从中华民族长远利益考虑，走生态优先、绿色发展之路，使绿水青山产生巨大生态效益、经济效益、社会效益，使母亲河永葆生机活力。

显而易见，习近平总书记坚持从全局的角度和战略的高度，深刻阐明了整体推进和重点突破、生态环境保护和经济发展、总体谋划和久久为功、破除旧动能和培育新动能、自身发展和协同发展等5个重大关系。② 这是在新的历史起点上推动长江经济带发展的总要求和根本遵循，其主旨在于要求我们秉持创新、协调、绿色、开放、共享的理念，坚持以绿色文化驱动绿色发展，建设美丽和谐与

---

① 魏杰：文化经济已成为经济发展战略推动力［EB/OL］．（2018-07-16）．http：//money. 163. com/18/0419/13/DFOQH7D1002581PP. html.

② 习近平主持召开深入推动长江经济带发展座谈会并发表重要讲话［EB/OL］．（2018-07-16）．http：//www. xinhuanet. com/2018-04-26/c_ 1122749143. htm.

可持续发展的长江经济带。

习近平总书记的重要批示，不仅开启了长江经济带一体化发展的新征程，同时开辟了安徽发展的新天地。一直以来，安徽不仅与长江经济带各省份之间地缘相近、人缘相亲、文化相通，交流合作源远流长，而且其自身亦是长三角的重要方面军，特别是在区位、科技、产业、生态、能源资源等方面均具有独特的优势。从历史地缘文化角度来看，首先，正是由于长江经济带省际地相依、水相连、人相亲，产业发展、资源要素、区域功能等方面各具特色，因而长江文化（天然包含皖江文化）自然而又充分地表明其自身既是流域性的空间文化，也是动态发展的民族历史和区域文明。其次，长江经济亦必然包括从原始自然经济到当代信息产业的各种经济样式，它以包容、辐射、传承、创新为特色，成为当今世界东方最活跃、最有发展潜力的流域经济。再者，文化的发展需要经济做基础，而经济的发展同样需要文化做支撑，正所谓经济基础决定上层建筑，而上层建筑又反过来促进经济的发展。只有将文化与经济相互融合在一起，共同发展，才能在日趋激烈的国际环境下，保持不败之地。而长江文化与长江经济天然有着包容统一的整合关系，长江文化不仅是长江经济发展的资源和资本，也是长江经济发展的支撑和背景，因而长江经济带建设在推动国家富强、城市发展的同时，亦必然会带动长江流域文化感情的交流、文化资源的碰撞、文化传统的传承、文化要素的流通，为长江文化的融合发展提供广阔的交流平台。反之亦然，长江文化的交流互通必然会为长江经济一体化及多样化的发展加注人才和资源动力，文化消费等软性资源的消耗亦可在极大的程度上推动长江流域经济的平衡和谐发展。①

有鉴于此，我们必须坚持文化与经济相融合、传承与创新相结合，进一步传承和弘扬皖江文化的时代价值，持续提升皖江文化的辐射力、竞争力和影响力，为长江流域文化的融合发展提供广阔的交流平台，主动依托长江黄金水道这一重要抓手，积极推动各个区域进行科学有效的布局，将每个地区的比较优势快速转化为整个经济带的整体优势。为此，安徽应进一步加强与长江经济带省际的政策沟通，主动依托中博会、高层论坛等合作平台来推动中部六省共建"国家战略联席会"以商讨解决重大问题；筹划建立专家咨询机构或智库网络以加强战略研究，协商制定推进区域合作的规划与措施，共同谋划长江中游城市群、长江经济带与"一带一路"的战略融合；加快完善合作与协调机制、动力和运行机制、利益分配及补偿机制，着力推进规划、产业、交通、载体和要素联动。此外，安

---

① 长江经济带建设离不开文化支撑 [EB/OL]．（2018-07-16）．http：//lcl. cssn. cn/gd/gd_ rwhd/xslt/201611/t20161107_ 3266689. shtml.

徽还可与兄弟省份协同发挥科教资源密集的优势，共同构筑长江流域自主创新产业链和产业价值链；积极参与并协同推进长江流域统一、开放、竞争、有序的市场体系深化发展；深挖区域产业的内生驱动力，以开放为动力，以市场为核心，以互补为基础，以共赢为根本，尽快形成"东西互补、海陆联动、双向开放、开边出海"的区域产业发展新格局，以促进长江经济带产业通过分工合作实现共赢发展。

　　总之，由古至今，任何一个国家或地区要保持经济社会的可持续发展，优秀文化的支撑是必不可少的。换句话说，文化与经济是互为条件且相辅相成的。长江经济带与长江文化带可以相互促进，共同发展。长江经济带的建设离不开长江文化带的建设，经济带的建设当然会推动发展，但单纯的经济建设中存在市场竞争，文化恰恰可以推动经济的一体化和多样化发展，推动文化和人才要素的流动。特别是对于安徽目前以及未来的发展来说，全面深度融入国家三大战略，引领经济开放创新快速发展——这不仅是安徽深入贯彻落实党中央"四个全面"战略下五大发展理念的应有之举，也是我省转变经济发展方式、调整经济结构、打好精准脱贫攻坚战的重要战略支点。要全面适应经济新常态，安徽还是要拼文化软实力，只要我们保持高度的文化自觉与坚定的文化自信，坚持正确的价值导向，切实用安徽发展的成就、美好的前景来凝聚人心、坚定信心，讲好安徽故事、唱响安徽声音、提升安徽形象、滋养安徽精神、凝聚安徽力量、激发安徽创造力、厚植安徽竞争力，锐意改革创新，持续推进安徽文化繁荣发展，就一定能够进一步增强安徽文化的软实力和竞争力，为新时代安徽的创新发展提供强有力的"硬支撑"。这不仅有利于安徽进一步发挥"左右逢源"的优势，在更大范围、更高层次上集聚配置要素资源，凝聚改革创新发展强大合力，而且更将有助于我省大力实施创新驱动发展战略，全面培育核心竞争力，切实将安徽打造成长三角的新兴增长极，加快现代化五大发展美好安徽建设的进程。

论皖江文化软实力对皖江区域参与"一带一路"和长江经济带建设的支撑作用

夏 昂

摘 要：皖江文化软实力是皖江区域综合实力的重要组成部分，对于皖江区域的经济和社会发展具有重要意义。当前在国家大力推动"一带一路"和长江经济带建设的背景下，皖江文化软实力能够有效支撑皖江区域参与上述战略活动。本文从皖江文化软实力的概念和内涵出发，对皖江文化软实力在"一带一路"和长江经济带建设中的意义进行探讨，并给出了皖江文化软实力支撑皖江区域参与"一带一路"和长江经济带建设的路径选择。

关键词：皖江；文化软实力；一带一路；长江经济带

一、皖江文化软实力的概念及内涵

"软实力"的概念是 20 世纪 80 年代末由美国著名国际关系学者约瑟夫·奈首先提出来的，他认为在国际关系中，国家的实力分为硬实力和软实力，硬实力是指传统意义上的经济实力、军事实力、科技实力等资源性能力，而软实力是指意识形态、价值观念、社会制度、文化等方面的吸引力和影响力。软实力是一个国家综合国力的重要组成部分，在当今时代的发展中具有重要意义，各国都注重提高自己的软实力。① 根据软实力的定义，可以将软实力的概念扩展到国内，从而引申出区域软实力的概念。目前，学界对区域软实力没有明确的定义，但是综合各方面的研究，可以大致得出区域软实力就是指一个地区的发展模式、特色文化、人文底蕴、体制机制、生态环境等方面展现出来的吸引力。区域软实力的组成要素包括政府公信力、特色文化、公共服务、人力素质等几个要素。政府公信力是指一个地区公众对政府的信任程度，对政府政策的支持程度。特色文化是一个地区人民在长期的生活中所产生的特有的风俗习惯、价值观念、艺术形式。公

作者简介：夏昂，华侨大学国际关系学院 2015 级国际关系专业硕士生。
① （美）约瑟夫·奈. 软实力：权力，从硬实力到软实力 ［M］. 北京：中信出版社，2013.

共服务是一个地区为满足公众基本生活需求所提供的服务，包括教育、医疗、社会保障、安全等服务。人力素质是指区域内公民普遍的智力水平、道德素质，是地区竞争力的核心要素。

皖江地区一般指长江在安徽的流域地区，包括安庆、芜湖、马鞍山、池州、铜陵等地，这一地区历史文化底蕴深厚。从时间上看，皖江文化从古代延续至今；从空间上看，皖江文化的核心地区是安庆和桐城，以及沿江的数个城市；从内容上看，皖江文化是皖江地区人民在长期历史发展过程中形成的具有浓厚地域特点的价值观念、思维方式、人文精神、民族艺术、风俗习惯、道德规范等的总和。

皖江文化底蕴深厚，包罗万象，可以概括为以下几个方面的内容。一是以"和县猿人"为代表的古代文化，二是以禅宗为代表的宗教文化，三是桐城派为代表的文学文化，四是以李公麟、邓石如等人为代表的书画文化，五是以国立安徽大学为代表的教育文化，六是以黄梅戏和徽班为代表的曲艺文化，七是以邓稼先、方以智为代表的科技文化，八是以张英、陈独秀为代表的政治文化，九是以张恨水、朱光潜为代表的五四文化，十是以黄山、太平湖为代表的旅游文化，十一是以九华山为代表的佛教文化和以齐云山为代表的道教文化，十二是以安庆、芜湖为代表的商埠文化。[①] 总之，皖江文化内容丰富、时间跨度长、影响范围广，是中国最具代表性的地域文化之一。

二、皖江文化软实力在"一带一路"和长江经济带建设中的意义

皖江地区位于长江经济带的中下游，是"一带一路"和长江经济带建设的重点地区，但是无论是与上游成渝经济圈相比，还是与下游长三角城市圈相比，皖江地区的发展显得滞后许多。造成皖江地区发展相对落后的原因是多方面的，除了自然资源、地理位置、交通区位、国家政策等方面的因素之外，文化等软实力也是影响皖江区域发展的一个重要方面。

一个地区文化的繁荣程度体现了该地区经济的发达程度，同为长江经济带上的荆楚文化和长三角地区的吴文化，就比皖江文化的影响力大得多，这也是皖江经济发展落后于它们的重要标志。当前，国家正在大力推动"一带一路"和长江经济带建设，这为皖江地区的发展带来了重大机遇，但同时皖江地区也面临着比其他地区更多的竞争。竞争与合作的对立统一要求：必须以文化的交融为基础，才能实现更好的发展。从历史上一些著名的经济发展实例可以看出，无论是

---

① 方晓珍．关于皖江文化的宏观思考［J］．安庆师范学院学报，2005（5）．

顶级企业的成长还是新兴国家的崛起，其发展历程大致经历三个阶段，第一个阶段是资源、技术的竞争，第二个阶段是管理、人力的竞争，而第三个阶段就是文化的竞争。在建设"一带一路"和长江经济带过程中同样如此，随着区域内对资本、资源、教育、科技等领域的竞争加剧，最终必将延伸到文化等软实力方面的竞争。《文明的冲突与世界秩序的重建》一书的作者，美国著名国际关系学者亨廷顿认为，21世纪的竞争不再是经济和军事的竞争，取而代之的是文化的竞争，虽然这一说法在学界尚存争议，但是他强调文化在国家和地区竞争中的作用越来越突出这一现象，成为各国学者的共识，软实力研究已经成为国际关系学界一个重要的研究课题，在国内区域发展中也有区域软实力的研究。可见，对区域文化软实力的研究有助于提高区域的竞争力，当科技进步加速，产业升级加快，运用文化的力量提升产品的附加值，是每个企业家应该考虑的问题。地方经济发展的决策者，也要思考如何利用当地的特色文化实现跨越式发展这一战略性问题。未来的产品价值将取决于以文化为底蕴的观念价值，市场的扩展也将以文化的辐射力为基础。

具体到皖江地区来看，皖江文化软实力在推进皖江地区参与"一带一路"和长江经济带建设过程中要在以下几个方面发挥作用。一是大力弘扬皖江徽商文化的创新与创业精神，推动从官本位文化向商本位文化转型。历史上皖江地区经商风气盛极一时，只是到了近代之后才逐渐消失，但皖江地区仍然有着创新与创业的土壤。在新时代要大力弘扬徽商敢闯敢做、吃苦耐劳的精神，积极响应国家"大众创业、万众创新"的号召，以徽商精神作为灵魂指导安徽实现跨越式发展。二是倡导皖江开放合作的文化，实现共同发展。皖江文化对外开放对内融通，虽然皖江地区属于中部地区，受农业经济文化影响较多，但皖江自古就是黄金水道，安庆、芜湖更是重要的商埠，皖江地区人们的观念不同于内陆地区人们的保守，具有开放合作的心态。① 因此，要弘扬皖江开放合作的文化，促进皖江地区与沿海发达地区的交流合作，改变观念，实现共赢。三是重视诚信文化建设，弘扬信用文化。皖江地区人文底蕴深厚，深受儒家思想影响，徽商闯天下也以诚信为经营之本。虽然在改革开放之后，诚信文化有所丧失，但在传统文化熏陶下皖江地区民风仍然淳朴，人们重情重义的特点还是有所保留。在建设"一带一路"和长江经济带过程中要注重信用文化建设，引导人们从"重财"向"重义"转变，注重长期利益，促进营商环境的改善。

皖江文化有自身的独特性和区域性，历史上形成的皖江文化有着相对的稳定

---

① 谈家胜. 文化区域·区域文化·皖江文化——"皖江文化"的概念与开放特征辨析［J］. 安庆师范大学学报，2017（12）.

性。皖江文化除了受当前经济发展的影响，也受不同时期历史积淀的影响。① 皖江区域曾经经济发达，后来因为多种原因逐渐落后，但皖江文化的影响仍在持续。虽然皖江区域当前经济发展不如长三角和沿海地区，但皖江区域的科教实力和文化底蕴在全国仍然具有重要影响力。总之，在国家大力建设"一带一路"和长江经济带的背景下，皖江文化软实力能为皖江区域发展提供一个厚重的文化环境，这是皖江区域可持续发展的必要条件。

三、皖江文化软实力对皖江区域参与"一带一路" 和长江经济带建设的支撑作用

"一方水土养一方人"，皖江文化带给皖江人民的是自由、独立、隐忍、坚强、吃苦耐劳等优秀品质，这些构成了皖江文化特有的文化内涵，是支撑皖江区域参与"一带一路"和长江经济带建设的宝贵财富。② 但是，任何一种文化都具有两面性，皖江文化也有其消极的一面，主要表现为：其一是缺乏合作精神，大多是单打独斗，所以很难做大做强，重视短期利益，目光不长远；其二是小农思想强烈，小富即安，安于现状，缺乏家国情怀，缺少把企业做大做强的坚强决心；其三是喜欢耍小聪明而缺乏大智慧，精明过度，高明不足；其四是官本位意识强，商本位、创业意识弱。这些弱点在一定程度上限制了皖江地区经济的发展，也是造成当前皖江区域发展相对落后的文化原因。

进入 21 世纪以来，文化对经济发展的促进作用正在不断提升，未来社会经济发展在很大程度上取决于文化建设。从全球范围来看，很多发达国家的发展历程都证明了文化在制度选择、发展模式、路径安排等方面的巨大作用。文化能促使各种资源优化配置，整合各方面的生产要素，帮助建立社会价值体系，推动社会的全面发展。

随着中国经济发展进入新常态以及中央对社会经济发展一系列重大方略的提出，文化与经济的互动越来越明显。文化检验着经济增长和社会发展的均衡性，影响着政策制定，决定经济发展和环境保护的协调程度。可以预见，文化在经济社会发展中的支撑作用会随着发展程度的提高而越来越重要。皖江文化也会支撑着皖江区域在新时代的发展。

皖江文化软实力支撑皖江区域参与"一带一路"和长江经济带建设可以表现在以下几个方面。首先，皖江文化软实力对于塑造皖江地区劳动者性格和提升

---

① 汪四红. 皖江文化与社会主义核心价值观探究［J］. 黄山学院学报，2017（8）.
② 黄晗. 倚重中部崛起的软实力：区域文化［J］. 求索，2005（10）.

劳动者素质都重要作用。① 文化提升劳动生产率的例子经常见到，比如二战后东亚经济的快速发展就得益于儒家文化勤劳、隐忍的品质对东亚国家劳动者的影响。皖江文化里勤劳、奋进、开拓进取的深刻内涵对皖江儿女投身建设"一带一路"和长江经济带有重要促进作用。其次，皖江文化能改善皖江区域的软环境，塑造皖江区域的投资环境、市场环境。皖江区域文化底蕴深厚，历史上的徽商都是儒商，儒商的特点是注重提升自身的修养，做生意讲究诚信，有较高的文化素质，这些对于塑造皖江区域的经商环境和市场环境有重要的促进作用。最后，皖江文化里对信用的重视可以降低交易成本，增加资源优化配置的效率。皖江区域人们普遍遵守的价值准则在商业中有利于增加重复交易的频率，提升资源的整合的效率，减少不必要的监督成本。让资源用到最该用的地方，提升经济发展的质量。

四、皖江文化软实力支撑皖江区域参与"一带一路"和长江经济带建设的路径选择

（一）以皖江区域硬实力建设促进软实力提升，达到良性互动

软实力属于文化的范畴，其本质属于社会的上层建筑，建立在社会经济基础之上。一个地区的经济基础是硬实力，是软实力能够发挥作用的重要保障，软实力的扩张一定是以硬实力作为基础的。二战后，西方软实力影响力遍及全球，这都是建立在西方强大的经济、军事实力之上的。硬实力弱的国家，即使有再多的文化资源，也难以构建强的软实力。提升皖江区域文化软实力必须从皖江地区现有的经济发展水平出发，努力抓住国家大力建设"一带一路"和长江经济带的战略性机遇，充分发挥皖江地区的比较优势。将皖江区域的发展与国家战略进行对接，利用国家政策支持实现跨越式发展。建设"一带一路"和长江经济带是国家统筹国际国内两个大局提出的伟大构想，对于中国区域协调发展和促进产业升级有重要意义。② 皖江地区也面临着承接产业转移和扩大对外开放的课题，因此要充分认识国家的方针政策，发挥国家战略对皖江区域经济、文化、社会发展的引导作用；转变思维，大胆创新，在"一带一路"和长江经济带建设中不断增强皖江区域的经济实力，为皖江区域文化软实力的提升创造坚实的物质基础；"软硬结合，良性互动"，形成一种"经济搭台，文化唱戏"的经济文化互动的良性循环，全面提升皖江区域的经济文化发展水平，造福皖江人民。

① 吴光芸，唐兵. 论区域软实力对区域经济发展的影响［J］. 现代经济探讨，2009（6）.
② 章寿荣，杜宇玮. 推进长江经济带与"一带一路"深度贯通［J］. 群众，2017（8）.

（二）积极提炼皖江精神，推进皖江文化产业建设

皖江文化反映了皖江地区人民的生活方式和思维方式，要发挥皖江文化软实力对建设"一带一路"和长江经济的支撑作用首先要对传统皖江文化进行扬弃，摒弃皖江文化中落后保守的部分，发挥皖江文化中优秀部分对现代经济社会发展的促进作用，并赋予其新时代的意义。① 开展"皖江精神"讨论活动，积极提炼皖江精神的时代内涵，并以此作为基础进一步解放思想、凝聚力量，鼓舞皖江人民建设美好安徽，把"皖江精神"打造成新时期皖江地区的共同价值观。大力推进皖江文化产业建设，在市场经济条件下皖江文化最重要的载体就是皖江文化产业。皖江地区要学习先进地区的经验，开发出具有皖江特色的文化产品并投入市场。作为中国文化最有代表性的地区之一，皖江地区拥有丰富的文化资源，要通过制度创新、体制创新、技术创新让皖江丰富的文化资源转化为特色文化产品，加速皖江文化产业化进程。针对当前市场上去文化产品多元化的需求，努力提升文化产品的层次，将更多具有皖江文化特色的产品推向市场，增强皖江文化的竞争力。

（三）提高政府公信力，转变政府职能，为皖江建设提供更优质的服务

政府公信力是区域文化软实力的重要构成要素，提升皖江文化软实力就必须提高政府的公信力。政府公信体系的建设要突出政府的服务性和公益性，不该管的不要管，可管可不管的交给市场解决。政府要有服务意识，做到政府职能不越位、不错位，提高政府的行政效率，让广大人民群众满意。② 政府职能要进行全面改革以适应市场经济的发展，要树立有限理性思维，努力实现全能型政府向服务型政府的转变。政府要专注于维护市场秩序和净化市场环境。在皖江区域参与"一带一路"和长江经济带建设中，政府要减少行政干预，发挥市场对资源配置的基础性作用，建立健康、清廉、公开、透明的新型政商关系，让政府成为"一带一路"和长江经济带建设过程中合格的调节者、监管者、服务者，为皖江经济腾飞提供更优质的服务。

（四）提高皖江人民的整体文化素质，发挥人才在"一带一路"和长江经济带建设中的核心作用

建设"一带一路"和长江经济带，最关键的还是人，劳动者的素质是经济发展的核心要素。提升皖江区域文化软实力，归根到底还是要提高皖江区域内人民的整体文化素质。教育是提高人民文化水平的重要途径，一个地区的教育水平

---

① 朱洪. 皖江文化的特点——与淮河文化、徽州文化比较 [J]. 学术界，2008（10）.

② 杨洪泽，张森林，李正治. 文化软实力对地域经济发展的影响——以辽宁区域为例 [J]. 社会科学家，2013（3）.

也是该地区文化软实力的重要组成部分。皖江地区自古教育风气盛行，历史上出过不少状元，像桐城派和敬敷书院都闻名海内外。皖江人民重视教育的传统对当代人才的培养有很大的促进作用。在新时期更要加大对教育的投入，教育是功在当代利在千秋的事业，教育的投入不会在短时期内看到效果，但是教育是经济发展的基础和先决条件，必须大力支持教育事业的发展，人才储备充足才能保证经济发展有持续的动力。在加大教育投入的同时还要想办法创造条件，留住人才，吸引人才，让高素质的人才在建设"一带一路"和长江经济带中有机会发挥作用，施展才华。除了科学文化教育还要加强思想道德教育，政府要引导公众提高思想道德水平和法律意识，以诚实守信为核心，以遵纪守法为重点，营造诚信文化，强化契约意识，推动社会信用体系建设，建立与经济发展相适应的人文环境、法制环境、市场环境。

（五）塑造皖江区域形象，提高皖江区域综合竞争力

一个地区的形象就是该地区名片，打造好地区名片是增加对外来人才和资本吸引力的关键要素。皖江地区拥有优美的自然环境和深厚的人文内涵，"两山一湖"和独特的徽文化对其他地区的人们有着很强的吸引力。[1] 在建设"一带一路"和长江经济带过程中，更要重视皖江地区形象的构建，打造青山绿水的自然环境形象和充满深厚文化底蕴的人文环境形象。要对皖江形象进行精准的定位和描述，要让皖江形象得到全国甚至世界的认可，在这个基础上，制定纳入皖江区域整体经济社会发展战略的公共宣传策略。利用各种媒体平台，借助传统媒体和新媒体的力量加大宣传，塑造新时代的皖江形象。政府要在这一过程中发挥主导作用，要成立专门的部门，重点负责皖江形象宣传，向社会传递皖江价值观和正能量。对于突发事件或负面的报道要及时作出回应，消除社会公众的误解。同时要鼓励公众参与皖江形象的创建活动，在社会上强化公众形象意识，调动社会一切力量提高皖江区域形象，增强皖江区域的竞争力，让皖江区域能够在"一带一路"和长江城市带建设中抢占先机，更好地发展。

---

① 张玮. 区域文化对区域经济的影响分析 [J]. 特区经济，2006（2）.

皖江文化与皖江乡村振兴互融互促研究

——以安庆市为例

唐凤霞

摘　要： 乡村振兴是党的十九大作出的重大决策部署，皖江文化振兴是实现皖江乡村振兴的重要内容，当前，皖江文化助推皖江乡村振兴还存在经济基础差、专业人才匮乏、融合路径少、文化研究乡土气息不浓等困难，必须坚持以社会主义核心价值观为统领，强化专业人才队伍建设，强化皖江文化历史遗存保护开发利用，强化皖江文化与乡村一二三产业融合发展，实现皖江文化与皖江地区乡村振兴互融互促、融合发展。

关键词： 皖江文化；乡村振兴；融合；安庆市

乡村振兴战略是党的十九大作出的重大决策部署，2018 年中央一号文件《中共中央国务院关于实施乡村振兴战略的意见》确立了"产业兴旺、生态宜居、乡风文明、治理有效、生活富裕"的总要求，并明确了 2020 年、2035 年和 2050 年的目标任务。在中央的战略部署下，各级各地区都陆续出台了本地区乡村振兴的方案，不少地区都提出了实施乡村振兴的重点行动计划。可以说，全国正在掀起振兴乡村的热潮，皖江大地作为传统的鱼米之乡，实现乡村振兴应该走在全国全省前列。如何将皖江文化与皖江乡村振兴有机融合、互相促进，成为我们必须面对、值得研究的重要课题。

一、皖江文化与皖江乡村振兴具有天然的、不可分割的联系

文化是铸魂育人的学问，没有文化支撑的乡村，是谈不上全面振兴的。皖江文化作为地域特色文化，与皖江乡村振兴之间的联系总体上可以分为以下几个方面。

（一）皖江文化振兴是实现乡村振兴不可或缺的重要一环

2018 年全国"两会"上，习近平总书记参加山东代表团审议时强调，实施

作者简介：唐凤霞，安庆师范大学教师教育学院讲师，历史学硕士。

乡村振兴战略是一篇大文章，要统筹谋划，科学推进。他提出了推进"产业振兴、人才振兴、文化振兴、生态振兴、组织振兴"① 五个振兴的科学论断，乡村文化振兴是其中重要环节。习近平总书记指出，推动乡村文化振兴，要加强农村思想道德建设和公共文化建设，以社会主义核心价值观为引领，深入挖掘优秀传统农耕文化蕴含的思想观念、人文精神、道德规范，培育挖掘乡土文化人才，弘扬主旋律和社会正气②。乡村文化是具有地域性的概念，各地乡村文化在总的社会主义核心价值观的指引下，有其不同的承载千年、独具特色的地域特色。但在工业化、城镇化浪潮中，地域特色乡村文化随着乡村的凋敝而日益衰败，许多农村封建迷信盛行，礼仪家风缺失，传统美德丧失，黑恶势力抬头，随着国家乡村振兴战略的实施，地域特色文化振兴是其中应有之义，实现皖江地区代表的皖江乡村文化振兴，是全面实现皖江乡村振兴的重要方面。

（二）皖江文化是促进皖江乡村振兴的有力抓手

先进的文化理念是经济发展、社会进步最重要的动力之一。皖江文化与淮河文化、徽文化一道，并称为安徽三大文化圈，不仅是中华文明的重要组成部分，还是中华文明的源头之一，历史悠久，内涵丰富，博大精深，灿烂辉煌。近年来，皖江文化中的政治文化、戏剧文化、书画文化、教育文化、宗教文化、科技文化、旅游文化、桐城派文化、新文化、民俗文化、美食文化等，都有了一些重要研究成果。中央提出："要传承发展提升农村优秀传统文化。立足乡村文明，吸取城市文明及外来文化优秀成果，在保护传承的基础上，创造性转化、创新性发展，不断赋予时代内涵、丰富表现形式。"笔者认为，从传统文化中汲取养分，从皖江文化中汲取皖江乡村传承千年的文化力量，可以为乡村振兴战略提供精神激励、智慧支持和道德滋养，应该成为焕发乡风文明、加快乡村振兴的有力抓手。

（三）皖江文化为皖江乡村振兴提供独特文化特质

乡村往往有得天独厚的自然资源和独特的地域文化，乡村文化在历史的发展中成为民众共同的文化记忆，继承和发展富有地方特色的乡村优秀传统文化，捍卫乡村记忆，就是延续我们的文化根脉。同样，皖江地区乡村振兴，不是和全国其他地方建一般的民居、修一样的路，没有特色的乡村振兴肯定也是不长久的，而皖江文化正好可以为皖江地区乡村振兴提供独特文化特质，可在皖江乡村振兴的实践中创新并发展皖江文化中的习俗、礼仪、节庆、建筑、戏曲、文学等，实现与众不同的皖江乡村振兴。

---

① 新华社：2018 年 3 月 8 日习近平在山东代表团参加审议，乡村振兴战略是一篇大文章。
② 新华社：2018 年 3 月 8 日习近平在山东代表团参加审议，乡村振兴战略是一篇大文章。

（四）皖江乡村振兴必然迎来皖江文化大发展

首先，提供高度的乡村文化自信。乡村文化自信是指乡村社会主体对乡村文化的一种信心、信念，是乡民们对传统文化价值和自己理想信念的充分认定，是一种发自内心的文化自信心和自豪感。皖江文化受经济发展水平不高、文化特质不显、各种思潮质疑的多重影响，仍有文化自信不足的困扰，皖江能在乡村振兴中走在前列，文化自信也必将油然而生。其次，提供更加宽广、更加深入的研究空间。皖江文化研究单个历史人物的较多，研究城市变迁的较多，纳入乡村研究范围还不多，也没有足够的题材、素材、人才支持，皖江乡村振兴，可以提供更多的研究视角，进一步推动皖江文化的研究深度和广度。最后，提供可供复制、适合推广的文化与乡村振兴互融互促的典型案例。我们研究皖江乡村振兴与皖江文化的互融互促，实践中取得成功的例子是地域文化与乡村振兴融合发展的典型案例，有助于提高皖江文化的知名度和美誉度。

二、皖江文化与皖江乡村振兴互融互促面临的矛盾与困难

乡村振兴是一篇事关全国的大课题，皖江文化地域性特征明显，仅在沿江一带，尤其以安庆地区为主，讨论皖江文化与乡村振兴的互融互促，存在的困难和问题不少，就安庆地区来说，主要表现在以下几个方面。

（一）皖江地区乡村振兴的经济基础相对薄弱，研究发展皖江文化的动力不足

近年来，安庆市乡村建设取得了长足的进步，但总体上经济基础还比较薄弱，与先进地区相比还有较大差距，乡村振兴要解决的矛盾首先表现在产业发展方面，没有乡村产业持续高质量发展，农业增效、农村发展和农民增收无从谈起；乡村产业面临着转型升级、融合发展、提质增效等紧迫而又艰巨的任务，但地方党委政府注意力主要集中于经济建设，这也给开展文化研究带来了一些消极影响。

（二）乡村空心化、人口老龄化严重，专业人才极度匮乏

安庆市第三次农业普查结果显示，2016 年末安庆市农业生产经营人员有106.6 万人，其中女性有55.6 万人，55 岁及以上的有42.4 万人，未上过学和小学教育程度的占62.1%。① 全市每年约有100 万人外出务工，农村留下来的多为妇女、儿童、老人，除少数产业基础较好的乡村外，大部分村庄人走房空，人气缺失，产业空虚，日趋凋敝。在农村从事文化事业的专业人才更是少之又少，有一点文化特长的都流失到城市里。

---

① 安庆市人民政府网站，2018 年 4 月 13 日发布，安庆市第三次农业普查公报。

（三）文化助推乡村振兴的路径、模式探索不够，没有找到合适的融促途径

乡村是优秀传统文化的发源地，是礼仪文化、农耕文化、民俗文化的重要载体。乡村往往有得天独厚的自然资源和独特的地域文化，乡村文化在历史的发展中成为民众共同的文化记忆，继承和发展富有地方特色的乡村优秀传统文化，捍卫乡村记忆，就是延续文化根脉。但实际情况往往不尽如人意，如目前经常提及的"文化下乡"，侧面证明了文化在乡村的缺失，甚至好一点的典型美丽乡村，其文化建设内容也是东拼西凑、文化混杂，毫无特色。

（四）近年来皖江文化研究的乡土气息有待深入

笔者认为皖江文化研究的乡土气息是目前皖江文化研究领域的一处短板，名人研究多，民众研究少；城镇研究多，乡村研究少；历史事件研究多，乡风民俗研究少。一方面可能乡村保留下来的史料不多，另一方面，学者的聚焦点还应该更广泛一些。

三、推进皖江文化与乡村振兴互融互促的建议

推进乡村文化振兴不可能一蹴而就，推进皖江文化与皖江乡村振兴融合发展也不可能一蹴而就，必须找准方向，突出重点，持之以恒，久久为功，努力在实施乡村振兴战略的各个阶段中持续看到皖江文化的身影，不断见到皖江文化的例证。在推进过程中，笔者认为以下几个方面应该引起高度关注。

（一）必须坚持以社会主义核心价值观为引领

习近平总书记明确指出："乡村振兴既要塑形，也要铸魂。"只有塑造以社会主义先进文化为主体的乡村思想文化体系，打造文化乡村，培育文明乡风，让村民生活富起来，环境美起来，精神乐起来，乡村振兴战略才能真正实现。在当前乡村现实环境中，各种思潮风起云涌，一些丑恶残渣披着传统文化的外衣，大行其道，一些落后的封建迷信等现象有所抬头，有些干群认为这是传统文化，不好干预，这是极端错误的。思想、文化越是多元越要确立主导、越是多样越要发扬主流。在皖江地区乡村振兴战略的实践中，首先要坚定以社会主义核心价值观为统领、为方向，在武装村民头脑的过程中，将共识凝聚到以马克思主义为指导、以社会主义核心价值观为灵魂上来。在此基础上，要挖掘皖江文化中符合社会主义核心价值观内涵的又体现皖江地区风土人文特色的东西，并将其融入乡村振兴的各个方面，而绝不能将所有的旧的、前人的东西一股脑照搬下来，不分青红皂白，不管影响好坏，这应该是我们必须坚持的首要原则。

（二）强化皖江历史文化遗存保护

皖江历史文化资源是不可再生、不可或缺的重要资源。中央提出乡村振兴的

号召，势必会在乡村掀起一场深度变革，要吸取城市建设、旧城改造中历史文化资源破坏殆尽的深刻教训，在建设美丽乡村中一定要"充分体现农村特点，注意乡土味道，保留乡村风貌，留得住青山绿水，记得住乡愁"①。要加强对田野文物、遗址遗迹、宗族祠堂、古井古墓等乡村文化地标资源的开发保护，传承乡村文脉，让广大村民在精神上有归属感。同时，推进优秀传统文化传承发展工程，推动皖江历史文化遗产合理适度利用，在保护传承的基础上，创造性转化、创新性发展，不断赋予时代内涵、丰富表现形式。加大对文物古迹、古村落古建筑、民族村寨、农牧业遗迹、灌溉工程等保护力度。支持黄梅戏、文南词、高腔等地方优秀曲艺文化等传承发展，充分发挥其在凝聚人心、教化群众、敦化民风中的重要作用。

（三）皖江文化应与农村一二三产业深度融合发展

一是要注意培育发展具有皖江文化特色的农产品品牌。应该说，安庆市农产品品牌建设初见成效，拥有"桐城小花""太湖黄牛"等17件地理标志证明商标，"岳西翠兰""怀宁贡糕""天柱山瓜蒌子"等11个国家地理标志保护产品。拥有涉农中国驰名商标19件、安徽省著名商标125件、安徽名牌产品43个。但具有皖江文化特色的品牌少之又少，绝大多数以地域品牌为主，当然也是主流，对扩大地域影响力也有好处，但农产品贯之以皖江特色文化类品牌，无疑会收到双赢的效果，拿安庆市的百年老字号"胡玉美""麦陇香""柏兆记"等来说，每一件都有深厚的历史文化底蕴，也成就了百年老字号的经典。乡村里质优价廉的农产品不少，品牌塑造中要注意将皖江文化特色融入进去，力争形成一批有皖江文化特色的农产品品牌，力争提高市场占有率和影响力。

二是要将皖江文化元素融入乡村工业生产中。安庆市县域经济中纺织服装、塑料包装印刷、装备制造等产业具有一定规模优势。桐城市是"中国包装印刷产业基地"，潜山县源潭镇是"中国刷业基地"，有些工业产品几乎对国内市场形成了一定垄断地位，每年经安庆各县等地生产的各类服装、包装、被服等不断涌向全国、涌向世界，但可惜的是，皖江文化的影子几乎看不到。个人认为，完全可以将皖江文化中某些元素融入工业生产中，要在产品包装设计中突出皖江文化元素，比如将皖江文化中的书法、绘画、诗词、山水、城市记忆等形式，整合后巧妙地运用到企业logo、产品商标、产品包装设计、包装装潢甚至包装结构设计上，如推出皖江文化诗词系列手袋、皖江文化山水绘画系列纸杯等，可以让人产生一种强烈的文化识别感，而这种文化识别感，无论是对于本地消费者还是对

① 习近平．坚决打好扶贫开发攻坚战　加快民族地区经济社会发展．新华网，2015-01-21。

于其他地方消费者来说，都极有可能因为包装或商品而产生文化上的认同感，这恰恰是皖江文化目前比较缺乏的一种因素。

三是在新产业新业态发展中做好"皖江文化+"文章。借用"互联网+"的概念，皖江地区产业发展要与"皖江文化+"结合起来，要突出各地特色和资源优势，推动"皖江文化"与工业、农业、旅游、体育、教育、金融、商贸物流等的融合渗透，开发打造出跨界新兴产业，比如观光农业、工业旅游等。当前重点要发展皖江文化特色乡村旅游。文化是旅游业的核心，缺乏地域文化的旅游就失去了精气神，很难吸引游客。因此，整合安庆的历史文化、戏曲文化、红色文化、名人文化、宗教文化资源，和安庆自然山水资源相融合，应该是旅游发展的一个重要方向和重要内容。要充分利用历史文化建筑及历代名人故事、民间传说素材，精心设计文化旅游主题路线，品安庆历史，寻名人足迹，听经典唱段，尝传统美食，悟人生禅理，吃农家菜、住农家屋、干农家活、赏农家景、玩农家乐。发挥民间地域文化研究团体和专家的作用，通过画家画安庆、作家写安庆、歌手唱安庆、摄影家拍安庆、主播播安庆、专家说安庆、驴友行安庆等综合动作，推进文旅深度结合，充分展示安庆独特民俗风情、乡土韵味，力争形成乡村旅游独特竞争优势。

四是培育壮大皖江文化特色小镇。目前，安庆获批两个国家级特色小镇，两个特色小镇都是皖江文化结合的典范。岳西县温泉镇依托温泉资源，开发打造天悦禅泉等小镇十景，连片建设万亩茶园、千亩花海，促进文旅融合，打造美好家园，成功入选中国特色小镇。怀宁县石牌镇着力建设戏曲文化特色小镇，做好"戏曲+旅游""戏曲+物产""戏曲+服务"文章，发展生态农产品、地方工艺品等产业，实现"产业、文化、旅游、生态、社区"多功能融合发展。发挥现有特色小镇引领带动作用，借助国家级特色小镇平台，努力提升产业融合度和产品附加值，加快生产、生活、生态"三生融合"和产、城、人、文"四位一体"发展，进一步形成可复制可推广的成功经验。要立足区位条件、资源禀赋、产业积淀和地域特征，以特色工业、特色农业、特色旅游等乡村产业为核心，兼顾特色文化、特色功能和特色建筑，加快培育发展多种模式和形态的特色小镇。

（四）培养服务乡村的皖江文化人才队伍

推动皖江文化与乡村振兴融合发展，人才是关键性因素。针对当前农村普遍存在的文化人才匮乏的问题，要按照人尽其才的原则，多措并举，挖掘和培养一批优秀地域文化人才。要加大专业文化人才招聘力度，统筹面向社会招贤纳才，把既懂皖江文化、又熟悉农村工作的优秀人才选拔出来，给舞台，搭平台，发挥作用。要制定出台相关扶持政策，大力支持乡村民间草根文化队伍建设，按照"不求所有、但求所用"的原则，积极支持民间文艺团体、文化示范户、民间艺人等的发展，拓宽文化服务渠道，在经费、技术、场地等方面给予扶持。要提升农村文化人才皖江文化素养的培训力度，推动传统文化传承与创新。要激励专业文化人才活力，对在本市范围内成功创办工艺美术、文化旅游、文化创意、演艺娱乐等重点文化产业的，给予一定的项目和资金补助；对编制内业绩突出、表现优秀的乡村文化人才优先给予选拔任用。支持乡村振兴题材的文艺创作生产，力争推出有全国影响的反映皖江地区乡村振兴实践的优秀文艺作品。

参考文献：

［1］李良玉．关于皖江文化［J］．安徽师范大学学报（社科版），2009（03）．

［2］肖叶飞，王业明．皖江地区文化创意产业的产业形态与发展战略［J］．安徽工业大学学报（社科版），2013（01）．

［3］吴杨，王翠翠．皖江城市带文化旅游发展的路径选择［J］．铜陵学院学报，2014（06）．

［4］省社科联课题组．高度开放：皖江文化的重要特色［N］．安徽日报，2005-01-14．

［5］吴勇，唐凤霞．皖江文化与皖江城市群产业发展．//第七届皖江地区历史文化研讨会论文汇编．合肥：合肥工业大学出版社，2016-10．

明清皖江流域品茗风尚与茶贡课税制度变迁

崔 磊

摘 要： 明清皖江流域茶场广布，茶叶品种繁多，九华地区、宁宣地区、大别山地区都是出产茶叶的主要区域，由此亦随之产生了茶课制度和贡茶制度，给当地经济、社会都带来了不可忽视的影响。文章在梳理明清皖江流域茶叶文化和品茗风尚的同时，兼及茶课、贡茶制度的变迁，以飨学界。

关键词： 明清；皖江流域；品茗；茶课；茶贡

中国是茶叶的故乡，茶是中国的国饮，位居世界三大饮料之首。皖江流域茶叶生产历史悠久。据陆羽《茶经》引《桐君录》："西阳、武昌、庐江、晋陵好茗，皆东人作清茗。"《汉书·地理志》载："庐江郡领十二县，曰舒、曰居巢、曰龙舒……"由此可见，汉代皖江流域就已产茶，且有来客饮茶之俗。旧题陶潜《搜神后记》卷七则称："晋孝武帝世，宣城人秦精尝入武昌山中采茗，忽遇一人，身长丈余，遍体皆毛，从山北来。精见之，大怖，自谓必死。毛人径牵其臂，将至山曲，入大丛茗处，放之便去。精因采茗，须臾复来，乃探怀中二十枚桔与精，甘美异常。精甚怪，负茗而归。"这是皖江流域先民最早采制茶叶的记载。

降至宋代，全国设有6个茶务，13个茶场，实行茶叶统购统销。其中，皖江流域即有1个茶务（无为茶务），辖5个茶场，即寿州麻埠场、霍山场、开顺场、舒州王同场、庐州场。无为茶务是南方茶叶的集散地，宋仁宗嘉祐六年（1061）无为茶务的税额是三十四万八千六百二十贯四百三十钱，寿州、霍山、开顺、舒州、庐州五场卖茶都在十万斤以上，霍山场多到五十三万余斤。当时，"霍山黄芽""瑞龙魁""小岘春"等都为贡品，专供宫廷。

明朝中叶以来，皖江南北的贡茶、官茶、商茶外销方式有进贡中央，运销华北、东北以及经古北口、恰克图销往俄国等几种方式，主要以京杭大运河为商路。

作者简介：崔磊，铜陵学院副教授。

皖江流域所辖区域茶叶产区主要集中在长江南北的山区和丘陵地带，这里为亚热带季风气候，尤其是山区，云雾多，昼夜温差大，利于茶树有效成分的积累，茶叶品质优异，所产名茶有九华毛峰、六安瓜片、霍山黄芽、岳西翠兰、天柱剑毫、桐城小花、舒城兰花、涌溪火青、泾县特尖、黄花云尖、敬亭绿雪、天山真香等（表1）。

表1 明清皖江流域茶区概况

名　　称	主要市县	产茶种类	所产名茶
大别山茶区	安庆府、六安州、	绿茶、黄茶	六安瓜片、霍山黄芽、岳西翠兰、天柱剑毫、桐城小花、舒城兰花、天华春尖等
江南丘陵茶区	池州府、宁国府、太平府、和州	绿茶	九华佛茶、铜陵野雀舌、金山时雨、瑞草魁、高峰云雾、太极云毫、涌溪火青、泾县特尖、黄花云尖、敬亭绿雪、天山真香等
江淮茶区	庐州府、滁州	绿茶	昭关银须、西涧春雪、都督翠茗、白云春毫等

注：霍山黄芽为黄茶，九华佛茶亦名九华毛峰。

一、九华佛茶

九华山位于青阳县境内，为我国佛教四大名山之一，地藏菩萨道场所在。九华山主峰海拔千米以上，水量充沛，水源充足，生态环境良好，非常适宜茶树种植，九华佛茶就产自九华山及其周边地区，以良种茶树优质鲜叶为原材料，按照特定而又严格的加工工艺制造而成，其外观扁直如同佛手一般。九华佛茶历史悠久，可上溯至唐代金乔觉时期。

据《青阳县志》载："金地源茶，为地藏从西域携来者，今传梗空筒者是。"相传，地藏即唐代高僧金乔觉，由此可知，九华山产茶始于唐。金地藏《送童子下山》诗中就提到"烹茗"，可见当时九华山僧人还是茶艺的传播者。

空门寂寞汝思家，礼别云房下九华。
爱向竹栏骑竹马，懒于金地聚金沙。
添瓶涧底休招月，烹茗瓯中罢弄花。
好去不须频下泪，老僧相伴有烟霞。①

僧人释虚云有诗曰："山中忙碌有生涯，采罢山樵又采茶。此刻别无玄妙

----

① 《全唐诗》卷808及《唐诗摘抄》都有收录，历版《九华山志》均有记载。

事，春风一夜长灵芽。"

南宋时宰相周必大曾畅游九华山，著有《九华山录》，记载："谒金地藏塔，僧祖瑛独居塔院，献土产茶，味敌北苑。"而北苑茶是当时有名的贡茶。可见宋代九华山不仅产茶，而且茶叶质量上乘，能够与当时最负盛名的北苑贡茶相提并论。明代李时珍《本草纲目》记有"池州之九华"产茶较有名气。清代刘源长《茶史》记载九华山有"空梗茶"，源自金地藏所植，味道不同于他郡。陆廷灿《续茶经》记载九华山闵公墓茶，为四方所称誉。

古往今来诗人在九华山吟茶之作则不胜枚举，清代白元亮诗描绘更淋漓尽致："频年漂泊在天涯，又信萍踪上九华。云拥奇峰天欲滴，家春乱石涧生花。傍林鸟语捣灵药，隔岸人声摘闵茶。今日探幽具乘兴，不知何处谪仙家。"九华僧虚云也身体力行："山中忙碌有生涯，采罢山樵又采茶，此刻别无玄妙事，春风一夜长灵芽。"

明代吴光裕诗云"秋风不语僧初定，茶火无烟鹤自回"，把饮茶坐禅描绘得惟妙惟肖。清代吴襄诗曰："僧饷雨前园茶缘，樵采云外紫芝肥。"僧用"雨前茶"待客，可见人贵茶佳。清代赵国麟《东岩咏》一诗把茶叶与文化做了高度的概括："半径白云飞作雨，满林冻雪缀成花。壑中阴雾铺银海，塔顶晴光映紫霞。一片袈裟藏佛骨，千秋溪水长云芽。于今岩下闵公墓，名并新罗宁有涯。"以茶赋诗和僧应答一时传为佳话。

二、宣州名茶

陆羽《茶经·八之出》注解"雅山茶""宣州生宣城县雅山"，在今安徽宁国市北；五代十国蜀人毛文锡《茶谱》记："宣州宣城县有丫山，其山东为朝日所烛，号曰阳坡，其茶最胜。形如小方饼，横铺茗芽装面。太守尝荐之于京洛，题曰丫山阳坡横纹茶"；唐人杨晔称："宣州鸭山茶，亦天柱之亚也"，赞誉颇高；宋代乐史《太平寰宇记》103卷称"宣州宁国县鸦山出茶，尤为时贵"；宋代李心传《建炎杂记》载："宁国府岁产茶112万斤，鸦坑茶为贡品"；北宋宣城诗人梅尧臣《答宣城张主簿遗鸦山茶次其韵》，其前四句为"昔观唐人诗，茶咏鸦山佳。鸦衔茶子生，遂同山名鸦"；明代曹学佺《一统名胜志》云："鸦山在文脊山北，产茶，充贡茶。经云：味与蕲州同。梅询有'茶煮鸦山雪满瓯'之句"[①]；清代张所勉《鸦山辨》云："宁国产茶不处，高峰、济川、千亩、龙潭诸池皆可入志""按一统志，鸦山产茶旧常入贡"；1735年，清代嘉庆皇帝对

---

① 曹学佺：《大明一统名胜志》，四库全书存目本，齐鲁书社，1996年版。

高峰雅山出产的茶叶赐名"兰花茶"；民国二十五年《宁国县志》载："宁国产茶以板桥高峰为最，色绿而味香醇厚，若改良焙法，不亚龙井"，由此看来，"雅山茶"大有"龙井茶"的品质。

皖江流域除上述地区外，还出产诸多名茶，如霍山黄芽、六安瓜片、石埭雾里青等。徐光启《农政全书》称"六安州之片茶，为茶之极品"；明代李东阳、萧显、李士实三名士在《咏六安茶》中也多次提及，"七碗清风自六安""陆羽旧经遗上品"，给予"六安瓜片"以很高的评价；"六安瓜片"在清朝被列为"贡品"，慈禧太后曾月奉十四两；《红楼梦》四十一回"栊翠庵茶品梅花雪"中说道，贾母携刘姥姥亲率一班孙儿女辈来到栊翠庵，妙玉准备奉茶待客，贾母关照道："我不吃六安茶。"妙玉接口道："知道，这是老君眉。"概因六安茶性稍烈，易提神；而贾母在酒后要喝清淡、平和些的茶水。

马端临《文献通考》载：宋时，全国名茶 37 个品目，尤以石埭茶仙寓山茶为之最。[①] 石埭自古即盛产名茶而闻名于世。由于产业产于海拔千米的云雾之中，茶园常年被云雾笼罩，所以人称此茶为"雾里青"。徐渭在《谢钟君惠石埭茶》一诗中写道："杭客矜龙井，苏人伐虎丘。小筐来是石埭，太守赏池州。午梦醒犹蝶，春泉乳落井。对之堪七碗，纱帽正笼头。"[②]

施润章《敬亭采茶》云："一路松阴路，因贪茶候闲。呼朋争手摘，选叶人云还。竹色翠连屋，林香清满山。坐看归鸟静，月出半峰间。"[③] 李耀祖游宿松罗汉荡山，记"山僧大能雅好客……出揖而入。水自山溜滴滴石塪中，烹茶注盏，熏蒸有云雾气……余尤味斯茶之味外味也。盖兹山之灵，郁结磅礴，钟于物，都与外间有别，而茶又得气之先者，远近争市之。"[④] 光绪《太平县志》言及杨汝偕《太平十景·竹峪茶烟》载："治西竹峪关，地近茶园，清明前后，焙茶者多，青烟缭绕。"[⑤] 同治《六安州志·物产》详细论述了茶叶的生产、采摘、焙制、销售、饮用等，兹录于下，以飨读者：

货之属，茶为第一。茶山环境皆有，大抵山高多雾，所产必佳，以其得天地清淑之气，悬岩石罅偶得数株，不待人工培植，尤清馨绝伦，故南乡之雾迷尖、挂龙尖二山左右，所产为一邑最，采制既精，价亦倍于各乡。茶商就地收买，倩女工检提分配花色，装以大篓，运至苏州。苏商薰以珠兰、茉莉，转由内洋至营

① 马端临：《文献通考》，中华书局，1986 年版。
② 骆玉明、贺圣遂：《徐文长评传》，浙江古籍出版社，1987 年版。
③ 康熙《宣城县志》卷 8《艺文》，康熙二十一年（1682）刻本。
④ 道光《宿松县志》卷 25《艺文志》，道光八年（1828）刻本。
⑤ 光绪《太平县志》卷 9《诗》，光绪十九年（1893）刻本。

口，分销东三省一带。近亦有与徽产出外洋者。次则东北乡与西南近城一带，多北运至亳州及周家口，半薰茉莉，转售京都、山西、山东，而西乡自土地岭以西，迤逦而南，茶叶厚，微苦，枝杆粗大，采焙不精，皆青齐茶商于大化坪、五溪河收买，运销山东一路。诸佛庵以北数保，则由土人运潮枝至州境之流波石童，西商收买，自行焙制，运销山西、外蒙古等处。极西之九五保，所出极微，味制具逊，多为鄂人收买。至前志所载诸名目花：如银针、雀舌，则茶始萌芽者；梅花片、兰花头、松罗春则茶初放叶者；统名之为小茶，价既数倍，采以维艰，故惟近城及柳林河、诸佛庵数处有之，运销京都为多。气候则东南稍暖，谷雨前即可采摘，故有雨前、毛尖之名。西山谷雨后，始能开山，间数日，采摘一次，须二旬始毕。故有头道、二道、三道、四道之分。最后，并宿叶而撷雉之，曰翻柯老茶，为民间常用。春茶既毕，五六月复生新苗，谓之子茶。其干扁而味微涩，价亦半减。然爱惜茶株者，恒蓄不采，取次春茶必茂盛。

又一种名苦丁茶，虽名为茶，实则木本，枝叶似茶而大，有二种：一叶小上有刺；一叶大而圆，皆天然自生深山岩石间，无子种，与茶同时采制，味苦，其性极凉，可入药，近年茶商多喜购买，山民渐事觅植，极难长成。①

三、茶课制度的变迁

中国古代自唐代起，历代都对茶叶销售进行征税、专卖，初为筹措军费，有时亦实行国家垄断销售。宋徽宗崇宁元年（1102），蔡京改行茶引法，商人向官府交纳费用领取"茶引"，凭此至茶场取茶转运销售。后元明清皆沿袭茶引法。

明初至孝宗弘治年间，分官茶、商茶，官茶储边易马，商茶专卖；茶民种茶交官，商人请引，凭引运销，严禁私茶贩卖。清初沿袭明制。清后期渐废引制，除陕、甘、藏仍用引法外，其他各省改为收茶税或过卡抽收厘金。

清乾隆二十九年（1764）审议核准，安徽商贩凭茶引取茶时，各州县于春季茶叶未收之时，即将茶商旅途登记簿交给茶行牙人，将茶商姓名、籍贯、引茶数目、经由关津、往卖处所逐一注明。该州县在本州县境内要隘地方，委派专员盘验。每季茶市结束以后，该茶行牙人将原发审核的印簿送省布政司查核。"严控"是官府立法的出发点，"榨取"是茶法管理的中心，茶利是管理的最终落脚点。② 安徽所发茶引范围包括潜山、太湖、歙县、休宁、黟县、宣城、宁国、太

---

① 同治《六安州志·物产》，同治十一年（1872）刻本。
② 陶德臣：《清代民国时期茶叶市场管理体系的转型》，《中国社会经济史研究》2010年第3期，第59页。

平、贵池、青阳、铜陵、建德、芜湖、六安、霍山、广德、建平十七州县①，皖江流域所属区域即占十二县之多。

茶税分实物税和引税两种。实物税主要为本色茶叶，用于赏赐臣属或与西北少数民族进行通商贸易。《清会典·茶课》所载康熙二十二年（1683）庐州府六安州每年需上交芽茶64斤12两，数量略微多于明初的贡交岁额。这还仅仅是岁额数量，实际贡茶由省布政司负责征收，每年征收时必层层加码，常借贡茶之名多方搜刮。清初，因中央政府需要笼络西北少数民族，并通过交易换取马匹进行征战，因而本色茶税征收较多。咸丰以后，引税制度已名存实亡，因此安徽改行厘金制。

光绪《重修安徽通志·茶课》附《新定茶引章程》："自咸丰三年（1853）芜、凤两关停废后，创设厘局，征收茶税，一时未有定章。同治元年，两江总督曾国藩颁定新章，每茶一百二十斤为一引，每引缴正项银三钱，公费银三分，捐银八钱，厘银九钱五分，给发三联引票、捐票、厘票，准将捐项两照筹饷例一律请奖，各属茶局派员会同地方官办理。二年，每引加捐银四钱。五年，署两江总督李鸿章裁去引、捐、厘三票，改用落地税票，以归简便，每引仍共完银二两四钱八分，于内划出一两二钱准作捐项请奖。"② 详细说明了清末皖江流域茶税的变迁：茶引—厘金—税票，逐渐趋向简约化。

四、革除贡茶制度的呼声

因为皖江流域生产茶叶，品质优良，历史上多有作为进贡之茶叶，如六安瓜片、敬亭绿雪、涌溪火青、霍山黄芽、岳西翠兰都作为上等茶叶，进贡皇廷。贡茶是历代皇朝对茶农强加的残酷剥削与压迫。贡茶制度实质是一种变相的"税制"，从茶业者深受其害，对茶叶生产的发展不利，这就是贡茶制度的消极作用。

明正德年间江西广信府同知曹琥在《请革芽茶疏》③ 一文中，指出明初贡茶制度的社会影响："额贡芽功夫茶风岁不过二十斤……迄年艺来，贡额之外有宁王府之贡，有镇守太监之贡。是二贡者有芽功夫茶之徵、有细功夫茶之征……宁府正德十年之贡，取往芽功夫茶一千二百斤，细功夫茶六千斤。"正德十年距明初不到一百五十年而贡功夫茶额数竟翻了三四百倍之多。揭示当时贡茶苛政情景

---

① 赵尔巽：《清史稿》卷124《食货志五·茶法》，中华书局，2003年版。
② 光绪《重修安徽通志》，光绪四年（1878）刻本。又见陈祖槼、朱自振：《中国茶叶历史资料选辑》，农业出版社，1981年版，第178页。
③ 曹琥《明史》无传，生平不详。据疏文测之其在明正德十年到正德十三年（1515—1518）前后代理庐州知府。此文写于1517—1518年。

是"始于芳春，迄于首夏，官校临门，急如星火。农夫蚕妇，各失其业，奔走山谷，以应诛求者，相对而泣。因怨而怒，殆有不可胜言者"。文中剖析贡茶之五大弊害为："芳春之时，正是耕蚕，而男妇废业，无以卒岁，此其为一害也。二麦未登，民艰于食，旦旦而促之，民不聊生，此其为二害也。及归之官，又拣择去取，十不取一，遂使射利之家，先期采集，坐索高价，此其为害三也。抑或采取过时，括市殆尽，取无所应，计无所出，则又科敛财务，买求官校，百计营求，此其为四害也，官校趁机私买货卖，遂使朝夕盐米之小民，相戒而不敢入市，此其为害五也。凡此五不违背，皆切民之深患，致祸之本源。"①

明嘉靖十八年（1539），陈霆也在《两山墨谈》中道："六安功夫茶为天下第一，有司包贡之余，例馈权贵于朝士之故旧者……予谪宦六安，见频岁春冻，功夫茶产不能广，而中贵镇守者，私徽倍于宫贡，有司督责，头芽一斤至卖白金一两。山谷窭民有鬻产卖子艺充者，官司视之淡然，初不为异也。故功夫茶在六安始若利民，而今为民害则甚。"② 此段文字可与疏文相互参证。

《请革芽茶疏》等相关革除贡茶之文论及贡茶制度的消极影响，就其积极要素来看是对整个贡茶制度的鞭挞，入木三分、惊心动魄，它不只在皖江流域茶叶史上有重要影响，在安徽乃至全国功夫茶叶史上也是重要的一页。

①　康熙《巢县志》卷17《艺文志·疏》，康熙十二年（1673）刻本。又见陈祖槼、朱自振：《中国茶叶历史资料选辑》，农业出版社，1981年版，第181-182页。

②　[明]陈霆撰：《两山墨谈》卷9，上海古籍出版社，1995年影印本。

晚清江南长江水师提督印信

——皖江地区历史文化代表性符号的研究取向

冯　超

摘　要：同治年间，清廷在曾国藩的提议下组建长江水师，并新铸长江水师提督印信。长江水师设置提议在安庆；长江水师提督衙署建立在太平府治当涂县，皖江地区皆有水师驻防；清廷覆灭前，最后两任水师提督都是安徽籍人。历史基因里，长江水师提督印信带有鲜明的皖江文化元素。长江水师提督信印完整保存下来，以珍贵文物形式转化为皖江地区历史文化的代表性符号之一。

关键词：长江水师；提督印信；提督衙署；文化符号

清江南长江水师提督印信，银质，边长10.8厘米，厚2.9厘米，印体通高9.1厘米，三台，印面正方形，印背蹲踞状虎形钮，虎身刻兽毛纹饰（图1）。

图1　清江南长江水师提督印信

作者简介：冯超，安徽博物院学术研究部副主任，馆员。

印面左右阳刻满、汉两种文字，印文
"江南长江水师提督之印"，满汉字体皆
为柳叶篆（图2）。印背虎钮左右两侧阴
刻满、汉两种文字，左满右汉，满汉文
字皆为楷书"江南长江水师提督之印礼
部造"。印体左侧面阴刻汉文楷书"同治
三年九月□日"，为此印铸造时间；右侧
面阴刻汉文楷书"同字七号"，为此印铸
造编号。此方银印保存基本完好，极为
珍贵，为国家一级文物，现收藏于安徽
省蚌埠市博物馆。

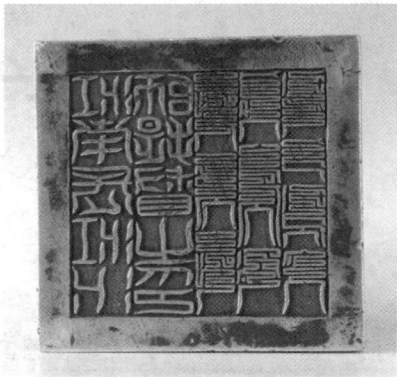

图2　清江南长江水师提督印信印面

　　《清会典·礼部·铸印》记载："凡
铸造银印关防，……内外武职一二品，均柳叶篆，虎钮"，"印文，清文左，汉
文右"，"提督总兵官银印，虎钮，三台，方三寸三分，厚九分"。按清制，江南
长江水师提督为从一品武官，上述江南长江水师提督银印的铸造规制与文献记载
完全吻合，它是晚清海军史、晚清政治史研究的重要实物，也是皖江地区历史文
化的代表性符号之一。学界对此方印信的深入研究少见，少数介绍性文章存在诸
多错讹。本文希望通过对长江水师提督印信的考释，提供考察皖江地区历史文化
的一个文物学视角。

一、印信来源：长江水师提督的设置

　　咸丰十一年（1861）9月，湘军攻破太平天国长江重镇安庆。随即，湘军统
帅曾国藩入驻安庆，控扼长江，谋攻太平天国首府天京。同治元年二月（1862
年3月），主镇安庆城的曾国藩上奏清廷，建议将安徽省城仍建在安庆，并提出
组建长江水师，特设长江水师提督负责统领。曾国藩在奏折上说："江防局面宏
远，事理重大，臣愚以为应专设长江水师提督一员。……将来事定之后，利器不
宜浪抛，劲旅不宜裁撤。必须添设额缺若干，安插此项水师，而即以壮我江防，
永绝中外之窥伺。"① 当时，长江由湘军水师分段驻守，事权不能统一，不利于
江防安全，故曾国藩提议专设长江水师提督，统一整编长江水师，建成一支劲
旅，对内镇压太平天国，对外巩固江防。

　　曾国藩的建议得到朝廷的许可，但长江水师提督一职无人补缺。《清实录》

---

　　① 《遵议安徽省城仍建在安庆折》（同治元年二月十二日），《曾文正公全集·奏稿》，吉林人民出版
社，1995年，第482–483页。

载：同治元年五月，清廷谕令"以江苏淮扬镇总兵官黄翼升署江南水师提督"。黄翼升（1818—1894），湖南长沙人，湘军水师将领，在与太平天国的战斗中，屡立功勋，受到曾国藩赏识，逐步被擢升为江南水师提督。查江南水师提督一职，清廷并无此职官设置，按清绿营官制，江南设提督一员，兼管水陆，《清会典·兵部·绿旗营制》称江南水陆提督，即江南提督。黄翼升署江南水师提督一职，并非江南提督一职，实际上是后来的长江水师提督一职。《清会典·官制》载："同治元年，设长江水师提督一人"，即是实录中的江南水师提督。曾国藩虽然提议专设长江水师提督，统一整编长江水师，却一直未能推行。《清史稿》载："时李鸿章至上海，规苏常，翼升移师会剿，诏署江南水师提督，松江、上海诸水军悉归节制。"黄翼升署理江南水师提督之后，主要任务是协助李鸿章进攻苏州、常州太平军，无法组建新的长江水师。由于当时湘军水师与太平军激战不息，清廷虽已任命江南水师提督，长江水师仍无暇整编，对此，曾国藩后来在奏折中坦称："臣以军务倥偬，尚未及议奏。"① 长江水师建设延误至同治三年（1864），才得到清廷和曾国藩的重新关注，并在此后迅速推行实施。

二、印信居所：长江水师提督衙署的建立

同治元年二月，曾国藩提出专设长江水师提督，曾建议"提督衙署或立安庆或立芜湖等处"②。清廷赞同曾国藩将长江水师提督衙署建在安徽，对于是建在安庆还是芜湖，清廷起初选择的是后者。《清实录》载：同治元年五月，"所请专设长江水师提督，深得古人欲固东南必先守江之意，应如所请。添设提督一员，驻扎芜湖"，此后，长江水师组建被搁置，至同治三年，才得以继续推行。曾国藩与彭玉麟等水师将领，会同长江五省督抚大员，与同治四年（1865）底商议制定出长江水师事宜三十条及长江营制二十四条，呈奏清廷。经过半年的审议，同治五年（1866）六月，清廷谕旨允准所奏。③ 其中关于长江水师提督衙署的建设地点，最后确定改建在安徽省太平府，不建在芜湖。《清实录》载：同治五年六月，"新设长江提督，应驻扎太平府，以资控制，无庸议驻芜湖"。主要原因是太平府更具备优势条件。另外，"建提督行署于岳州，与太平衙署，各以半年分驻，以便周历巡查"。

① 《覆陈长江水师提督员缺片》（同治三年五月二十七日），《曾文正公全集·奏稿》，吉林人民出版社，1995年，第1015页。
② 《遵议安徽省城仍建在安庆折》（同治元年二月十二日），《曾文正公全集·奏稿》，吉林人民出版社，1995年，第483页。
③ 王文贤：《清季长江水师之创建及其影响》，《台湾师范大学历史学报》，1974年第2期，第264页。

同治七年（1868），长江水师官弁补缺完成，长江水师基本建成。长江水师驻防沿江五省，自上而下为湖南、湖北、江西、安徽和江苏沿江地区。提督统辖本标（直属部队）中左右后前五营，另节制岳州镇、汉阳镇、湖口镇、瓜州镇，曾短暂兼统狼山镇。驻防安徽省的长江水师部队有提标中左右后四营，以及湖口镇标安庆营和华阳营一部，驻地主要包括现在的当涂县、和县等沿江区域，具体见表1。

表 1　江南长江水师安徽省驻防表

	中哨	左哨	右哨	前哨	后哨
提标中营 （太平府城）	驻扎当涂县	驻扎当涂县	驻扎金柱关	驻扎和尚港	驻扎采石矶
提标左营 （裕溪营）	无	驻扎和州裕溪口	驻扎和州裕溪口	驻扎当涂县 东梁山	驻扎无为州 白茆嘴
提标右营 （芜湖营）	无	驻扎芜湖县城	驻扎芜湖县城	驻扎无为州 鲤鱼潦	无
提标后营 （大通营）	无	驻扎大通镇河口	驻扎铜陵县境	驻扎铜陵县 丁加洲	驻扎贵池县 大江口
湖口镇标前营 （安庆营）	驻扎新盐河	驻扎怀宁县	驻扎怀宁县	驻扎东流河	驻扎桐城县 枞阳镇
湖口镇标右营 （华阳营）	无	驻扎望江县 华阳镇	驻扎望江县 华阳镇	驻扎彭泽县 芙蓉墩	无

资料来源：《清会典·兵部·绿旗营制·长江水师提督》；《皖政辑要·军政科·卷六十三·水师一》，黄山书社，2005 年，第 616–622 页。《皖政辑要》记载芜湖营前哨驻扎在繁昌荻港。

同治九年（1870），长江水师提督衙署在太平府当涂县正式建成。根据《当涂县志》记载：长江水师提督衙署于同治九年建成于当涂县城东十字街，原为当涂县衙旧址。整体建筑结构包括辕门、牌坊、照墙、鼓亭、头门、棋牌厅、仪门、军械库、东西庑、大堂、二堂、三堂、楼厅、签押房、花厅、戏台、花园、演武厅、侧屋等，存续至民国。①

---

① 《中国地方志集成·安徽府县志辑·39·民国当涂县志（一）》，江苏古籍出版社，1998 年，第150 页。

三、印信铸造、使用与归宿：长江水师提督的任免

黄翼升署江南水师提督后，协助李鸿章攻克苏州、常州等地，战功卓著，至同治三年四月终被清朝实授江南水师提督。《清实录》载：同治三年四月，"遇缺提奏提督黄翼升为江南水师提督"。然而曾国藩接到朝廷诏令行文后，感到诧异，不知江南水师提督为何职。曾国藩在同治三年五月给清廷的奏片中称："钦遵行文到臣，查江南全省，额设提督一员，兼辖水陆，驻扎松江，此外并无江南水师提督员缺，惟于元年二月间，臣于复奏改建安徽省城折内曾有添设长江水师提督之请。""其黄翼升所补江南水师提督，是否即此系新设长江水师提督之缺？"①

曾国藩对于江南水师提督一职提出异议，难道曾国藩真不知此职吗？曾国藩在同治元年五月给清廷的奏片中明确记述黄翼升被诏署江南水师提督，"遵旨令其（即黄翼升）接署江南水师提督员缺，淞沪各军，悉归节制"②。同治元年曾国藩的奏折以及清廷的诏令，明确表明黄翼升署江南水师提督。两年后，曾国藩如何能说不知江南水师提督一职呢？曾国藩故弄玄虚，定有缘由。曾国藩否定江南水师提督，重新提及长江水师提督，笔者以为，其原因在于同治三年时，太平天国基本失败，整编长江水师的客观条件已经具备，应该正长江水师之名，明确新设长江水师提督一职，故曾国藩借机提出长江水师提督之缺，更正先前的江南水师提督称谓。此外，对于长江水师的组建，兵部和曾国藩存在认识差异。在奏片中，曾国藩提道：兵部所谕的长江水师，"上接九江，下连江宁，系专指安徽江面而言"，"微臣所拟则当上起岳州，下抵福山，系通指五省江面而言之"。③兵部与曾国藩的认识差异也是长江水师无法正名的因素。为落实长江水师提督之名，曾国藩进而提出："如即系此缺，应请敕部撰拟字样，新铸印信，颁发南来，以昭信守。"④ 印信铸造，则名正言顺。

对于曾国藩的建议，清廷谕令赞同，不久，新铸江南长江水师提督印信，黄翼升为首任江南长江水师提督。《清实录》记载：同治三年八月，"铸给江南长江水师提督印信，从总督曾国藩请也"。《清会典·礼部·铸印》同样记载：同

① 《覆陈长江水师提督员缺片》（同治三年五月二十七日），《曾文正公全集·奏稿》，吉林人民出版社，1995 年，第 1014–1015 页。

② 《黄翼升署江南提督片》（同治元年五月十九日），《曾文正公全集·奏稿》，吉林人民出版社，1995 年，第 868 页。

③ 《覆陈长江水师提督员缺片》（同治三年五月二十七日），《曾文正公全集·奏稿》，吉林人民出版社，1995 年，第 1015 页。

④ 《覆陈长江水师提督员缺片》（同治三年五月二十七日），《曾文正公全集·奏稿》，吉林人民出版社，1995 年，第 1015 页。

治三年八月，"添铸长江水师提督印信"。同治三年九月，江南长江水师提督官印铸造完成，即对应官印左侧的"同治三年九月"字样。

《安徽省志·文物志》对此印有基本信息介绍，但其中提出"同治三年的江南长江水师提督为安徽巡抚山西人乔松年兼任"①，这一判断是错误的。综合上文可见，黄翼升同治元年署理江南水师提督，至同治三年实授江南长江水师提督。安徽巡抚乔松年并没有兼任江南长江水师提督一职。长江水师提督是同治朝新设立的武职，有清一代，共有五位清军将领任此职，第一任黄翼升，第二任李成谋，第三任黄翼升，第四任黄少春，第五任程文炳，第六任程允和。黄翼升因其功勋与地位，两任长江水师提督一职，第二次任长江水师提督时病故于任上。尤以注意的是最后两任提督程文炳和程允和，皆为安徽阜阳人。程文炳于光绪二十七年（1901）至宣统二年（1910）间就任长江水师提督，其病逝于任上。《宣统政纪》载："已故长江水师提督程文炳遗折内，条奏陆海军应行筹办事宜，老成谋国，濒危犹不忘军事，所言亦条理详明。著该衙门随时酌覆办理。"② 可见，清廷对程文炳的任职表现基本肯定。

程允和是最后一任长江水师提督，宣统二年十月，长江水师提督程文炳病逝，清廷任命福建提督程允和接任长江水师提督，并将"同治第七号长江水师提督印信一颗"③ 颁赐程允和，这颗印正是同治三年九月铸造的江南长江水师提督印。未及两年清朝覆灭，而提督印信却保存了下来，它是清朝覆灭后长江水师的记忆与印证，最后存留于安徽人之手，得以收藏在安徽，也是历史机缘。

四、结语：皖江地区历史文化承载物的研究

从皖域文化看，皖江文化是其重要组成部分。近年来，皖江地区历史文化的研究取得了显著成效，成果丰硕，但皖江历史文化研究的拓展与深化也同样面临学术"瓶颈"困境。在新视角的突破上，或可为皖江地区历史文物的研究提供一个新路径。需要注意的是：皖江地区现存的馆藏文物并不都能够代表皖江这一地区的历史文化，尽管诸多珍贵文物收藏在皖江地区或者经由皖江地区历史名人的流传。因此，在皖江地区历史文物的研究取向上首先要明确文物本身与皖江历史文化的直接关联，系统挖掘梳理皖江地区历史文化的代表性承载物，并以此构建皖江地区历史文化的文物图谱，谱写皖江地区历史文化"物的研究"和"文献的研究"的交响曲，这具有十分重要的学术意义。

---

① 安徽地方志编纂委员会编：《安徽省志·文物志》，方志出版社，1998 年，第 439 页。
② 《清实录·宣统政记》（宣统二年十月），第 60 册，中华书局，1987 年，第 788-789 页。
③ 胡海燕：《晚清长江水师新探》，暨南大学硕士学位论文，2010 年，第 32 页。

唐宋时期宣州窑瓷器初探

刘　东

摘　要： 宣州窑是见于文献记载的安徽地区一处重要古窑场，多年来在古宣州地区发现了许多唐宋时期的窑址，这些窑址应该就是古宣州窑的组成部分。唐代宣州窑烧造青釉瓷器，其点褐彩装饰，具有自身特色。五代时期，古宣州的繁昌地区创烧了青白釉瓷器，胎体薄而细腻，其中部分精品已达到相当高的水平，在中国陶瓷史上具有重要地位。

关键词： 古宣州；唐宋时期；宣州窑；瓷器

一、"宣州窑"之名的由来

古窑址的命名一般有两种方式，一种是以窑址发现地的地名命名，另一种是以古文献记载中的名称命名。"宣州窑"属于古文献记载中的名称，最早见于清代蓝浦的《景德镇陶录》："宣州窑，元明烧造，出宣州，土埴质颇薄，色白。"① 而民国时期黄矞的《瓷史》中则说："宣州窑当烧于南唐有国时，盖宣州五代中为南唐所有，入宋改为宁国府，元明因之，遂无复宣州之号，是宣州瓷器为南唐所烧造，以为供奉之物者。"② 这两则记载说明"宣州窑"一词在民间早有流传，但关于其相对应的年代似乎并不明确，黄矞的分析更有道理，据《宋史》记载：宣州在南宋乾道二年（1166）更名为宁国府③，那么"宣州窑"之名的出现应早于南宋。

作者简介： 刘东（1985年—），安徽博物院馆员，中国古陶瓷学会会员，皖江文化研究会常务理事。

① （清）蓝浦：《景德镇陶录》卷七，《中国陶瓷古籍集成》，上海文化出版社，2006年8月第1版，第530页。

② （民国）黄矞：《瓷史》，《古瓷鉴定指南（三编）》，北京燕山出版社，1993年7月第1版，第106–107页。

③ 参见《宋史》卷八十八，清乾隆武英殿刻本。

另外，《景德镇陶录》中征引了明代文人王世贞的一句诗"泻向宣州雪白瓷"① 不知该书是否因见有明代诗句，而把宣州窑定为元明时期？但如果查阅王世贞此诗全文，便会另有发现，此诗题为"谢宜兴令惠新茶"，有两首，其一："宜兴紫笋（原注：阳羡茶名）未成枪，团作冰芽一寸方。白绢斜封亲拣送，可知犹带令君香。"其二："中泠新水泼冰丝（原注：宋第一茶名），泻向宣州雪白瓷。念尔欲浇诗思苦，千山绿竹晓筛时。"② 观全诗便一目了然，其一是感谢宜兴县令送茶之事，其二则以宋时第一名茶"冰丝"与名瓷"宣州雪白瓷"作喻，既然原注"冰丝"为宋时第一茶名，那么"宣州雪白瓷"也应当指宋代瓷器。

在唐宋时期的窑场中，有以州名命名的惯例，同一窑场可以有一处或多处窑址，分布在该州境内，如越窑、邢窑、定窑、寿州窑、洪州窑、汝窑、钧窑、建窑、磁州窑、耀州窑、吉州窑等。这些窑场大多既在古文献中有记载，也在考古调查、发掘中得以证实。不过，也有存在争议的情况，比如钧窑的烧造时代问题就有很多疑团。"宣州窑"也存在诸多疑问，虽然古陶瓷学者们做过很多论证③，但仍然莫衷一是。应该说，古宣州范围内所发现的窑址都可认为是"宣州窑"，这是大多数学者的共识。

二、"宣州窑"包括哪些窑址

安徽省的皖南地区多山地、丘陵，植被茂盛，自然环境优越，自然资源丰富，具备陶瓷器烧造的良好条件。多年来在皖南地区考古调查中，发现了不少唐宋时期的古窑址，如繁昌县柯家冲窑、骆冲窑，绩溪县霞间窑、泾县琴溪窑、窑头岭窑，宣城市山岗窑、小河口窑，歙县竦口窑，休宁县岩前窑，芜湖县东门渡窑，池州市百牙山窑，青阳县七星桥窑，铜陵市狮山嘴窑等。当然，这些并不能全算作"宣州窑"，讨论唐宋时期的"宣州窑"，首先要明确唐宋时期宣州的范围。

宣州历史悠久，东汉时即已出现"宣城郡"之名，隋代开皇九年（589）改为"宣州"。唐代的宣州辖地范围极广，据《新唐书》记载：宣州领八县：宣城

---

① （清）蓝浦：《景德镇陶录》卷九，《中国陶瓷古籍集成》，上海文化出版社，2006 年 8 月第 1 版，第 548 页。

② （明）王世贞：《谢宜兴令惠新茶》，《弇州续稿》卷二十五，《影印文渊阁四库全书》第 1282 册，台湾商务印书馆，第 343 页。

③ 李广宁、董家骥：《皖南瓷器考古的几点思索》，《东南文化》1991 年第 2 期，第 208–212 页；谢小成：《芜湖东门渡唐宋陶瓷窑址的调查——兼议"宣州官窑"》，《东南文化》1991 年第 2 期，第 213–218 页；刘毅：《"宣州官窑"及相关问题研究》，《考古》1999 年第 11 期，第 78–85 页；杨玉璋、张居中：《宣州窑及相关问题研究》，《广西民族大学学报（自然科学版）》2007 年第 1 期，第 18–21 页。

县、当涂县、泾县、广德县、南陵县、太平县、宁国县、旌德县。^① 而在唐代前期的一段时间里，溧水县、溧阳县（今江苏省南京市辖县）和秋浦县（今池州市、青阳县、石台县等地）也曾归属于宣州管辖。北宋时期，宣州沿袭唐时旧名，至南宋乾道二年（1166）更名为宁国府。按《宋史·地理志》记载："宁国府，本宣州、宣城郡、宁国军节度，乾道二年，以孝宗潜邸升为府……县六：宣城、南陵、宁国、旌德、太平、泾。"^② 可知，两宋时宣州（宁国府）所辖范围有所缩小。

根据上述唐宋时期宣州区划的分析，皖南地区歙县竦口窑、休宁县岩前窑、绩溪县霞间窑应在当时的歙州境内，显然不属于"宣州窑"，特别要注意的是绩溪县如今虽然属于宣城市辖县，但唐宋时期属歙州（后改为"徽州"）。另外，池州市和青阳县虽在唐代前期曾属于宣州，但唐永泰元年（765），析宣州之秋浦县、青阳县、饶州之至德县设立池州。而皖南窑场都是从晚唐之后才开始出现的，所以池州市百牙山窑、青阳县七星桥窑也不应属于"宣州窑"。

据《繁昌县志》记载：唐代繁昌属南陵县，南唐昇元年间割南陵县五乡置繁昌县，同芜湖县、铜陵县一并划入江宁府。而宋太祖开宝八年（975）平江南，以广德、芜湖、繁昌属宣州。^③ 据《芜湖县志》载：唐代芜湖属当涂县，南唐昇元年间改吴之金陵府为江宁府，置芜湖、铜陵、繁昌三县。宋太祖开宝八年平江南，以广德、芜湖、繁昌属宣州。^④ 又据《铜陵县志》记载：唐代铜陵属南陵县，唐末分南陵县工山、安定、凤台、丰资、归化五乡置义安县，治在顺安镇，属宣州。南唐保大九年（951）改义安县为铜陵县，地属昇州。宋代铜陵县属池州。^⑤ 也就是说繁昌与芜湖在唐宋时期的大部分时间里是属于宣州的，今繁昌县柯家冲窑、骆冲窑，芜湖县东门渡窑可以归属于"宣州窑"。铜陵在唐代至五代南唐前期属宣州，五代南唐保大九年后不再属于宣州，铜陵市狮山嘴窑为晚唐时期窑址，所以可纳入"宣州窑"。

之前有的学者把皖南发现的所有窑址，都归入"宣州窑"进行讨论，显然是不合适。通过上述分析，可将皖南的宣城市山岗窑、小河口窑，泾县琴溪窑、窑头岭窑，繁昌县柯家冲窑、骆冲窑，芜湖县东门渡窑，铜陵市狮山嘴窑等窑址纳入唐宋时期宣州窑的讨论范围。

---

① 《新唐书》卷四十一，清乾隆武英殿刻本。

② 《宋史》卷八十八，清乾隆武英殿刻本。

③ 参见《繁昌县志》卷一，道光六年刊本，中国地方志集成，江苏古籍出版社。

④ 参见《芜湖县志》卷一，民国八年石印本，中国方志丛书，成文出版社。

⑤ 参见《铜陵县志》卷一，明代嘉靖刻本，天一阁藏明代方志选刊。

三、古宣州地区发现的古窑址简介

上述古宣州窑址，发现最早的是繁昌县柯家冲窑、骆冲窑，为 20 世纪 50 年代被发现，其他窑址则在 20 世纪 80 年代之后被发现，下面将各窑址的情况介绍如下。

1. 繁昌县柯家冲窑、骆冲窑

繁昌县柯家冲窑、骆冲窑，一般又统称为"繁昌窑"，1954 年由安徽省博物馆筹备处葛召棠先生等最早发现[①]，随后几十年间，安徽文物工作者对繁昌窑进行了多次的考古调查与发掘[②]，现在这两处窑址的面貌已基本清晰，它们是五代至北宋时期专烧青白瓷的窑场，其五代时期的产品"釉色浅淡纯正，白中微泛青色，很少有开片，白胎略泛青灰，结构致密，器形规整，制坯和上釉工艺讲究"。到北宋时期质量有所下降，"釉色常见泛黄、泛绿或泛青，开片比例多于第一期（指五代时期），制作工艺略显粗疏"[③]。安徽地区出土的繁昌窑器物较为多见，器形主要有碗、盏、托盏、钵、水盂、执壶、注子温碗（图 1）、盒（图 2）、炉等。

图 1　繁昌窑青白釉注子温碗
（安徽博物院藏）

图 2　繁昌窑青白釉如意钮盖盒
（安徽博物院藏）

①　葛召棠：《安徽省博物馆在皖南进行历史文物的调查、征集工作》，《文物参考资料》1954 年第 12 期，第 180–181 页。

②　张道宏：《试掘繁昌瓷窑遗址》，《文物参考资料》1958 年第 6 期，第 75 页；王业友：《繁昌窑窑址调查纪要》，《文物研究》第四期，1988 年第 152–160 页；阚绪杭：《繁昌县骆冲窑遗址的发掘及其青白釉瓷的创烧问题》，《文物春秋》1997 年增刊，第 170–174 页；杨玉璋、张居中、李广宁、徐繁：《安徽繁昌县柯家冲瓷窑遗址发掘简报》《考古》2006 年第 4 期，第 325–336 页；安徽省文物考古研究所、繁昌县文物局：《安徽繁昌柯家冲窑遗址 2013—2014 年发掘简报》《安徽繁昌骆冲窑遗址 2014 年发掘简报》，《文物》2016 年第 3 期，第 19–50 页。

③　安徽省文物考古研究所、繁昌县文物局：《安徽繁昌柯家冲窑遗址 2013—2014 年发掘简报》、《安徽繁昌骆冲窑遗址 2014 年发掘简报》，《文物》2016 年第 3 期，第 19–50 页。

2. 泾县琴溪窑

泾县琴溪窑，位于泾县县城东北 14 公里的琴溪镇陶窑村，窑址为安徽省文物局李广宁先生于 1984 年发现①，是一处五代至北宋时期烧造青釉瓷器的窑址，窑炉为依山势而建的龙窑，窑具见有垫柱，并发现刻有"宣"字款的垫柱，装烧方式主要采用泥点垫烧法。产品有碗（以五瓣花口碗最具特色）、盏、盘、钵、枕、执壶等，器物多为素面，无纹饰，胎体较薄，胎质较细密，胎色有灰白色、铁灰色、砖红色等，多数器物釉下施化妆土。②

3. 泾县窑头岭窑

泾县窑头岭窑，位于泾县琴溪河上游，窑址为 1985 年安徽省博物馆汪庆元先生发现③，主要烧造青釉瓷器，主要产品有碗、盏等，胎体较为轻薄，窑址上发现的窑具有漏斗形匣钵，具有北宋时期特点。

4. 芜湖县东门渡窑

芜湖县东门渡窑，位于芜湖县花桥镇东门渡，发现于 1985 年 5 月，为北宋时期窑址。窑炉为依山而建的龙窑，窑具有匣钵、窑柱、垫圈等，产品主要有四系罐、双系小口瓶、盆、盏、执壶、碾槽及动物形玩具，釉色多为青黄色与酱色。器物底部见有托珠痕，装烧方法多为泥点垫烧。东门渡窑最大的发现是在十几件罐的底部发现有"宣州官窑"四字刻款或印款（图 3）。④

图 3　芜湖县东门渡窑址出土的四系罐上"宣州官窑"印文

5. 铜陵市狮山嘴窑

铜陵市狮山嘴窑，位于铜陵市天门镇西垅村，是一座晚唐时期的窑址，主烧青釉瓷器，主要装饰有点褐彩，灰白胎，釉质较肥润，器形见有

---

① 李广宁：《琴溪古陶瓷窑址调查初记》，《宣州文物》1984 年刊，第 13-16 页。

② 参见《安徽省文物志》，方志出版社，1998 年 10 月第 1 版，第 55 页。

③ 汪庆元：《泾县的古宣州窑址》，《泾县史志资料选编第 1 集》，第 201-202 页。

④ 谢小成：《芜湖东门渡唐宋陶瓷窑址的调查——兼议"宣州官窑"》，《东南文化》1991 年第 2 期，第 213-218 页。

钵、执壶（图 4）等。①

6. 宣城市山岗窑、小河口窑

宣城市山岗窑、小河口窑，为晚唐五代时期窑址，主烧青釉瓷、青釉点褐彩及褐釉瓷，灰胎泛红，釉质透明，玻璃质感较强。器形有碗、盘、执壶、四系罐、双系罐等，青釉点褐彩双系执壶是其最具代表性的器物（图 5）。②

图 4　铜陵狮嘴山窑出土的
唐代青釉点褐彩执壶残片

图 5　宣城山岗窑出土的
唐代青釉点褐彩执壶残件

四、宣州窑及其瓷器的风格特征

下面从窑炉、窑具、胎釉特点、装饰风格等几个方面概述宣州窑及其瓷器的风格特征。

1. 窑炉

中国古代瓷器窑场所采用的窑炉一般分两大类，第一类是南方地区依山而建的"龙窑"，第二类是北方平原地区所采用的"馒头窑"。"龙窑"又名"长窑"，依山体坡度而建，因斜卧似龙形而得名，古宣州地区多山地，其窑址上发现的窑炉多为这类"龙窑"。2013—2014 年，繁昌柯家冲窑址发掘的一座龙窑，长度达 38.75 米，宽 2~3 米，龙窑头尾水平高差 11.75 米。同时在繁昌骆冲窑址发掘龙窑一座，长 27 米，宽 2.25~2.65 米，头尾水平高差 7 米。泾县琴溪

① 周京京：《熠熠生辉的安徽古陶瓷器》，《文物鉴定与鉴赏》2016 年第 5 期，第 17–18 页。
② 周京京：《熠熠生辉的安徽古陶瓷器》，《文物鉴定与鉴赏》2016 年第 5 期，第 16 页。

窑、芜湖县东门渡窑等窑址也都发现有"龙窑"。龙窑依靠自然通风方式，且有一定的坡度，火焰抽力大，升温快。同时龙窑很长，装烧面积大，烧造瓷器的产量大。

2. 窑具

晚唐、五代时期的几处较早期的青瓷窑场，窑具相对比较简单，以垫柱、垫圈为主，碗盘类多采用泥点垫烧法，在底部见有 5~7 个泥点支垫痕迹，与唐代越窑的风格接近；逐渐的匣钵开始出现，匣钵装烧一方面可防止窑炉内窑灰粘到瓷器釉面，另一方面也可保持匣钵内温度的相对稳定，保证瓷器烧造的质量；而泾县窑头岭窑开始见有漏斗形匣钵，繁昌窑则大量使用漏斗形匣钵，这说明古宣州地区窑场在五代、北宋以后受北方制瓷技术的影响。漏斗形匣钵，也称钵形匣，呈漏斗状，匣钵的肩部叠放在下面匣钵的口沿上，圆形的钵底沉入下层匣钵碗内（图6），最大程度地节约空间。此类漏斗形匣钵，唐代时已出现，最早流行于太行山东麓地区，晚唐时期定窑采用此类匣钵，五代时期传入长江流域的繁昌窑等窑场。[①]

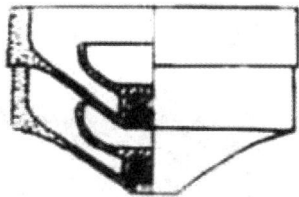

图6　漏斗形匣钵装烧示意图

3. 胎釉特点

上述古宣州窑址，大致可分为两类：一类是烧青釉瓷器的宣城市山岗窑、小河口窑，泾县琴溪窑、窑头岭窑（少量烧造青白瓷），芜湖县东门渡窑、铜陵市狮山嘴窑；另一类是专烧青白釉瓷器的繁昌县柯家冲窑和骆冲窑。众所周知，青釉瓷器是瓷器的最初品种，因黏土中含铁量高，在窑炉内还原焰环境中烧造出青釉瓷器。从东汉至南朝，以越窑为代表的早期南方窑场烧造的青瓷一统天下，直到南北朝后期，北方窑场才通过对瓷土的淘洗、提纯，创烧出了白釉瓷器。到唐代，则出现了以北方邢窑为代表的白瓷与南方青瓷分庭抗礼的局面，即所谓的"南青北白"。古宣州地区几座晚唐时期的窑场，均烧造青釉瓷器，属于南方青瓷系。五代时期，繁昌柯家冲窑和骆冲窑开始烧造青白釉瓷器，被认为是青白釉瓷器的起源地。实际上，繁昌窑青白瓷是向北方白瓷技术的借鉴与学习，但由于南方瓷土含铁量高，难以淘洗出洁白的黏土，从而只能烧造出介于白瓷与青瓷之间的青白瓷，而这却成为后来中国陶瓷史中的一个重要品种，后来著名的景德镇窑青白瓷就是对繁昌窑的继承与发展。

---

① 黄义军：《宋代青白瓷的历史地理研究》，文物出版社，2010 年 9 月第 1 版，第 62 页。

4. 装饰风格

古宣州窑青釉瓷器大多为素面无纹饰，造型上有花口、出筋、瓜棱等几种装饰。彩装饰方面，宣城山岗窑、铜陵狮山嘴窑生产的青釉点褐彩瓷，是一种在青瓷基础上的创新，独具地方特色，这类青釉点褐彩瓷器，安徽不少地方有出土，比如 2003 年望江县出土的一件青釉点褐彩执壶（图 7）[①]，原先认为是唐代长沙窑产品，但宣城山岗窑发现后，明确了这类瓷器的产地。古宣州窑与晚唐长沙窑青釉褐彩瓷器可能有着一定的关联，还有待进一步研究。繁昌窑青白瓷一定程度上继承了古宣州窑青瓷的风格特点，比如盘口执壶、喇叭口执壶的造型，执壶柄部竖条纹装饰等，但繁昌窑青白瓷装饰显然更丰富，比如出现了少量刻花装饰，以及较为少见的镂雕技法，安徽博物院收藏的一件 1984 年繁昌县出土的繁昌窑青白釉刻花镂空炉（图 8）[②] 就是其中典范之作。

图 7　唐代青釉点褐彩执壶　　　　图 8　繁昌窑青白釉刻花镂空炉
（望江县博物馆藏）　　　　　　　（安徽博物院藏）

① 《中国出土瓷器全集安徽卷》，科学出版社，2008 年 3 月第 1 版，第 62 页。
② 《安徽省博物馆藏瓷》，文物出版社，2002 年 11 月第 1 版，第 73 页。

皖江城市芜湖近代化探析

齐洋锟

摘　要： 芜湖是近代安徽最早对外开放的城市之一，如今又作为皖江城市带承接产业转移主轴线的沿江城市之一而备受关注。自 1876 年芜湖开辟为通商口岸始，其社会经济状况开始受到外来冲击的全面影响，芜湖城市的近代化历程也由此启动。本文通过对芜湖近代化的历程进行分析，从而为芜湖现代城市的建设发展提供借鉴，同时希望芜湖能够抓住产业转移的大好机遇，获得更好的发展前景。

关键词： 芜湖；近代化；城市发展

一、明清时期芜湖经济的发展

中国自古就是一个农业大国，农业的发展是社会发展的原动力，俗话说民以食为天，粮食生产是保证社会稳步前进的基础。芜湖因良好的自然条件，在历史上农业一直发展得很好，这也为芜湖明清时期工商业城市的发展奠定了基础。

这一时期，芜湖的手工业也发展迅速，"芜湖制造"名扬天下，芜湖成为当时中国先进制造业的中心城市之一，时人称之为"芜湖万货之会"①，其中最为有名的当属浆染和冶铁。

在当时的江南地区，手工业获得大发展，形成了五大手工业区域，即松江的棉纺织业、苏杭的丝织业、芜湖的浆染业、铅山的造纸业和景德镇的制瓷业。可见芜湖的浆染业已是闻名遐迩，明代宋应星的《天工开物》中就有"织造尚淞江，浆染尚芜湖"②之说。到光绪二十六年芜湖浆染业公所成立，芜湖浆染业在全国领先地位一直延续三百年之久。此时的浆染业中已经开始产生资本主义萌芽，一些破产的小染坊和城市贫民出卖自己的劳动力给大染坊，并从雇主那里领

作者简介：齐洋锟，广德县档案局档案管理股副股长。
① （明）汪道昆：《太函集》卷三二《潘母吴伯姬传》，黄山书社，2004 年版。
② （明）宋应星：《天工开物》卷上《乃服第二·布衣》，商务印书馆 1933 年版。

取工资，这种"召染人曹治之"的方法使染坊"费省而利滋倍"。① 这种雇佣关系已经超出了封建的人身依附关系，具有了早期的资本主义萌芽的性质。

芜湖的冶铁业在明清时代也是全国出名的。在明中叶就有"铁到芜湖自成钢"的说法，表明了当时全国对芜湖冶金技术的赞誉和认同。芜湖冶铁业之所以出名，是因为运用了先进的铸造工艺，即"芜钢"工艺。"芜钢"名称首出于芜湖关道宋镕在清嘉庆十年所撰《贩运钢斤章程》一文，"钢为芜邑土产，贩运百有余年"②。明中叶至清初芜湖已有大型钢坊 8 家，到清中叶，大型钢坊已有16 家。芜湖的炼钢业，有"惟铁工为异于他县。居市廛冶钢业者数十家，每日须工作不啻数百人"③ 的记载。钢坊的规模可见一斑，工匠多为招募而来，并开始了分工合作，具有了资本主义的性质，资本主义萌芽在芜湖的冶铁业中也初现光芒。

明清时期的芜湖，商品经济繁荣，芜湖浆染业和"芜钢"的生产规模在全国具有重要地位，在这些手工业作坊里，已经形成了资本主义性质的雇佣关系，这种关系已超出了封建的人身依附关系，推动着传统社会的缓慢转型；而商人队伍的不断壮大，也为芜湖这座变革之中的古城蓄积着能量，商人阶层是 16 世纪以后中国社会中最为先进的一支社会力量，他们的经营活动松动着传统社会的根基，促使人们思想观念不断更新，新四民观的思潮颠覆着人们的传统思想，商人成为实现近代化不可或缺的力量；城镇化程度体现了一个城市近代化的程度，芜湖的市镇在这一时期发展迅速。这些都为芜湖的近代化做好了准备，芜湖的传统社会结构发生变革，但是由于封建势力顽固，近代化的萌芽还受到传统社会的压制，芜湖的近代化发展缓慢而曲折。随着西方列强的入侵，伴随着血与泪，芜湖这座城市步入近代化发展的新时期。

二、开埠后芜湖近代经济的发展

（一）外来侵略带来的冲击

随着鸦片战争的爆发，西方列强开始了对中国的入侵，他们的魔爪从中国沿海城市不断向中国内陆城市扩展，中国开始由独立的封建国家逐步转变为半殖民地半封建的国家，中国的小农经济也开始分崩瓦解，逐步融入近代资本主义世界体系，开始了艰难的近代化道路。芜湖也在被迫的开埠中开始了自己的近代化之

---

① （明）汪道昆：《太函集》卷四五《明赐经阮长公传》，黄山书社，2004 年版。

② 陆广品、王伟、丁益、时惠荣主编：《安徽文化史》中卷，南京大学出版社，2000 年版，第1578 页。

③ 余谊密修，鲍寔纂：《芜湖县志》卷八《地理志·风俗》，民国八年石印本。

路，虽然列强对芜湖经济的掠夺不断加强，但同时，这也为芜湖近代化的新因素提供了发展条件。

1876年，《烟台条约》签订，芜湖被辟为通商口岸。到了1877年4月1日，芜湖在大江口西北离中江塔不远处设立海关，正式对外开埠。[①]这为西方列强在安徽倾销商品、掠夺资源提供了便利。芜湖海关设立后，进出口贸易迅速增长，到1937年闭关，业务不断扩大，各种货物从这里进进出出，对芜湖的经济发展产生了重要影响。芜湖海关进口的货物根据总税务司颁布的《芜湖海关进口税则》，共有17类，大多是日用消费品、装饰品和奢侈品，其中比重较大的主要有鸦片、棉纱、洋布、煤油、砂糖、麻袋、铁皮、玻璃器皿等。各种洋货的大肆涌入，进一步侵害了芜湖的市场，本地手工业被迫开始了近代化的进程。而从芜湖海关出口的货物主要是农副产品、铁矿石和煤等，其中农副产品主要是稻米、茶叶、生丝、菜籽、棉花、蛋类、烟草等。稻米一直处于出口货物的首位，稻米产量的高低决定了芜湖海关出口额的高低。这也体现了芜湖米市在当时的兴盛。

从芜湖进出口货物的情况看，我们可以发现，进口的洋货多为制成品，而芜湖出口货物大部分为农产品和工业原料，这些原材料被西方资本主义国家加工成产品后又输往芜湖等国内城市。大量洋货的进入，使芜湖当地的城乡手工业遭到严重破坏，芜湖在明清时期兴盛的浆染业和芜钢产业都随之衰落，"芜湖钢为旧日驰名产物，咸丰后尚存炼坊十四家，均极富厚，自洋钢入口，间就消灭"[②]。鸦片的大量流入更是毒害了广大人民的身心健康，导致芜湖关白银大量外流。西方列强的掠夺破坏了芜湖的经济发展，但也摧毁了传统小农经济对芜湖近代化的束缚。手工业的破坏，导致农民原来依靠自给就能获得的日用品，现在不得不依赖于市场的供给，农民与市场的联系日益紧密。农民要购买日用品就需要先销售自己的农产品，这又促进了农业生产的商品化。芜湖开始融入资本主义世界体系的浪潮中，受到世界资本主义市场的支配。西方的一些思想理念和先进技术也随着列强的入侵而在芜湖传播，人们的传统思想开始受到冲击，并开始学习西方的先进技术，这客观上促进了芜湖经济的发展和资本主义的产生，芜湖开始跨出从传统社会向近代社会的第一步。

（二）芜湖米市的兴衰

芜湖坐落于安徽米粮生产区域的中心地带，水运交通便利，在明中期就成为粮食的集散中心。到了19世纪中期，芜湖具备了成为米市的条件，但这一时期长江下游一带的米粮贸易集中在镇江的七浩口，安徽的米粮多不过芜湖而径直运

---

① 安徽通志馆编纂：《安徽通志稿·外交考》，安徽通志馆1934年版，安徽省图书馆馆藏。

② 彭泽益：《中国近代手工业史资料（1840—1949）》第二卷，三联书店，1957年版，第176页。

往镇江，据统计，当时从安徽输入镇江的大米占其输入大米总量的 61.4%[1]，这样在安徽境内建立一个粮食贸易市场更为方便。随着芜湖的开埠，加上自身的优越条件，1877 年，李鸿章奏请将七浩口的米市迁移至芜湖。派粤人芜湖海关监督张荫桓去镇江，利用同乡关系，劝说广潮帮粮商率先迁至芜湖进行贸易。随后烟台、宁波粮商也在芜湖建立米行。1882 年，芜湖米市正式开放，随着米市的不断发展，安徽境内稻米源源不断地运往芜湖，芜湖米市日趋繁荣，成为中国著名的四大米市之一。

芜湖米市发展如此之快是有其原因的：其一，优越的地理条件，芜湖处于长江中下游的中心，水运条件十分便利，加上芜湖拥有广阔的腹地，这些腹地正是重要的粮食生产基地，生产的粮食通过水路可以方便地运到芜湖。芜湖与其腹地在社会生产流通和消费方面是一个很好的地域组合。[2] 这是芜湖米市兴起的基础。其二，政府的扶持，李鸿章奏请将米市从七浩口移至芜湖，得到了清政府的批准，但是芜湖米市成立初期并不稳定，随着政府在芜湖设立米厘局，这种强制性的征税保证了芜湖米市的稳步发展，1931 年，芜湖米厘局被裁撤，安徽米粮可以不经芜湖自由出口，芜湖米市开始衰落。可见政府在芜湖米市的发展中起着重要作用。其三，芜湖开埠的影响，芜湖是安徽省唯一的开埠城市，进出口贸易发展迅速，各种安徽省的商品都通过这里进行贸易，这就推动了芜湖商业的发展，商业大发展推动了粮食商品化的提高，促进了米市的兴盛。其四，粮食输入地对粮食的需求量增加，市场的需求量是商品不断生产的原动力。随着粮食需求和经济发展，大量农村人口进城谋生，这些增长的人口势必需要更多的粮食，在市场需求量扩大的情况下，作为米市的芜湖自然会出口更多的粮食。

但随着时间的推移，进入 20 世纪 20 年代后，芜湖米市开始步向衰落。芜湖米市的衰落与当时的社会经济发展是密切相关的，当时大量洋米的倾销，破坏了芜湖本地的米粮市场，由于洋米在价格上具有优势，轻易地就侵占了芜湖本土的粮食市场；芜湖米市在之前稳定发展，是因为米厘局的设立在政策上扶持了芜湖米市，但随着 1931 年米厘局的裁撤，这种政府的保护不存在了；这一时期铁路交通的发展，打破了原有的单一的米粮靠水路运输的格局，芜湖的水上交通优势不再占据主导地位，如津浦铁路的通车，皖中稻米开始汇集于蚌埠通过火车运往上海，湖南、江西米粮可通过粤汉铁路直接运往广东，不需要再从芜湖出口；米市贸易自身的缺陷也是其衰落的重要原因。

芜湖的商业发展乃至城市的发展都与芜湖米市的发展密切相关的。米市的不

---

① 　羊冀成，孙晓村编：《镇江米市调查》，社会经济调查所 1936 年版。

② 　周忍伟：《举步维艰——皖江城市近代化研究》，安徽教育出版社，2002 年版，第 100 页。

断发展，促使芜湖百业兴旺，芜湖城市更具活力；而米市的渐趋衰落，导致芜湖的经济发展逐渐缓慢，城市人口数量也逐步下降，城市近代化缓慢发展。但是芜湖米市的发展过程对于芜湖城市的近代化的作用仍是不言而喻的，在米市的推动下，一些近代资本主义工业企业开始陆续在芜湖生根发芽，这也成为芜湖城市近代化继续发展的主要动力。

（三）芜湖近代工业的缓慢发展

城市近代化最重要的标志就是工业化。明清时期，芜湖作为工商业城市，手工业发展迅速，开始产生了资本主义萌芽性质的手工工场，这为芜湖近代工业的发展打下了基础。但是，芜湖近代工业兴起的主要原因还是开埠后的被迫对外开放，资本主义的入侵摧毁了传统小农经济的基础，传统手工业也遭到打击，商品经济不断发展，为近代工业的发展提供了良好的条件。

1897 年到 1907 年是芜湖近代工业的起步阶段。在西方资本主义的大肆掠夺下，芜湖本地的商人开始产生"民间欲置机器制造的"[①] 的想法，他们希望通过学习西方技术建立自己的近代工业企业来对抗西方的掠夺。1897 年，芜湖最早的近代工业益新面粉厂创办起来，他的创办人是曾任无为州知州的章维藩，因与朝廷有意见上的分歧，"辞官退居芜湖，着手筹建益新公司"[②]。1897 年益新公司以股份公司的形式创办，投资 21 万元，最初只有三台直径 1.2 米的石磨，后从英国购买面粉加工机器，被英国亨利西蒙公司称为远东第一用户。公司生产的"飞鹰牌"面粉十分畅销，"所出面粉，利于内地及出口销售，其价较廉于上海面粉及外洋进口面粉"[③]，被誉为全国头牌面粉。作为近代企业的益新面粉厂在全国也是有一定的影响力的，一战期间的全国面粉大王荣德生在其开办福新面粉公司前，都亲自来芜湖益新公司参观学习。益新公司是安徽省最早采用机器生产的面粉厂，但是在 1909 年 5 月，"芜湖面粉厂忽肇焚如，机器及货物付之一炬，后计遭失在银十万两以上"[④]，但是益新公司并未一蹶不振，于 1916 年重新建立，建成四层的制粉大楼，建筑面积达到 1007 平方米，并从英国井口机器设备，聘请外国技师。开工后，"鹰"牌面粉一如既往的畅销，获得很高的利润。资本的不断充实，刺激了章维藩的投资欲，他开始兼营马鞍山的向山硫矿。不久章维藩去世，继承者经营不善，公司年年亏损，到 1931 年，公司负债已高达 14

---

① （清）李应钰：《皖志便览》卷二，光绪二十四年刊本。
② 章向荣：《芜湖益新公司创建始末》，载《工商史迹》，安徽人民出版社，1987 年版。
③ 1899 年 2 月 14 日《中外时报》，转引自汪敬虞：《中国近代工业资料》第 2 辑，科学出版社，1957 年版，第 707 页。
④ 《宣统元年芜湖关华洋贸易情形论略》。转引自周忍伟：《举步维艰——皖江城市近代化研究》，安徽教育出版社，2002 年版，第 122 页。

万元。

除了益新公司外，芜湖近代企业还有 1905 年李国楷创办的锦裕织布厂，同年张广生创办的裕源织麻公司，1906 年程宝珍、吴兴周创办的明远电灯厂，1907 年李祥卿创办的兴记砖瓦厂等。据统计，这一时期芜湖近代工业的总投资约在 90 万元，这个数字在安徽省内是遥遥领先的，但在同时期全国近代工业投资中却是微乎其微的，明显落在全国的后面。

1908 年之后，随着一战的爆发，中国民族资本主义迎来了短暂的春天，这主要是因为西方资本主义国家忙于战争，减少了对中国的商品倾销。芜湖的近代工业也不例外，在一战时期形成了一个高潮。这一时期的代表则为芜湖裕中纱厂，是安徽创设规模最大的工厂，也是安徽省最早完全使用机器生产的大纺织厂。

1916 年，陈绍吾、江干卿、宁松泉等人在芜湖筹备创办裕中纱厂，厂址在芜湖陶沟狮子山。陈绍吾是大通盐务督销，他与袁世凯政府财政总长周学熙的关系颇为紧密，便向周学熙借来安徽盐务还未上缴的"预厘税"银 20 万两，作为办厂的资金。厂房建成后便成立了裕中纺织股份有限公司，公开招股 80 万元。纱厂面积为 10400 平方米，主要建筑为二层砖木结构。[①] 共有车间四个，机器多来自国外。1919 年工厂投产，共有纱锭 18400 枚，生产的是粗纱，拥有自己的商标"三多"和"四喜"。裕中纱厂的生产原料大部分来自芜湖附近的安庆、合肥、贵池等棉花产地，通过低价收入棉花，高价出售自己生产的商品，裕中纱厂获得了较大的盈利。但是好景不长，随着一战的结束，西方资本主义国家卷土重来，洋货充斥芜湖的市场，严重损害了芜湖本地近代企业的发展。1922 年至1931 年，裕中纱厂便在洋纱的冲击下步向衰落。随后裕中纱厂三次被出租，虽然在 1937 年第三次被出租时生产有所起色，但很快日军攻陷芜湖，纱厂破坏严重，发展希望彻底破灭。

纵观芜湖近代工业的发展过程，我们能从中发现其发展特点，这其实也是当时中国民族资本主义发展的整体展现。

其一，芜湖近代工业的产生是对外开放的结果。在开埠之前，芜湖虽然是著名的工商业城市，产生了资本主义萌芽，但其没有像西方资本主义国家那样逐步从工场手工业逐步发展到机器大工业。因为当时的芜湖处于封建社会，发展近代工业的条件不足，商品经济受到封建社会的严重束缚。随着西方资本主义的入侵，传统的经济基础被摧毁，这就导致大量失业农民的产生，他们为近代工业的

---

① 冯之：《裕中纱厂述略》，载《工商史迹》，安徽人民出版社，1987 年版。

产生提供了劳动力。面对西方商品的入侵，人们开始学习西方的技术，建立起自己的近代工业。但是受到封建势力和西方资本主义的双重压迫，芜湖的近代工业发展缓慢。

其二，从芜湖近代工业的产业结构看，以轻工业为主。芜湖的近代工业多为粮食加工业和纺织业，重工业并未在这一时期的芜湖出现。究其原因，芜湖仍是以农产品生产加工为主，轻工业投资相对于重工业也小得多，而且收益也很快。轻工业为主的产业结构也是芜湖近代工业发展缓慢的原因之一。

其三，芜湖的近代工业创办者多为官僚和商人。这也从侧面反应传统封建势力对近代工业发展的阻挠，为了发展近代工业，不得不寻求官府的庇护。芜湖近代工业与封建势力千丝万缕的关系，使其内部管理落后，没有像西方那样的先进管理模式，很多企业都是由于经营不善而出现亏损。

芜湖近代工业的总体发展是十分缓慢而曲折的，但他所带来的影响是不可忽视的。芜湖近代工业的发展，促成了生产关系的转变，封建的工役制度被资本主义的雇佣制取代，西方先进的管理模式开始得到推广；推动芜湖商业中心的进一步发展，对周边地区商品经济的发展起到了辐射作用；芜湖城市的阶级结构也开始发生根本的变化，在近代工业中诞生了资产阶级和工人阶级，这在封建社会中是不可能出现的。伴随着这些变化，近代资本主义生产方式在芜湖得以确立，人们开始摆脱传统思想的束缚，芜湖这座工商业城市也开始了全面的改变。

三、芜湖近代化的特点与启示

（一）芜湖近代化的特点

近代化的过程就是社会缓慢进化的过程，不可能一蹴而就。芜湖从明清时期发展到民国时期，虽然时间很长，但明清时并没有开始近代化脚步，因为资本主义的萌芽无法冲破封建社会的束缚，工商业再怎么繁荣也不可能在封建的樊笼中生发出先进的生产方式。随着芜湖的开埠，西方列强的入侵破坏了封建社会的经济基础，芜湖城市近代化才在外力的推动下，以对外贸易为先导，以商业为支撑而发展起来，这也是通商口岸城市近代化的典型。

芜湖的近代化与其良好的商业基础是分不开的，商业的兴盛促使人们有资本去投资近代工业企业，从而促进近代工业的发展；但是与商业的发展相反，芜湖在政治上的近代化是非常缓慢的，政治近代化的缓慢发展严重拖累了芜湖城市的近代化步伐。这一时期的安庆则与芜湖恰恰相反，作为安徽的省会城市，安庆是全省的政治文化中心，无论是教育还是政治体制的近代化，安庆都明显早于芜湖，在市政建设上，芜湖的城区发展也没有安庆发展得快，但是安庆的城市近代化是缓慢的，薄弱的经济基础阻碍了它的发展。因此，在城市近代化中政治、经济的近代化必须协调发展。

芜湖的近代化过程中工商业发展极度不平衡。近代工业的发展是一个城市近代化的主要表现，芜湖的近代工业虽然在安徽省内发展早，起步快，但与上海、南通、无锡等城市相比，芜湖的工业投资额是相当小的。且芜湖的近代工业企业以轻工业为主，重工业基本没有，轻工业对于社会的依赖性强，极易受到各种因素的干扰，随着资本主义国家的进一步入侵，这些近代企业纷纷倒闭。然而与工业的缓慢发展形成鲜明对比的是商业经济畸形繁荣发展。1932 年，芜湖的商业资本是工业资本的 8.4 倍。[①] 商业化不能转化为工业化，这是芜湖城市近代化缓慢发展的重要原因。

芜湖的近代化具有脆弱性。芜湖近代化很大程度上是依赖于芜湖米市的发展，米市兴，百业兴。芜湖近代化的整体趋势是与芜湖米市的发展相吻合的，这样过于依赖一种产业的发展，是十分脆弱的。

芜湖的近代化虽然发展十分缓慢，但其毕竟为芜湖带来了社会的巨变，我们也更加明白近代大工业对城市近代化的重要作用，芜湖近代工业的兴起，促进了社会生产方式的变革，这对芜湖近代文明的发展是有重要影响的。与安庆发展道路不同，芜湖由于拥有经济基础，在后来的发展中能迅速崛起，而安庆则在近代化的路上渐趋没落了。

（二）芜湖近代化的启示

1876 年，芜湖被迫成为通商口岸，帝国主义开始了对芜湖乃至安徽的疯狂掠夺，芜湖成为帝国主义掠夺安徽的基地。2009 年，国家在安徽设立皖江城市带承接产业转移示范区，指出芜湖是安徽目前乃至今后一个时期经济发展最具活力和潜力的两大增长极之一，是承接产业转移的核心区域。那么回顾历史，我们应该更好地发挥芜湖在安徽的核心地位。首先，充分利用区位优势。芜湖之所以在明清时期成为全国有名的工商业城市，就是因为便利的交通和丰富的物产资源。今天我们要继续发挥长江黄金水道的作用，依托中心城市，突破行政区划制约，高水准规划建设承接产业转移集中区，高起点承接沿海地区和国外产业转移。其次，引进先进技术和管理模式。芜湖近代工业企业的发展都是从国外引进技术设备进行生产，但是没有引进西方先进的管理模式，最终大部分企业都因为经营不善而亏损。今天皖江城市带承接产业转移示范区的建设，我们在引进先进技术的同时，更需要引进先进的管理模式，这样才可以保证企业的稳定快速发展。最后，要保证产业结构的平衡发展。开埠后的芜湖对外贸易发展迅速，但大

---

① 章征科：《从旧埠到新城——20 世纪芜湖城市发展研究》，安徽人民出版社，2005 年版，第 50 页。

米的进出口额占到了对外贸易额的 80% 多，这样一旦米市衰落，芜湖经济必然受到承重打击；而在近代工业发展中，以轻工业为主，重工业几乎为零，这样的发展模式也是极不合理的，对经济的发展极为不利。所以在今天的发展中，我们要保证各产业的平衡发展，这样经济才能平稳发展。

　　总之，在今天发展皖江城市带承接产业转移示范区的过程中，我们要充分发挥芜湖的核心辐射作用，为打造一个全新的芜湖而努力，以实现芜湖和皖江地区经济的腾飞。

参考文献：

［1］（明）汪道昆．太函集．合肥：黄山书社，2004.

［2］（明）宋应星．天工开物．北京：商务印书馆，1933.

［3］余谊密修，鲍寔纂．芜湖县志．民国八年石印本．

［4］安徽通志馆编纂．安徽通志稿．安徽通志馆，1934 年版，安徽省图书馆馆藏．

［5］芜湖市地方志编纂委员会．芜湖市志．北京：社会科学文献出版社，1996.

［6］芜湖市地方志办公室．芜湖工业百年．合肥：黄山书社，2008.

［7］张贻志．芜关纪要．北京：中华书局，1929.

［8］王维德．芜湖米市概况．工商半月刊，1934（6-3）．

［9］林熙春，孙晓村．芜湖米市调查．社会经济调查所，1935.

［10］羊冀成，孙晓村编．镇江米市调查．社会经济调查所，1936.

［11］芜湖市文化局．芜湖古今．合肥：安徽人民出版社，1983.

［12］鲍亦骐．芜湖港史．武汉：武汉出版社，1989.

［13］万明主编．晚明社会变迁问题与研究．北京：商务印书馆，2005.

［14］张仲礼，熊月之，沈祖炜主编．长江沿江城市与中国近代化．上海：上海人民出版社，2002.

［15］汪敬虞主编．中国近代工业史资料．北京：科学出版社，1957.

［16］彭泽益主编．中国近代手工业史资料（1840—1949）．北京：中华书局，1984.

［17］周忍伟．举步维艰——皖江城市近代化研究．合肥：安徽教育出版社，2002.

［18］章征科．从旧埠到新城——20 世纪芜湖城市发展研究．合肥：安徽人民出版社，2005.

［19］王鹤鸣．芜湖海关．合肥：黄山书社，1994.

［20］陆广品，王伟，丁益，时惠荣主编．安徽文化史（中卷）．南京：南京大学出版社，2000.

［21］傅衣凌．明清时代江南市镇经济的分析．历史教学（高校版），1964（5）.

［22］江汛．明清芜湖城市发展和社会变迁研究．安徽师范大学博士论文，2009.

［23］谢国权．近代芜湖米市与芜湖城市的发展．中国社会经济史研究，1999（3）.

［24］李琳琦，秦璐．芜湖在明清江南经济发展中的地位．合肥学院学报，2008（3）.

姚鼐的书院教育活动及其影响

江小角

摘　要：姚鼐辞官从教四十余年，为安徽、江苏等地人才培养和书院教育发展做出了积极贡献，其书院教育理念和方法，在一定区域内，引导了清代书院教育的发展；同时，他借助书院这一阵地，培养生徒，传播桐城派文学理论，成就了桐城派辉煌伟业。

关键词：姚鼐；书院教育；影响

姚鼐在江苏、安徽主讲书院四十年，通过书院教育这一平台，阐发并总结古文理论，构建桐城文统，广纳弟子，培养人才。他主讲过的书院，成为该区域的教育中心、人才摇篮，为江苏、安徽清代教育的发展做出了突出贡献。在人才培养、书院教学和书院建设方面，姚鼐也有自己的认识与思考，值得学界思考与研讨。

一、姚鼐书院讲学概述

姚鼐主讲书院、从事教育的时期，也是姚鼐一生最重要、最精彩、最辉煌的时期。他创立桐城派的活动，主要通过两条途径，一是编著文选完备古文理论体系，并进行古文创作；二是通过主讲书院培养人才、建立队伍，而著文、编著文选也有适应书院教学的需要。

姚鼐从泰山回京后，携家南归故里。友人翁方纲也曾在四库馆修书，作《送姚姬川郎中归桐城序》及《送姚姬传郎中假归桐城五首》诗。序文直接表达了对姚鼐辞官归里后的担忧，献上自己的肺腑净言，对姚鼐日后交友、秉持学术观点、生活得失等问题的态度都提出了中肯的意见。

基金项目：本文系国家社科项目"桐城派与清代书院研究"阶段性成果，项目编号：11BZW071。

作者简介：江小角，安徽桐城人，安徽大学历史系教授、博士生导师，安徽大学桐城派研究中心主任。

　　窃见姬川之归，不难在读书，而难在取友。不难在善述，而难在往复辨证。不难在江海英异之士造门请益，而难在得失毫厘悉如姬川意中所欲言。姬川自此将日闻甘言，不复闻药言，更将渐习之久，而其于人也，亦自不发药言矣。此势所以必至者也。①

　　《送姚姬传郎中假归桐城五首》诗中，既表达了自己的不舍与遗憾："今我钱筵尤积憾，先生经解未亲钞。"也有不解与疑问："江畔皖公山纵好，有何严壑可留君?"②但姚鼐决心已定，毅然辞别友人，一路南下，颇有"久在樊笼里，复得返自然"的感觉。从归里所写诗作中，可以看出此时他已决意从事教育，培养人才，"归向渔樵谈盛事，平生奉教得群贤"③，姚鼐的心情异常轻快。

　　机遇在归里后次年来临。乾隆四十一年（1776），"朱子颖为两淮盐运使，兴建梅花书院，延先生主之"④，梅花书院在扬州广储门外。明嘉靖年间，湛若水门人弟子以大司成考绩，道出扬州，创立讲道之所，初名"甘泉行窝"，后改名"甘泉山书馆"，几经扩建，形成"湛公书院"的规模。万历年间，张居正禁毁天下书院，书院存一部分建筑，为诸生讲学之所，后改名"崇雅书院"。崇祯年间，书院又废。雍正十二年（1734）由马曰琯重建书院，更名"梅花书院"。乾隆初年，复名"甘泉书院"。朱孝纯来扬州后，恢复"梅花书院"之名，一方面"廓新其宇"，完善基础设施，另一方面重建书院制度，使梅花书院重新步入正轨。为进一步促进书院发展，故请好友出山。姚鼐于该年秋，乘舟前往扬州，接掌梅花书院，途中赋诗："散人随意江南北，处处青山户牖同。"⑤

　　姚鼐这次到梅花书院，大约有两年时间。首次主讲书院，对其个人而言，这是创建桐城派理想明确与学术思想明晰的阶段。乾隆四十二年（1777）五月十五日，老师刘大櫆八十大寿，姚鼐正在扬州，遥望故乡，思念先生，故作《刘海峰先生八十寿序》。文中引用歙县程吏部（鱼门，字晋芳）、历城周编修（书昌，字永年）的话语，提出"天下文章，其出桐城乎"⑥，明确"桐城派"的概念。同时，姚鼐将桐城派的文统上溯到方苞，以刘大櫆承续方苞，介绍自己的师承关系，"受经于伯父，学文于先生"。桐城派的旗帜与文统由此正式确立。姚

---

　　①　翁方纲：《复初斋文集》卷十二《送姚姬川郎中归桐城序》，清李彦章校刻本。
　　②　翁方纲：《复初斋诗集》卷十一《宝苏室小艸一》《送姚姬川郎中假归桐城五首》，清刻本。
　　③　姚鼐：《惜抱轩全集·诗集》卷八《乙未春出都留别同馆诸君》，北京：中国书店，1991年版，第419页。
　　④　郑福照辑：《姚惜抱先生年谱》，清同治七年刻本。
　　⑤　姚鼐：《惜抱轩全集·诗集》卷八《江行》，北京：中国书店，1991年版，第420页。
　　⑥　姚鼐：《惜抱轩全集·文集》卷八《刘海峰先生八十寿序》，北京：中国书店，1991年版，第87页。

鼐在梅花书院期间，教学之暇，多次与好友朱孝纯、王文治、蒋士铨等一起游历扬州、镇江，吟诗唱和。贵徵是姚鼐在梅花书院发现的人才，后中进士，官吏部，善属文，尤工汉魏六朝骈俪之作。① 乾隆四十三年（1778）闰六月，继室张宜人病卒于扬州，八月，姚鼐运宜人柩还乡安葬，即离开书院，未曾返回②，可能与友人朱孝纯称病解官而去有关。③ 姚鼐主讲梅花书院时间虽然不长，但对书院影响较大。梅花书院在姚鼐之后，掌院多进士出身，声名已能与安定书院相当，"四方来肄业者甚多，故能文通艺士萃于两院者极盛"，从此后人多称"梅花书院自姚鼐始"④。

离开扬州乡居期间，姚鼐静下心来总结在梅花书院教学的经验，发现古文选本缺乏，制约着人才培养，故着手编选《古文辞类纂》。他提出"文无所谓古今，惟其当而已"的思想，以"为用"为标准，将古文划分为十三个类别，以"神、理、气、味、格、律、声、色"为标准，编选汇纂，集中体现了姚鼐的文论思想。

乾隆四十五年（1780），姚鼐首次主讲安庆敬敷书院，长达八年时间。敬敷书院是清顺治九年（1652），江南省操江巡抚李培原捐银两千余两，在安庆城内府学东侧魁星楼旧址（现安庆一中内）上创建的，以期振兴教育，以自己的号命名为"培原书院"。书院还附设义学二所，初创阶段，府学教授庄名弼主其事，制定"义学条例""训约"，负责书院考课，为书院早期发展做出贡献。⑤ 康熙十五年（1676），经方伯徐国相捐俸，书院进行了修葺和扩建，办学规模不断扩大。雍正十一年（1733），清廷下令省城创建书院，时任安徽巡抚徐士林将培原书院改为官办。乾隆元年（1736），改名为"敬敷书院"。乾隆十七年（1752），安徽巡抚张师载确定书院生徒名额为内课二十四名，给膏火每月一两八钱；外课二十四名，给膏火每月六钱；附课无定额，无膏火钱。从生徒员额数量和书院地位看，敬敷书院的规模，就安庆府来说，相比青阳等几家邻近书院来说，规模更大，地位也较高。⑥

姚鼐是继汉学家全祖望之后接掌山长一职，由于当时学坛上以汉学考据为主流，而且书院此前又有全祖望主讲的背景。姚鼐初到敬敷书院，要想改变这一局

---

① 李斗：《扬州画舫录》卷三《新城北录上》，清乾隆六十年自然盦刻本。
② 姚鼐：《惜抱轩全集·文集》卷十三《继室张宜人权厝铭并序》，北京：中国书店，1991 年版，第 162–163 页。
③ 姚鼐：《惜抱轩全集·文集》卷四《海愚诗钞》，北京：中国书店，1991 年版，第 36 页。
④ 李斗：《扬州画舫录》卷三《新城北录上》，清乾隆六十年自然盦刻本。
⑤ 张楷编：《安庆府志》卷六《学校志》，清康熙六十年刻本。
⑥ 王毓芳编：《怀宁县志》卷十二《学校书院》，清道光五年刻本。

面，推行自己"汉宋兼容、以宋为尊"的学术主张，存在一定的困难。《敬敷书院值雪》一诗，可窥见当时的心境，"空庭残雪尚飘萧，时有栖雅语寂寥。久坐不知身世处，起登高阁见江潮"①。但姚鼐在书院中仍努力著文、讲学，并逐渐打开局面。因为此前已经编选了古文选本《古文辞类纂》，虽已成书，并未刊刻，乾嘉之际皆以传抄本流传。新到敬敷书院，姚鼐决定再编一部时文选本，以适应教学需要。乾隆四十五年（1780）冬，他选择了明隆庆之后到清代名家的时文二百五十一篇，定名为《敬敷书院课读四书文》。这部文选是在当时士林标准之作《钦定四书文》的基础上，增益选文之后的名家作品及小题文。时文选本的编纂，适应了当时书院最主要职能——科举应试的需要，也进一步完善了自己的文论思想。许鲤跃是这一时期的知名弟子，"学博笃行"，"深思好学"，"为文华美英辨而切于理"。许鲤跃也是桐城人，姚鼐"论说学问，必崇古法"，在梅花书院短暂讲学和首次主讲敬敷书院的时候，兴复宋学的目标，还并不为世人所接受，谓之"迂谬"，唯有许能"独信而不疑"。正是在弘扬桐城文派理论的艰难时期，像许鲤跃这样极其聪慧的学生，让姚鼐看到了文传后世的希望。后来许鲤跃考中进士，"授职长丹徒学"，在丹徒再传师法②。姚鼐第一次主讲敬敷书院八年，进一步了解世情，广交朋友，既结交谭尚忠、陈步瀛这些地方官员，又和鲁九皋、袁枚这些颇具盛名的文人学者唱和，为书院发展创造良好的外部环境，不断提高敬敷书院的知名度和影响力。如鲁九皋"尝渡江至怀宁，见姚鼐而有问焉。……又授于其甥陈用光，且使用光见鼐，盖新城数年之中，古文之学日盛矣。其源自君也"③。这一时期，桐城派人才开始涌现，队伍开始形成规模，古文之学传播开始扩大。

　　乾隆五十三年（1788），姚鼐离开敬敷书院，时任安徽巡抚的陈用敷不欲其闲居，推荐其前往歙县主讲紫阳书院，历时不到两年。④ 时间虽短，但对徽州地区学风转变产生了一定影响。有学者认为："姬传、易门诸人，先后主教讲习院中，其教学者，多取汉宋兼收、调和折中之态度。……紫阳学风，遂为渐变。"⑤经过紫阳书院的短暂过渡，已经六十岁的姚鼐前往江宁，开始了前后二十二年的

---

　　①　姚鼐：《惜抱轩全集·诗集》卷八《敬敷书院值雪》，北京：中国书店，1991 年版，第 423 页。

　　②　姚鼐：《惜抱轩全集·文后集》卷四《许春池学博五十寿序》，北京：中国书店，1991 年版，第229 页。

　　③　姚鼐：《惜抱轩全集·文集》卷十三《夏县知县新城鲁君墓志铭并序》，北京：中国书店，1991年版，第 147–148 页。

　　④　姚鼐撰，姚永朴训纂：《惜抱轩诗集训纂》卷九今体《江路感旧》，合肥：黄山书社，2001 年版，第 391 页。

　　⑤　吴景贤：《紫阳书院沿革考》，《学风》1934 年第 4 卷第 7 期，25 页。

钟山书院主讲生涯，加上中间再主敬敷的四年，这二十六年间，他虽然步入人生晚年，但是桐城派进入了队伍壮大、影响扩展的光大时期。姚鼐虽然已是"东风吹脱鬓毛斑"①，但兴复宋学，光大桐城派的信念并没有动摇，他感叹"举世谁如老子顽"，希望自己这棵婆娑"枯树"，能够"旧柯见新条"②。

乾隆五十五年（1790），姚鼐开始主讲钟山，第一次结束于嘉庆五年（1800），第二次开始于嘉庆十年（1805），直到去世。其间，嘉庆六年（1801）秋，姚鼐与周茨山互易书院，各免涉江涛之苦③，第二次主讲敬敷书院，为时四年。钟山书院在江宁府上元县治北，旧为钱厂地。雍正二年（1724），两江总督查弼纳建，雍正曾赐御书"敦崇实学"匾额，改为省会书院，朝廷赐金一千两，复加修葺，斋舍多达百余间。④ 乾隆元年（1736），书院增加学徒膳银。乾隆四十六年（1781），两江总督萨载定"书院规条"，书院院长钱大昕定"学约"⑤。由此可以看出，姚鼐在来到钟山书院之前，书院已经有较大的发展。地位上是江苏省级书院，基础设施较为完备，书院制度相对完善，学生员额充足，膏火、膳银均有保障。能够来到钟山书院主讲，也是对学者学术水平的肯定。与首次主讲敬敷书院相似，钟山书院也有汉学大家主讲的背景。姚鼐之前，卢文弨、钱大昕先后担任主讲，两人都是汉学大家，卢以校勘古籍闻名，钱以历史考据见长⑥，"研精经、史，于经义之聚讼难决者，皆能剖析源流。文字、音韵、训诂、天算、地理、氏族、金石以及古人爵里、事实、年齿，了如指掌"⑦。但不同的是，经过此前讲学三家书院十多年的积累与积淀，桐城派人才队伍已经初具规模，也开始在部分地区传播，所以姚鼐在钟山书院很快就打开局面，将桐城派的发展推向新高度。

打开局面首先体现在主讲钟山书院的第三年，弟子陈用光校刻姚鼐文集十卷。文集的刊刻，标志着其弟子已经开始自觉、系统地接受其文论思想。其次，一批钦慕者、乡里子弟都先后来到钟山，从学时间或长或短，钦慕者如吴德旋、姚椿、陈用光等，乡里子弟如方东树、刘开、姚莹等，加上从钟山书院培养的当地人才，如梅曾亮、管同等，共同构成了姚门生徒群体。姚鼐在钟山时期（包

① 姚鼐：《惜抱轩全集·诗集》卷九《漫游》，北京：中国书店，1991年版，第430页。
② 姚鼐：《惜抱轩全集·诗集》卷九《陶怡云深柳读书堂图》，北京：中国书店，1991年版，第431页。
③ 姚鼐：《惜抱轩遗书三种·尺牍补编》卷二《与张虬御》，清光绪五年桐城徐宗亮集刊本。
④ 尹继善：《江南通志》卷九十一《学校志书院》，清乾隆元年刻本。
⑤ 吕燕昭编：《新修江宁府志》卷十六《学校》，清嘉庆十六年刻本。
⑥ 张国刚、乔治忠：《中国学术史》，上海：东方出版中心，2002年版，第533页。
⑦ 赵尔巽等撰：《清史稿》卷481·列传268·儒林2，北京：中华书局，1977年版，第13194页。

括中间在敬敷四年），著文之外，主要着力于个人文集的校订、《古文辞类纂》的修改与生徒的培养。

　　陈用光校刻姚鼐文集十卷，并非全本，且未经校订，故姚鼐"不欲其传播，嘱勿更印"①。刊刻个人文集是关系到"立言之不朽"的大事，对于传统文人来说，十分重要，故而姚鼐态度十分审慎。姚鼐文集在他结束首次主讲钟山书院时（嘉庆五年，1800）由江宁诸生刻印十六卷，为现行《惜抱轩全集》的文集部分。此前，嘉庆元年（1796），门人朱则伯、朱则涧于旌德刊印《九经说》；二年，江宁诸生刻印《三传补注》《国语补注》；三年，又于金陵付梓《今体诗钞》；四年，又补刻诗集五卷。嘉庆十一年（1806），姚鼐回到钟山后，刻法帖题跋一卷。十六年（1811），陈用光又校刻《庄子章义》。文集、诗钞及其经解著作的陆续刊印，一方面说明姚鼐个人学术进入整理阶段，另一方面说明其生徒对其学术思想、文论思想和诗文创作因信服而自觉接受、模仿和学习。著述的系统刊印有利于保存著者思想的全貌，也有利于弟子、后学对著者思想进行研究。

　　《古文辞类纂》虽然早在乾隆四十四年（1779）就已经编纂完成，但此后三十多年间，姚鼐不断增删修改，最终定稿于钟山书院。故此，《古文辞类纂》在后世流传和刊刻过程中也产生了不同版本，其中吴启昌道光二十五年（1845）江宁刊刻本，即依据钟山定稿本。《古文辞类纂》为姚门弟子及后世学人提供了古文理论的内容、古文创作的范本，起到了指示门径的作用。在总体选本思想、标准、原则保持不变的情况下，姚鼐晚年的修改，主要集中在选文的取舍上，其中引人关注的是对方苞、刘大櫆文章的取舍，他本准备去掉方、刘文章，但在后来定本时又重新补上。究其原因，有学者认为是姚鼐纯化古文的目标与之前建立桐城文统的矛盾。② 姚椿请益姚门之时，姚鼐曾同其讨论入选古文之事，"欲商去桐城二家文字，以为人或诋为乡曲之私言，其点识颇系偶然，不欲存"③。从姚椿所记载的内容看，有考虑人言可畏的因素。

　　文集的整理校订、古文选本的定稿都为弟子学习古文提供了可资借鉴的范本。姚鼐培养弟子可谓竭尽全力，因为这是他后半生的寄托与希望。在弟子心目中，姚鼐的地位至高无上，其学问能"上穷孔孟，旁参老庄。百氏之书，诸家之作，皆内咀含其精蕴"④；文章能"高洁深古……才敛于法，气蕴于味，自成

---

①　姚鼐：《惜抱轩全集·文集》卷七《复秦小岘书》，北京：中国书店，1991年版，第80页。

②　王达敏：《姚鼐与乾嘉学派》，北京：学苑出版社，2007年版，第123–127页。

③　姚椿：《晚学斋文集》卷三《古文辞类纂书后》，清姚氏自贮稿本。

④　管同：《因寄轩文初集》卷十《公祭姚姬传先生文》，清道光十三年管氏刻本。

一家"①；德行能"与人言终日不忤"②。事实上，姚鼐在长期执教生涯中，一直以其道德、文章、学问吸引着弟子，对他们的培养体现在点点滴滴，谆谆教诲，不厌其烦。不少弟子即使离开书院，仍同他们保持书信往来，通过书信汇报心得，请示学问、文章之道，以各种方式传播桐城派思想，壮大桐城派声势。姚鼐于嘉庆二十年（1815）九月十三日（10月15日）卒于钟山书院，享年八十五岁。留遗书示其子要求治丧从简，兄弟之间"毋忘孝友"③。

对于文人而言，人生经历是表象，文章学问是内涵。姚鼐的人生历经求学科考的艰难，为官辞官的波折，终于在书院之中获得发展的平台。四十年主讲四家书院，竖起桐城派大旗，完善文论思想，留下美文华章，育人才于文坛、学坛和政坛。姚鼐是桐城派古文理论的集大成者，在其人生历程中，学术思想、文论思想与诗文创作构成了学问的内容，而这些内容又都体现在成果丰硕的书院教育之中。

二、姚鼐的书院教育理念

姚鼐在长达四十余载的书院讲学生涯中，精心培养生徒，形成姚门弟子群体。这些弟子后来或为官，或游幕，或主讲书院，互相砥砺，切磋技艺，传播并发展桐城派文学理论；与此同时，姚鼐的书院教育理念和做法，也影响或启发了众多门生的育才观念，从而引导了清代书院教育的发展。

（一）明确人才培养目标与学习目的

在人才培养方面，坚持"以德为先"，全面发展。姚鼐尊崇程朱理学，深受程朱理学的影响。早在四库馆时，他就规劝门生"言忠信，行笃敬，本也；博闻明辨，末也"④，将修身摆在重要的地位，"君子重修身而贵择交"⑤。他说："儒者生程朱之后，得程朱而明孔孟之旨，程朱犹吾父师也。"⑥ 认为程朱本人言行合一，为后人树立了表率，所以他对此评价甚高："其生平修己立德，又实足以践行其所言，而为后世之所向慕，故元明以来，皆以其学取士。"⑦ 姚鼐对当时士大夫言行不一的恶习，深恶痛绝，说："士溺于俗久矣，读古人之书，闻古

---

①　吴德旋：《初月楼文续钞》卷八《姚惜抱先生墓表》，清道光十六年刊本。

②　姚莹：《中复堂全集·东溟文集》卷六《朝议大夫刑部郎中加四品衔从祖惜抱先生行状》，沈云龙主编：《近代中国史料丛刊续编》第六辑51册，台北：文海出版社，1961—1973年版，第256页。

③　陈用光：《太乙舟文集》卷三《姚先生行状》，清道光二十三年孝友堂刻本。

④　姚鼐：《惜抱轩全集·文集》卷七《赠孔撝约假归序》，北京：中国书店，1991年版，第83页。

⑤　姚鼐：《惜抱轩全集·文集》卷一《范蠡论》，北京：中国书店，1991年版，第2页。

⑥　姚鼐：《惜抱轩全集·文集》卷六《再复简斋书》，北京：中国书店，1991年版，第78页。

⑦　姚鼐：《惜抱轩全集·文集》卷六《复蒋松如书》，北京：中国书店，1991年版，第73页。

人之行事，意未尝不是之，而及其躬行，顾惮不能效也。"① 因此，他对书院生徒，首先强调德行操守。

在学习目的方面，强调"明理"与"学佐当世之用"。读书不仅仅为了求取功名利禄，科举功名只是读书学习的结果。"读书以明理，则非如做时文，有口气枯索等题，使天资鲁钝之人，无从着手，以致劳心生病。且心既明理，则寡欲少嗔，贪清净空明，则为知道之人。"② 心能明理，人能够"寡欲少嗔"，自然"清净空明"，辨别能力也会提高。清代书院主要功能是科考，但是过于强调科举功能，造成书院教学形式死板，内容单一，风气沉闷。姚鼐强调"读书明理"，有助扭转书院风气，平衡古文与时文之间的矛盾，使讲学与科考有机结合。时文是科举时代应试文体的通称，在明清时期即八股文，其弊端久为人们诟病，当时学者也有所抨击。作为书院山长，肩负一院生徒之未来，不能只是简单反对了事，而要提出解决之道。故姚鼐主张"用科举之体制，达经学之本原"，强调"读书明理"，一方面做好时文，另一方面在修身立德明理上下功夫，将理学主张与时文学习结合起来。"学佐当世之用"承袭清初学以致用的学术风气，在乾嘉考据盛行，学风转向空疏之际，具有纠偏的功用。

（二）注重学习方法和学习能力的培养

在学习方法上，姚鼐强调好学与勤学、深思与精思，主张"择要善学"。孔子在《论语》中提出，"学而不思则罔，思而不学则殆"③，姚鼐也十分重视学与思的关系，主张"好学深思""致学精思""博学精思"。勤学"用力精深之至"，则古人妙处，"乃忽遇之"。④ 由于当时汉学家"搜求琐屑，征引猥杂"，故此提出学习应该"择所用心"，"得其大者、要者"，这样才算"择要善学"。⑤姚鼐鉴于其妻弟张元胪（冠琼）英年早逝，主张"好学"的同时，应爱惜自己的身体⑥，提倡劳逸结合，并不主张过度疲劳学习，否则"敝耗精气"。⑦

"诵读法"是姚鼐针对古文学习提出的具体方法。他重视诵读方法与其文论思想有关。其师刘大櫆的"神气音节"说本身就是重视文章的音节，要体会古人文章的精妙之处，必须从音节字句上体会，而这种体会的最好方法就是诵读

---

① 姚鼐：《惜抱轩全集·文后集》卷六《石屏罗君墓表》。中国书店，1991 年版，250 页。
② 姚鼐：《惜抱轩遗书三种·尺牍补编》卷二《与师古儿》，清光绪五年桐城徐宗亮集刊本。
③ 杨伯峻译注：《论语译注·为政篇第二》，北京：中华书局，1980 年版，第 18 页。
④ 姚鼐：《惜抱轩遗书三种·尺牍补编》卷二《与悻子居》，清光绪五年桐城徐宗亮集刊本。
⑤ 姚鼐：《惜抱轩全集·文后集》卷四《复汪孟慈书》，北京：中国书店，1991 年版，第 226 页。
⑥ "生故有咯血疾，而为学研思不懈，余时戒之。"见姚鼐：《惜抱轩全集·文集》卷十三《汪玉飞墓志铭并序》，北京：中国书店，1991 年版，第 149 页。
⑦ 姚鼐：《惜抱轩全集·文集》卷四《张冠琼遗文序》，北京：中国书店，1991 年版，第 30 页。

文章。故此，姚鼐明确提出学习诗文入门之处就在声音，"诗、古文各要从声音征入，不知声音，总为门外汉耳。""大抵文字，须熟乃妙，熟则利病自明，手之所至，随意生态。常语滞意，不遣自去矣。"①

在学习能力上，姚鼐提出博稽、精思、慎求、能断四个方面的要求。② 他常用"勤学稽故""学有精博""为精且博"评文论书。博稽是考据的基础，在《跋许氏说文》中，他认为如果注释者"能兼通数家之书"，"则必能注明某氏之传"③。如果说"博稽"是学者收集资料的原则，"精思""慎求""能断"则是资料处理的原则，思考的过程要求"精"，处理资料要求"慎"，在博稽、精思、慎求的基础上，最后结论方可做到"能断"。

在文字运用上，姚鼐重视小学的基础性作用。小学即语言文字学，以音韵、文字和训诂为主要内容。他认为小学"论经始肇之事"，学者"须臾不能去"④。京城为官期间，姚鼐结识著名学者朱筠，朱筠也曾入《四库全书》馆，督学安徽、福建，与其弟朱珪以能文名于时。朱筠十分重视小学的作用，认为"为学先识字"⑤，姚鼐对小学的认识受到他的影响。

在书院教学上，姚鼐要求弟子关注社会和民生，主张"文以载道"。早在辞官之前，他就说："古哲唯文字，天心岂丧亡。"⑥ 姚鼐在主持的乾隆戊子科山东乡试试题中，就认为"考稽川沟，讲求利病，几一得以佐当世之用，亦儒者事也"⑦。告别官场之后，仍然强调："自圣有道，道存乎文。"⑧ 所以姚鼐喜爱古文、学习古文、传播古文，都是基于对文可载道的认识与肯定，他说："古人之文，岂第文焉而已。明道义，维风俗，以诏世者，君子之志；而辞足以尽其志者，君子之文也。达其词则道以明，昧于文则志以晦。鼐之求此数十年矣，瞻于目，诵于口，而书于手，较其离合而量济其轻重多寡，朝为而夕复，捐嗜舍欲，虽蒙流俗讪笑而不耻者，以为古人之志远矣。苟吾得之，若坐阶席而接其音貌，安得不乐而愿日与为徒也！"⑨ 因此，勇于担当社会责任的文人雅士，都要本着

---

① 姚鼐、龚复初标点：《姚惜抱尺牍》《与陈硕士》，上海：新文化书社，1935 年版，第 43-76 页。
② 姚鼐：《惜抱轩全集·文集》卷五《礼笺序》，北京：中国书店，1991 年版，第 45 页。
③ 姚鼐：《惜抱轩全集·文后集》卷二《跋许氏说文》，北京：中国书店，1991 年版，第 213 页。
④ 姚鼐：《惜抱轩全集·文集》卷五《小学考序》，北京：中国书店，1991 年版，第 47 页。
⑤ 姚鼐：《惜抱轩全集·文集》卷十《朱竹君先生传》，北京：中国书店，1991 年版，第 108 页。
⑥ 姚鼐：《惜抱轩全集·诗集》卷八《次韵子颍送别三首》，北京：中国书店，1991 年版，第 418 页。
⑦ 姚鼐：《惜抱轩全集·文集》卷九《乾隆戊子科山东乡试策问五首》，北京：中国书店，1991 年版，第 101 页。
⑧ 姚鼐：《惜抱轩全集·文集》卷十六《祭刘海峰先生文》，北京：中国书店，1991 年版，第 189 页。
⑨ 姚鼐：《惜抱轩全集·文集》卷六《复汪进士辉祖书》，北京：中国书店，1991 年版，第 68 页。

"前可以继古人，俯可以待后世"① 的精神，去布道、解惑，培养人才。

从姚门弟子有关追忆文章中可以看出，姚鼐书院施教的主要内容包括"古文"和"诗"两部分。从清代开始，书院的科举功能更加强化，姚鼐在进行古文教学的同时，对时文即八股制艺也十分重视，可谓古文与时文并重。而为了更好地开展古文教学，传播自己的文论思想，在第一次主讲敬敷书院的前后一段时间内，分别编选了《古文辞类纂》和《敬敷书院课读四书文》，其中《古文辞类纂》的影响更为深远。

《古文辞类纂》的编选是适应书院教学需要而推出的，为当时进行古文学习的生徒和学者指示了方向。学生吴德旋在给姚鼐撰写的墓表中说："后得先生《古文辞类纂》，读之而憬然悟，谓今而后治古文者可以不迷于向往矣。"② 弟子管同在为刊刻本所作的序文中评价："然先生才高而学识深远，所独得者，方、刘不能逮也。……所纂文辞，上自秦汉，下迄于今，搜之也博，择之也精，考之也明，论之也的。使夫读者若入山以采金玉，而石砾有必分；若入海以探珠玑，而泥沙靡不辨。呜呼，至矣，无以加矣！纂文辞者，至是而止矣。"③ 姚门弟子成材之后，或为官，或讲学，或游幕，而刊刻《古文辞类纂》成为姚门弟子的一种使命，通过刊刻传播，进一步扩大了该书的影响力，这种影响力一直延续到晚清、民国时期，乃至今日。④ 王先谦在《续古文辞类纂》的序文中，赞扬姚鼐悉心培养人才，"承学之士，如蓬从风，如川赴壑，寻声企景，项领相望。百余年来，辗转相传，遍于东南，由其道而名于文苑者，以数十计"，他认为《古文辞类纂》对于姚鼐的意义在于"开示准的，赖此编存"⑤。

乾隆四十五年（1780）冬，姚鼐主讲敬敷书院，为书院编纂了一部新的时文读本。此前书院生徒的标准读本是方苞编纂的《钦定四书文》，他以该书为基础，增益选文之后的名家作品及小题文⑥，选择明隆庆之后到清代名家时文 251 篇，定名为"敬敷书院课读四书文"。新选本的编纂，适应了当时书院最主要职能——应试和习文的需要。"四书文"选明时文 155 篇，清代时文 96 篇，其中不乏名家之作，有汤显祖 7 篇，方苞 14 篇。目的是为书院生徒指示师法对象与学习门径，他说：

---

① 姚鼐：《惜抱轩全集·文集》卷五《礼笺序》，北京：中国书店，1991 年版，第 45-46 页。

② 吴德旋：《初月楼文续抄》卷八《姚惜抱先生墓表》，清道光十六年刻本。

③ 管同：《因寄轩文二集》卷二《重刻古文辞类纂序代》。清道光十三年刻本。

④ 1995 年安徽教育出版社出版吴孟复、蒋立甫主编《〈古文辞类纂〉评注》（上、下），2004 年安徽教育出版社重新出版吴孟复、蒋立甫主编《〈古文辞类纂〉评注》（上、中、下），受到学术界一致好评。

⑤ 王先谦纂：《续古文辞类纂》，合肥：黄山书社，1992 年版，第 1-2 页。

⑥ 郑福照辑：《姚惜抱先生年谱》，清同治七年刻本。

所录体制不必同，大抵虽高古，不至枯寂而难求；虽卑近，不至于滥恶而入俗。守法不可以无才，使才不可以背法，随人天分，皆可成就，不出此集，固已足矣。以两三月之工，诵之可毕，此后不须更增时文，但日限诵经数百字，诵子史唐宋文数百字，习贯深思，不及三年，中人之资，必有成立。读四书文者欲知行文体格，及因题立义，因义遣辞之法，故无取其多。若夫行身说理，造句设色，一皆求之于古人，徒读四书文则终身不能过人也。伏读圣谕，有云先正名家之法，置而不讲，经史子集之书，束而不观，今学者之病，岂不在此！夫日诵鄙陋滥恶，世之所谓墨卷者，积至千篇，必须千日。千日之功费于无用科名，得失初不在此，徒自暗塞心胸，秽蔽智慧而已。①

姚鼐提出选取时文的原则是"高古而不枯寂难求""卑近而不滥恶入俗"。时文选本的目的是使人学习时文有法可守，有所成就。选本对学习进度、学习内容也提出了要求，具体到日，两三月可以读完，三年为期，学有所成。学习方法上主张"无取其多"，反对"一皆求之于古文"。认为生徒若每日学习"鄙陋滥恶"之"墨卷"，不仅是把大好时光浪费在无用科名上，而且"暗塞心胸，秽蔽智慧"，弊端更大。

《古文辞类纂》和《敬敷书院课读四书文》是姚鼐编纂的两部文选，是生徒学习古文和时文的主要教科书，起教学大纲和学习指南的作用，体现了姚鼐古文、时文并重的主张。在功用上，《古文辞类纂》侧重学术与研究，《敬敷书院课读四书文》侧重教学与科举。在选文范围与内容上，《古文辞类纂》上至先秦下至清代，时间跨度大，但侧重唐宋八大家等古文典范之作。《敬敷书院课读四书文》时间上集中在明清时期，侧重明清名家时文经典之作；在影响上，由于时文毕竟是应时而作，加之当时和后代学者多有批评，其影响自然不如《古文辞类纂》。

（三）强调教师品行和书院管理

在师资建设方面，姚鼐从德行、道艺两个方面提出具体要求。他认为作为书院老师，要起到示范作用，在德行上应"敦行谊"，在道艺上应"工为文"②。作为书院山长，姚鼐自己"虚怀善取，虽才不己若者，苟其言当，必从之"③。他重视老师行为世范的作用，在钟山书院时，岁遇饥荒，书院仅有稻九十石，书院月食米需要五石，书院月用需四十金，束脩月需五十金，为度过饥荒，姚鼐决

---

① 姚鼐编：《敬敷书院课读四书文》，清道光十三年重刊本。

② 姚鼐：《惜抱轩全集·文集》卷十三《夏县知县新城鲁君墓志铭并序》。北京：中国书店，1991年版，第147页。

③ 陈用光：《太乙舟文集》卷三《姚先生行状》，清道光二十三年刻本。

定书院上下俱日食一饭一粥，作为山长也不搞特殊。① 在姚鼐的示范带动下，书院顺利渡过难关。

　　在书院管理考核方面，建立了较为完备的制度。姚鼐主讲的四家书院考核制度均比较完备，前已述及扬州梅花书院的考课情况，这里介绍其他三家书院的考课制度。敬敷书院"每岁二月为巡抚课，三月为藩司课，四月为臬司课，五月为郡守课，六月又为巡抚课，周而复始，每月十八日为山长课。间亦有于每月正课外加增一课"②。除了设立正常考课以外，还有内、外、附课生徒之间的升降考试——甄别。升降考试时间，或是巡抚一任一甄，或是一年一甄。对于考核结果也建立了一套奖励制度，超等奖赏五钱，特等三钱，有时对于超等前几名，特加奖赏。紫阳书院的考核则是每年"三月十五、九月十五两期，行之会艺。以月之初五、二十为大课，初六考试诗古为小课"③。钟山书院内课生徒五十名，八旗生五名，也属于内课，膏火银月二两四钱。外课七十名，膏火半之。每月初二日，总督司道轮试；十六日，院长课之。④

　　此外，在书院物质条件和外部环境改善上，充分发挥地方政府的作用。姚鼐重视同地方官员与官府部门搞好关系，为书院建设与发展营造良好的政治生态环境。如在敬敷书院期间，同当时安徽巡抚谭尚忠"接谈宴食"，"情厚有余"⑤。到歙县紫阳书院任教，也是应当时安徽巡抚陈用敷的推荐而去就职。而开启姚鼐后半生书院主讲生涯的，也是从时任两淮盐运使的朋友朱孝纯邀其主讲扬州梅花书院开始。这些为姚鼐打开书院教育局面，成就其书院教育人生，产生了一定的积极作用。

三、姚鼐书院教育的主要影响

　　姚鼐四十年主讲书院的教学实践，是其人生的重要阶段，其学术思想、古文理论的形成、发展都在这一时期，桐城派形成队伍、影响扩大也得益于书院培养的生徒，所主讲的书院也对地方文教事业发展产生了不同程度的影响。

　　首先，书院主讲确立了姚鼐在桐城派发展过程中的地位。主讲梅花书院与首次主讲安庆敬敷书院，这十余年间，是他个人学术思想上成熟与定型时期。乾隆四十二年（1777），主扬州梅花书院，作《刘海峰先生八十寿序》，明确"桐城

　　① 姚鼐：《惜抱轩遗书三种·尺牍补编》卷二《与马雨耕》，清光绪五年桐城徐宗亮集刊本。
　　② 王毓芳编：《怀宁县志》卷十二《学校书院》，清道光五年刻本。
　　③ 石国柱、楼文钊编，《歙县志》卷二《营建志学校》，民国二十六年铅印本。
　　④ 莫祥芝、甘绍盘编：《同治上江两县志》卷八《学校》，清同治十三年刻本。
　　⑤ 姚鼐：《惜抱轩全集·文后集》卷六《吏部左侍郎谭公神道碑文并序》，北京：中国书店，1991年版，第246页。

派"的概念，并将桐城派的文统，上溯到方苞和刘大櫆，明确师承关系，标志着姚鼐正式扛起桐城派的大旗。乾隆四十四年（1779），主讲敬敷书院之前，乡居期间完成了《古文辞类纂》的编纂；次年，主讲敬敷书院的第一年冬季，又编纂了《敬敷书院课读四书文》，继《古文辞类纂》提出为文八字诀后，又阐述了"文贵清真雅正"的命题。可见，从1777年到1779年，连续三年时间，姚鼐创造性地揭示"桐城派"概念并明确师承与文统，通过古文和时文选本来完备自己的古文理论，扩大其影响，其创作理论也趋于完备。

其次，姚门名徒辈出，把桐城派的发展带入黄金期。姚门弟子广布大江南北，传播姚鼐的学术思想。方东树著《汉学商兑》，"自先生书行，而汉学家诋诬程、朱之风始渐熄矣"①。吕璜等通过姚鼐弟子吴德旋的传授，将桐城文风发扬至岭西。陈用光、姚莹及邓廷桢三人形成东南传播中心。梅曾亮京城为官十八载，门徒广众，形成北方传播中心。至此，桐城派的影响"南极湘桂，北被燕赵"②。

姚鼐主讲敬敷时结识了鲁九皋。鲁九皋系江西新城（今江西省抚州市黎川县）人，"里居授其学于子弟及乡之俊才，又授其甥陈用光"③，桐城古文遂传至新城。嘉庆、道光间，陈用光成为传播桐城派古文思想与联系姚门后学的主要人物。他于嘉庆六年（1801）中进士，官至礼部左侍郎。道光十一年（1831）督学福建，"用光欲为吾师置祭田，于庚寅冬托人携赀寄皖，而其人未克寄。及辛卯春三月，佟方伯景文北觐，用光始以八百金嘱其交邓嶰筠同年，存俟姚氏来取"④。祭田不仅为祭祀之用，也解决了先师后人生活之困。陈用光督学浙江时，重新修订并刊印先师的四书文选，亲自传授解读，认为它对于生徒能够起到"为人为学由博返约之功可渐以次第"的作用⑤。

姚鼐卒后，桐城学人一度将继宗希望放在姚莹身上⑥。姚莹早年与同里文人刘开、李宗传、朱雅、吴云骧、方东树、马瑞辰、左朝第、方秉澄等研讨文章，切磋学术。入仕后，对他们多有帮助。如保存梓行刘开遗稿。道光十二年到十七年（1832—1837），姚莹先后出任武进、元和知县、代理两淮盐运使等职，幕下

---

① 方宗诚：《柏堂集·前编》卷七《仪卫先生行状》，清光绪方氏柏堂遗书本。

② 吴坤修编：《重修安徽通志》卷二百十八《人物志·儒林》，清光绪七年刻本。

③ 姚鼐：《惜抱轩全集·文集》卷十三《夏县知县新城鲁君墓志铭并序》。北京：中国书店，1991年版，第148页。

④ 陈用光：《太乙舟文集》卷三《姚姬传师祭田记》，清道光二十三年刻本。

⑤ 陈用光：《太乙舟文集》卷六《续一隅集序》、《重定姚先生四书文选》，清道光二十三年刻本。

⑥ "吾乡崭然杰出、继惜抱先生系海内望者，唯足下而已"王灼：《悔生文集》卷二《答姚石甫书》，清刊本。

汇集李兆洛、吴德旋、包世臣、方东树、周济等桐城派文人。

邓廷桢嘉庆四年（1799）肄业于钟山书院，官至两广总督、闽浙总督，是道光年间政坛重要人物，也是姚门直系弟子中政治地位最高者。他对桐城派发展最大贡献就是将管同、梅曾亮、方东树等人招入幕府，为他们的创作和发展提供稳定的环境。

陈用光等人为官一方，幕府内聚拢了众多同门师友，一方面解决了他们的生计问题，让他们能够安心从事学术研究和古文创作。另一方面，同门共事，便于交流心得，有利桐城派文论的创新与完善；有利于古文创作水平的提升和文派内凝聚力的增强。而陈用光等人也通过自身努力，在学坛积累了声望。加之仕途通达，政治影响力提高，所附生徒增多，桐城派的影响力随之扩大，到嘉庆、道光年间，已有扩展全国之势。

再次，促进了地方人才培养，引导了清代书院教育，推动了文化事业的发展。据《怀宁县志》记载，姚鼐主讲敬敷书院后，嘉庆继位之前，当地中举者有余鹏飞和江景纶。① 县志称姚鼐主讲敬敷书院为"卓然经师之选也"②。在地方书院的发展上，安庆敬敷书院在姚鼐首次主讲期间，内外课生徒员额共计48名。到乾隆五十八年（1793），安徽巡抚朱珪、布政司周樽各将内外课增加16名，共计80名。第二次主讲之后，嘉庆二十四年（1819），安徽巡抚姚祖同又增加外课20名，总额达100名。敬敷书院两次扩大内外课生徒员额，说明书院发展步伐加快。敬敷书院不仅是地方科举教育机构，还承担社会教育的职责。据《怀宁县志》记载，书院讲堂东侧为义学，由书院派人负责讲授，同书院一样，也有膳米、鱼塘的鱼课作为资金保障，还建立了会讲制度。敬敷书院所在的安庆府、怀宁县，紫阳书院所在的徽州府、歙县，都是所在区域书院发展的主要地区和文化发达之地。仅从数量上看，徽州府下辖六县（歙县、休宁、婺源、祁门、黟县、绩溪）中，仅歙县有清一代前后存在的书院达到24所，居六县之首。安庆府下辖六县（怀宁、桐城、潜山、太湖、宿松、望江）中，怀宁有书院7所，也为六县之冠，这与姚鼐主讲两地书院，不无关系。有学者认为："姚鼐非常注重学者的立志持志，提倡勤学、好问、身体力行、尽心为之等学习品质的训练和培养。所有这些见解和读书方法，对今天的教与学来说，仍有启迪意义。"③

---

① 王毓芳编：《怀宁县志》卷二十《文苑》，清道光五年刻本。
② 王毓芳编：《怀宁县志》卷十二《学校书院》，清道光五年刻本。
③ 《安徽文化史》编纂工作委员会：《安徽文化史》，南京：南京大学出版社，2000年版，第1167页。

民国时期《安徽通志稿》的纂修

江贻隆

摘　要：安徽通志馆是为修纂安徽省志而成立的修志机构，从 1931 年开始编纂志稿，至 1934 年完成《安徽通志稿》157 卷。由于经费支绌，1935 年，《安徽通志稿》修纂工作被迫停顿，后来再也没有续修，但其价值还是显著的。

关键词：安徽通志馆；《安徽通志稿》；纂修；价值

民国时期的《安徽通志稿》犹如藏铜于山，足资采焉。《安徽通志稿》110 册 157 卷，各自独立成书，分则单帙，合成巨编。举凡安徽大事记、人物传、舆地、职官、民政、司法、财政、教育、武备、交通、物产、方言、宗教、艺文和金石古物等皆包罗在其中，是研究安徽地方史基本文献。20 世纪 80 年代，中国台湾成文出版社有限公司将《安徽通志稿》汇聚影印出版并至大陆发行以来，因其文献价值较高和易于翻检寻查，越来越受到各界广泛利用。

一、安徽通志馆组织机构与人员分工

1929 年 12 月，"国民政府内政部"颁发《修志事例概要》，通令各省应于省会所在地设立省通志馆，编修省志。安徽省政府亦遵照《修志事例概要》之精神，于 1930 年 8 月决定筹设安徽通志馆，并敦聘原任安徽教育厅厅长的歙县人江暐为筹备处主任，负责安徽通志馆建设和筹划安徽省志的编纂。

筹设中的安徽通志馆参照奉天通志馆做法，首先编制《安徽通志馆组织规程》十三条，对修志机构、编纂人员和人员分工做出具体规定。安徽通志馆由省政府直接领导，专门负责纂修省志，并受省政府监督。通志馆设馆长一人，全面负责馆务，1930 年 9 月，原筹备处主任江暐任馆长。设副馆长一人，协助馆长处理馆务，1930 年 9 月，合肥县人徐曦担任副馆长，1932 年 7 月，徐曦辞职，霍邱人余幼泉接任。设总编纂一人，南陵人徐乃昌任总编纂，统筹安徽省志编纂

作者简介：江贻隆，安徽怀宁人，安庆师范大学人文与社会学院副教授，研究方向：历史文献学。

事宜。设编纂六至八人，各编纂分任编纂门类及任事期限由馆长和受聘人约定，事实上通志馆真正运营的六年间，胡止澄、金天翮、程筱苏、洪汝闿、程演生、潘季野、武同举等 20 余人承担了编纂工作。设特聘编纂若干人，先后共聘请许承尧、黄宾虹、胡朴安、胡适、徐中舒、王星拱、刘文典、谢无量、吴承仕、徐森玉、余嘉锡等省内外通才专家 60 余人为特聘编纂，特聘编纂只是名誉头衔，不限驻馆，适当给予报酬，馆长、副馆长召集重要编纂会议时应参加，远道者不能来馆参加会议当以书面形式提出意见。特聘编纂亦不承担具体编纂任务，但"特聘编纂之撰述，可自由照通志目录选定，并先行函知本馆，以免各编纂担任之重复"。通志馆馆长由安徽省人民政府聘任，副馆长、总编纂、编纂和特聘编纂皆由馆长呈请安徽省人民政府聘任，此亦表明安徽省人民政府对省志编纂工作的重视。馆长、总纂、编纂和特聘编纂、文书以及事务股股长，基本上是安徽人或者了解安徽事务的人，这些硕学通才，熟悉乡邦文献，更能保证提高方志编写的质量。

《安徽通志馆组织规程》规定，安徽通志馆分置文书股和事务股，并制定《安徽通志馆职员办事细则》，规范文书股、事务股工作和流程。规定文书股股长和事务股股长及所属股员、收发员、图表员、收掌员、校对员和书记员皆属于职员，均由馆长聘任，共同受馆长监督指挥。文书股具体办理公文和函牍收发，收藏书籍、志材及志稿，誊清和校对志稿。"外来公文由收发员登记后，送请馆长核阅批定办法，交文书股长办理，其批存者，文书股长交收发员归卷。本馆案卷暂由收发员兼管。各处寄到函件，径送馆长拆阅，应复或存查由馆长核批交文书股长办理。"[1] "文书股长承馆长之命，办理公文函牍稿件得指定馆员办理之，公文须正式稿纸誊清，由股长及办稿员签名盖章，送请馆长核阅签行后，交收发员指派书记缮签。公文缮签毕，由校对员校对无误，送请馆长盖章后，交收发员登记封发。"[2] 采访员采集志材所需的各项采访表格亦由文书股拟定格式。事务股负责编制预算、出纳钱物、购置图书物品及办公室事务、职员考勤等。1930年 9 月，怀宁人邓季宣为文书股股长，无为人卢仲农为事务股股长。1932 年 10 月，改聘无为人卢伯荪为事务股股长，青阳人曹赤霞为文书股股长。四位乡贤或是教育行家，或是方志名家，他们学养深湛、认真敬业，确保文书、事务股工作高效的运行。

---

　① 安徽通志馆文书股．法规·安徽通志馆职员办事细则［A］//安徽通志馆第一次报告书［M］．1931：8．

　② 安徽通志馆文书股．法规·安徽通志馆职员办事细则［A］//安徽通志馆第一次报告书［M］．1931：8．

安徽通志馆设图书室，并订立《安徽通志馆图书室规则》以规范管理和方便利用。图书室设收掌员一人，专任管理图书事务。收掌员按照门类分立登记簿，所有图籍拓本刊物稿件须分类登记，以便考稽。图书室专门收藏编修省志所需的文献，包括安徽省府州县旧志及各县新志，关于修志所需的各种参考图书，安徽前贤著述、碑铭传状，安徽金石古物拓片，安徽省各机关寄赠的刊物，通志馆采集的志材以及各编纂交来的志稿。通志馆图书不供外人借阅。正副馆长、总编纂、编纂、特聘编纂，调阅图书时，须填具调书证，由收掌员按证检送，阅毕交还时，收掌员仍将原证缴销。

二、安徽通志馆志材的搜集

采辑和编纂是修志工作的两翼，志材质量的高低，直接关乎志书编纂质量的高下。志材的采集是编纂的第一步，也是坚实的一步。安徽通志馆力求编写高质量的省志，并通过广搜编纂安徽省志所需的图书，设采辑员和采访员实地采访等多途径不遗余力地搜集鲜活和高质量的志材。

首先安徽通志馆以购买、接受捐赠和借抄的方式搜求修志所需的各种图书，包括安徽省府州县志、乡贤遗著、传状碑铭和各机关寄赠刊物。省府州县志有安徽分省前的《江南通志》、分省后的《安徽通志》及李应珏的《皖志便览》，府志有安庆、徽州八府府志，州志有六安、广德五个直隶州志，以及乾隆至民国初年合肥、怀宁、芜湖县志五十三县县志。安徽通志馆成立之初，筚路蓝缕，单就志书的搜集，也是比较艰难的。不过，截至1934年5月，图书室典藏安徽省府州县志，乡贤遗著、修志所需的其他图籍、传状碑铭和各机关寄赠刊物等图书合计1200余种。

通志馆将这些图书编成目录，以利于检索。安徽通志馆有严格的图书管理制度，图书室设收掌员一人，专门管理图书事务，图书不供外人借阅，正副馆长、各编纂"调阅图书时须填具调阅证，由图书收掌员按证检送，阅毕交还时，收掌员仍将原证缴销"①。安徽通志馆非常重视各县志材采集的工作，并为此做出了具体的努力。"省志之编纂，必视各县采访为始基。"② 1930年12月12日，安徽通志馆馆长江暐、副馆长徐曦代表通志馆呈请安徽省人民政府《通令各县遴选通才荐为采访员文》："纂修省志，首重采访，所有志材，亟应广事搜求，用

---

① 安徽通志馆文书股.法规·安徽通志馆图书室规则［A］//安徽通志馆第一次报告书［M］. 1931.

② 安徽通志馆文书股.附录·致各县县政府通函［A］//安徽通志馆第二次报告书［M］. 1933.

资考据。""呈请钧府通令各县县长遴选本地通才一人至三人，直接函荐到馆，俾便聘任。"① 同日，通志馆函请安徽省教育厅《通令各县教育局长为当然采访员文》，通令各县教育局长为当然采访员，"实纫公谊"②。1931 年元月 15 日，安徽省人民政府复函安徽通志馆，通令各县遵照通志馆遴选通才一至三人推荐为名誉采访员的请求。该日，安徽省教育厅亦复函通志馆，据准通令各县教育局长担任通志馆当然采访员。1932 年 5 月，这条内容修订为："各县设采访员二到三人，分任各县采访事务，由本馆聘任之。县教育局长为当然采访员。各县采访员为无给职，但得酌给办公费。"③

1931 年元月 22 日，安徽通志馆将各县教育局长为当然采访员聘书寄出，敦请各县教育局长对于各种志材尽量搜求，务必及时寄馆。此外，在各县县长的举荐下，长于修志的积学之士，熟知地方掌故的耆宿，热衷公益事业的乡绅，先后有 150 名流荐举到这支队伍之中，共襄兴修《安徽通志》的盛举。至 1931 年 6 月，60 个县中 48 个县 114 人被聘为采访员，他们分别是怀宁县的程筱苏、胡渊如、潘受祉，桐城县的姚永朴、方守敦、郑辅东，宿松县的石泌芳、沈嵩甫，太湖县的李淑道、孙熙丞、杨致远，潜山县的王臣、余震，望江县的谭樾乔、倪文铮、陈知白，歙县的汪文楹、罗会垣、江友燮，休宁的黄涤原、程管侯、黄希武，婺源县的查国珍、江君帆，祁门县的方晓沧、胡光钊，黟县的胡元吉，绩溪县的胡广植，宣城县的苑育仁、徐楷，泾县的翟大音、左熊祥、许竺贤，南陵县的陈夺声、杨福葆、易次九，宁国县徐云涛，太平县的王祖襄、陈祖荫，旌德县的江泽润、高绍良、江洵，贵池县的高文伯，青阳县的陈笑凡、姜孝维、章步青，铜陵县的潘保仁，石埭县的徐建生，东流县的汪监民、赵怡然，当涂县的刘克广、鲁崇云、陈鹏飞，芜湖县的鲍实、吴云，庐江县张彤轩，舒城县的任安涛、冯百揆、韩梦弼，无为县的金城、卢自滨、薛炳文，巢县的董镇藩，凤阳县的王仲超，怀远县的林介弼、杨立浚，定远县的沈志超、周孝先、杨子厚，寿县的洪晓岚、权伯华、黄荫庭，宿县的王雪鱼、赵燮和、娄如斋，阜阳县的吕峛山，颍上县的张星桥、汤涑风、马习斋，亳县的张薛岑、苏蓬仙，太和县的郭拾尘、张相时、傅焕之，蒙城县的戴智，滁县的章心培、陈小山，全椒县的汪文鼎、叶柏青、许鼎岑，来安县的周子蕃、余嵩云、欧阳笙庭，和县的张曾禧、吴养吾、王开宽，含山县的张思振、陶保良、张恺，广德县的黄宝恕、刘敬、邓实

---

① 安徽通志馆文书股．法规·通令各县遴选通才荐为采访员文［A］//安徽通志馆第一次报告书［M］．1931．

② 安徽通志馆文书股．法规·通令各县教育局长为当然采访员文［A］//安徽通志馆第一次报告书［M］．1931．

③ 安徽通志馆文书股．安徽通志馆修正组织规程［A］//安徽通志馆第二次报告书［M］．1933．

华，广德县的尹聘三、姚步云、顾纯熙，六安县的王秋士、张景生、汪培之，盱眙县的傅梦禾、张绶卿、纪树之，泗县的张明甫、陈献南、陈爱霁。截至1934年11月，经县政府推荐，先后被聘为采访员的还有天长县的何锡麟，繁昌县的任图南、姚琢如、严旦，嘉山县的汪雨相、程际唐，涡阳县的马朴仙、王哲民、王明鉴，灵璧县的张问轩、王奎璧、高蟠溪，舒城县的王燮阳，怀远县的方仁山，合肥县的张子开、李蔚川、沈六军、杨韵芝，石埭县的苏纬之、陈栋存、霍山县的沈利川、刘和斋，蒙城县的邓鉴堂、张桂尊、杨景崧，颍上县的朱翰丞，阜阳县的喻爻吉，宣城县的姚文明、梅筱范，五河县的丁志先等。

各县采访员中有不少名士，或是志书编纂的行家，如怀宁县的程筱苏，桐城县的姚永朴、方守敦，贵池县的高文伯，芜湖县的鲍实，黟县的胡元吉，还有汪道涵的父亲嘉山县的汪雨相等。

安徽通志馆非常重视第一手资料的获取。为使采访志材信而有征、科学有序，安徽通志馆根据《安徽省通志凡例目录》编撰了《各县采访概要》并绘制了《采访表格》，寄送各采访员。采访的范围几乎涉及县志记载的所有门类，1934年，安徽通志馆编印的《安徽通志馆第三次报告书》记录了他们的劳动成果。

通志馆设采辑员，对北平南京地区志材的采辑，对安徽省各机关和各县志材的采辑。通志馆设采访员8人，由馆聘任，分驻北平、南京、上海、徽州和省府安庆五地，北平设采访员4人，其余地方各设1人，随着北平文物南迁，驻北平采访员4人中汪子云调回。除此之外，各县志材的搜集，除各县教育局长为当然采访员外，复由县政府保荐1至3人，亦由馆聘任，负责采访。另外选派采访员王祖襄专门负责与各县采访员联络并督促采访事宜。

三、《安徽通志稿》的编纂

《安徽通志》创修于道光初年，二修于光绪年间。道光和光绪《安徽通志》，均沿袭《江南通志》旧例，分为十志：舆地、河渠、食货、学校、武备、职官、选举、人物、艺文和杂目。显然，这种旧志体例不适合新志要求。

安徽通志馆重视新志体例的设置。正如通志馆所言："史家著书，首重义例，义例既立，斯纲举而目张。敝馆受事以来，关于志书义例目录，迭与馆内同人悉心讨论，谓宜沟通新旧，斟酌古今，不背史材，不泥成轨。"[1] 通志馆以《修志事例概要》为义法，结合各省成规和安徽实际情形，斟酌损益，程演生、

---

① 安徽通志馆文书股. 公牍·本馆呈送《安徽通志凡例目录》恳赐鉴核转送内政部备案文［A］// 安徽通志馆第一次报告书［M］. 1931.

胡止澄、金天翮三家分头撰写了《安徽通志凡例草案》，对新志的体例和纲目作了具体的规定。最终通志馆以程本为基础，合三家之长，成《安徽通志凡例目录》，拟新志为五种体例，定为八图、二记、二十一考、三列传、杂类一门。改志为考，仿《文献通考》名，庶几于马端临原始察终之意。"其于表谱，不立专门，以类附列，以便稽考。"① 图的名目有：全省疆域图、六十县分图、历代疆域沿革图、山脉图、水系图、水系沿革图、交通图、农矿物产图。记的名目有：大政记、大事记。考的名目有：舆地考、职官考、民政考、司法考、财政考、教育考、军备考、交通考、外交考、权量考、农政考、工业考、商务考、物产考、氏族考、方言考、礼俗考、宗教考、艺文考、艺术考和金石古物考。传的名目有：职官传、人物传、烈女传。杂类名目有：轶闻、物异、辨证、补遗。卷首有总序、凡例、目录，卷末有前志源流、本志纂修始末和本志参考书目。

《安徽通志》从 1931 年开始编辑《舆地考》《司法考》《财政考》《教育考》《外交考》《宗教考》《艺文考》和《金石古物考》八考以及《大事记》和《人物传》，边出边印，因内容尚待修订，故名《安徽通志稿》。

《安徽通志稿》各自成书，分是单帙，合则巨编。及至 1934 年，出版和印刷的有洪汝闿的《大事记》2 册，胡止澄的《舆地考·山脉》2 册，《舆地考·水系》1 册，武同举的《舆地考·淮系》《江系》《淮系水工》《江系水工》共 8 册，胡不归的《职官考》2 册，方振民的《民政考·户口》《仓储》《警察》各 1 册，徐炎东的《司法考》4 册，罗介邱的《财政考·田赋》《关榷》《杂税》《官产》和单束笙的《财政考·盐法》共 10 册，曹赤霞的《教育考·学制》《书院》《试院》《学校》共 6 册，方景略的《方言考》3 册，程演生、徐皋浦的《外交考》1 册，金天翮、王欣夫的《艺文考·经部提要》和胡止澄的《艺文考·经部》合计 6 册，顾巍臣的《艺文考·史部提要》和汪审斋的《艺文考·史部》合计 6 册，屈伯刚、顾巍臣和胡止澄的《艺文考·子部提要》《艺文考·子部》合计 6 册，潘季野、陈子言的《艺文考·集部提要》《艺文考·集部》合计 5 册，徐乃昌的《金石古物考稿》18 册，金天翮的《安徽人物志》10 册，金天翮的《皖志列传》2 册，江易园的《安徽佛像龙门传》1 册，还有《交通考》5 册、《物产考》3 册和《武备考》9 册。未出版的有孙传瑗的《革命纪略（清末至民二）》1 册，程演生的《宗教考》1 册，曹赤霞的《教育考·学宫》1 册。

《安徽通志》撰写计划庞大，如《舆地考》大类包括疆域、经纬度、晷度、食交、气候、地质、雨量、山脉、水系、城池、市镇、坛庙、陵墓和古迹 14 小

---

① 安徽通志馆文书股. 公牍·本馆呈送《安徽通志凡例目录》恳赐鉴核转送内政部备案文［A］// 安徽通志馆第一次报告书，1931.

类。成书时限紧蹙，前后仅为 6 年，即 1930 年 9 月动工，至 1936 年 9 月完工。可是编纂工作进展缓慢，截至 1934 年，五种体例中，"图"和"杂类"未开编，二十一考中，"权量考"等七考未动工，《舆地考》仅完成山脉和水系小类。

然因经费支绌，体例庞大，时间紧迫，时局不稳等，安徽通志馆没有完成六年成书的目标，流传下来的仅是《安徽通志稿》。

四、《安徽通志稿》的价值

《安徽通志稿》是安徽省的百科全书，安徽的大事记、人物传、舆地、职官、民政、司法、财政、教育、武备、交通、物产、方言、宗教、艺文和金石古物等皆包罗在其中，是研究安徽地方史的基本文献和适用文献。

《安徽通志稿》志稿出版后，分请省内外知名人士指正，馆内外社会名流、专家学者如江暐、徐乃昌、许承尧、凌纯池、曹赤霞、潘季野、杜实庵、方守敦、董质坚、陈慎登等，对省志宗旨、性质和体例、内容和作用提出建议，展开探讨。

单就体例而言，《安徽通志稿》的价值，刘尚恒等评价其"突破旧省志的十志体例，改变和增设新的类项；其《艺文考》仿《四库全书总目提要》之例，每书撰写提要；删去旧的天文分野之说，代之以科学的经纬度、晷度、食交等，带有鲜明的新时代特色"①。《续修四库全书提要》亦认为："各门能用新法，不袭旧套，后来居上，当之无愧。"②

《安徽通志稿》的价值是多方面的，如《金石古物考稿》不仅是考察该地区历史沿革的第一手史料，亦是揭示本区域教育发展史的重要文献。

今天看来，当时，安徽省政府和社会人士是重视省志的编纂的，然而乱世修志，殆非易事，只能是遗珠之憾了。不过，可以肯定地说，《安徽通志稿》极富时代特色，是民国时期安徽的大型、权威文献，安徽的财政制度、社会经济发展、教育文化、风土民情等理乱兴衰，汇集于此，是安徽区域研究的资料，与章实斋所倡导的地近则易核，时近则迹真暗合。

① 金恩辉，刘尚恒. 中国地方志总目提要［M］. 台北：汉美图书有限公司，1996.
② 王云五. 续修四库全书提要·民国《安徽通志稿》［M］. 台北：商务印书馆，1971.

南京国民政府前期安庆市初等教育研究

吴 杰

摘 要： 在中国近代史上，教育近代化是一个不可忽视的话题。作为近代安徽省的政治、经济、文化的核心地带，安庆市初等教育的发展见证了安庆地区乃至整个皖江地区的教育近代化进程。从私塾改制到创办新式学校，从教育经费筹措到教育内容创新，既反映了近代初等教育发展的艰难，又展现了教育人员的不屈斗志，是一个曲折前进的历程。

关键词： 初等教育；私塾改制；教育经费；教学内容

安庆近代教育的开展与中国其他地区相比不算早，1897 年，安徽巡抚邓华熙向清廷呈请开办"求是学堂"，1898 年，按光绪皇帝谕令在原敷书院旧址创办求是学堂，由此安庆的近代教育可谓是真正开始。民国初年政局不稳，安庆地区的近代教育虽然取得了一些成绩，但较为曲折。具体情况如下，初等教育方面：

至民国十六年（1927）秋，除少数学校开学外，各县小学大多停闭，竟有全县无一所学校开学者。民国十七年后，安徽政局相对稳定，区内初等教育经过改组、合并、充实和发展，到民国十八年，共有公、私立小学 427 所（女子小学 5 所），学生 13274 人，教职工 958 人。[①] 表面上看来，南京国民政府初期安庆地区的初等教育获得了较大发展，实则不然，私立小学多由私塾转办，教学内容和教学思想仍然处于封建落后状态，不能称之为近代教育。就安庆市而言，公、私立小学的数量则要更少（民国十七年为公立 19 所，私立 18 所[②]）。

这些说明"国民政府"成立初期，安庆市的初等教育发展面临一系列的困境，教育行政部门对此也做出了相应的改革和调整。

作者简介： 吴杰，安徽农业大学辅导员、安徽大学徽学研究中心 2015 级研究生。

① 安庆市地方志编纂委员会编. 安庆地区志. 黄山书社，1995 年版。
② 《苏皖赣鄂教育参观报告》，河南教育（第一卷），第 11/12 期，53–60 页。

一、私塾改制

（一）改制规程

私塾改制是中国近代教育发展中所面临的第一个困难，也是最为重要的环节。国民政府初期，安庆市的教育主管部门对该市的私塾改制下的功夫不可谓不大。私塾改制的主要工作不外乎以下几点：教学主导思想改进（三民主义），教学内容改进（近现代教育），教师选拔正规严格，教育行政部门强化管理，增添教学设备。看似简单明了，实则执行困难。

民国十六年（1927），于南京国民政府新成立之际，安徽省政府教育厅即发布训令，令安庆市教育局着手私塾改制，并颁发取缔私塾条例十条。又于民国十七年增加至十二条。以下为改进私塾暂行章程十二条：

第一条：在义务教育未普及之前，暂许私塾开设。

第二条：凡未呈准立案之小学，及以教育为目的自行设塾，或自请教师设馆授徒，均以私塾论。

第三条：私塾教师在二十岁以上，品行端正，服从三民主义，并具有下列资格之一者为合格：一、曾任小学教员一年以上，具有确实凭证者；二、曾在初中以上学校毕业者；三、有上项同等学力经塾师检定试验合格者；四、对于国学确有造诣者。

第四条：塾师检定试验，由市县教育行政机关组织进行。

第五条：凡塾师设塾之始，须呈报所在地之市县教育行政机关核准，并于开学一个月内，将下列各项呈报：一、塾名；二、地点；三、塾师姓名及经历；四、学生姓名性别及年龄；五、课程及采用图书；六、塾内设备；七、修金（学费）。

第六条：私塾须有下列各项设备：一、总理遗像，党旗，国旗；二、时钟，黑板及粉笔；三、面盆及手巾；四、痰盂；五、相当书籍。

第七条：私塾须设下列科目：甲、必修课——三民主义、国语、常识（包括公民、社会、自然、卫生等）、算术（珠算及浅近笔算）、体育。乙、随意科——艺术、音乐。

第八条：私塾采用教科书，应以大学院审定者为限……

第九条：各市县教育行政机关应随时派员分赴各私塾指导其教学，并考察成绩……

第十条：各市县教育行政机关，于寒暑假中，设立塾师讲习会……

第十一条：各市县教育行政机关，应于每学期终，造具全市私塾统计表册，呈报教育厅备查。

第十二条：本条例呈准后公布施行。①

从以上规程中，我们可以得知，国民政府成立之初，对初等教育改进十分重视，认识到教育是强国立国之本，所以在设置规程时力求面面俱到。其中教育主管部门格外注重的有两个方面：一是教师选拔，二是教学内容。不难理解这两点对教育的影响至关重要，是教育实施的重要环节，是能否实现近代化教育的关键。由于近代中国长期战乱，真正接受过现代教育的教师极少，所以政府又设置了教师暑期讲习所，对教师进行培训，考虑可谓周全。教学内容方面讲求中西结合，既有传统文化，又有自然科学。值得一提的是，体育列入了必修科目，可见安徽教育行政机关秉承了体育强身、体育强国的理念。此后教育部门数次举办体育活动，关注体育设施建设。教育行政部门的私塾改制不是"一锤子买卖"，在规程第九条中提到了派遣人员指导教学，并对改良后私塾进行考核，这一点在之后的视察报告中得到体现。

（二）改制进程

如果把民国十六年的改制规程看成是私塾改制的准备阶段，那么民国十七年（1928），安庆市进行的私塾取缔则是正式行动，这次大规模的私塾取缔行动具体情况如下：

安庆市私塾甚众，随处可见，值此革命告成，训政开始，苟不严行取缔，殊属有碍小学教育之发展，贻误儿童。程厅长有鉴于此，于前月念间，特派小学管理处职员高峰琴前往西北两区，严密调查，以便分别取缔，该调查员业将该两区私塾，调查完竣。计调查西区私塾六十一处，学生八百三十三人。北区私塾四十三处，学生六百九十三人。②

1928年国民政府基本上完成统一，军政结束，进入训政时期，国民党对各省市的政治、经济、文化全面干预，所以这次安庆市的全面取缔私塾行动进行的比较彻底。将安庆市西北两区的私塾地址、塾师姓名、学生数等情况逐一排查；同时对其中办理极为腐败，把没有按照民国十六年规程要求进行整改的私塾登记在册，严令取缔（表1）。

---

① 《安徽改进私塾暂行规程》，安徽教育行政周刊（第一卷），第二十五期。
② 《教厅严行取缔安庆市私塾》，安徽教育行政周刊（第二卷），第三十二期。

表1 民国十七年安庆市西北门待整改私塾表

西区	程世翰私塾	徐敬斋私塾	王普三私塾	戴炽私塾	—	—	—	—	—	—
地点	西门外大王庙九十四号	西门外大王庙一百一十二号	西门外女儿桥十一号	西门外张公巷内	—	—	—	—	—	—
北区	汪铸生私塾	汪斯敏私塾	毕佩乐私塾	容从周私塾	吴启宗私塾	方觉非私塾	杨德明私塾	余凌阁私塾	桂亚东私塾	张宏元私塾
地点	北门外南庄岭一号	北门外正街赵恒孝店内	张家拐十号	西丁家巷二号	北门城口豆腐店内	黄花亭十一号	系马椿四十号	育婴堂九号余氏试馆内	施雨巷一号	三祖寺三号

资料来源：安徽教育行政周刊（第二卷），第三十二期。

从表1可见，民国十七年安庆市的非正规私塾数量不在少数，学生数亦较多，私塾改制是当时安庆市实现初等教育近代化的首要步骤。当然，初等教育的发展不是一两句话可以概括的，从中国大环境上来看，国家政局刚刚稳定，百废待兴，旧中国的教育模式和教育思想一时间难以改变，教育经费筹措也较为困难。由此引发了一系列问题，如教育经费不足导致教学设备缺乏，教职人员工资不得保障，教学活动难以开展，此外还有教学内容陈旧，难以完全改制，新课程标准推行困难，义务教育难以实施。

总之，上述问题在此时的安庆市集中迸发，安徽省教育厅以及安庆市教育局对安庆市的初等教育发展颇费心思，通过一系列手段来解决问题，这些手段包括：加强教育经费管理，安抚、培训教职人员，减免学生学费，推行新课程标准，加强行政管理，组织体育活动等，的的确确起到了一定效果，但路途依然漫长。

二、教育经费

（一）教费筹措问题

于动乱之世筹教育经费是十分困难的，民国十七年，"国民政府"初立之时，政局虽稍稍稳定，教育经费筹措仍十分艰难。正在焦头烂额之际，省教育厅想到一个筹集经费的良策——从烟酒厘金中抽成。该项政策开创于凤阳县，凤阳县县长提出将该县烟酒税收的一部分（3000元）留作县教育经费。这原本是一项不错的决定，但是具体操作相当困难。时任安徽省教育厅厅长的韩安分别致文于烟酒事务局和财政厅，从韩安的陈述中可以发现诸多问题，以下为咨文内容：

一、咨烟酒事务局

为咨行事：案查本省烟酒一成义务教育附捐……令饬前安徽烟酒事务所于十

二年一月一日，实行带征，按月将实征之款，于月终拨交敉厅，送存银行立折生息，再行另案支配拨用……前虽迭令各属遵照原案带征，而各县烟酒商人，每多借口灾歉，要求豁免，以致各分局迄未一律带征。革命军兴后，皖北各县驻军截征税款，正税全不报解，附捐更无着落。皖南各属，所收亦无几。

二、咨财政厅

为咨行事：案查本省厘金一成义务教育附捐，本年一月份收款，业准贵厅开单咨交敉厅照收。送存银行立折生息在案。兹四月业经终了，所有二三四三个月厘金附捐，相应咨请查照，即予开单，连同附捐一并送交敉厅存储……①

显而易见，安徽乃至全国，义务教育经费筹措的难度相当之大。尽管民国初年政府已经决意将部分厘金充入教育经费，但是安徽各县真正落实的寥寥无几。究其原因：一方面烟酒商人借口灾歉，拒绝缴纳；另一方面军队截征税款。正如前文所说，动乱之世难筹教育经费，军、政、民、商各界关系错综复杂，不是一言能概之，但不可否认当时安徽省教育部门所做的努力。

（二）教职人员工资问题

教职人员工资短缺造成了教职人员的极大不满，"杨自丹案"则是其中典型，杨自丹等为安庆市立小学教职员，集体呈请加薪。时任安徽省教育厅厅长的韩安，本于五月十二日赴京参加会议，为期两周，因担忧事态紧急，于五月二十六日先期回省，协商此事。可见安徽省教育厅对教育问题的重视，解决问题的速度也非常之快（六月十五日），很快在研究会议上给出了具体方案：

（自十七年五月份起，准予增加。）拟将市立普通小学本学期（即十七年上学期）每班教授费，每月原定四十五元，现增加十元，则为五十五元，统计十六个小学共四十三班，以每班十元计算，每月计加四百三十元，六个月总共增加二千五百八十元，所增之款，仍由财政厅按月照发，比较实验小学每班每月教授费为八十元，相差尚不甚巨。②

根据上述方案，安庆市小学教职员的工资增长幅度达到百分之二十多，关键在于解决速度和执行力度值得褒扬。从五月二十六韩安回省，到六月十五解决，仅仅20日时间，而且方案执行是从五月起。这一方案实施，在当时新政权初立，政局不稳且经费困难之时，实属难得，教育部门的努力显而易见。忆往思今，今日之教育事业多可借鉴。

---

① 《义务教育经费问题》，安徽教育行政周刊（第一卷），第六期。
② 《安庆市立小学教职员杨自丹等呈请加薪一案》，安徽教育行政周刊（第一卷），第十二期。

　　教育行政机关的明智之处不仅仅是迅速解决了问题，缓和了矛盾，还包括一些后续工作。在满足小学教职员的加薪要求之后，教育主管部门乘机加强师德师风建设，具体如下：

　　本院以为我国民生主义未实行以前，社会经济问题，急切不易解决，生当期世即属小康，亦宜节俭，何况小学教员，大都寒素，安可浪漫挥霍令行全国，仰各该教育行政长官，设法增高小学教员薪俸外，并希随时劝谕小学教员，务各戒除烟酒酬酢，提倡淡泊宁静，以为儿童模范，以图生活安全。倘有挟妓，酗酒，赌博等行为者，一经查出立即辞退，勿稍宽假。①

　　安徽省教育厅此举有多重功效，一方面满足小学教职员的生活要求，起到了安抚、稳定人心的作用。另一方面严查教师不良行为，乘机揪出教师队伍中的害群之马，对规范教育事业，维护教育风气，有极佳之效果。晚清及民国初年各地教育良莠不齐，旧社会陋俗在教育行业中也多有体现。正所谓行为世范，学为人师，小学教师对儿童的身心影响极大。倘若不能肃清教育风气，亦不能振国民精神。

（三）教费补助问题

　　教费补助主要在两个方面，一是对学生补助，二是对学校补助。对学生补助主要在于减免学费，减轻学生负担。对学校补助又分为公立和私立两种，而且公立和私立的补助差别很大。

　　首先在学生补助方面，安徽省政府教育厅授意安庆市教育局免收市立各小学学生学费。具体内容如下：

　　令安庆市第一至第十六小学为训令事：选据安庆市各普通小学校长呈以所收学生大都贫寒子弟，征收学费，极感困难等情到厅。查核所呈，情形尚属实在，所有各普通小学学生学费，应即自十八年起，一律免予征收，以期通合普及之旨。除分行外，合亟令仰该校长遵照办理。②

　　文中可以看出，为推行安庆市义务教育，安徽教育行政机关所做的相关努力。取消安庆市立十六所普通小学学生的学费，的的确确是一个创举。前文中已提及教育经费筹措问题，教育经费筹措难度较大，缺额严重，在此境况下免除学生学费实在需要莫大勇气。需要指出的是，三所实验小学和八所私立小学的学费问题没有提及。3 所实验小学学生仍需缴纳学费，但实验小学在教育经费分配上占一定优势，补助较多。私立小学的学费一般由学校自行征收，自给自足。

---

　　①　《院令小学教员应提倡淡泊宁静》，安徽教育行政周刊（第一卷），第二十期。
　　②　《令知免收安庆市立各小学学生学费》，安徽教育行政周刊（第二卷），第二十九期。

其次在学校补助方面，对公立小学补助如下：

以民国十七年（1928）为例，安庆市公立小学共 19 所，其中实验小学 3 所，共 24 个班；市立普通小学 16 所，共 46 个班。同时该年安庆市教育经费 11 万余元，3 所实验小学占 26400 元，市立普通小学 32200 余元。①

各学校间教育经费差别较大，安庆市立中心实验小学高达 11000 余元，其他两所实验小学也达 8000 元左右。而市立普通小学均摊之后，每所学校仅 2000 元左右。乍一看来，极不公平，其实不然。3 所实验小学班级较多，教职人员和教学设备相应较多，开支较大，而市立普通小学在均摊之后，一所学校不到 3 个班级，教职人员和设备较少，开支也相应减少。所以教育部门取消市立普通小学的学生学费，并不会对学校发展造成较大影响，同时还可以扩大招生，普及义务教育。

对私立小学的补助情形与公立迥异，因为私立小学大多是由原私塾改造，学费多是自行征收，与政府关联不大。这些私立小学很少已完成改造，大多未改造，或处于改造中，倘若政府不给予它们相应补助，它们很难依靠自身力量完成转型，甚至重回私塾老路。但补助也不随意发放，当时的教育行政部门在给予补助时制定了严格章程，根据标准相应给予补助，做到了精准补助，补助有实效。民国十七年安庆市有登记私立小学共 18 所，班级 30 个。对私立小学补助规程如下：

1. 在安庆市区立案之私立小学并开办已满三年确系成绩优良者。

2. 凡呈请补助须呈送：学校概况；各种章则；校舍平面图；校董履历表；教职员履历表；学生一览表。

3. 私立小学之补助费，视其成绩定为每班每月二十元，三十元，四十元三种。

4. 凡受补助之学校，如有违反法令，或措施失当，成绩不良时，得由教育厅随时停止其补助费。……②

依靠私塾转型，发展私立教育，是推动当时教育近代化的必经之路。单单依靠政府力量将教育全面普及，不可能成功，所以于此时大力扶持私人教育，可以起到很好的效果，关键就在于如何把握和掌控私立学校。安庆市教育局的补助措施极大地调动了私立学校的办学热情，同时又实行优胜劣汰，避免了盲目补助，提高了教育质量。这样说来，此举对安庆市初等教育发展意义重大。

---

① 《苏皖赣鄂教育参观报告》，河南教育（第一卷），第 11/12 期，53–60 页。
② 《安庆市私立小学补助费规程》，安徽教育行政周刊（第三卷），第四十一期。

三、教学进程及内容

把私塾改制和教育经费筹措看作是近代初等教育实施的准备阶段，那么教育内容实施则是近代教育实施最为重要的一环。新式教育能否有效推行，主要看两个方面，一是教学程序是否规范，二是教学内容是否合理。

在教学程序上，安徽省教育厅于民国十七年统一颁发了"校历"，安庆市教育局又于民国十八年发布了"安庆市小学指导标准"。校历内容见表2、表3：

表2　民国十七—十八年度第一学期

日期	8月22日	27日	9月1日	28日	10月10日	21日	11月12日	12月22日	1月1日	26日	2月2日
安排	入学注册	注册完毕	开学	秋节放假	民国国庆	重阳放假	孙文生辰放假	冬至放假	元旦放假	期末测验	学期结束

资料来源：安徽教育行政周刊（第一卷），第二十三期。

表3　民国十七—十八年度第二学期

日期	2月13日	15日	16日	3月12日	29日	4月3日	5月1日	4日	9日	30日	6月11日	7月4日	16日
安排	入学注册	注册完毕	开始上课	植树节	烈士纪念日放假	春假	劳动节纪念	五四运动纪念放假	国耻纪念日	五卅惨案纪念	夏节放假	期末测验	学期结束

资料来源：安徽教育行政周刊（第一卷），第二十三期。

从表2、表3可知，民国十七—十八年度安庆市中小学全学年（2学期）的教学日程安排，总体来说安排得比较合理完善，既有爱国主义教育，又注重劳逸结合。虽然假期看上去较多，但是每周末实行单休制（周日），从而学习时间不受太大影响。

民国十八年安庆市教育局颁布了"安庆市小学指导标准"，进一步来规范和完善教学程序，强调教学方法，希望以此实现安庆的初等教育进一步发展，大体内容有：

（1）改良普通教学方法……

（2）新法之研究与试验……

（3）谋教师学识增进……

（4）鼓起教师教学兴味……

（5）注意教师身体之锻炼……

（6）厘定省会小学各科课程纲要……

（7）厘定小学训育标准……

（8）研究训育实施方法……

（9）辅导各学校举行各种测验……

（10）注意小学行政效率……①

该项标准概括相当全面，从教育行政到教师培养，从教学内容到教育方法，几乎面面俱到。教育方法方面，注重启发性，一改传统私塾教育的"满堂灌"，以安庆市立中心实验小学和安庆市立第一实验小学为例，除普通教学法和设计教学法外，还举办学生演讲和课外调研。另外注重教育方法研究，与世界发达国家接轨，但并不盲从。在教师培养方面，设法增加教师学识，激发教师的工作积极性，另外还关注教师身体健康，意在让教师全身心投入教学。在教学行政方面，整顿原来部门的拖延习惯，提高行政效率，从而为教学服务。

教学内容上，传统私塾教育以文史经典为主，极少涉及新式教育内容。自民国十七年起，安庆市教育局向全市公、私立学校以及私塾推行新式课程，具体如下：

甲、必修课——三民主义、国语、常识（包括公民、社会、自然、卫生等）、算术（珠算及浅近笔算）、体育。

乙、随意科——艺术、音乐。②

与此同时，安徽省教育厅同步推行新课程教材，配套使用，教材列表如下（表4）：

表4　民国十九年安徽省小学教科用书表

国语教科书名	新学制国语	新时代国语	新小学教科书	新主义教科书前小国语读本	新学制小学教科书初级读本	儿童文学读本	民智国语读本	新学制小学教科书高级读本	新国音读本	新学制国语教科书	新时代国语教科书	新中华教科书国语读本	新主义教科书国语读本
年级	初小	初小	初小	初小	初小	初小	初小	高小	小学	高小	高小	高小	高小
党义教科书名	新时代小学三民主义教科书	前期小学三民主义教科书	新中华教科书三民主义课本	前期小学三民主义课本	新时代三民主义教科书	新中华教科书三民主义课本	中山注意新国民读本	—	算术教科书名	新中华教科书算术课本	新主义教科书算术课本	新中华教科书算术课本	—

---

① 《安庆市小学指导标准》，安徽教育行政周刊（第二卷），第四十三期。

② 《安徽改进私塾暂行规程》，安徽教育行政周刊（第一卷），第二十五期。

（续表）

年级	初小	初小	初小	初小	高小	高小	高小	—	—	初小	初小	高小	—	
常识教科书名	新撰常识教科书	新学制常识教科书	新学制小学教科书初级常识课本	新主义教科书前期小学常识课本	新时代常识教科书	社会教科书名	新学制社会教科书	新主义教科书前期小学社会课本	新小学教科书社会课本	自然教科书名	自然教科书	新主义教科书自然课本	新中华教科书自然课本	新主义教科书自然课本
年级	初小	初小	初小	初小	初小	—	初小	初小	初小	—	初小	高小	高小	
历史教科书名	新时代历史教科书	新学制历史教科书	新学制小学高级历史课本	新小学教科书历史课本	新主义教科书历史课本	新中华教科书历史课本	地理教科书名	新时代地理教科书	新学制适用小学地理课本	新撰地理教科书	新学制小学高级地理课本	新学制适用小学地理课本	新主义教科书地理课本	
年级	高小	高小	高小	高小	高小	高小	—	高小	高小	高小	高小	高小	高小	
卫生教科书名	新学制适用小学卫生教科书	新学制卫生教科书	新学制小学高级卫生课本	新法卫生教科书	体育教科书	庆祝体操	新学制体育教材	音乐教科书	民智高级音乐教本	民智初级音乐教本	小学音乐乐集	地图	新中华小学本国+世界地图	
年级	高小	高小	高小	高小										

资料来源：安徽教育行政周刊（第三卷），第三十七期。

从表 4 明显可以看出，民国十九年起，安徽地区的小学开始有指定的统一教科书，初等教育逐渐规范。除了规定的科目和推行的教材以外，各学校在具体的教学操作上有一定差异。如安庆市立中心实验小学，在社会科内添授三民主义及好市民两种教材，高级部另设英语、童子军、职业三选科，以资学生选修。① 这些科目与当时的社会实际联系紧密，以"职业"科目为例，当时的小学学生因家庭关系多数不能继续升学，故为将来谋生，在课程上加职业指导，类似于如今的大学生就业指导科目。又如安庆市立第二实验小学，在常规教学活动以外，增设学生活动，每周六日开周会，每月终有讲演艺术比赛会，另有学生会运动会及党童子军等。② 从课堂教育向课外教育扩展，这一时期安庆市的初等教育，不光注意思想文化，还注意体育事业发展。除了将体育课纳入必修课以外，还扩充体育设备，研究乡村体育项目，甚至于民国十八年举行了第一次全市小学联合运动

---

① 《苏皖赣鄂教育参观报告》，河南教育（第一卷），第 11/12 期，53-60 页。
② 《苏皖赣鄂教育参观报告》，河南教育（第一卷），第 11/12 期，53-60 页。

会，规模之大，影响之远，前所未有。

安庆市第一次全市小学联合运动会于 10 月 2 日开始，至 4 日闭幕，以下为具体情况：

（1）参与的学校达二十多所，公、私立均有。

（2）比赛项目主要分为：团体运动和田径赛运动，其中团体运动以体操表演为主，达 44 项；田径赛运动分男女组，男生组 6 项，女生组 4 项。

（3）工作服务单位包括：名誉会长、会长、总务股（下辖文书组、奖品组、会计组、庶务组、布量组、招待组）、运动股、评判股、纠察股、卫生股。总服务人数达 75 人（有身兼数职者），另有医院、公安等单位辅助。

（4）比赛成绩均有记录，在此不多作赘述。

（5）奖品包括：奖状、银盾、横匾、连框绸旗、银盅、书券、颜料、墨盒、运动帽、文具。①

由上文可知，安庆市第一次全市小学联合运动会参与人数众多，服务部门齐全，比赛正规。从侧面也反映了当时安庆市教育部门对于该运动会十分重视。体育科目作为一门必修课程，在各学校均有开设，这也使得本次运动会有如此多的学校参与。总之，在教育内容上南京国民政府初期的安庆市逐步努力走向近代化，讲求中西结合，追求德智体美劳全面发展，并于社会需要、时代需要相结合，教育管理部门的努力有目共睹。

四、结语

初等教育是国民教育的真正开始，对国家教育发展至关重要，就好比盖房子，没有牢固的根基，不可能将房子做高做稳。南京国民政府初期安庆市的初等教育发展速度迅猛，效果显著。虽有许多困难，但是安徽省教育管理部门和安庆市教育局做出了不懈努力，尽管时局不济，仍然艰苦奋斗。同样，安庆市初等教育的发展离不开民众的支持，达到半数的私立小学是安庆市初等教育的重要支柱，仅仅依靠政府部门是无法如此迅猛地推动初等教育的发展，正所谓"人民教育人民办，办好教育为人民"。无论何时何处，教育的发展都要为人民谋福利，为国家谋发展。安庆市的初等教育发展历程是近代中国初等教育发展的一个缩影，从安庆市的初等教育发展中，能看出当时中国教育事业发展的艰难曲折，也可以看出一代代中国人为中国教育事业所付出的心血。吾辈当珍惜眼前，更图发展。

---

① 《安庆市小学第一届联合运动会纪略》，安徽教育行政周刊（第二卷），第三十九期。

"六尺巷"论

汪　超

摘　要："六尺巷"家喻户晓又言之未详，其在各地流传并版本多变，考其来源约有地方县志、文人笔记、民间传说、文人诗集等，而"让墙诗"文本也经历宋明清，直至今日，围绕含元殿与万里长城完成赋诵之变。"六尺巷"附属而生"一典多人""一典多地"，是各地百姓伦理道德和价值观念的寄托，并在明清以降的演绎中赋予丰富的衍生意义。

关键词：六尺巷；让墙诗；一典多人；一典多地；传承文化

　　"六尺巷"的诗歌和故事很有中国特色，传递了传统的文化和精神；"六尺巷"的传播和流变也很有中国特色，折射了民间的智慧和价值。近年来对于"六尺巷"的关注多立足于意义的深度阐释，歌颂其传唱出仁义礼让的道德观念，如肖玉元《从"六尺巷"考证张英的礼让精神》文等。① 其中遗憾的是，故事情节虽然家喻户晓，但多年来一直又言之未详，尤其是"一典多人""一典多地"的现象，对于所属地一度出现过疑议，如盛巽昌《早于桐城"六尺巷"的李锦袭》文等②，虽然争议本身有违"六尺巷"的文化精神，但从学理角度进行探讨是十分必要的，梳理"六尺巷"故事的由来与演变，明晰其诗、其人、其地的流传与衍生，从而发掘更为丰富的内涵精神，本文力图从所见材料展开讨论，恳请专家不吝批评指正。

一、"六尺巷"的故事来源

　　"六尺巷"的故事基本围绕"因墙起执—千里寄书—相让成巷"的情节模式，其中"让墙诗"的文本版本不一，然考其来源大致在于四个方面：地方县志、文人笔记、民间传说、文人诗集，成为全国各地"六尺巷"故事流变的

作者简介：汪超，文学博士，安庆师范大学文学院副教授。

① 肖玉元：《从"六尺巷"考证张英的礼让精神》，《兰台世界》，2014 年第 18 期。
② 盛巽昌：《早于桐城"六尺巷"的李锦袭》，《学术月刊》，1999 年第 12 期。

主体。

第一，全国各地地方县志的相关载录。地方县志里对于地名多有详细记录，尤其是"六尺巷"的地名更是附带相关故事情节的说明，如江苏镇江市对于"尤唐巷东至南门大街，西转北至靳家巷，长 103 米，宽 2 米"其存录之后就附带相关传说：

据清《丹徒县志》记载：原称油炭巷，后称尤唐巷，沿用至今。相传，这里原住有尤、唐两家，尤家要大兴土木，建造房屋，唐家提出要让三尺滴水地，因此两家起了争端。当时，尤家为京官，唐家为地方官。尤家子弟即写信给在京做官的家人，想借势压一压唐家，不料尤家老人复信只写了四句话："千里家书只为墙，让他三尺又何妨。长城万里今犹在，不见当年秦始皇。"尤家接信后，遵照上人的意思，主动让地三尺。唐家深为感动，在建房时，也同样效仿尤家让地三尺。[①]

从所述故事情节和"让墙诗"来看，与"六尺巷"的母版如出一辙。有些县志纳入"名人轶事类"，如江西省《德兴县志》记录当地名公孙简的轶事：

孙清简公需官尚书时，族人因山与余姓墙连界，讼结数年，族人以书达公，告以讼故。公寄诗晓之曰："闻道西邻侵我墙，让他三尺又何妨，咸阳宫殿蓁蓁草，尽日无人属夕阳。"族人得诗，讼乃解，人皆服公豁达云。[②]

有些县志又纳入"民间传说类"，如江西省《进贤县志》里《民间传说》讲述"舒芬的故事"：

舒芬中了状元，做了京官，为官清正，不徇私情。尤其是对自己家里的人要求很严格。一次他家邻居盖房子，把墙脚下到他家的宅基地上，两家争议不下，舒芬家写信告诉舒芬，舒芬作了一首这样的诗回复家里："千里书来只为墙，让他几尺有何妨。长城万里今犹在，不见当年秦始皇。"家里接到舒芬这首诗，主动向邻居让地基，邻居深受感动，立即把墙脚后退，舒芬的家乡梓溪村（今南昌县泾口乡）至今还留一段宽宽的屋巷基。[③]

从以上三地县志的记载可见，无论以何种形式得以呈现，但都保存了"六尺巷"故事的基本情节，从而成为各地百姓引以为豪并记录相传的掌故。

第二，文人笔记对于名人趣事的传录。"六尺巷"有诗作、有情节的文人故

---

① 镇江市地名办公室编辑：《江苏省镇江市地名录》，《内部资料》，1983 年第 23 页。
② ［民国］何振澜等：《德兴县志》卷之十"杂类志·轶事"，民国八年（1919）刻本。
③ 朱啸秋总纂：《进贤县志》，江西人民出版社，1989 年版，第 553 页。

事，非常符合文人的猎奇心理和生活雅趣，所以将此类耳闻言传录入笔记，如清初褚人获《坚瓠集》专门记载"让墙诗"一则：

> 舒国裳芬在翰林日，其子说寄书云："邻人岁占墙址不休。"芬览书题其尾云："纸纸家书只说墙，让渠径尺又何妨？秦皇枉作千年计，今见城墙不见王。"遂缄封却寄。子诵其诗，谓父驽下，不能助已泄愤，遂弃其书。邻人闻而觅得之，感其盛德，自毁其墙，任其筑取。已而两相让，各得其平，相安如旧。①

褚人获记载的是明人舒芬之事，而晚清梁绍壬《两般秋雨盦随笔》同样记载"侵宅诗"两则：

> 宋杨尚书玢，致仕归，旧宅为邻里侵占，子弟以状白公。公批纸尾云："四邻侵我我从伊，毕竟须思未有时。试上含光殿基望，秋风衰草正离离。"子弟不敢复言。又杨尚书砺住宅旁地，为人所占一二尺。或以告公，公作诗云："余地无多莫较量，一条分作两家墙。普天之下皆王土，再过些儿也不妨。"其人愧服。二杨之度相似，可以风矣。②

梁氏所著为非常有名的杂纂类笔记，内容十分丰富、有趣，大致可分为四类：稽古考辨、诗文评述、文坛逸事、风土名物，而这两则故事则专门被辟为"侵宅诗"，并以此盛赞二杨的气度风范。

第三，民间传说对于本地名人掌故的记载。民间传说作为各地百姓口口相传的资料，很多都对本地的名人或名物赋予精彩的传奇故事，如根据《霸州民间故事卷》讲述《郝天官的故事》：

> 霸县（1990 年改名霸州市）郝青口有一位郝天官在京为官，也是家里和邻居争地，写信给京城的老爷求助。郝天官回信一封说："千里捎书为一墙，让他一墙又何妨。万里长城今犹在，不见当年秦始皇。"于是各让了一点，形成了一条五步宽的胡同，就是霸县的"五步三座庙"胡同。
>
> 讲述：杨耀明（69 岁初中文化农民），记录：赵丽华，采录时间和地点：1986 年 11 月于康仙庄乡石城大队。③

虽然只是民间传说的掌故，但还特意强调讲述者的姓名、年龄、文化程度、身份和时间、地点等有效信息，其目的就在于证实民间传说的可信度，为传奇性的故事增添现实性的色彩。

---

① ［清］褚人获辑撰：《坚瓠集》，上海古籍出版社，2012 年版，第 421 页。
② ［清］梁绍壬：《两般秋雨盦随笔》，上海古籍出版社，2012 年版，第 198 页。
③ 白庚胜主编：《中国民间故事全书河北·霸州卷》，知识产权出版社，2010 年版，第 125 页。

第四，文人别集、总集对于"让墙诗"的收录。这首经典的"让墙诗"版本众多，从严格的格律而言并非工整的绝句，虽然在文人笔记等处多有传录，但是未见文人收录本人诗文集，目前所见仅有明代兵部尚书王竑《王庄毅公纪念文集》："千里捎书为一墙，让他五尺有何妨。万里长城今犹在，不见当年秦始皇。"① 清代陕西韩城人王杰《无题》："千里传书只为墙，让他三尺有何妨。万里长城今犹在，不见当年秦始皇。"② 需要注意的就是，这两首都为后人编选时根据传说存录而单独列为诗作，所以是否能够单独成篇仍然值得商榷。

二、"让墙诗"的文本之变

大致梳理以上"六尺巷"故事来源，可以发现"让墙诗"在文本流变上呈现出两个特色鲜明的阶段：一是自欧阳修《归田录》等记载杨玢之事，至明代围绕舒芬等人之事，"让墙诗"虽然围绕相让的基本情节，但诗歌的内容变化较大，其文学性的抒情色彩较浓，这或许也是《全唐诗》曾将其收录的原因之一。

"让墙诗"版本之一主要围绕十国时期的杨玢展开，北宋欧阳修根据《皇宋类苑》卷三十六记载的故事基本符合后期"六尺巷"的情节模式：

> 杨玢，靖恭虞卿之曾孙也，仕前伪蜀王建至显官，随王衍归后唐。以老得工部尚书，致仕归长安，旧居多为邻里侵占，子弟欲诣府诉其事，以状白玢，玢批纸尾云："四邻侵我我从伊，毕竟须思未有时。试上含元殿基望，秋风秋草正离离。"子弟不复敢言。③

这则故事在宋代流传十分广泛，还传见于陈应行《吟窗杂录》、倪思《经堂杂志》、阮阅《诗话总龟》、赵善璙《自警编》等处，成为编撰者用以诠释"清谨"等德行的范例。而至明代故事的主角则出现变易，如明代耿定向撰《先进遗风》就将其归为明代洪武年间吏部尚书詹同、弘治年间兵部尚书刘大夏二人有关：

> 刘忠宣公大夏，成弘间多硕人，……里邻或肆侵夺，任弗与争，尝有李某并其世产，族人走书告公，公署其尾曰：昔詹尚书家亦有是，詹报家人诗曰：四邻侵我我从伊，毕竟须思未有时。试上含元殿基望，秋风秋草正离离。我虽不及古

---

① 王沛编：《王庄毅公纪念文集》，新疆人民出版社，2001 年版，第 21–23 页。

② 程勇涛、倪晓建主编：《状元诗榜眼诗探花诗·清朝（上）》，昆仑出版社，2009 年版，第 148 页。

③ ［宋］欧阳修：《归田录》，吕友仁、李伟国点校，中华书局，1981 年版，第 50 页。

人，望尔辈弗为詹氏子孙也。①

含元殿作为唐代大明宫的正殿，为举行国家仪式和大典之处，时有"千官望长至，万国拜含元"的盛景②，可惜的是在886年毁于战火。这首"让墙诗"前两句直言侵占地产的事实和自己的态度，后两句则借古言今，说明要放眼历史长河，做到度量宽宏。但是，这首围绕含元殿有感而发的"让墙诗"在嘉靖年间出现变易，并出现向另一经典版本的过渡迹象，其一为：

李兰玉者，故明宛平县令李锦袭之子也。家居与邻人争墙基，致书于父。父遗诗一首，示之曰："千里缄书只为墙，让他一步有何妨。含元殿上离离草，前辈风流诗味长。"兰玉得诗，遂以墙基让之，又于仁义巷北让地一块云。③

其二为：

郭中允希颜在京邸，其子与邻争墙，数寄书言其事，中允付一札云："纸纸书来只为墙，让他几尺有何妨。长城原是秦王筑，今见长城那见王。"邻人疑其致书当事，要于途夺之，见诗惭服，遂释争。④

其三为：

大学士郭东野为翰林时，其封翁家与邻人争一墙界，寄书于东野，具状，求上当事书。东野漫上以诗云："千里寄书只为墙，严君何事苦忙忙。地过千年换百主，让他一步有何妨？"相度可占一班矣。一云："千里封书只为墙，让他几尺有何妨？长城万里今还在，不见当年秦始皇。"⑤

李兰玉为山西宛平县人，郭希颜为江西泰和人，郭朴为河南安阳人，三人都是明代嘉靖年间人士，并且当地县志也都载有三人掌故，但是从所流传的"让墙诗"文本可见，已经出现"千里传书""让他几尺""长城万里"等核心语词，从而更具有情节性和画面感，典故的运用也更为大家熟识和接受。

所以，"让墙诗"版本之二在此基础上完成蜕变，明末清初之后流传的名人轶事或民间传说，基本都是以相对稳定的四句七言形式出现，其中较具代表性的

---

① 四库未收书辑刊编纂委员会：《刘忠宣公遗集》附录文卷二，《四库未收书辑刊·陆辑第二十九册》，北京出版社，2001年版，第587页。

② ［唐］崔立之：《南至隔仗望含元殿香炉》，［清］彭定求等编：《全唐诗》卷三百四十七，中州古籍出版社，2008年版，第1761页。

③ ［清］王家坊、葛士达：《榆社县志》卷十"杂识"，台湾成文出版社，1976年版，第683页。

④ ［清］王家杰等：《丰城县志》卷之二十八"杂说"，同治十二年（1873）刻本。

⑤ ［明］叶廷秀：《诗谭》卷八"东野让一步"，周维德：《全明诗话》册5，齐鲁书社，2005年版，第4306页。

为清初著名的宰相、安徽桐城人张英：

张文端公居宅旁有隙地，与吴氏邻，吴越用之。家人驰书于都，公批诗于后寄归，云："一纸书来只为墙，让他三尺又何妨。长城万里今犹在，不见当年秦始皇。"吴闻之感服，亦让三尺。其地至今名为六尺巷。或谓丹徒张文贞公事，殆误。①

其二如清代著名的书法大家、湖南永州人何绍基：

他在京城做官时，家人因与邻家争三尺宅地弄得剑拔弩张，飞书向京城求援。等呀等呀，三个月后，何绍基的回信终于盼到了。大家迫不及待地打开回书一看，竟是 28 个大字的一首绝句："千里家书只为墙，让他三尺又何妨；长城万里今犹在，不见当年秦始皇。"事情传到邻人耳里，茅塞顿开，宿怨冰释，大家重归于好。更可贵的是他胸襟开朗豁达，处事之通情达理，至今传为美谈。②

在清代流传的诸多文本当中，其四句七言的结构基本得以稳定，其长城万里的典故更为通俗，只是在流传或抄录等过程中出现一两处的轻微变动，如对家书的描述有"一纸家书"和"纸纸家书"等说，对所让尺寸的描述有"三尺""五尺""几尺"等说。还有根据本地流传的表达习惯，出现了某些特定的语言习惯，如山东诸城县流传刘墉父亲刘统勋的故事，所传"让墙诗"为"千里捎书为打墙，让上三尺有何妨？长城万里今犹在，不见当年秦始皇"。其中"打墙"是北方地区如山东、河北等地的方言，其地有句非常有名的谚语为："亲戚远来香，邻居高打墙"③，保持了民间口口相传的稳定性和变异性特色。

此间，"让墙诗"文本的变动体现出民间传播的鲜明特点，也即在保持掌故经典情节和诗句相对完整的前提下，更多地强调赋予其载体的多样性和可传性，故事母版结合流传所在地的名人轶事，从而生成极具各地特色的新版本，并在当地百姓那里口口相传，成为乡村里巷茶余饭后的经典掌故。同时，为了便于各地语言表达习惯，在流传的过程中文本也稍有变易，如就第一句而言则有："千里捎书为一墙""纸纸书来只为墙""千里寄书只为墙""千里封书只为墙""纸纸家书只说墙""千里来信皆为墙""千里缄书只为墙""千里传书只为墙""千里求书为道墙""千里来书止为墙"等，仅是寄送书信的动词就出现了七八个之多，既体现出汉语语词的丰富，又折射出各地的表达习惯。此外，为了便于口头传播甚至出现更为通俗的文本形式，如《宣威县志稿》记载本地"六尺巷"的

---

① ［清］姚永朴：《旧闻随笔》，张仁寿校注，黄山书社，1989 年版，第 183 页。

② 李青等编辑：《永州之野》"名人轶事之何绍基故乡传闻"，湖南人民美术出版社，1985 年版，第112 页。

③ 谭汝为：《天津方言词典》，天津人民出版社，2014 年版，第 327 页。

故事：

相传斯巷为尤、缪两姓住宅交点，尤争缪让至于再，尤终感悟，亦以让称，遂闻斯巷便交通。缪参政与弟书曰："墙、墙、墙，让他三尺又何妨，长城万里今犹在，世上那有秦始皇。"尤闻亦让三尺。①

这则故事的首句简洁为"墙、墙、墙"三字，传诵之时更加通俗化和口语化，使得普通百姓都能记诵和讲述，体现出民间故事传说的鲜明特点。

三、"六尺巷"其人其地

围绕"让墙诗"的文本变异，"六尺巷"故事的载体也不断变化，从而出现"一典多人""一典多地"的突出现象，并为各地百姓津津乐道和引以为豪。据不完全统计，流传之地有陕西、甘肃、四川、山西、河北、山东、河南、安徽、江苏、江西等，而在时间上除了十国时期的杨玢之外，基本都集中于明清时期各地的名人大家，就其发生的"一典多人"而言，其故事的主角主要有以下两类。

其一，全国各地的政治文化精英，他们或是高中状元，或为朝廷命官，成为各地百姓尊崇仰慕，或乐好言论的对象，有的甚至将此掌故赋予其身，成为当地百姓流传记忆的重要载体。

"六尺巷"的故事虽然具有一定的民间性，但是可以作为政治文化精英的道德补充。如前论述明代刘大夏（1436—1516），湖南华容人，天顺八年进士，为刘瑾诬陷入狱，是明朝"十大名臣"之一，弘治、正德颁布的《诰》《敕》文都称为"文经五纬之才，宿德老成之望"，成为当时文人官员的政治楷模。而"让墙诗"的传说恰好是对其正史形象的有力补充，刘大夏不仅在朝廷展现出铮铮铁骨，而且在家庭内部加强道德修养，如其所书"家规十条"有："乡里间，凡偶然遇有患难、是非，度其无害道理，便当设法周恤，与他劝解，不可乘机害人，哄人，昧了天理，坏了心术。""乡里尊辈，不可轻慢。"② 有别于突出其正人君子的正面形象，而更有趣味性和情节性的"让墙诗"出现，无疑是其地百姓更为美好的想象和寄托。更为有意思的则是，明代各地传说中涉及的主角如郭希颜（江西泰和人）、舒裳（江西进贤人）、刘大夏（湖南华容人）、孙需（江西德兴人）、郭朴（河南安阳人）等，他们几人都是明代嘉靖前后的名士，官至翰林院或各部尚书等职，而且在政治立场上坚定不移，与当时刘瑾等党派有过斗争的经历，作为当时朝廷正直忠良的形象出现，那么在笔记轶事和民间传说中，

---

① ［民国］陈基栋等：《宣威县志稿》卷二，民国二十三年（1934）刻本。
② ［明］刘大夏：《刘大夏集》，刘传贵校点，岳麓书社，2009 年版，第 35 页。

"让墙诗"又折射出各自谦让和达观的品性，似乎形成了恰到好处的有效呼应。

其二，各地有名的两姓大户人家，在当地具有一定的影响力。有的"六尺巷"故事则省去具体姓名，而是落实到当地有名的两姓大户人家，从而借此赋予与其地名关联的美好传说，或是作为寄托道德伦理的有力载体。如河北《晋县志》卷之五"人事"记载：

城内东街韩刘两姓，均有在外膺显宦者，其子弟在家以宅畔争，两家各寄书于显宦求胜，此显宦答书云："千里捎书为一墙，让他一墙又何妨。"彼显宦答书与北略同，用是两家各让数尺，至今呼为仁义衢衖。①

这样的故事可以发生在任何一地，因为百姓关注的不再是对于何人的寄托，而是重在故事曲折的情节与美好的结局，并在此过程中宣扬传统的伦理道德，让人们在潜移默化中牢记于心。

所以，"六尺巷"又出现"一典多地"的现象，不仅各地都出现"六尺巷"的具体街巷，而且因为南北地域差别南方多称"六尺巷"，北方则多称"仁义胡同"。其中，南方以"六尺巷"命名较为突出的当为安徽桐城，在清代著名的"桐城派"的故乡——今安徽省桐城市的西南一隅，东起西后街巷，西抵百子堂，巷南为宰相府，巷北为吴氏宅，全长100米、宽2米，均由鹅卵石铺就。桐城"六尺巷"近年来历经国家高层领导的视察，且采用了黄梅戏《六尺巷》和歌曲《六尺巷》等形式进行宣传，此地区成为各地人民争相参观的对象。

安徽桐城六尺巷

① ［民国］孟昭章等：《晋县志》卷之五"人事"，民国十六年（1927）刻本。

　　同时，"六尺巷"里传颂的仁义道德精神，使得其他地方也将此类街巷以"仁义"命名，载入各地地方志的名为"仁义胡同"的有《拜泉县志》（民国）、《徐水县新志》（民国）、《许昌县志》（民国）；名为"仁义巷"的有《长宁县志》（道光）、《阳曲县志》（道光）、《榆社县志》（光绪）、《商丘县志》（康熙）、《咸阳县志》（乾隆）、《南昌府志》（同治）、《义宁州志》（同治）。其中如段柄仁主编《北京胡同志》记载北京平谷区城东的北门街，原来就称为仁义胡同，相传明代时期金尚书、倪尚书两家让墙所留，从而形成五尺宽的胡同，百姓管这条胡同叫仁义胡同，胡同周围称"仁义村"①。另一具有代表性的"仁义胡同"则与清代傅以渐有关。傅以渐（1609—1655），山东聊城人，家境虽然贫寒，但刻苦勤奋从而成为清朝历史上第一位状元，并官至武英殿大学士兼兵部尚书等职，成为聊城当地百姓的骄傲，因此与其相关的让墙传说也在当地流传，并且将这条胡同称为"仁义胡同"，其位于山东省聊城市东昌府区东关大街111号傅斯年陈列馆（傅氏祠堂）的东边，长约60余米，宽2米，胡同南边的木质牌坊檐下正中为清代康熙皇帝题写的"仁义胡同"，而在胡同北边的影壁正中也书有"仁义胡同"四个金色大字。

山东聊城仁义胡同

　　当然，全国其他省份也存在"六尺巷"的地名，它们虽然只是百米距离的普通巷道，但都寄托了各地百姓的美好回忆，成为他们守护珍惜的精神家园。

---

　　① 段柄仁主编：《北京胡同志》（下），北京出版社，2007年版，第873页。

四、"六尺巷"其旨其义

"六尺巷"出现"一典多人""一典多地"的现象，除了其故事情节的曲折有趣，"让墙诗"的通俗易懂之外，更为重要的是人们对其巷、其人、其诗的种种寄托，承载了深重的道德观念和教化价值，穿巷而过的同时也是一次现身说教的良机，一种道德精神的洗礼。

明清文人笔记里对于"六尺巷"的记载，有的是出于猎奇的心理，采录所闻所见的趣事，但也有出于非常明确的目的，作为本地名人气节与品德的有力佐证。宋代陈应行编辑《吟窗杂录》四十卷，其中收录杨玢让墙的故事则归入"清谨"，"清谨"可以说是古代对士人品德的较高褒赞，如宋代司马光《虞部郎中李君墓志铭》评价李沆曰："为人温良清谨，睦於族姻，厚于朋友。"①又清代山西阳城县田从典为人刚正不阿，雍正年间被拜为文华殿大学士兼吏部尚书，雍正帝亲书"清谨公方"四字赠予，并赠诗赞曰："出纳望国天北斗，清芳品拟省中兰。"可见，"让墙诗"的故事作为杨玢清廉谨慎品德的有力补充。而宋代倪思撰《经锄堂杂志》则又将其归入"逊畔"：

古语云："终身让畔，不失一段。"晚唐有一贤杨玢，仕伪蜀，久官于外，所居地为邻所侵，其子欲讼之，于是作诗曰："四邻侵我我从伊，毕竟须思未有时。试上含元殿基望，秋风秋草正离离。"遂不复讼。邻里争地界者，或为人所侵，或恃强侵人，不过尺寸间，或以兴讼，以招怨者多矣，若作此观，惠争讼端矣。②

"终身让路，不枉百步。终身让畔，不失一段。"出自唐代朱仁轨《悔子弟言》③，这则对子弟的教诲实为先帝贤德的再现，"舜耕历山，历山之人皆让畔；渔雷泽，雷泽上人皆让居；陶河滨，河滨器皆不苦窳"④。"让畔"作为先贤道德的典范，成为古代士子自我约束与道德提升的准则。清代葛虚存《清代名人轶事》记叙张玉书"让墙诗"的轶事则纳入"度量类"：

京江风度端凝，为清朝第一。……又公入相时，其府垣外有隙地，邻有兴作者越用之，家人与之争，则不听，将怒而鸣诸县，先以书驰白公，公还笺曰：

---

① [宋]司马光：《司马温公集编年笺注》五，巴蜀书社，2009年版，第582页。
② [宋]倪思：《经锄堂杂志》卷二，岳麓书社，2005年版，第62页。
③ [宋]刘清之：《戒子通录》，《四库全书》，上海古籍出版社，1987年版，第703页。
④ [西汉]司马迁：《史记·五帝本纪第一》，岳麓书社，2002年版，第4页。

"千里来书止为墙，让他几尺也何妨。长城万里今犹在，不见当年秦始皇"
呜呼！①

张玉书（1642—1711），字素存，号润甫，江苏丹徒（今镇江）人，顺治十
八年（1661）进士，仕至文华殿大学士，为宰相二十年间直亮清勤，朝廷倚以
为重。俞长城《可仪堂一百二十名家制义序》曾赞其曰："天下论制义正宗者，
必推京江（按，张氏一门科第鼎盛，京江即指其籍贯镇江），而切实正大，尔雅
温醇，则素存先生尤著。"② 这里"让墙诗"同样作为其度量的最佳诠释，也成
为当地人们传颂的趣闻。

"让墙诗"还成为家风家训的教育典范。清代刘体信《苌楚斋续笔》记载
《林瀚训子诗》一则以勉励家人：

闽县林亨大□□瀚《训子》诗有云："何事纷争一角墙，让他三尺又何妨。
长城万里今犹在，不见当年秦始皇。"云云。真达人之见。记得光绪□□年，邑
人某氏有占予家屋基数尺者，先叔考资政公函告先文庄公。时先文庄公任川督，
以此诗寄回，先叔考资政公亦悟，遂听之。③

林瀚（1434—1519），字亨大，号泉山，闽县（今福州市）林浦乡人，其父
林元美为永乐末年进士。林瀚本人为明成化二年（1466）进士，授庶吉士，后
授编修《通鉴纲目》。刘体信此处显然视为训子的教科书式典故，同样的传说还
如清代郑板桥"教弟"的故事等。④ 而作为桐城名士的张英而言，张氏一族在清
代桐城显耀一时，"自祖至曾玄十二人先后列侍从，跻鼎贵。玉堂谱里，世系蝉
联，门阀之清华，殆可空前绝后而已"⑤，这必然离不开良好的家风家训的教诲
熏陶。张英六子中张廷瓒、张廷玉、张廷璐、张廷瑑四人均考中进士，其曾著有
《聪训斋语》就是结合古圣贤的言行事例，告诫教训子孙读书立身、做人治国的
箴言，为此曾国藩做此评价："《颜氏家训》作于乱离之世，张文端《聪训斋语》
作于承平之世，所以教家者极精。尔兄弟各觅一册，常常阅习，则日进矣。"⑥

而在民间普通百姓的心目中，"六尺巷"又是传统伦理道德的化身，并将此

① ［清］葛虚存：《清代名人轶事》，张国宁点校，书目文献出版社，1994 年版，第 283-284 页。

② 王同舟、李澜：《钦定四书文校注》，武汉大学出版社，2015 年版，第 646 页。

③ ［清］刘体信：《苌楚斋续笔》，《清代史料笔记丛刊》，中华书局，1998 年版，第 469 页。

④ 罗杨总主编：《中国民间故事丛书·河北承德平泉卷》，知识产权出版社，2014 年版，第 72-
73 页。

⑤ ［清］陈康祺：《郎潜纪闻初笔二笔三笔》《二笔》卷二"桐城张氏簪缨之盛"，中华书局，1990
年版，第 352 页。

⑥ ［清］曾国藩：《曾国藩全集》"家书"，岳麓书社，1985 年版，第 1196 页。

寄托于各地名人塑造成道德楷模,作为教化民风和维系乡情的朴素观念。《论语》曰:"君子矜而不争"①,又《礼记·曲礼上》:"君子恭敬撙节,退让以明礼。"② 礼让与心宽是为君子之道,古代深受儒家思想影响的正统士人,也多将谦谨礼让视为克己的美德,如元代许名奎《忍经》记载西汉陈嚣"拔藩益地"之事:"陈嚣与民纪伯为邻,伯夜窃藩嚣地自益。嚣见之,伺伯去后,密拔其藩一丈,以地益伯。伯觉之,惭惶,自还所侵,又却一丈。太守周府君高嚣德义,刻石旌表其闾,号曰义里。"③ 这则故事至清代谢承《谢氏后汉书补逸》卷一也予记载。从陈嚣让地、张英让墙等典故看来,君子之义已融入其平常日用之间,"让"本身就是传统美德的有力体现,所以各地百姓将如此美好的期许,还移植在明代嘉靖年间河南安阳人郭朴、明代正统年间江苏吴县人杨翥、明代万历年间福建清流人裴应章、明代万历年间福建泰宁人李春烨、清代康熙年间江苏兴化人郑板桥、清代乾隆年间陕西韩城人王杰、清末四川营山人于式牧等名人身上,他们都是当地的杰出人物和百姓尊崇的翘楚,事业功名的成功与道德品行的高洁,共同赋予其成为儒家传统完美人格的标准。所以,明清时期民间百姓口口相传的"六尺巷","让他三尺又何妨"既彰显了作诗者和让墙人的气度和胸襟,更强化了自古以降仁义与礼让的传统美德,与邻为善、与人为善是中华民族温良恭让的美好品德,这则掌故也作为儒家传统美德的生动诠释,而为明清的百姓所传诵不息。

中华人民共和国成立后,这首流传于民间的"让墙诗",一度成为官方外交政策的重要宗旨。1958年毛主席会见苏联大使尤金时就曾吟咏此诗:

11月30日,苏联驻华大使尤金再次进中南海晋见毛泽东。在谈及如何评价斯大林时,毛泽东十分明确地对他说:"斯大林执政期间的根本方针和路线是正确的,不能对待敌人的方法对待自己的同志。"并对尤金讲了一句寓意深刻的话:"中国有句古诗,诗曰:'万里长城今犹在,不见当年秦始皇'。"④

这则情节在当时产生了一定的影响,其后1961年陈毅元帅来桐城视察时谈及张英,就说过六尺巷的故事名扬天下,以及毛主席都高度称赞的事实,而且还当场背诵这首有名的"让墙诗"⑤,显然毛主席此处吟咏这两句诗,隐含其外交政治的睿智和道德涵养的深厚。而经过国家领导人的高度评价后,这首诗就多次

---

① 杨伯峻:《论语译注》,中华书局,1984年版,第166页。
② 崔高维校点:《礼记》,辽宁教育出版社,2000年版,第1页。
③ 〔元〕许名奎:《忍经》,中国戏剧出版社,2002年版,第42页。
④ 邸延生:《历史的回顾 毛泽东外事活动纪实》,河北人民出版社,2013年版,第187页。
⑤ 安庆市新四军历史研究会编:《安庆抗日人物传略》,《烽火皖江》第九辑,2003年第4页。

进入官方政治活动，如 2005 年朝核第四轮会谈陷入僵局时，中方团长武大伟就借用此诗启发告诫与会各方，有的代表团还请其题诗于扇。

　　新时期以来"六尺巷"又成为廉洁修身的教育典范。2006 年 11 月 21 日，国务委员唐家璇在参观六尺巷后，欣然题词——桐城六尺巷，和谐名城扬。2008 年 2 月，时任国务院副总理的吴仪考察桐城，参观六尺巷后评价说："六尺巷的故事告诉世人，大度做人，克己处事。"① 2014 年 11 月 15 日，中央政治局常委、中央纪委书记王岐山造访安徽桐城"六尺巷"，随后 11 月 17 日中央纪委监察部网站"学思践悟"专栏刊发《德法相依相辅而行》一文，"廉政文苑"栏目刊发《让人三尺又何妨——安徽桐城"六尺巷"的启示》一文，都不约而同地指向"做官先做人，做人先修身"②。"六尺巷"的故事再次被阐发为官修德的警训，强调为官为人都要知古鉴今、为政以德、正心修身。

　　所谓"心宽者无界"，一首四句七言的让墙诗，一段不足百米的六尺巷，如今已远远超出其本意，尤其是在明清时期崇理重礼的文化背景之下，其所产生的传播效果和教育影响远甚于高台教化的道义文章，而成为普通百姓口口相传的经典掌故，成为所有中华儿女共同的精神财富。如今我们不时地步履其街其巷，更要缅怀先贤志士修身养性的品德，承载仁义礼信的优良传统，将中华民族优秀的文化遗产传承下去，而在"一带一路"的时代背景之下，则又可以跨越地域的范畴，成为全世界人民共有的精神财富。

---

　　①　http：//www.itongcheng.cc/tongchenghua/2015_ 02/11_ 14882. html.

　　②　http：//politics. people. com. cn/n/2014/1120/c1001-26063463. html.

池州近代化发展及其启示

陈 君

摘 要：随着开发皖江城市带这一国家战略的提出，皖江沿线城市的开发和发展日益受到更多的关注。池州作为皖江城市带必不可少的一部分，其近代化过程漫长而又曲折，对池州的近代化进行研究不仅可以填补池州城市研究的空白，也可以为未来池州的经济发展提供良好建议，促进池州市、皖江城市带乃至整个安徽省更好地发展。

关键词：池州；近代化；城市发展

池州市位于中国安徽省西南部，北临浩荡长江，南接雄奇黄山，是长江南岸重要的滨江港口城市、省级历史文化名城和国家优秀旅游城市，也是安徽省"两山一湖"（黄山、九华山，太平湖）旅游区的重要组成部分。池州的近代化虽然缓慢，但其对当前池州如何更好地发展是有重要借鉴作用的。

一、晚清移民对池州近代化的刺激

晚清时期，皖南地区是清政府在安徽镇压太平军的主战场，安徽地区战火连天，兵荒马乱，徽州、宁国、池州三府无一幸免。据宣统《建德县志》记载："按自咸丰三年以后，同治二年以前，建民无日不遭兵燹，屋宇树木尽毁，天地荒废，路少行人，遍地荆棘，民未死于兵者，逃山谷中，饥寒殉毙，生者仅遗十之二三。同治二年秋，贼退，民渐归业复，罹瘟疫猛兽之害，旧之唐末王仙芝以后凶灾兵劫未有若斯年之重且久也。"①

自然灾害更使皖南地区雪上加霜，自然灾害及战争的破坏使得田地荒芜，物价居高不下，人们无以为食，为了活命，不得不卖妻鬻女，"时有米肉（人肉之

作者简介：陈君，合肥工业大学宣城校区机械工程系团总支副书记。

① 张赞巽，张翊六.宣统建德县志·卷之八·武备兵事（十六）[Z].南京：江苏古籍出版社，1998：285.

别称）、糠肉（猪肉）之分"①。

　　为迅速恢复发展当地经济，战后池州地区积极招揽外来移民，垦荒种植，加上清政府一系列的惠民政策，吸引了大批的移民，当代的《贵池县志》载："太平天国失败后，清王朝'出示招垦'，一大批湖北、河南等地穷苦农民，向往江南求生而大批南来，贵池当然是灾民南迁目标，当时迁入贵池的客民达 16210人。"② 近代池州府移民以江北移民为主，绝大部分来自安庆和庐州府，而"安庆迁入池州的为最多。在池州接受的 31 万移民中，至少有半数来自安庆府"③。此外还有一些湖北、湖南、江西、河南等其他各省的移民。

　　晚清池州的大量移民对当地的经济、社会及文化也带来了重大的影响。大量的外来移民，为经济的恢复和发展提供了大量的劳动力，同时也改变了当地的生产关系，永佃制在池州开始盛行。晚清安徽乃至全国的土地关系都有一个重要的变化，即永佃制的发展。永佃制即将土地划分为田面（可称小买、顶手等，即使用权）与田底（或称大买、卖租等，即所有权），不论拥有田面或田底，都可以单独进行买卖。佃农一旦获得田面，地主不能无故随意撤佃。永佃制的发展在一定程度上调动了垦种佃民的生产积极性，使得池州地区的经济得到了一定程度的恢复和发展，也使人们的生活水平有了一定程度的提高。

　　移民的到来不仅给当地经济的恢复提供了劳动力，也促进了城镇的发展与建设，池州地区有很多集市和城镇都是由移民聚居而成的，例如青阳县，外来移民人数较多的木竹潭随后逐渐成为巨镇，大约"去青阳二十五里，东北通铜陵，有水通大通，交通便利，商业可观，盖繁盛于县治"④。大量的移民对池州的文化及风俗习惯都产生了深远的影响，这也为池州的近代化打下了基础。

二、池州近代化的缓慢推进

（一）近代池州航运业的发展

　　池州港地处交通要冲，是皖南的北大门，自古以来就是南来北往、纵贯东西的水运枢纽，溯江而上，可达巴山蜀水，顺流而下，可连五湖四海，地理位置十分优越。池州港历史悠久，从汉代古石城的出现到现在，已有两千多年的历史。石城在贵池附近，是池州港的起源，后因地理条件的变化，县治的转移，江南经济的发展，港口位置也几经变迁。

---

①　陈惟壬等（纂）. 民国石埭备志汇编·大事记稿（三十）[Z]. 南京：江苏古籍出版社，1998：18.

②　贵池市地方志编纂委员会. 贵池县志 [Z]. 合肥：黄山书社，1994：171.

③　曹树基. 中国移民史第六卷·清民国时期 [M]. 福州：福建人民出版社，1997：463.

④　李絜非. 青阳风土志 [J]. 学风. 1993，（10）：57.

　　鸦片战争以后，中国逐渐沦为半殖民地半封建社会。英、法、美、日、俄、德等帝国主义国家武装侵略我国，并深入内地。池州港的近代水运，随着帝国主义的侵略和洋务运动的兴起，也兴盛一时。

　　1876年中英《烟台条约》的签订，芜湖开为商埠，并设领事，将池州的大通正式作为外国轮船停泊地点和上、下客商货物的"寄泊港"。此后，外国商品大量倾销池州府属各县，而皖南腹地的煤、茶、米、丝等物资也经大通源源外运。

　　轮船运输业是外国在池州进行经济侵略的最主要工具，也是资本输出的经济手段之一。《烟台条约》签订后，外商先后还在大通和悦洲两岸设立了许多公司，其中有名的如美商美孚石油公司、英商亚细亚石油公司。[①]

　　各帝国主义国家企图通过在大通的"洋行"，把池州各县变为他们的商品倾销地和原料供应地。大量鸦片和洋货从外国运到大通港，然后又通过民船从支流分销到贵池、石台、东流、至德及江北的枞阳、无为、桐城等县，与此同时大量收购各地的农副产品，集中到大通再转运出国。

　　大通的和悦洲经常停泊着数百艘货船，街市上日间人流如潮，夜间灯火通明，茶楼酒肆，梨园歌馆，拥挤不堪。外国航业入侵池州港在一定程度上也带动了池州近代航运业的发展，而近代池州民族航运业的发展则得益于近代池州各煤矿的煤炭运输以及招商局与地方小轮船公司在池州的运营。

　　1882年，两江总督左宗棠对馒头山进行大规模的开采，使得池州的煤产量猛增。1924年以前，由于条件限制，各矿所出煤炭，都用人力车或畜力木轮车运到江边，装木帆船出港。当时道路弯曲狭窄，泥泞不堪，造成运输时间长，运量小，而且运费高。为了解决运输困难的问题，官矿局于1926年2月，利用下江口一个矶头兴建深水码头一座，再修轻便铁路至矿区，承载煤炭运输，初步形成一个具有铁路专用线的长江码头。[②] 各煤矿的煤炭运输在一定程度上促进了近代池州航运业的发展。

　　但是随着日本的侵略战争的爆发，池州的航运业被摧毁殆尽，直到渡江战役取得胜利，贵池才获得新生，并在党和人民的共同努力下重建并进一步发展。

（二）近代池州矿业的发展

　　馒头山煤矿位于贵池县东北7.5千米，现江口乡胜利、三范、查村三个村境内，地形平坦，濒临江岸。煤田至江岸仅4.5千米，交通方便。虽然早前就有人在此处开采，但是开采的数量都不是很大。后因民间用煤需求增大，"煤炭业在

---

① 康文彦，肖显明．池州港史［M］．武汉：武汉出版社，1991：64-65.
② 康文彦，肖显明．池州港史［M］．武汉：武汉出版社，1991：70.

光绪初年，仅有湖南宝庆、兰田之煤运芜发售，专为锻铁之用。嗣有小轮往来需用烟煤，则皆购用舶来品也。迨后，木柴渐贵，馆店作坊改用者多，其始亦仅用湖南柴煤。光绪季年，政府提倡实业，推人开矿，吾皖之池州、宣城、繁昌等处遂有人相继禀请开采柴煤"①，随后安徽各地煤矿得以开采。加上清政府想效仿西方以求富强，馒头山煤矿得以受到朝廷的支持而开采。

1876 年，清政府官僚孙振铨和买办杨德在池州创办安徽池州矿务局，开采馒头山煤矿。1877 年徐润为煤矿主持人，轮船招商局局董唐廷枢等人也有投资，由于得到官商的支持，馒头山煤矿发展较快。②

1882 年，两江总督左宗棠主办矿务，对馒头山进行大规模的开采，煤产量猛增，使馒头山成为闻名全国的煤矿之一。好景不长，池州煤矿虽然采用了一些机器生产，但产量不高，经营不到 20 年，于 19 世纪 90 年代初破产。究其原因，第一，机器开采没有得到最大限度的利用，虽然购入一大批机器，但由于外聘的英国矿师被解雇，此后机器根本没有发挥作用；第二，池州的煤属于无烟煤，热量较低，不能满足人们的使用需求；第三，由于关税苛刻，成本上升，池州的煤竞争力低下，导致最终无法经营。

1924 年，安徽省建设厅对馒头山煤层进行全面勘测，测得储量约为 103.89 万吨。先后在馒头山开采煤炭的有官督商办的协记煤矿公司、私营民生公司、六合公司、池裕公司等 7 家公司，各公司井口煤炭都堆积如山。③ 民生、协记诸矿其间出煤每日多达 500～600 吨。馒头山煤矿从民国四年到 1951 年 6 月止，共开采原煤 1523568 吨，煤质优良，当时有"长江流域柴煤以贵池所产为佳"的评价。④

（三）近代池州教育的发展

近代池州教育的变迁主要还是受到政府政策的影响。清末无论是洋务运动，还是维新变法，抑或是"新政"，都对文化教育事业产生一定的影响。具有近代意义的小学、中学、师范学校和高等教育学校都有了发展。特别是教会学校的创办对池州产生了重大影响。清光绪二十七年（1901），基督教英国内地会在贵池县城耶稣堂创办养正小学和福音堂女子小学，招收教徒子女入学。课程设置与官办学堂同，但增授英语课。抗日战争爆发前夕，上述两所学校均停办。⑤

① 程必定. 安徽近代经济史［M］. 合肥：黄山书社，1989：126.
② 康文彦，肖显明. 池州港史［M］. 武汉：武汉出版社，1991：62.
③ 康文彦，肖显明. 池州港史［M］. 武汉：武汉出版社，1991：69.
④ 贵池市地方志编纂委员会. 贵池县志［Z］. 合肥：黄山书社，1994：451.
⑤ 贵池市地方志编纂委员会. 贵池县志［Z］. 合肥：黄山书社，1994：662.

教会学校在安徽的创办，一定程度上促进了西方文化和科学技术在安徽的传播，普及了近代自然科学和人文科学，同时也打破了中国封建势力对教育的垄断局面，开启了私人办学的风气，这具有一定的进步性。与此同时，教会学校也是对中国文化和教育主权的侵略，其目的是使中国基督教化，为了能在中国更好地传教，而非开启民智。因此教会学校对于池州近代教育的影响是双重的。

三、池州近代化的特点与启示

（一）池州近代化的特点

中国的近代化，建立在高度发达的传统文明的基础之上，特定的地理环境和历史传统决定了中国近代化进程的快慢和特色；而池州地区也不例外，池州的地理环境和历史传统，同样也决定了其近代化进程的快慢和特色。

1. 池州近代化进程缓慢

池州的近代化可以说是在芜湖开埠以后，受到芜湖辐射的影响，而逐步开始的，同时也受到池州与芜湖的空间距离、池州地区本身的地理条件、交通条件以及历史状况等多方面的制约。

池州港距芜湖港很近，虽然池州港的地理环境优越，水文条件也较好，但是相比于芜湖港这一"长江上可以停泊万吨级货轮的深水良港之一，是长江干线连接江淮及皖南内河水运的中心，是安徽省最大的客货运输枢纽港"① 来说，只能算是一个山区小港。因此芜湖开埠通商，而池州港只能作为外商的一个"寄泊港"。池州地区相对较大宗的对外贸易，都需经过芜湖港转运。这样一来，无论从港口货物的吞吐量，还是船舶的停靠数量都远不及芜湖港。因此发展也受到制约，池州港的发展更多是依附于芜湖港的，可以说是芜湖的腹地。

水路发展有所限制，然而陆路交通也不是很理想，民国时期池州运输陆路的主要工具是人畜力车，不但效率低，花费也高。

历史是强调前人的活动对后人的影响，包括政治、经济、文化等方面。池州地区的近代化，并非在一片空白的无人区域上进行的，原先的状况既为近代化提供了最初的物质基础，又影响着现代化的速度和程度。池州地区无论从政治、经济还是文化方面都不能和安庆、芜湖以及徽州地区相提并论。因此，这也是池州近代化进程缓慢的一个原因。

近代以来，尽管农业仍是经济命脉，但工商业在经济中的地位已越来越重要。对于发展工商业而言，池州无论是地理位置和交通，还是原先的历史基础都

---

① 鲍亦骐. 芜湖港史［M］. 武汉：武汉出版社，1989：1.

没有给池州创造一个良好的环境。

2. 池州近代化的过程是向西方学习的过程

池州的近代化之所以要向西方学习，是因为当时的池州与西方社会无论在政治、经济、科学技术还是思想文化上存在着巨大的差距。当池州还处于封建专制政治统治时，西方早已进入资本主义社会；当池州还处于自给自足的自然经济时，西方资本主义国家已开始了工业革命；当池州人上的是书院，学的是四书五经，考的是科举，写的是八股，拜的是皇帝的时候，西方早已普及了自然科学，健全教育制度，崇尚天赋人权说、三权分立论以及个性解放了。

先进的科技文化必然向落后地区传播，这是亘古不变的，但是传播的方式可能不同：或以战争的方式，强行输出；或以和平的方式，相互交流。池州对于西方先进的科学文化的学习也经历了一个从被动到主动的过程。先是第二次鸦片战争后，西方势力侵入到长江流域，芜湖开埠，池州港被迫成为"寄泊港"，同样也被迫接受西方一系列的文化。到后来基督教在池州开办教会小学、中学，学校中都设有董事会，再由它来聘请校长，实行校长负责制，这就提高了学校决策的民主程度和办事的效率，而对聘请教师的严格要求又保证了教学的质量。周密完善的校规、校纪有力地保证了学校的有序运作。西方先进的科学文化知识及先进的教育模式通过办校的方式传授给池州的人民，人们开始逐渐接受并积极地学习中国传统教育中所没有的英语及体育等课程，虽然他们最初的目的不纯，但对于开启民智也起到一定的积极作用。

3. 池州的近代化缺乏强有力的主导者

清政府由于战败赔款，统治阶级的奢侈生活，税收没有保障，所以中央政府失去权威，缺乏政治整合力和经济宏观调控力，也就谈不上对近代化的领导和推动。当时的清政府财力不足，当权者封建守旧，对近代化的迫切性缺乏认识，阻碍了近代化的发展。北洋军阀政府连年混战，无暇顾及近代化。蒋介石国民党建立的南京国民政府，实行专制独裁统治，也没有条件实行近代化。在一个地大人多，而农民又占人口大多数的中国，经济文化落后又具有浓厚的封建传统，没有统一的强有力的政府的领导和推动，近代化的实现是不可能的。为数不多的知识分子，又由于受科举制度的束缚，不注重现代科学技术知识和管理，近代化的发展缺乏近代化运动的推动者和管理人才，这一切都使得池州近代化的水平不高，甚至低下。

（二）池州近代化的启示

中国是在毫无准备的情况下被西方列强强行打开国门，拖入近代的，这便决定了中国的近代化只能是一种防御型的消极的近代化。池州在这一历史大背景下，不仅从开始是被动的，其发展过程也是被动的。但是为了寻找出路，实现近代化，中国有识之士不断地探寻着变革的方式和道路，而近代化的实现无非从三个方面体现，那就是政治上的民主、独立，经济上的工业化、机械化，思想文化上的理性、科学，因此对池州近代的启示也从三个方面进行阐述。

1. 推翻"三座大山"才能真正实现池州的近代化

池州的近代化之所以发展缓慢，水平低下，最根本的原因是受到帝国主义、封建主义和官僚资本主义的三重压迫，因此，要真正实现近代化必须推翻帝国主义、封建主义和官僚资本主义这"三座大山"，实现政治上的民主独立。

池州最初的近代化可以说是在清政府为挽救、巩固其封建统治而采取的各项改革措施下开始的，如政府支持大规模地开采煤矿，以及洋务运动、维新变法、清末"新政"对文化教育事业方面一系列的改革：创办新式学堂，进行学制和课程的改变。然而这一系列措施的最终支持者是清政府，一个极力维护其封建专制统治的政府，不可能把所有重心摆在实现中国近代化上面。一般而言，近代化的动力群体可以分为四种类型：政治家和政府官员、具有近代化意识的军人、资产阶级和知识分子。从世界近代化的历程看，西欧近代化基本上是由资产阶级主导的，日本、俄国等则是政府主导的，南美一些国家是由军人主导的。从中国的近代化历程来看，最初基本上是属于政府主导型的，但是清政府并无心更无力来实现这一近代化进程，再加上当时的中国还备受西方帝国主义的欺凌，如日军霸占池州港前，对池港进行狂轰滥炸，给池港造成了严重的破坏；后来为防止抗日势力渡江南下，下令停止一切航运，进行严格把守，也阻碍了池州近代航运事业的发展。其实无论是清政府还是后来的北洋政府，抑或是蒋介石国民党政府，都不能很好地发展近代化，归根到底是由这些政府的顽固、反动、腐败和无能所致。

2. 发展区域经济才能更好地实现池州的近代化

清军和太平军在池州的斗争时间长，斗争激烈，使得池州遭到严重的破坏，大部分地区人口锐减，田地荒芜，满目萧条，农村经济凋敝。除战争破坏，池州地区还遭受严重的自然灾害，区域经济状况雪上加霜。

池州近代经济的发展更多的是依附芜湖的开埠通商，其馒头山煤矿的开采到后期由于种种原因，产量也并不稳定，加上外国对池州的侵占，无法独立地发展经济，最后则因支持不下去而宣告破产。而高度发达的经济才是实现城市近代化发展强有力的后盾，而当时的池州根本没有条件。

3. 重视科教使得社会进步才能最终实现池州的近代化

社会进步是近代化的核心和终极目标，其中，科学和教育是衡量社会进步程度的基本内容。其实教育的近代化，实质上是个教育世俗化的过程，又是一个教育实用化和国际化的过程，同时还是教育研究方法由单一到多元化的过程。世俗化、实用化、国际化以及研究方法的多元化，共同构成了教育近代化的本质内涵，它们的出现和发展，使得人类社会的教育跃上了一个崭新的台阶，也为教育的进一步发展和繁荣提供了可能。

池州教育的近代化内源动力不足，而作为外力的教会学校的根本目的是通过教育的方式扫清他们在池州传教的障碍，企图将池州宗教化，虽然曾在一定程度上对池州的近代教育的发展产生积极影响，但绝非有心帮助。而池州地区真正重视科教文卫，无论是学制的建立健全，还是课程的改革，科目的齐全，都是新中国成立以后才有突破性的发展。

池州的近代化过程漫长而又曲折，要实现从传统农业社会向近代工业社会的转变，需历经很多困难和障碍。然而历史是延续的，近代化本身也是一个漫长的历史过程，不应把它单独割裂来看。中华人民共和国成立后，池州地区无论从政治、经济和思想文化方面都有了进一步发展。

历史无法改变，却能给我们以警示和借鉴。如果不能以史为鉴，那就失去了历史存在的价值。对于池州而言，更应该把握现在，抓住发展机遇，努力取得更好的发展。

参考文献：

［1］张赞巽，张翊六．宣统建德县志［Z］．南京：江苏古籍出版社，1998.

［2］陈惟壬等（纂）．民国石埭备志汇编·大事记稿［Z］．南京：江苏古籍出版社，1998.

［3］贵池市地方志编纂委员会．贵池县志［Z］．合肥：黄山书社，1994.

［4］曹树基．中国移民史［M］．福州：福建人民出版社，1997.

［5］李絜非．青阳风土志［J］．学风．1993，（10）.

［6］程必定．安徽近代经济史［M］．合肥：黄山书社，1989.

［7］康文彦，肖显明．池州港史［M］．武汉：武汉出版社，1991.

［8］鲍亦骐．芜湖港史［M］．武汉：武汉出版社，1989.

近代皖江地区堤防工程建设及其对农业经济的影响

房 利

摘　要： 明清以来，为使圩田免受水灾，皖江人民在围圩垦殖的同时也不断修筑堤防，致使皖江沿岸出现江堤成圈的景象。近代，皖江地区的同马大堤、无为江堤、枞阳堤坝等堤防工程都得到不同程度的修筑和加固，其对农业生产具有重要的保障作用，但它的存在也给农业经济的发展带来一定的负面影响，如农村劳动力减少、土壤环境以及耕地破坏。分析近代皖江堤防工程与农业经济的关系，对我们当今堤防工程的建设具有一定的借鉴意义。

关键词： 近代；皖江地区；堤防工程；农业经济

　　皖江是指长江流经安徽的干流河段，其左岸上始鄂皖交界处宿松县段窑，下至和县驻马河口出境；右岸上自赣皖交界处的牛矶，下至皖苏交界处的和尚港进入江苏省境，皖江全长 416 千米，流域面积为 6.6 万平方千米。[①] 皖江地区属于长江中下游平原，是安徽省重要工农业生产基地。纵观农业发展史，农业的兴衰与水利工程有着极为密切的关系，堤防工程建设对农业经济的影响不可低估。堤防的存在一方面可以抵挡洪水，在一定程度上缓解水灾的发生，保障了农业经济的发展。另外，筑堤束水，能使昔日不毛的草荡之地涸为良田，改善地区的水利条件，增加农业的耕地面积。这些都是其对农业经济发展的积极作用，但是，堤防的修建也给农业经济带来很大的负面影响。本文主要从劳动力、耕地等方面探讨它的负面影响，以便为我们今天的农业经济发展提供借鉴。

一、近代皖江堤防工程的修筑及其地位

　　皖江堤防工程主要由江堤、河湖堤坝、圩田圩埂等堤防构成，皖江地区的堤防经过几代人的加筑和培修，形成了江堤、河坝、圩埂互为统一协调的堤防水利系统。近代皖江流域较大的堤防工程主要为同马大堤、无为大堤、枞阳江堤、芜

作者简介： 房利（1977—），男，博士，铜陵学院副教授，主要从事农业史、水利史研究。
　① 　赵崔莉：《清代皖江圩区社会经济透视》，合肥：安徽人民出版社，2006 年版，第 5 页。

当江堤等，它们的出现是与皖江农业开发进程相一致的，是在围圩垦殖过程中逐渐形成的。皖江地区的沿江田地围垦开发历史悠久，"大致滥觞于三国之际，迅速发展于两宋，全盛于明清"①。皖江沿线江堤工程建设的密集时期是明清时期，但当时的堤防工程由零星的、分散的圩岸组成，互不连贯，直到近代，安徽长江沿岸的堤防才开始圈堤并圩，相互连接，形成了一线长堤。

同马大堤是在晚清时期逐步建成的。宿松、望江、怀宁境内的华阳河、皖河等，原是长江古道，清咸丰年间因江流淤塞严重，江道南移，该江段变迁较大，坍江之灾较严重。宿松道光时才沿江筑堤，志载宿松县"清开国之初江水安澜，邑境居民防旱多而防潦少，道光后江潮迭溢，于是外而沿江数百里之长堤先后修筑"②。康公堤，在宿松县南百里介归林、泾江二庄，上接湖北黄梅，中绕江西九江地界，下抵宿松坝头西港。明初为德化县（今名九江县）修筑，清代才归为宿松县，改名为交公堤。"近时堤已坍塌，沿堤居民即在该堤原址修建御湖各堤。"③ 同仁堤"上自梅邑之董家口起，下至本邑归林庄大田尾止，计长一千九百余丈"，原为鄂省广济、黄梅之保障，道光十四年黄梅赖知县倡议建修。十八年鄂委道员查请帑修筑，竣工编列和、亲、康、乐、安、平六字号，劝谕黄梅、宿松、德化业民各按田亩分段岁修保固，自后"该堤工程，每遇兴修即由鄂、赣、皖三省平均分拨官款"修建。④ 丁家口堤在县西南归林庄，该处原本无堤，但因同仁堤与初公堤之间，鄂、赣两省咨商皖省希望修筑丁家口，使同仁与初公堤相连，于是皖"将该接壤之丁家口，动拨官款修筑，计堤长三百三十余丈"。后来，由于连年崩坍，堤身退建，"堤线加长至五百余丈，历次兴修，均系官拨款项"⑤。泾江口堤在县泾江庄，该处原有水港由江达湖，光绪十一年，邑令孙葆田因"江水由该口直灌，不可无以御之"，于是请拨官款砌土筑堤堵塞港口，"计长二十余里，四千九百余丈"⑥。初公堤，道光二十五年重修，该堤西起秀沟口，东至老坝丁家口，长达 7900 余丈，其中宿松管堤 280 丈 5 尺。⑦ 马华堤于民国三年开始修筑，民国五年竣工，该堤"上接泾江长堤自马家港起下至

　　① 庄华峰：《安徽古代沿江圩田开发及其对生态环境的影响》，《安徽大学学报》（哲学社会科学版），2004 年第 2 期。
　　② 《宿松县志》卷二十《水利志》，南京：江苏古籍出版社，1998 年版，第 408 页。
　　③ 《宿松县志》卷二十《水利志》，南京：江苏古籍出版社，1998 年版，第 408 页。
　　④ 《宿松县志》卷二十《水利志》，南京：江苏古籍出版社，1998 年版，第 408 页。
　　⑤ 《宿松县志》卷二十《水利志》，南京：江苏古籍出版社，1998 年版，第 408 页。
　　⑥ 《宿松县志》卷二十《水利志》，南京：江苏古籍出版社，1998 年版，第 408–409 页。
　　⑦ 徐建平：《民国时期鄂皖赣三省沿江边界调整与江堤维护》，《史林》，2009 年第 4 期。

望江县华阳镇港岸止。计长七十余里。"① 同马大堤系由零星圩堤连接延伸而成，后来历经同治八年、九年和光绪二十七年大水，原有堤坝坍塌严重，才着手联并同仁堤、丁家口堤、初公堤、泾江长堤和马华堤，形成同马大堤雏形。1963 年正式称该段江堤为同马大堤，大堤上接湖北黄广大堤下至怀宁官坝头共长 175 千米。

　　无为江堤由于特殊的地形和重要地位，历来为政府和人民所重视。早在明清时期，无为江堤雏形就已形成。民国时期，虽然民生凋敝，但无为江堤的修防仍较多。1912 年，无为以工代赈，修筑黄丝滩江堤，但由于资金不足，致使降低标准，结果该堤于当年汛期再次崩溃。1923 年，由于黄丝滩五显殿一带，崩岸频繁，危及江堤安全，在嘉泰圩筑退建堤一道。1926 年，再在嘉泰圩修筑了第二道退建堤。1930 年，又在此堤修建第三道退建堤。1931 年，长江流域大水，国民政府以工代赈，全线修筑长江堤防。其中无为江堤施工长 121 千米，筑堤培修标准为：堤顶高程高出该年最高洪水位 1 米，顶宽 5 米，内坡坡度自堤顶至堤腰 2.70 米处为 1：2，以下 1：5，外坡坡度为 1：3。② 1931 年大水后沿江各省统一实施的江堤大培筑是近代长江修防史上规模最大的一次筑堤工程，当时被称为"长城后之最大工事"③。1935 年，皖江又发生水灾。无为江堤上自青山圩，下至蚊子港，进行了退建、堵口和培修工程，施工总长 105.2 公里。1938—1940 年，无为县连续三年进行了江堤培修，总计完成土方 143.40 万立方米。最著名的是 1942 年的惠生堤工程。由于黄丝滩崩岸严重，在皖中抗日根据地吕惠生领导下，成立黄丝滩江堤退建工程委员会，具体实施长 7.25 公里的退建堤工程。新退建堤新建成后，为表彰吕惠生的功劳，命名为"惠生堤"。

　　此外，枞阳江堤、芜当江堤、广济圩江堤等堤防在民国时期进行了多次修筑，这些堤防的建设和修防有效地保障了农业安全和人民的生命财产安全。

　　由于皖江地区地势低下，每当夏秋梅雨来临之际，江潮泛溢时，濒临长江的圩田往往有江水内灌的危险，群圩岌岌可危，这时，堤防工程对沿江的圩田保障显得尤为重要。如安徽无为濒临长江，其西北多山，东南一望平坦，为长江冲积之平原，这种地势对于圩田开发及其农业发展十分有利，但是无为沿江圩田的安危全靠无为一线江堤提供保障，因此，无为州历来是江防重地。作为巢湖流域的防洪屏障，无为江堤的修防还关系着沿江数邑之安全。"安省无为州江坝为该州

①　《宿松县志》卷二十《水利志》，南京：江苏古籍出版社，1998 年版，第 409 页。
②　李卫华：《无为大堤志》，北京：九州出版社，2005 年 8 月版，第 97 页。
③　民国二十一年《申报》。

及和州、含山、庐江、巢县五属田庐保障"①。乾隆时无为知州范从彻就指出："无为素称泽国，南临大江，惟赖一线长堤抵御江水，堤决江漫，不独无为一郡尽为波臣，而邻属均成渊薮，所以志称为和、含、巢之咽喉也。"②　至今，"巢湖流域受无为江堤保护的面积为 4520 平方千米，其范围包括合肥市及巢湖市、无为、庐江、含山、和县、肥东、肥西、舒城等九个市、县。无为江堤不仅在农业上保护着这九个市、县的 427.3 万亩农田，而且关系到流域内的工业、国防、交通运输等重要设施及人民生命财产安全"③。可见，沿江堤防地位的重要性。皖江两岸干堤长 764 千米，与之成圈堤长 230 千米，还有内湖支堤长 7118 千米，总保护面积为 800 万亩。其中无为、同马、枞阳、芜当、广济、马鞍山等六个大型圈堤保护耕地面积为 692.9 万亩，也守护着安庆、芜湖、马鞍山等重要城市的安全，具有举足轻重的地位④，所以，皖江堤防工程的形成对皖江地区的工农业和交通安全起着重要的保障作用（表 1）。

表 1　皖江主要江堤统计

堤名	堤长（公里）	耕地（万亩）	受益县（市）名	起止地点
同马	175.0	141.5	宿松、望江、怀宁、太湖及 4 个农场	段窑—官坝头
广济	40.8	45.0	怀宁、桐城、枞阳和安庆市	墩头坡—莲花湖
枞阳	84.2	53.0	枞阳、无为及 1 个农场	幕旗山—梳妆台
无为	124.5	427.3	和县、含山、肥东、肥西、巢县、庐江、舒城、无为和合肥市	果合星—黄山寺
芜当	87.0	26.1	芜湖、当涂和芜湖市	青弋江口—姑溪河口
马鞍山	11.3	—	马鞍山市	人头矶—洋河咀
合计	522.8	692.9	注：同马大堤耕地不含鄂省两县 139 万亩	—

资料来源：《安徽省大型水利工程资料汇编》，1975 年。

---

① 《宫中档乾隆朝奏折》34 辑，第 828 页，乾隆三十九年三月十二日安徽巡抚裴宗锡奏报查勘江坝及巡视芜湖关务事折。

② 范从彻：《议禀开河筑坝折》，原载清嘉庆《无为州志》卷五《水利志·开浚》，南京：江苏古籍出版社，1998 年版，第 72 页。

③ 李卫华主编：《无为大堤志》，北京：九州出版社，2005 年版，第 1 页。注：现今的巢湖市为县级市，属于合肥市管辖。

④ 杭宏秋：《简论安徽沿江圩埠的历史演变》，《中国农史》，1988 年第 4 期。

二、堤防工程对农村劳动力的影响

劳动力的数量和素质对农业生产和发展具有决定性的作用。唐宋以后，长江流域之所以成为经济中心，与北方人口的迁徙有很大的关系。堤防工程对皖江地区劳动力数量的影响，包括堤防修建过程中所需要的劳动力以及堤防崩溃引发水灾导致的劳动力数量减少方面。至于修建堤防时所需要的劳动力，可能会影响农业生产秩序，但对劳动力数量的增减影响甚小，劳动力数量的缩减主要在于堤防冲决后引起的水灾，导致人口死亡。因此，我们主要从堤防溃决角度引起的人口数量变化来探讨劳动力数量的减少。

1. 堤防溃决，灾民大量死亡，造成农村劳动力数量急剧减少

堤防工程对人类有利有弊，它一方面可以有效抵御洪水，但其无形中抬高水位，加大洪水的冲击力度。堤防一旦冲决，对人们生命财产破坏程度无疑是巨大的。皖江地区襟江带湖，其独特的地理环境致使其堤防工程较多，加上联圩并圩的发展，到近代，皖江地区已形成了干堤、支堤相互依存的堤防系统。堤防的溃决，常导致"田庐顷圮、人畜淹毙、哀鸿遍野"的局面。水灾不仅冲毁田庐，还淹毙大量灾民，致使人口急剧减少，从而使农村劳动力数量骤减。这种情况从地方历史文献中也能得到佐证。光绪八年五月"蛟水起，英、霍由潜山漫溢太湖、宿松、望江、怀宁五邑，冲没田庐塚墓，淹毙人畜无算"①。光绪十三年，沿江各属被水堤决，广济圩决口，沿江"田庐，尽成泽国，民皆卒不及逃，被难者十余万，死者不可计数"②。宣统三年，长江堤坝"冲破殆尽"，自去秋至今春，"江皖二十余州县灾民三百万人，已饿死者七八十万人，奄奄待毙者四五十万人，……饥毙人数多时每日至五六千人"③。同年，无为州五里碑江坝溃决，"灾民麇集于临江大坝之东场圩上，搭棚暂栖候赈。不意十六七两昼夜，狂风暴雨，逃避不及，风卷浪冲，计淹毙灾民二千数百口。张家荡等处共积浮尸五百余口"④。

1931年，安徽全省发生大水灾，这也是民国历史上范围最广、损失最大的水灾，如芜湖县在这次水灾中大部分堤坝被冲决，"共有难民二十四万四千余人，死亡四千余人未掩埋。为防止漂流，整批系于树上，西梁山已积尸六百余

---

① 民国《怀宁县志》卷三十三《祥异志》，南京：江苏古籍出版社，1998年版，第705页。

② 王鹤鸣：《安徽近代经济探讨（1840—1949）》，北京：中国展望出版社，1987年版，第267页。

③ 《中国近代农业史资料》第一辑，第726页，转引自安徽省地方志办公室：《安徽水灾备忘录》，合肥：黄山书社，1991年版，第3页。

④ 安徽省地方志办公室：《安徽水灾备忘录》，合肥：黄山书社，1991年版，第11页。

具"①。宿松县长堤、圩堤崩溃，以致"民无死所，流亡载道，尸骨沉江，死者不可复生，生者转求速死"②。据安徽省统计，全省 60 个县中，有 48 个县不同面积受灾，占全省县数十分之八，大小圩堤溃决 3950 余处，受灾田亩 3155 万亩，占全省田亩 57%，灾民 960 余万人，占全省人口 40%，死亡 112288 人，其中溺死 22863 人，直接损失 31464 万元。其中长江干堤和主要支流堤防有 254 处溃决。③ 皖江地区灾民人数达到 5232484 人，淹毙及病饿而死亡人数为 75140 人（表 2）。

表 2　1931 年水灾皖江地区各县灾民及死亡人数（单位：人）

序号	县别	灾民数	死亡人数	序号	县别	灾民数	死亡人数
1	怀宁	442000	360	16	贵池	145920	260
2	桐城	675900	2400	17	东流	81300	600
3	望江	196276	1880	18	铜陵	120000	1000
4	无为	400000	3000	19	芜湖	399534	9534
5	和县	240000	860	20	当涂	320000	2927
6	宿松	250000	5000	21	繁昌	210000	2100
7	含山	121000	429	22	秋浦	50000	130
8	潜山	60000	82	23	南陵	110300	110
9	太湖	75000	30	24	青阳	31000	80
10	合肥	400000	1730	25	广德	58900	30
11	巢县	100000	176	26	郎溪	80000	220
12	庐江	156000	60	27	全椒	80000	200
13	舒城	40000	220	28	滁县	64300	57
14	六安	4000	463	29	来安	30000	100
15	宣城	350000	3710		合计	5232484	75140

资料来源：安徽省地方志办公室：《安徽水灾备忘录》，黄山书社，1991 年版，第 21–24 页。

---

① 安徽省地方志办公室：《安徽水灾备忘录》，合肥：黄山书社，1991 年版，第 26 页。
② 《安徽省赈务会汇刊》第一期，灾情，1931 年 9 月
③ 安徽省地方志办公室：《安徽水灾备忘录》，合肥：黄山书社，1991 年版，第 17–18 页。

　　近代，皖江地区由堤坝崩溃所造成的水灾次数较多，灾难所引起的灾民以及死亡的具体人数并不能一一统计，即使官方文献统计的也与事实有所偏差，但是从文献记载以及近代大水灾统计的概略数据来看，至少能证明堤坝的冲决，加剧了水灾严重程度，造成了人口数量的剧减。人口数量的缩减，使农业劳动力的数量相应减少，给农业生产带来了严重的影响。洪灾过后，皖江地区满目疮痍，田地荒芜，灾后农业生产恢复较慢，这些场景的出现主要还是由于劳动力的缺少。

　　2. 堤坝溃破，灾患程度加重，加剧了灾民的流亡和迁移

　　堤防冲决，致使庐舍田地淹没殆尽，灾后瘟疫肆虐，灾民生活在水深火热之中，被迫流亡它地。汪志国认为，在"安土重迁"的传统观念仍禁锢人们大脑的近代社会里，灾荒以及由此造成人们生活的贫困是人们背井离乡的主要动因之一。[①] 社会学家孙本文认为，近代人口迁移大致有四种类型，一是因受水、旱天灾和逃离战乱，占44.1%；二是因歉收、破产、贫困等外出谋生者，占25.8%；三是经商、求学及外出务工者，占10.2%；四是其他投靠与婚嫁迁出者，占19.9%。[②] 可见，人口迁移主要原因在于灾荒。近代，皖江地区的这种情况比较普遍。宣统三年，安徽水灾，当时《民呼报》记载了受灾较重的怀宁、潜山两县的流民流亡时的惨景："流离荡析之惨，儿啼女哭之声，不绝于耳目。……现怀、潜两属，饥民凡数十万，鸠形鹄面，无枝可依。啼饥号寒，所在皆是。"[③] 1931年水灾是民国以来安徽最大的灾患，其中"皖南一带，地滨大江，南北连日江水继涨不已。各县电告圩堤溃决者，已有怀宁、望江、舒城、庐江、无为、东流、和县、含山、当涂、芜湖、合肥、桐城、贵池等地"[④]，造成成千上万灾民流亡。据统计，此次水灾，安徽省南部，流离人口占总人口的61%，其中，个人流离者为28.5%，举家流离者为46%。[⑤] 1931年水灾，导致安徽农民大量离村迁移，在皖北地区每千人有47人，离村率达19%，在皖南地区每千人竟达205人，离村率61%。[⑥]

　　灾民流亡到城市较多，"城市是流民的天然蓄水池"，由于城市商品经济的发展、社会秩序的相对安定，因此城市是他们的首选目的地。尤其是在近代社

---

① 汪志国：《近代安徽：自然灾害重压下的乡村》，合肥：安徽人民出版社，2008年版，第132页。

② 孙本文：《现代中国社会问题》（第三册），北京：商务印书馆1943年版，第50-51页。

③ 汪志国：《近代安徽：自然灾害重压下的乡村》，合肥：安徽人民出版社，2008年版，第133页。

④ 1931年8月9日《字日日新闻》，转引自张安东：《民国时期安徽灾荒与农村社会经济》，《巢湖学院学报》2010年第2期。

⑤ 金陵大学农业经济系：《中华民国二十年水灾区域之经济调查》，《金陵学报》1932年第2卷第1期。

⑥ 程必定：《安徽近代经济史》，合肥：黄山书社，1989年。

会，流亡到城市的乡民占多数。1935 年中央农业实验所对农民流离的基本形式做过一次调查，表明全家离村的农户中，到城市谋生、做工的占 36.7%，到城市或别村逃难的占 21.9%，到别村种田或开垦的占 21.8%，其他占 19.9%。[①] 灾民一般就近流离到城市，如 1931 年水灾时，芜湖县乡村灾民"连日至芜湖逃荒者不下万人"[②]，"当涂邻近乡民便纷纷迁进城内，耕牛亦送入城里"[③]。皖中地区灾民多跨过长江迁向皖南地区，"安庆迁入池州的为最多。在池州接受的 31 万移民中，至少有半数来自安庆府"[④]。乡民离村迁移到城市，自然造成农村人口的减少。据统计，1931 年离村农民中的男子比例皖南占 60%，皖北占 73%。到 1933 年，全省青壮年男女（16～40 岁）离村农户达 219424 户，占全部农户的 10.6%。[⑤] 汪志国在研究民国时期灾民迁移时认为安徽移民有 3 个特点：其一，在移民的队伍中，自耕农、佃农占和拥有 5～10 亩土地者占大多数，这表明，没有土地或拥有土地较少的农民群体，抵御灾荒的能力是很弱的；其二，有青年男女的农家离村的较多，使得农村劳动力减少了，对农业生产是不利的；其三，离村农民中到城市的较多。[⑥] 可见，灾民离村率的增长，必然导致农村劳动力的减少，这对农业经济的发展十分不利。

三、堤防工程对土壤环境和耕地的影响

昔人通过修筑堤岸，兴修水利，使滨水地带被开垦成肥沃的圩田，一些原本只能生长水草和芦苇的沙洲也被开垦成种植农作物的芦田，其土壤肥力和耕作条件得到提高。因此堤防工程的修建改善了土壤环境，增加了耕地面积，促进了农业生产的发展。但是，堤防工程的存在对土壤环境和耕地的负面影响也不可忽视。下面就皖江地区堤防工程对土壤和耕地的负面影响做一探讨。

1. 堤防冲决对土壤环境的破坏作用

皖江地区圩田主要是以肥沃的水稻土为主，其地力肥沃，适宜发展农业生产，对安徽的农业经济的发展做出了贡献，但河湖众多、雨季明显的独特环境，常常使圩田遭受洪灾的侵袭。因此，皖江人民为了保护农业生产，在围圩垦殖的同时，不断加以修筑堤坝，致使沿江一带呈现堤坝成圈的景象。这些堤坝虽然对

---

① 章有义：《中国近代农业史资料》，第 3 辑，上海：三联书店，1957 年版，第 893–894 页。
② 《申报》，1931 年 8 月 4 日。
③ 《大公报》，1931 年 9 月 10 日。
④ 曹树基：《中国移民史》（第六册），福州：福建人民出版社，1997 年版，第 463 页。
⑤ 章有义：《中国近代农业史资料》，第 3 辑，上海：三联书店，1957 年版，第 886 页。
⑥ 汪志国：《近代安徽：自然灾害重压下的乡村》，合肥：安徽人民出版社，2008 年版，第 137–138 页。

圩田起着重要的保障作用，但一旦堤防溃决，常造成土壤环境出现沙化和涝渍现象，负面作用较大。

古人通过固堤束水，以抵挡水灾，改善田地耕作条件，但任何事物都有双面性，堤防工程修筑的同时实际上也加大了洪灾的程度，堤坝一旦溃决，会造成大片田地被淹没。历史文献中经常以"田庐淹没殆尽""田地荒芜"的词汇记载。农业耕地沙压或涝渍主要是田地被淹没导致的，因地被洪水淹没后，土壤趋于贫瘠且肥力下降，严重制约农业生产的发展。

明清以来，皖江地区山地的过度垦殖以及堤防工程的不断退建，加剧了水土流失，一旦山洪暴发或堤防决口，山地泥沙会合江沙沿流而下，淹没滨江以及沿河地区的田地，造成沙压或冲压。清末，潜山县每年实际收成的田地不过20万亩，但是其中有4万~5万亩为滨河低洼之地，"堤溃则成砂砾"[1]。宣统二年、三年皖江地区连续两年发生特大水灾，东流县无论是熟田，还是新垦荒地，均被洪水所带来的泥沙覆盖。[2] 1931年水灾，潜山县滨河圩堤溃决40余处，"受灾区域，纵横数十里之遥，尽成一片沙滩，淹压田地，数不胜计"[3]。

堤防溃决，不仅造成江河之水和泥沙冲压田地，还导致滨河之地出现涝渍化，影响农业耕作。皖江地区滨湖的田地，地势低洼，洪水淹没后，一时难以宣泄，常导致涝渍，影响补种禾苗。近代，皖江地区堤防溃决次数较多，洪水淹没大量田地，土壤涝渍之灾比较严重。光绪八年，安徽巡抚裕禄奏："本年江潮盛涨，水落过迟，圩田地势极洼，至今积水难退，晚禾杂粮概无补种。目前艰苦情状，尤甚于上游。"[4] 光绪三十二年，安庆、池州、太平、庐州、和州等地，"滨江湖河各处，亦因水大漫淹，冲溃圩堤，积水过深，尚未涸复"[5]。1931年水灾，潜山县圩堤溃决，泛滥几十里，"现在各处积水，尚未全消，而天雨仍复不止，倘山洪再发夏麦即受影响，春耕又不能着手，秋收更无望"[6]。

沙压或涝渍，造成土壤环境恶化，致使地力下降，影响农业生产的发展。有人可能会说，河流漫淤过后，土地趋于肥沃，其实这仅仅限于河流定期而不经常

---

① 民国《潜山县志》卷三《田赋下》，南京：江苏古籍出版社，1998年版，第64页。

② 汪志国：《自然灾害对近代安徽乡村环境的破坏》，《安徽师范大学学报》（人文社会科学版）2010年第5期。

③ 安徽省地方志办公室：《安徽水灾备忘录》，合肥：黄山书社，1991年版，第31页。

④ 水利电力部水管司科技司、水利水电科学研究院：《清代长江海域西南国际河流洪涝档案史料》，北京：中华书局，1991年版，第995页。

⑤ 水利电力部水管司科技司、水利水电科学研究院：《清代长江海域西南国际河流洪涝档案史料》，北京：中华书局，1991年版，第1177页。

⑥ 安徽省地方志办公室：《安徽水灾备忘录》，合肥：黄山书社，1991年版，第31页。

泛滥的地方（如非洲的尼罗河），若是水灾频发，时常淹浸原先垦熟之地，那么就会造成耕地兴废不常，耕地地力下降，最后导致荒芜不治。[1] 如志载宿松县清康乾间"国家无事，人民安乐，年岁丰穰"，但嘉、道而后，"水灾频仍，全县五十一庄受水者二十有七，腴壤变为荒原，良田鞠为茂草"[2]。在宿松县，这种情况史志记载较多，如该县的南北二阪，其田地为长河及泊湖环抱，清道光以后，由于江水涨发，压浸成沙渍，田地荒芜，其中亦有"废为牧厂、草场者"[3]。还有阴功阪"向系大阪，田亩因地势窵下遇水即淹"，清康熙四十一年被垦成田，道光后，"水患愈甚，冲刷愈多，一片荒原，遂难垦复，近只蓄柴草以度粮赋"。黄雀阪在县湾池庄，"旧有圩田，今堤溃，弃为草场，没逢水涨尽没洪流"[4]。

2. 堤防工程造成大量耕地的缺失

堤防工程造成耕地的缺失主要在于两个方面：一是堤防工程崩坍或决口，常常导致两岸滨江低洼之田地坍入或沉于江河之中，致使田地缺失；二就是堤防工程的修建，造成耕地被挖废或占用。

由于"坝日迁，地日促"[5]，堤坝受到江水的冲刷，经常崩坍于水中，正是"沿江堤坝屡徙，田之坍于江者不赀"[6]，如宿松县东南两乡滨江临湖，"各庄自道光后迭经洪水为灾，田亩之被淹废者甚多……计丈出荒废田贰百零捌顷叁拾伍亩叁分柒厘伍毫"[7]。该县"清道光间，水患频仍，江岸倾镇，近卸滩陆，节次坍入大江，民居荡析。同治八年，复遭大水冲压，自段窑镇下至大田尾一带坟垆成白沙约十里长"。其金刚镇"南滨大江与江西彭泽接壤，镇环潤洲地二十余里，道光至同治年间，节次颓卸，全坍入江。近年，毗连之洲犹未止，居民惴惴"[8]。另外，对耕地破坏较大的是堤防决口，其会致使大量田地被淹没，有的低洼之地受涝渍之灾，无法耕种，如 1931 年水灾，史书上记载：芜湖县"淹没良田十七八万亩之巨"[9]。怀宁县圩堤几乎全部溃破，地成泽国，田庐倾圮，其

① 张崇旺：《试论明清江淮地区的水旱灾害与农业耕作的变迁》，《中国农史》2006 年第 1 期。

② 民国《宿松县志》卷十五下《赋税志·田赋》，南京：江苏古籍出版社，1998 年版，第 333 页。

③ 《宿松县志》卷二十《水利志》，南京：江苏古籍出版社，1998 年版，第 416 页。

④ 《宿松县志》卷二十《水利志》，南京：江苏古籍出版社，1998 年版，第 417 页。

⑤ 范从彻：《议禀开河筑坝折》，嘉庆《无为州志》卷五《水利志·开浚》，南京：江苏古籍出版社，1998 年版，第 72 页。

⑥ 嘉庆《无为州志》卷六《水利志·坍涨》，南京：江苏古籍出版社，1998 年版，第 86 页。

⑦ 民国《宿松县志》卷十五下《赋税志·田赋》，南京：江苏古籍出版社，1998 年版，第 334 页。

⑧ 民国《宿松县志》卷五《地理志·市镇》，南京：江苏古籍出版社，1998 年版，第 99 页。

⑨ 《各省水灾纪实·安徽省》，《中国红十字会月刊》（赈灾专号），1932 年。转引自汪志国：《自然灾害对近代安徽乡村环境的破坏》，《安徽师范大学学报》（人文社会科学版），2010 年第 5 期。

广济圩"圩堤濒临长江，绵延 100 余里，田地数十万亩，全部被水成灾"。太湖县"四乡田禾，被水淹没无存，其洪水冲刷沙压者，亦属不在少数"[①]。1931 年，皖江地区的受灾面积为 61012 方里，淹没农田数为 8963069 亩（表3）。

表3　1931 年皖江地区各县农田受灾状况统计表

序号	县别	受灾面积（方里）	淹没圩田（亩）	淹没其他（亩）	序号	县别	受灾面积（方里）	淹没圩田（亩）	淹没其他（亩）
1	怀宁	4554	255200	—	16	贵池	4200	250000	—
2	桐城	2848	236507	—	17	东流	2366	111358	—
3	望江	531	156000	—	18	铜陵	3900	100000	80000
4	无为	833	860000	260000	19	芜湖	1030	224730	216100
5	和县	6550	490000	20000	20	当涂	4600	678000	150000
6	宿松	11000	200000	360000	21	繁昌	2800	270000	
7	含山	3000	100247	20779	22	秋浦	190	44000	—
8	潜山	60	40000	10000	23	南陵	970	208000	
9	太湖	1480	88520		24	青阳	180	44600	7400
10	合肥	120	601000	700000	25	广德	386	85000	—
11	巢县	1250	300000	50000	26	郎溪	1275	197000	23000
12	庐江	1567	199900	260000	27	全椒	3200	61360	41300
13	舒城	5000	150000	50000	28	滁县	466	3352	3916
14	六安	96	—	25560	29	来安	120	53300	12000
15	宣城	800	623500	103100	—	合计	61012	6571014	2392055

资料来源：安徽省地方志办公室：《安徽水灾备忘录》，黄山书社，1991 年版，第18-21页。

　　近代，由于洪水灾害较多，为保障农业生产和人民生命安全，兴建和修筑的堤防工程较多，这常常挖废或占压很大部分耕地，或让出部分耕地行水。在无为州，嘉庆、道光以来坍废或为修建堤坝而挖废的圩田有青山圩、王小圩、张古圩、王家厂圩、大成圩、新成圩、庆丰圩、东滩圩、万家滩圩、永定圩、神塘圩、祖师圩、散汊圩、泮河圩、神张圩、白茅圩、庆城圩、泰丰圩、和家圩、下

———————————

[①]　《安徽省赈务会汇刊》，1931 年第 1 期。

新圩、宝兴圩、花家圩、夹江圩、庆丰圩、力胜圩等。① 宿松县由于水患较多，修筑堤防次数也多，如光绪十七年、二十二年、二十八年、三十一年修筑了同仁长堤、康公、交公、御湖七里、丁家口、泾江官口等堤，共挖废田地 21 顷 30 余亩。②

总之，近代皖江地区堤防工程的修建在保护农业方面的作用是不可否认的，但它对农业经济的负面影响也不可忽视，其一方面造成农业生产劳动力减少，影响了农业生产的发展，另一方面，造成了土壤环境的恶化和农业耕地的缺失，这对农业生产十分不利。因此，在当前社会经济快速发展过程中，面对资源和环境的突出问题，人类修建的水利工程一定要与自然相互适应、和谐共生，只有这样，社会才能进入可持续发展的良好状态。

---

① 陈恩虎：《明清时期巢湖流域农业发展研究》，南京农业大学 2009 年博士论文，第 339 页。
② 民国《宿松县志》卷十五下《赋税志·田赋》，南京：江苏古籍出版社，1998 年版，第 334 页。

皖江抗日根据地的廉政建设

胡惠芳

摘　要：皖江抗日根据地在创建发展过程中，由于教育不够，监督不严，法纪未立，根据地内部出现了贪污腐化的现象。为了肃清腐败作风，塑造民主廉洁的政府形象，皖江抗日根据地从廉政思想教育、廉政制度及监督机制建设着手，领导干部率先垂范，励精图治，建章立制，整风肃纪，惩治腐败，取得了成功的经验，促进了根据地的巩固和发展，保证了抗战的顺利进行，对新时代的党风廉政建设具有重要的历史借鉴意义。

关键词：皖江；抗日根据地；廉政

廉洁奉公是中华民族的优良传统，也是以为人民服务为宗旨的中国共产党对全体党员和干部的基本要求。抗日战争时期，由于政治上，统一战线的阶级成分空前广泛，经济上，边区和敌后抗日根据地允许私人资本主义的一定发展，在这一新形势下，各种封建意识和资产阶级的思想作风也侵蚀到党政军内，皖江抗日根据地在创建发展过程中也受到了影响。1942 年行署主任吕惠生指出根据地"以过去被贪污浪费的钱财总收入数比较，约占 5%，即征收一百元被贪污浪费掉伍元"[①]。为了肃清根据地存在的腐败风气，维护政府清正廉洁的形象，皖江抗日根据地将廉政建设提到重要的工作日程，从廉政思想教育、廉政制度及监督机制建设着手，领导干部率先垂范，励精图治，建章立制，整风肃纪，惩治腐败，取得了成功的经验，促进了根据地的巩固和发展，保证了抗战的顺利进行，对新时代的党风廉政建设也有重要的历史借鉴意义。

一、加强思想教育，防微杜渐

思想是行动的指南，思想作风决定着组织作风、工作作风与生活作风。1942

作者简介：胡惠芳，池州学院旅游与历史文化学院副院长、教授。
①　华中抗日根据地和解放区工商税收史编写组：《华中抗日根据地和解放区工商税收史料选编》（上）（1937.7—1946.6），安徽人民出版社，1986 年版，第 108–109 页。

年3月，曾希圣在一年来的工作总结中指出七师的缺点"在总的方面说，整个工作作风有毛病，党内生活的一团和气，庸俗化，没有斗争，也没有工作的战斗精神"[①]；"某些老党员及知识青年在我财政经济机关及供给机关服务者，因为教育不够，监督不严，法纪未立，在眼见多数财物之后就动摇了他们革命人生观，由开始大吃大喝，而至嫖赌与贪污，拐款投敌"[②]。因此，皖江抗日根据地大力加强党的建设和干部队伍的思想建设，坚决地同腐败现象作不妥协的斗争。

依据中原局关于华中根据地内的财政经济工作建设对各地区的指示，为加强对于财经供给人员的思想政治教育与学习，根据地强化组织领导工作，在各地财经供给部门成立政治处，在下层机关中派遣政治协理员，采取分班分组看书、上课、开讨论会等形式多样的学习方式开展政治教育，要求"严格他们的组织生活，开展自我批评，相互进行生活的工作检讨，并加强互相监督。……要使他们成为政治上开展，思想上正确，技术上高明，工作上负责的人员"[③]。

党的作风建设是廉政建设的重要方面，主观主义、宗派主义和党八股这些党内不良作风，是消极腐败现象赖以产生和存在的重要根源。为此，皖江抗日根据地从1942年夏到1945年春，分三阶段开展了整风运动。1942年夏至1943年6月，为学习整风文件阶段，区党委和七师师部根据中共中央的指示及中共华中局、军部的具体部署，在县以上党组织成立了"学委会"，以在职学习为主，每天两小时或半天；县团以上干部另有少数进华中局党校学习。1943年7月1日起，皖江地区进入深度整风阶段，区党委首先组织县团以上党组织主要成员重新学习整风文件，并以此为骨干，组织县、团级干部集中办了三期整风学习班，学习班每期两个半月，一期约有30余人，分别对基层干部进行轮训。学习方法一般分三个步骤，即首先解决学风问题，检查和批判主观主义的危害，其次解决党风问题，从剖析宗派主义、自由主义和个人主义入手，促进党内团结，再次结合检查开展审干。在此同时，还结合进行传统教育和时事教育，加强党的思想建设。1944年夏，皖江的整风进入全面审干阶段。通过整风，纠正了党内不良倾向，从思想上、政治上和组织上保证了倡廉反腐。

————————

① 《皖江抗日根据地》编审委员会：《皖江抗日根据地》，中共党史资料出版社，1990年版，第49页。

② 华中抗日根据地和解放区工商税收史编写组：《华中抗日根据地和解放区工商税收史料选编》（上）（1937.7—1946.6），安徽人民出版社，1986年版，第11页。

③ 华中抗日根据地和解放区工商税收史编写组：《华中抗日根据地和解放区工商税收史料选编》（上）（1937.7—1946.6），安徽人民出版社，1986年版，第12页。

二、建立与完善各项规章制度，确立廉政制度保障机制

傅秋涛在参谋会议上总结七师弱点时指出：部队"在制度方面，过去是毫不讲究的。特别在经济制度方面一片混乱的现象，是无所谓制度，物质要求、发财思想形成严重现象"①。为了实现铲除贪官污吏，建立廉洁政府这一抗日救国目标，皖江抗日根据地建立和完善了各项规章制度，从制度上保障廉政建设。以财务管理制度为例，皖江抗日根据地实行严格的预算决算、会计、审核及金库制度，统一收支。

严格执行预决算和审核制度。要求"各军政最高机关，于每年国历一月，将其所属及本单位之经、临、杂费预算，送交同级参议会批准，于每年十二月底造具决算，送交同级参议会核销"②。负最高审核责任的是审委会。全地区的税则修订与支出经费预决算，均须通过审委会的批准。为加强预决算制度执行，将审核会归并入经委会，并充实人事，以进一步澄清某些贪污浪费现象。

建立了金库制度，执行收支程序。1942 年，财经委员会设立金库，统一现金保管收付，一切收入金库保管，一切支出统由金库支付。为执行收钱不管钱，使金库制度更加健全，将原属皖中财经会的金库划归经委会领导。③

在我根据地内缴税只一次，凡商人持有货证相符之税票（即使是别的根据地的），即不再征税，凡违禁物品，不论其进口或出口，一经查觉，报上级请示处理，不得私自没收，或自行处罚，否则以贪污论处。④

在财经供给部门中除建立严格制度外，还应在这种人员中订出一个共同守则，这守则规定，财经供给人员应遵守一定的制度手续办理财经供给工作外，还应将他们（至少共产党员）私人生活等的某些项目规定进去，如不得嫖娼，不得赌博，不得吸食鸦片，不得收受商人赠礼，不得将公共物品赠给私人，个人钱财须公开及某些节省的办法等。同时政府对于犯有贪污腐化条件的人亦应订出法律，依其情节轻重给以惩处。⑤

---

① 《皖江抗日根据地》编审委员会，《皖江抗日根据地》，中共党史资料出版社，1990 年版，第 86 页。

② 《皖江抗日根据地》编审委员会，《皖江抗日根据地》，中共党史资料出版社，1990 年版，第 182 页。

③ 《皖江抗日根据地》编审委员会，《皖江抗日根据地》，中共党史资料出版社，1990 年版，第 107 页。

④ 应兆麟，陈家骥，祖云，《皖江抗日根据地财经史稿》，安徽人民出版社，1985 年版，第 139 页。

⑤ 华中抗日根据地和解放区工商税收史编写组，《华中抗日根据地和解放区工商税收史料选编》（上）（1937.7—1946.6），安徽人民出版社，1986 年版，第 12 页。

皖江抗日根据地通过完善各项财务、税收制度，整理和增强收入，征收直接的统一的累进税，废除苛杂摊派，实现了"税收每月经常数十万元，保证了本地区一切用费，并供给了上级与帮助了友邻根据地"①。

三、实行"三三制"，设立参议会，形成廉政监督机制

抗日战争时期，根据地实行了行政监察和党内监察相结合的监督机制。② 采取了"自上而下的党和行政的监督检查和自下而上的人民的监督检查；党和行政的监督又包括经济监督、政治监督和人事监督"③，人民的监督主要是通过"三三制"政权和参议会来实现。这些监督检查制度的颁布与执行，是根据地政权建设、特别是廉政建设卓有成效的重要因素。

为建立统一战线性质的民主政权，为廉政建设提供有力保障，根据地实行"三三制"的政权组织形式，即代表工人阶级和贫农的共产党员占三分之一，代表和联系广大小资产阶级的非党左派进步分子占三分之一，代表中等资产阶级、开明绅士的中间分子占三分之一。1942 年夏，皖中各县凡我军控制的地方，都普遍建立了"三三制"抗日民主政权，保证了人民对党和机关干部的监督和制约，彻底扭转了"在上层政权机构中，由共产党人包办和在基层政权中由封建势力操纵的局面"④。

参议会是抗日战争时期的地方性代议机构，是广大爱国人士表达自己意志的民意机关，也是我党团结各阶层人民的一条重要纽带。1942 年 7 月，皖中参议会在无为恍城正式成立。民主人士金稚石任议长。参议会员产生的办法分为区域选举和职业选举两种。区域选举由各乡推举一候选人，再以区为单位，由区选举委员会召开选民大会普选。边区和游击区难以进行普选，则由区选举委员会按照规定的名额，遴选三倍之候选人报县参议会圈定。职业选举则由县、团级抗日团体、机关、部队为选举单位选举。"在参议会人员构成分配方面，党员占 44%，进步人士占 21%，中间分子占 35%。因此，各级参议会均具有广泛的群众性和代表性。"⑤ 参议会从成立到 1945 年新四军第七师部队奉命北撤，共开过两届代

---

① 《皖江抗日根据地》编审委员会，《皖江抗日根据地》，中共党史资料出版社，1990 年版，第 107 页。

② 窦效民主编，《中国共产党廉政建设史纲》，河南大学出版社，1997 年版，第 96 页。

③ 陈文斌，中国共产党廉政建设史，中共党史出版社，1995 年版，第 40 页。

④ 中共江苏省委党史工作办公室，江苏省档案馆编，《中共中央华中局》，中共党史出版社，2003 年版，第 94 页。

⑤ 《皖江抗日根据地》编审委员会，《皖江抗日根据地》，中共党史资料出版社，1990 年版，第 258 页。

表大会。"第一届共通过临时议案 2 件，政治教育类议案 28 件，财政经济类议案 14 件，军事保安类议案 11 件。第二届共通过政治类议案 32 件，财政经济类议案 12 件，军事保安类议案 7 件，文化教育类议案 7 件。"[①] 1944 年底，皖中参议会改为皖江参议会，无为、临江、湖东、和含等县也先后建立了参议会。"三三制"的政权和参议会的设立，有利于党内外人士的参政、议政，有利于人民群众对政权和党的监督，有利于反腐倡廉。

四、精兵简政，拥政爱民

为了减轻群众负担，巩固和扩大皖江抗日根据地，遵照党中央和华中局关于精兵简政和实行党的一元化领导的指示精神，1943 年 3 月新四军第七师将原所属部队和皖江地区的一些地方武装整编为沿江、含和、皖南、巢湖四个支队和一个独立团。[②] 从二、三月间的三次精简工作后，不但对各部门工作没有减弱，反而加强了，各部（门）主要负责同志经过初步整风工作，责任心提高了一步，如司、政、供、卫各部工作人员精简 4% 后[③]，工作更有条理，更有事做，机关更灵活，更能合乎七师战区环境。1943 年底，鄂豫皖区党委改组为皖江区党委，皖中行政公署改组为皖江行政公署。中心地区成立一个县政府和三个办事处，直属区党委和皖江行政公署领导。据七师中心地区大略统计，七师部队和皖江政权组织的脱产人员占当地农民总数不到 2%，完全符合党中央要求根据地脱产抗日队伍的人数，不得超过当地农民总数的 2%～3% 的要求[④]，因为根据当时生产力发展水平，这样的比例有利于人民合理负担，发展经济，改善生活。皖江抗日根据地贯彻了精兵简政的政策，"达到精简，统一，效能，节约和反对官僚主义五项目的"[⑤]。

密切联系群众，是实行群众监督的首要条件，是促进廉政建设的重要一环。1942 年起，皖江根据地普遍开展拥政爱民运动，部队所有干部战士，都要服从与执行政府法令，爱护根据地的一草一木，厉行节约，反对浪费，坚决执行三大纪律八项注意，保护和帮助群众团体，帮助驻地的群众解决实际困难，如群众的

---

① 《皖江抗日根据地》编审委员会，《皖江抗日根据地》，中共党史资料出版社，1990 年版，第 258 页。

② 《皖江抗日根据地》编审委员会，《皖江抗日根据地》，中共党史资料出版社，1990 年版，第 272 页。

③ 《皖江抗日根据地》编审委员会，《皖江抗日根据地》，中共党史资料出版社，1990 年版，第 141 页。

④ 应兆麟、陈家骥，祖云，《皖江抗日根据地财经史稿》，安徽人民出版社，1985 年版，第 148 页。

⑤ 应兆麟、陈家骥，祖云，《皖江抗日根据地财经史稿》，安徽人民出版社，1985 年版，第 156 页。

房屋有被敌人烧毁的，尽可能动员部队帮助修盖并指导和帮助驻地群众生产。自己更加努力生产，减轻人民负担。通过拥政爱民运动，进一步加强了党政军民之间的团结，军民关系鱼水情深。

五、大生产运动和节约运动

由于日军的侵扰，国民党政府的封锁，新四军全军十万人的军需给养完全靠自筹自给，因此，根据地开源节流，努力发展生产，自己动手，丰衣足食，厉行节约，反对贪污浪费。

皖江根据地响应党中央"发展经济，保障供给"的号召，1942 年起掀起了大生产运动。区党委和行署设立了各级生产委员会和生产小组进行组织领导，发动各家各户订立生产计划并提供必要的帮助。发动和组织变工队、互助队；成立垦荒局和水利委员会，号召群众开垦荒地和大兴水利建设；开办工厂、作坊和各种形式的生产，组建消费合作社，生产和销售军需民用商品。1944 年，"全皖江地区增加种植棉花数万亩，植树一千多万株，养鱼一千多万条。湖东一地，一年内就开荒六千多亩。同时，普遍发展供销合作事业，由政府贷给各地'大江币'200 万元，帮助建立供销社"①。根据地采取的这些措施，使工农业生产在战时环境下有了很大的发展，不仅战胜了敌伪对我们的严密封锁，解决了军民日常生活的必需，同时，增加了生产和财政收入，改善了人民生活。部队也热火朝天地开展了大生产运动。通过大量种植杂粮、菜蔬及养猪养鸡，自己动手，保障军需。"独立团三营一个营就开荒种菜 90 亩，各个部队种的菜蔬常能做到自给。这不仅改善了部队生活，减轻了群众负担，并且加强了军民关系，提高了干部战士——特别是知识分子出身的干部参加体力劳动的自觉性。"②

广泛开展节约运动。在发展生产的同时还要实行节流和杜绝中饱，实行节约政策，原则是用最少的钱办最多的事。在财政上不但应该做到不虚耗一文公币，并且要做到一个钱都不浪费，要求我们的干部尤其是党员干部应成为节约的模范；要求各区对节约浪费进行教育，使节约成为运动，养成习惯。各区具体规定节约的办法。③ 机关部队无论在财力，物力和人力上，都要尽量节约。服装的发放有所改变，原来是军衣每年 2 套，改为 1 套，其他穿着也有节约。其次减少津

---

① 《皖江抗日根据地》编审委员会，《皖江抗日根据地》，中共党史资料出版社，1990 年版。第 242 页。

② 《皖江抗日根据地》编审委员会，《皖江抗日根据地》，中共党史资料出版社，1990 年版。第 243 页。

③ 华中抗日根据地和解放区工商税收史编写组，《华中抗日根据地和解放区工商税收史料选编》（上）（1937.7—1946.6），安徽人民出版社，1986 年版，第 76 页。

贴，提倡不吃零食，不抽纸烟。皖中军区指示并具体规定战斗连队每月每人节约公粮 1 两，机关 2 两，公草半斤，各部门自给菜金 3 至 7 个月。① 机关部队努力节约民夫，七师司令部和皖江行署都再三通令严禁滥用民夫。通过发行民夫券，制订动用民夫的条例等方式，采取有效的措施，制度严格的规章制度来进行管理。"规定无民夫券而征调时群众有权拒绝，滥用民夫浪费人力的行为应当得到与浪费公款同样的批评和责罚。"② 为提倡节约，禁止糜费，根据地要求："凡遇婚丧喜庆，不得任意铺张、散帖，酒席每桌亦不得超过五个菜，并禁止使用奢侈物品送礼。"③

坚决地与贪污浪费做斗争，禁止任意向人民募捐慰劳等④，并规定严格的经济纪律。反贪污斗争与各种形式的学习班结合进行，平时也注意检查和向群众了解情况，发现重大贪污案件时则开群众大会揭发斗争，以教育广大干群。处理时部队严于地方，党政人员严于群众。经过努力，"一年来收有相当成效。……所谓牢不可破的贪污浪费现象，是逐渐减少了，今后更应百倍努力，坚决澄清之，根绝之，要作到涓滴归公。"⑤

皖江抗日根据地发扬了我党自力更生、艰苦奋斗、反腐倡廉的优良传统和作风，防止了腐化，战胜了困难，满足了军需，为抗战的胜利提供了坚实的保障。

六、加强干部管理，发挥干部反腐倡廉的表率作用

共产党的干部是人民的公仆，必须为政清廉，秉公尽职，不能以权谋私。为此，党对领导干部实行了一系列有效政策以大力推行反腐倡廉。

取消薪给制，实行生活津贴制。毛泽东认为"高薪、特权，进而生活奢侈是干部腐败赖以产生的物质基础，要实行巴黎公社创造的低薪原则，防止干部产生升官发财的动机"⑥。因此，皖江根据地"废除了旧政府所采用的薪水制度，而代之以津贴制度，就是每个公务人员除了伙食、制服、被毯由公家平均供给外，每月按等级高低发津贴费。我们现在规定是县长每月 6 元，区长每月 5 元，

---

① 应兆麟，陈家骥，祖云，《皖江抗日根据地财经史稿》，安徽人民出版社，1985 年版，第 156 页。
② 应兆麟，陈家骥，祖云，《皖江抗日根据地财经史稿》，安徽人民出版社，1985 年版，第 149 页。
③ 《皖江抗日根据地》编审委员会，《皖江抗日根据地》，中共党史资料出版社，1990 年版。第 187 页。
④ 中共江苏省委党史工作办公室，江苏省档案馆编，《中共中央华中局》，中共党史出版社，2003 年版，第 116 页。
⑤ 《皖江抗日根据地》编审委员会，《皖江抗日根据地》，中共党史资料出版社，1990 年版。第 108 页。
⑥ 陈全生主编，《廉政文化建设概论》，红旗出版社，2008 年版，第 22 页。

乡长每月 4 元，这可说是世界上最低廉的官俸"①。

实行干部定期参加劳动的制度。为克服干部中存在的官僚作风和特殊化现象，要求干部定期参加劳动。七师干部与战士共同劳动，有时则换工劳动，勤务员代首长为合作社劳动，首长替勤务员做勤务工作，收获实行公平合理的分配。这样做使得许多党政军机关的物质生活得到了改善，培养了艰苦奋斗作风，也改善了上下级关系。

坚决执行严格的奖惩制度。对吃苦在前、享受在后、以上率下的领导干部进行嘉奖。例如，在纪念七师成立三周年之际，皖江行署郑秘书长带头挑柴重1700 多斤，为全体干部少用民夫做出榜样。② 无为县陆学斌县长也率领县委全体干部到山里挑柴，行署特令嘉奖，并号召各级政府干部向他们学习③。为了保持革命队伍的纯洁和旺盛的战斗力，部队纪律非常严格。

皖江抗日根据地领导干部以身作则，通过加强防腐倡廉的思想教育、组织建设、制度建设、作风建设，关心群众疾苦、倾听群众呼声、维护群众利益，初步构建了教育、制度、监督并重的惩治和预防腐败体系，有力地保证了党和革命根据地的清正、廉洁，成为民心所向的政府。皖江抗日根据地的廉政建设是中国共产党廉政建设的一个缩影，与国民党政权的贪污腐败形成了鲜明的反差，为夺取抗日战争的胜利，奠定了坚实的基础，其廉政建设经验对于新时代的党风廉政建设仍有重要的历史借鉴意义。

---

① 安徽省人民政税务局，安徽省档案馆编，《安徽革命根据地工商税收史料选》（上册），安徽人民出版社，1984 年版，第 10 页。

② 1944 年 5 月 1 日《解放日报》。

③ 应兆麟，陈家骥，祖云，《皖江抗日根据地财经史稿》，安徽人民出版社，1985 年版，第 154 页。

云梯畲族乡的历史文化变迁

康正奎　王胜洲

摘　要：宁国市云梯畲族乡是安徽省唯一的畲族乡。云梯乡畲民自清光绪年间至民国初年陆续从浙江、福建等地迁徙集聚至宁国东部云梯等地以来，已有100多年历史。中华人民共和国成立前，畲民们生活十分艰难。中华人民共和国成立以来，特别是改革开放后，畲汉人民在党和政府的大力扶持下，依靠自己的聪明才智和吃苦耐劳精神，生活有了天翻地覆的变化，他们在云梯这方热土上谱写了历史文化发展辉煌的新篇章。

关键词：云梯；畲族；山歌；旅游

一、畲民艰难迁徙到云梯

传说畲民为远古时代高辛帝后裔，与瑶族同源，他们起源于广东潮州凤凰山，后逐渐迁徙发展至福建、浙江、江西等地的山区。畲族有盘、蓝、雷、钟四姓，世代相传、生生不息。

（一）宁国畲民迁入情况

畲民们移居宁国云梯等地，始于清光绪年间，只有蓝、雷、钟三姓。据其族谱、歌谣记载和老人们的叙述，畲民移居宁国云梯和繁衍情况如下。

云梯蓝氏畲民主要有3支。浙江兰溪宗祠保存的《蓝氏宗谱》记载：清光绪年间，兰溪蓝氏迁入宁国云梯白鹿村，繁衍至今已历6代，家族现有人口近百人。白鹿西坑蓝氏是由兰溪西方坞一家5口于光绪十九年（1893）迁徙于此，迄今已历7代，发展至70余人。千秋村铜岭关蓝氏是由浙江景宁迁徙于此，已历6代，至今已发展至100余人。

云梯雷氏主要有2支。千秋村铜岭关雷氏是光绪十三年（1887）从浙江桐庐迁至现居住地，目前已历6代，有族人50余人。白鹿村落花坞雷氏是清光绪

作者简介：康正奎，男，宁国市党史办副主任，宁国市党史办；王胜洲，男，教研室主任、高级讲师、宁国市委党校。

年间从福建浦城迁徙至此，现已是第6代，人口60余人。

云梯（包括邻近仙霞镇）钟氏主要有3支。云梯独山头钟氏是100多年前由福建浦城迁来于此，今有人口40余人。千秋村钟氏是清光绪年间（1883）由浙江淳安迁徙至杨山青草湖，再辗转到现居住地，已历6代，人口达60余人。另外，紧邻云梯的仙霞镇钟氏是光绪年间由钟宣春带领其3个儿子和其他家人从福建浦城迁徙于此，现已繁衍至第8代，人口有200多人。

据统计，截至2011年末，云梯畲乡总人口为6100人，其中畲族1823人，占全乡总人口的30%；而千秋村是畲族人口最为集中的村，畲民人口814人，占全村总人口的70%。

（二）畲民迁入宁国的历史背景

19世纪中叶，由于内忧外患，社会矛盾严重激化，从而爆发了洪秀全领导的大规模太平天国农民起义。起义军定都南京后，宁国成为清军与起义军激烈交锋的战场，老百姓遭到清军和起义军的大肆屠杀。战争结束后，宁国境内瘟疫屠行，造成原居民十室九空。《宁国县志》记载："同治元年（1862）乱定。五月，宁国瘟疫流行，全境死亡狼藉，无人掩埋。""据乡老言，宁国死于锋镝者十之三，死于瘟疫者十之七，散于四方归来者不及十分之一。"三十五万人口的宁国县在战争过后仅剩一万人，到处白骨累累，田地荒芜。瘟疫过后，清廷动员湖北、安庆等地老百姓移民宁国。福建、浙江一带的畲民们听闻消息后，也有人到宁国、广德一带了解情况，他们发现宁国人少地多，又有柴烧（据说兰溪等地是烧稻草的），好做食。当时畲民中就流传着"有奈何有奈何，掌落宁国种苞萝；一兜苞萝两个仔，比你作田好得多"。

宁国云梯、仙霞紧邻浙江临安、于潜、昌化，地处西天目腹地，层峦叠嶂，山势雄伟，森林茂密，动植物种类繁多，气候温润，适宜生存；加之人烟稀少，田地山场颇多，因而成为喜欢种山的畲民们的理想迁居之所。

（三）艰难的迁徙之路

迁徙的过程有着说不尽的艰难险阻。由于是以家庭为单位的个体搬迁，畲民们一般是夫妻俩带着孩子，一担稻箩一头挑着年幼的子女，一头放着锅碗瓢盆等生活器具，带着少量干粮，在崇山峻岭中风餐露宿，夙行夜寐，在崎岖的山路间奔波几天甚至十几天时间。像这种形式的迁徙活动一直延续了十几年时间。畲民到达云梯仙霞后，首先要从先期占据此地的汉人地主们租用山场、田地，在其土地上修建简易的住所。由于社会地位低下，在政治上畲民们没有话语权，动辄要看当地地主和土豪劣绅的脸色。20世纪40年代，就曾发生了一起当地土豪劣绅要将"下客佬"（当地地主对畲民蔑称）赶出云梯的事件。地主朱茂春、姜渭借商铺被劫事件，硬称是畲民所为，将畲民头面人物雷炳江捆绑起来，要他承担责任，迁回原籍。因此激起了畲民众怒，连浙江畲民也赶来声援，雷炳江才被解救出来。由于没有生产资料，受到当地地主及土豪劣绅的盘剥，虽然环境较好，畲民生活还是一如既往的贫困，仍然处于"男女下田，无米过年"的窘境。在中华人民共和国成立前，云梯畲民们没有一栋砖房，冬天没有棉衣，只有钻草窝、烧火堆来取暖过冬。冬天日子短，为了节省粮食，一天只吃两餐，山薯干和玉米是其主食。由于贫穷，畲民的子弟基本没有上过学，更没有人在政府机关任公职人员。由于生活条件差，生病无钱医治，人均寿命也很短。

（四）集娱乐性与实用性为一体的畲民山歌

由于畲民没有文字，山歌是其记叙历史、表情达意的主要方式。老人们向后辈们讲述民族历史，要唱山歌；男女青年谈恋爱，要用山歌互表衷情；族里有人去世，也要借山歌表达哀思。每年农历"三月三"这天，是畲民们最重要的节日，相当汉人的春节。到了"三月三"，全族老少都要集中在一起，穿上艳丽的服装，唱着山歌欢聚一堂。

二、翻身解放的云梯畲民

1949 年 4 月，宁国解放，民国时期设立的云梯镇遂改为云梯乡。1961 年云梯乡改为云梯人民公社，辖云梯、白鹿、毛坦、千秋 4 个生产大队。同全国其他地区一样，在党和政府的领导下，云梯也经历了从土地改革到初级社、高级社，再到人民公社的天翻地覆变革。为改变云梯乡（公社）贫穷落后的面貌，云梯人民积极开展了一系列生产活动，如垦荒山、改梯田、修水库和办学校、建医院等工作，人民生活水平有了很大提高。

（一）蓝、雷、钟三姓畲民身份的认定和政治地位的提高

1958 年 6 月，鉴于云梯、仙霞畲民的实际情况，经过认真调查核实，安徽省人民政府正式确认宁国境内以云梯乡为主的蓝、雷、钟三姓居民为畲族，省、县、乡三级政府根据国家制定的少数民族政策，对畲民应有的政治地位予以充分保证，对其经济和社会发展事业给予了很大扶持。因此畲人唱道："共产党，到畲乡，封建残余一扫光，打开千年铁锁链，畲民从此见太阳。"

在政治上，县、乡（公社）人民政府严格执行各民族一律平等政策，畲民的权力与汉族一律平等，一批畲民担任了生产队、大队和公社领导干部，畲民雷水林成为县里的领导。1959 年和 1969 年，畲民蓝锦福和蓝先才先后应邀到县城参观，受到县委、县政府和社会各界人士的热烈欢迎。据统计，从中华人民共和国成立初期到改革开放的几十年间，县、乡政府共选拔培养畲族国家干部 12 人，其中，县级 1 人，科局级 3 人。共有 15 名畲族裔人员当选为省、县人大代表和政协委员。

（二） 文化教育、医疗卫生的发展

中华人民共和国成立前，云梯乡先后在汤王庙和朱家祠堂办过小学，但入学率很低，1945 年最高峰时在校学生 70 余人，畲民子弟的教育十分落后，无一人小学毕业。中华人民共和国成立后，县、乡（公社）人民政府把教育工作摆上重要议事日程，云梯小学转为公办，选拔教师，扩大规模。到 1952 年，学校迅速发展成 6 个年级 6 个班，在校学生 200 余人。此后，乡政府又先后在千秋、白鹿村办起了初级小学，在偏远的毛坦村设立了教学点。为发展少数民族教育事业，1963 年，省人民政府民族事务委员会拨专款 5000 元在千秋村创办了畲民小学，设一至四年级，配备畲族教师 2 人，对畲民学生实行免费或减费教育。1964年，在校畲族学生达 50 余人。1968 年，畲民小学发展为全日制完全小学。1969年，云梯小学附设初中班，招收初一新生 40 余人。1972 年，云梯公社筹建初级中学，1974 年建成。第二年云梯初中就有学生 200 余人、教职员工 14 人。到1978 年学生和教职员工分别增加到 300 人和 18 人。

为解决老百姓看病难问题，1966 年，云梯公社在个体中药店的基础上成立了乡卫生院，各生产大队建了诊所，配备了 2 名有大专学历的医生。为改变畲民主要靠土方草药和求神拜佛治病的状况，20 世纪六七十年代，县民政部门和公社人民政府负担了畲民 50% 的医疗费用，对特困畲民就医还另有补助。

（三） 农业生产的发展

中华人民共和国成立后，组织起来的云梯人民为壮大集体经济，以极大的革命热情，积极响应国家"农业学大寨"的号召，全面落实"以粮为纲"指示，在山坡上垦荒造田，大力发展农业生产。1965 年，云梯公社水田面积达 5700亩，粮食产量有了很大提高，水稻产量从 1954 年的 760 吨增加到 1965 年的 1400吨，与此同时，油料、茶叶、干果、竹笋等经济作物产量也有所增加。

但由于过度开山垦荒造田，森林面积大幅减少，植被遭到破坏，造成了严重的水土流失。到 80 年代初中期，全乡森林覆盖率降为 49.7%，水土流失现象严重，经济林萎缩，总面积不足 11000 亩，严重影响了老百姓的生产和生活。据云梯学校畲族老师蓝冬莲介绍，改革开放初期，云梯老百姓的生活还是比较艰苦的。她全家共有 8 口人，兄弟姐妹 5 人，靠父母挣工分，每个工一般只有 7 角左右；全家人挤在三间茅草房里，穿的是粗布衣服，甚至没有换洗的，大冬天上学经常是冻得瑟瑟发抖。当时全云梯乡老百姓的家庭与蓝冬莲家大同小异，群众的生活水平还相当低下。

（四） 小流域综合治理

1985 年，云梯干部群众决心改变这种贫穷的现状，他们在上级有关部门的支持下，建立了农业综合开发实验区。作为全国农业区划系统首创实验区，

通过多年努力，早笋生产突飞猛进，农业建设蓬勃发展，小流域治理进展迅速。种植业结构调整取得成效，生态环境得到改善，农民人均纯收入有所增加。由于治理成效显著，1990 年云梯喜获全国农业区划委员会、农业部优秀科技成果三等奖。

随着农民收入的提高，包括畲民在内的云梯老百姓纷纷盖起了新房，添置了"三转一响"（自行车、缝纫机、手表、收音机）等高档家具。还有的老百姓受邻近的浙江亲友影响，在家里办起了小作坊，生产和销售当地出产的山核桃、青梅、笋干等土特产。自此，包括畲民在内的云梯人民基本解决了温饱问题，开始向着小康之路迈进。

三、畲族乡成立后的云梯

（一）云梯畲族乡的成立

虽然离开原居住地已很多年，但在云梯生活的畲民后代们仍有着强烈的本民族文化认同感。这些"山哈"们仍讲本民族语言，保持着住居山腰、山脚的习俗，相对集中，形成大分散、小聚居的格局。大多数男女青年在婚姻问题上也都尽量找一个有共同语言和生活习俗的"自己人"结为伴侣，因而保留着一个民族所具有的"共同地域、共同语言、共同经济生活、表现于共同文化上共同心理素质"的全部特征。20 世纪 80 年代，云梯畲民在闽、浙等地先行实现民族自治畲民影响下，多次向国家和省民委提出民族认同和民族自治的诉求。有关部门对此高度重视，认真调查、核实云梯实际情况，研究在云梯成立民族乡、实施民族自治的可行性。

到 20 世纪 90 年代初，成立云梯畲族乡的条件基本成熟。1992 年 11 月，经安徽省人民政府批准，宁国县云梯畲族乡成立，畲民们长久以来的夙愿终于成为现实。根据国家有关民族政策规定，民族自治地区必须由本民族人员担任政府主要负责人，畲民钟汤荣同志当选为云梯畲族乡第一任乡长。

20 多年来，在市（县）委、政府的号召下，云梯畲族乡党委政府团结带领全乡畲汉人民持之以恒、守望相助，努力改变着当地贫穷落后的面貌。这种畲汉一家亲的良好局面得到了全社会和各级政府的认同与肯定，1994 年、2005 年、2009 年、2013 年，云梯畲族乡政府分别被评为"全国民族团结先进单位"和"全国民族团结模范集体"称号，受到国务院表彰。

（二）大力发展乡镇企业

改革开放初期，以云梯乡缫丝厂为代表的一批中小乡镇企业兴起，促进了乡村集体经济和个体私营经济的快速发展，一大批群众的就业问题得到解决。

云梯畲族乡成立后，历届党委政府带领全乡人民实事求是，因地制宜，解放思想，锐意进取，充分利用一切积极因素，在努力创造精神文明和物质文明的同时，严格执行党和国家的少数民族政策，在西天目这片穷乡僻壤中，创造出了骄人业绩。他们在浙江等先期发展乡镇企业地区的影响下，兴办了农具修理、制鞋、服装和木材加工等企业。进入 20 世纪 80 年代后期，云梯也同全国其他地方一样，掀起了大办乡镇企业的热潮。到 90 年代初期，全乡已有乡镇企业 12 家，企业总收入达 200 余万元，从业人员有 300 多人。其中 90 年代初创立的云梯早竹市场是宁国最早的早竹市场，发展到 2000 年，销售收入达 3000 万元，被宁国市委市政府授予 "农产品销售大户" 称号。1995 年，云梯创办了宁国畲乡石材工艺装饰厂，2004 年，又与浙江安吉外贸企业合作，创办了宁国畲族荣华竹木加工厂，其产品出口欧美日韩等地，2011 年销售收入达 300 万元。为适应市场经济发展的需要，与世界经济接轨，90 年代中后期，云梯乡镇企业先后实行改制。改制后，宁国畲乡美波铝业有限公司和宁国新兴纺织原料制造厂（原宁国市畲族缫丝厂）快速发展成为规模以上工业企业。2010 年，宁国畲乡美波铝业有限公司实现工业产值 8000 多万元。2015 年，宁国新兴纺织原料制造厂工业总产值也突破 8000 万元。

（三）林业经济的全面兴起

为全面贯彻落实以经济建设为中心大政方针，根据云梯山多田少的乡情，乡党委政府咬定青山不放松，以小流域治理为目标，着力发展林业经济，引导群众种植山核桃、早笋、毛竹、药材等经济作物，有效地提高了群众收入。山核桃是云梯林业经济的重要支柱产业，然而 1985 年面积仅有 78 亩。在小流域治理过程中，乡党委政府引导农民科学合理大面积种植山核桃，1991 年面积达 1000 多亩，2003 年近 6000 亩，2013 年总面积飙升至 13700 亩，山核桃种植面积占全乡经济林总面积的 29%，使云梯一跃成为宁国山核桃主产区之一。随着产量的快速提升，山核桃深加工也如雨后春笋般发展起来。早笋是出笋早的鲜笋，因其品质优良、营养丰富、味道鲜美、成本低、产量高、经济效益好而成为农民致富的重要抓手。在小流域治理过程中，农业技术人员经过调研实验，发现云梯乡土质适合种植早笋。在乡党委政府大力倡导下，1987 年全乡早笋总产达 200 吨，1989 年建成万亩竹笋生产基地，1998 年更是达到 11300 亩。一般每亩产值为 1000 元左右，采用覆盖技术后，每亩产值最高可达 2.5 万元，极大地提高了农民收入。种植毛竹是云梯乡农民致富的又一途径，然而 1985 年全乡毛竹总面积却不足 2000 亩。在乡政府的推广下，2003 年发展至 5700 亩，2013 年达 8800 亩，毛竹占全乡经济林总面积的 19%。另外，云梯还充分利用良好的土质和气候，在农业技术人员的指导下，种植宁国贝母、宁前胡和白术等优质药材，2010 年总产量达 35 吨。2013 年，全乡经济林总面积达 47000 亩。

（四）小康建设成效显著

一直以来，乡党委政府以奔小康为目标，着力民生，努力提高云梯畲族乡两个文明建设水平。由于集体经济和农业经济的快速发展，1994 年，畲乡农民人均纯收入 1554 元，达到宣城地区制定的小康标准，在宁国县率先基本实现小康。1997 年，云梯乡又实现了基本普及九年制义务教育、基本扫除青壮年文盲的"双基"达标，当年全乡农民人均纯收入 2641 元，同时完成了村村通公路的目标。一直以来，各级政府都十分关注畲乡云梯的发展，为改善当地群众就医条件，1995 年，省、县财政拨专款 12 万元，建起了 780 平方米的乡卫生院大楼，2013 年乡卫生院又扩大到 1500 平方米。为丰富群众特别是畲民的文化生活，乡党委政府决定将"三月三"山歌节常态化，成为畲乡传统娱乐项目，并安排专款，由有关部门组织实施。

四、高歌猛进的云梯畲族乡

党的十八大胜利召开后的 2014 年，云梯畲族乡新一届党委政府成立。在十八大精神指引下，他们进一步解放思想，超前谋划，在借鉴浙江、福建畲乡发展经验基础上，因地制宜，制定了 2015—2030 年总体规划图，并形成了切实可行的发展思路，即在做好常规工作基础上，以特色文化兴乡，以特色旅游兴商，以特色产品富民，短短几年时间里，就引领畲乡进入了一个全新的发展阶段。

（一）以特色文化兴乡

乡风、乡情、乡史构成一个地方特有的文化，是一个地方的灵魂，有了魂，才可能有良好的精神面貌，才有精气神。在为畲乡筑魂的工作中，云梯乡党委政府做了以下事情。

一是发掘传统文化。云梯虽地处天目山腹地，但历史上曾是南唐、吴越、南宋的军事和商贾交通要道，经济文化较为发达。南宋名相吴潜、著名诗人吴晦之等就曾出生并生活在这里。著名高僧宗杲，南宋名臣奚士达、奚士逊也多次来此游历，留下了许多诗文和传说，文化底蕴非常丰富。乡党委政府认识到其潜在价值，组织专人进行发掘整理。

二是完善了《云梯畲族乡志》的编纂工作，为给后人留下一份有价值的乡土文献。乡党委政府在省市有关部门的大力支持下，聘请专家、组织专人、安排专项资金，历时近三年时间，编撰了近 40 万字的《云梯畲族乡志》。为高标准、高质量地完成这一重任，乡党委政府主要负责同志亲自挂帅，多次召开有关方面的协调会，亲自参与资料收集工作。

三是着力打造反映云梯畲族乡风乡貌的文化设施。2012 年，乡里投巨资在千秋村修建了反映畲族历史的文化广场。该广场占地达 15 亩，质朴而壮重，也是当地新农村建设一个重要景点。2009 年，乡里投资 20 万元，建设了"畲族展览馆"，新一届党委政府组织专人对馆藏资料进行充实，系统展示了有关畲民们迁徙、生产、生活和奋斗史，使之成为畲民对其后代进行艰苦奋斗教育的一个重要基地。

四是保护好畲语、畲歌。为传承历史，保护好这项有千年历史的活化石，乡里委托教育部门组织教师编写了畲语教材，在畲民子弟中开展畲语课教学活动，同时又组织畲族乡土研究工作者蓝开友、钟有根、蓝冬莲等人搜集整理流传在民间的畲歌，目前已搜集整理了近百首。

五是进一步提升"三月三"山歌节的功能。乡党委政府会同市文化旅游部门努力扩大节日规模、增强宣传力度、丰富游乐内容，使"三月三"也成为全乡乃至全市大众的旅游节。当看到畲族青年穿上节日盛装，或歌唱今天的幸福生活，或赞美畲乡新貌，或互表爱慕之情的热烈场面，游客们都会赞叹不已。山歌节的举办，极大地提升了畲民的自豪感和幸福感，同时也起到了向外大力宣传畲乡的作用。

（二）以特色旅游富商

云梯畲族乡除了较为深厚的历史文化底蕴和少数民族特色外，由于地处西天目腹地，可供人们游玩的自然景观也有其独特之处。根据这一乡情，乡党委政府在保护好青山绿水的前提下，努力扩大基础设施建设投入，仅 2017 年就实现固定资产投入 1.25 亿元，形成了筑巢引凤开发旅游资源、大力开发农家乐餐饮服务的格局。

一是要打好悠久历史遗迹品牌。如做好举办"三月三"山歌节，建设畲族广场、畲族展览馆、畲族风情园等凸显畲乡民族文化特征的工作。修建于唐宋时期且保存完好的千秋关、铜岭关、壕堑关积淀了云梯丰富的历史底蕴，乡党委政府可严格按文物保护法规定进行保护性开发。

二是打好汤公山、龙王山的山水品牌。云梯境内的汤公、龙王二山山势巍峨峻峭，山脚有峡谷奇石，山腰有飞瀑清泉，山巅有高山杜鹃，一年四季，美不胜收，极富观赏性。乡党委政府统一思想，决定采用招商引资的办法吸引省内外客商开发这些旅游资源。经过大力宣传，浙商阮道胜来云梯开发龙王山旅游景点，经过几年发展，游客量迅速增多。近年新开发的将军关漂流项目，旺季每天游客就达 3000 多人次。黄春风是云梯籍商人，在外打拼多年，在乡党委主要负责人多次动员的真情感召下，回来参与家乡建设。2016 年，他投资 2000 万元创办"千亩云沃月季园"，2017 年，一期工程完工，目前二期工程正在紧锣密鼓地进行中。

　　三是打好特色"农家乐"品牌，经过几年的努力，目前全乡已有 50 多家"农家乐"饭店（其中达三星级 5 家），民宿接待床位近千张，其服务、菜肴有特色，设施完善，环境优美。他们在用云梯人特有的热情吸引着四面八方客人的同时，也为全乡解决了 200 多劳动力的就业问题。特别是毛坦村的新型农家乐，20 多家农户联合起来，日接待游客量 80 多人。他们利用网络媒体等做宣传，以原生态的自然风光为依托，为上海、杭州、苏州、南京等大城市旅游休闲的游客群体提供服务，经济效益十分可观。

王守仁与滁州

蒲 霞

摘 要：明正德七年（1512）王守仁因任南京太仆寺少卿而与滁州前前后后结下了一年多的情缘。在少卿任内，他修建来远亭，改官仓为太仆寺仓，组织百姓结甲自保，不辱使命。闲暇之时，纵情山水之间，写下了三十六首滁州诗，反映了王守仁别样的惆怅、复杂的心情以及人生梦想：或不甘清闲，愿有作为；或歌咏山水，寄情美景；或与友人、学生谈学论道、阐发心学思想。滁州是王守仁早期践行心学思想的地区之一，也是心学思想进一步升华的一个起点。

关键词：王守仁；南京太仆寺；滁州诗；心学

王守仁，字伯安，绍兴府余姚县人，曾筑室于会稽山阳明洞，自号阳明子，人们称之为阳明先生。明朝弘治十二年（1499）进士。曾任刑部主事、贵州龙场驿丞、庐陵知县、南京太仆寺少卿、南鸿胪寺卿、右佥都御史、南赣巡抚、两广总督等职，晚年官至南京兵部尚书、都察院左都御史。因平定宸濠之乱而被封为新建伯，隆庆年间追赠新建侯。谥文成，故后人又称其为"王文成公"。万历十二年（1584）从祀崇圣祠。[①] 王守仁是明代著名的思想家、文学家、哲学家和军事家，是陆王心学集大成者，精通儒家、道家、佛家。王学（阳明学）提倡立德、立言于一身，对明朝以及后世思想影响极大，甚至传至日本、朝鲜半岛以及东南亚。

无论是为官还是卸任，无论在什么地方做官或做事，王守仁都是学而不懈，并以良知之旨训后学。王守仁曾任南京太仆寺少卿及在滁州为官的这段时间里，他尽心尽力做好本职工作，闲暇之余还常常与朋友交流学习心得，教导晚辈如何去学习、如何去悟道，希望进一步将心学发扬光大、传承久远。王守仁颇爱滁州山水之美，写下不少歌咏滁州的诗句，并借此抒发自己的情怀。关于这些情况光

作者简介：蒲霞，安徽大学历史系副教授。
① （清）何绍基：光绪《重修安徽通志》卷八七，学校志，清光绪四年（1878）刻本。

绪《滁州志》中有如下记载："滁山水佳胜，先生①督马政，地僻官闲，日与门人游遨琅琊酿泉间，月夕则环潭而坐者数百人，歌声振山谷。诸生随地请正，踊跃歌舞，旧学之士皆曰来臻从游之众自滁始。"②

　　明朝雷礼所撰《南京太仆寺志》记载了王守仁任南京太仆寺少卿时的作为，也收录了他写的三十六首滁州诗，借此可以对王守仁在滁州的活动和他的思想有进一步的了解。

一、王守仁与南京太仆寺

　　太仆寺，官署名，中国古代中央机构之一。秦汉时期九卿中已有"太仆"之职，专门掌管车马。北齐始为定制，以"太仆寺"为官署名，"太仆寺卿"为官名。宋朝马政初属群牧司，元丰时改制，依前代成例，复归太仆寺管辖。南宋将太仆寺归入兵部。元朝马政机构很多，太仆寺仅管辖其中的一部分。明朝太仆寺掌牧马之政令，隶属兵部，并于滁州设南京太仆寺，亦置卿、少卿、员外郎等官职。王守仁曾任南京太仆寺少卿一职。《南京太仆寺志》中有相关记载，王守仁"（正德）癸酉，升南京太仆寺少卿"；"（正德）甲戌，改南鸿胪"③。"王守仁，浙江余姚人，弘治已未进士。正德七年，由考功郎中升任（南京太仆寺少卿），官至南京兵部尚书。封新建伯"④。据此可知，王守仁是在正德年间升任南京太仆寺少卿、到滁州做官、改迁南京鸿胪寺卿的。

　　关于王守仁任南京太仆寺少卿的时间，光绪《滁州志》却有不同记载："王守仁，浙江余姚人，弘治乙未成二甲第七名进士，观政工部。嘉靖七年，以考功郎中，升南太仆少卿，便道省亲。次年冬十月，至滁。""九年，先生年四十三岁，四月升南京鸿胪寺卿。"⑤光绪《滁州志》"太仆寺职官表"中亦称："（少卿）王守仁，嘉靖七年，史有传。"⑥光绪《滁州志》明确指出，嘉靖七年王守仁接到任命后顺路回家省亲，八年冬十月才到滁州，九年四月升任南京鸿胪寺卿。⑦但实际上王守仁卒于嘉靖八年（1529），所以王守仁应该是在正德年间被任命为南京太仆寺卿、到滁州以及后来改任南京鸿胪寺卿的。虽然光绪《滁州

---

①　"先生"即指王守仁。

②　光绪《滁州志》卷四，职官志·名宦，《中国地方志集成》本，南京：江苏古籍出版社，1998 年。

③　（明）雷礼：《南京太仆寺志》卷一五，列传，明嘉靖刻本。

④　（明）雷礼：《南京太仆寺志》卷七，官寺，明嘉靖刻本。

⑤　光绪《滁州志》卷四，职官志·名宦，《中国地方志集成》本，南京：江苏古籍出版社，1998 年。

⑥　光绪《滁州志》卷五，兵卫志·太仆寺职官表，《中国地方志集成》本，南京：江苏古籍出版社，1998 年。

⑦　光绪《滁州志》卷四，职官志·名宦，《中国地方志集成》本，南京：江苏古籍出版社，1998 年。

志》记载的时间不准确，但记载的事情是符合事实的。

《南京太仆寺志》中有关于王守仁与南京太仆寺关系的记载。卷十五"列传"① 部分有"王守仁传"，称他是"（正德）癸酉，升南京太仆寺少卿"，"（正德）甲戌，改南鸿胪"。卷七"官寺"② 部分载："王守仁，浙江余姚人，弘治己未进士。正德七年，由考功郎中升任（南京太仆寺少卿），官至南京兵部尚书。封新建伯。"卷九"规制"③ 部分则载："来远亭，在柏子潭上。正德七年秋七月，本寺少卿王守仁建。今亭废，址存。""官仓，在滁城南门内左所右。初为宋乾明尼寺，正德九年，因流贼之变，本寺少卿王守仁废寺为太仆寺仓，建官厅一所，以备入滁憩之地。""新街，自本寺牌坊起至孙家地止。又通全椒路一街，俱牧监点马旧地荐苜蓿。正德七年，流贼猖起，本寺少卿王守仁因寺距滁城外二里孤悬，招集军民二百余家自置房屋居住。立总小甲属之，照户按日巡警防护，本寺免其地租。"这些记载，有称王守仁是正德七年（1512）升任南京太仆寺少卿的，有的却说是正德八年（1513），说法不统一。而《王文成公全书》中亦言："滁州诗三十六首，正德癸酉年到太仆寺作。"④ 王守仁的三十六首滁州诗是在正德癸酉年（正德八年）写成的。结合光绪《滁州志》所载内容，情况应该是这样的：正德七年（1512）王守仁接到任命后升任南京太仆寺少卿，虽已上任，但他并没有即刻前往滁州而是先"便道省亲"看望老父，正德八年（1513）才来到滁州。正德九年（1514）又改任南京鸿胪寺卿。正德七年上任之后，王守仁虽然没有去滁州，却以少卿身份下令在滁州做了一些事情，如正德七年秋七月，在柏子潭上修建来远亭；正德七年，流贼纷起，考虑到南京太仆寺距离滁州城有二里的路程，孤悬城外，与城内响应不便，于是便招集200余家军民自置房屋居住，设立小甲之制进行管理，每家每户均要按日巡逻，警卫保护居民安全。王守仁到滁州后因喜爱其山水之秀美，写下三十六首滁州诗，抒发自己的情怀。正德九年，还将滁州城南门内的官仓改为太仆寺仓，又修建官厅一所，供来滁人员休息之用。自正德七年（1512）接受任命到正德九年（1514）离任，王守仁与滁州前前后后结下了一年多的情缘。

二、王守仁与滁州诗

明正德八年（1513），王守仁在南京太仆寺少卿任期内写下三十六首滁州

① （明）雷礼：《南京太仆寺志》卷一五，列传，明嘉靖刻本。
② （明）雷礼：《南京太仆寺志》卷七，官寺，明嘉靖刻本。
③ （明）雷礼：《南京太仆寺志》卷九，规制，明嘉靖刻本。
④ （明）王守仁：《王文成公全书》卷二〇，外集二，四部丛刊景明隆庆本。

诗。① 滁州诗反映了王守仁别样的惆怅、复杂的心情以及人生梦想。粗略分析，王守仁滁州诗主要包括以下几个方面的内容。

1. 不甘清闲，愿有作为

明正德元年（1506）刘瑾擅权，王守仁受到打压，被贬贵州龙场。正德五年（1510）初，王守仁复官庐陵县（今江西吉安）知县。八月，刘瑾被除，王守仁才被召入京城。从王守仁的一生看，在南京太仆寺少卿任期内是他相对清闲的一段时期。南京太仆寺少卿一职工作不是特别繁忙，王守仁有着较多的闲暇时间，但从他的滁州诗中，却可以看出他是身闲心不闲，身闲之时仍想有所作为，身闲之时仍在思考、悟道。

《梧桐江用韵》："凤鸟久不至，梧桐生高冈。我来竟日坐，清阴洒衣裳。援琴俯流水，调短意苦长。遗音满空谷，随风递悠扬。人生贵自得，外慕非所臧。颜子岂忘世，仲尼固遑遑。已矣复何事，吾道归沧浪。"② 在调音弄琴、感受美景之时，王守仁亦不忘借孔子等人的志向来抒发自己清闲之时也想有所作为的心愿。

《林间睡迟》："林间尽日扫花眠，只是官闲愧俸钱。门径不妨春草合，斋居长对晚山妍。每疑方朔非真隐，始信杨雄误太玄。混世亦能随地得，野情终是爱丘园。"③ 这首诗即反映了王守仁清闲之时却也有点惆怅、有点失落，身闲之时也在思考问题，如怀疑东方朔并非真正的隐士，而扬雄溺于沉思冥想而误了有所作为，由此来隐喻自己也想有所作为的意愿。

2. 教化子弟，振兴心学

贵州龙场万山丛薄，苗、僚杂居，王守仁被贬此地当驿丞时，虽然环境非常艰苦，却也可以寻求内心的清静，得到了静心反省的机会。某日半夜，他忽然顿悟，认为心是感应万事万物的根本，由此提出"心即理"的命题，并且认识到："圣人之道，吾性自足，向之求理于事物者误也。"④ 这就是著名的"龙场悟道。"此后，王守仁提出了"心外无理，心外无物"的理论，圣人之道是什么，就是良知，良知人人都有。判断事情对错是非，标准是良知，而不是外在的一些事物。自此他便开始教导子弟悟道，并以振兴心学为己任。王守仁滁州诗中即表达了这种心情。《赠熊章归》："门径荒凉蔓草生，相求深愧远来情。千年绝学蒙尘土，何处澄江无月明。坐看远山凝暮色，忽惊废叶起秋声。归途望岳多幽兴，

---

① 《王文成公全书》收录了这三十六首滁州诗。
② （明）王守仁：《王文成公全书》卷二〇，外集二，四部丛刊景明隆庆本。
③ （明）王守仁：《王文成公全书》卷二〇，外集二，四部丛刊景明隆庆本。
④ （清）张夏：《洛闽源流录》卷一五，清康熙二十一年（1682）黄昌衢彝叙堂刻本。

为问山田待耦耕。"① 弟子远来求教，王守仁耐心教化引导，希望借此振兴心学，使其后继有人。

《别易仲》："辰州刘易仲从予滁阳，一日问；'道可言乎?'予曰：'哑子吃苦瓜，与你说不得。尔要知我苦，还须你自吃。'易仲省然有悟。久之，辞归别以诗。""迢递滁山春，子行亦何远。累然良苦心，恫恍不遑饭。至道不外得，一悟失群暗。秋风洞庭波，游子归已晚。结兰意方勤，寸草心先断。末学久似离，颓波竟谁挽。归哉念流光，一逝不复返。"② 诗中提到的刘易仲就是追随王守仁一起来到滁州的。刘易仲在滁州经过一段时间的学习已有所感悟，并要拜别王守仁回到湖南。依依惜别之时，王守仁仍不忘教化弟子，提醒弟子要珍惜光阴，希望弟子能坚持悟道、振兴心学。

《山中示诸生五首》："路绝春山久废寻，野人扶病强登临。同游仙侣须乘兴，共探花源莫厌深。鸣鸟游丝俱自得，闲云流水亦何心。从前却恨牵文句，展转支离叹陆沉。"③ 王守仁的心学重在从内心自省而得以悟道、明白事理。这首诗反映的就是王守仁寄情大自然，在大自然的风光美景中，静心聆听，内心修行，体悟心学的精华，提升心学的思想内涵，进一步发展心学的理论体系。

3. 歌咏山水，寄托情思

滁州山美水美，王守仁常常徜徉于美景之中，流连忘返。王守仁写下诗句，歌咏美景，寄托情思。《琅琊山中三首》："风景山口雪后增，看山雪后亦谁曾。隔溪岩犬迎人吠，饮涧飞猱踔树腾。归骑林间灯火动，鸣钟谷口暮光凝。尘踪正自韬笼在，一宿云房尚未能。"④ 这首诗描写了滁州琅琊山冬季雪后的景色，雪山、树林、灯火、暮色因为有了行人、吠犬、流溪、飞猱、走马、鸣钟而变得生动活泼起来。

王守仁是正德八年（1513）十月到滁州的，正好经历了滁州的整个冬天，因而滁州诗中有几首是以雪景为主题的。《栖云楼坐雪二首》："才看庭树玉森森，忽漫阶除已许深。但得诸生通夕坐，不妨老子半酣吟。琼花入座能欺酒，冰溜垂檐欲堕针。却忆征南诸将士，未禁寒夜铁衣沉。""此日栖云楼上雪，不知天意为谁深。忽然夜半一言觉，又动人间万古吟。玉树有花难结果，天机无线可通针。晓来不觉城头鼓，老懒羲皇睡正沉。"⑤ 这两首诗说的是，雪下得很大，庭院里郁郁葱葱的树木很快就被白雪覆盖，王守仁与弟子们在栖云楼上赏雪、夜

---

① （明）王守仁：《王文成公全书》卷二〇，外集二，四部丛刊景明隆庆本。
② （明）王守仁：《王文成公全书》卷二〇，外集二，四部丛刊景明隆庆本。
③ （明）王守仁：《王文成公全书》卷二〇，外集二，四部丛刊景明隆庆本。
④ （明）王守仁：《王文成公全书》卷二〇，外集二，四部丛刊景明隆庆本。
⑤ （明）王守仁：《王文成公全书》卷二〇，外集二，四部丛刊景明隆庆本。

坐、饮酒、吟诗、论学，诗中描绘的情景有静有动，展现了滁州雪后的别样景致，反映了王守仁的闲情生活。

《送德观归省二首》；"雪里闭门十日坐，开门一笑忽青天。茅檐正好负暄日，客子胡为思故园。椿树惯经霜雪老，梅花偏向岁寒妍。琅琊春色如相忆，好放山阴月下船。"① 这首诗也是描绘滁州雪后美景的。下雪多日，忽然放晴，王守仁心情大好，出门欣赏雪景，看到椿树、梅花傲雪经霜、不畏严寒，禁不住发出赞叹。王守仁借歌咏椿树、梅花表达了自己不畏强势的价值取向。

4. 离别愁绪，寄情诗文

王守仁在滁州为官，友人和弟子常常从外地到滁州来看望他，向他讨教修行、悟道的方法，并聆听其诠释心学的内涵。王守仁在滁州诗里也表达了这种迎来送往、与友人弟子别离的愁绪。《送惟乾二首》即表达了王守仁的这种心情："独见长年思避地，相从千里欲移家。惭予岂有万间庇，借尔刚余一席沙。古洞幽期攀桂树，春溪归路问桃花。故人劳念还相慰，回雁新秋寄彩霞。""簦笈连年愧远求，本来无物若为酬。春城驿路聊相送，夜雪空山且复留。江浦云开庐岳曙，洞庭湖阔九疑浮。悬知再鼓潇湘柂，应是芙蓉湘水秋。"②

王守仁虽在滁州实实在在地只待了七个月左右时间，但因其心学思想得到越来越多的人的认可，很多人跟从他学习心学，修行悟道。正德九年（1514）四月，王守仁升任南京鸿胪寺卿，要离开滁州。人们听说此事，相约给王守仁送行，一路上不忍分别。王守仁写下《滁阳别诸友》，抒发自己与友人、弟子的别离之情："滁阳诸友从游，送子至乌衣，不能别。及暮，王性甫汝德诸友送至江浦，必留居，俟予渡江。因书此促之归，并寄诸贤，庶几共进此学，以慰离索耳。""滁之水，入江流，江潮日复来滁州。相思若潮水，来往何时休。空相思，亦何益，欲慰相思情，不如崇令德。掘地见泉水，随处无弗得。何必驱驰为，千里远相即。君不见尧羹与舜墙，又不见孔与跖对面不相识，逆旅主人多殷勤，出门转盼成路人。"③ 此诗字里行间抒发了王守仁与友人、学生惜别之情，也表达了他希望弟子进一步弘扬心学思想、将其发扬光大的心愿。

王守仁因任南京太仆寺少卿而与滁州结下情缘。他在少卿任内修建来远亭、改官仓为太仆寺仓、组织百姓结甲自保，不辱使命。闲暇之时，纵情山水之间，或欣赏美景，或与友人、学生谈学论道、阐发心学思想。滁州是王守仁早期践行心学思想的地区之一，也是心学思想进一步升华的一个起点。

---

① （明）王守仁：《王文成公全书》卷二〇，外集二，四部丛刊景明隆庆本。
② （明）王守仁：《王文成公全书》卷二〇，外集二，四部丛刊景明隆庆本。
③ （明）王守仁：《王文成公全书》卷二〇，外集二，四部丛刊景明隆庆本。

帷幄内的才子

——晚清桐城派学人入幕研究

王玺杰

摘　要： 清代道咸以来，国势衰微，士人对社会现实的关注日趋强烈。作为皖江地区影响力最大的文学团体，被冠以"旧文化"代表予以批判的桐城派，也曾扛起经世致用的旗帜，在一定程度上为中国近代化潮流的奔涌贡献着自己的力量。与此同时，面对频繁的战争及西学的传入，兴盛于清代的幕府制度迎来转型，军事与洋务等现实事宜成为幕府工作的重要内容。职能的扩张及机构的膨胀促使幕府急需大量人才，而桐城派学人为了个人生计前途及国家富强加入幕府，不仅凭借自身精湛的文学功底，出色完成了幕内文书及地方文教工作，更广泛参与洋务外交，为中国近代化发展做出诸多不可磨灭的功绩。

关键词： 桐城派；幕府；中国近代化

桐城派自戴名世、方苞、刘大櫆、姚鼐四祖以来，日渐兴盛，"姚门四子"（梅增亮、管同、方东树、姚莹）名扬四海，"曾门四杰"（吴汝纶、薛福成、黎庶昌、张裕钊）声动九州，一时之间，天下文章尽出于桐城。后又因其遗老林纾、马其昶固守成法，在新文化运动中被批为反动落后的代名词。因而学界对于桐城派的研究大多集于文艺方面，或称赞其历史功绩，表彰在文学史上的突出地位，或痛斥其保守迂腐，阻碍了新文化的传播。但桐城派作为中国文学史上一个颇为特殊的团体，其非凡之处，就在于其对政治、外交、文化、教育等领域都具有深远影响。朱修春教授曾主编《桐城派学术档案》①，介绍了桐城派的研究概况，对相关经典论著及三十年来研究大事作了相关梳理。另有王达敏的《论桐

作者简介： 王玺杰，华中师范大学中国近代史研究所研究人员。

①　朱修春主编：《桐城派学术档案》，武汉：武汉大学出版社，2016年。

城派的现代转型》① 及曾光光的《桐城派与晚清社会思潮》② 等文章介绍，揭示了桐城派在社会思潮中的积极作用，但切入点与立足点还是侧重于文学方面，对于桐城派学人是如何紧随中国近代化步伐，加入这场浩浩汤汤的变革中来，尚缺乏充足翔实的史料考证，并且桐城派的功绩影响也未得到系统归纳。而张秀玉的《桐城派士人的游幕治生》③ 则从入幕方式、为幕之道、游幕收入三方面详细介绍了桐城派学人的幕府生活，其立足点在于阐述游幕是桐城派群体重要的生存途径，但缺乏对学人幕中活动贡献的具体说明，也未对学人游幕的完整流程做出脉络清晰的梳理。

随着晚清中央集权的衰落，地方督抚对于中国未来的发展走向掌握了更多话语权，而作为这些大员们的心腹亲信，建言献策的幕僚们也成了间接影响晚清政局的重要人物，这其中就不乏许多桐城派学人的身影。因此，通过对晚清桐城派学人的入幕研究，详细考证其幕内活动，可以充分揭示桐城派对中国近代化之积极影响。

幕府制度是中国历史上颇具影响力的政治制度。幕府本指将帅出征时的营帐，后又代指地方官员的府衙。这一制度大约发源于战国时期，自秦汉年间逐步确立，千余年来发展起伏跌宕，于明末清初再度走向兴盛。纵观整个清朝，"上自督抚，下至州县，凡官署皆有此席"④，少则几人，多则几十甚至上百人，就规模及影响力而言，清朝幕府当属历代之冠。晚清时期尤甚，随着中央集权的衰落及地方事务的日益繁杂，督抚大肆进行幕府辟召，麾下人才济济，兴旺非常。正因如此，晚清幕府成了中外史学家争相研究的热门领域。该研究大致兴起于20世纪30年代，著名史学家张荫麟及其高足李鼎芳合著的《曾国藩与其幕府人物》⑤，着重论述了曾国藩同幕僚间在学术人格、洋务军事方面的相互影响，开启了近代幕府研究的先河。其后王尔敏所著的《淮军志》⑥ 及美国学者福尔瑟姆（Kenneth E. Folsom）所著《朋友、宾客与同僚——晚清的幕府制度》⑦，对李鸿章幕府的人员组成及影响做了详细介绍。80年代迄今，对于近代幕府的研究多

①　王达敏：《论桐城派的现代转型》，《安徽大学学报》（哲学社会科学版），2015年第6期，第50–59页。

②　曾光光：《桐城派与晚清社会思潮》，《江海学刊》，2001年第6期，第127–131页。

③　张秀玉：《桐城派士人的游幕治生》，《安庆师范大学学报》（社会科学版），2017年第1期，第13–17页。

④　徐珂：《清稗类钞·幕僚类》"绍兴师爷"条，北京：中华书局，1984年版，第1381页。

⑤　张荫麟、李鼎芳：《曾国藩与其幕府人物》，《大公报·史地周刊》第63期，1935年5月24日。

⑥　王尔敏：《淮军志》，北京：中华书局，1987年。

⑦　Kenneth E. Folsom, "Friends, Guests, And Colleagues——The Mu-Fu System In The Late Ch'ing Period", University Of California Press, Berkeley And Los Angeles, 1968.

集中于最具影响力的地方大员，例如朱东安所著的《曾国藩幕府研究》①、马昌华主编的《淮系人物列传》②、黎仁凯的《张之洞幕府》③、张学继的《袁世凯幕府》④ 以及李志茗的《晚清四大幕府》⑤，对这些具有代表性的幕府进行重点剖析的同时，还阐述了其对于中国近代化的影响。学人入幕的研究主要集中于尚小明的《学人游幕与清代学术》⑥ 以及《论清代游幕学人的撰述活动及其影响》⑦，其在扎实的史料基础上论述了游幕的频繁与学术文化兴盛的紧密联系。

桐城派作为我国历史上持续时间最长的文派，与时俱进的发展性是一大关键因素。兴盛二百余年，桐城派不断注入新的活力，面对晚清这场千年未有之大变局，桐城派在适应时代变化的同时，也结出了自己丰硕的果实。尽管在新文化运动中走向衰落，但它对中国的政治、外交、军事、教育等方面施加了不可磨灭的重要影响。因此，既不能把桐城派的贡献局限于学术领域，也不能简单否定其在推动中国近代化潮流发展的功绩，本文则转变视野，立足史料，全面整体论述桐城派之积极影响。

本文的研究时间确立在晚清，即衰亡时期的清朝，起始点并不局限于1840年，而是上溯至嘉道年间。"从宏观着眼，从微观入手，是研究历史和一切事物的方法。"⑧ 基于幕府在近代社会中的独特作用，笔者将展开文献研究，以翔实史料为基础，以缜密逻辑为支撑，将桐城派学人入幕现象作为视角切入。研究桐城派自然离不开一个个鲜活的代表人物，所选取的学人名单参考于刘声木的《桐城文学渊源考》⑨，例如早期代表方东树、梅曾亮入邓廷桢幕，从事文教活动；中期代表方宗诚、郭嵩焘入曾国藩幕，校刊文事，管理相关洋务；后期代表薛福成、吴汝纶入李鸿章幕，出谋划策，多有襄赞。他们的人物传记、年谱、诗词、札记以及地方各省的通志等都是广泛选取的研究素材，就桐城派学人生平活动而言，这些资料都具有一定的参考意义。通过对桐城派学人幕内工作生活之叙写，以小见大，既揭示其对中国社会直接或间接的影响，同时对晚清幕府职能之扩大、制度之转变有一个鲜明的认识，继而对晚清文人和社会现代转型提出新的

① 朱东安：《曾国藩幕府研究》，成都：四川人民出版社，1994年。
② 马昌华主编：《淮系人物列传》，合肥：黄山书社，1995年。
③ 黎仁凯：《张之洞幕府》，北京：中国广播电视出版社，2005年。
④ 张学继：《袁世凯幕府》，北京：中国广播电视出版社，2005年。
⑤ 李志茗：《晚清四大幕府》，上海：上海人民出版社，2002年。
⑥ 尚小明：《学人游幕与清代学术》，北京：社会科学文献出版社，1999年。
⑦ 尚小明：《论清代游幕学人的撰述活动及其影响》，《北京大学学报》（哲学社会科学版），1999年第5期，第50-60页。
⑧ 陈旭麓：《陈旭麓文集》第4卷，上海：华东师范大学出版社，1997年版，第35页。
⑨ 刘声木：《桐城文学渊源考》，合肥：黄山书社，1989年。

思考。

　　本文主要分为四大部分，前三部节以时间发展为序，分为入幕前、幕内中、出幕后三个时段，把桐城派学人入幕的来龙去脉串联一处：第一部分介绍学人入幕前的背景，对其入幕原因做出分析；第二部分阐述学人在幕府内的工作，主要分为文化学术、洋务外交、地方事务三类；第三部分叙述学人出幕后的去向，把握其离幕特点；最后一部分对幕府职能变化及桐城派学人的贡献进行总结。

一、入幕之路

　　嘉道以后，国家正逢多事之秋，社会危机恰如火山爆发，不断威胁着清王朝的统治。然而，面对现实事务的日益繁杂，清政府依然抱残守缺，大小相制、内外相维的传统官僚体制及旧式的选官制度无助于地方大员们解决实际困难，再加上乾隆中期以后，传统幕友素质降低，水平有限，他们"以守正为迂阔矣，江河日下，砥柱为难。甚至苞苴关说，狼狈党援，端方之操，什无二三"①，故而晚清地方要员急需大量优质人才，以应现实之需。譬如曾国藩在咸丰四年（1854）发布檄文："倘有血性男子，号召义旅，助我征剿者，本部堂引为心腹，酌给口粮；倘有抱道君子，痛天主教之横行中原，赫然愤怒，以卫吾道者，本部堂礼之幕府，待以宾师。"② 幕主对人才的渴望，也促使大量学人纷纷投奔，方宗诚提及曾国藩就经常问道"近见有人才否？对以见某某，则甚喜，退则往往召而用之"③。

　　值得注意的是，地方督抚更希望延揽那些能力强、名望高，能替幕主办理军政要务的有识之士，这其中就不乏桐城派学人的身影：或为幕主所亲邀，如曾国藩、胡林翼为招揽贤才收复江南，向方宗诚致书相邀④；或是幕主托人劝驾，如李鸿章请曾国藩帮忙，"急需帮手，冒昧将筠仙附荐，敬恳我师切致筠公速来"⑤；或是相互推荐，如吴廷栋向曾国藩推荐方宗诚，方宗诚又向曾国藩推荐吴汝纶⑥；或是毛遂自荐，如刘开撰写《上蒋砺堂大司马书》⑦，向时任两广总

　　① 汪辉祖：《学治臆说》卷上，沈阳：辽宁教育出版社，1998 年版，第 40 页。
　　② 曾国藩：《讨粤匪檄》，《曾国藩全集·诗文》第十四册，长沙：岳麓书社，2011 年版，第 140 页。
　　③ 方宗诚：《节录曾文正公遗书跋》，《柏堂集后编》卷六，严云绶、施立业、江小角主编：《桐城派名家文集·方宗诚》第 9 卷，合肥：安徽教育出版社，2014 年版，第 526 页。
　　④ 严云绶、施立业、江小角主编：《桐城派名家文集·方宗诚》第 9 卷，第 1 页。
　　⑤ 李鸿章：《李鸿章全集·朋僚奏稿》卷一，合肥：安徽教育出版社，2008 年版，第 25 页。
　　⑥ 严云绶、施立业、江小角主编：《桐城派名家文集·吴汝纶》第 15 卷，第 3 页。
　　⑦ 刘开：《上蒋砺堂大司马书》，《孟涂文集》第三卷，严云绶、施立业、江小角主编：《桐城派名家文集·刘开》第 4 卷，第 36 页。

督蒋攸铦推销自己。

从幕主招揽幕府人员的方式可以看出二者间的关系发生了变化。晚清以前的幕府，宾主之间基本上是平等的，官员礼聘士人入幕，待之以宾师之礼。士人一旦入幕，也遵循着"合则留，不合则去"的原则，这就使得他们保有一定的自主权利。而到了晚清时期，由于幕府职能扩张，人才需求量增大而导致幕宾任用方式呈现多元化。一般而言，幕主延揽的幕府人员，多是其敬重赏识之人，宾主之间的关系也处于平等地位。但对于幕主奏调之人，多有职衔，譬如曾国藩于咸丰八年奏调湖南补用知府李瀚章入幕，"饬该员迅来湖口水营，设立总局办理报销事件"①，这样一来宾主之间就有了行政上的隶属关系，身份地位也存在显著的差别。清朝前中期朝廷禁止督抚调用在任官员充任幕僚，但在晚清这成了封疆大吏的特权。任用方式及主宾关系的变化是晚清幕府制度发展的表现之一。

那么，就桐城派学人主观而言，他们为何要加入幕府之中呢？笔者拟从以下四点加以分析。

（一）个人生存

出身贫寒的桐城派学人，为了养家糊口，维持基本的生活需求，不得不外出游幕。最典型的当属刘开，他家庭贫困，半岁丧父，成年后为供养母亲，遍游幕府。除了两广总督蒋攸铦外，他还向时任礼部侍郎阮元、贵州巡抚曾燠、山东巡抚陈预去信自荐②，最后又进入亳州邑令任寿世幕内③。另一桐城派大家方东树更是一生清贫，以致"曾祖以降三世七丧未葬"，直到七十六岁，方才"合葬祖母胡孺人暨继母吴孺人于龙眠喻冲。自注云：三世遗柩七，今皆毕葬"④。如此窘迫，其人生也如浮萍，飘忽不定，从其年谱可知，方东树为谋取生活保障，反复前往广东入幕，1819—1820、1824—1825 两度进入阮元幕中，1837 年再度赴粤，充两广总督邓廷桢幕宾。⑤

当然，对于桐城派学人来说，通过科举入仕似乎是天经地义的选择。但是清朝中期以来，人口迅速膨胀，官员数量及科举名额并未随士人数量的增加而相应变化，因此竞争压力变大，个人中举率走低，相当一部分学人必然与科考正途失之交臂，"其见收于科第者，十之二；其见收于军营及一切保举者，十之三；其

---

① 曾国藩：《曾国藩全集·奏稿》第二册，第 243 页。
② 严云绶、施立业、江小角主编：《桐城派名家文集·方东树》第 4 卷，第 2 页。
③ 尚小明编著：《清代士人游幕表》，北京：中华书局，2005 年版，第 160 页。
④ 郑福照：《仪卫方先生年谱》，《考槃集文录》，严云绶、施立业、江小角主编：《桐城派名家文集·方东树》第 1 卷，第 624 页。
⑤ 严云绶、施立业、江小角主编：《桐城派名家文集·方东树》第 1 卷，第 153 页。

沈抑远遭而不获一用者，犹十之五"①。像方东树、管同、吴德旋、马其昶等桐城派学人屡试不第，心灰意冷，遂另觅他途。为解决生活问题，又自我标榜"士劳心以求食"，耻于"劳力以求食"，也就只能"教授于乡，或为传食之客，或为入幕之宾"②。但是同入幕相比，教书所得收入相对较低，"吾辈从事于幕者，类皆章句之儒，为童子师，岁修不过数十金；幕修之入，或数倍焉，或十数倍焉"③。除了少数任教著名书院的大师级学者待遇优厚外，其余学人只能主讲普通书院，并不比做幕宾优越。因此，在选拔制度并不完善的晚清，桐城派学人一旦科场失意，入幕则成了相对优渥的选择。

（二）经世救国

晚清适逢天下未有之大变局，社会积弊已久，王朝统治"积威日弛，人心已渐获解放"④。在国家危难之际，桐城派学人并非全然墨守成规，冥顽不化，而是揭露时政，主张变革，高举起经世致用的大旗。方东树在县学读书期间，便有用世之意，"凡礼、乐、兵、刑、河、漕、水利、钱谷、关市大经大法，皆尝究心"⑤；管同"少负经世志，为学不守章句……所为《风俗书》及《筹积贮书》，皆通达政体，深切时弊"⑥；戴钧衡自幼就不甘读无用之学，"每以人心世道为忧，寂居田野，凡一省一郡一县利弊，有所见闻，辄作文以言得失"⑦。桐城派学人通过纸笔来反映现实，揭露民间疾苦和社会变化，把自己对时政国事的看法融于文字之中，修成经世之文，凝聚了满腔忧国忧民之情。

但是对于学人来说，若未通过科举入仕，实现自己为官一任、造福一方的济世思想，那么进入大员幕府，以"曲线救国"的方式间接参与当地事务，也是较为妥帖的选择。薛福成十几岁便好为经世致用之学，对于山川地理、诸家兵法烂熟于胸，甚至天文卜筮之说、奇门遁甲之术也有涉猎，就是为了"以备国家一日之用，乃屏弃一切而专力于是"⑧。同治四年曾国藩北征，薛福成向其上万

---

① 薛福成：《薛福成选集》，上海：上海人民出版社，1987 年版，第 12 页。

② 曾国藩：《致澄弟温弟沅弟季弟》，《曾国藩全集·家书》第二十册，第 31—32 页。

③ 汪辉祖：《佐治药言》，"自处宜洁"条，转引自尚小明：《学人游幕与清代学术》，北京：社会科学文献出版社，1999 年版，第 43 页。

④ 梁启超：《清代学术概论》，上海：上海古籍出版社，1998 年版，第 71 页。

⑤ 方宗诚：《仪卫先生行状》，《柏堂集》前编卷七，严云绶、施立业、江小角主编：《桐城派名家文集·方东树》第 1 卷，第 611 页。

⑥ 国史馆：《清史列传·梅曾亮附管同》卷七十三，王钟翰点校，北京：中华书局，1987 年标点排印本，第 6028 页。

⑦ 戴钧衡：《上罗椒生先生书》，《味经山馆文钞》卷三，严云绶、施立业、江小角主编：《桐城派名家文集·戴钧衡》第 8 卷，第 397 页。

⑧ 薛福成：《薛福成选集》，第 10 页。

言书陈述自己对时局的看法，颇受器重，被延入曾幕，协办洋务，就此成就一番经世宏愿。桐城派大家姚莹也以经世闻名，所著"文章善持论，指陈时事利害，慷慨深切"①，为了接触现实社会，切实体察民情，姚莹早年进入了两广总督百龄幕，深刻认识到海外夷情及当地社会危机的严峻性，之后又入李星沅、陆建瀛幕府，参与整顿晚清三大政（漕运、盐法、河工）之一的盐务②，开启了自己一生的经世济民之途。

（三）结识名流

读书人多好结识名流，互相探讨文学，切磋技艺，借此开阔眼界，拓展人脉，建立起属于自己的关系网。桐城派能够发展为作家最多、历时最长、影响最大的流派，与其学人间的群体互动、薪火相传有着密切联系。费孝通先生在《乡土中国》里谈道，传统社会好比投石入水的涟漪效应，一圈圈扩展开，愈远愈疏，愈近愈密。③ 士林亦是如此，越接近处于核心位置的泰山北斗，自己就越能接受学术熏陶，增长见闻，甚至拜入师门，提高身价。鸿儒吴敏树初至金陵，"文正公幕府故多贤豪，而一时名流以公故，多客金陵，沿江诸营，亦往往而有。闻先生至，则皆相就交欢"④。文豪大家往往就是幕府的名片，诸多学人纷至沓来，为结识名流而入幕效劳，"广告效应"可见一斑。

除了颇有名望的宿儒外，政治地位较高的学者幕主也是吸引桐城派学人们投奔效力的因素之一。他们有充裕的财力来招揽幕宾，并且因自身浓厚的学术兴趣而广泛开展文化活动，对学人们来说这些都充满了吸引力。而一个容纳了诸多天下闻名的泰斗级学者的幕府，因其名流效应，反过来又会促使更多学人加入其中，形成良性的互动。曾国藩以立德、立功、立言三不朽传世，其本人不仅功勋卓著，于文学义理也颇有心得，堪称名副其实的学者型官僚，因而曾幕人才济济，英杰辈出。薛福成就感慨其中"前后出入幕府共事者三十余人，多一时贤俊，余颇得晨夕晤谈，以广见闻，充器识"⑤。学者幕主招揽名宿鸿儒，在幕府内构建了一个庞大的学术文化圈，这对于桐城派学人来说有着极强的吸引力。

---

① 赵尔巽等：《清史稿·姚莹传》卷三百八十四，北京：中华书局，1977 年标点排印本，第 11671 页。
② 尚小明编著：《清代士人游幕表》，第 164 页。
③ 参见费孝通：《乡土中国》，北京：北京出版社，2011 年版，第 34—41 页。
④ 杜贵墀：《吴先生传》，严云绶、施立业、江小角主编：《桐城派名家文集·吴敏树》第 5 卷，第 625 页。
⑤ 薛福成：《上曾侯相书》文末自识，《庸庵文外编》卷三，严云绶、施立业、江小角主编：《桐城派名家文集·薛福成》第 10 卷，第 351 页。

除此之外，桐城派学人还会因亲友之故入幕。例如姚莹"以醒庵公在粤，乃应其聘"①，因父亲所在而前往广东游幕；郭嵩焘是曾国藩青年时期的好友，二人"欣然联欢为昆弟交，以问学相切劘"②，曾国藩办团练之初，郭嵩焘就受其邀请而入帷相助。名门之后的身份也是入幕的一大因素，姚莹之子姚濬昌沦为解送军械的小吏，被曾国藩感叹"若名家子，乌能以小官奔走风尘间乎"③，遂调入幕府，后因功授以湖口县令一职。值得注意的是，晚清幕府已成为桐城派学人通向仕途的捷径，这也是科举不顺的学人们入幕的重要原因，这一点本文在后半部分还将加以论述。

二、幕内活动

作为重要的人力资源，桐城派学人为幕主所揽，在幕中开展了广泛而具有深远意义的活动，主要分为以下几类。

（一）文化学术

《水窗春呓》里曾记载官场"上下皆重文字，凡贺禀贺启，皆骈俪绝工，一记室，修有千金者。即才学之士，得以遨游公卿，得高价"④。官场文书往来，十分重视词翰文墨，因而精通文辞的桐城派学人常常佐理文书，替幕主捉刀。方宗诚在河南巡抚严树森幕中时，就主司章奏，"穆宗登极，河南巡抚严公树森应诏陈言，先生在幕，草奏所举尽天下贤才，为时传诵"⑤。薛福成在李鸿章幕中也常替其草拟奏折，从其全集中收录了大量以"代李伯相"为开头的文书便可一窥。不单是奏折公文，就连李鸿章与亲朋好友之间的书信往来，也大多由薛福成代笔。诚如其子薛莹中所说："李公尤倚重，无巨细一以咨，奏议、书牍，多出先公手。"⑥

另外，桐城派学人还会因其渊博的学术功底为官员青睐，并被延入幕中充当私人老师。例如管同受邓廷桢之邀充当其子的授业老师⑦，方宗诚于"咸丰九年

① 姚濬昌：《年谱》，陈祖武选，北京图书馆出版社影印室辑，《晚清名儒年谱》（第1册），北京：北京图书馆出版社，2006年版，第351页。

② 钱基博：《近百年湖南学风》，长沙：岳麓书社，2010年版，第42页。

③ 姚永概：《慎宜轩文集》，合肥：安徽教育出版社，2014年版，第312页。

④ 欧阳兆熊、金安清：《水窗春呓》卷下，"书契圣手"条，北京：中华书局，1984年版，第44页。

⑤ 马其昶：《方柏堂先生传》，《桐城耆旧传》卷十一，合肥：黄山书社，1990年版，第441页。

⑥ 薛莹中：《〈庸庵文别集〉跋》，《庸庵文别集》卷六，严云绶、施立业、江小角主编：《桐城派名家文集·薛福成》第10卷，第815页。

⑦ 严云绶、施立业、江小角主编：《桐城派名家文集·管同》第5卷，第3页。

正月，应吴廷栋之招赴山东课其二孙"①。

在修书拟稿等工作之余，幕府中还会举办带有娱乐性质的文化活动。诗歌作为表达思想感情的文学体裁，全盛于唐，但在清代也十分流行。诗酒唱和也是学人墨客之间互相交往、沟通感情的重要方式。在幕府之中，幕主与幕宾会经常吟咏诗歌，梅曾亮在扬州时，就曾与幕主吴鼒、秦敦夫、顾千里、陈小松等吟咏唱和②，这既是对幕府生活的调节，同时学人之间也能互相切磋诗歌技艺，协调幕府人际关系。除了文艺活动，学人之间还会开展严肃的学术交流。方东树就曾在阮元幕中著有《汉学商兑》，站在宋学的角度驳斥了同为幕僚的江藩"尊汉"思想，维护了理学传统。大员幕内汇集天下诸多贤才，不同的观点碰撞出智慧的火花，推动着学术文化不断发展完善。

桐城派学人以辞章才华出众，因而修志撰文也是其在幕府中最主要、也是对中国学术文化发展影响最大的活动。阮元任两广总督时，就邀请方东树入幕修广东通志，"先生初任分纂，于所应编纂者一月内告竣，将辞去。文达留之，因属以总纂事"③，由此也可看出阮元对桐城派大家方东树才能的肯定与信任。刘开也在道光元年（1821）受知州任寿世邀请，编纂《亳州志》。④ 除了地方志外，学人们还会将重大事件记录在册，例如姚莹受两江总督陆建瀛委托编成《海运纪略后编》，详细记录了道光二十八年的海运状况⑤；方宗诚在曾国藩幕中，修著了反映太平军在东南活动的《两江忠义录》⑥。

晚清时期经世致用思想盛行，桐城派学人的文教活动已不再是乾隆时期纯粹的训诂、考据之风，而是与现实的需要紧密联系起来。其一是边疆史地研究，目的在于为抵御列强侵略而服务。清初即有学者从事于此，等到晚清，国际国内局势突变，边疆史地研究因其实用性而渐成显学。譬如光绪十三年（1887），徐宗亮入黑龙江将军恭镗之幕，"居黑龙江三年，考其山川、风俗、政治利弊，证以案册"⑦，著成《黑龙江述略》，对于边疆史地研究具有极高的价值。其二是对古籍的整理保护。咸同年间，作为文化重镇的江南地区饱经战乱，学校、书院、藏书楼等文化设施遭到严重破坏，许多古籍善本因而散佚焚毁，造成了不可估量的

---

① 马其昶：《方柏堂先生传》，《桐城耆旧传》卷十一，第441页。
② 严云绶、施立业、江小角主编：《桐城派名家文集·梅曾亮》第13卷，第407页。
③ 郑福照：《仪卫方先生年谱》，《考槃集文录》，严云绶、施立业、江小角主编：《桐城派名家文集》第1卷，第618页。
④ 尚小明编著：《清代士人游幕表》，第161页。
⑤ 尚小明编著：《清代士人游幕表》，第165页。
⑥ 尚小明编著：《清代士人游幕表》，第203页。
⑦ 姚永概：《徐椒岑先生墓志铭》，《慎宜轩文》卷九，转引自尚小明：《学人游幕与清代学术》，第213页。

损失。太平天国被镇压后，清政府实行"文化复兴"战略，在全国多省设立官书局来刊刻书籍。主持官书局的大员们纷纷延揽学者名流校刊书籍，一时之间官书局成了学人们的聚集地，譬如缪荃孙就在吴棠延幕中校刻《朱子全书》及殿版《汉书》等①。其三是传播新学，从事翻译西书等工作。桐城派学人萧穆就曾进入上海制造局翻译西方书籍②，这在曾国藩幕府中表现最为突出。上述活动在晚清的幕府中十分常见，这也是幕府的文化职能面对社会需要而进行的自我转变。

（二）洋务外交

除了文教活动，桐城派学人也积极关心现实事务，为国家自强求富贡献力量。嘉道以来，晚清可谓内外交困，既要镇压内部的太平天国、捻军、少数民族起义，又要对外抵御他国军队入侵，频繁的战争催生了诸多戎幕的出现。而随着洋务运动的开展，幕府职能又扩大到办理洋务、外交，这是以前完全没有的职能。

例如薛福成在曾国藩、李鸿章幕中，就曾协助办理轮船招商局、上海机器织布局等洋务企业，并且还撰写了大量有关洋务的文章。他在《酌议北洋水师章程》中，对北洋海军的建制、基地、操练、经费、将才及舰只的购造等，都做了极为详细的规划，"自应商定巡洋会哨章程"，如此便可"先声既播，国势自张"③。他还在《代李伯相筹议海防事宜疏》《代李伯相筹议先练水师后图东征疏》等一系列的奏稿及书信中，提出军事上要"请令船政大臣及江南机器局仿造铁甲"④；人才遴选机制上须遵循"武员有智谋而小心，文员有胆略而耐劳"的原则⑤；战略上驳斥了盲目东征之策，谈道南北洋需先"简练水师、广造战船以厚其势，台湾、山东治兵蓄舰以备犄角"⑥。特别是在洋务派与顽固势力正在为创办铁路激烈争论的关键时刻，薛福成于幕中写下《创开中国铁路议》，论证了铁路将给中国带来的便益，以及铁路将促进轮船、矿务、邮政、机器等行业的

---

① 尚小明编著：《清代士人游幕表》，第253页。
② 尚小明编著：《清代士人游幕表》，第233页。
③ 薛福成：《酌议北洋水师章程》，《庸庵文外编》卷一，马忠文、任青编：《中国近代思想家文库·薛福成卷》，北京：中国人民大学出版社，2014年版，第122页。
④ 薛福成：《代李伯相筹议海防事宜疏》，《庸庵文编》卷一，马忠文、任青编：《中国近代思想家文库·薛福成卷》，第109页。
⑤ 薛福成：《代李伯相筹议海防事宜疏》，《庸庵文编》卷一，马忠文、任青编：《中国近代思想家文库·薛福成卷》，第113页。
⑥ 薛福成：《代李伯相筹议先练水师后图东征疏》，《庸庵文续编》卷上，马忠文、任青编：《中国近代思想家文库·薛福成卷》，第142页。

发展，指出"中国而仿行铁路，则遏者可迩，滞者可通，费者可省，散者可聚"①，极力为中国的铁路事业筹划呐喊。

在外交方面，薛福成还协助李鸿章处理"马嘉理（A. R. Margary）案"。他对滇案所引发的中英交涉以及国际上对此事处理的态度非常关注，撰写了《上李伯相论与英使议约事宜书》，极为准确地分析了英国政府"必不愿启衅于中国"的尴尬处境，以及英使 T. F. 威妥玛（Thomas Francis Wade）"设因此兵连祸结，牵掣大局，彼将内为国主所尤，外为商人所怨"②的矛盾心态，还对英方提出的无理要求进行了坚决的批驳。在外交谈判中，他积极辅佐李鸿章，就洋货免厘和增开通商口岸等重大问题同外使据理力争，"是故商务之说，彼以全力争，我当以全力拒"③，誓不相让，维护了国家利益。

此外，在张之洞幕府中，桐城派学人王树楠主司洋务、防务④；陈衍任官报局总纂，办理一切新政笔墨⑤，还有许多桐城派学人在幕中为中国的洋务事业做出了贡献。

（三）地方事务

第一种情况是办理河、漕、盐、赈等传统实务，例如姚莹在两江总督陆建瀛幕中佐理盐务。⑥

第二种情况是辅佐幕主维护地方秩序，保境安民。道光十一年（1831）桐城大水，当地长官贪婪暴虐，激起民变，临近派兵镇压之际，多亏方东树"在抚军邓公幕，急以身家保。抚军素敬信，事得寝"⑦，避免了流血事件的发生；又如戴钧衡替邑侯草拟地方团练章程，被方宗诚评价为"恺恻详明，字字痛切，语语著实"⑧。在曾国藩幕府中，还设有专门维护地方秩序的发审局、善后局，黎庶昌就曾在安庆善后局和金陵善后局参与战后重建工作。⑨

---

① 薛福成：《创开中国铁路议》，《庸庵文编》卷二，马忠文、任青编：《中国近代思想家文库·薛福成卷》，第 80 页。

② 薛福成：《上李伯相论与英使议约事宜书》，《庸庵文外编》卷三，马忠文、任青编：《中国近代思想家文库·薛福成卷》，第 71 页。

③ 薛福成：《上李伯相论与英使议约事宜书》，《庸庵文外编》卷三，马忠文、任青编：《中国近代思想家文库·薛福成卷》，第 74 页。

④ 尚小明编著：《清代士人游幕表》，第 263 页。

⑤ 尚小明编著：《清代士人游幕表》，第 269 页。

⑥ 尚小明编著：《清代士人游幕表》，第 165 页。

⑦ 方宗诚：《仪卫先生行状》，《柏堂集前编》卷七，严云绶、施立业、江小角主编：《桐城派名家文集·方东树》第 1 卷，第 611 页。

⑧ 方宗诚：《与戴存壮书》，《柏堂集前编》卷五，严云绶、施立业、江小角主编：《桐城派名家文集·戴钧衡》第 8 卷，第 683 页。

⑨ 尚小明编著：《清代士人游幕表》，第 237 页。

第三种情况是征兵筹饷，保障后勤。在镇压太平天国的战争中，捐输是军队最主要的饷源。为了保证收入，曾国藩在多地设有捐局，其中最著名的当属湖南东征筹饷局，为湘军募集款项200多万两①，立下汗马功劳，桐城派学人郭崑焘就在此局供职。其兄郭嵩焘更是首倡劝捐，率先发现了开办盐厘的价值，"湖南筹兵筹饷，一皆发端自鄙人……甫及一月，捐得十余万金"②，为湘军解决了后顾之忧。同时他还提议建设水师，招募兵勇，举荐得力干将，其自称"兵事初起，兵饷二者多由嵩焘创议开办"③，所言非虚。

第四种情况是出谋划策，充当智囊。幕宾除了处理日常行政事务外，还要为幕主们排忧解难，建言献策。"劳崇光创办厘金，诸弊丛起"④，王拯就及时向曾国藩推荐郭嵩焘督办广东厘金，收效甚佳。清光绪七年（1881）冬，薛福成在署理直隶总督、北洋大臣张树声幕府中主司文案。此时，朝鲜由于党争爆发了"壬午兵变"。日本觊觎朝鲜已久，因而趁机以平乱为名，派遣海军赶往朝鲜。薛福成认为事急从权，不可拘泥于常规，他向张树声建议"辗转筹商，往反之间五、六日。若倭兵先到朝鲜，彼且虏其王而踞其都，如琉球故事"⑤。一面令北洋海军速派"超勇""扬威""威远"三舰奔赴朝鲜，一面函请总署遣陆军接应，须臾不得耽误。张从其议，清朝兵船得以抢先抵达仁川口，同时陆军跟进，直入汉城，尽歼反贼。日兵气沮，无奈而退。正是由于中国当机立断出兵朝鲜，迅速平定兵变，才打乱了日本企图吞并朝鲜的阴谋。

三、幕后去向

清朝把幕宾这一职业也称作"游幕"，意为游走流动。顾名思义，幕宾们不会一直待在同一处地方，桐城派学人也是如此。尚小明教授曾把学人出幕之后的流动大致分为横向流动和纵向流动。⑥

横向流动一般指幕宾由一个幕府流向另一个幕府，无论是在州县衙门还是督抚衙门，其社会地位从根本上讲仍没有发生变化，依旧是幕主与幕宾的关系。横向流动的原因一方面取决于幕主，其调动、丁忧、罢免或死亡都有可能引发幕宾的流动，例如吴汝纶、薛福成分别因曾国藩工作调动、去世而改为投靠李鸿章，

①　罗尔纲：《湘军兵志》，北京：中华书局，1984年版，第125页。

②　郭嵩焘：《玉池老人自叙》，《郭嵩焘全集·文集》第十五册，长沙：岳麓书社，2012年版，第757页。

③　郭嵩焘：《玉池老人自叙》，《郭嵩焘全集·文集》第十五册，第758页。

④　赵尔巽等：《清史稿·王拯传》卷四百二十三，第12204页。

⑤　薛福成：《上张尚书论援护朝鲜机宜书》文后"自识"，《庸庵文编》卷二，严云绶、施立业、江小角主编：《桐城派名家文集·薛福成》第10卷，第62页。

⑥　尚小明：《学人游幕与清代学术》，第174页。

继续充当幕宾①；另一方面则取决于幕宾本身，或因与幕主意见不合而离去，或因不满幕主待遇而离去，或因思家而离去，或因参加科考而离去，例如姚莹就是因为在两广总督百龄幕中不得志，就海盗张保的问题提出"释治两不便"②，与主张招安的幕主百龄意见相左，愤而离去。

纵向流动则是指幕宾通过科举考试取得功名并获得官职，如郭嵩焘不甘于浙江游幕生涯，于道光二十七年（1847）考中进士，步入仕途③。或是通过幕主保荐而取得官职，这种情况在晚清极为常见。但在清代前中期，朝廷依然明令禁止地方官员保荐幕友，因而这些人大多被排斥在官僚体系之外，游幕也并非入仕的阶梯。直至晚清，由于各地事务急剧增多，无论是洋务、军政，还是外交事务都急需人才，保举幕友方才可行。同治元年（1862）谕旨曰："近因封疆藩臬，在在需人，叠谕曾国藩等胪举人才，以备任使……有职分较卑，而器识甚远，将来堪以登用者，并著一并具奏。从前楚省人才极盛，谅该省仍不乏人……该大臣生同里闬，著即函商，加意延访，随时奏闻，用备他日任使。"④ 这条谕旨就给保荐幕府宾僚开了绿灯，佐理军政及洋务、外交等事务的幕宾大多受到保举，由此做幕反而成了通向仕途的捷径。例如曾国藩保荐其弟子兼幕僚吴汝纶、黎庶昌补用直隶州同知、吴江知县⑤，推荐方宗诚出任枣强知县⑥。

然而纵向流动也并非全然"能上不能下"，诸如姚莹、郭嵩焘等能成为地方大员的毕竟是少数，大多仅能充任知县一职，例如孙葆田署合肥知县⑦，李刚己任大同、静乐知县⑧。另有一部分人出幕后选择放弃仕途，执掌教鞭以传道授业，桐城派大家张裕钊就曾在江宁钟山书院、保定莲池书院、江汉鹿门书院执教⑨，梅曾亮掌教扬州⑩，鲁一同讲习淮安⑪，不同于身居庙堂之高的国士，他们是纵向流动中散处江湖之远的文化传播者。

桐城派学人由于自身具有突出的文化才能，因而在幕中大多从事文教工作。

---

① 尚小明编著：《清代士人游幕表》，第 165 页。
② 姚浚昌：《年谱》，陈祖武选，第 351 页。
③ 赵尔巽等：《清史稿·郭嵩焘传》卷四百四十六，第 12473 页。
④ 刘锦藻：《选举七·辟举》，《清朝续文献通考》卷九十，杭州：浙江古籍出版社，2000 年版，第 8506 页。
⑤ 尚小明编著：《清代士人游幕表》，第 245、237 页。
⑥ 尚小明编著：《清代士人游幕表》，第 203 页。
⑦ 尚小明编著：《清代士人游幕表》，第 247 页。
⑧ 尚小明编著：《清代士人游幕表》，第 283 页。
⑨ 尚小明编著：《清代士人游幕表》，第 211 页。
⑩ 尚小明编著：《清代士人游幕表》，第 165 页。
⑪ 尚小明编著：《清代士人游幕表》，第 183 页。

作为知识载体，他们在横向流动中促进了各地间的学术文化交流，特别是向西南、西北等边陲地区传播了先进文化。而纵向流动则使得桐城派学人直接介入政治生活，从而对现实政治产生影响，例如姚莹就是从最初的幕宾成长为经世派的地方大员。这种纵向流动在晚清的幕府中尤为突出，其打破了阶级固化，为广大学人提供了除科举外的第二条入仕途径，间接影响了晚清政治格局。

四、幕府之变与桐城之功

（一）幕府之变

第一，幕府职能有所扩张。随着清朝统治的衰落，经世致用的风气在学人之间重新兴起，再加上西学大规模传入，学人们的游幕活动纷纷转向现实事务方面。晚清幕府在这样的历史条件下便发生了一些新变化，其中一个极为重要的方面便是幕府职能的扩展。除了兴办河漕等实务外，洋务外交工作在幕府中占据了相当重要的位置。与此同时，学人们的文教活动也与校刻文献典籍、研究边疆舆地之学有关，带有明显为现实服务的色彩。

第二，主宾关系发生变化。晚清时期幕府的宾主关系，一方面虽然继续保留了传统幕府中宾主平等的特征，例如曾国藩同郭嵩焘、方宗诚等"内幕府"人员互敬互爱，相辅相成，另一方面又出现了不平等现象。这一变化发生的根本原因就在于幕府职能的扩张及幕府制度的变化。晚清幕府的职能重心转移到了办理洋务、外交等方面的事务，纷繁复杂，分工细密，机构齐全，实非传统幕府所能比拟。譬如曾国藩幕府就设有秘书处、营务处、审案局、发审局、报销局、劝捐局、饷盐局、厘金局、盐务局、制造局、粮台、善后总局、采访忠义局等部门。① 这些机构的设立使得幕府俨然成了一个"小政府"，宾僚也有了级别不同的职务，宾主之间就具有了一种上下级的隶属关系。同时幕府人员的任用方式变为延聘与奏调并用，这就导致主幕之间平等的关系被打破。还有一种情况是宾主之间本身就具有诸如师徒、父子之类的不平等关系，例如曾国藩座下四位最著名的弟子，他们都在曾幕之中，宾主之间自然也有地位上的不同。值得一提的是，薛福成著有《曾文正公幕府宾僚》一文，专门记载了曾国藩幕府中的盛况。其"宾僚"一词用得极为妥当，"宾"指幕宾，"僚"指僚属，这二字正好可以概括晚清幕府主宾之间的关系。

第三，幕府成为学人进入仕途的捷径。举荐幕府宾僚进入仕途是晚清地方实力派崛起的重要表现。通过一系列保举手段，学人为官作宦的要求得以满足，社

---

① 李志茗著：《晚清四大幕府》，上海人民出版社，2002 年版，第 116–123 页。

会地位大幅提高，幕府成为进入仕途的终南捷径，如此又进一步激发更多士人投入幕中，使得幕府规模越来越庞大。同时幕主对已出幕的宾僚存有私恩，二者互通往来，同气连枝，以幕府为纽带的利益集团便建立起来，形成诸如湘、淮、北洋等晚清极具影响力的派系势力，内轻外重之政治格局也逐渐形成。

（二）桐城之功

晚清风云激荡，社会日新月异，中国近代化进程的每一步，都凝聚着能人志士的心血，特别是在曾国藩洋务理论和实践的熏陶下，其身旁走出了以薛福成、黎庶昌、吴汝纶等为代表的富有远见卓识的桐城派学人，他们所做出的贡献大体分为以下两大类。

一方面，桐城派学人对内辅佐幕主维护地方的稳定繁荣，保境安民，对外就国际政治外交局势提出自己的见解，竭力保障国家权益。晚清时局动荡，乱象丛生，桐城派学人既要参与河漕盐赈等传统实务的治理，大力发展民生，又要为应对频繁的战事而四处奔走，组织团练、征兵筹饷，为社会的安宁稳定立下了汗马功劳。同时，一批"开眼看世界"的桐城派学人认识到中国要想走向强大，必须革新变法，例如黎庶昌指出"中国君主专制之国，有事则主上独任其忧"①，而英国得益于"特其国政之权操之会堂，凡遇大事，则内外部与众辩论，众意所可，而后施行，故虽有君主之名，实则民政之国也"②，为后人探寻中国政治文明进程提供了更多思考；桐城派学人还呼吁学习和引进西方发达技术，薛福成就在幕中多次发表洋务文章，提出振兴工商业，发展西洋器物技艺。他于外交方面也数立奇功，在确立滇缅边界的谈判中坚守原则，巧妙阻止赫德插手海防司，力谏迅速出兵朝鲜以遏日本野心，成功捍卫了国家利益。

另一方面，桐城派学人推动了中国文教领域的近代化进程，他们讲求实际，倡导西学，培养了诸多彪炳后世的高徒学子。由于晚清社会危机加剧，国运颓势尽显，经世致用的思想被桐城派学人们广为提倡。无论是姚莹、方东树还是梅曾亮，他们都认为文学要与现实结合，反对浮华虚无，力求针砭时弊，深信儒家之道在于救时救世，这种经世致用思潮直接影响了中国未来的学术发展方向。同时，桐城派学人在入幕期间，从事了大量学术研究和文献整理工作，残缺的古籍善本得到修复，大批地方志得以修撰，其中还包括对国防意义重大的边疆史地研究。除了对传统文化加以保护弘扬外，桐城派学人还翻译西书，传播新学，加强西式教育，培养了大批新型人才。吴汝纶就谈到西学对于国人可"稍戢其虚骄

① 黎庶昌：《答曾侯书》，《西洋杂志》，长沙：湖南人民出版社，1981年版，第188页。
② 黎庶昌：《与李勉林观察书》，《西洋杂志》，第188页。

之见，而于天演家所谓物竞天择二义，或者其有惕于中，是亦进化之一助也"①。

桐城派学人不仅弘扬保护传统文化，还大力提倡变法图强，学习西方先进科学制度。他们突破了数千年历史中形成的华夏中心观，开眼看世界，见识到了中华之外高度文明的新天地，他们的呐喊引领了变革发展的时代潮流，在一定程度上唤醒了部分沉睡的中国群体。

值得注意的是，桐城派群体庞大，学人之间的价值观念与道路选择也各有不同。一部分桐城派学人自忖非吏才，守高不仕，或如吴元甲一般"教授里党数十年"②，推行儒学，传播文化，位列乡贤；或如赵珑"有义概，然诺必信"③，成为名著内外的侠客义士；或如方于济般"玩心高明，不求闻达"④，只做一心研读圣贤之说的闲人隐士。而入幕学人大多抱有经世致用的思想，他们以幕府为入仕捷径，寄希望于此以达成治国平天下的儒家使命。幕内生活使他们对现实社会的感知更为深刻，特别是部分群体出幕后仕途晋升，眼界益广，认识更深，由于身处千年未有之大变局，入幕学人的国士情怀已不局限于经世济民，而是上升到国家变局和儒家文化层面，对于民族的未来、中西文化的碰撞也有了更多的思考与认知。

晚清时期的中国积贫积弱，又被迫卷入到肇始于西欧的全球现代化运动中来，政治制度、物质生活、精神世界都遭受着巨大的冲击与挑战。在这样一个嬗变的时代，桐城派学人提出经世致用，倡导求变务实，改革图强；幕府制度为了适应现实的需要，也在职能制度上发生了新的变化。桐城派学人为了生计社交，抑或是为完成经世之愿而进入幕府，广泛参与洋务外交及地方文教活动，出幕后平步青云者有之，授徒教学者亦有之，在一定程度上推动了中国近代化历程的发展。

对其功过，自然应当全面而论。依学界主流来看，桐城派自曾国藩以降逐步走向没落，后期代表人物林纾在新文化运动中反对尽废古文，竭力捍卫传统语言，却遭到"新青年"们群起而攻，惨遭批判。但他们一度是时代的引领者，后期桐城派中相当一部分成员都有到国外游学考察的经历，他们在传播西学方面发挥了重要的作用，不仅为晚清民初社会文化教育界提供了一定的思想资源，对于日后文体的变化及五四新文学的发展也产生了深刻的影响。就连新文化运动中的代表人物胡适也高度评价"严复是介绍西洋近世思想的第一人，林纾是介绍

---

① 吴汝纶：《丁维屏编修所辑〈万国地理〉序》，《文集》卷三，严云绶、施立业、江小角主编：《桐城派名家文集·黎庶昌》第15卷，第41页。
② 马其昶：《吴蝠山、育泉二先生传》，《桐城耆旧传》卷十，第400页。
③ 马其昶：《义士赵君传》，《桐城耆旧传》卷十，第381页。
④ 马其昶：《吴画溪先生传》，《桐城耆旧传》卷十，第376页。

西洋近世文学的第一人"①，肯定了桐城派的功绩。在晚清知识制度转型背景之下，桐城派依然推行古文教育，保存中国历史语言文化制度，因而在近代教育变革、学术嬗变及西学观的形成方面仍有巨大的研究空间。

以桐城派学人入幕的前中后三个时期为视角切入，既能一窥这个清朝最大文派学人的发展轨迹，又可看到晚清格局之下中国幕府制度的变迁。在大变革时代之下，岂唯桐城派和幕府，整个晚清的社会制度及文人命运都迎来了重大转折。

① 胡适：《五十年来中国之文学》，上海：上海科学技术文献出版社，2014 年版，第 18 页。

陈世镕《皖江三家诗钞》与"皖江三家"诗歌体派阐微

史哲文

摘　要：陈世镕是道咸时期皖诗名家，他将自己诗学观念与地域文化的认知映射到其编纂的《皖江三家诗钞》中。《皖江三家诗钞》辑录汪之顺、余鹏年（附余鹏翀）、江尔维诗作，三家各自的别集存世情况与入选原因各有不同，被构建成为一个地域诗歌体派。怀宁当地闲淡自适又相对质实的地域文化风气对"皖江三家"诗风形成与诗名传播起到或积极或消极的影响。

关键词：陈世镕；皖江三家；安徽；清代诗歌；地域文学

　　"皖江三家"语出陈世镕道光十四年（1834）辑《皖江三家诗钞》四卷，又称《皖上三家诗钞》，收汪之顺《梅湖诗钞》一卷，余鹏年《枳六斋诗钞》一卷，此集后附余鹏翀《息六斋遗稿》，江尔维《七峰诗稿》二卷。目前所见版本一为同治十三年（1874）刻本，安徽省图书馆藏本即为此本，前有陈世镕、姚鼐二序，内又有潘瑛《晋希堂诗集》一卷，应为逸入；二为上海图书馆藏民国安徽官纸印刷局铅印本，无潘瑛诗集，无姚鼐序。

一、"吾皖一大名家"：陈世镕诗学观念发微

　　陈世镕（1787—1872），字大冶，号雪庐、雪楼、燮楼，嘉庆二十一年（1816）举人，道光十五年（1835）进士，历官陇西、岷州、古浪知县，道光末年迁擢同知，不久辞官归乡，有《求志居集》存世。陈诗在《皖雅初集》赞陈世镕诗云："奇肆而能敛，翔实而能腴，为道咸时吾皖一大名家。"① 当时名家于今却鲜有所闻，未尝不是一种遗憾，这也正说明挖掘流落于"草野"诗家的必要。陈世镕尝选唐诗八十二卷，但刻板被烧毁，是集遂不存，其文集中尚存

　　作者简介：史哲文（1989—），男，安徽合肥人，文学博士，助理研究员，主要从事明清诗学与地域家族文学研究。

　　①　陈诗：《皖雅初集》，上海美艺图书公司，1929年，卷一第16页。

《唐诗选旧评记存》《琐说八则》《各卷评语》，对其诗学品格有一定的体现，雪庐在《琐说八则》中称：

　　唐诗之有选，自殷璠、高仲武而后，无虑数十百家，好尚不同，弃取各异。讲格律者或失在胯肛，谈性情者多流于率易。不知二者相须为用，离之两伤，无性情则为优孟偃师，无格律则为腐土湿鼓。是选意无偏主，兼收并蓄，总以质而不俚，婉而成章，无戾于温柔敦厚之旨，可以为兴观群怨之资，宗指斯在。治世之音啴缓而和平，衰世之音趣数而纤细。文章关乎国运，虽上哲亦潜移而不自知，此初盛中晚之分，若天实为之界限也。孔子取"二南"，不删曹、桧；录《鹿鸣》《文王》，不黜《民劳》《祈父》。是选荟萃三百年作者，盛则为宣豫导和，衰则为忧时闵俗。境地既别，感发自殊，要期不强笑以为欢，不饰哀而佯哭，何分时代，各有千秋。后人断断格调，谓某联在神龙以前，某句落大历以后，此等习气，无异夏虫语冰，所望同志一切破除。……诗话兴而诗道厄。宋明人意识自障，议论横生，每于一代之中标举数首，一人之集摘取数篇，拾道韫之唾余，仰钟嵘之溲泄，诗家原本，概乎未窥。《虞书》曰："诗言志。"《小序》曰："诗者，志之所之也，情动于中而形于言。"当其情景适会，意兴忽来，天机之动不能自知。至于意有惨舒，词有工拙，亦视其人才分所至，各不相掩，何烦千载以下，操玉尺以量甲乙哉！是选不欲学者锢其灵源，故于诸说一概不登，廓清之功比于武事。①

　　陈世镕主张性情与格律应兼收并蓄，归于诗三百温柔敦厚之旨。又强调诗歌"观风俗之盛衰"之价值，他认为诗与史互为表里，强调诗自有其时代性，而后人强加其上的风格论反而容易失诗本心，雪庐尤推崇唐音，认为宋明诗话阻碍了诗歌的进步，对宋明议论矫揉之评语一律贬斥。从诗学主张上看，陈世镕生活于清中晚期，其时格调性灵诸说已渐式微，宗唐潮流亦现冷却之态，反思前人的诗论观点以至对宋诗的高扬，是当时道咸诗坛的主流，但是在以雅正为官方诗学意识形态的风导之下，以及个人的审美爱好、地域诗学风气等影响下，陈世镕的诗学趣尚依然在于唐音。

　　从另一个角度说，当宗宋的诗学思潮逐渐占据主流，为了与之抗衡，道咸时的崇唐诸人也在反思如何为清人学唐找到合适的路径，如与陈世镕同时代的黄培芳（1778—1859）在《香石诗说》云："自汉魏唐宋以来，其间好诗，无不一一可求合乎三百。……诗分唐宋，聚讼纷纷。虽不必过泥，要之诗极盛于唐。以其

① ［清］陈世镕：《求志居集》，《清代诗文集汇编》，上海古籍出版社，2010年版，第704页。

酝酿深醇，有风人遗意。宋诗未免说尽，率直少味。"① 与陈世镕相仿，学唐诸人常常将宗唐对抗学宋的思路寄托于诗三百，试图通过源头的上溯寻找到宗唐的正统诗学地位。因此陈世镕的诗学观念映射到其编纂的《皖江三家诗钞》时，有着较为一致的表现，不过其在选编时尤为注意诗歌与地域文化的关系，这是其编纂的特色。

二、"皖江三家"体派成立与《皖江三家诗钞》辑纂缘由

说是三家，其实《皖江三家诗钞》中列有四人，汪之顺（1621—1677），字禹行，号平子，晚号梅湖老人；余鹏年（1755—1796），初名鹏飞，字伯扶；余鹏翀（1755—1784），鹏年弟，字少云，号息六、月村；江尔维（1780—1826），字季持，号七峰。

诗歌体派的确立，有着复杂的成因，许总先生在《唐宋诗体派论》一书中认为诗歌体派可分为三种类型，其一是"某一特定时期带有普遍性与倾向性的诗坛风气与审美时尚"，其二是"若干趣味相投的个体诗人通过交游酬唱等社交应酬性练习而聚合为规模或大或小的诗人群体"，其三是"某些诗人之间当时并未意识到在创作题材或艺术体性方面的类似而为后人确认为一种独特的体格或流派"②，可谓不刊之论。当体与派之辨日久成熟以后，从清代诗歌史来看，第一种类别更倾向于"体"，如牧斋体、梅村体、渔洋体、同光体、汉魏六朝体，皆导一时之诗学主流，侧重于诗歌的审美品格；后两种类别更趋向于"派"，如浙派、秀水派、桐城诗派、宣城派、江左三家、岭南三家、毗陵七子、江左十五子等，侧重于诗人群体，在诗法与地域特色上各有趣尚。因此，清诗之体派，在上层诗学形成一时之体的同时，地域诗坛则也必然存在一地之派，而体和派之间又常双向影响，从而形成"大传统"与"小传统"的互动。

可见《皖江三家诗钞》所选汪之顺、余鹏年、江尔维三人所生活的时间跨越清代前中期，显然并非当时已有三家之名，可见"皖江三家"之名应属于许总先生划分的第三种体派类型，即"某些诗人之间当时并未意识到在创作题材或艺术体性方面的类似而为后人确认为一种独特的体格或流派"。汪、余、江皆是安庆府怀宁县人。清代怀宁县同为安庆府治所在，当桐城诗文的光华晟然照耀在清代安庆乃至整个安徽文学史的冠冕之巅时，安庆府下怀宁县的"皖江三家"则长期有意无意被掩盖着。其实论地域诗歌体派，"桐城自有诗派"言之不虚，汪之顺、余鹏年（包括其弟余鹏翀）、江尔维并称的"皖江三家"亦不能忽视，

---

① ［清］黄培芳：《黄培芳诗话三种》，广东高等教育出版社，1995年版，第114-115页。

② 许总：《唐宋诗体派论》，江西人民出版社，2008年版，第9-11页。

并且更能在整体上丰富与反映出安庆府的文学发展真实情貌。陈世镕在《皖江三家诗钞序》中对该集的编纂过程叙述较为详尽：

> 余所见伯扶草本有《枳六斋诗稿》，有《江光阁诗钞》，皆涂改淋漓，就其可辨识者，犹数百首，伯扶与弟少云皆无子，余因与季持议……将以备一邑辀轩之贡，且使后生小子知土音是操，不忘旧时之义，乃命仆钞伯扶集，仆惰，仅钞得《枳六斋诗稿》之半，余与季持旋同赴礼部试，其事遂辍。而季持报罢后以病卒于京师，伯扶原稿则季持家人以付伯扶僚婿蒋如鲲，余屡寓书季持之兄学圃，令向蒋君索之，并索其祖素书《夜光集》，皆不报，未知其存否矣。独平子《梅湖集》则其族人世世守之，以为诵法。往时锐斋仪部尝欲刻行而未果，桐城姚惜抱先生为之序，自言甚爱其诗，曾钞一册置笥中，其本未见。余窃以意为去取，亦录得一册，并伯扶《枳六斋稿》之半，益以少云诗数篇合而刻之，以卒季持之志。即以季持自著《七峰诗稿》为之殿焉，统名曰《皖江三家诗钞》，刻成距季持之殁已九年矣。①

可见此三家各自的别集存世情况与入选原因各有不同，先看梅湖，汪之顺在当地早有诗名，诗集"其族人世世守之，以为诵法"，入选未有疑义；再看伯扶，江尔维力推余鹏年为一大家，"乾隆以来季持则独推伯扶"②，余鹏年、余鹏翀兄弟因余鹏年诗集因故仅抄一半，添其弟诗作若干为补，故而陈世镕视余氏兄弟为一家，而以余鹏年为主；最后是季持，陈世镕与江尔维为友，交谊甚深，余鹏年得以入选也是江尔维推重所致，陈世镕选江尔维之诗作为怀念故友，"以卒季持之志"，故而编《皖江三家诗钞》也是为有完成江尔维的遗志的含义，而实际上《怀宁县志·文苑传》"江尔维"条下载："友人陈世镕为选刻附汪之顺、余鹏年两家诗，后名曰《皖江三家诗钞》。"③ 这就更能说明江尔维对陈世镕编纂《皖江三家诗钞》的影响所在。

三、地域文化对"皖江三家"诗风及诗名的影响

地域文化对诗人的影响虽然不能说绝对的完全对应，但是在很大程度上是合理存在的。《安庆府志》载："怀宁、桐城、望江，文若胜于质；潜山、太湖、宿松质若胜于文。或曰：怀宁澹乎，桐城史乎，望江略乎，潜山野乎，太湖矫

---

① ［清］陈世镕：《皖江三家诗钞》，同治十三年刻本，序第 1—2 页。
② ［清］陈世镕：《皖江三家诗钞》，同治十三年刻本，序第 3 页。
③ 舒景蘅：《民国怀宁县志》，《中国地方志集成》，凤凰出版社，2011 年版，第 458 页。

乎，宿松放乎。"①《怀宁县志》又云："大抵怀之人文不胜质，守则有余，士则遵功令，不敢结社连盟，标榜声气。"② 一说文胜于质，一说文不胜质，看似二者相互抵牾，其实仔细分辨是各自成立的。在《安庆府志》中，记载怀宁、桐城、望江三县当地的地域风俗"文若胜于质"，但是其后又称"怀宁澹乎，桐城史乎，望江略乎"，但这是相对于安庆府另外的潜山、太湖、宿松三县而言的。所谓"文胜质则史"，在《安庆府志》这里，桐城应当说"文胜于质"最为显著，怀宁县则以一"澹"字概之，所谓澹，其一，"澹者，水摇也"，似有怀宁地处江畔之意；其二，贾谊《鹏鸟赋》云："澹乎若深渊之静"，则怀宁之地的民风就重在闲淡自适，而同时又相对质实，所以《怀宁县志》称当地"文不胜质"也就较为合理。

　　从诗风来看，汪之顺为顺康时人，以遗民入清，熊宝泰《汪梅湖诗集序》云："公安派盛行，梅湖居吴头楚尾间，不为其所染。入国朝年已迟暮，而和平冲淡，无几微激昂感慨之意。"③ 这里明确指出汪之顺于晚明时不与公安性灵同流，而进入清代后，隐居梅湖，诗风清淡但又隐蕴深意。上文所引"吟咏自适，其诗冲淡容与，有陶渊明雅尚，间及时事，不欲尽言，则为廋词隐语，寄其哀怨"的诗风也正与怀宁"澹乎"的地域风气有着自然的一致。结合《皖江三家诗钞》来看，一方面明清易代后，汪之顺归隐，其冲淡的诗风颇有陶潜之气，另一方面在诗中常作隐语，如其《坐兜率岩对白海棠饮阙茶》诗云：古岩千仞上，结搆出人间。花似高僧静，茶消世法悭。县廊深窈窕，危径稳跻攀。叹息支公去，回思初买山。④

　　《世说新语》载："支道林因人就深公买印山，深公答曰：'未闻巢、由买山而隐'。"⑤ 梅湖引支遁隶事，既见肥遁之心，又间有怨意。又如《自述》诗：

白头居士似山僧，小几乌皮镇日凭。充隐尽教多谢朓，养生但恐愧孙登。
鹿裘带索安贫贱，马队警书让友朋。数亩竹园三径草，满湖风雨一宵灯。⑥

　　此诗中颔联用谢朓、孙登二典，以嵇康自比，方都秦作《汪梅湖诗序》也

① ［清］张楷：《康熙安庆府志》，《中国地方志集成》，凤凰出版社，2011 年版，第 120 页。
② 舒景蘅：《民国怀宁县志》，《中国地方志集成》，凤凰出版社，2011 年版，第 166 页。
③ ［清］熊宝泰：《赐墨堂文集合编》，《清代家集丛刊》，国家图书馆出版社，2015 年版，第 398 页。
④ ［清］陈世镕：《皖江三家诗钞》，同治十三年刻本，《梅湖诗钞》第 10 页。
⑤ ［宋］刘义庆：《世说新语详解》，［梁］刘孝标注，朱碧莲详解，上海古籍出版社，2013 年版，第 527 页。
⑥ ［清］陈世镕：《皖江三家诗钞》，同治十三年刻本，《梅湖诗钞》第 23 页。

云："三十年益肆力于诗，而清新俊逸者，且老熟平淡矣。"① 平淡的诗风与归隐诗情交织一体，一定程度上能够反映出当地的地域文化。再来看余鹏年，伯扶为乾嘉时人，《皖江三家诗钞》内有其诗集序云："所为诗浑脱淋漓，一往骏利，出入于高季迪、何大复之间。"② 在乾嘉诗坛重温柔雅正的主流思潮下，并不是一个随波逐流者。江尔维所处时代更晚，其大约为嘉道时人，《皖江三家诗钞》内其集序称："君诗直抒胸臆，高者近乎李太白、孟浩然，抑或取资乎孟郊而不至于涩，亦有时似皮日休、陆龟蒙，小碎之弊则无有焉。"③ 江尔维同样走的是高古清淡的诗路。

而诗人的诗名与地域文化风俗也同样有着微妙的关系，在《皖江三家诗钞序》中，陈世镕从地域文化上评价汪之顺与余鹏年、余鹏翀兄弟称：

> 平子本明季诸生，鼎革之后，抗志肥遁，筑宅梅湖以吟咏自适，其诗冲淡容与，有陶渊明雅尚，间及时事，不欲尽言，则为廋词隐语，寄其哀怨，亦与渊明《述酒》《荆轲》等篇同旨。乾隆以来季持则独推伯扶，伯扶以诗名在南庄后，为《皖中诗略》所未收，……姚氏序平子诗谓与其乡钱田间埒，田间交游较广，为世盛称，而梅湖伏处草泽，……其后遂声华寂寞。……盖务其实，不急其名，志于古，不求知于世，吾乡先辈习尚，则然岂惟平子，即伯扶弟兄当乾隆中叶以才名游竹君、兰泉诸公之门，与黄仲则、孙渊如等角逐，亦未尝稍自表襮挟行卷干时，故其名亦不出江淮间。④

从个人秉性来看，虽然梅湖"伏处草泽，声华寂寞"，伯扶、少云兄弟即便以才名与朱筠、王昶、黄景仁、孙星衍游，但"未尝稍自表襮挟行卷干时"是他们的个人选择，但是汪之顺、余鹏年、余鹏翀与"先辈习尚"相合的"务其实，不急其名，志于古，不求知于世"的性格，以及清代怀宁地区诗家声名不著的客观事实恰与《怀宁县志》所言"不敢结社连盟，标榜声气"的文化风气一脉相承，不能不说地域文化对人的性格形成有着潜默而深远的熏染。因此姚鼐《梅湖诗钞》序中有这样的评价：

> 先生明末诸生，入国朝，自匿以老死。为人多技能而尤长于诗，清韵悠邈，如轻霞薄云，俊空映日，不必广博，而尘埃浊罥无纤毫可入也。当时吾郡名工诗者，钱田间与先生并二人之才，各有优绌，较之正相埒。然田间交游较广，为世

---

① ［清］方都秦：《梅溪文集》，乾隆十五年刻本，卷二。
② ［清］陈世镕：《皖江三家诗钞》，同治十三年刻本，《枳六斋诗钞》序第1页。
③ ［清］陈世镕：《皖江三家诗钞》，同治十三年刻本，《七峰诗稿》叙第1页。
④ ［清］陈世镕：《皖江三家诗钞》，同治十三年刻本，序第3页。

所称，而梅湖伏处草泽，仅南昌陈伯玑知之而复不尽，其后遂声华寂寞，凡诸家选明诗者裒录遗老甚备，而梅湖之作终不与焉。非徒生前身之显晦有数，即死后之名亦若有阨之使不扬者，而孰知其有不可没者存哉。①

此段序言作于嘉庆十三年（1808），在前文陈世镕《皖江三家诗钞》序内也有部分引用。姚鼐称赞汪之顺诗风清韵悠邈，也合平淡之意。姬传本身即是桐城人，他道出钱澄之"田间交游较广，为世所称"正是桐城一地得以形成声势浩大的文派诗派的一个重要原因，《桐城耆旧传》对钱澄之的交游略载："是时复社几社始兴，比郡中主坛坫者，宣城沈眉生，池阳吴次尾，吾邑则先生及方盦山、密之诸公，而先生又与陈卧子、夏彝仲辈联云龙社以接武。"②后世桐城诸人互相应和，著意树立起"三祖"的地位，有浓厚的宗派意识，且桐城"城中皆世族列居"③，又兼有怀宁所不具备的高门盛族宗脉世家，更加具备同声共气的优势。

而怀宁当地文人"不敢结社连盟，标榜声气"，汪之顺、余鹏年、江尔维等人鲜为人知与当地的地域文化不能说没有联系，也恰符《安庆府志》"怀宁澹乎，桐城史乎"之语，我们不能不正视诗坛中"交游"的积极作用以及文学的"圈子"对一个诗人生前身后的影响。陈世镕纂《皖江三家诗钞》也应已经意识到怀宁当地诗人不互相标榜声气的弱势，意图为乡邦诗人留下诗名。怀宁与桐城紧邻，然而当地诗名在今天看来，在桐城面前黯然失色，不能不说是与当地"澹乎"的地域风俗有一定关联。不过姚鼐彼时已名扬天下，以其桐城派宗主的名望为汪之顺诗集作序，既有希望重新发掘其诗名的考量，似也应有为桐城诗派拓宽思路的意概。

江尔维虽然与汪之顺、余鹏年所处时代不同，但是他们的性格则未尝不相近，包世臣在《艺舟双楫》内有《江季持七峰诗稿序》，乃道光二十年（1840）其为江尔维《七峰诗稿》单独刊刻时所作，他感慨道：

倪莲舫太守持《皖江三家诗》板本见示，并言汪平子、余伯扶，非江季持四。拟别刻专行之，而请为序，余读之，太守之论盖信。季持余曾一再见于白门，不知其能诗也。今读其诗，庶几有窥于柔厚之旨。……余尝谳不失人，以季持观之，则失人正多矣。工诗者未必可言，可言者或又失之交臂，则信夫诗之难

① ［清］陈世镕：《皖江三家诗钞》，同治十三年刻本，《梅湖诗钞》叙第1页。
② ［清］马其昶：《桐城耆旧传》，彭君华校点，黄山书社，2013年版，第177页。
③ ［清］廖大闻，金鼎寿：《续修桐城县志》，台北成文出版社，1975年版，第91页。

言矣。①

严迪昌先生在《清诗史》中曾慨然指出："诗史秉笔者是有义务拨开缙绅们设置的雾障，多尽'表微'之责的。"② 我们也不禁感慨，如上文所述，钱澄之在皖省乃至全国的诗名显然毋庸置疑，而在当时与钱澄之齐名的汪之顺，由于其受怀宁乡土地域文化影响的性格导向，其声名在清中晚期就已经不被人所知，放眼整个清代，又会有多少在当时诗名卓著却因为各种原因"阨之使不扬"而被蒙上厚厚的历史尘埃？

四、结语

我们必须注意到，当大批学者都在钻研桐城之文学，与桐城相邻的怀宁，却寂寂无闻于文学史，何尝不是包世臣所云"失人正多矣"！余鹏年、江尔维莫不如此，《皖江三家诗钞》中，清人钱林作江尔维《七峰诗稿》序有言：

> 既而闻君卒，始惘然若疑，终大痛。非痛君之没也，痛林所见诗如君者，落落然无几人，天又摧折之，使之不得以诗见于世。……或钞而传之，而传之不广，即传不传尚在不可知之数也。③

而再鸟瞰整个中国文学史的演进历程，历代之下又有多少诗家被遗憾地埋没？不过面对这一种遗憾，我们研究清代文学又是一种幸运，正是因为有如此丰富的清朝文人的文献资料留存，才使得"声华寂寞"的诗家、诗派得以重现于学界视野，他们也理应获得符实的评价。

---

① [清] 包世臣：《包世臣全集》，李星点校，黄山书社，1993 年版，第 327 页。
② 严迪昌：《清诗史》，人民文学出版社，2011 年版，第 408 页。
③ [清] 陈世镕：《皖江三家诗钞》，同治十三年刻本，《七峰诗稿》叙第 1 页。

宣城文化①在皖江地区文化中地位变化之研究②

陆再奇

摘　要：文化是在一定政治、经济条件之下，依托一定地理环境形成的。文化中心往往同政治中心和经济中心是一个同心圆。宣城地处皖南山区向长江沿岸过渡地带，公元前 323 年，今宣城市区即为楚国在长三角地区的贸易中心，自此从未迁徙过。汉唐时期，宣城始终是皖南政治、经济、文化中心。中唐至北宋初期，明清时期的池州府（治今池州市区）、太平府（治今当涂县）、广德州（治今广德县）相继从宣城分离，宣城也因此更名为宁国府（治今宣城市区）。南宋景定元年（1260），安庆城址最终确立。从皖江地区文化发展来看：汉代至明代，宣城文化与皖江地区其他地方文化相比处于领先地位，唐代达到巅峰，明代保持微弱领先，清代安庆桐城文化兴起，宣城文化退居其后。清咸同兵燹，宣城因瘟疫受灾最惨重，文化断层。近现代以来，宣城经济社会地位相对沿江城市较低，加之学者对宣城文化的研究较少，因而宣城文化不被人知，甚至被人为贬低。

关键词：宣城文化；皖江地区文化；研究

一、宣城与皖江地区其他城市之关系

城市历史大体上可以体现该地文化在区域文化中的历史地位。从皖江七市作为所辖区域中心城市建市历史来讲，今宣城市建城最早。据出土文物"鄂君启节"载，公元前 323 年，今宣城市所在地即为楚国在今长三角地区的贸易性城市，城中设有水关，驻有税官，向来往此地从事贸易的商人收税。战国时为楚国

作者简介：陆再奇，宣城市档案馆（方志馆）副馆长、宣城历史文化研究会副秘书长。
① 宣城文化，是指以今宣城市人民政府驻地为区域中心的古代宣州的地域文化，其地域范围与历史上最早的宣州吴语范围基本一致，又与古宣州疆域变迁密切相关。
② 区域文化的形成有其自身规律，非人为之划分，因此，本文采用的行政区划，以历史上原有行政区划为例，非今日之行政区划。

宛陵邑，秦为爱陵县，汉改宛陵县，隋更名宣城县，1987 年更名宣州区，至今在 2300 多年，城址从未迁徙过。西汉元封二年（前 109），汉武帝在此设丹阳郡（相当于今省级政府，南京是其管辖的边缘县）至今，始终是地方一级行政区（相当今省级政府）或地方二级行政区（相当今省辖市行政区）驻所，从未中断过。唐武德四年（621），今池州市第一次从宣城辖区分出，贞观元年（627）又并入宣城管辖；永泰元年（765），第二次从宣州分出至今，明清时期政区地名池州府。今铜陵市之前所在的铜陵县，唐末析分宣州南陵县置义安县，南唐保大九年（951）更名铜陵县，明清时隶属池州府，1969 年，铜陵市正式成立。今芜湖市之前所在的芜湖县，西汉元封二年（前 109）至北宋太平兴国元年（976）一直隶属宣城，北宋太平兴国二年（977）改属明清时期的太平府（治当涂县），1952 年，芜湖市正式成立。今马鞍山市之前所在的当涂县，西汉元封二年（前 109）至后晋天福二年（937），一直隶属宣城，后晋天福二年（937），当涂县更名建平军，北宋太平兴国二年（977）升为太平州，明清时为太平府，1956 年 10 月，马鞍山市正式成立。今安庆市，其建城史可追溯至南宋嘉定十年（1217）知府黄干修筑安庆垣，南宋景定元年（1260）沿江制置大使马光祖筑成周"九里十三步"的城墙，奠定了城市基础，明清时政区地名安庆府。

二、宣州吴语在皖江地区范围之分布

方言是地域文化核心价值之一，是同一地域人们的情感认同，是共同历史和文化生活的载体，具有彻底的地方性。宣州吴语，属于吴语的一支，源于春秋战国时期。宣州吴语的范围，西晋后期，部分地域被江淮官话侵蚀；清咸同兵燹后，又被湖南、河南等移民方言所侵蚀；但这些被侵蚀的地区仍属宣城地域文化的范围。20 世纪六七十年代，全国方言分布区域普查时，宣州吴语主要分布安徽芜湖、铜陵、池州、宣城、马鞍山、黄山市黄山区北部、江苏西南部及浙江西北部。宣州吴语区起初被定名为"铜太方言"，取铜陵、太平两县名首字。20 世纪 80 年代后期，中国社科院语言所来皖南调查方言时，根据这些地方古时属宣州或宣城郡，本着对历史负责的精神，将其更名为"宣州吴语"。此外，地处长江以北的安庆和滁州东南部从方言来讲属于赣语方言区。

三、宣城文化与皖江地区其他地方文化关系之演变

（一）夏商周时期

夏商周时期，宣地与皖江其他地方最具代表性的文化为青铜文化。据《吴越春秋》和《史记·吴太伯世家》记载，公元前 21 世纪和前 12 世纪，越、吴相继建国，皖江两岸进入方国文明时代，但在中原王朝看来，属于蛮荒之地，民

风尚武崇霸，多从事青铜矿开采、冶炼和铸造，并被迫向中原王朝进贡，开始与中原王朝产生文化交流。值得注意是：现代地质勘探表明，今宣城市的宣州区和泾县同属于长江中下游皖南铜、铁、硫、金等多金属成矿带，境内的铜矿，多属鸡窝型富矿、埋藏浅、易开采；其开采史自商周延至唐代因资源枯竭而废弃，因而其青铜文化常被今人所忽视。文献及出土的青铜器铭文均有佐证，如《元和郡县图志》载："宛陵县（注：今宣城市宣州区）铜山者，汉采铜所理也。"《括地志》载："铜山，今宣州及润州句容县有，并属章也。"

（二）春秋战国时期

春秋战国时期，宣城与皖江地区其他地方建有都邑性城市，为后期文化中心的形成奠定了基础，有的是经济中心，有的是军事堡垒。爰陵，据出土文物"鄂君启节"（楚杯王时期免税牌）载，公元前 323 年，楚国拥有 150 艘船只的贸易船队水路东线终点在此，秦在此设爰陵县。鸠兹，《左传》载："鲁襄公三年（前 576）春，楚子重伐吴，为简之师，克鸠兹。"1978 年，北京大学历史系教授侯仁之率领研究生实地考察，证实鸠兹邑在今芜湖县黄池镇境内水阳江南岸残蚀丘上。宣邑，位于今南陵县弋江镇，以吴、楚名邑显扬于开发较晚的江南地区。陵阳邑，战国时为楚国重镇和边邑。潜山梅城镇为古皖国都邑，汉代置皖县。从古城邑的遗址范围来看，虽然只有零点几平方公里，但是，具备了城市的雏形，为后世城市选址提供了基础，也为区域文化中心奠定了基础。

（三）西汉武帝时

西汉武帝时，宣城因其独特优势在皖江两岸率先崛起，成为区域中心，为其后成为文化中心奠定了政治基础。

秦一统天下，宣城与皖江其他地区虽然纳入中华大一统版图，但由于远离中原，民强悍、好斗，多变，"丈夫早夭"，中央朝廷认为"取之不足以更费"，即开发耗费多而所得少，得不偿失，视为偏远的蛮荒之地。西汉元鼎、元封年间，闽越、东越民多次叛乱，"天子曰东越狭多阻，闽越悍，数反覆，诏军吏皆将其民徙处江淮间"。宣城，可能是因为其"地控荆吴"和"既有山川之胜，又兼海陆之丰"的优势，也可能是有为阻止越人沿春秋末期吴国伍子胥讨伐楚国的水道重返故里的考虑，西汉元封二年（前 109），武帝刘彻在今宣城市区设丹阳郡。丹阳郡时辖县 17 县（东汉时宣城县一度并入宛陵县），疆域包括今安徽长江以南，江苏大茅山及浙江天目山脉以西、浙江新安江支流武强溪以北地区。历史学家劳干认为当时的丹阳郡管辖面积为 5.97 万平方公里[①]。而位于长江以北安庆

---

① 劳干：《两汉郡国面积之估计及口数增减之推测》，江苏古籍出版社影印本。

地境隶属庐江郡。南京大学历史系胡阿祥教授认为：西汉元封二年（前109），武帝刘彻在宣城设丹阳郡，宣城是包括今南京在内的地方最高一级行政区政府驻地（相当今省会城市），直接说明了宣城为其时的江南或曰江南西部的政治中心。①

（四）东汉时期

东汉时期，宣城因其区域中心的政治优势，成为皖南苏南浙北毗邻区域中原文化传播中心。

夏商周时期，长江以南居民多为越人，语言为古越语。秦统一中国后，除少数统治者来自中原，居民主体仍是越人，不爱学习，经济、文化落后于中原，礼仪、风俗欠文明。汉光武帝建武六年（30），中水侯、五官中郎将李忠来宣城任丹阳郡太守，"起学校，习礼容"，提高读书人的地位，选用明经之士充任职官和学官，执管教民化俗之事，传播中原文明，培养和造就了一大批通晓儒学的人才。《后汉书·李忠传》载："忠以丹阳越俗不好学，嫁娶礼仪，衰于中国，乃为起学校，习礼容，春秋乡饮，选用明经，郡中向慕之。垦田增多，三岁间流民占著者五万余口。十四年（38），三公奏课为天下第一，迁豫章太守。"也就是说，经过李忠八年的治理，丹阳郡境内不仅生产得到发展，人口有了增长，而且民风民俗得到了改善，李忠也因此获得政绩"天下第一"的赞誉。《重修江宁府学碑记》载："金陵古荒服地，东汉建武中，中水侯李忠为丹阳太守，始起学校，习礼容易，革其旧俗。"也就是说今苏南皖南浙北地区始受中原文明的洗礼。1994版《南京建置志》称，孙权建都南京，在南京政区建置史上是一个重要转折。今南京市区在秦汉400多年间不过是江东秣陵一县的辖地，越城也只是一座军事防御性城堡。在此之前，南京的政治、经济、文化地位远不如宣城。丹阳郡学培养的人才中，最著名的要数东汉末年的徐州刺史陶谦。《三国志·魏书·陶谦传》说他"少好学，为诸生，仕州郡，举茂才"，表明进郡学，为他进入仕途奠定了基础。

（五）东晋时期

东晋时，宣城产生了第一代文学世家，南朝宋范晔在宣城著就《后汉书》，南朝齐谢朓在宣城开创山水诗新篇章，宣城文化在全国范围内的影响渐渐扩大。

东汉末年，孙策、孙吴时割据江东，建立吴国。治所宣城的丹阳郡是孙吴政权统治中心所在地。孙吴在境内"分部诸将，镇抚山越，讨不从命"，"立郡县以镇山越"。经多次剿抚，丹阳郡境内由山越之地变成南方汉人之地。西晋末年

---

① 胡阿祥：《宣城历史文化研究》2012年第一期，宣城历史文化研究会编。

"永嘉之乱"，东晋及其后南朝宋齐梁陈均建都今江苏南京。宣城地境是"永嘉南渡"中原世家望族除南京之外的首选之地，成为中原文化和江南文化的交汇中心。

嘉靖《宁国府志》载："（西晋）永嘉之后，衣冠避难多萃江左，艺文儒术斯之为盛。"据宋明时期地方志和家谱记载，北方桓、杨、刘、查、程、鲍、黄、谢、詹、胡、郑、余诸姓有不少人分布在境内。从低估计，到南朝后期，境内的北方移民及其后裔的人数应该在 10 万左右，境内由南方汉人之地演变为北方汉人之地。

东晋和南朝宋齐梁陈四个王朝，宣城太守、内史可考者有 50 多位，皇族成员就有 15 位，其中排名第一、第二的两大家族，琅琊王氏和陈郡谢氏分别为 9 位和 2 位，其他多是排名前 30 位的望族，这样的数据客观说明了宣城政治与文化地位的重要。郡望谯国龙亢（今怀远龙亢）的宣城桓氏，自始迁祖、桓彝祖父桓楷曹魏正始十年（249）"高平陵事变"避难宣城起，至东晋义熙六年（410）"桓楚"最后一位皇帝（桓彝孙桓石绥）被杀，前后 150 多年，以军功起家，以文学传世，首开宣城文化昌盛之风。史载东晋桓氏家族六世48 人中，位极人臣 1 人，自立为帝 4 人，位爵王侯及以上 18 人，军号将军及以上 21 人，累官五品及以上 27 人，其中桓彝、桓秘、桓序祖孙三代先后出任宣城内史。桓彝及其子桓温、桓豁、桓冲和桓温之子桓玄等祖孙 7 人流传至今的文学作品计 66 篇（首），是为宣城境内最早的文学世家。如历史学家岑仲勉所言："实居无论如何转徙，郡望绝不相随而变更。"但是，受桓温废立皇帝、桓玄废晋称帝等"大逆不道"行为影响，桓氏家族的事迹，宣城历史上的府县志仅载桓彝事迹，其他均未涉及，甚是遗憾。后世研究宣城桓氏家族，多称谯郡龙亢，但也有学者认为此时的龙亢桓氏实际上已经成为宛陵桓氏（注：宣城东晋政区地名）。南朝宋元嘉九年（432），范晔"左迁宣城太守"，在此著有《后汉书》，与《史记》《汉书》《三国志》并称为二十四史之"前四史"。

南朝齐建武年间（494—498），谢朓出任宣城太守，畅游于宣城的青山绿水间，创作的山水诗摆脱了魏晋南北朝玄言诗的束缚，更加清新优美，明白晓畅，开创了山水诗新时代，后世公认他是整个南朝最有成就、最为杰出的山水诗家。谢朓流传至今的山水诗 128 首，其中 28 首作于宣城，因此，人们将谢朓的诗集命名曰"谢宣城诗集"，称宣城为"谢宣城""小谢城"，视宣城为"中国山水成熟地"。谢朓身后的"中国文人的宣城情结"肇源于此。

（六）唐朝时期

唐代，宣城不仅是皖南的区域中心城市，而且还是今长三角地区三大中心城市（前期为润州、宣州和越州，后期为苏州、越州和宣州）之一，宣城文化在今安徽境内位居第一，在全国处于领先地位。

唐代，宣城为"国家巨屏"，"较缗之数，岁不下百余万"，"东南国用所资，宣为其屏"，人口最多时 972952 人，仅次长安和洛阳，居全国第三，吸引了大批士子及北方移民。唐王朝重量级的文人名流几乎都与宣城结缘，他们或游学，或寓居，或为官，或避难宣城，"才人名士遥相望"，宣城汇聚了不同地域的优秀文化，时人称"宣州多君子""宣城文雅地"。《唐诗纪事校笺》载：宣城州官学、私学领先于全国其他地区。

复旦大学中文系教授、博士生导师查屏球认为：唐建中、贞元年间，"唐宋八大家之首"韩愈在宣城求学期间（13 岁至 19 岁），完成了古文派传人的自我身份认定，并形成了改革文风的使命意识。唐代三大著名诗人中唯一一位进士出身的白居易是宣州贡举的"生员"。《中国地域文化通览·安徽卷》载，宣城不仅盛唐时期，产生了以刘处约、刘太冲、刘太真、释正原、费冠卿、汪全铭、刘长卿、罗立言等人为代表的第一个本土诗人群体；唐末五代时期，又产生了以许棠、汪遵、张惟俭、李咸用、梅远、江全铭、邵拙、高远矩等人为代表的第二个本土诗人群体。

复旦大学教授陈尚君《唐诗人占籍考》载，唐代宣州 14 位诗人，存诗 667首 14 句；池州 14 位诗人，存诗 589 首 23 名，仅次于宣州；歙州 9 人，存诗 14首 2 句。安徽大学汤华泉教授考证，唐五代诗人（以有诗作存世者为准）与宣城县（今宣州区）有关的 163 人，诗歌 298 首。《安徽通史·隋唐五代卷》载，唐代安徽各州进士 39 人，其中：宣州 8 人（该卷至少不包括白居易、侯权等人），歙州 5 人；唐及五代安徽状元 3 名，其中：宣州 2 名（旌德县 1 名，宣城县 1 名），庐江 1 名。唐代大诗人孟郊在其《送任载、齐古二秀才自洞庭游宣城》诗序中称"今宣州多君子"，文称"宣城文雅地，谢守声闻融"。广州大学曾大兴教授依据谭正壁《中国文学家大辞典》考证，隋唐五代全国 844 名文学家，有籍贯可考者 699 人，安徽 21 人，宣州 13 人。

（七）宋朝时期

宋代，皖江两岸文化全面复兴，宣城文化继续保持领先地位。

唐末宋初，宣城作为皖南地境区域中心的地位开始动摇。宋太平兴国二年（977），析分宣州置太平州；太平兴国四年（979），以宣州所辖广德县置广德军；加之唐永泰元年（765）析分宣州增置的池州，宣城作为皖南地境的区域中心不复存在。与此同时，南宋绍兴十七年（1147），改舒州德庆军为安庆军；庆元元年（1195），升舒州为安庆府。至此，皖江两岸二级地方政府安庆府（治今安庆市区）、宁国府（治今宣城市区）、太平府（治今当涂县）、广德州（治今广德县）格局形成①，直至清末。宋代，宣城文化世家开始显现，在诗、词、文、赋、书画、戏曲、宗教、散文、笔记小说、传奇故事等领域尽显风采。《宛陵群英集序》中云："宛陵山水之胜，闻于东南。人生其间，必有魁奇秀伟之士。"南宋状元张孝详寓居宣城，其在《于湖居士文集》称，"私念宣大郡，民业于儒十五"；士民"于兵火抢攘之际，学者讲诵不辍"。北宋宣城县人梅尧臣，世称宛陵先生，以诗学理论著称，当时的文坛领袖欧阳修称其诗"譬如妖韶女，老自有余态"，南宋著名文学家胡仔称"圣俞诗工于平淡，自成一家"，南宋豪放派诗人、词人、诗论家刘克庄在其《后村诗话》中说"本朝诗惟宛陵为开山祖师"，有《宛陵先生集》传世，还参与《新唐书》的编纂，并曾为《孙子兵法》作注。倪源（约1086—1124），年十五试太学第一，工诗，善画。北宋词人何大圭（1101—?），政和八年（1118）进士，试礼部第一，终身耽于吟咏，倾心笔耕。绍兴十二年（1142）进士吴伟，廷对万余言，论述精辟，考官欲将其名列第一，因言辞直率，得罪丞相秦桧，未列榜首，但仍列甲科。南宋词人吴潜《四库全书总目提要》（卷一六五）评其词说："激昂凄劲，兼而有之，在南宋不失为佳手。"诗词俱佳的周紫芝，以其卓著成就，在当时的文坛上独树一帜。大慧禅师宗杲（1089—1163）创立的"看话禅"，成为宋以后中国禅学的主流。淳熙八年（1181），宣州吴柔胜进士及第，其子吴渊、吴潜分别于嘉定七年（1214）、十年（1217）进士及第，且吴潜进士第一，父子、兄弟三人同为朝廷台阁重臣，吴渊、吴潜兄弟先后拜相，显赫一时。天圣五年（1027），宣城县人施元长进士及第，咸淳四年（1268），施元长的孙子施岩求、施福求同榜进士及第，宣州一时"祖孙三进士，兄弟两登科"成为美谈。与此同时，太平州当涂（今当涂县）人，郭祥正（1035—1113），少有诗声，景慕李白，梅尧臣见而叹曰："天才如此，真太白后身也。"宋元之际南山宗著名学者杜道坚（1237—1318），17岁辞母入当涂天庆观为道士，宋度宗赐号"辅教大师"。池州（今贵池）人樊若水（943—994）在长江上架设的浮桥为北宋统一江南解决关键难题，成为古代战争史上的一大创举。池州铜陵（今铜陵）人陈翥（982—1061）著述的《桐谱》，涉及天文、地理、儒、释、农医等各个方面。据谭正璧《中国文学家大辞典》考证，宋代文学家宁国府6人，安庆府3人，太平府2人，池州府1人。

（八）元代时期

元代不足百年，蒙古人统治时期，人分四等，中国文化处于低潮，安徽文化

---

① 安庆府，治怀宁县，辖怀宁、桐城、太湖、宿松、望江、潜山；池州府，治贵池，辖贵池、青阳、铜陵、石埭、建德、东流；太平府，治当涂，辖当涂、芜湖、繁昌；宁国府，治宣城，辖宣城、宁国、泾县、旌德、南陵、太平；广德州，治广德，辖建平。

整体也处于低潮期，宣城文化却独放光彩。宣城仅诗人有近百位，宣城贡氏、汪氏、张氏、王氏等文学家族的文学创作极其繁盛。宣城贡氏家族从贡士濬至贡性之四世有诗文作品传世者 27 人，其中贡奎、贡师泰、贡性之连续三代均有个人诗文汇编传世，在元代绝无仅有。贡奎有"元诗巨擘"之美誉。贡奎之子贡师泰则为东南文坛领袖，"名高一代，文照千古"的显赫人物。贡师道以茂才荐举入仕，官至翰林待制兼国史院编修官。宣城汪氏的汪泽民和贡氏家族共同参与辽、金、宋三朝史编修。汪泽民和张师愚合编宣城历史上第一部地方诗歌总集——《宛陵群英集》。汪泽民之子汪用敬，张师愚、张师鲁及张师鲁之子张知言和王圭、王璋及王璋之子王虎臣等皆有诗文传世。大德二年（1298），旌德县令王桢还发明木活字印刷术，并应用分韵排列的转轮排字盘印刷了 100 部《大德旌德县志》。

（九）明代时期

宣城文化在安庆文化的冲击下发展势头相对减弱，但仍保持微弱的领先地位。人才培养离不开教育和书籍。民国《安徽通志稿·教育考》明代安徽书院93 所，其中宁国府 11 所、安庆府 11 所、池州府 9 所、太平府 3 所、广德直隶州1 所；安徽私人刻书家共刻书 529 种，其中宁国府 56 种、安庆府 13 种、池州府13 种、太平府 5 种、广德州 4 种。数据最具说服力。若以传世作品、文学家、国史人物传、科举人才为例，《重修安徽通志·艺文志》明代安徽著作 1915 部，其中，宁国府 314 部、安庆府 274 部、池州府 159 部、太平府 71 部、广德州 36部；谭正璧《中国文学家大辞典》明代宁国府文学家 15 人（宣城县 8 人）、安庆府 40 人（桐城县 36 人）、太平府 2 人（芜湖县 2 人）、池州府 1 人（贵池县 1人）；《明史》列传皖籍人物 244 人，其中，安庆府 20 人、宁国府 11 人、池州府 9 人、太平府 6 人、广德州 2 人。《重修安徽通志》和《明清进士士题名碑录索引》明代安徽文进士 1354 人，其中，安庆府 177 人（桐城县 84 人）、宁国府151 人（宣城县 64 人）、池州府 76 人（贵池县 24 人）、太平府 91 人（当涂县59 人）、广德州 34 人（广德县 25 人）。明代安徽举人 3680 人，其中，宁国府497 人（宣城县 200 人）、安庆府 361 人（桐城 148 人）、池州府 271 人（贵池94 人）、太平府 302 人（当涂 194 人）、广德州 82 人（广德 57 人）。

万历一朝，宣城县一地任三品以上大员有七八人。天启三年（1623），宣城县洪林镇建石质三元牌坊一座，一面题额"十里三元"（即状元沈懋学、会元汤宾尹、解元贡钦），一面题额"同朝鼎甲"（即状元沈懋学、榜眼汤宾尹、探花舒宏志），上属四人均为明代洪林桥周围十里境内人氏。汤宾尹（1569—1628），自幼天赋过人，万历二十二年（1594）中举，次年会试第一（会元），廷对第二（榜眼），尤擅八股制艺和"好奖借人材"，其文被士子奉为科举考试的圭臬，时有"天下无人不知汤宣城",万历三十八年（1610）因"庚戌科场案"罢职回乡闲居，往来于南京、宣城间，因门生故吏众，在政坛并未失去影响，朝廷中依然有一批官员拥护他，成为他的政治代言人，时人称之为"宣党"，人称"汤宣城"，这在科举史上绝无仅有。

（十）清代时期

清初文坛风尚多元嬗变，在分合与重组之中呈现出极其复杂形态，桐城派崛起和安庆成为省会城市，使安庆文化越居首位，宣城文化退居其后。宣城人施润章、高咏、梅文鼎、梅庚等承绪明中叶以来的宣城风雅，独树旗帜，形成区域色彩鲜明的宣城派，其独具特色的诗歌被称为"宣城体"。清代文坛最大文派——桐城派最推崇宣城。桐城派奠基人戴名世称"吾江南文学礼义之邦，推宣城为最"；大学士张廷玉赞誉宣城为"上江人文之盛首"；"桐城三祖"之一姚鼐称"宣城自古诗人地"。宣城与桐城并称为江上"二城"，不仅是皖地文学渊薮，也是全国文坛两大重镇。清代安徽巡抚冯煦光绪三十三年上奏采访皖省遗书时，赞叹清代安徽学者著述道："国朝右文，皖才尤盛，性理若宣城施润章、婺源汪绂；考据若婺源江永，休宁戴震、歙金榜、凌廷堪，绩溪胡培翚、黟俞正燮，当涂徐文靖；辞章若桐城方苞、姚鼐，泾朱琦、包世臣；算术若宣城梅文鼎暨其孙毂成，歙汪莱。或综贯遗经，或阐明绝学，凡所述作，固已彪炳宙合，其他抱潜德而弗彰守遗编以终老者尤不乏人。"[①] 文中列举16人，其中皖江8人，分别宁国府宣城县3人、泾县2人，安庆府桐城县2人，太平府当涂1人。书院与区域文化休戚相关。

民国《安徽通志稿·教育考》清代安徽书院200所，宁国府20所、安庆府18所、池州府15所、太平府12所、广德州6所。仍以文学家、国史人物传、科举人才为例：谭正璧《中国文学家大辞典》清代宁国府文学家6人（宣城县4人）、安庆府5人（桐城县4人）、太平府4人（当涂县4人）、池州府1人（贵池县1人）；《清史稿》列传皖籍人物209人（未计入列女），其中，安庆府51人（桐城县49人）、宁国府19人（宣城县5人）、池州府11人（池州4人）、太平府3人（当涂县3）；（光绪）《重修安徽通志》和《明清进士题名碑录索引》清代安徽文进士1192人，其中，安庆府286人（桐城县138人）、宁国府165人（宣城县38人）、池州府36人（青阳县12人）、太平府60人（芜湖县25人）、广德直隶州14人（广德县10人）。清代安徽举人5071人，其中，宁国府847人（泾县349人）、安庆府991人（桐城465

---

① 齐锦藻：《清续文献通考》卷101《学校考八·图书》，民国景十通本。

人）、池州府 261 人（池州 77 人）、太平府 270 人（当涂 144 人）、广德直隶州 77 人（广德 44 人）。

（十一）清咸丰同治后至民国末年

咸丰同治兵燹给皖江两岸带来了毁灭性的灾难，尤其是同治元年（1862）七月，皖南苏南浙西北的瘟疫，给宣城造成的损失最为惨烈，宣城文化在皖江地区的影响力急剧衰退。同年八月湘军将领甘晋在致曾国藩信中报告中描述："宁郡初克，遗民降将不下二万人，商贾及居民入城者数千人。两月以来，兵民疫死者二三万人。行路者面带病容，十之八九。城内外五六里臭腐不可堪忍。沿路尚有尸骸，有旋埋而掩埋之人旋毙者。城河（注：指水阳江、宛溪河、青溪河和护城河等）三里许，漂尸蛆生，或附船唇而上，城中之井及近城河水臭浊不可食，食之者辄病。"曾国藩向清廷告急奏报说："疫病以宁国（府）所属境内为厉害，金陵次之，徽州、衢州次之，"并叹曰："今年军事稍顺，而疾疫繁兴，天意茫茫，不可推测。"据相关史料保守统计：咸丰元年（1851）宣城市 7 个县市区总人口约 306.9 万，同治十年（1871）总人口只有 20.8 万，损失 286.1 万（注：人口损失包括统计时逃难尚未回归人员）。从湘军统帅曾国藩、两江总督马新贻、安徽巡抚乔松年以及学者研究来分析，清咸丰同治年间战争虽然遍布大半个中国，但是，今宣城市境内可能遭受最惨。对文化事业的摧残直接表现为世家大族遭到毁灭性摧残，千百年来，积聚下来的社会财富、文化遗产几乎荡然无存，用黄宾虹给友人曹一尘信说："宣歙文献，卓绝环宇，屡经兵燹，散佚已多。""宣歙文化书史散佚，殊为可惜。"

四、结语

每一种文化都不可能是常青树，经久不衰，其都有一个萌芽、发展、昌盛、衰落的过程。地域文化研究不能以偏概全，也不能以历史某一时期兴盛来代替该区域整个历史时期的文化概况，更不能用现状臆测历史。科学的方法要区分该地区不同历史时期的文化发展情况，用数字对比说话。宣城当今的影响虽然与芜湖、马鞍山、铜陵、安庆等相地相比有一定差距，但是，从文化遗存来讲，2011年 10 月，国务院第三次全国文物普查领导小组办公室核查的安徽省第三次全国文物普查登记不可移动文物，宣城市名列黄山市、安庆市之后，位居第三，有 2392 处。宣城市地方志办公室 2015 年出版的 5 卷本《宣城古代诗词全集》，辑录有南朝至清末外籍和本籍歌咏宣城诗歌 22225 首，诗人 3661 人。康熙帝钦定编纂的《全唐诗》，诗歌也仅有 42863 首，2529 名诗人，足见宣城文化重要的历史地位。

参考文献：

[1]《吴越春秋》，岳麓书社，2006 年版。

[2] 左丘明《左传》，中华书局，2007 年版。

[3] 司马迁《史记》，中华书局，1973 年版。

[4] 班固《汉书》中华书局，1962 年版。

[5] 范晔《后汉书》，中华书局，1965 年版。

[6] 陈寿《三国志》，中华书局，1959 年版。

[7]《晋书》，中华书局，1974 年版。

[8] 李吉甫《元和郡县图志》，中华书局，1983 年版。

[9] 李泰《括地志辑校》，中华书局，1980 年版；《唐诗纪事校笺》，中华书局，2007 年版。

[10] 张师愚《宛陵群英集》，商务印书馆。

[11] 张孝祥《于湖居士集》，上海古籍出版社，1980 年版。

[12] 欧阳修《新唐书》，中华书局，1975 年版。

[13] 刘昫《旧唐书》，中华书局，1975 年版。

[14] 清·康熙《江南通志》，台湾华文书局，1993 年版。

[15]《清史稿》，中华书局，1977 年版。

[16] 沈保桢、吴坤修《重修安徽通志》，清光绪四年（1878）刻本。

[17]《徽州府志（套装全 3 卷）》黄山书社，2010 年版。

[18] 清·嘉庆《宁国府志》，黄山书社，2007 年版。

[19] 清·光绪《宣城县志》，黄山书社，2008 年版。

[20] 清·嘉庆《泾县志》，黄山书社，2008 年版。

[21] 清光绪《宣城县志》，黄山书社，2008 年版。

[22] 清·张楷修《安庆府志》，中华书局，2009 年版。

[23]《南京建置志》，海天出版社，1994 年版。

[24]《宣城地区志》，方志出版社，1998 年版。

[25]《宣城县志》，方志出版社，1996 年版。

[26]《旌德县志》，黄山书社，1992 年版。

[27]《全唐文》，上海古籍出版社，1990 年版。

[28]《唐代文学丛考》，中国社会科学出版社，1997 年版。

[29] 朱保炯、谢沛霖《明清进士题名碑录索引》，上海古籍出版社，1980 年版。

[30] 郁贤皓《唐刺史考》，江苏古籍出版社，1987 年版。

[31] 江庆柏《清朝进士题名录》，中华书局，2007 年版。

［32］谭正璧《中国文化家大辞典》，上海书店，1985 年版。

［33］郭茵《中国地域文化通览·安徽卷》，中华书局，2013 年版。

［34］陆勤毅《安徽通史》，安徽人民出版社，2011 年版。

［35］民国《安徽通志稿·教育考》，民国二十三年（1934）铅印本。

［36］曾大兴《中国历代文学家之地理分布》，商务印书馆，2013 年 11 月版。

［37］张晓纪《明清时期安徽人才地理分布研究——以政治科举人才为例》，福建师范大学硕士学位论文。

［38］张守卫《明代安徽私家刻书考》，四川图书馆学报，2015 年第 2 期。

［39］张晓婧《清代安徽书院研究》，安徽师范大学博士学位论文。

［40］张晓婧《明代安徽书院研究》，安徽师范大学硕士学位论文。

［41］《南京建置志》，海天出版社，1994 年版。

［42］宣城市档案馆（方志馆）馆藏资料。

安徽地域文化的特征

罗先奎

摘　要：地域文化特征是对不同地域文化的差异、传统、精髓与特质的高度凝练与概括。提炼安徽地域文化特征，对我们深入认识安徽地域文化的现象和本质，加强文化软实力建设，实现政治、经济、社会、文化全面、协调、可持续发展都具有深远的理论和现实意义。在悠久的历史长河中，安徽地域文化彰显出起源早、继承性、不平衡性、包容性、创新性和经世致用性等特征。

关键词：安徽；地域文化；特征

在悠久的历史长河中，勤劳智慧的安徽人民在江淮大地创造了光辉灿烂的物质文明和特色独具的精神财富，为后人留下了宝贵的文化遗产和精神食粮。这笔遗产对今人弘扬安徽传统地域文化精神，构建和谐安徽，加速实现率先崛起和文化强省战略，推进物质文明、政治文明、精神文明、社会文明、生态文明建设意义重大。缘此，学界应深入开展安徽地域文化的研究，而研究安徽地域文化，应首先对其文化特征作一探究和研析。

一、地域文化的基本特征

地域文化以其独特性、典型性和地域属性与域外文化相区别；同时，地域文化以自身的特征为基础与域外文化不断进行着互动和融通，从而表现出地域性、整体性、多样性、动态性特征。

地域性。一定区域的文化是由本区域经济社会发展水平决定的，因而总体上来说，任何一种文化形态如草原文化、吴楚文化、敦煌文化、徽文化等都具有地域性。这种地域性，在时间上表现为域内群体思想观念、道德价值、心理趋向、社会习俗等的历史传延性，在空间上表现为一定地域单元或所属范围内形成的特定文化区。"无论是名胜古迹、历史文化遗存、地方传说等显性文化，还是社会

作者简介：蜀先奎，芜湖职业技术学院党委（校长）办公室副主任、副教授，在读博士。

风俗、思维习惯、道德传统和价值观等隐性文化，无一不渗透着浓郁的地域色彩。"[1]

整体性。作为相对独立的文化区，地域文化在长期的发展流变中逐渐形成了较为完整的地域文化体系。如徽商在长期的经营实践中造就的独特文化品质，使徽商文化形成了从形式到内容的相对完整性，这一整体性的文化标签成为徽商称雄中国商业史数百年而经久不衰的内在动力。当然，地域文化的整体性并非部分的求和，而是多元文化要素排列交织而生成的具有强大向心力的文化实体。我们考察地域文化，不仅要在宏观上着眼于整体性，也应在微观上注重各要素的地域差异，从多元文化要素的相互作用中认识地域文化的整体性。"地域文化特征可以在器物层、制度层和心理层的任何文化要素上展开。"[2]

多样性。一定文化形态的形成总是在特定的时间和空间维度上与自然、地理、人文环境交互影响的实践活动过程和结果。由于人们所处的自然环境、社会环境复杂多变，加之人们在实践活动中作用于自然的主观能动性的发挥，地域文化的存在模式必然呈现出多样性。人们津津乐道的徽商贾而好儒的文化气质、江浙人的稳健与精细、福建人的求实、上海人的精明等说法就是地域文化多样性的生动写照。完全相同的地域文化是不存在的，地域文化多样性的存在，使生活在不同地域的人们进行文化交流互动成为可能，从而为文化的发展演进提供了现实基础。

动态性。特定地域的人群在繁衍生息中创造积累的物质文化、精神文化、制度文化、行为文化等历经历史发展的沧桑演变，逐渐形成动态性的地域文化。某一地域文化生成后，虽有很大的稳定性，但并不影响不同地域文化间的传播、互动与交融。在传播、互动与交融的过程中，地域文化要么进行着自我创新与完善，要么深受域外文化影响而不断变迁。随着时间的流逝，地域文化的动态性也会随着现代交通的发展、信息技术的革新、生活方式的巨变表现出与时俱进的包容性、发展性、创新性。

二、安徽地域文化的特征

地域文化特征是对不同地域文化的差异、传统、精髓与特质的高度凝练与概括。提炼安徽地域文化特征，对我们深入认识安徽地域文化的现象和本质，加强文化软实力建设，实现政治、经济、社会、文化的全面、协调、可持续发展都具有深远的理论和现实意义。

（一）起源早

安徽地域文化源远流长，最早可追溯到上古时期。1973 年，龙潭洞"和县猿人"遗址发掘出猿人头盖骨化石、臼齿化石、下颌骨化石、粗陋骨器和大量动物化石；1982 年，巢县银山又发掘了猿人枕骨化石和大量古脊椎动物化石，证明距今四五十万年前，江淮大地就有了人类活动的痕迹。"和县猿人"古人类头盖骨化石是目前我国唯一保存完好的猿人头盖骨化石，为我们研究人类起源和发展提供了珍贵资料。到了新石器时代，安徽境内已遍布氏族群体，考古工作者在中华人民共和国成立初期就已发现百余处新时期文化遗址。"近几十年，考古工作者又在安徽发现古文化遗址三百多处，其中多数属新石器时代遗址。"[3] 1998 年，考古学家在芜湖繁昌县孙村镇人字洞出土了大量大型灵长类脊椎动物化石、哺乳动物化石标本及明显带有人类活动痕迹的骨制品、石制品，经鉴定距今 200 万～240 万年。据此，专家还原了欧亚大陆上迄今发现的最早的古人类活动的冰山一角，这有力证明了皖江流域古人类活动起源早的特征。

（二）继承性

学界认为，可成体系的安徽地域文化是在春秋战国时期形成的，以老庄为代表的道家思想和楚辞传统，对秦汉以后的安徽地域文化产生着深远影响。从春秋战国时期的道家学说、西汉盛行的黄老之学，到魏晋时期崇尚老庄的玄学思潮，其内核是前后相继的。北宋隐士、易学家陈抟出生于老子的故乡，其客观唯心主义思想总也离不开老庄的影响。在隋唐至五代约 400 年的时间里，安徽地域文化的影响力相对较弱。其间，对安徽地域文化发展起着承上启下作用的则是陈抟对道家思想的传承。两宋主流哲学思潮理学实际上糅合互融了道家、儒家、释家学说。从文学的角度看，无论是汉乐府诗歌还是建安文学，与楚辞现实主义传统的精髓都是一脉相承的。唐朝诗人张籍（和县）、杜荀鹤（石台）、李绅（亳州），前文提及的梅尧臣、张孝祥均是现实主义诗词大家的代表；小说《儒林外史》则更是现实主义的典范之作。在艺术领域，道家和楚辞的烙印亦随处可见。安徽画坛在两晋时期甚为繁荣，诸多画家均受老庄思想的影响，从东晋戴氏父子戴逵、戴勃到北宋李公麟，直至明清新安画派，也都以现实主义为创作风格。

（三）不平衡性

安徽地域文化的不平衡性主要体现为发展重心由北向南逐渐迁移的梯级态势。东周至西晋时期，发展重心限于涡淮流域。管子、老子、庄子的学说和思想成就了涡淮流域安徽先秦文化的繁盛。西汉的《淮南子》仍是该流域值得点赞的文化成就。由于两淮地区此前长期战乱，到东晋以后，安徽地域文化的重心向长江流域转移的趋势日渐明显。在隋唐北宋大一统这段时期，涡淮流域的经济文化虽呈恢复性发展局面，但已是今非昔比，皖江地区由于战乱较少逐渐成为安徽地域文化的重心，张籍、杜荀鹤、陈翥、李公麟等大批文人的出现便是明证。此后，安徽文化重心继续向南推移。"从南宋一直到清代中叶，安徽文化的重心一直在徽州地区。新安理学、皖派朴学的兴起和教育、天文历算、医学、绘画、建筑、雕刻等等的繁荣，组合形成了极具特色的徽州文化。"[4]其间，在明清之际至清朝中期，文化重心又呈现出回移皖江地区的现象，到清中叶形成徽州文化、皖江文化双双繁荣的格局。

（四）包容性（交容性）

安徽地域文化包容性特征的形成与安徽的地理区位有着密切的关系。独特的地域使安徽处于内陆文化与沿海文化、长江文化与黄河文化的交融过渡地带。这样，淮河文化、皖江地区文化、徽州文化三大区域文化在保持自身文化传统与特质的基础上，不可避免地受到域外文化精华的浸染和影响，所以安徽地域文化展现出开放、兼容、多元的色彩。周晓光教授把这种包容性称为交融性。"所谓交融性，是指安徽文化处在中国南北文化的交流、冲突和融合地带，中国文化由南而北或由北而南的过渡，安徽文化起到了桥梁的作用。安徽文化作为交融性文化的重要特征是，它既有中国北方文化的因子，同时又有中国南方文化的诸多特色。这种融中国南北文化于一体的交融性特征，在中国的其他区域文化中是罕有的。"[5]

（五）创新性

创新是安徽地域文化长盛不衰的主要原因，也是安徽地域文化的本质特征。"从某种意义上说，一部安徽文化史，就是一部不断创新的历史。"[6]春秋时期齐国著名政治家、军事家管仲被誉为"法家先驱""华夏第一相"。《管子》"不慕古、不留今、与时变、与俗化"的思想，较早体现了今人所说的与时俱进、开放务实的创新精神。前文多次提到的《淮南子》可谓包罗万象、兼取并收，是安徽文化创新精神的力作。建安文学是充分彰显个体生命价值的文学，与当时文学自觉的内在要求相一致，更是安徽古代文学创新的一面旗帜。嵇康等竹林贤人倡导玄学新风，主张"越名教而任自然""审贵贱而通物情"的自然主义哲学观，鲁迅赞其思想新颖。朱熹以儒家经典为本，博纳诸家学说，成为新儒学体系的代表，堪称安徽学者善于创新的典范。吕祖谦开创的儒家学派"婺学"（亦称"金华学派""吕学"），由经入史，为南宋"浙东学派"的重要一支。清代文坛最大散文流派以"桐城派"命名，更是文坛创新之举。以戴震为代表的皖派经学，其创新思想开启了中国近代启蒙的曙光。在以"自强""求富"为旗号的晚清洋务运动中，李鸿章与皖籍淮军将领及其幕僚为中国近代化的起步发挥了很大作用。在新文化运动中，陈独秀、胡适是"民主""科学"大旗的坚定旗手，他们的创新理念成为这次思想解放潮流的重要推动力量。在安徽地域文化的绵延发展中，创新思维从未间断，是一脉相承的。安徽人"重视学习和吸取别人的先进经验和方法，对于各种新鲜事物都非常敏感，在社会进步与发展的各种新潮流面前，安徽人是从来也不甘落后的，在市场竞争面前也不会退缩和观望。这种积极进取的精神风貌，在市场经济条件下是非常必需的，也是极为可贵的"[7]。

（六）经世致用性

历史上，安徽这片土地战乱不断，灾害多发，社会动荡，人民常受其苦。故而，历代安徽学人多以天下为己任，把目光投向社会现实，力求实现稳定和谐的社会局面，从而使经世致用的文化传统在安徽地域文化中世代相传。深切关注治国之道是皖籍文人经世致用文化取向的首要表现。被奉为中国司法鼻祖的皋陶主张天下大治、社会和谐，力推"五刑""五教"，要求父义、母慈、兄友、弟恭、子孝。管仲主张尊重民意，"政之兴，在顺民心；政之所废，在逆民心"。他还主张大兴农业、保护环境、富国强兵、力戒空谈、发展职业技能教育，以求"仓廪实而知礼节，衣食足而知荣辱"。老子主张治国要以百姓心为心，"以'救世'的情怀去关注社会的治乱兴衰"，其思想为"上之可以明道，中之可以治身，推之可以治人"[8]。《淮南子》兼糅各家，根本用意在于致用务实，追求理想的"天下和洽"，反映了汉初崇尚经世致用的学术倾向。在程朱理学大兴的时代，出于改变世风、挽救封建统治的目的，朱熹提出了"存天理，灭人欲"的治世原则。新安理学，仍与朱熹的"经世"思想保持一致。"为政在于得民"则是姚莹所倡的治国理念。晚清李鸿章力主兴办军事、民用企业，以富国强兵为目的，可谓经世致用的实践探索。此外，安徽学者在医学、数学、物理、化学、农业、天文等领域取得的大量成果，对兴修水利、漕运兴衰、盐业运营等民生事业的高度关注也是经世致用文化取向的生动体现。

参考文献：

[1] 陈大路，谷晓红. 地域文化基本特征的新审视 [J]. 学术交流，2007（11）：174.

[2] 周尚意等编著. 文化地理学 [M]. 北京：高等教育出版社，2004：263.

[3] 翁飞等著. 安徽近代史 [M]. 安徽人民出版社，1990：5.

[4] 省文史馆项目组. 安徽地域文化五个特点解析 [N]. 安徽日报，2013-3-18.

[5] 周晓光. 张海鹏与安徽地方文化史研究 [J]. 安徽师范大学学报（人文社会科学版），2003（9）：502.

[6] 李宜春，王品慧. 安徽文化特质综论 [J]. 合肥工业大学学报（社会科学版），2007（6）：112.

[7] 王荣科. 安徽文化建设的若干思考 [J]. 安徽大学学报（哲学社会科学版），1998（6）：106.

[8] 林红. 经世致用与老子思想的融合——魏源《老子本义》思想剖析 [J]. 山东大学学报（哲学社会科学版），2005（3）：33.

皖文化源流考略

郑炎贵

摘　要：特殊的历史背景与人文地理环境，造化出安徽三大地域文化圈。今安庆皖西南一方是皖文化的本源体，始终保持着相似的物质文化传统与习俗。前期以皖公山（天柱山）下的皖城为中心，可称为古皖文化，其历史渊源堪称全省之最，佛道影响甚于儒家影响；后期中心转至宜城（今安庆市区），融合催生出皖江文化新的生命力。无论是前期古皖文化，还是后期皖江文化中的安庆一方文化，其思想与艺术文化在江淮间位居翘楚，但工商文化欠发达，应当改革末俗流弊，适应新时代，为皖江城市产业带发展提供智力与文化支持。

关键词：古皖文化；皖江文化；薛家岗文化；佛道兴；儒士兴；思想；艺术；实用文化

安徽省地域文化相对多元，这与安徽省政区形成的特殊历史背景相关。

古代地方行政区划原则上是依"山川形便"而定。宋代为了加强中央集权而背离了这一原则，分路时开始发展了"犬牙交错"的原则①，使今天的安徽国土分属于淮南东路、西路与江南东路；到了元代又分属于河南江北行省与江浙行省；至明初朱元璋又创造了新的"犬牙交错"，他以首都金陵（今南京）和他的老家凤阳为中心，史无前例地划出一个包括淮北、淮南、江南三大不同地域的大南京，不仅跨淮，而且跨江；清代基本上沿袭了明代体制，不过改明代的南直隶为江南省，不久即析置江南省为江苏、安徽两省，仍然不是依历史上按自然条件南北分界，而是东西划分，使两省政区都跨江越淮，从而使安徽自然蓄积为三大文化圈，即淮河文化圈、徽文化圈与皖文化圈。作为其中之一的皖文化圈，已有倾向界定其范围大体接近于现在的皖江城市产业带。

一般说来，区域文化当有其中心区与覆盖辐射区的分野及联系。正如淮河文化以两淮为中心区域而横跨皖北与苏北、鲁南、豫东，徽文化以歙县、婺源为中

作者简介：郑炎贵，安庆师范大学兼职教授。

①　邹逸麟编著：《中国历史地理概述》，上海教育出版社，2005年5月第1版，第206页。

心区域而覆盖皖南与赣东北一样，皖文化源头中心区域当为历史上的安庆地区，尽管如今的安庆市就其经济发展而论比不上芜湖、马鞍山，算不得领头羊，但它曾经是也的确是皖文化源头中心区域，这是由其特定的地理位置与历史渊源关系所决定的。

一、皖文化的本原——以皖为号的紧密聚合体

按照地域文化独立单元论，至今仍然可以还皖文化圈的源头中心区域的本来面目：它是一个始终以皖为号，有着相似的物质文化传统与习俗的紧密凝聚体，其范围基本相当于今皖西南安庆暨七县（市）与新近才划出的枞阳县。

"皖"，作为安徽省的统一简称，其实是从作为历史上的安庆这一方的名号而扩充开去的，其关节点就是乾隆二十五年始安庆成为安徽省会。而此前，历史典籍中所称皖地，皆限于安庆及其属县，其根源在于这一带本为春秋皖国故地！关于皖国的记载，最早见之于《史记》，后来不幸缺佚了，不过，唐杜佑《通典》、宋乐史《太平寰宇记》、宋罗泌《路史·国名记》、宋元间马端临《文献通考》等权威典籍均援引有《史记》记载的皖国内容原文，且明确其位置在舒州，即安庆府之前身，州治即今潜山县城，以后历代史籍均沿袭此说，从未改变或歧义。

"皖"的本义十分有趣。有的学者根据"皖"与"皖"相通，而释其义为"明亮"，其实，这仅属其引申义而非本义。"皖"的本义是指"屋子里当有黑色，屋外已见白光"①，即晨曦之意，考其渊源，原来"皖"系五帝时代名臣皋陶后裔的一个支族，是一个奉晨光为图腾、崇拜自然的部族方国，正如《史记》所载的那样："皖，偃姓，咎繇（即皋陶）之后也，春秋时楚灭之。"② 因皖伯治理有方，故百姓崇其政，尊称天柱山为皖公山，水曰皖水，城曰皖城（今潜山县城），唐杜佑《通典》，清顾炎武《肇域志》，均有皖城记载。汉代这里属庐江郡皖县，唐宋时期易名舒州，之前的郡治与州治均延续驻皖城，其辖区与今天的安庆地区基本一致。至南宋庆元元年（1195）朝廷升舒州为安庆府，府治仍驻皖城，直到南宋端平三年（1236）才正式移府治至长江岸边，景定元年（1260）改筑宜城（即今安庆市区）。

纵观历史，自春秋皖国时代起，至今之大安庆市，无论朝代如何更替，均未割断这一方所形成的紧密聚合体的历史传统纽结，始终保持着相似的物质文化传统与习俗。方言先属江淮官话区，后属赣语区（因明代大移民所致）；各地的物

---

① 何光岳：《楚灭国考》，上海人民出版社，1990年2月第1版，第181页。
② 宋乐史撰，王文楚等点校：《太平寰宇记》，中华书局，2007年11月第1版，第2472页。

产建筑、服饰文化、婚丧节庆基本接近，有着共同的文化爱好：如皖戏（即黄梅戏）风靡城乡，老少咸宜，皖派书法独领风骚，特别是雄浑敦厚、体格劲健的皖之山川，自古便孕育出一种敦厚坚毅之人文风尚，"安庆人物忠敢，不愧于古，……潜山毅，太湖净，宿松直，……大抵江北风气近厚，故其习高"①。

二、由大山走向大江的地域文化

基于以上所述，笔者以为皖文化是由皖山发脉沿皖河、皖江分布推进辐射的山水背景文化，其发展态势是自西而东，先依山傍水，后滨江接原，符合人类交通迁徙与经济发展规律，前期以皖公山下的皖城为中心，经历了远古发脉—皖国建邦—汉唐兴盛—两宋多舛等阶段，属土著母体文化时期，故可称为古皖文化；后期政治经济文化中心转至宜城（今安庆市区），占据"万里长江此咽喉，吴楚分疆第一州"之势②，特别是在元末明初近百年里，赣东北和徽州府的移民大批介入，几占同期安庆府总人口的七八成，这种外来文化因素的参与推动，融合催生出皖江文化以新的生命力，终于由明清崛起走向近代嬗变而迈入五四新生。

三、古皖文化是渊源堪为全省之最的文化

学术界公认，中国文明肇源于新石器时代；许多新石器文化类型的发现与研究，都证明了其已具有了一些带有中国特色的文化因素，正如大汶口、龙山文化之于齐鲁文化，屈家岭文化之于荆楚文化，河姆渡文化之于吴越文化一样，任何区域文化的真正确立，总是有着考古学文化的发现与研究作为支撑的。

20世纪70年代以来，中国考古学界发现并命名的薛家岗文化为皖江文化之前的古皖文化的研究找到了远古渊源的谜底，专家们终于在古皖国所在地潜山县城南7.5公里处，发现了距今5500年左右的自成体系、自具风格、代表着长江中下游新石器时代一种新的原始文化类型的古遗址——薛家岗文化遗址，经过六次发掘，先后出土文物2000多件。残房基与带有稻壳印痕的红烧土的发现，大批墓葬、大量石器陶器玉器的出土，充分表明薛家岗人在农业发明、石器磨制钻孔、陶器制作等号称"新石器时代革命"的三大成就方面有了自己独到的建树，其地域特征十分显著，如1～13孔石刀的发现，特别是同时期其他遗址中从未发现的9～13孔石刀的出土，表明了这里有可能是中国新石器时代多孔石刀制造的中心地区，其奇数钻孔、红色花果纹饰在全国迄今所发现的同期石刀中最具特

---

① 胡朴安：《中华全国风俗志》上编，河北人民出版社，1986年12月第1版，第66页。

② 钱澄之：《送何别驾次公之皖》，转引自《安徽省志·建置沿革志》，方志出版社，1999年1月第1版，第643页。

色。这一组石具的发现，说明了薛家岗人所处地区生产力在长江中下游地区已达到较高水平；造型别致、器形规整、通过手轮兼制而成的陶器，反映了农业与手工业分工的形成；玉环、玉琮等器物的出土，透露出阶级社会萌芽的信息。因此，薛家岗文化的发现在长江中下游地区有着填补空白式的重大意义，当年曾号称全省唯一、安徽之最。该遗址的商周文化层的出土文物还证明在跨入阶级社会之后这里有一支环大别山南部的土著文化存在，这一土著文化当为上承薛家岗文化、下启春秋皖国文化的重要链接。

四、皖国文化面貌的考古实证

在过去很长一段时间，皖国似乎是一个遥远的绝响，史料钩沉只能是一些依稀印象，如《汉书》《后汉书》《太平寰宇记》《古今图书集成》诸书中虽有所载，但都十分简略。所以致此，除可能与古代典籍散佚流失有关外，主要原因还在于其只是一个从属于周朝的方国部族，立国时间不长，大约建立于西周晚期，灭于公元前574年。

中华人民共和国成立后，为配合大型基本建设工程，在潜山境内实施了一系列的抢救性考古发掘，在县城即古皖城周围发现了大量的古墓群，其中与皖国前后历史相关的春秋战国墓葬有梅城七里村黄岭墓与彰法山、彭岭墓群，总共数以千计，其密度之大，出土文物之多，在安徽境内是比较突出的，由此证明皖国被兼并入楚后，皖城依然人口稠密，与唐杜佑《通典》"楚灵王（前529—前504年在位）城皖，历代因之"之说相符。①

在出土的春秋战国青铜器中，兵器数量居多，仅青铜剑就有二百多件，印证了皖地久为兵家必争之地的历史，无怪乎清代的著述大家朱书慨叹："安庆古皖国，数被兵之区也。"② 特别是1998年发掘彰法山官山岗12号墓时出土的一件青铜铭文戈，直接印证了皖入楚后又为秦所灭的历史，戈内正背面铸刻铭文22字，其中清晰可见"廿四年上郡守臧造……"③ 字样，"上郡"本为战国时魏国所置，后于秦惠文王十年（前328）属秦，这件验明身主的秦兵器及其他楚兵器的发现，正是秦在战国晚期向东扩张灭楚过程中皖地战事状况的实证。

在出土大量春秋战国青铜器的同时，考古工作者还发现了青铜器陶模与竹席竹编器物，据此可知那时皖地的青铜铸造与竹编工艺已较为发达，正如史家常总结的那样：历史阵痛最剧烈的时代，往往也是历史惰性最小的时代。古皖文化虽

① 清·康熙：《安庆府志》，中华书局，2009年11月第1版，第76页。
② 《朱书集》，黄山书社，1994年6月第1版，第186页。
③ 《潜山馆藏撷珍》，黑龙江美术出版社，2012年9月第1版，第73页。

然融入了楚文化的因素，并汇入秦一统的中华大文化，但仍保持了自身区域文化的个性与传承系统，正如吴越文化圈虽受到楚文化的侵入影响，但依然保持了自身品格一样。

正是依靠改革开放以来盛世修志的契机，笔者在吸收历代方志研究与当代考古成果的基础上，正本清源，终于撰成《安徽寻根——皖考》，首次较为系统地阐述清楚"皖之本意""皖国其君""皖伯信仰""皖源流长"等专题，相继被《人民共和国党报论坛·2011年卷》、安徽省《志苑》及安庆市相关报刊所采用。

五、佛道影响一度甚于儒家影响的古皖文化

无论是皖文化的前期——皖城时期，还是后期的宜城时期，总体上挣脱不了儒释道由分至合的大势影响，不过前期古皖文化阶段却有着"释道兴"甚于"儒士兴"的鲜明特点。①

首倡皖江文化的朱书曾言："夫汉以来千余年矣，今名史凡二十一部，若汉文翁、朱邑、吴陈武、陈修，东晋何氏，宋龙眠三李之伦，都可指数传者寥寥……"② 可见当年在朱书眼里，史册留名的皖地儒士在宋以前是那么的稀少。不过而今看来，则不止于朱书所指数者，像汉代徐方、张何丹、周荣及儿孙四代，三国时期天文学家王蕃，以宰相何充等五十多位达官贵人而鼎盛于魏晋南北朝达数百年的何氏旺族，唐代治理舒州有方的都督张镇周、与李白交友至深的闾丘氏，晚唐诗人曹松，"文章宏侈瑰丽、自成一家"的宋神宗朝宰相王珪③，"笔力排奡、睥睨一时"、为秦桧忌恨而谪出韶州的朱翌④，训诂学大家吴棫等均为当今学者一一检编在册，辑入《安庆历代名人》辞典，但其中能为天下奉之为宗、卓然成派者的确不多，大儒名流不少为外籍莅皖者，倒是道教率先兴盛于皖地皖城。

中国土生土长的道教，源于战国时代道家学派，教祖老子及庄子都诞生于涡河淮河流域，即今淮北地区，道教文化自然率先影响了包括天柱山在内的江淮地区；天柱山传说是古赫胥氏与祝融曜迹归宿之山，是传说中老子显化讲经之地，老子之徒匡裕、秦代华子期、汉代乐长子皆栖隐潜山，从而形成了玄想思维较发育的传统，极大地有益于后来道教在此生根成长。西汉武帝向往道家神学思想体

---

① 漆绪邦、王凯符选注：《桐城派文选》，安徽人民出版社，1984年6月第1版，第190页。
② 《朱书集》，黄山书社，1994年6月第1版，第104页。
③ 明·嘉靖三十三年《安庆府志》，黄山书社，2011年2月第1版，第769页。
④ 《四库全书总目》，转引自《安庆人物传》，黄山书社，2001年2月第1版，第286页。

系，亲至天柱筑坛，礼祀南岳大帝，敕建五岳祠，至今祭台、旌驾桥、舍舟登陆的谷口等遗址尚存；东汉初，李广自称南岳大师，传播术法，纠集信众攻入皖城，接掌皖城而首开建立政教合一的地方政权之先河；左慈入天柱山精思，葛洪凿井炼丹，创立丹鼎派一脉，在天柱山古牧羊河、吴塘晓渡一带留下了左慈戏弄曹操的一连串故事以及炼丹台、炼丹房、焙药台、丹灶苍烟等遗迹，该派对我国古代化学冶炼和气功养身的发展有一定贡献。道教第三代天师张鲁于东汉末宣传神仙不死，攻取汉中，推行五斗米道，曾修习天柱山，遗其元謇于白云岩，即今天柱山"铁笛龛"。

早期天师道在全国设三十六靖庐，即修道场所，根据唐代杜光庭《洞天福地岳渎名山记》可知，其中之一的"凌虚庐"即在今安徽天柱山①。据《道书》言，司命天神也，主治在舒之潜山，隋唐以后王朝虽改祀湖南衡山为南岳，但敕令五岳各置真君祠时，仍在潜岳天柱山麓建起了极为隆盛的司命真君祠（庙），亦称丹霞府。

道教称神仙所居的名山胜境为洞天福地，全国共分十大洞天，三十六小洞天，天柱山被列为十四小洞天，同时又被赋予与十大洞天相侔媲美的"上司山"的至尊地位，据唐杜光庭考证，与十大洞天齐名的"三上司山"是五岳丈人治所青城山，司命真君治所天柱山，九天使者治所庐山，其使命就是佐理五岳，以镇五方。②

唐五代至两宋，天柱山道教进入全盛时期，先后建立的道教场所众多，其中主要有二祠（五岳祠、司命真君祠），三宫（真源宫、天祚宫、文昌宫），四观（元妙观、报恩观、通真观、白石观），四庵（赵伯阳真人修养之所——上菱庵、下菱庵、颐真庵以及宋尹君晰真人修养之所——存真庵），尤以司命真君祠与真源宫、天祚宫享誉最盛。从唐代舒州太守阳璹大历八年（773）所撰的司命真君祠碑文、唐开成五年（840）张虚白《左真人仙堂记》、北宋张戭《纯嘏殿记》、熙宁八年（1075）朱公绰奏稿、徐阆中宣和二年（1120）《真源宫记》、南宋张昌《重修真源宫记》③等文字中可以看出：早在唐开元年间玄宗即梦见司命天官在潜山而遣使入山创立真君祠（庙）于白鹿岗，继之遣使送御额斋庆，天宝末祠庙在战火中化为废墟。宝应二年（763）淮南地方官又筑坛于天柱南岗，重修醮礼；建中元年（780）舒州太守博陵崔公为真人立碑；开成五年（840）舒州太守郑谷建左真人仙堂，并塑像祀之；北宋太平兴国中，太宗又焕新祠宇，命名

---

① 王纯五译注：《洞天福地岳渎名山记·全译》，贵州人民出版社，1999年11月第1版，第44页。

② 王纯五译注：《洞天福地岳渎名山记·全译》，贵州人民出版社，1999年11月第1版，第29页。

③ 民国九年《潜山县志》，潜山县地方志办公室，2015年12月重印，第502、504、507、508页。

为"灵仙观";真宗命舒州崇饰灵仙祠,正其徽称,"易新冠冕",并准御史石豫之奏,新立崇宁万寿宫圣祖殿为庆基殿;舒州守臣张戬上表建皇帝本命殿获准,数月即成,卜曰"纯嘏殿";宋神宗熙宁八年(1075)为司命真君祠亲赐冕服;宋徽宗政和七年(1117),朝廷出钱三千万,再次鼎新"真源万寿宫",建起金华楼,金阙门,延生堂,朝真阁,期仙馆,五云亭,合新旧屋宇三千六百余间,广殿鼎峙,修廊翼张,飞楼复阁,延袤无际,祥烟凝飏,灵山挺秀,信乎真仙之宅!到了南宋建炎年间,真源宫、司命真君祠(庙)以及大殿皆毁于兵火,舒州太守周方文命真源宫提举官张昌重建庆基殿,后又以所免租税之积,增修殿前后架并两廊庑,立三清阁,保生门,斋堂,客馆……规模宏伟,过于往昔。不久又在庆元、嘉定间再次毁于战火。元明清相继有过修缮,惜一再毁损,如今仅有东岳府几间旧屋尚存。历史上与"前宫"——真源宫齐名而被称为"后宫"的天祚宫,同样盛极一时,其宫门曰洞天门,内有九龙井、梁公泉、飞龙泉、瀑布亭与喷雪亭,同样毁圮于历史烟云之中。消失的是宫观殿堂,但道教文化不可磨灭,不仅史册有记,而且遗迹历历,天柱山堪为安徽乃至中华大地道教圣山!"道法自然""养生益寿""无为自化、清静自正"[1] 的思想长久地影响了潜阳乃至皖西南一方,率性真直,质朴无他,民风近厚,崇尚土地神灵与风水,这些传统依然流行民间,弘扬其中的积极因素,挖掘利用潜在的道教资源,均可为建设风清气正、崇德向善、环境优宜的美丽乡村,发展全域旅游、振兴乡村经济提供创新的优秀基因。

天柱山又是佛教禅宗重要摇篮,信仰传统源远流长。

追溯当初禅宗一祖达摩至六祖慧能的传法活动,有一明显趋势,便是自北而南,由黄河流域向岭南地区推广,而长江流域必然成为其发展过渡的重点区域。恰恰是因为皖山皖水接纳了禅宗的二祖、三祖、四祖,达摩禅方才有可能传承下去并发展为慧能禅。在北魏排拒禅法、达摩六次中毒而逝的背景下,二祖慧可南渡而入皖公山、司空山,凭借这一方圣境为禅宗的生存与发展别开洞天;三祖僧璨得二祖所付衣钵后,继续隐居秘守,直至隋开皇十年(590)才正式住持天柱山的山谷寺,两年后为道信解缚,十年后授其衣钵,四祖由此再传五祖,继之六祖而终告禅宗之大成,遂流布影响天下。

禅宗作为异质文化,为消除本土文化的抵制,表现出一定的改革精神,因而具有显著的融摄调和性与简易性。学术界公认六祖《坛经》最能体现这些特点,但其起根发苗、思想萌芽则始于三祖,三祖在皖公山期间率先以文字方式,为禅

---

① 《道教小辞典》,上海辞书出版社,2001 年 12 月第 1 版,第 68—69 页。

宗立了第一部著作《信心铭》，首次较为系统地阐明了心性论的观点，以利于中国人用传统的宗教观念去理解与接受，即灵魂不灭，心性为本，"唯言不二，不二皆同，无不包容"的不二法门①，佛教即人之本性，以心为宗，佛在心中，只需直指人心，便能见性成佛，这就大大简化了修行实践方法。

此外，四祖旁出一系——牛头禅的五祖门人崇慧大师曾来天柱建寺，并以咏唱天柱山水风光为喻来开示弟子，独创自家风范，号称"天柱家风"②；南禅传人马祖也曾行脚天柱，留下创丛林、举"平常心是道"③的种种胜迹。皖公山的东南余脉，如桐城的投子山，枞阳的浮山，潜山的太平山、彰法山，太湖的白云山、四面山，均为禅宗高僧聚会之地，自魏晋南北朝隋唐至两宋，先后建起禅林寺院数十座，形成了名副其实的皖山舒州禅文化现象，正如桐城文派集大成者，百年正宗姚鼐所总结的那样：

"郁千余年……独浮屠之俊雄，自梁陈以来，不出二三百里，肩背交而声相应和也，其徒遍天下，奉之为宗，岂山川奇杰之气，有蕴而属之耶？"④

六、翘楚弓居与软肋并存的安庆文化

著名学者王岳川提出文化至少有三个维度，即实用文化、艺术文化与思想文化。

皖西南一方，山场面积近占七成，古来山岳宗教场所众多，市井文化相对较弱；同时受楚文化影响，具有富于哲理思辨与自由玄想的特征，为禅道等思想文化的发育提供了"沃土"，古皖时期释道兴，以至于儒学对其有所依附，如唐代太白书堂即建于太湖境内的二祖道场，南宋初年的潜麓书院即建于舒州治所（今潜山县城）附近的三祖寺内。

明清以后，随着文以载道的桐城派文化的兴起，儒家思想文化才日渐发达起来。一批有识之士秉承儒家志士仁人的家国情怀而在近现代先知先觉地掀起思想文化变革，出现了文以救国的陈独秀文化，文以济世的赵朴初佛教文化。

至于艺术文化，无论是前期古皖文化阶段还是后期皖江文化中的安庆一方，均不乏巨擘人物与优秀品种传世，如古代第一叙事长诗《孔雀东南飞》，宋画第一人李公麟，皖派书法篆刻大师邓石如，京剧鼻祖程长庚，章回小说大家张恨水，黄梅戏艺术家严凤英等。

---

① 转引自杨曾文：《唐五代禅宗史》，中国社会科学出版社，1999 年 5 月第 1 版，第 46 页。

② 宋·普济：《五灯会元》，中华书局，1984 年 10 月第 1 版，第 66 页。

③ 赖永海主编：《中国佛教百科全书·教义人物传》，上海古籍出版社，2000 年 12 月第 1 版，第306 页。

④ 漆绪邦，王凯符选注：《桐城派文选》，安徽人民出版社，1984 年 6 月第 1 版，第 190 页。

　　在实用文化中，前期古皖文化阶段，工艺文化一度也彪炳史册，其玉文化、陶文化则滥觞于距今约 5500 年的薛家岗时期；唐代李白笔下的"舒州杓"① 与宋代魏野笔下的"舒州鼎"②，都是闻名于世的舒州陶艺的典型代表。考古学亦证明了春秋战国时期皖地已有了自己的青铜铸造工艺。唐宋时期舒州的茶艺文化一直享誉朝野，唐陆羽与宋沈括都明确地把舒州天柱茶（亦名皖山茶）列入天下一流名茶与贡茶系列，《玉泉子》还专门记载了唐代天柱茶闻名于朝的故事，（以上详见本人专文《皖山茶香沁古今》，载《志苑》2007 年 1 期、2 期）。据《唐书》与《宋史》记载，较为知名的舒州特产有"苎布、酒器、铁器、石斛、蜡"等③，晚唐舒州进士曹松的《碧角簟》一诗还专门对家乡舒州的舒席工艺有精到的描写，称其为"细皮重叠""八尺青玉""铺床胜锦"④，这些都反映了皖文化前期——古皖文化的务实特点。

　　然而，不无遗憾的是，属于实用文化中的商业文化确是皖西南一方弱项。早在北宋初舒州民俗便以"率性真直，贱商务农"⑤ 而闻名遐迩。前期古皖阶段的弱项直接影响到后期皖江文化中的安庆一方文化，明清以来，这里商业文化远难比江浙，即使与近邻的徽州地区相比也逊色很多，安庆一方从未出现过像江春、鲍漱芳那样"上交天子"、教晋陕商人折腕以及像胡雪岩那样名震华夏的实业家、大商人。虽然桐城文化曾享有"文章甲天下"的美誉，但明清两代富翁巨贾又有多少？安庆一带素有"穷不丢书，富不丢猪"的传统，可见"以农为本，商居其末"⑥ 的传统文化影响根深蒂固。

　　综上所述，无论是皖文化前期的古皖文化，还是后期皖江文化中的安庆一方文化，思想与艺术文化在江淮之间位居翘楚，但工商文化欠发达，是其软肋。今之皖西南一方，当应改革末俗流弊，适应新时代，通过扬弃，打造新皖江文化，为弘扬"崇文尚德、务实创新"的安庆精神（2012 年 8 月 21 日正式对外发布）提供内生环境动力，为长江中下游的皖江城市带发展提供智力与文化支持。

――――――――――

① 《李白诗选》，复旦大学中文系选注，人民文学出版社，1961 年 8 月北京第 1 版，第 22 页。
② 《中国名家诗选》，中国农业出版社，2003 年 9 月第 1 版，第 62 页。
③ 明·嘉靖三十三年《安庆府志》，黄山书社，2011 年 2 月第 1 版，第 326 页。
④ 《潜山县志》，社会科学文献出版社，1993 年 9 月第 1 版，第 938 页。
⑤ 宋乐史撰，王文楚等点校：《太平寰宇记》，中华书局，2007 年 11 月第 1 版，第 2473 页。
⑥ 《安庆地区志》，黄山书社，1995 年 12 月第 1 版，第 1137 页。

繁华的景象与碎片的尴尬：
皖江区域文化研究的学术审思

谈家胜　金　晶

摘　要：皖江区域文化是安徽三大区域文化之一，其内涵丰富，已成学界研究的热点，表现在理论研究逐渐深入、基础研究渐渐厚实、学术研讨十分频密、研究成果不断涌现，呈现出学术研究的繁华盛景；但盛景之下研究的碎片化现象也趋严重，存在着尚待进一步开拓和深化研究的方面，表现为理论研究须拓宽思路、基础研究须进一步深化、文献资料的整理亟待加强、比较性研究须开拓领域等，历史学在此方面应承担起主体重任。

关键词：皖江文化；理论研究；基础研究；学术研讨；比较研究

20 世纪八九十年代，随着"文化热"的兴起，安徽的区域文化研究也渐渐兴起，"文化圈"的探讨进入了学者的视角。按照地理区位和文化的属性，学界将安徽区域文化分成淮河文化、徽州文化和皖江文化三大文化圈。应该说较之于前两个文化圈而言，学界关于皖江文化的研究虽起步迟，但研讨热烈，成果迭出，有必要对之加以回顾与总结。是故，本人不揣浅陋，撰述此文以期抛砖引玉。需要说明的是学界对"皖江文化圈"的提法尚存争议，认为以"皖江文化"四字来概括皖江区域文化不尽科学，因此，本文文题以皖江区域文化作指称，但文中学者文论所提的"皖江文化"名词不做变更；囿于研究能力有限，学界研究成果未能尽括，挂一漏万之处，尚祈同仁宽恕。

一、有关理论的研究逐渐深入

（一）概念、内涵、特点问题研讨

学界对"淮河文化""徽州文化"的概念和内涵的界定、文化特征的归纳等方面能取得共识，但就"皖江文化"而言，自研究起始就存在纷争，焦点主要

作者简介：谈家胜（1966—），池州学院皖南民俗文化与旅游发展研究院院长、教授；金晶（1987—），池州学院皖南民俗文化与旅游发展研究院讲师。

集中在概念、内涵及特点等问题的讨论方面。

其一，关于"皖江文化"的概念。"皖江"从字面理解是指长江流经安徽境内的区段，俗称"八百里皖江"。但最早提出"皖江"名词的是桐城派文人朱书（1654—1707），其生于潜山世居宿松，曾发文《告同郡征纂皖江文献书》，研读其文，此"皖江"是指原安庆府及其所辖县域，兼具区域地理、文化的双重属性；其后，"皖江"名词多被学界、政界所援用，并赋予其新的内涵。当下"皖江"一词，是指长江流经安徽的全段及其所吸纳的水系流经范围，具体言之是指安庆、池州、铜陵、芜湖、马鞍山等沿江城市及其下辖的区县，以及滁州市东部、宣城市所辖区县（绩溪县除外）的范围，既是区域地理的概念，也是经济地理的概念。

因对"皖江"字义理解的不同，学界对"皖江文化"的概念界定也有所不同。汪军先生认为"皖江文化即安庆文化"①，朱洪教授也持此观点，其在考察了"皖江"概念的沿革之后，认为"皖江"指称安庆最为久远和集中②；郑炎贵先生认为皖江文化是由皖山（今天柱山）发脉而起的山水背景文化，包括前期的古皖文化和后期的安庆地域文化③；汪谦干研究员认为皖江文化是指"皖江地区人从古到今在处理人和世界的关系中所采取的精神活动和实践活动的方式及其所创造出来的各种物质财富和精神成果的总和"④；李良玉教授从文化的历史分期角度审视，认为"皖江文化就是拥有皖文化的传统遗存和近代特色的长江安徽段流域文化"⑤。目前而言，学术界较多地认可应从皖江流域的整体角度来审视皖江文化，不能仅仅局限于安庆一隅。也有学者认为从整体角度看，皖江区域文化虽极为丰富，但缺乏同质性，因此，"皖江文化"的提法备受质疑，用"皖江地区文化"来界定可能更为恰当。⑥

其二，关于皖江文化的内涵。因概念界定的不同，学者对其内涵的探讨也存在着分歧。汪军先生认为除古皖文化外，移民文化、桐城宋学、近代新文化以及书法戏曲等，都体现了皖江文化的博大精深；⑦方晓珍教授进一步归纳为十一个

① 汪军：《关于皖江文化：从朱书〈告同郡征纂皖江文献书〉说起》，《安庆师范学院学报》2005年第1期。

② 程必定，汪青松：《皖江文化探微》，合肥工业大学出版社，2005年版，第72页。

③ 程必定，汪青松：《皖江文化探微》，合肥工业大学出版社，2005年版，第92页。

④ 汪谦干：《皖江文化的内涵及其特点》，《安徽史学》2005年第4期。

⑤ 李良玉：《关于皖江文化》，《安徽师范大学学报》2009年第3期。

⑥ 沈葵，洪永平：《皖江文化的学术定位与发展契机》，《安徽师范大学学报》2009年第3期。

⑦ 汪军：《关于皖江文化：从朱书〈告同郡征纂皖江文献书〉说起》，《安庆师范学院学报》2005年第1期。

方面，即源远流长的古皖文化、以皖山禅为核心的宗教文化、以桐城派为代表的古典文学、以邓石如和李公麟为代表的书画文化、以敬敷书院为代表的教育文化、以徽班和黄梅戏为代表的戏曲文化、以方以智和邓稼先为代表的科技文化、以张英和陈独秀为代表的政治文化、以陈独秀为代表的五四新文化、以"五山两水"为代表的旅游文化和以安庆芜湖为代表的商业文化。① 但这二位的着眼点还是局限于以安庆、桐城为中心的安庆文化；汪谦干研究员曾著长文，从当代皖江区域的整体角度概括出皖江文化的具体内容体现在文学、戏曲、书法、绘画、科技、宗教等方面②，应该说此文所揭示的皖江文化内涵更能体现出皖江文化的博大精深和丰富多彩。也有学者从"皖江地区文化"和各区域子文化的角度审视其内涵，沈葵先生认为"古皖文化（皖河地区）及与之有传承关系的安庆文化和桐城文化、九华山佛教文化、芜湖商业文化、马鞍山和铜陵的城市文化"都是皖江文化的内涵③。翁飞先生起初认为"环巢湖文化圈"在安徽文化史上的地位"丝毫不比已经确认的淮河、皖江、新安江三个文化圈逊色"④，换言之它是一个独立的与学界认可的淮河、皖江、徽州文化等三大文化圈齐肩的另一个区域文化，但随着研究的深入，作者又修正了自己的观点，认为"在皖江文化的板块中，又有着许多相对独立的子文化板块，如古皖文化、佛教禅宗文化、桐城文化、黄梅戏文化……由于巢湖水系属于皖江流域，因而环巢湖文化圈同样属于皖江文化圈的子文化圈"⑤。

其三，关于皖江文化的特点。因皖江区域范围广阔、文化内涵丰富，抽绎其特点既是难题，也是学术界讨论的热点。早在首届皖江地区历史文化研讨会上就有不少学者对此进行了热烈探讨，或认为它具有水的灵动、飘逸的特质，或认为"它具有源远流长、文化世家多、开放程度高、创新意识浓、辐射力强、发展不平衡和自主性不足等特点"⑥；也有学者认为皖江文化的特点体现在文以集智、文以载道、文以救国、文以抗战、文以济世、文以乐民，较好地实现了思想性与现实性的有机统一⑦；孙永玉则认为皖江文化具有丰富性和广阔性、创始性和引

① 方晓珍：《关于皖江文化的宏观思考》，《安庆师范学院学报》2005 年第 3 期。
② 汪谦干：《皖江文化的内涵及其特点》，《安徽史学》2005 年第 4 期。
③ 沈葵，洪永平：《皖江文化的学术定位与发展契机》，《安徽师范大学学报》2009 年第 3 期。
④ 翁飞：《梳理打造环巢湖文化圈，增强省会经济圈文化底蕴》，《理论建设》2008 年第 1 期。
⑤ 翁飞：《环巢湖文化圈是"大湖之城"崛起的强力支撑》，《巢湖学院学报》2012 年第 1 期。
⑥ 程必定，汪青松：《皖江文化探微》，合肥工业大学出版社，2005 年 11 月版，第 46-55 页；汪谦干：《皖江文化的内涵及其特点》，《安徽史学》2005 年第 4 期。
⑦ 程必定，汪青松：《皖江文化探微》，合肥工业大学出版社，2005 年版，第 89 页。

领性、标志性和影响性、传承性和生成性等特点①。在第二届皖江地区历史文化
研讨会上，有学者继续展开讨论，章征科教授提出皖江文化具有务实意识与务虚
意识共生、精英情怀与乡土意识共存、保守意识与开放意识交织的特征；王春才
先生认为统一性和发散性是皖江文化的本质特征②；钟玉海教授分析"皖江文化
具有内源性和开放性、包容性和先进性、人文性和科学性相统一的特征"③；朱
洪教授从与淮河文化、徽州文化比较的角度审视，认为皖江文化一方面具有水文
化、近现代文化、兴学重智等特点，另一方面又具有重义轻利、知先行后、个人
奋斗和小富即安的负面特征。④ 但仔细研读钟玉海、朱洪两位教授的文章，他们
还是局限于安庆一隅的地域文化来抽绎皖江文化的特点。李良玉先生另辟蹊径，
其从历史文化分期视角概括皖江文化的基本特点体现在三个方面：即"涵养期
文化具有起点高、养分足、品位高、孕育力强"，"生长期的文化具有全面发展、
蓬勃向上"，"转型期的文化具有经济社会发展相对滞后，文化转轨不足"⑤。针
对学界有人认为皖江地区文化不具同质性，"皖江文化圈"的提法不尽科学的观
点，李良玉教授又剖析皖江文化的同质性和异质性的关系，认为皖江文化的同质
性"体现在皖江地区居民的文化社群特征方面"⑥。从居民社群角度研究皖江文
化的特点确实是研究的新视野，因为一地的文化毕竟是该地的社群居民所创造，
因之，吴宗友教授从姓氏族群角度著文分析皖江上、中、下游流域的文化特质，
认为皖江上游的文化具有"重视教育，讲学之风盛行；民风醇和，重气节，处
世从容；善于变革，敢为天下先"的显著特征。吴宗友教授认为皖江中游的文
化特征体现在"兼容开放，文化胸襟宽阔；尚节重义，价值取向高远；吐故纳
新，善开风气之先"等方面。除此之外，吴宗友教授还认为皖江下游的文化有
着"城市商业文化兴盛，市民社会相对成熟；多元文化汇聚，文化发展潜力巨
大；善于接纳新事物，文化趋势意识强烈"的典型特征⑦。不可否认，该文视野
独特，分析透彻，唯遗憾在于未能从皖江区域的整体族群视角来概括皖江文化的
特质所在。

---

① 程必定，汪青松：《皖江文化探微》，合肥工业大学出版社，2005 年版，第 76-78 页。
② 程必定，汪青松：《皖江文化与东向发展》，合肥工业大学出版社，2007 年版，第 36-47 页。
③ 钟玉海：《皖江文化的特点与和谐社会构建》，《安庆师范学院学报》2005 年第 6 期。
④ 朱洪：《皖江文化的特点——与淮河文化、徽州文化比较》，《学术界》2008 年第 5 期。
⑤ 李良玉：《关于皖江文化》，《安徽师范大学学报》2009 年第 3 期。
⑥ 李良玉：《关于皖江文化》，《安徽师范大学学报》2009 年第 3 期。
⑦ 吴宗友：《皖江流域文化特征的族群分析》，《学术界》2013 年第 4 期，

（二）学术定位与价值的研讨

虽然学界在皖江文化的概念、内涵及其特点等方面研究尚存争议，但学术界有关皖江文化研究的理论研讨并未止步如此。随着基础研究的深入，有关皖江文化的学术定位及其价值等问题也进入了学界的研究视域。沈葵先生从文化学的理论出发并与淮河文化、徽州文化比较，定位皖江文化是"属于正在崛起的文化圈"，而皖江地区经济现代化的发展趋势将给皖江文化圈的形成提供契机①。且不论皖江文化能否成为一个像淮河文化、徽州文化样的文化圈，皖江区域的文化积淀丰富是学界的共识，其自身潜藏的价值或研究价值巨大也是学界的共识，此类文章较多，本文遴选相关学者的观点做一介绍，似可窥斑见豹。

汪谦干研究员、洪永平先生、周翔飞先生共同著文，认为开展皖江区域文化研究不仅能够丰富区域文化研究的内容，还可以"为皖江地区开发开放献计献策""为打造安徽文化强省提供服务"。② 章尚正先生认为古皖文化、宗教文化、戏曲文化、工商文化、名人文化等皖江文化资源是皖江旅游促销的"最合适的大旗……（和）文化灵魂"③。江小角先生从文化遗产的旅游发展价值角度分析，认为皖江地区历史文化底蕴深厚，文化遗产"涵盖了皖江地区先民创造并遗留下来的全部文化遗存"，呈现出"数量多，类别全，影响大（的特点）。保护与利用好这些珍贵的文化遗产……能做大做强文化旅游等相关产业"。④ 李天星、雍振认为："皖江地区历史文化资源特别丰富，发展与此相关的文化产业是实现该地区经济绿色增长、推动经济发展方式转变的重要途径。"⑤ 在讨论皖江文化价值的过程中，除上述的经济建设价值外，也有学者站在思想文化建设的角度给予分析。谢家顺教授认为皖江文化的精神特质及皖山与儒佛道文化深深地浸润、熏染着张恨水的思想，影响着张恨水的艺术创作。⑥ 钟玉海教授结合皖江文化特点分析，认为皖江文化对和谐社会建设具有启迪意义、启发作用，给社会主义和谐社会建设提供精神财富。⑦ 汪四红教授在分析皖江文化的"代表性""思想性""艺术性""创新性"等特点后，认

---

① 沈葵，洪永平：《皖江文化的学术定位与发展契机》，《安徽师范大学学报》2009 年第 3 期。

② 汪谦干，洪永平，周翔飞：《论皖江文化研究的价值》，《安庆师范学院学报》2007 年第 3 期。

③ 章尚正，刘璐：《以皖江文化引领皖江旅游带的崛起》，《池州学院学报》2007 年第 5 期。

④ 江小角，王蔚林：《关于皖江地区文化遗产保护与利用的思考》，《理论建设》2014 年第 4 期。

⑤ 李天星，雍振：《文化引领与皖江发展——第五届皖江地区历史文化研讨会综述》，《铜陵学院学报》2012 年第 6 期。

⑥ 谢家顺：《张恨水与皖江文化》，《苏州教育学院学报》2009 年第 2 期。

⑦ 钟玉海：《皖江文化的特点与和谐社会构建》，《安庆师范学院学报》2005 年第 6 期。

为"皖江文化与社会主义核心价值观互为二维向度","皖江文化促进社会主义核心价值观养成","社会主义核心价值观推动皖江文化传承与发展",因之,"传承和发展皖江文化是传播社会主义核心价值观的重要渠道"。① 这类文章见诸报端的也不少,限于篇幅不再赘述了。

二、基础性的研究渐渐厚实

李良玉先生认为文化研究存在基础研究和理论研究两种方式,基础性研究是指对某些具体的文化事项展开深入的研究,特别是对历史资料、典籍进行收集、整理与出版。其在 2006 年 11 月召开的第二届皖江地区历史文化研讨会上就呼吁"目前乃至今后相当长的历史时期内,我们更要重视基础研究的工作"②。皖江区域文化的基础性研究工作早已展开,首推桐城文化研究,欧阳方先生认为桐城文化不局限于桐城、枞阳一隅,应该包括皖西南在内,但以桐城派文化为著,该方面的研究成果颇为丰富,影响也极大;因此,欧阳方先生在淮河文化圈、徽州文化圈之外,提出了"第三个文化圈:桐城文化"的观点。③ 但论及整个皖江区域文化的研究,基础性研究的热起还是在 21 世纪初,其助推力则是安徽省委省政府提出了建设文化强省的发展战略,学界也提出了淮河文化、徽州文化和皖江文化等"三大文化圈"之说,皖江区域文化愈加受到政府和学界的高度重视,其基础性的研究逐渐深入。

其一,研究论文丰厚。皖江区域文化内涵极为丰富,涉及文学、戏曲、书法、绘画、科技、宗教等诸多方面,在每一方面皆有学人勤勉耕耘,在省内外各类报刊发表精深文论,如《安庆师范大学学报》(含《安庆师范学院学报》)辟有"皖江文化研究"专栏,定期刊发学者有关皖江区域文化研究的文章。若全部揭示各类报刊所发表的学界关于皖江区域文化研究的成果,则非本人能力所及也非拙文所能容纳。现以已出版的七届皖江地区历史文化研讨会论文集为例做统计分析,其中有涉及理论研究的文章,但更多的则是基础性研究,类别涉及文学戏曲、宗教文化、经济发展、历史人物、典籍档案等诸方面(表 1)。

---

① 汪四红:《皖江文化与社会主义核心价值观探究》,《黄山学院学报》2017 年第 4 期。
② 李良玉:《关于皖江文化研究的几点意见》,《安徽史学》2007 年第 3 期。
③ 欧阳方:《弘扬皖文化遗产》,《安徽史学》1995 年第 4 期。

表 1　第七届皖江地区历史文化研讨会论文集统计分析表

论文集名称	出版社及出版年月	论文集栏目	总篇数	理论研究篇数	基础研究篇数
《皖江文化探微》	合肥工业大学出版社，2005 年 11 月	一、皖江文化研究的目的与意义；二、皖江文化的内涵与特征；三、皖江哲学与佛教文化；四、皖江经济与政治文化；五、皖江文学与艺术文化；六、皖江教育与社会文化	41	14	27
《皖江文化与东向发展》	合肥工业大学出版社，2007 年 10 月	一、皖江文化研究的意义；二、皖江文化研究综论；三、思想文化与教育研究；四、文学与艺术研究；五、经济与文化开发研究	71	17	54
《皖江文化与区域创新》	合肥工业大学出版社，2009 年 9 月	一、皖江文化研究的意义；二、皖江文化综合研究；三、皖江文化与经济和社会研究；四、皖江文化与文学艺术和教育研究；五、皖江文化与历史人物	55	9	46
《文化创新与皖江率先崛起》	合肥工业大学出版社，2011 年 8 月	一、经济与社会研究；二、思想与文化研究；三、历史与典籍研究；四、附录	62	3	59
《文化引领与皖江发展》	合肥工业大学出版社，2013 年 12 月	一、综论；二、经济与社会研究；三、思想与文化研究；四、历史与典籍研究；五、附录	58	7	51
《皖江文化与创新发展》	合肥工业大学出版社，2015 年 11 月	一、经济与社会研究；二、思想与文化研究；三、戏曲与艺术研究；四、历史与典籍研究；五、历史人物研究；六、附录	60	3	57
《皖江文化与开放发展》	合肥工业大学出版社，2017 年 8 月	一、开放发展研究；二、经济社会研究；三、思想文化研究；四、历史人物研究；五、文体艺术研究；六、典籍考古研究；七、附录	62	8	54

备注：每届研讨会实收论文除第一届数十篇外，余皆突破百篇，省社科联择其要者编辑出版成论文集，其中第四、五、六、七届会议论文集"附录"栏收录会议开、闭幕式上领导讲话，权作为理论研究文章统计

　　之所以选择会议论文集为例分析，是因为它是皖江区域文化研究学者研究成果集中展示的平台。从上表可见，已公开出版的全部会议论文集收录文章 409 篇，其中基础性研究文章 348 篇，占总篇数的 85%，足以说明皖江区域文化的基础性研究文论丰厚。

　　其二，学术专著迭出。上述皖江地区历史文化研讨会，省社科联从每届参会论文里遴选文章，由合肥工业大学出版社出版成会议论文集，自 2005 年起至今已出版七部（见上表），这些出版的学术会议论文集可以视作皖江区域文化研究的综合性学术专著。与省社科联主持编辑出版会议论文集相呼应，安庆师范大学省高校人文社科重点研究基地"皖江文化研究中心"则每年编辑出版《皖江文化研究年刊》，重点汇辑每年度学界在皖江文化研究领域已公开刊发的文章，迄今已出版 10 辑。安徽省教育厅也十分注重优秀传统文化的传承创新，以项目委托的方式组织相关高校开展区域文化研究，成果则以专著的形式体现，其中涉及皖江区域文化的有三部，《桐城文化八讲》《合肥文化十讲》和《皖江文化十讲》，① 三书皆以通识性和学术性兼容的形式综合揭示皖江区域文化的主要内涵。

　　除上述综合性的著述外，专题性的著作也不断涌现。铜文化方面，裘士京教授的《江南铜研究》对皖江区域的铜冶历史及其文化做了深入揭示。② 戏曲文化方面，谈家胜教授的《池州傩戏与宗族社会的关系研究》不仅叙述了池州傩戏的具体内涵，而且深入论析了演傩宗族与傩戏的互动关系，揭示了池州傩戏传承不辍的机理。③ 宗教文化方面，尹文汉教授著有《只此平常心：南泉普愿禅学研究》，对唐代曾弘法于池州且在历史上产生很大影响的南泉普愿的禅学思想及其影响作了揭示④；叶可信主编的《九华山佛教文化研究》对金地藏与九华山地藏文化、九华山佛教的地藏文化信仰等做了详细的介绍。⑤ 文学艺术方面，何家荣教授的新作《李白皖南诗文千年遗响》区域范围虽谓之皖南，但主体是对李白流连于皖江区域所作的诗文做了深入的解释与赏析。⑥ 历史人物方面，王忠和先生的《东至周氏家族》对近代崛起的周馥及其在产学方面卓有成绩的子孙作了叙述⑦；朱洪教授对安庆历史人物多有研究，先后出版了《中共首任总书记陈独

　　① 《桐城文化八讲》由安徽大学出版社，2015 年 10 月出版，《合肥文化十讲》由安徽大学出版社，2017 年 6 月出版，《皖江文化十讲》已完成了书稿的编纂待出版。

　　② 裘士京：《江南铜研究》，合肥：黄山书社，2004 年 12 月版。

　　③ 谈家胜：《池州傩戏与宗族社会的关系研究》，南京：江苏凤凰美术出版社，2018 年 3 月版。

　　④ 尹文汉：《只此平常心：南泉普愿禅学研究》，北京：中国社会科学出版社，2014 年 9 月版。

　　⑤ 叶可信主编：《九华山佛教文化研究》，合肥：黄山书社，2005 年 6 月版。

　　⑥ 何家荣：《李白皖南诗文千年遗响》，合肥：安徽文艺出版社，2017 年 8 月版。

　　⑦ 王忠和：《东至周氏家族》，天津：百花文艺出版社，2007 年 5 月版。

秀》《陈独秀的最后岁月》①《步步莲花——赵朴初佛缘人生》②《方苞传》③《朱光潜大传》④ 和《朱书传》⑤ 等。典籍文化方面，章建文教授的《吴应箕文集》对明末清初的复社名人贵池吴应箕的《楼山堂集》作了精准点校⑥；汪长林教授点校了《嘉靖安庆府志》和《直隶安庆郡志》⑦；傩学研究专家王兆乾先生则对尚存于民间的池州傩戏剧本进行了系统的收集整理，并点校出版了《安徽贵池傩戏剧本选》。⑧ 经济发展方面，郭万清、朱玉龙合著《皖江开发史》对古今皖江流域的经济发展历史做了梳理⑨；徐正元、许宏胜、王翼民、胡敏义等合作的《芜湖米市考略》论述了近代芜湖米市的形成、发展与衰落过程⑩；沈世培教授的《文明的撞击与困惑——近代江淮地区经济与社会变迁研究》具体考察了近代西方文明对江淮地区经济、社会产生的深刻影响⑪；方前移博士的《国际视域下皖江区域经济（1877—1937）》立足于国内外经贸网络的宏观视野，描绘勾勒出近代皖江区域经济的发展轨迹、面貌和特点。⑫ 皖江城市方面，朱庆葆、周忍伟、章征科等教授分别撰述专著对皖江两大重镇安庆、芜湖的政治、经济和文化的现代化历程进行了研究。⑬ 除上述外，学术界在皖江区域文化研究方面应还有诸多专著性的力作，因能力不济，尚未搜集并拜读，尚祈宽宥。

优秀的文化遗产不仅是一地的品牌，也是经济社会发展的内在驱动力。近年来，皖江区域相关高校及政府充分认识到了这一点，组织学者专家展开了文化资源的整理研究，出版了系列丛书。安庆师范大学组织校内科研力量，集中开展安庆地区文化的研究，编著并由合肥工业大学出版社出版的《皖江文化与安庆现代化丛书》一套九册，分别是《安庆戏剧文化》《20 世纪安庆美学家》《安庆近

---

① 该两部关于陈独秀的专著分别由当代中国出版社、东方出版中心于 2011 年 4 月出版。

② 该著作由当代中国出版社，2011 年 10 月出版。

③ 该著作由安徽文艺出版社，2012 年 2 月出版。

④ 该著作由人民日报出版社，2012 年 11 月出版。

⑤ 该著作由安徽文艺出版社，2015 年 1 月出版。

⑥ 章建文：《吴应箕文集》，合肥：黄山书社，2017 年 2 月版。

⑦ 该两部志书点校版均由黄山书社，2011 年 2 月出版。

⑧ 王兆乾：《安徽贵池傩戏剧本选》，台北：施合郑民俗文化基金会，1995 年 10 月版。

⑨ 郭万清、朱玉龙：《皖江开发史》，合肥：黄山书社，2001 年 9 月版。

⑩ 徐正元、许宏胜、王翼民、胡敏义：《芜湖米市考略》，北京：中国展望出版社，1988 年 8 月版。

⑪ 沈世培：《文明的撞击与困惑——近代江淮地区经济与社会变迁研究》，合肥：安徽人民出版社，2006 年 7 月版。

⑫ 方前移：《国际视域下皖江区域经济（1877—1937）》，北京：社会科学文献出版社，2018 年 2 月版。

⑬ 朱庆葆：《传统城市的近代命运——清末民初安庆城市近代化研究》，合肥：安徽教育出版社，2001 年 11 月版；周忍伟：《举步维艰——皖江城市近代化研究》，合肥：安徽教育出版社，2002 年 12 月版；章征科：《从旧埠到新城：20 世纪芜湖城市发展研究》，安徽人民出版社，2005 年 11 月版。

代中西交流》《灵山秀水：安庆佛教文化》《桐城派学术文化》《从方以智到邓
稼先：安庆科技文化》《安庆书法艺术》《陈独秀与中国现代化》和《古城安庆
与中国现代化》等，丛书"涵盖了文学、历史、哲学、艺术、宗教、经济、教
育、文化、学术史等诸多门学科，囊括了安庆历史文化的方方面面"①，彰显了
安庆地区文化的"软实力"；池州学院与池州市委宣传部合作研究并出版了《池
州傩戏》《池州傩舞》《池州傩仪》②三部专著，对国家级非遗"池州傩戏"作
了精深的研究。合肥学院则组织校内外专家"分别以合肥名门望族与宗族文化、
包公文化、三国文化、淮军与圩堡文化、合肥的人文名胜、民俗文化、民间文
艺、历代文人雅士与合肥的关系等为专题，编撰了一套《大湖名城——合肥地
域文化研究丛书》"③。此外政府力量的介入，使得皖江区域文化研究的专著性成
果更加丰富，这方面的研究成效首推合肥市组织国内专家学者百余人，历时六年
编撰出六卷七册的鸿篇巨制《合肥通史》④，对合肥自远古至当代的历史进行了
系统的研究、整理与总结，填补了合肥历史学科研究的空白；池州市就组织专家
编写了《池州记忆（丛书）》一套十本，分别是《老地图》《古诗词》《古寺庙》
《古石刻》《古村落》《古名胜》《遗珍》《非遗》《名人书画》和《历史人物》⑤
等，对池州悠久而又珍贵的历史文化遗产作了宣介；芜湖市组织人力编撰《芜
湖文化（丛书）》八辑，分别是《芜湖风光揽胜》《芜湖名人寻踪》《芜湖工业
百年》《芜湖军事风云》《芜湖历代诗词》《芜湖商业史话》《芜湖科技之光》
《国史中的芜湖》，"该丛书远追古代典籍之记载，近考二十世纪之史章……呈现
给读者的是一幅幅浓墨重彩的芜湖文化史卷"⑥；马鞍山市则依靠专家学者编撰
了《人文马鞍山（丛书）》二辑八本，分别是《马鞍山山水诗城》《马鞍山民间
传说》《马鞍山名人风韵》《马鞍山诗词鉴赏》《马鞍山史话新编》《马鞍山文化
古韵》《马鞍山民俗风情》《马鞍山文物精华》等，"对马鞍山'一江两岸'的
传统文化进行了深入挖掘"⑦。除编纂出版文化丛书外，各市县方志办积极点校
出版各地的方志典籍，也可视为整理皖江区域文化典籍文献研究，点校出来的方
志文献众多，此不赘述。

① 赵晓和：《皖江文化与中国现代化丛书·序》，该套丛书由合肥工业大学出版社，2011 年出版。

② 该三部书由江苏凤凰美术出版社 2016 年 8 月出版。

③ 《大湖名城——合肥地域文化研究丛书·后记》，王昌宜编著：《合肥名门望族与宗族文化研究》，
安徽人民出版社，2015 年 9 月版，第 236 页。

④ 该套丛书由安徽人民出版社 2017 年 5 月出版。

⑤ 该套丛书由黄山书社 2012—2013 年先后出版。

⑥ 《芜湖文化（丛书）·序》，该套丛书由黄山书社 2013—2014 年出版。

⑦ 张晓麟：《人文马鞍山（丛书）·序》，该套丛书由黄山书社 2012—2014 年出版。

三、学术会议研讨频密

区域文化研究的学术会议一方面能够汇聚专家学者集中研讨，交流成果；另一方面又能够集中主题，碰撞思想，深化主题并促进地方经济社会文化的建设。正因有此功能，各类区域文化学术研讨会议的召开可以说此起彼伏，就皖江区域文化研究而言亦然。综合性的学术会议首推省社科联联合皖江区域各市和相关院校组织召开的"皖江地区历史文化研讨会"，自2004年起，每两年一届，迄今已举办了七届。专题类的学术会议则更多，最早者是1987年2月贵池县（今池州市贵池区）人民政府承办的"全国首届傩戏研讨会"，池州傩戏是本次研讨会的重要内容之一。"青阳腔"又名"池州调"，源发于池州青阳并流布于外，历史上影响甚阔，1992年5月，池州地区文化局、青阳县人民政府联合中国艺术研究院戏曲研究所、安徽省艺术研究所等单位举办"全国青阳腔学术研讨会"。铜陵铜冶文化历史久远并传续至今，1992年10月，铜陵市人民政府与安徽大学、中国科技大学、中国社会科学院等单位联合举办了"首届亚洲文明暨中国青铜文化国际学术研讨会"，皖江铜文化是会议研讨的重点内容。进入21世纪，皖江区域文化研究的专题性学术会议则更频密，要者如下。

2003年12月，池州师范专科学校组织召开了"首届中韩南泉普愿禅学研讨会"；2012年12月、2013年12月，安庆师范大学皖江文化研究中心先后主办召开了二届"禅宗暨皖江历史文化研讨会"；2013年9月，安徽省历史学会、宣城市历史文化研究会联合举办了"'名人、家族与宣城历史文化'学术研讨会"；2015年10月，池州学院皖南民俗文化研究中心联合韩国国际禅茶文化研究会、池州南泉禅寺共同主办了"第二届中韩南泉普愿禅学研讨会暨第九届世界禅茶雅会"；2016年11月，安徽省历史学会主办、池州学院承办"'东至周氏家族与区域历史文化'学术研讨会"；2017年6月，池州学院皖南民俗文化与旅游发展研究院组织召开了"杏花村历史文化暨杏花村文化园建设研讨会"；2016年4月、2017年4月，巢湖学院环巢湖文化与经济社会发展研究中心先后承办了"环巢湖文化暨旅游产业开发学术研讨会""民俗文化与环巢湖美丽乡村建设学术研讨会"；2017年10月，安庆师范大学主办，该校文学院、黄梅剧艺术学院和黄梅戏艺术发展中心联合承办了"'一带一路'语境中的黄梅戏文化发展新方向"等。这些学术会议的召开，无疑会进一步推动皖江区域文化研究的深入，也是皖江区域文化学术研究的重要组成部分。

四、尚待拓展与深入的研究领域

综上看来，皖江区域文化研究虽起步迟，但学术研究的热潮已现，呈现出理论研究与基础研究同步展开、学界智力与政府力量共同参与、学术研究成果不断井喷的态势，好一派学术研究的繁华景象。但回顾既往的研究，我们也清醒地认识到，在繁华盛景的背后，研究的碎片化现象也日趋严重。因此，欲进一步拓展、深化皖江区域文化的研究，我们还需在以下几方面着力。

其一，理论研究尚需拓宽思路。学界之所以对以"皖江文化"四字来概括皖江区域文化存异议，是因为学者们认为与淮河文化、徽州文化相比较，皖江区域文化的同质性不明显，或者说不存在同质性，所以不能以"皖江文化"指代皖江区域文化。陋见认为持此论者是将区域文化与文化区域的两个概念混同，前者注重文化的多样性（个性），但也不排除文化的同质性（共性）；后者则是讲究文化的同质性，自然也不排除在同质性的基础上所产生的文化多样性，两个概念的侧重点不一样，况且"皖江"名词的内涵"在历史发展过程中，不断地嬗变扩充，其本身就内附着文化和区域的要素；因此，皖江文化就是指皖江区域文化"①，以"皖江文化"指代皖江区域文化未尝不可；至于皖江区域文化是否存在同质性，需要基础研究的进一步深入，看能否在纷繁的文化事象的个案研究中抽绎出文化的共性，这方面的研究学界虽有探讨，但多局限于安庆文化研究，整体审视皖江区域文化的共性特征研究尚欠深入。不过我们也可先从皖江区域内最基层的文化区域如安庆文化、巢湖文化等着手，再进行比较概括看能否归纳出皖江文化的共性，也不失为一种研究的思路和方法。此外，理论的研究不能仅仅局限于概念及文化特征的探讨，皖江区域文化研究的方法论、皖江区域文化的内涵分类及皖江区域文化研究的现代价值等问题都应是我们深入探讨的理论问题。

其二，基础性研究有待深化。从前文来看，皖江区域文化的基础性研究比较热烈，但碎片化的研究现象也较突出。以皖江地区历史文化研讨会论文集为例，除首届研讨会收文80余篇外，其余每届参会文章皆超百篇，更多的是某地或某种文化的微观研究。产生这一现象的原因是皖江各市社科联积极动员各区域内地方文化研究者著文参会研讨，他们熟知本地文化，也积极宣介本地文化，这在推动皖江区域文化研究渐趋热烈的同时，也带来了研究对象愈加微观而至研究的碎片化现象也愈益突出，较大区域内的文化事象研究尤其同一属性的文化现象的贯通性研究不够深入。如皖江宗教文化，学界较多关注皖山禅文化、九华山佛文化，且独立研究，而通视皖江区域宗教文化的研究成果仅见丁希勤教授的《皖江地区宗教文化略述》一文。该文从地域横向角度审视，认为皖江宗教文化主要包括"以天柱山为中心的禅宗文化，以九华山为中心的地藏文化，以巢湖、

---

① 谈家胜：《文化区域·区域文化·皖江文化——皖江文化的概念及其开放特征辨析》，《安庆师范大学学报》2017年第6期。

芜湖和马鞍山为中心的道教文化，以及以沿江各大城市为中心的天主教、基督教和伊斯兰教文化" 等五大宗教，它们的 "宗教伦理是皖江宗教文化的基本精神，也是皖江历史文化的基本内核，对皖江社会的发展势必产生深远的影响"①。诸如此类的关于皖江区域同一文化现象如文学艺术、经济社会等方面的贯通性研究文论尚不多见，研究空间还很大；而综合性的有深度的贯通性的研究目前仅见朱洪教授所著的《皖江文化史》②，该著内容涵盖了自先秦至清历代皖江地区的政治、经济、教育、科技、艺文、宗教、民俗、旅游、生态等众多领域的历史渊源和发展全貌，第一次全面系统地展现了皖江文化的发展历史，可以说填补了皖江文化研究的一项空白。③ 只是该著所论 "皖江" 仍是狭义上的古安庆府及其辖县，广义上综合性的《皖江地区文化史》研究成果目前尚付阙如。

其三，典籍文献资料的整理研究亟待加强。这本是基础性的研究内容，之所以独立一节分析，是为了凸显其重要，也是目前皖江区域文化研究的瓶颈所在。早在 2006 年 11 月第二届皖江地区历史文化研讨会上，李良玉先生就呼吁加强对皖江区域的历史资料、典籍进行收集、整理与出版，但这方面的研究情况尚不尽理想。文献资料是一切社会科学研究的基础，从事区域历史文化研究更离不开反映该区域历史文化的相关典籍文献资料。毗邻的徽州区域文化研究之所以能成为一门国际性的显学，其因之一就是大量的徽州契约文书、谱籍及名贤著作等典籍文献的整理研究基础厚实。欲使皖江文化的基础性研究更加深化，亟待加强的研究工作应是系统整理、点校出版系列典籍、档案文献。安徽乃文献大省，据淮北师范大学安徽文献整理与研究中心正在编纂的《安徽文献总目》考证，"大约有 5700 余名清代以前著者的近 17000 种著述以各种不同的传本（稿本、刻本、钞本、辑佚本）形式留存到了现在"④，其中皖江区域的名贤著述应不在少数之列。我们以池州市贵池区名贤著述为例，清末民初的贵池籍名人刘世珩就曾搜寻刊刻了《贵池先哲遗书》31 种共 214 卷；此外，刘世珩还编写出版了《贵池先哲遗书待访目》一卷，其中 "除《贵池先哲遗书》31 种书目外，计收有贵池自唐至清 94 位先哲、名家各种著作共 288 种计 1633 卷（册），内容广泛，涉及经史子集各门各类，有不少著述鲜为人知"⑤，这些珍贵的典籍文献是我们研究贵池人

---

① 丁希勤：《皖江地区宗教文化略述》，《池州学院学报》2009 年第 2 期。

② 朱洪：《皖江文化史》，华文出版社 2017 年 6 月出版。

③ 《安庆日报》，2017 年 8 月 26 日副刊。

④ 牛继清：《〈安徽文献总目〉的纂修及相关问题》，载于《安徽省历史学会学习十九大精神暨纪念安徽建省 350 周年学术年会论文汇编》（安徽省历史学会编印，未刊）第 24—36 页，该学术年会于 2017 年 12 月 22—24 日在安徽芜湖召开。

⑤ 郎永清：《刘世珩搜寻刊刻贵池先哲遗书事迹述评》，《池州日报》2012 年 12 月 7 日 B3 版。

文历史不可多得的史料，然迄今只有章建文教授点校、黄山书社出版了《贵池先哲遗书》里的《吴应箕文集》，更多的典籍文献仍深藏闺中。诸如此类的皖江区域先贤著述的典籍文献的整理研究，需要相关高校与政府部门组织人力共同开展，但皖江各市多忙于编纂文化丛书，以求短平快地展示该地文化厚重的形象，至于最基础的典籍档案等资料性的文献整理点校研究则着力不多，研究成果尚不理想，此或许会限制皖江区域文化研究的进一步深入。

其四，比较性研究领域还需开拓。比较研究法属于方法论范畴，此处所言的比较性研究领域专指研究内容方面，既有理论研究也包含基础研究。从现有的比较研究来看，学界多侧重于在探讨皖江文化的特征方面与淮河文化、徽州文化进行比较，这方面的研究一直在持续，如李应青、程曦合著的《皖江文化、徽州文化、淮河文化"包容性"形象辨析》一文，从文化学和公共关系学的角度对安徽三大区域文化的"包容性"形象展开辨析，认为"皖江文化好学集智、开放包容，尤其善于吸纳新学"，"更多地表现了佛家的'包容性'特点"①。较之于理论的比较性研究而言，或许因碎片化研究的影响，基础性的比较研究则显力弱，还需充实。如皖江区域的佛教文化，加以比较研究的仅见李霞先生的《论皖江佛教传播中心与文化特质的变迁》一文，该文从历史纵向角度，考论了皖江佛教的两个传播中心的形成及其表现出的不同的文化特质，认为"第一个传播中心（皖西南山区）……文化特质属于禅文化；第二个传播中心是九华山……在文化特征上表现为禅净合流和三教交融的同时并存"，"从发生学上说，皖江佛教是地域性的，从文化学上说，皖江佛教又是超地域的"②，这样的比较研究更有益于我们对皖江佛教文化的认知。其实，皖江区域文化的内涵极其丰富，同一类型的文化事象颇多，这方面的比较研究还有很大的开拓空间，我们既可以开展小区域之间的同类文化的横向比较，也可以进行区域内某种文化现象发展的纵向比较，在诸多比较研究的基础上，我们才能充分认知皖江文化的特质与精神。此外，皖江区域历史上又是"吴头楚尾"，吴楚文化在此交融碰撞，又受中原文化南进浸润，所以皖江区域文化纷繁多彩。淮河文化本身就是中原文化的组成部分，徽州文化的基因是中原文化，学界现已开展的将皖江区域文化与淮河文化、徽州文化进行比较研究，实质上是与中原文化开展对话，这种比较研究既有益于辨析安徽三大文化圈的异同，也有利于我们整体上认知皖江文化，但这方面的研究还不够充分。将皖江文化与皖江之上游的楚文化、下游的吴文化进行比

① 李应青，程曦：《皖江文化、徽州文化、淮河文化"包容性"形象辨析》，《安庆师范学院学报》2014年第6期。

② 李霞：《论皖江佛教传播中心与文化特质的变迁》，《安徽大学学报》2009年第2期。

较研究，这种更大范围内的比较研究活动和成果，目前尚付阙如，但应该是我们必须考虑的研究方向。

五、余论

时下国家层面的长江经济带建设战略已经确立，充分发掘、整理、利用传统优秀的文化资源服务并促进长江流域的经济社会建设，愈益受到政府和学界的高度关注，进一步加强皖江区域文化研究正适逢其时。纵观皖江区域文化研究的历程和成果，可以说研究的热潮已经出现，表现在学术会议研讨频密、理论和基础研究逐渐深入、研究成果持续喷涌。同时，我们也应清醒地认识到还有很多的研究领域有待开拓和深化，还需推向新的高度。安徽省社科联党组书记马雷为此刊发专文《把皖江地区历史文化研究推向新高度》，从"打造皖江地区历史文化研究品牌，繁荣发展哲学社会科学""吸取皖江地方历史优秀文化滋养，着力弘扬社会主义核心价值观""以增强文化软实力为取向，引领皖江经济社会不断向前发展"① 等三个方面加以阐释，高屋建瓴地指明了皖江区域文化研究的方向和尚待努力的领域。

皖江区域文化的内涵极其丰富，因而研究皖江区域文化也应是多学科参与的研究。目前研究队伍也确实很庞大，除学养深厚的专家学者外，更多的地方文史爱好者也参加进来，他们在助力皖江区域文化研究热起的同时，也带来了研究渐趋碎片化现象；皖江各市政府力量的参与虽进一步促进了皖江区域文化研究，表现在反映各地历史文化的丛书不断编撰出来，但这样的丛书多是通俗性读物，其学理性尚欠深入。文化是人创造出来的，文化的形成和沉淀成文化遗产本身就是一个历史的过程，也是一种历史的现象，从这一角度看，马雷书记的文题直接将皖江区域文化等同于皖江地区历史文化不无道理。因此，欲开拓、深化并推进皖江区域文化研究走向新的高度，历史学科责无旁贷，也责任重大。

---

① 马雷：《把皖江地区历史文化研究推向新高度》，《安徽日报》2016年12月19日，第007版。

略谈清代桐城文化世家的学术文化传承

黄春燕

摘 要： 有清一代，桐城以文派著称于世，世人皆知桐城文派，而不知桐城非仅有文派、理学、诗、考据等亦曾惊鸿一现于世。究其人物传承，皆出于文化世家。桐城世家的文化底蕴深厚，各世家家传各有所长，加之世家之间渊源颇深而致文化互相影响融合，形成文化互拱的局面，最终形成文化的巅峰。

关键词： 桐城；文化；家族

一、桐城文化世家学术文化底蕴丰厚

桐城文化世家有张、姚、马、左、方等，其中方氏又有桂林、鲁谼、会宫三支。世家以读书为本为乐，著述诗文、兼修书画，文化底蕴丰厚，形成一种人人写集子、代代有家传、家家有学术局面。

正如张英所言："仁宦思林之家，其老者或退或故，而其家索然者，其后无读书之人也；其家郁然者，其后有读书之人也。"[①] 张氏对族人的教育即为重视，要求读书不辍、书写不辍。故而，自清代以来，族人代代都有著作产生，总体著作数量相当惊人的。《道光续修桐城县志》中记载，张氏科举家族人《儒林》者3人，《文苑》者24人。张英个人著作主要收录在《文端集》中，《四库全书总目提要》对张英诗文的评价颇高："黼黼廊庙，无不典雅和平。至于言情赋景之作，又多清微淡远，抒写性灵……其散体诸文称心而出，不事粉饰，虽未能直追古人，而原本经术，词旨温厚，亦无忝于作者焉。"[②] 其子张廷玉、张廷璐在诗文上也颇有成就。

桐城世家的文化同样传承于女性，仅桐城一地，可考诗集传世的闺阁诗人就

作者简介： 黄春燕，铜陵学院马克思主义学院讲师。

① （清）张英、张廷玉. 父子宰相家训［M］. 江筱角、陈玉莲，点注. 合肥：安徽大学出版社，1999：38。

② 《四库全书总目提要》卷173，《别集二十六》，第1524页。

大百人之多。如桂林方氏，方孟式、方维仪、方维则并称"方氏三节"，于诗之上成就显著。方孟式著有《纫兰阁集》十四卷行世。方维仪著有《清芬阁集》，人评其诗近于唐朝孟东野，又编古代女诗人作品集，以昭明女子才华。方维则著有《茂松阁集》。

二、桐城文化世家各有学术传承

桐城各世家在桐城这片肥沃的文化土壤上，繁衍着各自的学术传承，如方氏之理学，姚氏之诗文等。

1. 方氏之学

桐城学者最大成者，非方以智莫属，其学问渊博精神，既为理学又为汉学之大师。然推其所源，则出于其祖方学渐。

道光《续修桐城县志》卷十四《人物志·理学》和《桐城耆旧传·方明善先生传》有记载，方学渐，字达卿，号本庵，世称明善先生。"黾勉志洛闽之道"。"县人知学自甑山、省斋始"，其"日与同志讲习性善之旨，搭击空幻，于是有《心学宗》《性善绎》《桐川语》诸篇，远近慕风，竞为社会"。其《心学宗》及《桐彝》《迩训》等书，皆著录于《四库全书总目》，黄宗羲《明儒学案》以其入《泰州学案》，与李贽等同列。其后人大镇、孔炤、以智、中通等传其学。

学渐长子方大镇，字君静，号鲁岳。在《桐城耆旧传》中，马其昶论之曰："明善先生在儒家独著闻者，唯大理趾美，累世传业能光之也。"（注：大理即大镇也。）大镇子孔炤，字潜夫，号仁植。"潜心经训"，著述颇丰。孔炤传至长子以智，则集家学之大成。

方以智，字密之，号曼公，又号龙眠愚者。"家世理学，至以智益集成。""博览群书，天人、礼乐、象数、名物以及律历、医药、声音、文字，靡不淹洽精贯。"[①] 其于理学之成就已为人所共识，而其于汉学发绪之功，则尚为世之所知，所著《通雅》。

其子中通得其家学，"承先绪，研究天人、律数、音韵、六书之学"，"又阐明四世理学"，著述颇丰。马其昶赞之曰："算数之术，后起益精"[②]。此方氏理学之家传。

2. 姚氏之诗

桐城世家麻溪姚氏以诗书传家，子弟姚鼐、姚莹以文著称于世。实际上，诗

---

① 道光《续修桐城县志》卷十四《人物志·理学》。
② （清）马其昶：《诸方、张、叶传》，《桐城耆旧传》卷七。

亦为其家传之学。

姚莹论桐城诗云："自齐蓉川（之鸾）给谏以诗著有明中叶，钱田间（澄之）振于皖季，自是作者如林。康熙中，潘木厓（江）先生是以有《龙眠风雅》之选，然尤未及盛也。海峰（刘大櫆）出而大振，惜抱（姚鼐）起而继之，然后诗道大昌，盖汉魏六朝三唐两宋以至元明诸大家之美，无一不备。海内诸贤谓古文之道在桐城，岂知诗亦然哉？"①　明清之际，钱澄之、方以智、方文等人的诗影响颇大，后又有姚范、刘大櫆紧随其后。

姚范，字南菁，号姜坞，善为古文，亦善为诗。可惜他的弟子很少，不似其好友刘大櫆传人颇多。"殁后，书籍颇有散失，从子鼐受手迹之仅存者藏墨，付其孙莹，编为《援鹑堂笔记》，刻于淮南。"故而，他在桐城文学上的地位明显逊于好友刘大櫆。但是，"其诗文必达其意，绝去依傍，穷幽涉险，力追古人，得其渊诣"②。

姚范的侄子即为姚鼐，同时也是刘大櫆弟子。姚鼐学之于二人而兼得于古人，故其诗自称一体。刘声木论其诗云："诗亦有标格，正而能雅，劲气盘折，能以古文义法通之于诗。"又论："诗从明'七子'入，卒能体兼唐宋，模写之迹不存，其才气用于诗有余，不见薄弱。"③　姚鼐弟子尤多，工于诗者亦甚众。其后人姚莹于诗颇有造诣，于诗坛亦颇有影响。

三、桐城文化世家之间的学术影响

清代桐城世家文化底蕴深厚，各有所长，又相互影响，其学术在世家之内传承而下，代有人出，学术不辍。

1. 考据学

桐城文人长于考据者甚众，出于世家，历经数代，传于后世。方以智开明清考据之学风，影响一时。方苞有意吸收朴学家的考证方法，以经证经，以子证经。姚范致力于经学研究，著有《援鹑堂笔记》校勘群籍，其后人姚鼐承其学。姚鼐弟子方东树著《汉学商兑》传世。

"方苞长于《三礼》之学"，著《周官集注》《仪礼析疑》《礼记析疑》等，《四库全书》收入，并评《周官集注》曰："训诂简明，持论醇正。"④　马其昶论

---

① 转引自：周中明：《桐城派研究》，沈阳：辽宁大学出版社，1999年版，第26页。
② （近）刘声木撰，徐天祥点校：《桐城文学渊源考》卷三。
③ （近）刘声木撰，徐天祥点校：《桐城文学渊源考》卷四。
④ 《周官集注·提要》，《钦定四库全书》经部四《礼类一·周礼之属》。

方苞曰："先生为学，一本宋儒程、朱之说，以求之遗经，尤究心《春秋》《三礼》。"①

姚鼐，主张汉宋兼治，以"义理、考据、辞章"融合为之。其学传自伯父姚范，"姚姜坞编修为学务征实，精雠校，近汉京矣，顾不喜著书。"姚鼐曾独谓："汉儒承秦灭学之后，各抱一经，师弟传授，不相通晓。久之，通儒渐出，贯穿群经，左右证明，择其长说。及其敝也，杂之以谶纬，乱之以怪辟猥碎，世又讥之。盖魏、晋之间空虚之谈兴，以章句为尘垢，放诞颓坏，迄亡天下。自是南北乖分，学术异尚五百余年。……明末至今日，学者颇厌功令所载为习闻，又恶陋儒不考古而蔽于近，于是专求古人名物、制度、训诂、书数，以博为量，以窥隙攻难为攻，其甚者，欲尽舍程、朱而宗汉之士，猎枝去根，蒐细遗钜，宁非蔽与？夫汉人之为言，非无有善于宋而当从者，博闻强识以助宋君子之所遗，则可也，以将跨越宋君子，则不可也。故其论学以义理、考据、辞章三者不可偏废。必义理为质，而后文词有所附，考据有所归，一编之内惟此兢兢。"②

方苞、姚鼐弟子众多，成就者亦非少数，然其中多一而专之，汉宋兼精者少。胡宗绪，穷研律历、兵刑、六书、九章、礼仪、音律；余照、张裕华、方正珠、叶裳等，研习地理、金石、小学；马宗琏，"精通古训及地理之学"，其子瑞辰，注《毛诗传笺通释》，为清代研究注释《诗经》之最佳者。道咸以后，徐璈、萧穆、姚永朴、方孝岳等继之③，此皆汉学一脉。若宋学一脉，则有方东树。"先生既上秉家学，又师事姚郎中，泛览秦汉以来载籍，自诗文、训诂、义理，以逮浮屠、老子之说，无不综练。"其《汉学商兑》，"盖其义理一本于程、朱，而考证之精、文辞之辨，又足以佐之。"④其虽为宋学者，然于汉学之功底，不可忽视，此其师承也。后门人方宗诚、苏惇元等承其学。

2. 桐城世家文化巅峰——桐城文派

其先驱者戴名世，创始者方苞，拓展者刘大櫆，集大成者姚鼐，传播者方东树、刘开、姚莹、吴汝纶、马其昶、姚永朴、姚永概等，其中出于世家者占大部分，其传承脉络分明。

方舟、方苞兄弟，出于桂林方氏。方舟，字百川，以时文著称，为郑板桥所激赏："本朝文章当以方百川制艺为第一。"龚自珍将其时文于吴伟业、宋左彝的诗列为"三别好"。方望溪，桐城派鼻祖，无须赘述。

---

① （清）马其昶：《方望溪先生传》，《桐城耆旧传》卷八。

② （清）马其昶：《姚惜抱先生传》，《桐城耆旧传》卷十。

③ 吴孟复：《桐城文派述论》，合肥：安徽教育出版社，2001年。

④ （清）马其昶：《方植之先生传》，《桐城耆旧传》卷十。

　　姚鼐，出于麻溪姚氏，师从伯父姚范及刘大櫆。传人尤多，在桐有刘开、姚莹、方东树，为姚门之杰出者。其侄姚通意，后人姚莹、姚元之、姚柬之等皆得传桐城古文。姚莹子姚浚昌，孙永朴、永概，都是桐城古文代表人物。另有桐城古文代表人物范当世、马其昶则为姚浚昌女婿。

　　方东树，出于鲁谼方氏，姚鼐门下求学，学成古文，为"姚门四杰"之一。其族弟方宗诚师之，得古文义法。方宗诚子守彝、守敦，同为桐城派文人代表。

　　可见，桐城世家的文化底蕴深厚，各世家家传各有所长，加之世家之间渊源颇深而致文化互相影响融合，形成文化互拱的局面，最终形成文化的巅峰。

《宣城右集》的文献和版本价值

童达清

摘　要：宣城自古为江南名郡，向来重视乡邦文献的整理。但由于年代久元，多散佚不存。明代汤宾尹编纂的《宣城右集》是目前保存最完整的宣城地方诗文总集。由于传本较少，世人难睹其真面目。本文从《宣城右集》的编刻及流传、文献价值和版本价值三方面，对其做了全面系统的介绍，突出了该书对研究宣城地方历史文化的重要性。

关键词：汤宾尹；宣城右集；文献价值；版本价值

宣城自古为江南名郡，号称文献之邦，素有"上江人文之盛首宣城"之誉，历来对地方文献的整理编纂十分重视。例如东晋纪义著有《宣城记》，唐宣州刺史范传正作有《宣州记》，北宋大中祥符年间编有《宣州图经》，南宋李兼辑有《宣城总集》，元代汪泽民、张师愚等辑有《宛陵群英集》等，可是这些书大多未能完整地流传下来，只有部分篇章收录在明代大型类书如《永乐大典》《诗渊》中。明代中晚期，梅守德辑有《宣风集》、梅鼎祚编有《宣乘翼》，可惜也都未能流传后世。明清之际梅鼎祚、施润章等虽辑有《宛雅》三编，但有诗无文，其文献价值不免有所减损。因此今存《宣城右集》就显得弥足珍贵了。

一、《宣城右集》的编刻及流传

《宣城右集》是目前保存最完整的宣城地方诗文总集，该书为明代宣城人汤宾尹所编纂。

汤宾尹（1569—1628），字嘉宾，号睡庵，又号霍林，明代宣城县洪林镇汤村人。万历二十二年（1594）汤宾尹中举，次年会试第一（会元），廷对第二（榜眼），授翰林院编修。"凡内外制书诏令多出其手，号称得体，神宗每加奖

作者简介：童达清，宣城市历史文化研究会副会长兼秘书长。

赏"。万历三十四年（1606）汤宾尹任右春坊右中允，万历三十七年（1609）进左春坊左谕德，再迁太子庶子，万历三十八年（1610）任南京国子监祭酒。不久因"庚戌科场案"被罢职，从此未再出仕。

汤宾尹在科举中试当年就开始了编书、校书、评书生涯，时间长达30年。他以其榜眼和国子监祭酒的身份与天下书商往来密切，无论是在官场还是退居林下，他一生都与出版活动有着密切的关系。经他审定或评注的书籍，不论是科举工具书还是市井小说，如《睡庵汤嘉宾先生评选历科乡会墨卷》《汤太史拟授科场题旨天香阁说》《通俗三国志传》等，均受到士子和民间人士的追捧，成为当时流行的畅销书。

《宣城右集》的编纂在汤宾尹的诗文集中均不见记载。根据现存《宣城右集》中的文字，可知该书全名《宣城县志右纂》，简称《宣城右集》。全书共二十八卷，其中卷一至卷二十为文，卷二十一至卷二十八为诗。全书按作者时代编排，收录自三国时期至明代与宣城有关的文章315篇，诗歌709首。

《宣城右集》于天启六年（1626）刊刻成书，这一年，汤宾尹已经57岁，距其离世只有两年，可以说这是汤宾尹留给家乡的最后的心血之作。

《宣城右集》目前国内仅清华大学图书馆、浙江大学图书馆、生命科学图书馆以及中国台湾"中央研究院"有藏。浙江大学图书馆馆藏本，原为清初藏书家、商丘人宋筠所收藏，刻有"雪苑宋氏兰挥藏书记"钤印。其收藏的来源可能是得自其父宋荦，宋荦官至江宁巡抚、吏部尚书，与宣城士人施润章、梅清、梅庚均交往甚密。到了清晚期，宋家败落，该书辗转流入宁国府南陵县人徐乃昌

手中。徐乃昌当时收藏有两套《宣城右集》，得自宋氏的这一套已非全璧，徐氏乃请抄手据另一套全本将之补齐，并在其上加盖"南陵徐乃昌审定善本"和"积学斋徐乃昌藏书"钤印。徐乃昌去世后，积学斋藏书被其后人斥卖一空，其配补本《宣城右集》终为浙江大学图书馆收藏。

由于《宣城右集》存世极少，因此绝大多数宣城的文史爱好者只能闻其名，而不能见其书，也就更谈不上对此书的研究利用，这就完全埋没了此书对研究宣城地方历史文化的重要文献价值，也违背了汤宾尹先生当年编纂此书的初衷。且《宣城右集》已经刊行三百多年，入清后未见重刊，现存本均为明末原刊本，因年代久远，风化现象较为严重，很多页面文字几乎完全脱落。有鉴于此，宣城历史文化研究会组织部分会员，于2016年将《宣城右集》重新点校出版，算是一次抢救性的发掘整理，意义重大。

需要提及的是，汤宾尹还编有一部《宣城县志左纂》，我们今天虽不能看到该书，但根据《宣城右集》中的相关叙述，我们可以推知《宣城左纂》主要是记叙宣城名人传记、逸闻佚事、物产掌故等。今存嘉庆《宁国府志》卷十六《土贡》中尚保存有两条记载，可以作为佐证《宣城右集》的主要内容。

汤氏编纂这两部书的目的，大概是想为日后编纂《宣城县志》收集原始文献资料。因宣城为宁国府治所，此前只有府志，县志从未单独修纂过。可惜汤宾尹生前未能等到《宣城县志》的编纂及刊刻，直到40多年后的清顺治年间才由知县王同春组织编纂《宣城县志》十卷成书。

二、《宣城右集》的文献价值

《宣城右集》的资料来源，除参考已有嘉靖、万历《宁国府志》外，主要采录了当时能查找到的各种诗文别集、总集和原始碑刻。许多文章与后来地方志中收录的文章相比，有较大的差异，《宣城右集》较大程度地保存了原貌。现将《宣城右集》中的稀见文献资料列表如下（表1）。

表1　《宣城右集》中的稀见文献资料列表

卷数	作者	朝代	文题	备注
卷二	崔成甫	唐朝	文殊普贤二菩萨功德记	—
卷三	崔龟从		唐宣州福田寺藏经院记	南宋陈思《宝刻丛编》卷十五存目，题作"唐福田寺经藏院记"
卷四	罗泰		唐熊绎城记	—
卷五	裴休		新奏条流敕	

（续表）

卷数	作者	朝代	文 题	备 注
卷六	徐 善	杨吴	吴宣州新兴寺崇福院五百罗汉碑	—
	尉迟枢	南唐	唐宣城都督府新安禅院记	仅万历《宁国府志》卷十三有录，题作"新安禅院记"
	杨 缄	北宋	宣州水阳镇重修张侯庙记	—
	汪 白		宣州重修绮霞阁记	—
	江嗣宗		昭亭庙碑	—
			原籍堂记	—
卷七	田 曾	北宋	书《牙城公宇记》后序	—
	袁 抗		重修广惠王庙记	—
	梅尧臣		广教寺新建御书阁记	—
			广教寺观音殿记	—
	宋 任		诗碑后序	—
	夏希道		宣州重修永安院记	府、县志均有目无文
	徐 徽		送潜甫序	—
卷九	陶节夫	北宋	敬亭山广惠王庙记	—
	孙 锡		宣州谢上表	仅万历《宁国府志》卷十三有录，题作"上任谢表"
			昭亭山祈雨文	—
			谢雨文	—
	李 常		文鉴师诗集序	—
	郭祥正		宣州大善寺重建佛殿记	仅万历《宁国府志》卷十三有录
	章国光		许真君祠堂记	《全宋文》卷一五八一仅录其《真符观桓简公庙记》一文
			宣州符里镇重修普慈院记	
	张商英		文鉴师诗集后序	—
	沈 括		宣州监务到任谢倅启	浙江大学出版社2011年版《沈括全集》仍未收录
			宣州谢运判启	

（续表）

卷数	作者	朝代	文　题	备　注
卷十	李　琮	北宋	宋故奉议郎施君墓志铭	仅见嘉庆《宁国府志》卷二十有录，然多残缺。《右集》为全璧
	汪　藻		谢罢符宝郎通判宣州表	宋魏齐贤辑《五百家播芳大全文粹》卷六题为"谢谪定州通判表"
			通判宣州谢宰相启	《五百家播芳大全文粹》卷四十题作"叙复谢太师启"
			宣州到任谢宰相启	《汉滨集》卷十三、《全宋文》卷四三六七均系为王之望作，《右集》可证其误
	沈海（晦）		宣州到任谢吕相启	—
	康　某		宣州覃童子序	—
	罗　竦		绍堂记	府、县志均有目无文
	吕广问	南宋	重修绍堂记	—
	何可道		天庆观复初阁记	—
			护城三圣真君祠记	—
卷十一	周紫芝	南宋	移建宣城县记	不存《太仓稊米集》
	侍其鈜		昭亭祈祷感应记	—
	程宏远		宣州城守军器记	—
卷十二	杜　范	南宋	书理宗皇帝敕后	仅万历《宁国府志》卷一有录
			劝学文	—
	王　遂		韩文公祠堂记	—
			劝学文	仅万历府志卷十四有录
			续劝学文	—
卷十三	胡　濴	明朝	敬亭神庙记	—
	杨　复		宁国府学岁贡题名记	—
	王　英		重修济川桥记	其文集《泉坡集》已佚，仅府、县志有录
	鞠腾霄		重建佑圣阁记	—

（续表）

卷数	作者	朝代	文题	备注
卷十四	黄宗载	明朝	府学科举题名记	其文集《损斋文集》已佚
	周叙		重建宣城儒学记	无文集存世
	刘宣		宁国府儒学重修记	其文集《冲澹集》已佚
	徐琼		重建宣城县厅记	其文集《东谷文集》已佚
	涂观		庙祀乐器记	无文集存世
	叶亨		宣城县儒学科贡题名记	无文集存世，仅存《宣城县志》
	范吉		宁国府儒学重修记	其文集《柏轩集》已佚
	吴道宏		宣城县儒学重建棂星门记	无文集存世
	李杰		宁国府重修儒学记	其文集《雪樵集》《石城山房稿》均佚
	刘淮		二烈清风祠记	无文集存世
卷十五	张岩	明朝	膳堂记	无文集存世，仅嘉靖《宁国府志》卷四有录
	贡钦		《理官集》序	今四库本《南湖集》无此序
	雷礼		宁国府题名记	不存今《镡墟堂摘稿》，仅万历《宁国府志》卷十三有录
	梅鹗		韩公别业记	其文集《凫山集》已佚，仅万历《宁国府志》卷十三有录
			上刘少卿论养马书	仅万历《宁国府志》《旌德县志》有录
	焦煜		郡侯及公祠记	其文集《鼓缶集》已佚
	毛恺		新建名宦祠记	其文集《毛介川集》入清时已散佚
卷十六	蔡润宗	明朝	京山堂庵田记	未有文集传世，仅见于《宣城县志》
	张鳌		重修宣城县儒学记	其文集《迁莺馆集》久佚
	张克家		宣城县儒学重建敬一亭启圣名宦祠记	无文集传世

（续表）

卷数	作者	朝代	文 题	备 注
卷十七	汪尚宁	明朝	宣城县重建厅事记	其文集《周潭集》久佚，仅见府、县志著录
			重修宁国府城碑	
	余有丁		宁国府重修儒学记	不存《余文敏公文集》
	董传策		宁国府新建惠济桥记	不存《采薇集》《幽贞集》等诸文集
卷十八	陈 俊	明朝	重修二烈清风祠记	无文集传世
			重修政通桥记	仅万历《宁国府志》卷十三有录
	贡安国		义仓记	其文集《学觉窥班集》已佚，仅万历《宁国府志》卷十三有录
			惠廉亭记	
卷十九	沈懋学	明朝	重建政通桥记	不存《郊居遗稿》，府、县志均未著录
	殷登瀛		新建明伦堂尊经阁记	无文集传世，仅存县志
	徐元太		重建双溪李公桥碑记	无文集传世，仅存府、县志
	高维岳		敬亭山记	其文集《远霁集》《翠云亭集》均佚，仅存府、县志
卷二十	萧良誉	明朝	重建府城隍庙碑记	未见文集传世，仅见嘉庆《宁国府志》卷二十二
			重建宁国府学记	—
			与徐尚书书	—
			《周少隐先生存集》叙	—
卷二十三	汤 悦	南唐	奉和送邓王牧宣城诗序	《全唐诗》卷七五六有诗无序
卷二十八	高维岳	明朝	稽亭仙人岩记	今县志有诗无记
			三天洞记	其文集《翠云亭集》久佚

表2　《宣城右集》中的诗

卷数	作者	朝代	诗　题	备　注
卷二十一	李白	唐朝	题宣州昭亭庙	—
卷二十二	韩翃	唐朝	赴宣州过采石江有怀	—
	皇甫冉		送张晋陵除宣州司马	—
	刘禹锡		行至宣州呈使院诸公	—
	王凝		宣州送司空侍御归台	—
卷二十三	郑薰	唐朝	宣城郡斋读谢集因题二十韵	另,《雪斋开讲》一首与《全唐诗》卷五四七多有异文,可资校勘
	朱湾		同李宣城宿妙觉寺	—
	司空图		次韵宣城府主尚书见赠	—
			题宣州昭亭庙	—
			送宋校书赴宣州幕	—
	吴黔		送朱员外归宣城	《全唐诗》卷八八七收此诗,失题
	徐锴		奉和送邓王牧宣城	《全唐文》卷八八八仅存诗序,无诗
卷二十三	叶清臣	北宋	昭亭山	据叶清臣《宣城留题诗自序》,其天禧五年随其父叶参通判宣州,咏宣城名胜诗凡三十首;景祐三年叶清臣又知宣州,所作诗当更多
			陵阳山	
			致次麻姑山马上口占	
			宛溪	
			将发宛陵车溪暴涨戏成口号呈张同年	
			经姑溪入宣城作	
	苏为		昭亭山	吴处厚《青箱杂记》记苏为"在宣城亦有诗十首,皆以宣城为目",其他诗尚不计。今仅得六首
			宛溪	
			化城圩	
			泛宛溪至敬亭	
	江嗣宗		春日宴昭亭山	
	石愻		泛宣城溪	其文集《橘林集》久佚

（续表）

卷数	作者	朝代	诗　题	备　注
卷二十四	姚辟	北宋	游山门三天诸山	历来此诗题皆作"游山门呈知府大卿"，当误
	曾布		宣城县宇假山	《永乐大典》、府县志均有目无诗
	李磻		和陈彦远登昭亭	—
	吴元用		舟泊句溪怀韩仲和、石鲁瞻	府县志题作"泊句溪怀仲和"，均有目无诗
	常同		望昭亭山顶有积雪，戏成一绝	—
			泊庙步三绝	—
	章佚		游文脊山	仅《宁国县志》有录
卷二十五	沈括	北宋	宣州病中望山	《沈括诗词辑存》、2011 年版《沈括全集》均未录
			答明秀才见招游三天洞	
	卢革		双溪阁	—
	张贲		新林浦怀谢宣城	张贲，一作张贵，宣城人。南宋初，亦有张贲，字元明，青阳人，任宣州司理参军。
			北埼湖	
			清弋江田舍	
			水阳闲望	
	周邦彦		水阳聚	其文集《清真居士集》已佚，今有辑本
	程昭		题叠嶂楼	仅《二楼小志》《宣城县志》著录
	陈天麟	南宋	柳下	其文集《樱宁居士集》久佚，
			田间	
			延寿寺	
卷二十六	林宗放	南宋	陪郡守游西园五首	《诗渊·地理门》目录有"陪郡守游西园五首"，然有目无诗。《宛陵群英集》《宛雅初编》仅存一首

（续表）

卷数	作者	朝代	诗　题	备　注
卷二十六	吴　潜	南宋	儗屋	《宛陵群英集》卷五失题,《诗渊·宫室门》系为潘铸作
	汪　鑫	元朝	次戴剡源廉芟林宪使游三天洞韵四首	今府县仅存一首,题作"三天洞"
	萨仲南		题城南耕隐	不存《雁门集》
	虞　集		万松庵和贡仁甫	不载《道园学古录》《道园遗稿》,仅府志有录
	贡师臣		游万松庵四十韵	
卷二十七	宋　濂	明朝	蓼莪堂词为宣州闵百户题二首	不存宋濂各诗文集
	杨　真（贞）		舟过敬亭山下	其文集《斗山集》当未刊刻
			过寒亭	
			东墅鹤溪过予	
			斗山书屋题壁	
			开元寺	
	贡　钦		春夜有怀杨老痴	其文集《湖亭集》今佚
			游柏山寺次王郡侯韵	
	罗洪先		寄和朱东源太守文昌台成韵	不存《念庵集》
			送贡玄略游学还宣城	
	王　寅		送贡受轩邑博还宣城省侍	不存《十岳山人诗集》,仅《二楼小志》有录
			登佑圣阁望叠嶂楼忆张别驾	
	贡安国		松隐斋居二首	其文集《学觉窥班集》久佚
	沈　仕		忆宛陵旧游	不存《沈青门诗集》
	梅守箕		归路纪怀六首	不存《居诸集》《居诸二集》
	释法通		景德寺礼塔	南京栖霞寺僧,未有文集行世
			雨后同源公秀公辈宿泽公对亭	
	释洪恩		乙巳初夏过宣城景德寺对亭庵时梅禹金汪原博汪荣期诸居士见过为竟日之坐纪事四首	南京栖霞寺僧,不存《雪浪集》《雪浪续集》

（续表）

卷数	作者	朝代	诗　题	备　注
卷二十八	高维岳	明朝	敬亭独酌有序	其文集《远霁诗草》《翠云亭集》均佚
			稽亭飞仙曲有引	—
			敬亭山斋咏怀有引	原有十九首，《右集》仅选九首
			秋日与社中诸子集敬亭	—
			九日远霁山斋得萧郡公贻诗赋答（有引）	四首，《候潭高氏宗谱》卷十七仅存二首
			稽亭接司寇王元美先生书寄答	—
	韩　敬		奉题南陔山房四首（有序）	无文集传世，仅《明诗综》卷六十五存一首，无序
	丘羲民		开元阁赠圭公	南京刻工，无文集传世
			秋日饮柏山景梅亭得"斜"字	
			经广教废寺	

　　上表所列共有 89 篇文章、109 首诗歌，几乎从未见于他书著录，且多为未能流传之唐宋诗文，数量如此之大，其文献价值可想而知。

　　如唐崔成甫的《文殊普贤二菩萨功德记》碑，万历元年（1573）出土于宣城东门王姓家菜园中，其碑文为《全唐文》《全唐文补编》等总集所未收，对研究崔成甫其人及其与李白的交往具有十分重要的参考价值（详情请参见拙文《"崔侍御"即崔成甫说补证》，载《宣城历史文化研究》2014 年第 4 期）。

　　再如，《宛陵郡志备要》载有李白的《独坐敬亭山》为两首，除大家所熟悉的"众鸟高飞尽，孤云独去闲。相看两不厌，只有敬亭山"外，尚有"合沓牵数峰，奔来镇平楚。中间最高顶，仿佛接天语"一首，未注明出处。后来的《宁国府志》《全唐诗拾遗》均据《宛陵郡志备要》复录。但据《宣城右集》卷二十一，原来所谓的《独坐敬亭山》其二，其实只是李白《题宣州昭亭庙》中的四句，为后人所截取独立出来，以讹传讹，最终变成了第二首《独坐敬亭山》。《题宣州昭亭庙》全诗如下：

郡国北十里，下有灵仙府。合沓牵数峰，奔来镇平楚。中心最高顶，仿佛接天语[2]。左瞰东海滨，右望西江渚。祠堂栖神异，琼席罗香醑。日暮腾远烟，闲话落庭庑。

《宣城右集》刊载的这首李白佚诗，不仅为考察李白在宣城的行踪提供了罕见的史料，而且也厘正了自《宛陵郡志备要》以来，关于李白作有两首《独作敬亭山》诗的讹误，具有重要的文献价值和史料价值。

再如，《宣城右集》还录有裴休的《新奏条流敕》，梅尧臣的《广教寺新建御书阁记》《广教寺观音殿记》等，均为《全唐文》《宛陵集》《全宋文》所未收，可为补缺。唐至明代，很多宣城文人没有文集存世，其诗文亦赖是书得以保存，使我们能更加清晰地考见唐朝以来宣城的文学创作队伍及其创作成果。

三、《宣城右集》的版本价值

《宣城右集》还具有重要的版本价值。该书所收部分诗文虽为今《宁国府志》《宣城县志》所录，但这些诗文入志时，为志书体例、篇幅所限，或割裂，或删削，或篡改，多已面目全非，而《宣城右集》基本保存了其原始状态，可作我们修校府、县志特别是《艺文志》的底本。

这样的例子比比皆是，下面列举数例。

如汪尚宁《宣城县厅记》，万历《宁国府志》卷十三、光绪《宣城县志》卷二十九都录有此文，有句作：

时惟少参古林沈君、黄山焦君、州守古坛吴君、郡判一川陆君、令尹玉峰刘君、春元峄阳梅君暨诸人士各有叙述，以称盛迹。

而《宣城右集》卷十七作：

时惟少参古林沈君及两山孙君自建宁任以制忧不与在坐，少参黄山焦君、州守古坛吴君、郡判一川陆君、西涧万君，令尹玉峰刘君、而少尹鹤田金君、笔峰沈君、春元峄阳梅君辈继至，各有叙述。

两相对比可知，府县志删节此文，不仅减少了许多重要历史信息（如删去"两山孙君"，使我们无从知晓孙潚曾在嘉靖四十年以泉州府推官摄任福建建宁知县、丁忧回籍这一为宦经历），而且大有谬误，沈宠因在外地为官原本不与此会，被删改后反而变成人在宣城了。

再如，周紫芝《憩高公惠连墓下有感》，今四库本《太仓稊米集》卷七题作《高公墓并引》：

高公古遗直，三年立螭头。载笔有公言，高论肃冕旒。少年取巍科，妙学穷九流。晚窥青囊书，穴地生公侯。当时千载人，继出欧与刘。如何百年后，零落归山邱？墓门梗荒棘，长松泣高秋。佳城定天与，政自非人谋。我来倚墓木，伴客聊遨游。斗酒与只鸡，谁为桥公羞？

此诗中的后四句"我来倚墓木，伴客聊遨游。斗酒与只鸡，谁为桥公羞"，为历修府、县志所无，《宣城右集》卷二十五采录周紫芝此诗，亦无后四句。细心的读者读至诗末，不免纳闷，"斗酒与只鸡，谁为桥公羞"明显用曹操《祀故太尉桥玄文》：又承从容约誓之言："殂逝之后，路有经由，不以斗酒只鸡过相沃酹，车过三步，腹痛勿怪。"虽临时嬉笑之言，非至亲之笃好，"胡肯为此辞乎"之典，曹操乃桥玄故友，而周紫芝乃高惠连后人，用此"斗酒只鸡"的典故明显不妥。

我们都知道，四库本《太仓稊米集》是据《永乐大典》辑录而成，可见此四句当是四库编者在编辑过程中，不慎将它诗误羼入周紫芝此诗中。《宣城右集》编纂在《四库全书》之前，所据版本自然可信。因此我们可据《宣城右集》佐证四库本《太仓稊米集》版本之讹。

又如，梅询《昭亭庙记并铭》，其中有一句历修府、县志均作"崩危之败址，成博敞之新规"，梅询此文乃是骈文，上句明显缺一字；而《宣城右集》正作"扶崩危之败址，成博敞之新规"，恰好可为府、县志补缺。这样的例子比比皆是，限于篇幅，这里就不再一一列举了。

梅鼎祚《玉合记》的接受与批评

方盛汉

摘　要： 皖人梅鼎祚早期作品《玉合记》受到汤显祖《紫箫记》和李贽思想影响；明清曲学批评家多从情侠并重、以词为曲、戏曲关目等角度，论述《玉合记》整体内容及艺术风貌；从《玉合记》在明清戏曲史上的接受状况，亦可窥见以梅鼎祚为代表的皖籍曲家在当时曲坛的地位和影响力。

关键词： 梅鼎祚；《玉合记》；情侠并重；以词为曲；关目皆妙

梅鼎祚（1549—1615），字禹金，号胜乐道人，安徽宣城人。所作传奇《玉合记》一般被称为昆山派的扛鼎之作，在中国戏曲史上产生了广泛影响。《玉合记》又名《章台柳》，现存明万历年间金陵世德堂刻本，共 40 出，在当时的曲学界产生了深远影响。万历十五年（1587），屠隆亲访梅鼎祚于宣城，评《玉合记》"其词丽而婉，其调响而俊，既不悖于雅音，复不离其本色"（《章台柳玉合记叙》）；梅氏极服李贽，李贽评其"此记亦有许多曲折，但当紧要处却缓慢，却泛散，是以未尽其美，然亦不可谓之不知趣矣"（《焚书·卷四》）；王骥德评其"于文辞一家得一人，曰宣城梅禹金"，此外吕天成、沈德符、徐复祚等曲论家都有精到评论，这都极大地推动了梅氏作品的传播，也极大推广了皖籍曲家的影响力。

一、情侠并重

梅鼎祚青年时代善交游，与汤显祖（1550—1616）的关系极为莫逆。万历四年（1576）春，二人在宣城见面，汤显祖作诗有"自是吴歈多丽情，莲花朵上觅潘卿。春妆夜宴怜新舞，愿得为欢送新生"（《戏答宣城梅禹金·四绝》），此处吴歈即指昆曲；在万历五年所作《寄宣城梅禹金》序中写道："禹金秋月齐明，春云等润。全工赋笔，善发谈端。"万历十四年（1586）年八月，时任南京

作者简介：方盛汉，安庆师范大学文学院讲师。

太常寺博士的汤显祖为《玉合记》作序，作了《玉合记题词》。他们到了晚年，还常以书信互相问候。汤显祖弃官之后，心情抑郁，书信和诗中均提及梦见年轻时的梅鼎祚情形，他在《寄梅禹金》诗序中说道："半百之徐，怀抱常恶。每念少壮交情，常在吾兄……醒殊怅怅，户外报凤衡书来，何其异也！因书梦以寄。"思念之情溢于言表。

《玉合记》成，梅鼎祚变卖姬妾首饰刻印，他在《与汤义仍太常》中所言："《玉合》刻竣，乃费我姬人金步摇耳。吴越之间盛行乐部，正缘大序关之以卖珠饰楼也。"① 汤显祖所作《玉合记题词》评其："予观其词，视予所为《霍小玉传》，并其沉丽之思，减其秾长之累。且予曲中乃有讥托，为部长吏抑止不行，多半《韩蕲王传》中矣。梅生传事而止，足传于时。"② 汤显祖的序言是对梅氏的鼓励，指出了《玉合记》超越自己作品之处，但是此处《霍小玉传》到底是指未创作成功的《紫箫记》传奇还是改本《紫钗记》，学界存在争议。③

其实从创作时间上判断，此处指《紫箫记》更为符合事实。同样关于《玉合记》的创作年代，学界也存在分歧。郭英德认为《玉合记》创作于万历十二年，即 1584 年④；朱万曙认可徐朔方《晚明曲家年谱》卷三之《梅鼎祚年谱》，确定为万历十四年所作⑤。侯荣川认为作于万历十三年⑥，其实根据梅文鼎之从叔梅守箕在万历十三年撰《玉合记序》，推算成书于万历十二年较为合理，所以三部传奇《紫箫记》《玉合记》《紫钗记》分别成书于 1576 年、1584 年、1587 年；在体制长度上，分别为 34 出、40 出、53 出。吕天成说："《紫钗》仍《紫箫》者不多。然犹带靡缛。描写闺妇怨夫之情，备极娇苦，真堪下泪，真绝技也。"⑦ 这是汤显祖本人十年对于同一题材的再创造，而《玉合记》是在另一个角度不折不扣地吸收《紫箫记》的精华。

---

① 梅鼎祚：《与汤义仍太常》，《鹿裘石室集》书牍卷九。
② 汤显祖：《汤显祖诗文集》，上海古籍出版社，1982 年版，第 1092 页。
③ 如赵山林认为指的是《紫箫记》，《从曲家尺牍看昆曲的传播接受》，《中国昆曲论坛·2008》，第 3 页。夏写时认为是这里的"霍小玉传"只能"始末皆本蒋昉所撰《霍小玉传》"之改本《紫钗记》。《玉合记》既写于万历十四年，那么《紫钗记》肯定在之前。"秾长之累"则改本《紫钗记》则为已成之作。见《夏写时戏剧评论自选集·上》，2013 年版，第 120–121 页。
④ 郭英德：《明清传奇史》，人民文学出版社，2015 年版，第 295 页。
⑤ 朱万曙：《论梅鼎祚的早期戏曲创作——兼论明中叶"骈绮派"戏曲的价值》，《文学遗产》，1998 年第 6 期。
⑥ 侯荣川：《汤显祖〈玉合记题词〉新考》，南京师范大学学报，2011 年第 3 期。
⑦ 俞为民、孙蓉蓉编：《历代曲话汇编·明代卷·第三集》，黄山书社，2006 年版，第 121 页。

徐朔方已经指出《玉合记》借鉴《紫箫记》之处①，并认为汤显祖的《紫箫记》是梅氏创作的基础②，此符合事实。从细节方面亦可证明，《紫箫记》第二出是元和十四年正月朔旦，兼逢立春，《玉合记》也是正月初一碰上立春。从大处看，《玉合记》的创作内容抓住了情与侠这两个关键的问题。这正可见，梅鼎祚受到汤显祖本人的影响。梅鼎祚为何要选择唐传奇中《柳氏传》"章台柳"这个题材，也正是看中了其令人欣羡的爱情经历以及所属之侠客精神。在《柳氏传》中，柳氏本为李王孙幸姬，韩、柳二人的婚姻是"翊仰柳氏之色，柳氏慕翊之才"，后将柳氏赠给韩翊，可见当时女子地位低下；在《玉合记》中李王孙是在考察了韩柳二人感情后才相成全，这都是建立在情的基础之上。《玉合记》尚侠，《紫钗记》有侠客黄衫客，这在《紫箫记》所缺；《玉合记》有许俊，这承袭了唐传奇《柳氏传》中的许俊，倘若没有许俊的慷慨义烈，也没有最后的完美收场。

其实梅鼎祚在《玉合记·标目》末尾有"章台咏，风流节侠，千古播词场"，句末四句诗："李王孙仙游浊世，许中丞义合良缘。柳夫人章台名擅，韩君平禁苑诗传。""风流节侠"亦是《玉合记》全剧所全力表现的主题之一。如传奇第三十七出《还玉》，写李王孙闻知柳氏为沙咤利劫走后，当即慷慨激昂地表示"如此小事，左右的备马来"，并要韩翊写一书以作凭信。此种豪侠之气被李贽所关注，《李卓吾评点〈玉合记〉》中对许俊也极为赞赏，在第三十七出《还玉》眉批有"世间有如此快人""真汉子，真豪杰，真丈夫，今天下亦有其人乎？""勇烈汉子亦自不会风流韵味，妙人妙人"，于此可见一斑。

此外梅鼎祚同时期之作《昆仑奴》同样以侠客作为主角，取材于唐末杜光庭创作的唐传奇《虬髯客传》，他不避陈旧的素材，敢于重写翻新。梅鼎祚重情正是受到汤显祖"情至论"以及李贽王学左派之影响，有学者认为李贽虽与梅鼎祚并未直接交往过，但是通过汤显祖，还是对其戏曲创作产生了影响，其结果是"以情为戏"③，这是符合事实的；其重侠，正是青年时代任侠仗义之体现。

① 徐朔方先生认为两者题材相同，都以珍玩作为贯穿剧情的线索；部分人物设定相似，《玉合记》将李王孙身份设为皇族，将柳氏身份设为其"待年之妾"，意在身份上类比《紫箫记》中霍王及其女小玉，且霍王和李王孙都入山修道。黄衫客与许俊都有侠义行为。另外还有部分剧出相似，如"令婢女打听男主角是否已经成婚"，"新夫妻游园感情难以自已"，"祈求花神成全"等桥段。见徐朔方《晚明曲家年谱》卷三《梅鼎祚年谱引论》，1993 年。

② 徐朔方：《晚明曲家年谱·第四册》，浙江古籍出版社，1993 年。

③ 赵庆元、刘和文：《简论李贽对晚明皖南戏曲家的影响》，《福州大学学报》，2003 年第 3 期。

二、以词为曲

《玉合记》不仅受到曲坛领袖汤显祖的影响，其问世后受到曲评家极大关注，但是褒贬不一。祁彪佳《远山堂曲品》论及《练囊记》时云："传《章台柳》插入红线，与《金鱼》若出一手。自《玉合》成，而二记无色矣。"因为明代有吴鹏《金鱼记》及吴大震《练囊记》，都是以韩、柳事加以敷衍，可见《玉合记》已经青出之于蓝矣。

屠隆看中该作"本色"一面。屠隆评价《玉合记》："其词丽而婉，其调响而俊，既不悖于雅音，复不离其本色。……每至情语出于人口，入于人耳。人快欲狂，人悲欲绝，则至矣，无遗憾矣"（《章台柳玉合记叙》），此评价很高。其实梅氏和屠隆二人的戏曲观有相同之处，郭英德《明清传奇史》就认为此两位为勃兴期最著名的文词派传奇家。吕天成《曲品》将梅鼎祚列为"上之中"，品列较高。评之为："名家隽胄，乐苑鸿裁。贡京同贾谊之入秦，作客似陆机之游洛。著述不遗鬼妓，交游几遍公卿。"① 具体评价《玉合记》："许俊还玉，诚节侠丈夫事，不可不传。词调组诗而成，从《玉玦》派来，大有色泽。伯龙赏之。恨不守音韵耳。《金鱼记》当退三舍。又曾著《玉导》，家君谓之曰：'符郎事已引入《双鱼》。'遂止。"② 《玉合记》吸收了郑若庸《玉玦记》的成分，欲做《玉导》，吕胤昌告知沈璟已将"符郎本事"写入《双鱼记》，遂不写。晚年的《长命缕》就是重写"符郎本事"。明王骥德《曲律》卷四评价梅鼎祚曲作风格："宛陵以词为曲，才情绮合，故是文人丽裁。"③ "问体孰近，曰：于文辞一家得一人，曰宣城梅禹金，摛华掞藻，斐亹有致；于本色一家，亦惟是奉常一人，其才情在浅深、浓淡、雅俗之间，为独得三味。余则修绮而非垛则陈，尚质而非腐则俚矣。若未见者，则未敢限其工拙也。"④ 王骥德"以词为曲"之评甚为精确，其立场也颇为中肯。

祁彪佳《远山堂曲品》将《玉合》列为艳品，品第较低，"骈骊之派，本于《玉玦》，而组织渐近自然，故香色出于俊逸。词场中正少此一种艳手不得，但止题之以艳，正恐禹金不肯受耳"⑤。他也将《紫钗记》《紫箫记》列入艳品，对《紫钗记》的评点："先生手笔超异，即元人后尘，亦不屑步。会景切事之

---

① 《历代曲话汇编·明代卷·第三集》第 90 页。
② 《历代曲话汇编·明代卷·第三集》第 125 页。
③ 《历代曲话汇编·明代卷·第二集》第 127 页。
④ 《历代曲话汇编·明代卷·第二集》第 131 页。
⑤ 《历代曲话汇编·明代卷·第三集》第 548 页。

词，往往悠然独至，然传情处太觉刻露，终是文字脱落不尽耳，故题之以'艳'字。"① 他将此三种传奇放在同一品级上，也是看出他们之间的本质联系。

但一些文人尖锐指出该作所存在的问题。沈德符《顾曲杂言》："梅禹金《玉合记》最为时所尚，然宾白尽俱骈语，恒钉太繁，其曲半使故事及成语，正如设色骷髅，粉捏化生，欲博人宠爱，难矣！"② 沈德符很不满意其辞藻的堆积。徐复祚在《曲论》表达同样的意见："梅禹金，宣城人，作为《玉合记》，士林争购之，纸为之贵。曾寄余，余读之，不解也。传奇之体，要在使田畯红女闻之而跃然喜，悚然惧；若徒逞其博洽，使闻者不解为何语，何异对驴而弹琴乎……余谓：若歌《玉合》于筵前台畔，无论田畯红女，即学士大夫，能解作何语者几人哉！"③ 徐氏反感之情尤为强烈，虽然名气很大传播很广，但此作违背了"传奇之体"，文辞难懂，并不容易被观众所吸收。徐复祚的"滥觞于虚舟，决堤于禹金"的著名观点也影响了同时代人的评价。

明人王思任也表达出同样看法。《牡丹亭》第十出《惊梦》杜丽娘入梦前有一段自叹，"可惜妾身颜色如花，岂料命如一叶乎"，王思任有评语："情文飘动，人自软心，觉《玉合》深晦没理。"通过与《牡丹亭》的比较，反映出《玉合记》过于深涩暗晦而且于理不通。清朱彝尊《静志居诗话》："郑若庸《玉玦》、张伯起《红拂》等记，以类书作传奇；屠长卿《昙花》，道白终折无一曲；梁伯龙《浣纱》、梅禹金《玉合》，道白终本无一散语。均非是。"④ 清人张岱同样认为："杨升庵、梅禹金、曹能始藏书甚富，为艺林渊薮。其自所为文，填塞堆砌，块而不灵，与经笥书厨亦复无异，书故多，亦何贵乎多也。"吴梅认为："《香囊》以文人藻采为之，遂滥觞而又文字家一体。及《玉合》《玉玦》诸作，益加修词，本质几掩。抑知以模写人事为尚，所贵委屈宛转，以代说词，一涉藻绘，即蔽本来，而积习未忘，不胜其靡，此体亦不能偏废。"诸家所论大同小异。

当然梅鼎祚并非没有意识到自身的问题，晚年自我反思"意过沉而辞伤繁也"，需"兼参雅俗，遂一洗浓盐赤酱、厚肉肥皮之累"的语言风格，但是他晚年还是对《玉合记》的广泛传播感到自豪，他在《长命缕记序》中有："凡天下吃井水处，无不唱《章台》传奇者。"

《玉合记》之所以受到曲论家的关注和重视，一方面缘于梅鼎祚的戏曲成就

① 《历代曲话汇编·明代卷·第三集》第546页。
② 《历代曲话汇编·明代卷·第三集》第63页。
③ 《历代曲话汇编·明代卷·第二集》，第259页。
④ （清）焦循著，韦明铧点校：《焦循论曲三种》，广陵书社，2008年版，第44页。

之高，此外这类作品也恰恰代表了当时的戏曲风格潮流，追求语言文辞之骈绮。这一点臧懋循在评改《紫钗记·冻卖珠钗》即点明："临川有尼持签，道捧龟等白，且拜观音【江儿水】曲，皆弋阳派也。赏此者独四明屠长卿，宣城梅禹金而已。"在臧氏眼中，此三人相互欣赏和影响，并引领了当时戏曲的创作思潮。

三、关目皆妙

除了语言追求骈绮风格之外，《玉合记》尤为重视关目结构的安排。梅鼎祚向来崇拜李贽。李贽在《焚书·卷四》评价《玉合记》："此记亦有许多曲折，但当紧要处却缓慢，却泛散，是以未尽其美，然亦不可谓之不知趣矣。"① 戏曲结构曲折，并非平铺直叙；问题在于次要人物过多，影响了主线的发展，导致紧要处却缓慢泛散；戏曲节奏虽有破坏，但剧作整体上有趣有味。李贽还尤为追求"奇"，"韩君平之遇柳姬，其事甚奇，设使不遇两奇人，虽曰奇，亦徒然耳"；"方君平之未得柳姬也，乃不费一毫力气而遂得之，则李王孙之奇，千载无其匹也。迨君平之既失柳姬也，乃不费一时力气而遂复得之，则许中丞之奇，唯有《昆仑奴》千载可相伯仲也"，李贽关注梅鼎祚作品关目之"奇"，把握住了其审美品格。

在《李卓吾批评玉合记》（《古本戏曲丛刊初集》）中，李贽也是特意对其戏曲关目给予了充分的关注，如第六出《缘合》评语"知趣"；第七出《参成》，当柳氏自伤身世时，眉批"真，真，关目都好"；第十一出《义诟》，当轻娥发现柳氏、韩生都不在家的时候，眉评"关目好"；第二十三出《祝发》，当柳氏断发时有"出于不意，方有关目"之评。当然也有关目做得不恰当之处，第二十六出《入道》，当轻娥寻找李王孙时，看见一个道人很像李王孙，眉评"既像李王孙，一见便合疑心，何故又先问他，少关目"，此外亦有"关目好，曲好"的评论。李贽一如既往地重视戏曲关目，在诸家都在品评其戏曲文辞绮艳之时，李贽集中关注其戏曲的内部结构安排，并给予了比较中肯的评价，这些都是难能可贵的。

《玉合记》为梅鼎祚早期作品，其风格和汤显祖的《紫箫记》相似。后人在观剧时，也会一起比较，如熊文举观剧诗有《宜伶泰生唱〈紫钗〉〈玉合〉，备极幽怨，感而赠之》五首："宛陵临汝擅词场，钗合玲珑玉有香。自是熙朝多隽管，重翻犹觉艳非常。"② 宛陵、玉分别指梅鼎祚、《玉合记》；临汝、钗分别指

---

① 李贽：《焚书》，中华书局，1975 年版，第 193 页。
② 转引自苏子裕《汤显祖、梅鼎祚剧作的腔调问题——兼与徐朔方先生商榷》，艺术百家，1999 年第 1 期。苏文引自熊文举《侣鸥阁近集》庚子年诗。

江西临川、《紫钗记》。"艳非常"也反映出剧场演出时两剧之风格，这也和祁彪佳将其列为"艳品"如出一辙。当然这种文辞风格在戏曲史上有着独特的价值，有学者就总结"骈绮派"的价值在于三点：创作风气的准备，创作思潮的准备，艺术经验的准备①；另有认为"正是由于传奇语言风格的典雅化，方才促成了明中期以后文人传奇创作的热潮，从而使明中期到清中期成为中国古代戏曲史上的第二个黄金时代"②，这些认识都是准确的。

　　曲坛一批重要文人都关注到梅鼎祚的戏曲作品，这反映出梅鼎祚曲作之影响。《玉合记》等作品的成功，源自梅鼎祚良好的家学渊源和地方文化的熏陶。宣城梅氏一直都作为明清望族，清宰相张廷玉就认为："上江人文之盛首宣城，宣之旧族首梅氏……自有宋以来，彬彬郁郁，绵亘辉映。"此外，梅鼎祚和汤显祖之所以思想相通，性情相近，有一重要原因在于他们青少年时期都师承于宁国知府、王学左派中坚、著名理学家罗汝芳（1515—1588），罗氏1562年出任宁国知府，并借宣城开元寺创办志学书院，邀请地方大儒、理学家如梅守德（梅鼎祚父亲）等人主讲，这极大地推动了地方文化的发展和促成了"宣城心学"的形成。正是这样的薪火相传使得地域家族兴旺，人文昌盛。梅鼎祚只是明清皖籍曲家之一优秀代表，《玉合记》也仅是明清皖籍戏曲作品之一代表作，但这反映出皖籍曲家对于中国戏曲史和中国文化史所作出的突出贡献。

---

　　①　朱万曙：《论梅鼎祚早期的戏曲创作——兼论明中叶'骈绮派'戏曲的价值》，《文学遗产》，1998年第6期。

　　②　郭英德：《明清戏曲史》，人民文学出版社，2012年版，第73页。

方东美原始道家思想辨析

杨 浩

摘　要：方东美对以老庄为代表的先秦道家一直持赞佩、欣赏的态度。方东美在《原始儒家道家哲学》中提到"道可视为对形而上本体的一种价值取向"，这种形上学不仅包括超越的层面，还包括内在的层面，按照方东美的理解是内在与超越并存的，这种特性使得它既有现实的一面，又有超越而理想的一面，从而成功为理想与现实之间搭起了桥梁。本文探究方东美对原始道家的体悟，以期能够对方东美的思想有所窥视。

关键词：道；价值；本体

方东美是皖江地区桐城派始祖方苞的后裔，毕生致力于学术和教育事业，对东西方哲学有很高的造诣，在国际学术界也有很大的影响。方东美这样自我评价："我的哲学品格，是从儒家传统中陶冶；我的哲学气魄，是从道家精神中酝酿；我的哲学智慧，是从大乘佛学中领悟；我的哲学方法，是从西方哲学中提炼。"方东美用"原始"二字，意在探求道家的本来面目与原始的精神，他依老庄立论，来建构他的哲学体系。从最初的动机来看，方东美认为道家的精神追求与儒家的圣贤和佛家的先知不同，其目的是成为"诗人"。在他看来，宇宙的真正源头是超本体的"无"，即老子的道，而庄子则是贯通儒道两家，崇尚万物本身的价值，即"以道观之，物无贵贱"。下面从三个角度对此加以分析。

一、道的角度

在道家系统中，道是最高的范畴，方东美从四个方面对道进行了分析，即体、用、相、征。

首先，就道体而言，它是无限真实存在的实体，老子用六种不同的方式来描述这种道体。归纳言之，即宗、根、元一、范型或法式、大象或玄牝、归复。这里的"一"是一种统一的状态，同时也可使得宇宙万物得以分享。老子说："天

作者简介：杨浩，安徽大学硕士研究生。

得一以清，地得一以宁，神得一以灵……侯王得一以为天下贞。"一作为本体，具有哺育万物的作用。

其次，就道用而言，其方式一为：退藏于密，放之则弥于六合；二为：反者道之动。这两种方式构成一个循环，称为道之双回向的发用。这里研究的是宇宙论的问题，宇宙是如何发生以及如何返回本体。这个超越的本体蕴含着无穷的宝库，可以化为万有的存在界。这里描述的就是本体与现象之间的联系，正如老子所说："道生一，一生二，二生三，三生万物。"在现象的领域里，儒道之间的差别就没有那么明显，本体与现象之间也就达到了一种"冲气以为和"的境界。现象界有盛有衰，需要返回本体根源获得新的力量，从而更新自身。庄子《天下》亦提到"建之以常、无、有，主之以太一"，道用直接衔承道体，表现了宇宙论与本体论之间的关联，一个是本体，一个是作用，即有与无之间的统一。我们在思想上的扩展就符合有的这种特点，从有到更有再到尽有。这种道之双回向的作用，无论是自无至有，还是自有至无，都是必备的。一方面是宇宙的开展，另一方面是归根自然，这两者都是永恒的。

再次，就道相而言，道的性质可以分为天然与人为两种，所谓天然，指道的自然本性，意指老子"自然无为""无为而无不为"的特性；所谓人为，指以个人观点妄测道的属性，实为本性与属性之间的差别，就这种本性来说，包含道体与道用两个方面，道体即超本体论的"无"的层次，道用即本体论的"有"的层次。所以说到的本性涵盖"有无"并包括本体与现象。另外一层即"无为无不为"的特点，前者"无为"指回到本源，后者"无不为"指万有在现象界的一切活动，想象与本体和有与无的结合，总之也是包括两者的。如果就属性来讲，他的立足点就从大道变成了人的主观，我们可以从名与实来理解这一点，名与实是有距离的，任何语言都是通过名称与概念来表达的，名不能指实，也是难以避免的事，所以，如果实是代表以道为主的客观，那么名是代表以自我为本的主观，主观不能全然地认识客观，误解也就产生了。以语言的有限性表述道的无限性，这会误解甚至失去道的全体真相。

最后，就道征而言，指"道之具体而微者也"。作为道体的当下呈现，道成肉身的代表即"圣人"基于对自身价值的追求①，从而超越自身的限制。因为作为常人来说，我们会把自己束缚起来，从心理与精神两个方面把自己围困起来，以至于无法认识世界、提升自己，结果就是向下沉沦了，而圣人正与此相反，圣人能够超越局限的自己，充分地提升推广自己的精神。由此可知，圣人不仅具有

---

① 方东美：《生生之德》，台北：黎明文化事业股份有限公司1980年版，第298页。

高尚的理想动机，又具有丰富的热情，这是其能够超越提升的关键，不仅如此，圣人还能感召他周围的人。

二、价值的角度

中国哲学对于宇宙根本之道的追求与探索，象征着最高的价值精神，方东美从价值学与本体论相结合的角度，认为中国哲学是以生命为中心的本体论，从而探求其中宇宙生命流转的价值真相。中国哲学的核心是价值哲学，他对老子哲学的研究是以价值学为切入点的。如果从价值的角度来看，有相对价值与绝对价值两种区分，以此象征着一种不断超越的过程，从相对走向绝对。那么绝对价值如何理解呢？老子说："天下皆知美之为美，斯恶已；皆知善之为善，斯不善已。"生活在现实世界里的我们，这些价值都是所谓的相对价值，老子意在引领我们去实现绝对价值的理想。单从这一点来看，绝对价值是超名言的。这是超越的智慧，只能依靠我们用综合性的概括的语言去加以体悟。既然，我们生存在相对价值充满的经验世界，就必须对此有所辨别。比如说"有无相生"，"玄之又玄"，等等，就是在描述这种绝对与相对的状态。方东美从儒道之间的对比来详细地说明这种状况，如果说儒家是"有之以为利"，那么道家就是"无之以为用"，这里的"有"与"无"就象征着相对价值与绝对价值，所以我们在理解这里的"有"和"无"时，需要加以注意。前一个"有"是相对的，后一个"无"是绝对的。

老子也说："为学日益，为道日损。"前者为有，后者为无，这里也是前后相对的。在现实的经验世界，相对价值的知识是不断累加的，总是后来居上；而从超越的绝对价值的角度来看，这知识却总是同时包含着正确与错误的。这里的"损"就可以视为提炼、提升的意思，将之清澈、提纯。这样的价值总是抽象的难以捉摸的，这可以从一个具体的人事物身上所体现吗？答案是有的，就是老子所说的"圣人"。圣人是与这种超越的价值理想合二而一的人，如老子所说："圣人在天下，歙歙焉为天下浑其心。"圣人以天下人之心以为其心，使得人人为此欢喜赞叹，故有"人无弃人，物无弃物""常善救人，常善救物"之说。从绝对价值的立场来看，方东美主张"以老解老"，这不仅符合客观性的立场，也符合老子的本意。

庄子同样追求宇宙的最高价值，但是他"多多少少受了儒家的影响，把老子这一个超越的道，再回徼到变化的世界里面来"[2]。如果说老子还要种种的相对，到了庄子就更加空灵超脱了。老子是道之双回向，庄子则是一连串的双回向式的无穷序列。从时空的角度来看，庄子形上学之洞见更加驰骋精妙，庄子的道是投影在整个时空之中的，成为他整个精神生命的象征。方东美用实质相对性系统描述"齐物论"之旨,此系统是交涉互溶的,庄子的超脱精神,能够突破种种的限制,从而切入此不可言说之道,这是"天地与我并生,而万物与我为一"的来源。逍遥游的宗旨正是破除人们的一些固定的思想方式,从而达到"寥天一处"的最高境界。一般人是自以为是的,如同掌握着整个世界的真理一样,并不懂得如何反省自己。庄子在精神乃至思想上的真正追求是"至人无己,神人无功,圣人无名"。超脱解放是庄子永恒的话题,人被各种观点所局促,以至于"寥天一"也是一种局促的状态,这在哲学上面就形成了一种固执,如果不能展开的话,则全都是一种变相的错误。生命之观是一个不断扩大的过程,使种种束缚的外在条件,全部变成内在的一种生命自由。把握生命的条件,追求其意义与价值,把精神转变扩大到整个群体,正如同老子所赞扬的上善若水的精神。达到这种境界,首要就要做到"丧我",因为常人多以自我为中心,自以为是。这一点最受道家所批判,放弃小我成就大我就非常重要。无论是身体还是意识、思想等,都需要去除,庄子提出了一种"灵台"的概念,这种意识的中心具有自我反思的功能,从而实现思想的统一与持续,在灵台之上则是"真君",这样的一种精神状态,涵盖一切宇宙的万事、万象,从"未始有封"到"道通为一"继而揭露宇宙的普遍真相与真理。

三、本体的角度

道家不仅关注现实还关注天道自然,本体论是建立在有的世界的。方东美说:"本体就是哲学上所要讨论的根本问题。""形上学者,究竟之本体论也,探讨有关实有,存在、生命价值等。"方东美以本体或者形上学来辨明东西方哲学之间的差异,如果说西方哲学是超绝性的,那么东方哲学就是超越性的,并且其内在与超越是统一的,所以他的现实与理想在一定程度上是统一的。方东美说中国哲学的本体论:"是一个以生命为中心的本体论,把一切集中在生命上。"[①] 生生不息是这一生命的本性,进而参赞天地,化育万物。象征着一种生命超越上升的精神,从本体进而延伸到以生命为本体的哲学。

道家基于此则再向上提升讲超本体论,方东美说:"老子的根本哲学,不能够拿寻常的本体论来概括,而应当在本体论上面再有所谓的超本体论。"[②] "透过超本体论看出其隐藏一切表相之后的最后真相,这就是道家之道。"[③] 这是用以描述在万有的根源处,另有"无"的领域。无并非虚幻,而是超绝于现象与名

---

① 方东美:《原始儒家道家哲学》,台北:黎明文化事业股份有限公司1987年版,第158页。
② 方东美:《原始儒家道家哲学》,台北:黎明文化事业股份有限公司1987年版,第204页。
③ 方东美:《原始儒家道家哲学》,台北:黎明文化事业股份有限公司1987年版,第30页。

言之外，作为宇宙的真正源头。我们可以把有理解为老子所说的"万物之母"，那这样的一个"万物之母"的背后又是一个什么样的存在呢？即老子开头所说的："道可道，非常道；名可名，非常名。"方东美是从儒道之间的对比来说明这一问题的，他的观点认为，儒家的思想是从"万有"这一方面出发的，进而追求"万有存在"的理论效果。老子的不同正如他所说的："为学日益，为道日损。"儒家是从"为学"的角度，在"有"之上追求更有、再有、最有。而老子则相反，将整个局面调转了过来，找出了另外一个发展的方向，即"万有而至无"，追求万有的根源在何处？这种反向追寻的方式，并不仅仅立足于简单的本体论的角度，即他所提出的"非本体论"或者"超本体论"，单纯从本体论的角度来说，已无法完全解释老子的道了，这里的道即万有的根源。其后的庄子更是追求一种"逍遥乎游乎无限之中，遍历层层生命境界"，从精神上追求彻底的解脱，寓言化的语言体系即在说明精神解脱的重要性，使人精神升华进而与道合一，可以说庄子把老子的"超本体论"发挥到了极致。

这与现代的学者把老子的"道"当作本体论的研究方式不同。本体论在方东美看来依然是在"有"的世界打转，顺着这个"有"不停地推转下去，只会使事实真相变得越来越复杂、混乱。方东美一刀斩乱麻，将"有"的世界一下摒除，让我们去体会在这"有"之后的"无"。这是方东美立言"原始道家"的宗旨所在。

四、结语

方东美所提及的这些理论，最终都是为了实现其理想的价值追求，即理想化与圆满无缺的人格。正如《庄子·天下》所说："古之人其备乎！配神明，醇天地，育万物，和天下，泽及百姓，明于本数，系于末度，六通四辟，小大精粗，其运无乎不在！"面对中国哲学的超越性与西方哲学超绝性的不同，只有发挥自身广大和谐的思想，才能救助其二元对立的缺失。

参考文献：

[1] 方东美. 中国人生哲学 [M]. 北京：中华书局，2012.

[2] 方东美. 方东美先生演讲集 [M]. 北京：中华书局，2013.

[3] 蒋国保，余秉颐. 方东美哲学思想研究 [M]. 北京：北京大学出版社，2012.

梅冲《离骚经解》的儒学阐释

吴利妹

摘　要： 梅冲《离骚经解》的儒学阐释主要包括四个方面：本孝作忠、正己正人、大人格君、以身殉道。梅冲以儒家学说阐释屈原的思想和行为，观点鲜明，自成体系。梅冲的儒学阐释不一定符合屈原的实际情况，但它是清代楚辞经学阐释的重要内容，反映出清代楚辞经说的一些特征。梅冲以儒学阐释屈原及《离骚》，有助于加强《楚辞》的经典地位，有利于《楚辞》在清代的发展与传播。

关键词： 梅冲；《离骚经解》；儒学阐释；本孝作忠

清嘉庆年间宣城人梅冲作《离骚经解》[1]，在楚辞学界关注不多，未能引起重视，但它是清代为数不多以经学阐释为主的楚辞学专书，在《楚辞》经学阐释史上具有重要意义。梅冲以儒说阐释屈原的思想和行为，观点鲜明，如其《自序》曰："屈子之志，比干、夷齐之志也。其修己事君，正己正人，天下无道，以身殉道，则孔孟之学也。一篇之中，反复参究，除舍生杀身而外，无可自安焉。盖义精仁熟矣，而曰未学于北方也哉？"驳斥朱熹论屈原"不学北方"之说，认为屈子是真正的孔孟之徒。梅冲受到李光地《离骚经注》[2]、方苞《离骚正义》[3]的影响，以儒家学说来阐释《楚辞》，反映了清代《楚辞》经说的一些特征。本文就这些问题展开论述，以引起学界关注。

一、本孝作忠

梅冲《离骚经解》提出"本孝作忠"的思想，其自序曰："本朝方氏望溪《正义》，张氏松南《节解》，为能得其大意。张氏更详，而逐节平衍，亦未能会其神明，揭其奥酝，屈子之真，仍未得也。兹为明画段落，曲批綮会，词不厌烦，并不避俗，期文之明，以明屈子之心，而得人子人臣之道焉。"梅冲在评价

作者简介：吴利妹，安庆师范大学图书馆馆员。

前贤的基础上，指出屈原得"人臣人子之道"，并进一步指明："其为道，则在本孝作忠，先自治然后治人。以尧舜三王所以为君为国，厚责于己而责难于君，正君心植人才，得古圣事君之大端矣。"所谓"本孝作忠"，即以孝为忠、忠孝为一。梅冲认为屈子身上，体现了忠孝一体的特征。

儒家学说里，忠与孝是连在一起的，如明黄文焕《楚辞听直》序言："五经均劝人以忠孝。"[4]儒家经典里"事君"与"事父"往往同时出现，如《孝经·开宗明义第一》："夫孝，始于事亲，中于事君，终于立身。"[5]又如《论曰·阳货》："子曰：'迩之事父，远之事君。'"[6]185《论语·学而》："子夏曰：'事父母能竭其力，事君能致其身。'"[6]5再如《礼记·丧服四》："资于事父以事君。"[7]548出则事君，入则事父，成为中国古代传统文化的忠孝理想的范式。

梅冲即以这种理想范式来做阐释，如《离骚》首节梅冲论曰："屈子之事，不死则去，而所以必死者，以无所去之义故也。首明与君共祖，世有令名，与国同休戚，不能舍而他适之故，即定于此。不是漫叙世系，次节重序父命，而别解名字之义，以见己之必精体力行，终身持守不变，有以善成斯义，方为不负父命，尽忠所以尽孝，此骚经之本也。"梅冲认为屈子家国一身，忠孝一体，事父即事君，尽忠即尽孝，并以之为《离骚》全诗的根本。

以"忠孝"思想来阐释屈原，在明末清初比较盛行，如明李陈玉《楚辞笺注》："屈子千古奇才，加以纯忠至孝之言，出于性情者，非寻常可及。"[8]清刘献庭《离骚经讲录》总论："屈子即为楚国之宗臣，则国事即其家事，尽心于君，即是尽心于父。故忠孝本无二致。然在他人，或可分为两，若屈子者，尽忠即所以尽孝，尽孝即所以尽忠。名则二，而实则一也。是故《离骚》一经，以忠孝为宗也。"[9]他们的这种思想形成，主观上有时代背景的原因，客观上则是屈原圣人化过程的使然。在这个过程中，清代皖籍学者包括方苞、吴世尚、梅冲等，都起到了重要的作用。

二、正己正人

梅冲在《离骚经解》里，提出了屈原先正己后正人的观点，如"纷吾既有此内美兮"一段，梅冲论曰："是自己本领，先自治而后治人，乃正己之学，所以为导君先路之本，即所以不可变之实也。"梅冲阐释的"正己之学"，即为儒家的道德之学，如《论语·卫灵公》："君之求诸己，小人求诸人。"[6]166子曰："躬自厚而薄责于人。"[6]165《论语·子路》："其身正，不令而行；其身不正，虽令不从。"[6]136孟子也继承了这种思想，如《孟子·离娄上》："爱人不亲，反其仁；治人不治，反其智；礼人不答，反其敬。得有不得者，皆反求诸己；其身正，而天下归之。"[10]156《孟子·尽心上》："反身而诚，乐莫大焉。"[10]316他们反复宣扬的正人先正己的思想，是"正己之学"的主要内涵。

梅冲在《离骚经解》里提出的屈原"正己"，主要包括两个方面，一是"正己之德"，即反省自己的道德修为，如"悔相道之不察兮"一节，梅冲引管翼之曰："横逆之来，君子必自反矣，况不得于君父者乎？故屈子悔其视道之不明，欲退而修其初服，至于芳泽杂糅，昭质不亏，则内省可无咎矣。盖不如是，则君子责己有不至，必如是，则自信乃愈笃矣。"论屈子现实遭遇艰难，反思自己德行无亏，更加坚定自己的信念。二是"正己之才"，反思自己的才能，是否具有事君治人的本领，如"朝搴阰之木兰兮，夕揽洲之宿莽"句，梅冲论曰："'朝夕'写出若不及之意，圣学'朝乾夕惕'，汲汲孜孜，必先保其内美，而精修治，以增益所不能，而后可以言事君治人也。"所引"圣学"为《周易·乾》："君子终日乾乾，夕惕若厉。"[11]形容终日谨慎勤勉，不敢懈怠。梅冲论屈原努力增益自己的才能，为事君治人做准备。

梅冲以儒家的正人正己的思想来阐释屈原，几乎贯穿全篇，如其序曰："屈子之志，比干、夷齐之志也。其修己事君，正己正人。"梅冲的这种阐释，把屈原纳入儒学的系统，冲淡了屈原反抗斗争的精神。如班固论屈原："责数怀王，怨恶椒、兰，愁神苦思，强非其人，忿怼不容，沉江而死，亦贬洁狂狷景行之士。"[12]49虽有过激但不无道理，梅冲则论以"厚责于己而责难于君"，强化屈原的"责己"，淡化了屈子的"忿怼"。梅冲以"正己之学"阐释屈原的思想和行为，在楚辞学史上比较独特，值得引起注意。

三、大人格君

这是梅冲在《离骚经解》里阐释的事君之道。梅冲在《离骚》第六节引管翼之曰："武侯之告君，不外三语，曰亲贤人，曰远小人，曰开张圣德（笔者注：应为'听'），不宜妄自菲薄。屈子之道亦如此，法尧舜之耿介，惩桀纣之昌披，开张圣德（听）之说也。植众芳，亲贤臣也；斥党人，远小人也。大臣事君之道不外此焉。然唯君德（听）不开张，然后君子退小人进，故屈子以此事首归责于君听之中，此孟子'大人格君'之学也。"梅冲把《离骚》中屈子事君之道归结为孟子"大人格君"之学。

据《孟子·离娄上》："人不足与适也，政不足间也；唯大人为能格君心之非。君仁，莫不仁；君义，莫不义；君正，莫不正。一正君而国定矣。"[10]174朱熹注："大德之人，正己而物正者也。"[10]174赵歧注："独得大人为辅臣，乃能正君之非。"[10]174梅冲认为，屈子对君王的谏诤，就是"大人格君"。梅冲在《离骚经解》具体阐释为"正君心"，如其《自序》曰："正君心植人才，得古圣事君之大端矣。"又如"余既不难夫离别兮，伤灵修之数化"句，梅冲论曰："此言己之尽诚以格君，而君心中道变易也。"又如"余固知謇謇之为患兮…余既滋兰之九畹兮"两节，梅冲论曰："两节各八句，皆用余字起，以伤灵修。哀众芳结，明明对举，盖正君心，植贤才，是大臣第一义故……使大臣事君之道昭著天壤。"又如"荃不察余之中情兮，反信谗而齌怒"句，梅冲论曰："二句是己事君之正面。奔走先后，欲其君追蹑古圣王遗迹。《孟子》所谓'责难陈善，能敬其君'者也。"据《孟子·离娄上》："事君无义，进退无礼，言则非先王之道者，犹沓沓也。故曰，责难于君谓之恭，陈善闭邪谓之敬，吾君不能谓之贼。"[10]151这些论述在于格君心之非，达君心之道。

梅冲还论述了"大人格君"而"圣听不开""君心不达"的情况，如论巫咸言："巫咸之言，隐跃不发，但泛论君臣遇合之道，在矩镬之同，果有如古圣贤好修之君，自然有合原。"巫咸让屈子耐心等待"好修之君"。又如梅冲总论灵氛、巫咸之说："设为灵氛、巫咸之说，而己答之之词也。后人所谓'以彼其才游诸侯，何国不容'。屈子宁不计及……滔滔者天下皆是也，所谓直道而事人，焉往而不三黜？枉道而事人，何必去父母之邦！并不说父母之邦不可去，盖本无可往，说不到义之不当去也。"据《论语·微子》："柳下惠为士师，三黜。人曰：'子未可以去乎？'曰：'直道而事人，焉往而不三黜？枉道而事人，何必去父母之邦？'"[6]192梅冲引圣人之言，认为屈原在"圣听不开"的情况下，仍然要以"直道事君"，不必离开楚国。

王逸《楚辞章句》论屈原对君王的谏诤，给予很高的评价："今若屈原，膺忠贞之质，体清洁之性，直若砥矢，言若丹青，进不隐其谋，退不顾其命。此诚绝世之行，俊彦之英也。"[12]48梅冲以"大人格君"论之，阐释为"事君之道"，弱化了屈子的"激烈谏诤"的精神，"事君以道"应受到方苞《离骚正义》的影响。方苞《离骚正义》强调臣子以"古道事君"，对"君道"却没有提出要求，这是由方苞自身的经历所决定的。孟子的"大人格君"之说，本身就强调"君道"，"一正君而国定矣"，所以梅冲在论述"屈子格君"之时，提出了"首归责于君听""君心中道变易""亦愿君之及时并修也"等，论述"事君之道"的同时，也对就"君道"提出了批评。仅就此而言，梅冲以孟子"大人格君"之学阐释《离骚》，有其积极的意义。

四、以身殉道

以身殉道，是自孔子开始就有的儒家的悲剧的斗争精神。孔子曾叹曰："吾道衰矣。"又曰："道不行，乘桴浮于海。"[6]43孟子亦明言："天下有道，以道殉身；天下无道，以身殉道。"[10]349梅冲在《离骚经解》里，也以这种精神阐释屈原，如其《自序》曰："迨遇谗而废，则又反复于前世之治乱得失，以明道之无可变，而腾天入渊，千回百折，必欲斯道之上达于君。君终不寤，乃誓以身殉，而痛斥干时变道者之非，以明己之必无可他往，惟以身殉道，明道之无可变。"梅冲具体阐释屈原的"以身殉道"，包含了三个层次。

首先是"道不可变"。屈原所坚守的道和儒家一样，都是一种不可更改的理想和信仰，如"不量凿而正枘，故前修以菹醢"句，梅冲论曰："道不可变，以此事君，虽死不变。余初固未尝误，而无可悔也。"又如"女嬃"一节，梅冲论曰："因女嬃之言，而历陈古今治乱兴亡之故，以明道之必无可变……道不可变，而与时不合，甘以死守之，至菹醢而不悔。"同时梅冲阐释痛斥贤愚皆变的"无道之世"，如"虽体解吾犹未变兮，岂余心之可惩"句，梅冲论曰："屈子之世，非自变而从时，则万无见用之理。天下滔滔，贤愚皆变，后段所痛诋者是也，屈子欲用世而断不能自变。"又如第五段梅冲论曰："盖不变而求进，则宜进而断不能进；变而干进，则无不进而断不可进。痛斥无道之世，仕进者之不堪如此，使第三段不可变之意，从反面激射愈透。"这些阐释皆表现了屈子坚持"道不可变"的决心。

其次是"求道上达于君"，欲能"开张圣听"，而望"君之我用"，如"求下女"节，梅冲论曰："是君不可见，冀得君之左右而通之。所谓无人乎穆公之侧，则不能安子思也。且欲以为政，必朝有志同道合者，而后可有为。故不惮屈意求之也。"以"求下女"为求能通君侧人。又如"重华陈词"节，梅冲论曰："而所以死者，非以己之见废也，以君不得此道，则不得用此下土，而同乱亡之辙也。然则一斥而即止，不复求所以自达，岂所以为修道哉？故曰'不量凿而正枘，故前修以菹醢'，乃明知其不可为而为之，欲效比干之以死诤，是必复求仕进，使斯道上通于君。"向重华陈词，更加坚定屈子达道于君的决心。再如"虽体解吾犹未变兮，岂余心之可惩"句，梅冲论曰："只有一死而已，然须臾未死，未尝不冀君之一悟，俗之一改也，则犹望君之我用也。"梅冲论屈子"求道上达于君"，也是表明屈子对道的坚守。

最后是"以身殉道"。道既不可变，又终不能上达于君，屈子只有一死而殉道。梅冲论屈子"以身殉道"的语言逐处可见，如"闺中既已邃远兮，哲王又不寤"句，梅冲论曰："盖君虽见弃，而己竟无一腔至诚，恻怛缠绵，固结必不可解之意，婉转求达，而决然以死，屈子之心岂若是恝哉？"又如"芳菲菲而难亏兮，芬至今犹未沫"节，梅冲论曰："而己之急抱告君之忱，万不能进达，又不能忍而与之终古也。"又如屈子"上下求索"无果，梅冲论曰："正孤忠不能自已者，加此一番钻天入地、百折不磨之精诚，而终归无益，庶可以告无憾而即死矣。"又屈子"向重华陈词"节，梅冲论曰："至于智穷力竭，必不可通，而后死方毕，以身殉道之初志也……前只说所处时势之当死，此乃言以死事君而殉道也。"

梅冲在《离骚》"乱曰"一段，综合了阐释了屈子守道、达道及殉道。梅冲论曰："乱语直接痛快，收束通篇，别无剩义。国无人莫我知，是灵修数化、哲人不寤、党人娱乐、竞进贪婪、混浊嫉贤、时俗从流、众芳皆变之总结也。既莫足与为美政，则三段四段之正旨，守道不变，冀以中正悟君，上下求索，解佩结言，而莫非蔽美嫉妒之人之总结也。又何怀乎故都，谓死也，非谓往他国也。从彭咸之故，惟在此二者，结出莫足与为美政。屈子之心，昭然若揭日月矣。传称冀幸君之一悟、俗之一改者，太史公为深得屈子之心。"至此，梅冲完整阐释了屈子"以身殉道"的过程。

五、结语

梅冲《离骚经解》用典型的儒家思想进行阐释，并自成体系。此外，梅冲阐释还多用儒家典故和语言，如"彼尧舜之耿介兮，既遵道而得路"句，梅冲论曰："《日知录》：尧舜只是耿介，同流合污不可以入尧舜之道矣。非礼勿视听言动，是谓耿介。"用儒学语言解释词语。又如"麾蛟龙以梁津兮，诏西皇使涉予"句，梅冲论曰："点西皇二字，即西方彼美之思也。意唯西周盛天子能济斯世而涉我耳。屈子胸中境界固不在孔孟以下。"再如"前望舒使先趋兮，后飞廉使奔属。鸾皇为余先戒兮，雷师告余以未具"句，梅冲论曰："鸾皇先戒，凤鸟飞腾，犹孔子先以子夏，申以冉有之意。使为之揄扬作先容也。"此论出《礼记·檀弓上》："昔者夫子失鲁司寇，将之荆，盖先之以子夏，又申之以冉有。以斯知不欲速贫也。"[7]308梅冲用儒家学说阐释屈原及其《离骚》，并不一定符合实际情况，但是，《楚辞》的经学阐释从淮南王刘安开始就从没有中断，到清代更是达到高峰，无论这种阐释是否真实可信，它都是楚辞学史上不可忽略的存在；梅冲《离骚经解》和李光地《离骚经注》、方苞《离骚正义》，共同构成清代《楚辞》经学阐释的重要内容，有助于加强《楚辞》的经典地位，有利于楚辞在清代的发展与传播；清代楚辞的经学阐释和文学阐释都达到高峰，二者有机融合，共同促进了骚旨阐说的发展。由此而言，梅冲《离骚经解》的儒学阐释，也具有不可忽略的意义。

参考文献：

[1] 梅冲. 离骚经解 [M]. 嘉庆二十年刊本.

[2] 李光地. 离骚经注 [M]. 四库全书存目丛书集部第二册. 济南：齐鲁书社，1997.

[3] 方苞. 离骚正义 [M]. 乾隆十一年方氏家刻《望溪全集》本.

［4］黄文焕撰．楚辞听直［M］．徐燕点校．南京：南京大学出版社，2017：2.

［5］阮元校刻．十三经注疏［M］．北京：中华书局，1980：2544.

［6］杨伯峻．《论语》译注［M］．北京：中华书局，1980.

［7］陈成国点校．周礼·仪礼·礼记［M］．长沙：岳麓书社，1989.

［8］李陈玉．楚辞笺注［M］//续修四库全书集部1302册．上海：上海古籍出版社，2002：2.

［9］刘献庭．离骚经讲录［M］//黄灵庚主编．楚辞文献丛刊（第53册）．北京：国家图书馆出版社，2014：333-334.

［10］许登孝．孟子导读［M］．成都：四川辞书出版社，2003.

［11］周明邦主编．周易评注［M］．北京：中华书局，1995：194.

［12］洪兴祖．楚辞补注［M］．北京：中华书局，1983.

东至周氏与"百年启新"的发展历程透视

何恩情　檀江林

摘　要：本文通过对文献史料的爬梳与钩沉，厘清启新洋灰水泥公司诞生、变化、发展、蜕变的百年全景式发展脉络，阐述安徽周氏家族四代人在启新洋灰公司不同发展阶段中的重要贡献。"百年启新"，包括三层含义：企业名称是"启新洋灰水泥公司"；安徽东至"周氏家族"历经百年盛衰，在时代发展潮流中，不断获得新生；作为一家中国民族企业的"百年老店"，不断见证新的发展辉煌。从启新洋灰公司在近代民族企业发展史上的地位来说，对启新洋灰公司发生发展的历程做深入探析，无疑具有现实的启示意义。

关键词：周氏家族；启新洋灰水泥公司；发展历程

安徽东至的周氏家族是中国近代名门望族之一，堪称安徽版"大宅门"。由周馥开始连续五代皆才俊辈出，家族蔚然鼎盛之风绵延逾百年。周氏家族创建了中国近代史上第一家水泥企业"启新洋灰水泥公司"。该公司具有 120 多年的传承史，是中国第一桶水泥诞生地，曾经是中国最大的水泥企业。启新洋灰公司不只在旧中国水泥业界占有重要地位，在中国近代民族工业的发生发展上也具有很大的代表性，其发展变化能反映民族工业的发展演变过程。[①] 该公司历经清末、北洋政府、民国政府、日本统治时期、解放战争时期，直至中华人民共和国成立。中华人民共和国成立后，启新洋灰水泥公司相继获得毛泽东、刘少奇、周恩来、朱德等老一辈无产阶级革命家的视察，至今仍为中国现代化事业做贡献，是近代民族工业的方向标之一。

一、破茧而出——周馥奠定百年基业（1889—1907）

清朝末年，由于经济发展的需要，水泥需求日益增长，而国内没有一家水泥

作者简介：何恩情，合肥工业大学出版社编辑，合肥工业大学 2012 级思想政治教育专业硕士研究生；檀江林，合肥工业大学马克思主义学院教授，硕士生导师。

①　南开大学经济研究所. 启颏洋灰公司史料 [M]. 北京：三联书店，1963.

生产企业，全部依赖进口，价格昂贵。为此，开平矿务局总办唐廷枢，报请北洋大臣直隶总督李鸿章批准，利用唐山石灰石为原料，在唐山大城山南麓，占地40亩，于1889年建成唐山细绵土厂（英文水泥 Cement 一词的译音）。这是国内第一家民族水泥企业，也是启新水泥厂的前身，中国第一桶水泥就在这里诞生。因初建时产品成本高，质量次，连年亏损，细绵土厂不得不在1893年停产。

甲午战争以后，民族危机深重，在设厂自救的呼声中，1900年，近代知名实业家、开平矿务局会办周馥着手恢复细绵土厂，成为我国第一家立窑水泥生产企业。同年，由于开平矿务局被英国投机家骗占，细棉土厂落入英资之手。作为东至周氏家族百年基业的奠基者，周馥不仅是李鸿章最为倚重的心腹铁幕和袁世凯最贴心的儿女亲家，也是位高权重的封疆大吏，更是洋务运动的主要推动者和实际操盘人。自周馥投奔李鸿章后，他的家族从安徽东至偏僻山村崛起。1906年，在周馥及其子周学熙的努力下，细绵土厂收回自办，并改名唐山洋灰公司，继又定名为"唐山启新洋灰股份有限公司"。采用当地北大城山石灰石和唐坊黑黏土为原料，并购进丹麦史密斯公司的先进回转窑、球磨机等设备，采用干法生产，代替立窑等落后设备，开创我国利用回转窑生产水泥的历史。[①]

二、砥砺前行——周学熙构建层级职能管理体制（1908—1914）

如果说周馥是百年启新的奠基者，那么周学熙便是闻名遐迩的实业救国者。周学熙是周馥之子，被誉为"北方实业巨子"，和江苏的状元实业家张謇并称为"南张北周"，为中国民族工业的发展立下汗马功劳。[②] 为帮助企业更快发展，为实现实业救国的毕生梦想，周学熙建构系统而完备的层级职能管理体制，这种精干而系统的管理体制，成为启新洋灰笑傲中国水泥市场的重要助推器[③]。

层级职能管理体制的最大特点是权力集中于企业最高层，实行层级化的集中控制。企业生产经营活动，按照职能的不同，分成若干管理部门，每个部门实行职能分工，以适应企业社会化大生产的需要，它包括两个层面，即高度统一的领导核心和分权制衡的组织系统。周学熙负责启新洋灰的日常生产、经营及销售，形成了高度统一的权力核心，形成高层领导的集权化，既有效避免股东间意见分歧的干扰，便于统一管理和有效决策，更大大提高了企业决策效率。他在10多年的时间里能历任总理，也表明了周学熙本人确有非凡的经营才干和领导才能。

启新洋灰之所以能垄断中国近代国内水泥市场，关键在于周学熙构建集权与

---

① 汪敬虞. 中国近代工业史资料（第二辑下册）［M］. 北京：北京：科学出版社，1957.

② 冯云琴. 周学熙与启新洋灰公司［J］. 领导之友，2000（3）：5.

③ 张鸿祥，马陵合. 略论周学熙实业集团的经营管理思想［J］. 南开大学学报，1992（2）：42.

分权相结合的层级职能管理体制，高层领导集权化，公司、工厂及各科室之间则采取分级管理，但同级之间又实行分权制衡的原则，这样公司就可以快速、有效决策，各部门主管人员职责分明，又不可能绝对控制所辖之部、科，层级职能管理体制成为中国近代工业企业大规模生产的基本组织形式（图1）。

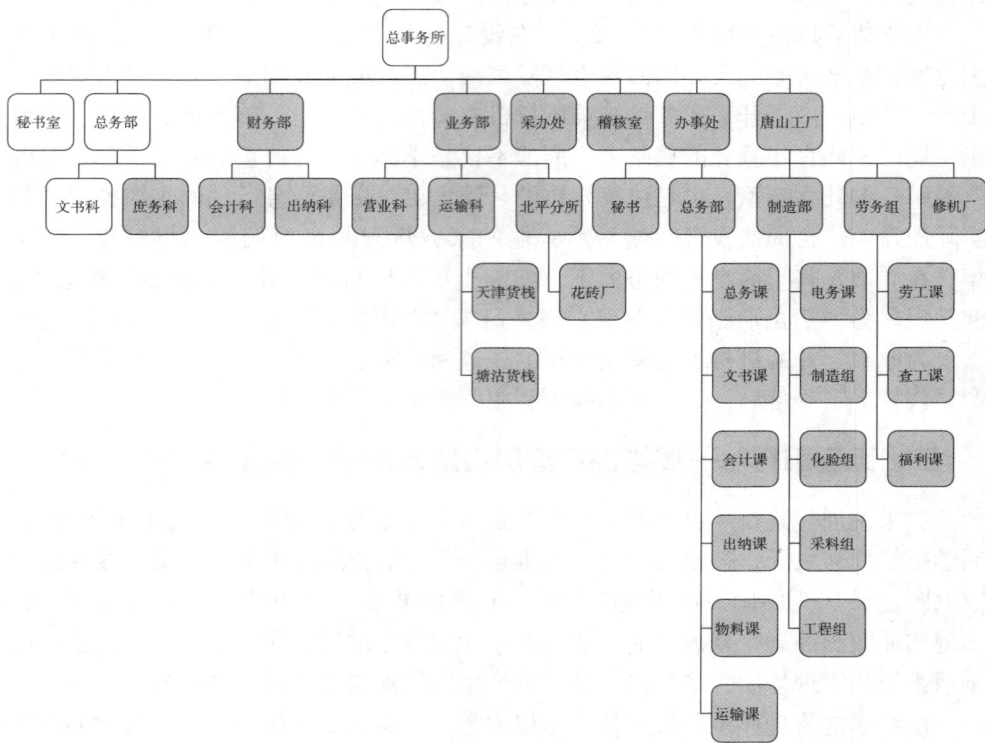

图1　周学熙构建的经营管理系统模型①

三、峰回路转——周明泰苦心经营（1915—1937）

后来，周学熙将经营事务交给长子周明泰。周明泰治理期间，沿用之前的层级职能管理体制。在其苦心经营下，启新洋灰不断经营壮大，在水泥界崭露头角。20世纪初广泛用于国内各大工程，如北平图书馆、上海外滩、中山陵、京张铁路等，曾垄断国内水泥市场，成为中国民族工业一颗闪亮的明星。

---

① 黄清根. 周学熙企业管理思想简论［J］. 华东师范大学学报（哲学与社会科学版），1992（3）.

1915 年，启新洋灰相继获得巴拿马国赛会头奖、中国农商部国货展览会特等奖。1919 年以前，它是中国独家水泥厂，在国内所销售的水泥占全国总量的92.02%。1929 年，启新洋灰再次获天津特别市国货展览会特等奖，连获省优、国优和国家银质奖。

1933 年 5 月，唐山开始沦为保留中国行政权的日本控制地区。为了应对战局的变化和保存启新水泥生产能力，周明泰本打算将工厂迁往南京，全力支持抗战，并开始筹建南京江南水泥厂。但由于时局突变，所有计划都付诸东流。1934，由于沉重的税赋，加上外货入侵，启新洋灰遭到严重破坏，加之国内不少新建水泥厂纷纷上马，日常生产经营已由高峰逐渐开始走下坡路。1937 年，"七七事变"揭开了全面抗战的序幕，这在很大程度上改变了启新洋灰的成长史。日本丸红株式会社开始介入日常经营事务，启新洋灰的水泥生产和销售遭受严重破坏[①]。

四、曲折前进——周叔弢锐意改革（1938—1949）

1938—1949 年，周学海的三儿子周叔弢执掌启新洋灰公司，先后担任董事、协理、总经理、董事长，成为我国北方民族工业的代表人物，为中国水泥业的建设及发展殚精竭虑、呕心沥血。他亲眼看见旧中国水泥业江河日下的现状，决心振兴民族工业，走实业救国道路，努力使华北的水泥业与江南同行并驾齐驱，共同抵制日本的入侵和排挤。他锐意改革，更新设备，增添喷雾设备，改进车间照明，改革管理制度。

日本人为了独占中国市场，对中国民族工业采取种种限制手段，先是要收买，周叔弢重民族气节，富有爱国心，对日方要求不予理睬；日本人不肯善罢甘休，以"不合作不能保证工厂安全"相威胁，又提出以"合作方式"入股，周叔弢故意拖延，甚至暂回天津，居家不出。日伪为逼他就范，用高额统税来压垮他，致使启新洋灰所辖各厂陷于困境。而周先生不畏强暴，毅然拂袖而去，拒绝与日本人合作，辞去总经理职务，回到天津。后来，日伪政权多次登门请其出山，均遭拒绝。周叔弢对抵制日本帝国主义的经济侵略，维护我国的民族独立，做出了一定贡献。1944 年，启新洋灰所属的公司协理病故，常务董事们邀请周先生再次出山，1945 年 7 月，"周叔弢又任我公司协理职务，不久升任总经理"[②]。

1949 年前夕，中共天津党组织负责人通过地下党，向周叔弢先生介绍天津

---

① 孙玉杰. 近代民族企业中的官商关系探析——以启新洋灰公司为例 [J]. 云南财贸学院学报（社会科学版），2006（06）.

② 宋美云，张环. 近代天津工业与企业制度 [M]. 天津：天津社会科学院出版社，2005.

和唐山即将解放的形势和共产党的城市政策。周先生开明地表示，他对中国共产党有了解，坚定表示"绝对不走！"当时天津工商界人士思想复杂，顾虑颇多，是跟国民党撤到台湾，还是留守天津，举旗摇摆难定。周叔弢先生身体力行，率先表态，坚决留在天津不走，稳定了工商业界上层人士留守天津的思想，保存了天津工商业的实力。①

1949 年，刘少奇代表中央来天津传达党的七届二中全会精神，接见了包括周先生在内的资本家，对周叔弢为发展民族工业所做的努力和贡献给予肯定评价，并鼓励他多办工厂，为繁荣经济做出更大贡献。周先生深受鼓舞，同时也向党倾吐心声，受到了刘少奇的赞扬。解放军占了天津、北京后，周叔弢还把美元主动从美国账户调回来。当时新生政权缺外汇，其他资本家都想设法卷着钱赶紧跑，他反而把钱主动调回来，作为进步的民族资本家，愿意跟新政权合作，党和政府对周先生非常关心和尊重。1949 年 9 月，他参加了中国人民政治协商会议第一次全体会议，参与讨论中国共同纲领与组织法，参与确定国都、国旗、国歌等大事。

五、华丽转身（1950 年至今）

1950 年，周叔弢以主管工商工作的天津市副市长身份，参加全国七大城市工商局局长会议。其间，毛泽东在中南海单独接见了他，手中拿着周叔弢在会上的发言稿，垂询天津工商业情况，并希望他教育工商业者在党的领导下，共同走社会主义道路。离开时，毛泽东还将他送到大门口，并派秘书用自己的车送他回到寓所。其后，周叔弢还多次参加全国人大和政协会议。后历任天津市工商联主任委员，天津市人大常委会副主任，全国工商联副主任委员，第二届全国政协常务委员，第六届全国政协副主席，第一、二、三、四、五届全国人大常委会委员。

1954 年，全国开始推行公私合营计划。1954 年 2 月 22 日，毛泽东在北戴河会议返京途中，专列停靠唐山，临时决定来启新洋灰所属公司视察。当天下午 3 时许，毛泽东先来到烧成车间 8 号窑与工人师傅亲切交谈，然后，他接见了厂党委书记赵光和副总经理奻南笙。毛泽东问："搞合营舍得不舍得？"奻南笙回答："我立即向董事会汇报。"毛泽东勉励他们"好好学习，努力工作"，随即返京。身在天津的周叔弢听取了汇报后，心潮澎湃。正是此次视察，加速了启新公私合营的进程。1954 年 4 月 21 日，周叔弢代表启新资方正式向唐山军管会提出公私

---

① 罗澍伟. 近代天津城市史［M］. 北京：中国社会科学出版社，1993.

合营申请书。8 月，由中央重工业部牵头，成立了公私合营启新洋灰公司，更名为唐山启新水泥厂，周叔弢出任董事长，成为全国首家公私合营企业。由个别企业的公私合营发展到全行业的公私合营，是完成对资本主义工商业社会主义改造的决定性步骤，以"启新洋灰"的深厚影响力，其率先完成改造，震动全国工商界。合营后的启新洋灰，融入了新的社会形态。1958 年，新增东风窑一台，泥磨三台，距上次扩充规模已整整间隔了 17 年。1966 年，启新洋灰公司的实际年熟料产量为 51 万吨，水泥产量 63.2 万吨。

中华人民共和国成立后，启新洋灰公司仍旧连续多年在国内保持领先地位。1959 年国庆十周年时，"马牌"水泥不仅在北京建造人民大会堂、历史博物馆等"十大建筑"中崭露头角，更出口到欧洲、韩国、日本以及东南亚多国，赢得广泛赞誉。启新洋灰公司员工更创造了为抗美援朝捐献飞机、1976 年大地震后当年复产等一系列奇迹。1979 年 1 月 17 日，邓小平邀请周叔弢等五位工商界元老，在人民大会堂聚会，听取国家建设的好建议，再次彰显共产党与民主人士"肝胆相照"之情。

在业界同仁眼中，启新洋灰生产的"马牌"水泥达到国际先进水平，内控质量指标高于 GB175—99 国家标准，并具有硬化速度快、早期强度高，抗腐蚀性能好以及对添加剂的广泛适应性等特点，1995 年 4 月，启新洋灰与香港越秀企业（集团）有限公司合资，组建"唐山启新水泥有限公司"。新的经营机制又为其注入生机和活力，"百年老店"旧貌换新颜，1998 年启新洋灰通过 ISO900 质量体系认证，1999 年国庆五十周年时，启新洋灰生产的"马牌"水泥，在天安门广场改造工程中屡建奇功。但由于历史原因，启新洋灰成为全国少有的地处市区的大型水泥企业，环境污染严重威胁到企业生存，制约了其持续健康发展，甚至成为唐山市灰白黄黑 4 条烟龙中有名的灰龙，日排尘量一度达到 200 吨，给唐山这座凤凰城蒙上了灰尘。

2008 年 12 月 19 日上午 11 时许，伴随着巨响，启新洋灰公司日产 2000 吨熟料水泥生产线开始爆破拆除。伴随着升腾而起的尘烟，启新洋灰所属的两座烟囱轰然倒塌。这座 1889 年建成，曾经出产中国第一袋水泥的百年老厂正式开始了拆迁，既为唐山市民留下一片洁净，也即将完成启新洋灰自身的涅槃重生。

2009 年，冀东水泥集团收购了具有百年历史和"中国水泥工业摇篮"之称的启新洋灰公司 51% 的股权，投资建设日产 4000 吨新型干法熟料水泥生产线"唐山冀东启新水泥有限责任公司"。伴随着所属最后一个 8 号窑的停产，启新洋灰自 1989 年建厂以来，横跨三个世纪，已经连续生产了 120 年，成为名副其实的"百年老店"。2010 年 10 月 28 日，启新洋灰新公司一次成功点火，实现了中国水泥工业发展的历史传承。新公司位于唐山市古冶区外环路北侧，卑家店域山启新石灰石矿山附近。新公司 1 公里石灰石皮带长廊蜿蜒起伏，东西顺畅的生产线布局，合理的散装、包装出厂，优美的厂前区设计，无不给人留下深刻印象。

2011 年 8 月，在启新洋灰原来的老厂所在地，"中国水泥工业博物馆暨启新1889 文化创意产业园博物馆"展陈中心建成，百年启新正华丽转身。加建在水泥窑窑头的展陈中心，与整个博物馆园区遗存的工业建筑风格一致，浑然一体，淡灰色基调让整座建筑充满厚重感。[①] 展陈中心共分五层，分别展示世界水泥史和中国水泥史的发展进程，尤其是启新洋灰公司作为中国水泥工业摇篮的百年嬗变历程。博物馆是集纳中国近代工业文化的一个标志性工程，不仅是对启新洋灰120 年历史文脉的最好传承，更填补了作为世界第一水泥生产大国，在水泥工业历史研究和水泥文化传播上的空白，对于弘扬中国近代工业文明、延续工业历史文脉、放大城市文化功能具有重要的意义。

六、百年老店发展的启示

其一，周氏家族代代相传的管理理念助推了启新洋灰公司的发展壮大。启新洋灰公司组织制度的构架一脉相承，既增强了企业经营方略的延续性和可持续性，又增强了公司的凝聚力和向心力，提高了其抵御外部市场风险的能力。启新洋灰的百年成长蝶变史，同样是安徽东至周氏家族几代人的百年沿革史。[②] 奠基的第一代周馥在从政之余，成为启新洋灰的主要创建人；以周学熙为代表的第二代既从政，又经办启新洋灰企业[③]；第三代人经商兼做学问；第四代人多是大学问家，涌现出周一良、周珏良、周艮良、周杲良、周以良、周治良、周景良、周震良、周煦良、周炜良等学者专家，蔚为大观，真正实现了"家学渊源""代有人出"的传统理想。时至今日，周氏家族已彻底蜕变为文化学术世家。几经变迁，这个家族非但没有被历史的风浪淘汰，反而枝繁叶茂，继续焕发着勃勃生机。

其二，家族式人文情怀催生共同的价值诉求。安徽周氏家族在实业、科技、文化等多个领域取得的卓越成绩在中国近代史上是极为罕见的。官宦、实业、学术，皆臻极致，三位一体，相得益彰。这个家族中的诸位成员素来深受儒家传统文化影响，具有浓郁的家族式人文情怀。他们秉承儒家"修身、齐家、治国、平天下"的基本理念，不事张扬，低调为人，潜心问学，勤俭持家，在不声不

① 耿依娜，顾海荣. 近代中国公司治理变迁的基本线索 [J]. 商场现代化，2007（33）
② 郝庆元. 周学熙传 [M]. 天津：天津人民出版社，1991.
③ 周俊旗. 周学熙实业集团与中国近代化国际学术讨论会综述 [J]. 历史研究. 1991（05）.

响中积聚起一种传诸久远的巨大能量。注重人文精神是近代中国企业成功的重要条件之一。人文关怀是中国资本家的文化基础和企业管理的哲学基础，这是由中国资本家生长的土壤决定的。① 周氏家族开创了近代中国第一家水泥企业——启新洋灰，为中国近代工业的发展作出了无与伦比的贡献。

其三，以周学熙为代表的周氏族人强烈的爱国意识和实业救国情怀奠定了启新洋灰长期发展的基础。在风云激荡的年代，周氏族人始终心怀祖国、心怀社稷苍生。周学熙始终以"实业救国"作为自身的人生价值目标，在他的有效治理下，启新洋灰公司一跃成为 20 世纪初中国著名的民族企业。1895 年，甲午中日战争后开展大规模的铁路建设，启新洋灰公司借国内兴起的实业救国之风，在周学熙经营团队稳健的策略运筹中，积极扩展销售渠道，占领国内大量市场份额，独霸水泥行业二十年之久。② 周学熙亦成为清末民初活跃在经济舞台上的领军人物，被当时的业界誉为具有"南张北周"之称的"北方实业之父"。周学熙将国家命运与企业发展结合起来，既实现了实业家产业报国的愿望，又树立了启新洋灰公司良好的企业形象。

---

① 徐彬. 近代中国企业生存理念的历史考察 [J]. 湖北社会科学，2002.
② 王迪. 略论周学熙与启新洋灰公司的近代化管理 [J]. 哈尔滨学院学报，2016（06）.

方孔炤杂考

宋泽民

摘　要： 方孔炤是桐城方氏家族的重要成员，他既继承了方学渐、方大镇深厚的家学，又培养了方以智，起到了承前启后的重要作用。以往学界对方孔炤的研究不多，本文从方孔炤的相关资料入手，明确了他一生的细节，并澄清了方孔炤字号、归忧等问题。试图通过对方孔炤相关史事的钩沉和廓清，为继续深入研究方孔炤相关课题提供基础。

关键词： 方孔炤；字号；归忧；交友

一、方孔炤简传

方孔炤，字潜夫，号仁植，出自著名的安徽桐城桂林方氏一族。自幼随父饱读诗书①，通解医术，略懂西学。孔炤万历十九年②出生，举万历四十四年进士，列二甲第二十五名③。

次年"授嘉定知县"④，在任上为嘉定孝廉高甲平反冤情⑤。"不畏范侍郎之强御以为廉干"⑥，嘉定人民为他设立生祠⑦，任职嘉定期间孔炤也经常游览四川

作者简介：宋泽民，内蒙古大学蒙古历史学系 2016 级历史文献学硕士研究生。

① 方大镇：《田居乙记·小叙》载"效古人读书法辄乙其处，命儿子孔炤笔之"可见其学源于其父，哈佛燕京图书馆藏万历亦政堂镌陈眉公家藏汇秘籍四十二种，第三十三帙。

② 郑三俊：《方贞述先生墓志铭》载"生于万历辛卯，凡六十五而卒"，桐城方氏七代遗书本。

③ 朱保炯、谢沛霖编：《明清进士题名碑录索引》，上海：上海古籍出版社，1980 年版，第 2595 页。

④ 万斯同：《明史》，《续修四库全书》第 330 册，第 390 页。方中履《汗青阁文集》卷上《曾祖廷尉公家书记》"中丞公以丁巳四月二十七日到嘉定任"也有提到，桐城方氏七代遗书本。

⑤ 查继佐：《罪惟录》列传之十三下，《方孔炤》有载"出冤孝廉高甲大辟"，杭州：浙江古籍出版社，1986 年版，第 2108 页。同时，方中履《汗青阁文集》卷上《曾祖廷尉公家书记》也有载"吾儿采全蜀公论拔救高生于冤苦之中"可佐证，桐城方氏七代遗书本。

⑥ 郑三俊：《方贞述先生墓志铭》，桐城方氏七代遗书本。方中履《汗青阁文集》卷上《曾祖廷尉公家书记》中亦有一封家书专论此事。

⑦ 徐芳：《悬榻编》卷三"都御史贞述方先生传"，国家图书馆藏清康熙楞华阁刻本，善本书号 A02942。

山水并留下了一些诗歌①。

万历四十八年，由四川嘉定迁官福宁②，任职期间，抵御倭寇，兴建学宫③。并在此地与刘中藻，熊明遇等人相识④。同年，为父大镇刻《宁谵语》⑤并作跋文。

天启初，升职方员外郎⑥。天启四年，进郎中⑦，他"晓习边务，佐尚书筹划多种机宜"⑧。在兵部任上，先是批评债帅现象纠逃将侯世禄⑨，再是"崔呈秀诬劾枢辅孙高阳，特疏争之"⑩，又驳斥了崔呈秀因逮捕妖人王好贤一事邀功

---

① 清蒋起：《峨眉山志》卷十五录有方孔炤任职嘉定时所作诗歌《观佛台》《天门石》《梅子坡》《双飞桥》《龙门洞》。据当地文物工作者勘测《天门石》与《龙门洞》两首诗的石刻现存，见《乐山史志》总第 5 期，第 212 页。

② 方中履：《汗青阁文集》卷上《曾祖廷尉公家书记》"迄于戊午去嘉定日"。董天工《武夷山志》卷十七有载"孔炤字仁植……除嘉定州守，调福宁过武夷山五曲，磨崖勒石"，另清黄廷桂监修、张晋生等编纂：《四川通志·职官（上）》卷三十，第八十五页载方孔炤是天启中任职，应为误。

③ 刘中藻：《全边略记·后序》载，先生初在长溪（福宁古称）当倭破大金，之后而裕军弥盗，海不扬波，蜀闽两地皆卓政……《续修四库全书》第 738 册第 669 页。清乾隆《福宁府志》卷十七"秩官志·循吏"载"方孔炤，号仁植，桐城人，进士，万历四十八年知州事，始至，建学宫，开玉带池，竖中天坊、敬一亭，复龙光塔，甫二年，以员外郎迁去，士民建祠，立石曰'思乐亭'"。

④ 刘中藻：《全边略记·后序》"藻之得事玺卿方先生也则自先生由嘉州入长溪也"续四库全书本，第 668 页。刘氏作《知生或问·跋》"仁植夫子来刺温麻，藻以邑弟子辱侍"，桐城方氏七代遗书本。《物理小识》卷一《声异》"太姥有空谷传声处，每呼一名，凡七声和之。老父以问坛石熊公，公曰：峡石七曲也"坛石熊公指的是熊明遇。

⑤ 方孔炤：《宁谵语·跋》"万历庚申，男孔炤谨镌于长溪之镜烟阁"，桐城方氏七代遗书本。

⑥ 万斯同：《明史》载"天启初，入为职方员外郎"。另据《浮山文集前编》卷三《稽古堂文集二编》卷下《七解》：自总角随尊人经栈道……北人京师……又据任道斌《方以智年谱》考证，天启二年方以智在福宁，当年其母去世。据以上可见方孔炤受职入京应是天启二年至三年。

⑦ 据《明代档案汇编》第一册《兵部为添派郎中方孔炤等管理职方清吏司案呈事行稿》天启四年三月二十四日记载"关系军国事体繁冗相应添委武选司添注郎中方孔炤"，可见方孔炤从职方员外郎升为郎中的时间应为天启四年三月二十四日。另在天启四年六月二十九日的《兵部为差官赴山东催解军需银两事行稿》中首次出现"郎中方孔炤"的署名，之前的天启四年六月二十六日的兵部行移档中并无其署名。可见其正式上任时间应在天启四年六月二十六至二十九日。另在方孔炤天启四年十月所上《澄清大帅疏》载"臣受事三月矢慎采访大将之贤者"可以旁证方孔炤上任时间。（见方孔炤《职方旧草》桐城方氏七代遗书本）

⑧ 万斯同：《明史》，续四库全书本，第 390 页。徐芳：《悬榻编》卷三"都御史贞述方先生传"载"时东陲多故，公综断边务，凡将士调发战守机宜，赞司马画，咸中肯，边人折服"。另见《职方旧草》之《会议督师疏》及《纪事》有详细情形。

⑨ 方孔炤：《职方旧草》天启四年十月十一日《澄清大帅疏》载"今起用总兵官则有王威、侯世禄，起用五府金书则有官秉忠、柴国柱四人者岂负才名……"应是指此事。

⑩ 查继佐：《罪惟录》列传之十三下，《方孔炤》，第 2108 页。

的请求①，又"会魏珰□封其兄子良卿为伯，执不复"②，后崔呈秀欲"超擢其弟凝秀，孔炤持不可"。一系列的行为引起权臣不满，"魏忠贤恶之"③。他不畏强权，成为清流之中的重要力量。

天启五年四月御史顾宗孟、玄默复论其大启贿门竟削籍归④。

崇祯元年，御史汪起元、马如蛟给事中瞿式耜交荐⑤。复官⑥，收集部中奏疏档案，著《全边略记》⑦。

崇祯二年二月十五日，上《蒙恩再召疏》，后副将林之荫行贿求用，"方孔炤发之，帝喜命加尚宝卿"⑧。崇祯二年十月十七日上乞假疏⑨，告假回乡。居家阐明三世之学开始编写《周易合时编》。建泽园⑩。

崇祯四年，父大镇去世，丁父忧。

---

① 见方孔炤《职方旧草》之《纪事》。

② 《砚山丛稿》之《箧衍集诗人小传》。另见《罪惟录》载：珰侄以传奉恩泽，欲坐府都督，寝不与复。方孔炤在《全边略记》卷十中说道四年十一月初十日……有旨，忠贤荫都督，承宗会议之，职方郎官方孔炤执不覆荫。续修四库全书本。

③ 万斯同：《明史》，第390页。

④ 万斯同：《明史》，第390页。《桐城方氏诗辑》卷二方孔炤《环中堂诗集》有《天启乙丑忤珰削籍》一诗。关于方孔炤这次去职有不同的几种说法：第一种是罪惟录给出的"呈秀怒，内旨坐削籍"倾向于主因是崔呈秀；第二种是万斯同的明史给出的两次去职说第一次是崔呈秀"逐归"，第二次是顾宗孟弹劾"削籍"。笔者认为万斯同说法较确。其一国榷记载"（天启五年四月）御史田景新曾应瑞各论总督张我续及职方郎中方孔炤，削夺官诰"说明确有会推事。其二，《明熹宗实录》天启五年四月乙巳条载："广西道试御史顾宗孟疏言，臣感时触事窃谓，以债得官偿债者不独大帅偏裨……近年兵部改作部选，滥用三科武举，辟此一途以便请托通贿赂，此债之薮也。行之已经两年，在外抚臣人人苦其不便，有莫肯痛言之者……赵彦父子并方孔炤各启贿门武官有定价伏乞速赐处分得旨方孔炤削夺""给事中玄默言，皇上洞贤奸于日月之明，严斥陟于雷霆之断……而滥启幸门之方孔炤。"可见方孔炤被人弹劾受贿确有其事，其墓志铭等资料本为亲者讳的原则对于这次方孔炤被弹劾受贿的事情避而不谈也属情理之中，而万斯同修明史收集各方信息较为可靠。这里值得说明的是方孔炤是否真的受贿现已无从考证，但是弹劾方孔炤的人有田景新这样倾向于魏党的也有顾宗孟这种倾向于东林党的，再加上为亲者讳的动机，笔者推测很可能是受贿为真。

⑤ 万斯同：《明史》，第390页，另据《方贞述先生墓志铭》载：公在朝时廷臣如吴之皞、罗尚志、汪应元、马如蛟、李继贞、王洽、马鸣世、李右谠、张懋爵、杨尔铭等先后交掌推荐……

⑥ 《四朝诗》卷八十七，33页，《己巳元旦早朝》，四库全书本，第1442册，第783页。

⑦ 关于《全边略记》具体成书时间，有拙文专门介绍，此处不赘。

⑧ 谈迁著，张宗祥校点：《国榷》卷九十载"崇祯二年十月甲子：……方孔炤为尚宝司卿"，北京：中华书局，1958年版，第5497页。

⑨ 方孔炤：《职方旧草》，桐城方氏七代遗书本。

⑩ 方以智：《方以智密之诗抄》之《泽园永杜十体》"泽园临南河，取丽泽之义。方潜夫夫子玺卿告假还乡所建也"。

崇祯六年，刘中藻拜访方孔炤并写下《全边略记》后序①。

崇祯七年八月，县人黄文鼎、江国华反②，孔炤"托言诏安，设法解散，暗佐县官措处兵饷，不一月而渠魁授首者三十余人，生擒六十余人，桐邑底定"③。

崇祯十年十二月，"起南京尚宝卿"④，学医⑤。

崇祯十一年八月⑥，由南京尚宝卿"擢孔炤右佥都御史"巡抚湖广，八月十二日，抵达武昌⑦。九月，三战三捷⑧。"击贼李万庆、马光玉、罗汝才"。面对张献忠的起义军，当时熊文灿主抚，得到崇祯的支持，将张献忠部安排在谷城。孔炤以为不可，"条上八议言主抚之误，不听"⑨。

崇祯十二年，方孔炤发军资火器助桐城守城⑩。十一月，香油坪之战败绩⑪。

崇祯十三年，因仇人陷害孔炤于当年正月被逮⑫，孔炤上奏杨世恩、罗安邦

---

① 刘中藻在《全边略记·后序》中落款"崇祯癸酉之夏，长溪门人刘中藻荐叔甫谨跋于桐川之荷薪斋"即他于崇祯六年夏拜访了方孔炤。另据方以智：《博依集》卷六《题刘荐叔洞山九潭图》载"玄月，长溪荐叔至自五龙，以洞山九潭图为贻……"（国家图书馆藏，善本书号 A01776）可见刘中藻应在崇祯四年九月就已经到桐城。

② 戴名世：《南山集》卷十四《孑遗录》，近代史料三编第 387 册，第 935 页。

③ 郑三俊：《方贞述先生墓志铭》，桐城方氏七代遗书本。

④ 万斯同：《明史》续修四库全书本。张廷玉《明史》亦有"定桐城民变还朝"语。同时《国榷》卷九六载"崇祯十年十二月……戊申，起方孔炤南京尚宝司卿"，据《方子流寓草》卷三《思远心》序言：我大人自旧秋还敝邑，即于当事商御贼之计，至今春果不爽矣……固知我大人在桐，桐必无事耳。指的是崇祯十年方孔炤还在桐城。

⑤ 方以智：《浮山文集前编》卷三《医学序》"丁丑，老父……为医所误，得金申子所解于是学医"，四库禁毁书丛刊本，第 113 册。另《物理小识》卷五《延胡索》条载"崇祯丁丑（十年），老父为南京玺卿时，宴集散……误服香油遂痛而呕"，四库全书本，第 867 册。

⑥ 据方文：《嵞山集》中记述"戊申正月初四日谒孝陵感怀……卅年前，陪京当盛世，臣兄方孔炤适官尚宝司，八月秋祭辰……许携子弟入，臣文，臣以智相随至"文中所谓卅年前，正好是崇祯十一年，据此八月时方孔炤还未上任右佥都御史。又据方孔炤《抚楚公牍》所载《附阁部回书》"八月十日接老公祖台教"则十一年八月已经上任，可以推出上任时间在十一年八月间。

⑦ 方孔炤：《抚楚公牍》所载《附阁部回书》"八月十日接老公祖台教，知以是月十二日荣莅疆湘，慰甚，慰甚……"是指孔炤刚上任的八月，即崇祯十一年八月。《悬榻编》卷三载"先生受钺慷慨践任，一日即身走承天"也说明当时方孔炤到任之迅速。

⑧ 方以智：《方子流寓草》卷四有《闻楚中三捷，怀家大人》，四库禁毁书丛刊本，第 50 册。

⑨ 张廷玉：《明史》卷二百六十，列传一百四十八，北京：中华书局，1974 年版，第 6744 页。

⑩ 戴名世：《南山集》卷十四。另方以智：《膝寓信笔》载"今年老回回诸营往来潜桐，一年围城三月，何相国醵饷请师以援之。老父适在桐，小子与克咸急装北渡……此连年江北之第一大捷也"也说明此时方孔炤在桐。

⑪ 《抚楚疏稿》之《谨陈罪状揭》载其香油坪之败详细过程。

⑫ 谈迁著，张宗祥校点：《国榷》卷九十七，第 5853 页，崇祯十三年正月乙丑条，"正月乙丑逮巡抚湖广右佥都御史方照"。《方密之诗抄》有《庚辰闻老父被逮》一诗。据方孔炤《知生或问》序言载"岁在庚辰……失利自系不当死，仇人构之"。另据《明史》载"……两将深入香油坪而败，嗣昌既以孔炤抚议异己也，又忮其言中遂因事独劾孔炤，下逮诏狱"可见所谓之"仇人"应是指"杨嗣昌"。

兵虽败绩而忠勇难没，孔炤疏自辩并为二将奏其事①。同年，子以智中进士②，八月，黄道周入狱，二人在狱中讨论易学③。方以智、刘中藻等人探望。

崇祯十四年，七月，"伏阙讼父冤，膝行沙堨者两年，帝为心动下议孔炤护陵功多减死戍绍兴"④，出狱⑤。御史吴履中、杨尔铭⑥等相继论荐命召见，冬十二月被召进京。

崇祯十五年，入对痛陈时弊帝悚欲用之⑦，为首辅陈演所阻，后经廷议要在山东河北设立抚臣掌管屯田事务，于是方孔炤复右金都御史总理山东河北屯田事务⑧，方孔炤认为"时事屯缓兵急，欲报效必兼招募乃可"⑨。崇祯不允，又上《刍荛小言》，未果。

崇祯十七年，正月上《请旌表臣门三捷疏》，时任钦差总理河北山东等处屯务都察院右金都御史⑩，二十五日上"免军籍为民籍一议"⑪。至济南，命监理军务督大名广平二监司，旨甫下而京师陷。孔炤知事不可为，"欲鼓义死贼，而

---

　　①　方孔炤：《抚楚疏稿》中有一《请恤战将疏》既是为杨世恩、罗安邦二将开脱。同时该书还有《陈情引理揭》《臣情可原揭》《谨陈罪状揭》进行自辩。《怀陵流寇始终录》卷十二载"十二月……孔炤不自辩为二将奏其事皆予恤"显然为误。

　　②　据王夫之所作《方以智传》载"父孔炤……以失律逮下狱，阮大铖与同郡尤忮害之……欲致孔炤于死，以智方中乡举，上计借忌者欲因文场陷之，使绝营救伸理，以智入都佯为不试，乃以密入闱，中崇祯庚辰进士选庶吉士改编修以智既官禁苑在廷稍为孔炤伸理得减死"。

　　③　《易象正序述》记载"方开府仁植与先生（黄道周）在西库，每遇先生论诸象义，先生就草作二十图，锦衣着筐篮来请先生，方画一图未完，徐曰吾作一图完就逮耳，诸役不可，辄抚先生去，诸图象翻飞籁床下，役去，仁植始掇拾藏之"。（四库全书，第35册，第128–129页）刘中藻《知生或问·跋》载"每从密之入铁门慰拜库中夫子方，同吾乡石斋先生危坐论易……"方孔炤《西库随笔》亦载"黄詹事道周，解少司马学龙以庚辰八月初四日廷杖各八十下刑部"。

　　④　张廷玉：《明史》第6744页。另万斯同：《明史》载，"明年（崇祯十四年）三月大学士范复粹录囚乃遣戍绍兴"，钱澄之《田间文集》卷二十四中有《前处士方公次公直之墓表》载有方孔炤次子方其义在方孔炤前往绍兴时路遇盗贼搏击的情节。南疆绎史方外列传捃遗（桐城方氏遗书）载"帝曰……今新进进士有方以智其父方孔炤以巡湖广与陈某父同罪下狱，朕闻以智怀有血疏，日于朝门外候百官过敬头、呼号求上达代父死，此亦人子也……未几孔炤释"。《田间文集》卷二六《长干寺遇旧中官述往事记》有相似记载，《方密之诗抄》有《控疏请代父罪》一诗。

　　⑤　方以智：《方密之诗抄》之《辛巳七月，老父出狱，米吉士梁公狄诸子载酒见慰》一诗。

　　⑥　万斯同：《明史》，第391页。另《浮山文集前编》卷五《曼寓草》卷中《送周农父还乡序》："去年（斌按：壬午冬），家君被召北上"四库禁毁书丛刊本。

　　⑦　万斯同：《明史》《周易时论后跋》《方贞述先生墓志铭》等都有记录。

　　⑧　方孔炤：《刍荛小言》，桐城方氏七代遗书本。

　　⑨　徐芳：《悬榻编》卷三"都御史贞述方先生传"。

　　⑩　方孔炤：《抚楚疏稿》之《旌表臣门三节疏》）。

　　⑪　倪元璐：《倪文贞集·奏疏》卷十一"请免军籍疏"载"臣昨日晤京西屯抚方孔炤……臣于是服孔炤之才也……方今军国需才其急如孔炤者惟皇上留意……不准行"，四库全书本，第1297册，第311–312页。

东帅已先驰去，北来纷纷，并集淮凤间"，只好南奔凤阳，就总督马士英计事，当时史可法与马士英不和离去，马士英入相。这时方孔炤提出"请使北廷"但"议以为邀功，不许"。又有议复用方孔炤者①，给事中罗万象疏止之。

孔炤奉老母归里②。明亡之后乙未年③卒，享六十五寿，"领袖清流世称贞述先生"，《明史》有传。

二、方孔炤字号考

（一）名不为避讳考

周广业在《经史避名汇考》卷二十二中有一条"崇正（祯）末诚意伯刘孔炤、大学士魏炤乘、巡抚方孔炤，本皆作照，避武宗讳改，凡照字通用炤"④ 的记载。周广业认为方孔炤的"炤"是避讳武宗讳而改，实则不然。

首先，笔者查找了明代现存的档案，发现"照"字在明代万历、天启避讳不严，如万历四十三年的《直隶徽州府休宁县为许思孝告汪继夔等人案已断事帖文》⑤ 有"给帖付本告收执照"，"照"字不讳。同时万历时期的官名"照磨"也未避讳；天启二年的《江西巡抚房壮丽为报各官领敕缘由事题本》⑥ 有"遵照""今照天启元年例""备照""收照"，"照"字均不讳。至崇祯时期在兵部档案中才出现"查炤（照）""烦炤（照）"⑦ 等大量避讳的现象⑧。

其次，根据姓名避讳的常识，一般姓名避讳大多都是避讳新登基的皇帝，也

---

① 据《悬榻编》卷三记载此人为"吕公"，具体为何人待考。

② 《明史》作"孔炤南奔，马阮乱政，据钱澄之《田间文集》卷二十四《前处士方公次公直之墓表》载"是时，中丞公（方孔炤）、太史公（方以智）以避仇远出，君独奉大母姚太恭人出城回白鹿庄，久之中丞公亦回，闭户不出……"可见方孔炤明之后并未马上奉母归乡，《明史》的说法可信。

③ 顺治九年，孔炤以智父子相聚。见《桐城方氏诗辑》卷二方孔炤《环中堂诗集》之《冰舍子得放还》记以智归桐。顺治十年，方孔炤寄《周易时论》给以智，见《药地炮庄》之《齐物论第二》"老父在鹿湖环中堂十年，《周易时论》凡三成矣，甲午之冬，寄示竹关……"顺治十一年，孔炤去世，见《方贞述先生墓志铭》"乙未之秋卧病一日而逝，门人私谥为贞述先生，先生生于万历辛卯，凡六十五岁"，方孔炤明亡之后并未出仕，应归入明末遗民一类，此处不宜用顺治年号，遂取干支纪年。

④ 周广业：《经史避名汇考》卷二十三"武宗"条，续修四库全书本，第827册，第723页。

⑤ 中国第一历史档案馆、辽宁省档案馆《中国明朝档案总汇》第1册，桂林：广西师范大学出版社，2001年版，第241页。

⑥ 同上书，第1册，第283页。

⑦ 同上书，第31册，第44页。

⑧ 这也符合顾炎武在《日知录》卷二十三的记载："崇祯三年，礼部奉旨颁行天下，避讳太祖、成祖庙讳及孝、武、世、穆、神、光、熹七宗庙讳，正依唐人之式。惟于上御名亦回避，盖唐宋亦皆如此。然只避下一字，而上一字天子与君王所同，则不讳。"（顾炎武著，陈垣校注：《日知录校注》，合肥：安徽大学出版社，第1289页）

就是说避讳者的姓名出现的要早。但是在方孔炤起名较武宗的"照"要晚，方孔炤家学渊源，其祖父方学渐、父方大镇均为饱学之士，如万历时期有避讳"照"字的习惯，方学渐和方大镇应不会故意取此名。

再次，笔者查找了《明清进士题名碑录索引》，发现在与方孔炤同年中榜的万历四十四年丙辰科的第三甲中有一位名为"臧照如"[①] 的进士，如果方孔炤因为避讳将"照"改为"炤"，这位同榜的进士也应该避讳。这种情况下方孔炤的"炤"并不是为避讳而改的可能性就极大了。

最后，万历丁未年方孔炤之父方大镇写有《田居乙记》一书，收录在陈眉公家藏汇秘籍中，并在万历年间刻出。其书自序中有言"命儿子孔炤笔之题曰乙记"[②]，此处就用的是"孔炤"二字。在天启四年三月二十四日的《兵部为添派郎中方孔炤等管理职方清吏司案呈事行稿》中方孔炤的名也写作"炤"。如其原名为"孔照"则此两处应无须避讳。因此笔者认为方孔炤之"炤"字并非为避讳而改。

（二）字、号考辨

据《明史》记载，方孔炤的"字"为"潜夫"。[③] 但有学者[④]认为方孔炤的"号"为"潜夫"。这种观点主要依据是，《周易时论合编》中方孔炤在《凡例》第九则的自述"终老墓侧，筮得潜龙，自称潜老夫"[⑤]。认为这是方孔炤在为其父方大镇庐墓时自称"潜老夫"。方孔炤其父去世时已经四十四岁，与古人二十岁取"字"的古礼不符，因而认为"潜夫"是方孔炤的"号"而不是"字"。但是笔者在研究中发现"潜夫"确为方孔炤的字，原因有以下几点。

1. "潜夫"之称出现在方孔炤自称"潜老夫"之前

首先，对于《周易时论合编》中的"终老墓侧，筮得潜龙，自称潜老夫"这一句话，笔者认为这并不是描述方孔炤为其父庐墓时的情况，为便于理解，兹将前后文录下：

"……银铛西库者两年，遂与黄石斋摹据亦一幸也。归颜环中堂且天隙海竭

---

①　朱保炯、谢沛霖编：《明清进士题名碑录索引》，上海：上海古籍出版社，1980 年版，第2595 页。

②　方大镇：《田居乙记·田居乙记小叙》，哈佛燕京图书馆藏万历亦政堂镌陈眉公家藏汇秘籍四十二种，第三十三帙。

③　张廷玉等：《明史》卷二百六十《郑崇俭传附方孔炤》，北京：中华书局，1974 年版，第6744 页。

④　该观点首先为蒋国保先生在其著作《方以智哲学思想研究》（合肥：安徽人民出版社，1987 年版，第 136 页）提出，后被彭迎喜在《方以智与〈周易时论合编〉考》（广州：中山大学出版社，2007 年版，第 103 页）中沿用。

⑤　方孔炤：《周易时论合编·凡例》，《续修四库全书》，第 15 册，第 14 页。

矣。此生忧患便为家常，奉北堂以守此山。终老墓侧，筮得潜龙，自称潜老夫，固其时也。衰病之余，供薪举火……"①

据《方贞述先生墓志铭》记载，"甲申闻变……奉八十之老母隐"②。对照上文可见，这段话描述的是甲申之变后方孔炤的情况，也就是说方孔炤"自称潜老夫"是在甲申之变后。

其次，方孔炤在崇祯初年写成的《全边略记》③。笔者发现其每卷首页均有"桐城方孔炤潜夫父辑"字样，这里出现了"方孔炤潜夫"的说法。对比刊刻的时间（崇祯刊本），可以说明"潜夫"这个词出现在方孔炤甲申之变后"自称潜老夫"之前。

2. "潜夫"确为方孔炤的字

首先，《全边略记》有一篇自序是崇祯元年（1628）方孔炤所写，这篇序后有一枚印章，印文为"方孔炤潜夫丙辰进士"。④ 按照古例，这枚印章的时间应该是与方氏写序的时间一致。这也可以说明"潜夫"是出现在方孔炤"自称潜老夫"之前。但是这个印章传递出一个更重要的信息，因为这枚印章的印文相对比较严肃，在这种表明自己身份的印章中"名"后出现的应该是他的"字"而不是相对随意的"号"。

其次，笔者观察方孔炤的名字时候发现方孔炤的名"孔炤"应该是出自《诗·小雅·正月》"鱼在沼，亦匪克乐；潜虽伏矣，亦孔之炤"，朱熹集传曰："沼，池也。炤，明易见也。鱼在于沼，其为生已蹙矣。其潜虽深，然亦炤然而易见。言祸乱之及，无所逃也。"⑤ 顾炎武也有文称"虽龙性之难驯，亦潜鱼之孔炤"⑥。可见"孔炤"一词与"潜"是有关联的，方孔炤的字和名恰好与之对应，这也符合起名和命字的古例。

最后，郑三俊撰的《方贞述先生墓志铭》中提到这样一句话："公讳孔炤字潜夫，以本庵公连理之祥号仁植。"⑦ 墓志铭对于墓主人的记载应该是比较准确的，而且郑三俊与方孔炤为好友，也不至于将其字号颠倒。

结合前文论述，笔者认为方孔炤的"字"应该是"潜夫"，"号"应为"仁植"。

---

① 方孔炤：《周易时论合编·凡例》，《续修四库全书》，第 15 册，第 14 页。
② 郑三俊：《方贞述先生墓志铭》，桐城方氏七代遗书。
③ 方孔炤：《全边略记》，续修四库全书本，第 783 册，第 195 页。
④ 同上书，第 197 页。
⑤ 朱熹：《诗集传·小雅·正月》，中华再造善本丛书据中国国家图书馆馆藏元刻本印，第五册。
⑥ 顾炎武：《亭林文集》卷三《与李星书》，清刻本，第 21 页。
⑦ 郑三俊：《方贞述先生墓志铭》，桐城方氏七代遗书。

三、方孔炤丁忧归家考

《明史》关于方孔炤生平有如下记载"崇祯元年起故官，忧归"①，认为方孔炤崇祯元年（1628）之后归家的原因是丁忧②。但是笔者发现这并不符合史事，故附考于此。

（一）方孔炤不因丁忧而归

查方孔炤在崇祯二年（1629）十月十七日写的《乞假疏》中则表露了他"归"的原因是"乞假"："查得候补京秩官员一时无缺者例准给假，伏乞敕下吏部准臣照例给假。"并且崇祯皇帝给予了准确答复："奉旨方孔炤准给假候补该部知道"③。在《方贞述先生墓志铭》中也记录"加尚宝卿，实近年之旷典……便乞假回"④。这样关于方孔炤"归"的原因也就明确——并不是《明史》所记录的"忧归"，而是"乞假归"。

（二）归家另有隐情

需要进一步解释一下，方孔炤乞假并不是像《乞假疏》中所写为了"白云青山正足歌咏"⑤，而是另有隐情。

首先，"乞假归"的导火线应该是"一缺两官"事件。方孔炤在崇祯二年三月的《出处宜审疏》中写道："自蒙召还余大臣之日，臣即具呈辞任求外堂官，王洽不允。自协司有人，臣再具辞呈堂官两不允。自察典报竣，臣又具辞呈堂官三不允代题。臣不得已，始敢渎奏待罪矣。照得职方司郎中一缺两官，臣名为掌印，迹若代庖……"查明代档案所载的情况，在崇祯二年正月到四月这个阶段内与他共同任职职方司郎中的是孙元化⑥，这与方孔炤奏疏所说情况符合。这样一种"一缺两官"的情况，对一名职方清吏司的官员显然是尤其不合适的。"似留似舍之身，半假半真之篆……不于此时退思补过，恐负皇上特简之恩，堕臣再来之节。"方孔炤作为一名晚明难得的持节之士，自然也认为这种情况并不合适。这应该是方孔炤萌生退意的导火索。

---

①　张廷玉等：《明史》卷二百六十《郑崇俭传附方孔炤》，第 6744 页。

②　明代规定"父母及祖父母承重者丁忧"。据查方孔炤之父方大镇去世于崇祯四年（1631），其母在明亡时跟随方孔炤"公遂奉八十之老母隐"，在崇祯二年（1629）方孔炤父母健在。因为方孔炤为长子长孙"承重者"，还需要为祖父母服丧，其祖父方学渐去世于万历乙卯年。其祖母去世时间不详，但其父方大镇是因母丧"庐墓而终"这样可以判断方孔炤祖母去世时间为崇祯二年（1629）到崇祯四年（1631）。从时间看并不能排除丁忧可能性。

③　方孔炤：《职方旧草》卷下，桐城方氏七代遗书本。

④　郑三俊：《方贞述先生墓志铭》，桐城方氏七代遗书。

⑤　方孔炤：《职方旧草》卷下《乞假疏》。

⑥　《明清史料》（辛编上）第 36 页正月开始一直到后面六月兵部题行档的末尾署名。

其次，更重要的原因是，对朝廷的失望。在刘中藻给方孔炤的《全边略记》写的后序中提道："圣明在上有君无臣，同心者寡，遂有急流勇退之意。于是乞假以归。"因为刘中藻写这篇序的时候"正与先生讲论"[①]，可靠性较高。在《全边略记自序》中方孔炤直接说道："而署中积习，以舟旋当世为务，牛马走耻之。"《再序》也有论述。

结合当时朝廷内发生的转变，可以更有助于理解这个问题。崇祯元年，方孔炤作为第一批被召回的官员，心情极佳，对新皇帝充满希望。但是到崇祯元年末，温体仁一派策动钱益谦罢免。次年，袁崇焕事件出现，许多东林系官僚被连坐，这一时期可以看作是东林与反东林势力关系的逆转。方孔炤作为一个亲东林党人，面对如此的波谲云诡政治形势，不免产生失望的情绪。综上所述，笔者认为，方孔炤"乞假归"的真正原因应该是对朝廷的失望而不是丁忧。

四、方孔炤的家世及交友

（一）桂林方氏家族简介

桐城的方氏家族分为多个支系，方孔炤属于桂林方。桂林方是由元末迁入桐城的，至五世"忠烈公殉建文之难"可见其家族风骨。但据其家谱及相关史料记载，大致从其第十一世方学渐开始在学界产生重要影响[②]。方学渐，字达卿，号本庵[③]，为方孔炤之祖父。黄宗羲《明儒学案》将其列入了《泰州学案》，并有"受学于张甑山、耿楚倥，在泰州一派，别出一机轴矣"。后来他"七试南闱不售"放弃了从政的道路，归乡主持崇实会馆。"日与同志讲习性善之旨，抨击空幻"，如"崇实"的名字，方学渐非常重视实学。据方学渐《东游记》记载，他七十二岁时访问东林书院并与顾宪成、高攀龙等人讨论学术。可以看出，方学渐与东林人士还是有较为密切的交际。方学渐著述主要有《心学宗》该书有顾宪成的序言，《四库总目》评价颇高："大意皆主心体至善一，辟虚无空寂之宗，而斥王畿天泉证道……盖虽同为良知之学较之龙溪诸家犹为近正。"清代学者朱彝尊评价方学渐："方氏门才之盛，甲于皖口，明善先生实溚其源。"其言不虚，方学渐对于桂林方氏走向兴盛起到了极其重要的作用。清代大学士张英，也是方氏的同乡和世交，认为"明善先生以布衣振风教，食其泽者代有传人。至于砥硕名节，讲贯文学。子弟孝友仁睦，流风余韵，皆先生之款诒也。"可见方学渐

---

① 方孔炤：《全边略记·后序》，续修四库全书本，第738册，第668页。
② 据《桐城续修县志》在《理学》中的记载共收录14人，其中包含方学渐、方大镇、方孔炤、方以智四人，与四人相关的师友五人，可见方氏在桐城文脉中占有的地位及其重要。
③ 叶灿：《方明善先生行状》，桐城方氏七代遗书。

的对于方氏的作用是众所周知的。其门人私谥明善，著有《易蠡》十卷、《孝经绎》一卷、《心学宗》四卷、《桐彝》三卷《续》二卷、《迩训》二十卷、《崇本堂稿》二十二卷《续》二卷、《别稿》四卷。

方学渐之子，方孔炤之父为方大镇，字君静，号鲁岳；万历十七年进士，历任大名推官、江西道御史、浙江巡盐、大理寺丞、南京光禄寺卿等职；崇尚理学，任职大名推官时"平凡疑狱，所活者百三十人"，任浙江盐政期间"免白粮之税，商民交便"，与东林党关系密切（也有研究者将其归入东林党中），曾上疏"襃崇理学名臣邹元标、周汝登、王艮、罗汝芳、顾宪成等"；并且参与了邹元标、冯从吾等人筹办首善书院的活动，"邹忠介冯恭简建首善书院，核品严，甚推公"。方大镇的治学延续方学渐的学术路径，其"早传父学"，在首善书院讲学时"论学以性善为宗论"，与东林诸家较为和弦，学术主张较为通达，推崇实学，后因天启党祸归家乞休。因庐母墓而终，门人私谥文孝。

方孔炤的学问，大体来源于方学渐和方大理。据方大理在《田居乙记》序中所说："但目之所触，心之所赏，则效法古人读书法，辄乙其处，命儿子孔炤笔之题曰乙记。"看来，方孔炤自小就受到其父的指导。他在继承家学的同时，也继承了他祖父两代人与东林党密切的关系，崔呈秀编的《东林同志录》就赫然将方孔炤列名东林①。方孔炤的这种"东林倾向"在下文对其交友的分析会更加突出。实际上方孔炤从家学中继承的除了众所周知的"方氏易学"以外，"实学"在方氏的传承也依稀可见。从方学渐建立"崇实会馆"，"崇实"二字就融进了方氏家学中，这也是方氏批判王学末流的原因。三代与东林的密切关系也反映了他们对于实学以及时政的关心。方孔炤的《全边略记》一书不仅体现了方氏一族关心"时政"的传统，更重要的是它体现了方氏"实学"的传承。具体的内容将在后文涉及。

（二）方孔炤的交友

方孔炤的交友可以分为两类来介绍：一类是方氏的姻亲和同乡，另一类则是非同乡的朋友。

首先谈一下第一类，即方孔炤的姻亲和同乡。之所以要将方孔炤的交友分为

---

① 这里需要进行必要的解释。现存的很多关于东林党名录的书籍对于研究相关人物有重要价值，但是需要指出的是，这些书籍分为两类：一类是东林党人自己编纂或者是后人编纂的，这类书籍随着东林党身份的变化以及后人的品评对名录修改的事情比较常见；另一类是反东林党的人编纂的，如文中所举崔呈秀编《东林同志录》。反东林派所收的名录并非全是东林派，由于当时的政治环境，名录成为打击异己的一种手段，因此无论是何种名录中的东林党人的身份需要仔细辨认，不能疏忽。此处认为方孔炤是与东林党有关除了《东林同志录》的记录外还有其墓志铭的书写者为郑三俊此人当为东林人士，因此可以确定方氏与东林交流比较密切。

这两个部分，主要是因为方孔炤所在的桐城方氏家族在地方上属于名门望族①，而且明末清初桐城的几个代表性的世家大族关系确实非常密切。方孔炤生活在这样的环境中自然也受到影响。在桐城"张姚马左方"这五个典型的士绅大族中，方氏这一门是较早发迹的，但是其他大族也都拥有在整个明末清初社会有着重要影响力的人物。比如左氏家族的左光斗，张氏家族的张英等。因为要维持家族在地方上的常态性的势力，家族之间的交流也比较频繁。这种交流当然也可以看出各个家族之间思想的远近，或者说是否是一路人。与方氏关系比较密切的是左氏和张氏。

　　笔者做了一个以方孔炤为核心的方氏家族与其他家族的关系表，可以帮助分析这个问题（表1）。

表1　以方孔炤为核心的方氏家族与其他家族的关系

方氏	左氏	张氏
方文（方孔炤之侄）	娶左光斗之女	—
方氏（方孔炤之侄女）	嫁左光斗之子左国柱	—
方中履（方孔炤之孙）	—	娶张英之妹
方氏（方孔炤之幼女）	嫁左光先之长子左光鼎	—
方孟式	—	嫁张秉文

　　左氏的政治立场是以左光斗为代表的，方孔炤家族与其关系紧密可见相关立场可能接近，这个现象也证明了方氏一族从方学渐开始就一直围绕在东林党的周围，是反对阉党的重要力量②。除了这两家大族以，外还有方孔炤与孙晋家族的关系也非常不一般，孙晋的弟弟孙临娶了方孔炤的长女，方孔炤的长孙娶了孙晋的女儿，可见两家关系不一般。据史料记载，孙晋"以疏核大学士温体仁任所私人典试事"，又"特疏出刘公宗周金公光辰于狱，荐史公可法于吏部"，也是一位反对倾向于东林的人物，与方孔炤可谓志同道合。

　　其次，再看一下方孔炤的非同乡的朋友。

　　范景文，字梦章，号思仁，别号质公。《明史》有传。根据《东林党人榜》《东林列传》载范景文属于"东林党"。范景文于"（崇祯）七年冬，起南京右

────────────

　　① 《桐城续修县志》之《选举志》记载明代进士共有84人，方氏就有11人。入清之后，这个比例急速增大，可见方氏作为世代豪门于明清两代在桐城的势力几乎没有中断。

　　② 东林之后，方以智更是成为复社的中心人物，也可以看作是家族政治观点的延续。

都御史"在南京就职。方孔炤刚好也在南京任职，由此二人产生交集，"老父为南玺卿时，夜无月而见斜晕如虹，范质公问其故……"① 可见二人当时应该已经熟悉。

郑三俊，字用章。《明史》有传。根据《东林党人榜》《东林点将录》《东林朋党录》《东林籍贯》等名录记载郑三俊属"东林党"。有关二人直接联系的记载笔者还未找到，但是根据郑三俊为方孔炤作《墓志铭》可知，二人应该有一定的关系。

倪元璐，字汝玉，一作玉汝，号鸿宝。《明史》有传，《东林列传》有载。倪元璐与方孔炤的交际在《三垣笔记》中有载："行至淮安，方遇予师倪少司马元璐……方中丞孔炤万（原注：万历丙辰，桐城人）等，议同行。"② 当时是崇祯十五年，倪元璐与方孔炤一同应召北上京师。可能是因此次相遇，倪元璐对方孔炤印象颇深，并在北京任职时时常交流。他在崇祯十七年的《请免军籍疏》中提道："臣昨晤京西屯抚方孔炤……臣与孔炤咨商生节之谋尚多，其所言田赋利弊甚详而切，臣于是服孔炤之才也……方今军国需才，其急如孔炤者，惟皇上留意。"③ 可见倪元璐对方孔炤的欣赏。

黄道周字幼玄，一作幼平或幼元，又字螭若、螭平，号石斋。《东林党人榜》《东林列传》《东林书院志》有载，黄道周与其父黄尊素均为东林党人士。黄道周与方孔炤的交际是一个偶然的机会，当时方孔炤因被杨嗣昌弹劾下狱，不久黄道周因事也下狱，"黄詹事道周、解少司马学龙以庚辰八月初四日廷杖各八十下刑部"。这样两人就在刑部大牢中相遇④。二人因都精通易学，在狱中探讨起来，以至于刘中藻和方以智两人在看望方孔炤的时候发现"夫子方同吾乡石斋黄先生危坐论易"⑤，后来黄道周又为方孔炤的《周易时论》作了序。可见二人关系是较为密切的。

熊明遇，字良孺，号坛石。《明史》有传，《东林党人榜》《东林同志录》《东林胁从》《东林籍贯》等东林目录均有载。方孔炤与熊明遇在其任职福建的时候就有交际，方以智《物理小识》中记载："太姥有空谷传声处，每呼一名，凡七声和之。老父以问坛石熊公，公曰：峡石七曲也。"太姥是福建的一座山，

---

① 《物理小识》卷二虹霓，四库全书本。
② 李清：《三垣笔记·崇祯》，中华书局，1982年版，第46页。
③ 倪元璐：《倪文贞集·奏疏》卷十一，《请免军籍疏》，四库全书本，第1297册，第311-312页。
④ 方孔炤：《西库随笔》，桐城方氏七代遗书本。
⑤ 刘中藻：《知生或问·后跋》。这一点在黄道周的友人写的《易象正序述》中也有提到"方开府仁植与先生同在西库，每遇先生论诸象义，先生就草作二十图……仁植始掇拾藏之"可见，不仅二人经常讨论易学，二人很可能还住在同一牢房。

可见两人在福建时就已相识，后来崇祯元年两人又同时任职兵部。熊明遇在其《文直行书诗文》中收有《奇树歌为方潜夫赋》，可见其交流频繁。方以智甚至曾一度跟随熊明遇学习所谓西学。

刘中藻，字荐叔，号迥山。刘中藻是在方孔炤任职福建福宁的时候相识的。后来他与崇祯初年前往桐城游历，拜见了方孔炤并为《全边略记》写下了后序。后来他与方以智同年进士，并探望了当时在狱中的方孔炤，为其《知生或问》作了跋。

除了上述以外，方孔炤的交际圈中还有：方琨①、余飏②、吴应箕③、孙晋④、孙临、左光先⑤、马鸣世、马如蛟、李继贞、王洽、瞿式耜⑥等，交流比较密切。

从方孔炤的交友范围来看，大部分人都是与东林党有关系，这种交际上的特点也非常鲜明的表现在了《全边略记》中。东林党人的活动以万历、泰昌、天启三朝为最，而《全边略记》在记录这三朝史事的时候，大量引用了东林党人的相关奏疏，相对的也使他们的观点主导了《全边略记》的走向。笔者统计了《全边略记》在这三朝引用奏疏中东林党人所占的比例，并绘制了下图（图1）。

万历十年以后共引用奏疏273次，其中有59次是东林系官员发表的，这个阶段东林系官员所占《全边略记》奏疏引用总量的比例偏小，原因是这一阶段东林党的主要"战场"是在"争国本""京察"等事情上，而《全边略记》主要记载的是边疆地区的战守情况，因此比例偏小。到了泰昌天启年间，总奏疏为107次，而东林系官员奏疏就占到了53次，比例攀升到百分之五十以上，原因就在于这一时期东林党的斗争转移到了"三案"及"熊廷弼案"等事情上，因此东林系官员对于边疆战守发表的意见逐渐增多，方孔炤采用的也自然就增加了。值得额外说明的是，在这三朝的时间内引用的东林系的奏疏大都是作为正面观点出现的，并且他注重对比反东林派奏疏的引用。这样看来《全边略记》与东林党的观点相似就不足为奇了。

---

① 方孔炤为方琨的《易荡》作了序。
② 余飏为方孔炤的《周易时论》作了序。
③ 吴应箕与方孔炤有很多诗歌交流。
④ 方孔炤的女儿嫁给了他的弟弟孙临。
⑤ 左光斗之弟，娶方孔炤之女。
⑥ 与方以智关系密切《浮山文集前编》卷九《寿留守瞿相国六十序》"智弱冠雅游，即走常熟，奉教于东皋"后曾上疏推荐方孔炤。

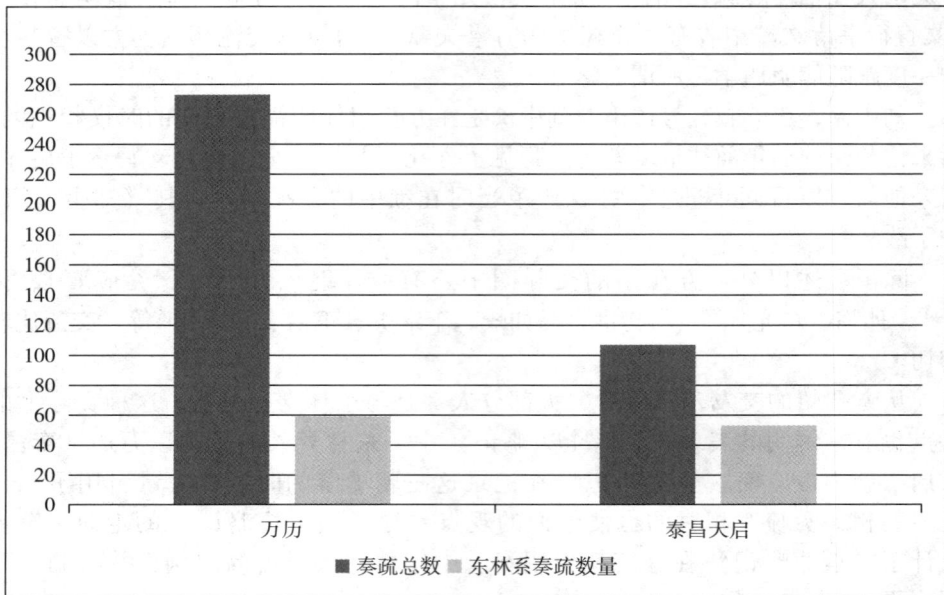

图 1　东林系官员奏疏与《全边略记》引用奏疏总数对比统计图

注："东林系官员"是以《东林原籍》《东林党人榜》《东林点将录》《东林同志录》《东林朋党录》《东林胁从》《东林籍贯》《盗柄东林夥》《夥坏封疆录》《东林列传》《东林列传》所载名录为参考，仅大致上代表东林系官员群体。

五、小结

　　本文通过方孔炤简传、字号及相关事迹的辨析以及家世交友的概述等部分的论述，试图将方孔炤完整而详尽的一生展现在人们的面前；同时也希望这些对方孔炤的基础研究能够有益于对他的深入研究。实际上在文章的最后部分，笔者就尝试通过从方孔炤的社交家世与相关著作的论点出发，试图找出方孔炤与他所做史书以及所处时代的关系，当然篇幅原因及个人能力所限，这部分显得粗糙而简略。最后，本文的研究还存在运用史料不足、语言表达不准确等问题，希望各位师友不吝指教。

吴汝纶与中国近代的学制变革

戚文闯

摘　要: 吴汝纶作为近代教育改革的先驱者, 虽是进士出身、桐城派古文大家, 却能洞察时势, 会通中西, 身体力行, 推行西学, 致力于地方教育和书院改革, 积极创办新式学堂; 并以京师大学堂总教习身份东游日本考察教育, 以求借鉴学习, 变革旧体制, 既是中国近代教育史上的重要事件, 也是近代中日关系史上的重要事件。其考察成果《东游丛录》详细系统地介绍了日本的教育制度、教育思想及教育发展的具体措施, 对中国近代教育近代化的起步和新学制的建立产生了重要影响。

关键词: 吴汝纶; 日本;《东游丛录》; 学制变革

　　吴汝纶 (1840—1903), 字挚甫, 或作挚父, 安徽桐城人, 晚清文学家、教育家, 桐城派后期代表人物之一。"少贫力学, 尝得鸡卵一, 易松脂以照读。"[①] 以文章闻名于世, 同治四年 (1865) 中进士, 授内阁中书。后得到曾国藩赏识, 招致幕府掌奏议, 同治九年 (1870), 曾国藩移任两江总督, 荐举吴汝纶就任直隶深州知州, 李鸿章继任直隶总督后, 仍器用吴汝纶留佐幕府。光绪十五年 (1889) 辞官后, 应李鸿章之聘, 出任保定莲池书院山长, 专心致力于兴学育才, 任内创办东西文学堂, 融中西学于一体。光绪二十七年 (1901), 管学大臣张百熙奉命重启京师大学堂, 延聘吴汝纶为京师大学堂总教习, 并赴日本考察教育学制。光绪二十九年 (1903) 初, 病逝。

　　吴汝纶作为一位科举进身的封建官吏、桐城派古文大家, 却能洞察时势, 中西学兼具, 注重"洋务", 主张兴西学、废科举, 致力于地方教育和书院改革, 积极创办新式学堂, 躬身实践, 对日本教育体制做了全面深入的考察和思考, 为中国近代教育体制的变革和新学制的建立做出重要贡献。

　　作者简介: 戚文闯, 南京师范大学社会发展学院博士研究生。
　　① 　赵尔巽:《清史稿·吴汝纶传》, 北京: 中华书局, 1977 年版, 第 13433 页。

一、近代学制变革的时代背景

鸦片战争后，西方列强用大炮和兵舰轰开了中国的大门，"夫泰西诸国之相逼，中国数千年来未有之变局也"①。近代中国面临着被西方列强蚕食和瓜分的民族危机，面临这种数千年未有之大变局，中国的社会、政治、经济、文化都在发生前所未有的剧烈变化。空前的国耻震动朝野，有识之士深刻认识到要挽救民族危亡，振兴中国于衰败，必须学习西方先进的科技文化。"自鸦片战争之后，中国的事情无一不是受到西欧的影响，独立性渐渐失掉，依赖性渐渐产生，原先的主动变成了被动。学习西方，变成了亦步亦趋。"② 林则徐、魏源等一批猛醒的中国人开始"睁眼看世界"。魏源综合中外形势，明确提出了"师夷长技以制夷"的主张，开启了学习西方的艰辛历程。

诚如梁启超所言："今日中国之大患，苦于人才之不足，而人才不足由学校不兴也。"③ 中国落后的根本原因在于缺乏人才、民智未开，教育可谓是关乎国家强弱、民族盛衰的头等大事。近代中国人了解和学习西方的教育制度，主要通过以下三种途径。

第一，迈出国门走向世界的中国人的介绍。晚清政府派出的驻外使节和出访官员，以及早期的留学生，将自己的所见所闻写成文字，向国人介绍，其中不仅有异域的政治、经济、历史、地理、风俗、人情，也包括教育，如最早出访欧洲的官员斌椿在其游历笔记中介绍欧洲各国的学校制度。他指出："欧逻巴诸国皆尚文学。国王广设学校，一国、一郡有大学、中学，一乡、一邑有小学"；大学分四科："一曰医科，主疗病疾；一曰治科，主习政事；一曰教科，主守教法；一曰道科，主兴教化。"④ 曾出任驻日使馆参赞的黄遵宪在其所著《日本国志》《日本杂事诗》中，也介绍了日本明治时期的教育学制；驻英、法、意、比四国使臣的薛福成在 1891 年所著的《出使四国日记》中，对西欧各国的教育制度也做了介绍："凡男女八岁以上不入学堂者，罪其父母。男固无人不学，女亦无人不学，即残疾聋瞽喑哑之人亦无不有学。其贫穷无力及幼孤无父母者，皆有义塾以收教之。在乡则有乡塾，至于一郡一省，以及国都之内，学堂林立，有大有中有小，自初学以至成材，及能研究精微者，无不有一定程限。文则有仕学院，武

---

① 康有为：《上清帝第四书》，《康有为政论集》，中华书局，1998 年版，第 149 页。
② 林鹏：《遐思录》，商务印书馆，2013 年版，第 58 页。
③ 梁启超：《变法通议·学校总论》，陈学恂主编：《中国近代教育文选》，人民教育出版社，1983 年版，第 130 页。
④ 斌椿：《乘槎笔记》，湖南人民出版社，1981 年版，第 3 页。

则有武学院，农则有农政院，工则有工艺院，商则有通商院。非仅为士者有学，即为兵为工为农为商，亦莫不有学。"① 尽管由于受时代所限，这些较早走出国门开眼看世界的中国人，对西方国家教育制度的介绍未成系统，但这毕竟是中国人亲眼所见的外国教育，因而也容易为国人所接受。

第二，来华传教士对于西方教育制度的译介。西方教育作为一种文化形态输入中国始于明末清初。17、18 世纪，来华的耶稣会传教士在一些具有西方科学知识的中国士大夫的帮助下，先后译书 400 多种，其中不乏介绍西方教育的著作。但对于西方教育学制的译介，则始于近代。1873 年，德国传教士花之安著《泰西学校论略》（亦称《德国学校论略》或《西国学校》），主要介绍德国学制。1881 年，美国传教士狄考文发表《学校振兴论》，介绍美国学制。1883 年，美国传教士丁韪良发表《西学考略》，介绍欧美和日本的教育制度。此外涉及学制的著作还有英国传教士李提摩太著《新学八章》（1887 年）、《七国新学备要》（1892 年）、《整顿学校》（1893 年），以及美国传教士林乐知于 1896 年将日本明治初期文部大臣森有礼所辑《美国诸名流振兴文学成法》译成的《文学兴国策》等。② 西方传教士此类著作，尽管存在着夸大所谓"圣道"即基督教对于西方教育和科技发展的影响等弊病，但就介绍西方国家学制而言，由于著者文化背景的差异等原因，显然要比中国人的介绍更为全面、系统和深刻，因而在实际中所产生的影响也较大。中国人最初更多的也是从来华传教士的译介著作中了解西方学制的。诚如梁启超在《变法通议·学校总论》中所言："西人学校之等差、之名号、之章程、之功课，彼士所著《德国学校》《七国新学备要》《文学兴国策》等书，类能言之，无取吾言也。吾所欲言者，采西人之意，行中国之法，采西人之法，行中国之意。"③

第三，来华传教士在中国的办学活动。鸦片战争以后，西方列强凭借强大的武力，迫使清政府签订了一系列不平等条约，从而获得了在中国的多项权益，也包括传教和办教育的特权。大批传教士纷至沓来，先是在东部沿海，继而又深入内陆，陆续办起了大、中、小各级各类教会学校，并逐渐形成了一个自成系统的教会教育体系。从本质上来说，教会学校是列强军事侵略的产物，并在一系列不平等条约的保护下持续发展，其侵略性质是十分明显的。然而在客观上，由于近代教育制度肇始于西方国家，传教士的办学活动，在传播西方先进的自然科技知识的同时，也间接地将西方的教育制度传入了中国，成为中国人了解西方教育的

---

① 薛福成：《出使四国日记》，湖南人民出版社，1981 年版，第 229–230 页。

② 蔡振生：《近代译介西方教育的历史考察》，《北京师范大学学报》，1989 年第 2 期。

③ 陈学恂：《中国近代教育文选》，人民教育出版社，1983 年版，第 130–131 页。

一个重要窗口。此外，中国人最初兴办的新式学堂，通常也是聘请外国传教士主持或担任教习，如丁韪良任京师同文馆总教习，林乐知掌教上海广方言馆，李提摩太总理山西大学堂西学斋等。这些传教士在办理新式学堂的过程中，也都不同程度地将西方办学模式介绍到中国来。① 因此，外国传教士在中国的办学活动，对于中国人了解西方教育制度，相对于前两条途径而言，更为直接、具体。

自鸦片战争国门被打开以后，随着外国教育制度通过各种渠道传入中国，一部分有识之士也提出了效法西方国家，在中国建立近代教育制度的要求。1895年，盛宣怀创办了天津中西学堂，分设头等学堂、二等学堂。其中头等学堂相当于大学专科，二等学堂相当于中学，修业各四年。学堂仿照西方的办学模式，实行分级分班教授，逐年递升，上下衔接。盛宣怀又于 1897 年在上海创设南洋公学，分设师范院、外院、中院、上院四院，其中外院即小学堂，中院即中学堂，上院即大学堂，在中国近代教育史上首创在同一学校内设置大、中、小学三级相互衔接的办学体制，出现了中国近代学制的萌芽。随着时间推移，学制变革不仅是社会上有识之士的强烈呼声，也是中国新式教育事业发展的实际需要。吴汝纶便是在这样的时代背景下，作为近代教育改革的先驱者，为富国强兵，救亡图存而身体力行，推行西学，积极推动教育革新。

二、吴汝纶对西学的认知与教育革新

吴汝纶是桐城派古文大家，早年宗法桐城古文，钻研其文章意法，中学造诣深厚；后曾入曾国藩、李鸿章幕府，协办洋务，开始留心西方事物，广泛研读西方译著，时中外大政常取决于曾、李二人，其奏疏亦多出自吴汝纶之手。吴汝纶也乐于同外籍人士，如传教士林乐知、李提摩太，日本人早川新次等人论交，故对西学也颇为精通。

伴随着西方列强侵略的加深，西学以及传教士纷至沓来，来华传教士在中国内地多处创办书院。这些新设书院从教育体制、内容以及教学方法上，与中国旧有书院有很大的不同，是以西方学制为框架，以西方宗教教育为基础与目的的中西之学相糅合的办学模式。② 1871 年至 1888 年，吴汝纶曾先后担任直隶深州和冀州的知州等职，并应李鸿章之聘，出任保定莲池书院山长。任职期间，他重视当地的教育事业，支持、整顿地方教育事务：裁并义学，整顿书院，改变地方办学机制；强化书院育才职能，确保书院经费之充裕；广延名师设教讲学，开启风气。

---

① 钱曼倩、金林祥主编：《中国近代学制比较研究》，广东教育出版社，1996 年版，第 7 页。
② 丁钢、刘琪：《书院与中国文化》，上海教育出版社，1992 年版，第 136–137 页。

吴汝纶在主政莲池书院期间，时刻不忘整顿书院，用新学倡导士子，培养人才，化其朴习，转移风气。"文者，天地之至精至粹，吾国所独优、语其实用，则欧美新学尚焉。博物格致机械之用，必取资于彼，得其长及能共竞。旧法完且好，吾犹将革新之，况其瓜败不可复用。"① 他认为中国专以虚骄之气应敌，但是人才不兴，"无人才，则无中国矣"②，国家未有转危为安之机。改革之首要当在于培育人才，强调"国之强弱，视乎人才；人才之兴，在乎作养。今日之积弱不振，不在兵败，不在饷竭，而在吾国人才不足与外国相抵。及今再不作养，永无人才足用之时"③，故应该创建新式学堂，以振兴士风，培育人才。为此，吴汝纶提出了培育人才的四种途径，即"兴学""译书""阅报"和"游历"，其中又以"兴学"最为重要，最为迫切。不难看出，吴汝纶已痛切地认识到延续两千多年的封建旧教育必须彻底改革，创办新教育，培养新型人才则势在必然。④ 吴汝纶也认识到科举制度是推行西学的最大障碍，提出"不改科举，则书院势难变通"⑤。戊戌变法后，吴汝纶改科举的态度更加坚定明确，"窃谓废去时文，直应废去科举，不复以文字取士。举世大兴西学，专用西人为师，即由学校考取高才，举而用之"⑥。其后吴汝纶在莲池书院中先后设立了西文与东文学堂，西文学堂聘请美国人士贝格耨教授英文，规定五年之内，不许告退；东文学堂聘请日本人中岛裁之、美国人贝格耨为教习，选拔书院高材生分为两班，学习日文、英文及欧美历史地理、政治宪法等。同时学堂之中尽量减少中学内容的课程，增加西学课程，西学除理化、博物、算学、法律、政治外，"矿山、铁道、税关、邮政数事为最急，海陆军法、炮工、船厂次之，此皆数年卒业即可应用者也"⑦。

吴汝纶认识到了国家贫弱的根源就在于腐朽的科举制、旧的封建教育制度，而如何培育英才是摆在现实面前的重要问题，这促使吴汝纶更加关注西学，在莲池书院打开了一扇通往西学的窗口。由于知人善任，管理得当，莲池书院所属东西文学堂学生进步很快，收效明显。吴汝纶也自豪地认为，这样的新式教学在"我国闾里诸生，固有生未见，即翰林部曹中能文好学、留心西法之士，亦且闻

---

① 赵尔巽：《清史稿·吴汝纶传》，中华书局，1977 年版，第 13443 页。
② 吴汝纶撰，施培毅、徐寿凯校点：《吴汝纶全集·尺牍》第三册，黄山书社，2002 年版，第 193 页。
③ 吴汝纶撰，施培毅、徐寿凯校点：《吴汝纶全集·文集》第一册，黄山书社，2002 年版，第 309 页。
④ 陈贤忠、程艺主编：《安徽教育史》上册，安徽教育出版社，2006，第 441 页。
⑤ 吴汝纶撰，施培毅、徐寿凯校点：《吴汝纶全集·尺牍》第三册，黄山书社，2002 年版，第 129 页。
⑥ 吴汝纶撰，施培毅、徐寿凯校点：《吴汝纶全集·尺牍》第三册，黄山书社，2002 年版，第 194 页。
⑦ 吴汝纶：《吴汝纶尺牍》，黄山书社，1990 年版，第 298 页。

所未闻。此等教师，岂得谓为不合执事宗旨！至以多为贵，来者不拒，则正开化要策"①。庚子事变后，吴汝纶又在北京创设东文学社，生徒多达百余人。

甲午中日战争，中国惨败于"蕞尔岛国"日本，对于时人而言，是一次前所未有的震撼和刺激。正如梁启超所言："吾国四千余年大梦之唤醒，实自甲午战败，割台湾偿两百兆以后始也。"② 朝野有识之士深感时局惟艰，人才凋敝匮乏，逐渐认识到洋务运动只是学习到了西艺皮毛，而未得其根本——西方的政治制度；同时也体认到人才的重要性，强调开民智、育新民，主张学习效法西方，建立近代学制；并检讨日本能在甲午一役战胜中国的原因，与明治维新后推行"文明开化"、积极发展教育有很大关系。中国要自强，就必须变化，而变法首要则在于改革教育。

国人开始关注日本明治维新以后的巨大变化，并开始转变对日本的态度，由藐视而称羡明治维新的成就，意识到中日地位的逆转，决心学习、仿效日本明治维新改良变法。故甲午战后，康有为、梁启超等人发动维新变法运动，大多以模仿日本制度为主，尤其是以明治维新为蓝本。吴汝纶虽非维新派人士，但十分赞同维新派培养新式人才、创办新式学堂、废除八股文、建立近代学制的主张，并曾言："学堂开办，康公首倡大义，不为无功。"③ 戊戌变法时期兴起考察、游历日本的热潮，均涉及教育的考察，这些考察人员或由朝廷委派，或由地方督抚选派，甚至也有自费前往日本的，其考察的成果成为日后中国教育改革的重要准绳和参考，具有重大的影响。

三、吴汝纶赴日教育考察及其影响

吴汝纶为了实现兴学育才的目标，而将目光转向明治维新后的日本，并特别推崇日本输入西方先进科技文化作为新式教育的主要内容，以及变革传统教育选拔人才的制度。故吴汝纶主张以强敌为师，仿效日本进行教育改革，他山之石可以攻玉，"日本学校屡改而益进，其制尽取之欧美，近则取德国者独多，兴办才卅年，而国势人才已骎骎与欧美埒。问其所由，则上下一心，殚力持久不退转而已。其所以上下一心，殚力持久不退转者，盖诚见西力东渐，不改用西人公学，而死守吾窳败旧法，则国必亡。亡国不可为也，与为亡国人，奴虏修辱，偷食息人间，不能共敕者比肩横肱坐立，则虽旧法完且好，吾犹将革变更新之，以救吾全国人类，使得与世界他强国相等夷不俯屈也，而况其法之窳败不可复用也哉！

① 吴汝纶撰，施培毅、徐寿凯校点：《吴汝纶全集·尺牍》第三册，黄山书社，2002 年版，第 363 页。
② 梁启超：《戊戌政变记》，《梁启超全集》第一册，北京出版社，1999 年版，第 181 页。
③ 吴汝纶撰，施培毅、徐寿凯校点：《吴汝纶全集·尺牍》第三册，黄山书社，2002 年版，第 206 页。

此日本取欧美新法立学之本意也。今学制大备，欧美人多艳称之，其教育之增进国光荣非浅尠已"①。吴汝纶已兴燃东渡日本之决心，以寻求教育兴国之道。

1900 年，庚子事变后，清政府在严酷的内外形势下，为挽救危局，慈禧太后以光绪帝之名在西安颁布变法上谕，指令"军机大臣、大学士、六部九卿、出使大臣、各督抚参酌中西政要，凡朝章、国政、吏治、民生、学校、科举、军政、财政因革省并，各抒所见，各举所知，通限两个月详悉条议"②，开始推行新政。教育改革是新政时期最为重要的一环，也是最有成效的举措之一。

吏部尚书张百熙临危受命担任管学大臣，筹办京师大学堂等教育事宜，并规划全国学务大计。张百熙以吴汝纶举行博高、兼综中西，举荐吴汝纶为京师大学堂总教习。吴汝纶再三坚辞总教习而不得，便与张百熙约定一年为期暂不言辞，在此期间到日本访询学制，以供朝廷制定新学制做参考。因为他通过考量新式学堂的开办与新式教育的推行，认为中国办学经验不足，邻国日本学习西方学制教育已近三十年，教育制度堪称完备，可以借鉴参考。

吴汝纶于光绪二十八年五月（1902 年 6 月）启程赴日，在日本进行了四个多月的调查访问活动，眼界大开，自称："凡教育之事，日本悉采取西人公学，其中精微之旨，以足智多闻善于询访者谋之，必能深得要领。百闻不如一见，得贤智之士来考览，胜阅报纸、译书者百倍。"③ 随行人员有京师大学堂提调官荣勋、绍英等 5 名官吏和 16 名学生，担任翻译的是中岛裁之。吴汝纶以京师大学堂总教习身份东游日本考察教育，既是中国近代教育史上的重要事件，亦是近代中日关系史上的重要事件。中国近代教育改革，受到日本朝野的普遍关注，吴汝纶访日被日本各界视为中国教育全面改革的标志，日本朝野对其一行人的来访，也颇为重视。

吴汝纶一行自五月十五日到达长崎至九月六日结束文部听讲启程回国，滞日约 4 个月。在此期间，吴汝纶考察各级各类学校，遍访各方人士，聆听文部省官员的特别讲座，对日本的教育制度、学校运营等各个方面进行了细致的考察。所考察的学校范围极其广泛，包括各级小学、中学、高中、大学等普通学校，师范、实业、士官、艺术等专门学校，盲哑等特殊学校以及幼儿园等。在文部省听讲的内容涉及教育行政、教育宗旨、教授法、学校卫生、学校管理法、学校设

① 吴汝纶：《日本学制大纲序》，璩鑫圭、唐良炎编：《中国近代教育史资料汇编·学制演变》，上海教育出版社，1991 年版，第 133 页。
② 《盛宗丞转西安来电》（光绪二十六年十二月二十一日），顾廷龙、戴逸主编：《李鸿章全集·电报七》，安徽教育出版社，2008 年版，第 558 页。
③ 吴汝纶撰，施培毅、徐寿凯校点：《吴汝纶全集·尺牍》第三册，黄山书社，2002 年版，第 402—403 页。

备、日本各类学校沿革等方面，遗憾的是因回国时间紧迫而未能听完全部讲座。吴汝纶所接触的官员和文人学者大多与教育相关，如早稻田大学的创立者前首相大隈重信、高等师范学校校长嘉纳治五郎、东京大学总长山川健次郎、东京师范学校校长伊泽修二、《教育时论》社主笔辻武雄、后来受聘来华任京师大学堂教习的服部宇之吉和岩谷孙藏，以及包括大臣在内的文部省现任和前任的大批官员。① 吴汝纶将在日本考察教育的所见所闻汇编成《东游丛录》一书，于 1902 年交由东京三省堂书店出版刊行，并带回国内呈交管学大臣张百熙，以备其采择。《东游丛录》内容丰富，详细系统地介绍了日本的教育制度、教育思想及教育发展的具体措施，在当时"成为新教育的指针"②。

《东游丛录》分文部所讲第一、摘抄日记第二、学校图表第三、函札笔谈第四，共 4 大部分。文部所讲为文部省听讲时的讲义录，包括教育行政、教育大意、学校管理法等 7 部分；摘抄日记起自五月十五日长崎上陆，至九月六日结束文部听讲，而无往返途中的记事；学校图表有三岛博士卫生图说、东京大学员数度支表、西京大学预算表等各类图表 19 种；函札笔谈共收日本友人来信、新闻报道、笔谈记 27 篇。③ 学界普遍认为《东游丛录》是清末中国人日本教育考察记中影响最广的著作，它对清末的教育改革和发展产生了巨大的影响。此外，吴汝纶在日本考察期间，日本各地数十家报纸对此所做的报道，也于 1903 年由华北译书局以《东游日报译编》的形式整理出版。

1902 年 8 月，管学大臣张百熙拟定出中国近代第一套法定学校教育体系的章程《钦定学堂章程》，史称"壬寅学制"。张百熙颁布《钦定学堂章程》时，吴汝纶正在日本考察教育，未能直接参与拟定，但在访问期间时刻关注学制的草拟进展，保持着与张百熙的信函来往，"吴汝纶在日本考察后将一些日本教育的情况和他本人的看法设想通过信函告知国内诸同仁，也主要是向张百熙汇报。在《吴汝纶尺牍》第四卷中留存的 12 通他在日考察期间写给京师大学堂诸同仁的信中，给张百熙的占 7 通"④。吴汝纶为学制的制定提出了自己的见解，对该章程的拟定产生了重要影响，如吴汝纶主张合理删减课程，缩短学制年限，"于西学则宜以博物、理化、算术为要，而外国语文从缓。中学则国朝史为要，古文次

---

① 吕顺长：《清末中日教育文化交流之研究》，商务印书馆，2012 年版，第 25 页。

② （日）实藤惠秀著，谭汝谦、林启彦译：《中国人留学日本史》，北京大学出版社，2012 年版，第 43 页。

③ 吕顺长：《清末中日教育文化交流之研究》，商务印书馆，2012 年版，第 25–26 页。

④ 彭平一：《思想启蒙与文化转型：近代思想文化论稿》，岳麓书社，2012 年版，第 341 页。

之，经又次之"①。章程中所规定读经的时间和内容均相对的少些，在学制年限上，以初等教育说，寻常小学堂和高等小学堂各为三年，这较之后来的章程所规定的初小五年、高小四年，即共为九年的要短三年。但"壬寅学制"因种种原因，未能付诸实践。

1903 年 7 月，清政府命张百熙、荣庆、张之洞以日本学制为蓝本，重新拟订学堂章程，于 1904 年 1 月颁布《奏定学堂章程》，即"癸卯学制"，并在全国的学校系统实行，这标志着中国近代学制正式建立。《奏定学堂章程》中也部分地反映了吴汝纶的教育主张，如要办好师范学校、实业学校等。在该章程的"学务纲要"中，专有"宜首先急办师范学堂""各省宜建设实业学堂"等项。另外，吴汝纶的考察报告书中不仅有 28 幅图表，而且还有早川氏翻译的"学校建筑准则""学校清洁法""学校设备"等，对校址的选择、校舍规格、教室要求、学生座椅以及灯光和黑板的亮度与角度，清洁卫生要求等，都有明确详尽的叙述。故在"学务纲要"中专有"各学堂建造须合规制"一项，做出具体规定，并指出"若限于地势经费者，原可酌量变动。但其有关联处，万不可失其本意。虽不师其形，要必师其法"②。

吴汝纶赴日的教育考察，不仅直接影响到清政府"壬寅学制""癸卯学制"的制定，而且与其他赴日教育考察者相比，吴汝纶在关心留日学生、聘请日本教习等方面也做出了巨大努力。吴汝纶在日期间，因留学生就保送入学一事，赴驻日使馆请愿，后遭公使蔡钧教唆，日本警察干预并驱逐留日学生吴敬恒、孙揆均二人，吴汝纶以有损国权及颜面，向蔡钧据理力争。③ 吴汝纶通过日本政府遴选、延聘日本教习来中国，亦是其赴日之行的重要成果。1903 年以前，到中国的日本教习数量较少，绝大多数不是通过政府，而是通过私人的介绍来华。吴汝纶访日时，正式向日本方面提出招聘日本教习的要求，文部大臣菊池大麓答复同意选派，交请日本帝国教育会出面承担选拔和短期培训的工作。中国近代教育史上延聘大量日本教习即从吴汝纶始。④ 日本教习在中国教育近代化的过程中发挥了十分重要的作用。

---

① 吴汝纶撰，施培毅、徐寿凯校点：《吴汝纶全集·尺牍》第三册，黄山书社，2002 年版，第436 页。

② 舒新城：《中国近代教育史资料》上册，人民教育出版社，1961 年版，第 217-218 页。

③ 吴汝纶撰，施培毅、徐寿凯校点：《吴汝纶全集·尺牍》第三册，黄山书社，2002 年版，第403 页。

④ 周乾主编：《涉外史事》，安徽人民出版社，1999 年版，第 141-142 页。

四、结语

　　清末教育的近代化，从"壬寅学制""癸卯学制"的颁布到 1905 年废除科举制度、设立统辖全国各级各类教育管理的学部，大体形成了全国统一的学校行政管理体制和学校教育实施的格局。吴汝纶作为近代教育改革的先驱者，为富国强兵、救亡图存而身体力行，其推行西学，创办新式学堂，到日本实地考察学制四个多月，所到之处受到了热烈欢迎，参观了东京、大阪、京都从小学到高等学校等 44 所现代学校，归国后写成《东游丛录》，细致地描述了日本的教育系统并加以分析，为中国了解日本的学校制度做出了贡献，也为中国当时全面仿效日本教育模式开辟了道路，他在书中制定的图表对光绪三十年（1904）制定的《奏定学堂章程》起了重要作用。正如有学者指出：吴汝纶"作为一位历史名人，他一生中最辉煌的一面，不是他的文章和经学，而是他对我国近代教育的突出贡献"①。中国近代教育从旧学转向新学，在思想观念上有许多阻碍，在实际操作中也有大量困难。吴汝纶对日本教育的考察和思考，巨细无遗，也成为中国近代教育改革宝贵的借鉴资料。

---

　　①　施培毅：《我国近代教育先驱吴汝纶》，《江淮论坛》，1995 年第 1 期。

吴汝纶史学思想探析

董根明

摘　要： 吴汝纶是桐城派的末代宗师。他校勘了大量史部典籍，其选编的《李文忠公全集》、撰写的《李文忠公事略》《欧洲百年以来大事记》和《东游丛录》等均具有很高的史料价值。他认为方志可"为史者资焉"，其纂修的《深州风土记》首创"人谱"，一洗故习，拓展了中国旧有方志的内涵。吴汝纶信奉进化史观，认为"天演之学，在中国为初凿鸿蒙"，"此其资益于自强之治者"。他以进化论思想为武器，提倡史学经世，主张废科举，兴西学，希望通过"智民"和"强国"来维护清廷统治，并以此为标准，评判当代历史事件和历史人物。

关键词： 吴汝纶；史学思想；进化史观

吴汝纶（1840—1903），字挚甫，安徽桐城高甸（今枞阳县）人，自幼从父读书，师宗方、姚，"为学，由训诂以通文辞，无古今，无中外，惟是之求"[①]，于经史子集均有造诣，"晚清著名的学者、文人和杰出的教育家"[②]，与武昌张裕钊、遵义黎庶昌、无锡薛福成并称"曾门四弟子"，被誉为桐城派的末代宗师。学界对吴汝纶在西学、洋务维新及中国近代教育转型中所发挥的作用多有关注，研究成果亦颇丰硕[③]，而对其史学成就、进化史观和史学经世思想则鲜有论及[④]。

基金项目： 国家社科基金项目"桐城派名家史学思想研究"（批准号13BZS005）阶段性成果。

作者简介： 董根明，安庆师范大学人文与社会学院教授，研究方向为中国史学史。

① 赵尔巽等撰：《清史稿·吴汝纶传》（第44册），中华书局，1977年版，第13443–13444页。

② 施培毅：《吴汝纶全集·前言》，《吴汝纶全集》（一），黄山书社，2002年版，第1页。

③ 比较有代表性的研究如：施培毅《我国近代教育先驱吴汝纶》，《江淮论坛》，1995年第1期；翁飞《吴汝纶与京师大学堂》，《安徽大学学报》，2000年第2期；曾光光《变法维新思潮中的吴汝纶与桐城派》，《江淮论坛》，2001年第3期；吴洪成等《试论近代教育家吴汝纶的事业与思想——以主持保定莲池书院为中心的考察》，《华东师范大学学报（教育科学版）》，2010年第2期；朱秀梅《力倡西学育人才坚守古文存"道统"——吴汝纶西学思想与古文观念平论》，《中州学刊》，2011年第2期；任向阳等《论庚子和议中吴汝纶的外交思想》，《湖南城市学院学报》，2012年第6期；江小角《桐城派：清代书院教育的典范》，《光明日报》，2018年3月22日。

④ 与此相关的研究，仅见拙文《进化史观与古文道统的同一——吴汝纶与严复思想考索》（《中国社会科学院研究生院学报》，2008年第1期）和郑清坡、关昕《〈深州风土记〉史料价值初探》（《中国地方志》，2003年第6期）。

一、吴汝纶的史学成就

吴汝纶"藏书数万卷，皆手勘而躬校之，考证评骘，丹黄灿列"①。他校勘了大量史部典籍，考订史实，"自群经子史、周秦故籍以下，逮近世方、姚、曾、张诸文集，无不穷奇源而究其委"。李景濂认为吴汝纶"于史则《史记》《汉书》《三国志》《新五代史》《资治通鉴》《国语》《国策》皆有点勘，《晋书》以下至《陈书》，皆尝选集传目。而尤邃于《史记》，尽发太史公立言微旨，所评骘校勘者数本，晚年欲整齐各本厘定成书，著录至《孟尝君传》而止。而大端固已尽具各本中，世所传《史记平点》是也。又尝汇录《史记》与《左氏》异同，以为太史公变异《左氏》最可观省，且证明刘向所校《战国策》亡已久，今之《国策》，反取《太史公书》充入之，非其旧也"②。吴汝纶秉承方苞史学中的"义法"，以严谨的学风校勘桐城派推崇的《史记》和《资治通鉴》等史学著作，厘清史实，正本清源，撰写了大量的读史札记，于史学颇有建树。他在考证史实的基础上，认为"史多不足据"③。譬如，他认为："《梁书·沈约传》，梁武篡齐，约劝成之。范云与约同策，约期云同入，而已先独对。此诬也。"又如"郭景纯文学，在晋为有数人物，风烈尤著，而《晋书》多载卜筮、小数不经之事，使后世以为方术之士，此史氏之失。史才之高下，洵关学识哉！"④ 言之有据，是吴汝纶考订史实的基本准则。他认为："《国史·高堂隆传》隆疏引贾生册'可为长叹息者三'，今作'六'，贻误。此传又载景初中魏明帝诏云'闵子识原伯之不学，荀卿丑秦世之坑儒'，秦坑儒时，荀卿尚存，亦异闻也。"《史记》是吴汝纶据以研究《尚书》的主要著作，司马迁的史文亦倍受其推崇，但对《史记》所载史实之误，吴汝纶也毫不留情地加以勘校或存疑。如《史记·赵世家》篇，言及归熙父云："《赵世家》文字周详，是赵有史，其他想无全书。"吴汝纶考证曰："史公明言有《秦纪》，则六国无史可知。《赵世家》所载，多小说家言，史公好奇，网罗放失而得之者，非赵史也。"⑤ 就史学研究而言，吴汝纶的成就主要表现在以下几个方面。

① 张宗瑛：《吴先生墓志铭》，施培毅等校点《吴汝纶全集》（四），黄山书社，2002 年版，第1151 页。

② 李景濂：《吴挚甫先生传》，施培毅等校点《吴汝纶全集》（四），黄山书社，2002 年版，第 1131–1134 页。

③ 吴汝纶：《日记·史学下》，施培毅等校点《吴汝纶全集》（四），黄山书社，2002 年版，第 184 页。

④ 吴汝纶：《日记·史学下》，施培毅等校点《吴汝纶全集》（四），黄山书社，2002 年版，第 183–185 页。

⑤ 吴汝纶：《赵世家》，施培毅等校点《吴汝纶全集》（四），黄山书社，2002 年版，第 241 页。

　　其一，精心选编《李文忠公全集》，撰写《李文忠公事略》，为后人研究和评价李鸿章提供了第一手资料。如何甄别、遴选、辑录像李鸿章这样具有争议性的当代朝臣所存文稿，直接关乎后人对其评价，对此，吴汝纶持非常慎重的态度。1897 年 6 月 3 日，在致周玉山的信函中，吴汝纶言及"近来国史猥杂，中兴诸公事业，皆当仗所著文集以传远。合肥在诸公间，于洋务独擅专长，其办理中外交涉最专且久。近为编辑奏疏，分为详简二本，皆以洋务为主。详本则兼及直隶河工赈务。以此二事皆合肥定力所注，他人有办不到者。至平吴、平捻，大要已见于《钦定方略》书中，即所奏捷书皆可从略，私见如此，未识尊见以为然否？"他坦言："某区区欲删定合肥文集，不欲使贤相身后令名淹没于悠悠之口，以为功名本末具在此书也。"[①] 在《与刘芝林》的信函中，吴汝纶表示自己之所以重视编纂李鸿章文集，"并不颛颛为一时解谤，当与后之知人论世者考求心迹，使是非昭然具见本集，无所容其阿附也"[②]。

　　现存吴汝纶日记、尺牍、《李文忠公事略》以及由其选编的《李文忠公（鸿章）全集》等文献，是今人研究李鸿章最权威的史料来源之一。吴汝纶所编《李文忠公（鸿章）全集》包括奏稿八十卷、朋僚函稿二十卷、译署函稿二十卷、海军函稿四卷、电稿四十卷。有学者研究认为，吴汝纶所编《李文忠公全集》"虽然过于简略，且因急于为集主辩诬止谤，删削之中，不免失之真实和公允，但由于编者系集主学生和亲信幕僚，于集主的许多事迹，大多亲见亲闻，因此于文稿内容和时间的考订十分精详，于文稿的拟题亦十分精当"[③]。一方面，吴汝纶精心辑录"卷首"之文献，包括《上谕》四道、《谕赐祭文》四首、《御制碑文》二首和《国史本传》，由和硕庆亲王、顺天府尹、直隶总督袁世凯、两江总督刘坤一、工部左侍郎盛宣怀、安徽巡抚诚勋和山东巡抚周馥等大臣倡议在京师、天津、江南、上海和合肥等处建专祠奏疏十一道，以及吴汝纶亲笔撰写的《神道碑铭》和《墓志铭》。[④] 首篇文稿即《上谕》："大学士一等肃毅伯直隶总督李鸿章器识渊深，才猷宏远，由翰林倡率淮军，戡平发捻诸匪，厥功甚伟。""复命总督直隶兼充北洋大臣，匡济艰难，辑和中外，老成谋国，具有深衷。去年京师之变，特派该大学士为全权大臣，与各国使臣妥立和约，悉合机宜，方冀

　　① 吴汝纶：《与周玉山》，施培毅等校点《吴汝纶全集》（三），黄山书社，2002 年版，第 151–152 页。
　　② 吴汝纶：《与刘芝林》，施培毅等校点《吴汝纶全集》（三），黄山书社，2002 年版，第 152 页。
　　③ 童本道：《〈李鸿章全集〉的史料价值》，《社会科学战线》，2008 年第 3 期，第 140 页。
　　④ 吴汝纶编：《李文忠公（鸿章）全集》，沈云龙主编：《近代中国史料丛刊续辑》（691—698 卷），台湾文海出版社，1974 年版。

大局全定，荣膺懋赏，遽闻溘逝，震悼良深。"① 吴汝纶之所以将《上谕》置于《李文忠公全集》卷首，既符合刊刻规制，又甚合其心愿，显然有"盖棺论定"或"先入为主"的考量。另一方面，对李鸿章使俄签订密约的史料，吴汝纶所撰《李文忠公事略》，或只云奉命使俄，或语焉不详，确有隐讳之处。诚如唐代著名的史学家刘知几所言："肇有人伦，是称家国。父父子子，君君臣臣，亲疏既辨，等差有别。盖'子为父隐，直在其中'，《论语》之顺也；略外别内，掩恶扬善，《春秋》之义也。自兹已降，率由旧章，史氏有事涉君亲，必言多隐讳，虽直道不足，而名教存焉。"② 由此可见，吴汝纶对"有事涉君亲"者，亦"必言多隐讳"，显然，这是吴汝纶选编《李文忠公全集》的不足之处。

　　其二，吴汝纶认为方志可"为史者资焉"，其纂修的《深州风土记》首创"人谱"，一洗故习，拓展了中国旧有方志的内涵。他积数十年之功纂修的《深州风土记》，广征博引，考证精到、博古详今，具有很高的史学价值。全书22卷，分疆域、河渠、赋役、学校、兵事、官制、职官、名宦、艺文、古迹、金石、人谱、荐绅、名臣、文学、武节、史绩、孝义、流寓、烈女、物产和后序，附表5卷，共39万余字。吴汝纶在《深州风土记》中引证的文献既包括大量的旧志，如明、清一统志，《禹贡》《水经注》《太平寰宇记》《郡国县道记》和《永清志》等，参考了《左传》《史记》和《汉书》等正史，还旁及《通典》《文献通考》《资治通鉴》《大清会典》和《钦定平定粤匪方略》等政治历史著作。吴汝纶认为：中国方志，陈陈相因，"《永清志》虽系续撰，其旧志义例，尚可寻求。独章实斋以文史擅名，而文字芜陋，其体裁在近代志书中为粗善，实亦不能佳也"③，而"拙著一洗故习，令其字字有本，篇篇成文，稍异他人耳"④。吴汝纶对章学诚的《永清志》颇有微词，而对自己编纂的《深州风土记》却作如此高的评价，应该说是不无道理的。近代著名的语言文字学家、北京大学教授黎锦熙先生在《方志学两种·氏族志》一书称："方志而志氏族，要在辨其来源，分合、与盛衰之迹，盖一地文化之升降，风俗语言之异同，考其因缘，与此大有关系也。昔者《通志》一'略'，仅著本源；章志《永清》，专标'士族'；迄吴氏汝纶记《深州风土》，乃创'人谱'，始从族姓之迁徙，识文物之重心。"⑤ 吴汝纶在方志中首创"人谱"，拓展了中国旧有方志的内涵，对此，

---

① 光绪二十七年九月二十七日《上谕》，沈云龙主编：《近代中国史料丛刊续辑》（691 卷），第 2 页，台湾文海出版社，1974 年版。

② 刘知几：《史通·曲笔》，中州古籍出版社，2012 年版，第 145 页。

③ 吴汝纶：《答孙筱坪》，施培毅等校点《吴汝纶全集》（三），黄山书社，2002 年版，第 37 页。

④ 吴汝纶：《答藤泽南岳》，施培毅等校点《吴汝纶全集》（三），黄山书社，2002 年版，第 428 页。

⑤ 黎锦熙，甘鹏云：《方志学两种》，岳麓书社，1984 年版，第 110 页。

他在《深州风土记》中写道："太史公作《史记》诸表，其法本于《周谱》，后世谱牒之学发宋之君子，乃复为之，而北人不讲也，乡曲之士罕能自言其世。"①吴汝纶广征私家谱牒和地方文献，网罗散佚，考述州里古今望族大姓之演变，而成"人谱"，对研究北方名门望族和社会风俗文化变迁具有较高的史料价值。吴汝纶曾为《安徽通志》作序，认为："方志之作尚矣，网罗散佚，课集旧闻，为史者资焉。"对光绪三年编修的这部《安徽通志》，吴汝纶认为，其"增损旧文，附益新事，义例至为精审，信乎其具史才可传以久者也"②。

其三，吴汝纶撰写的《欧洲百年以来大事记》和《东游丛录》具有很高的史料价值。吴氏兼采中学和西学，是中国近代具有"史才"和"史识"的大家。他撰写《欧洲百年以来大事记》，用大清皇帝年号纪年，考叙近代西方国家政治权力和国际关系变化，谴责西方列强的开疆拓土和殖民扩张，"盖吞并之策，始于非洲，终于亚洲，其事多费兵力，故近乃借为口实以避其名，有曰'永代租借'，有曰'保护'，曰'权力所及之域'，曰'承筑铁路之地'，曰'不许让于他国'，种种名目，皆所以行其吞并之谋也"③。吴汝纶运用历史分析和国际比较的眼光，敏锐地洞察到西方殖民侵略的新特点。1902年5月，吴汝纶访问日本，调查日本学制，写成《东游丛录》四卷，此书成为中国最高教育当局派员访问日本明治维新以后教育制度的第一份调查报告，对研究晚清学制改革亦具有很大的文献价值。

此外，吴汝纶对版本目录学亦有深入研究。譬如，他对《隋书》和《唐书》版本的考证："近得旧本《隋书》，嘉靖、正德时补板，殆元时刻本，惜无刻书年月序，然甚爱之。世知《唐书》欧阳与宋分著姓名，以为欧公恐宋文为己作，其实非也。《隋书》纪、传，著明'魏征上'，诸志，著明'长孙无忌等上'，《唐书》盖本此。""《隋书》诸志，皆题'长孙无忌等奉敕撰'，独《地理志》无'等'字，盖成于一手。"④史书的版本直接关乎史实的可信度，吴汝纶以慎选史料的态度对史书的版本来源详加考证，表现出史家严谨的治学作风。

---

① 吴汝纶：《深州风土记·人谱》，《中国地方志集成·河北府县志辑》，上海书店出版社，2006年版，第246页。

② 吴汝纶：《安徽通志序》，施培毅等校点《吴汝纶全集》（一），黄山书社，2002年版，第295-296页。

③ 吴汝纶：《欧洲百年以来大事记》，施培毅等校点《吴汝纶全集》（四），黄山书社，2002年版，第507页。

④ 吴汝纶：《日记·史学下》，施培毅等校点《吴汝纶全集》（四），黄山书社，2002年版，第188-189页。

二、吴汝纶的历史进化论思想

就历史观而言，与晚清传统士大夫阶层不同的是，吴汝纶信奉历史进化论思想，认为"天演之学，在中国为初凿鸿濛"①，"此其资益于自强之治者"②。

甲午战争失败后，西方列强迅速掀起了瓜分中国的狂潮，亡国灭种的情势强烈刺激着中国的思想界。伴随着民族危机的加剧和民族意识的觉醒，晚清学术界也经历了一场思想剧变。就 19 世纪末至 20 世纪初的中国史学界而言，这种剧变主要表现为从历史变易观到历史进化论的重大转折。戊戌维新时期，进化论思想之所以开始在中国萌生，一方面源于中国固有的传统文化资源，如康有为从"公羊三世说"中所提炼的朴素的历史进化观念；另一方面，就是经严复等人所传播的西方进化论思想。与曾门弟子黎庶昌、张裕钊和薛福成等人普遍具有史学经世思想不同的是，吴汝纶不仅秉承了以姚莹和曾国藩等为代表的晚清桐城派史学经世的传统，而且在与严复交往的过程中逐步接受了西方的进化论思想，信奉进化史观。

摈弃夷夏之大防的观念，接受西学，是吴汝纶信奉进化论的思想基础。针对"西学中源"说，以及"以夷为师""礼失求野"的清议，吴汝纶指出："西学乃西人所独擅，中国自古圣人所未言，非中国旧法流传彼土，何谓礼失求野！周时所谓东夷、北狄、西戎、南蛮，皆中国近边朝贡之藩，且有杂处中土者，蛮夷僭窃，故《春秋》内中国，外夷狄。……今之欧美二洲，与中国自古不通，初无君臣之分，又无僭窃之失，此但如《春秋》列国相交，安有所谓夷夏大防者！此等皆中儒谬论，以此边见，讲求西学，是所谓适燕而南辕者也。"③ 吴汝纶认为夷夏之防的观念乃"谬论"，欲救世变，必先讲求西学。

吴汝纶信奉进化论思想，认为"天演之学，在中国为初凿鸿蒙"。1895 年初，吴汝纶得知严复正在翻译英国博物学家赫胥黎的《进化论与伦理学》，"桐城吴丈汝纶，时为保定莲池书院掌教，过津来访，读而奇之"④。严复服膺桐城派，并用桐城古文风格翻译《天演论》。吴汝纶对严译《天演论》所宣扬的进化论思想，倾心悦服，在致严复的信函中，他表示："得惠书并大著《天演论》，虽刘先生之得荆州，不足为喻，比经手录副本，秘之枕中。盖自中土翻译西书以来，无此宏制，匪直天演之学，在中国为初凿鸿蒙，亦缘自来译手，无似此高文

---

① 吴汝纶：《答严幼陵》，施培毅等校点《吴汝纶全集》（三），黄山书社，2002 年版，第 144 页。
② 吴汝纶：《答严幼陵》，施培毅等校点《吴汝纶全集》（三），黄山书社，2002 年版，第 119 页。
③ 吴汝纶：《答牛蔼如》，施培毅等校点《吴汝纶全集》（三），黄山书社，2002 年版，第 130 页。
④ 严璩：《侯官严先生年谱》，王栻主编：《严复集》第五册，中华书局，1986 年版，第 1548 页。

雄笔也，钦佩何极！"①《天演论·吴序》既是吴汝纶对严译《天演论》的推介，也是吴汝纶借以阐发自己进化史观的宣言书。吴汝纶认为西方的进化论"以天择、物竞二义，综万汇之本源，考动植之蕃耗。言治者取焉。因物变递嬗，深研乎质力聚散之义，推极乎古今万国盛衰兴坏之由，而大归以任天为治。赫胥黎氏起而尽变故说，认为天不可独任，要贵以人持天"。吴汝纶称赞赫胥黎的学说"博涉""信美""吾国之所创闻也"。他强调必须发挥人的"天赋之能，使人治日即乎新，而后其国永存，而种族赖以不坠，是之谓与天争胜"，如此，便达到了"天行人治，同归天演"的境界。② 由此可见，吴汝纶显然已经突破了中国传统的"天命史观"和历史变易思想，认为"人治"与"天行"不仅同等重要，甚至可以"与天争胜"。在《天演论》序言中，吴汝纶通过阐发严译的要旨，表达了自己对社会历史发展是不断进化的历史认识。从科举到出仕，从曾、李幕府到执掌莲池书院，从参与洋务到倡导维新，吴汝纶以中国传统教育思想之胸怀欣然接纳来自西方的进化论思想，这种价值观的转变应该说是难能可贵的。《天演论》以及根据严译《天演论》删节著成的《吴京卿节本天演论》，在 20 世纪的中国知识界产生了广泛而深远的社会影响，其所宣传的进化论思想不仅敲响了中华民族亡国灭种的警钟，也唤起了国人的民族觉悟，引发了近代中国一系列的社会变革。

当然，与严复"合叙并观"的世界史眼光以及中西比较的学术视野略显不同的是，吴汝纶的进化史观主要局限于"此其资益于自强之治者"。严复认为进化是人类社会的普遍现象，任何事物的发展都不是单一的，孤立的，研究者应该"合叙并观"，综合地研究和分析社会问题，应该具备世界史眼光看待人类社会的历史。他用"世变"和"运会"等概念来解释历史，认为人类社会是不断发展变化的，这种变化是不以人们的主观意志为转移的自然演进过程。③ 他认为："运会既成，虽圣人无所为力，盖圣人亦运会中之一物。"④ 受严复等人传播西学的影响，吴汝纶信奉进化史观，但其所言主要立足于"资治"的功用。在致严复的信函中，吴汝纶感叹："时局日益坏烂，官于朝者，以趋跄应对、善伺候、能进取、软媚适时为贤。"而"执事之微旨何其深远而沉郁也。……所示外国格致家谓：顺乎天演，则郅治终成。赫胥黎又谓：不讲治功，则人道不立。此其资

---

① 吴汝纶：《答严幼陵》，施培毅等校点《吴汝纶全集》（三），黄山书社，2002 年版，第 144–145 页。

② 吴汝纶：《天演论·吴序》，王栻主编：《严复集》第五册，中华书局，1986 年版，第 1317–1318 页。

③ 参见拙文《严复的进化史观及其对新史学的影响》，《中国社会科学院研究生院学报》，2014 年第 4 期，第 99 页。

④ 严复：《论世变之亟》，王栻主编：《严复集》第一册，中华书局，1986 年版，第 1 页。

益于自强之治者，诚深诚邃。"① 在答日本友人中岛生的信函中，吴汝纶认为日本的强大就是学习西方而人才大兴的结果，"方今欧美格致之学大行，国之兴衰强弱，必此之由"②。因此，吴汝纶认为："为学之患，在好为高论而实行不敦。听其言皆程朱复生，措之事则毫无实用。"③ 吴汝纶从经世致用的角度，将西方的格致之学、进化论思想与近代国家的兴衰强弱联系起来，显示了近代中国变易史观到进化史观过渡时期的思想特征。

三、吴汝纶的史学经世思想

桐城派名家史学思想的共同特点在于因时而变和史学经世。吴汝纶师宗方、姚，认为"学有三要：学为立身，学为世用，学为文词。三者不能兼养，则非通才。"④ 时人亦认为吴氏"道高学博而有文章，尤以经世济变为亟"⑤。吴汝纶的史学经世思想主要表现为以进化论为思想基础支持曾国藩和李鸿章等人所倡导的洋务运动，主张废科举，兴西学，希望通过"智民"和"强国"来维护清廷统治，并以此为标准，评判当代历史事件和历史人物。

吴汝纶认为朝廷欲救民于水火，"必振民之穷而使之富焉，必开民之愚而使之智焉。今之内治者，无所谓富民之道也，能不害其生斯贤矣；无所谓智民之道也，能成就之使取科第于有司斯才矣。……循是不变，穷益穷，愚益愚。今外国之强大者，专以富智为事，吾日率吾穷且愚之民以与富智者角，其势之不敌，不烦言而决矣。而所以富智民者，其道必资乎外国之新学"⑥，他认为"国之强弱，视乎人才"⑦，要改变重农抑商和讳言利益的观念才能国富民强，"不痛改讳言利之习，不破除重农抑商之故见，则财且遗弃于不知"⑧。吴汝纶秉承姚莹等桐城派先贤们御敌救国的经世思想，将"强国"与"富民""智民"结合起来，即通过富民之有、开民之智来拯救民族的危亡。吴汝纶任深州和冀州知州期间，广开河渠、大兴书院、提倡西学。1888 年他辞官就任保定莲池书院主讲，1902 年被吏部尚书兼学部大臣张百熙保荐为京师大学堂总教习，后专程访问日本，考察

① 吴汝纶：《答严幼陵》，施培毅等校点《吴汝纶全集》（三），黄山书社，2002 年版，第 119 页。

② 吴汝纶：《答日本中岛生》，施培毅等校点《吴汝纶全集》（三），黄山书社，2002 年版，第 153 页。

③ 吴汝纶：《对制科策》，施培毅等校点《吴汝纶全集》（一），黄山书社，2002 年版，第 369–370 页。

④ 吴汝纶：《答王子翔》，施培毅等校点《吴汝纶全集》（三），黄山书社，2002 年版，第 107 页。

⑤ 李景濂：《吴挚甫先生传》，施培毅等校点《吴汝纶全集》（四），黄山书社，2002 年版，第 1128 页。

⑥ 吴汝纶：《送季方伯序》，施培毅等校点《吴汝纶全集》（一），黄山书社，2002 年版，第 145–146 页。

⑦ 吴汝纶：《遵旨筹议折》，施培毅等校点《吴汝纶全集》（一），黄山书社，2002 年版，第 309 页。

⑧ 吴汝纶：《原富序》，施培毅等校点《吴汝纶全集》（一），黄山书社，2002 年版，第 197 页。

近代教育体制。1903 年在安庆创办桐城中学堂。吴汝纶试图以"外国之新学"，即通过经济发展和教育振兴而使晚清社会赶上西方国家发展水平的观点，显然是对以曾国藩和李鸿章等为代表的洋务思想的继承和超越，其认识之深刻，立意之高远，在晚清士大夫阶层中可堪开风气之先，被日本人早川新次誉为"方今东方儒林中最有开化之思想者"①。

在评价当代历史事件和历史人物方面，他以进化论为思想基础，站在维护清廷统治的立场上，认为太平天国运动、捻军起义和义和团运动破坏了社会的发展与进步，而对兴办洋务的曾国藩和李鸿章等恩师多溢美之词。

鸦片战争以来，清廷对外不能维护国家主权和领土完整，对内不能顺应历史发展的潮流因势而革，就历史发展的大势而言，太平天国运动、捻军起义和义和团运动在打击和动摇清王朝腐朽的专制统治方面，具有一定的积极意义。吴汝纶虽倡言洋务和维新，但其宗旨依然是维护清廷的既存统治，因此，吴汝纶对太平天国运动、捻军起义和义和团采取了全盘否定的态度。吴汝纶称太平天国运动为"洪杨之乱"，称太平军为"贼"②，称洪秀全为"粤匪"③，他认为太平天国破坏中国传统文化，"洪秀全反，盗据安庆者九年，官私文籍，扫地尽矣"④。吴汝纶称捻军等农民起义为"捻逆""贼"⑤"念患"⑥，认为义和团运动导致了八国联军的侵犯，"庚子乱民肇衅，八国连兵内犯"⑦。这种原因分析或史实的逻辑排列，显然是有失偏颇的，反映了吴汝纶历史观的阶级立场和时代局限。

1865 年，吴汝纶中进士，同年入曾国藩幕府，后入李鸿章幕府，参与机要，颇受曾、李器重，"时中外大政常决于国藩、鸿章二人，其奏疏多出汝纶手"⑧。曾国藩和李鸿章是吴汝纶江南会试的"座师"，本有师生名分，而吴汝纶亦视曾、李为授业恩师，"生平知遇，前惟曾文正，后惟李相"⑨。吴汝纶推崇曾国藩

① 施培毅：《吴汝纶全集·前言》，施培毅等校点《吴汝纶全集》（一），黄山书社，2002 年版，第 7 页。
② 吴汝纶：《张靖达公神道碑》，施培毅等校点《吴汝纶全集》（一），黄山书社，2002 年版，第 81 页。
③ 吴汝纶：《李文忠公神道碑铭》，施培毅等校点《吴汝纶全集》（一），黄山书社，2002 年版，第 214 页。
④ 吴汝纶：《安徽通志序》，施培毅等校点《吴汝纶全集》（一），黄山书社，2002 年版，第 295 页。
⑤ 吴汝纶：《河南专祠事略》，施培毅等校点《吴汝纶全集》（一），黄山书社，2002 年版，第 329 页。
⑥ 吴汝纶：《吴汝纶日记·时政》，施培毅等校点《吴汝纶全集》（四），黄山书社，2002 年版，第 374 页。
⑦ 吴汝纶：《李文忠公神道碑铭》，施培毅等校点《吴汝纶全集》（一），黄山书社，2002 年版，第 216 页。
⑧ 赵尔巽等撰：《清史稿·吴汝纶传》（第 44 册），中华书局，1977 年版，第 13443 页。
⑨ 吴汝纶：《与陈右铭方伯》，施培毅等校点《吴汝纶全集》（三），黄山书社，2002 年版，第 103 页。

的桐城文风，被誉为"曾门四弟子"之一。他评价曾国藩的战功，乃"再造土壤，还之太平，与民更始，功亦伟矣"，而筹办洋务，则"旷然大变，扫因循之习，开维新之化"①。吴汝纶对"李师"的尊崇有甚"曾师"，"向来将兵大臣，不明外交，明外交者，不明河事。李鸿章究通西法，于外交尤有专长，其用兵创习西国枪炮，其治河亦多采西说，用能随用收效，所至用功"②，"以为合肥在中国决为不朽之人"③。曾国藩称李鸿章之功所云"'儒生事业，近古未有。'非溢美也"④，并借美国人之口，称"天下贤相三人，其一德国毕士马克（俾斯麦），其一英国格兰斯登（格拉斯顿），其一则中国李鸿章也"⑤。

其实，吴汝纶对李鸿章的评价是颇为复杂的。一方面，他为李鸿章遭时人讥评而鸣不平；另一方面，吴汝纶为李鸿章受俄国人的欺蒙而遗憾。甲午海战，北洋水师全军覆没，李鸿章赴日签订丧权辱国的《马关条约》，于是，清议者无不呼吁杀李鸿章以雪国耻。吴汝纶以为"国势积弱不振，殆非一人之咎"⑥，他认为李鸿章"移督直隶二十余年，办理外交最久，而忍辱负重"⑦，"吾师所处，凡一身毁誉是非，皆可置之度外，但视于国家轻重何如耳"⑧。吴汝纶断言："中国不变法，士大夫自守其虚骄之论以为清议，虽才力十倍李相，未必能转弱为强。忠于谋国者，将何以自处！李相之欲变法自强，持之数十年，大声疾呼，无人应和，历年奏牍可复按也。"⑨ 吴汝纶的上述分析在当时可谓远见卓识，但亦失之偏颇，甲午之役，李鸿章是难辞其咎的。吴汝纶认为："自尼布楚立约至是，凡立三约，俄侵削满洲地凡三次，而版图扩张，遂成伟业。"对于李鸿章所签订的《中俄密约》，他感到十分痛惜："近年俄人夺取旅大，强建满洲铁路，事势积渐，理固然也。今日五洲所惊异者，莫如喀希尼之密约。李鸿章既定《马关条约》，遂失权，喀氏乘机市德于李，俄主加冕，请李往贺，遂携此约草以行。鸣

---

① 吴汝纶：《保定曾文正公祠堂碑记》，施培毅等校点《吴汝纶全集》（一），黄山书社，2002 年版，第 92 页。

② 吴汝纶：《山东请建专祠事略》，施培毅等校点《吴汝纶全集》（一），黄山书社，2002 年版，第 313 页。

③ 吴汝纶：《与刘芝林》，施培毅等校点《吴汝纶全集》（三），黄山书社，2002 年版，第 152 页。

④ 吴汝纶：《浙江专祠事略》，施培毅等校点《吴汝纶全集》（一），黄山书社，2002 年版，第 317 页。

⑤ 吴汝纶：《直督胪陈事迹疏》，施培毅等校点《吴汝纶全集》（一），黄山书社，2002 年版，第 320 页。

⑥ 吴汝纶：《答陈静潭》，施培毅等校点《吴汝纶全集》（三），黄山书社，2002 年版，第 93 页。

⑦ 吴汝纶：《天津专祠节略》，施培毅等校点《吴汝纶全集》（一），黄山书社，2002 年版，第 334 页。

⑧ 吴汝纶：《答李季皋》，施培毅等校点《吴汝纶全集》（三），黄山书社，2002 年版，第 119 页。

⑨ 吴汝纶：《答陈右铭》，施培毅等校点《吴汝纶全集》（三），黄山书社，2002 年版，第 105 页。

呼！此约实中国灭亡之左券也。"① 在《答陈右铭》的信函中，吴汝纶就意识到："俄人代争辽东，此自别有深意，岂吾国之福!"② 吴汝纶所编《李文忠公全集》对李鸿章的事功虽有所删节，却不曾杜撰或增饰，从《吴汝纶全集》所收录的与李鸿章相关的书信、事略、碑传等文献资料分析，吴汝纶不仅表现了其作为李鸿章门生幕僚对恩师名节的敬重，也体现了一个学者尊重历史的史学素养。吴汝纶的进化史观和史学经世思想有利于唤醒民族救亡的意识，对晚清思想界的影响应该说是积极的。

---

① 吴汝纶：《删节日本法学士佐藤弘俄侵中国记》，施培毅等校点《吴汝纶全集》（四），黄山书社，2002 年版，第 448 页。

② 吴汝纶：《答陈右铭》，施培毅等校点《吴汝纶全集》（三），黄山书社，2002 年版，第 105 页。

方苞《离骚正义》"道义"阐释的思想文化特征

谢模楷

摘　要：方苞《离骚正义》"道义"阐释包括三个方面：一是为官之道在于清洁守正，二是人臣之道在于辅助君王以成善治，三是同姓亲臣无可去之义。这些论述的现实动因在于，方苞以经术报国的志向，南山案后对皇恩的感激以及对宗亲的无私爱念。方苞的"道义"阐释体现出君尊臣卑、以道事君及"宗子维城"的传统思想文化的特征。

关键词：方苞；《离骚正义》；道义阐释；思想文化

清代桐城文派领袖方苞，一生研习经学古文，著述丰富，闻名天下。其著《离骚正义》[1]一卷，颇受益于李光地《离骚经解》[2]及钱澄之《屈诂》[3]，对清代楚辞学研究有一定影响。关于其著述时间，因原著并无序跋，文中也无说明，难以明确断定，但其首页引用李光地所著《离骚经解》的内容，因可明确李著刊刻于康熙五十八年，则方苞《离骚正义》刊行更在其后，此距方苞出狱已有十年之久。毛庆先生言《离骚正义》大约作于方苞晚年。①《离骚正义》的阐释独具特色，其中融有方苞一生的学行思想，尤其有"南山案"影响下的痕迹。本文从方苞《离骚正义》的"道义"阐释入手，挖掘这种阐释背后的现实缘由，并进一步分析其蕴含的思想文化特征。

一、《离骚正义》的"道义"阐释

1. 为官之道：洁清守正

方苞《离骚正义》论"为官之道"是其突出表现。首先方苞直言论述当官守道之义，如"朝饮木兰之坠露兮，夕餐秋菊之落英"句，方苞论曰："此自喻

作者简介：谢模楷，安庆师范大学文学院副教授。
① 参见潘啸龙，毛庆主编：《楚辞著作提要》第三卷，湖北教育出版社，2003 年版，第 111 页。

居官之清洁也。以贪食喻众之污，故以饮露餐英喻己之洁。"又如"揽木根以结茝兮，贯薜荔之落蕊"句，方苞论曰："此自喻当官守道，牢固而不可摇夺也。曰揽，曰结，曰贯，曰矫，皆坚持固揽之义，《九章》所谓重仁袭义也。"再如"謇吾法夫前修兮，非世俗之所服"句，方苞论曰："当官而洁清守道，所以法前修也。法前修自不得同世俗之所服。非世俗之所服，自不合于今人，遭遇如此，计惟守死以善道耳。"方苞这些论述阐明为官之道的内涵，主要包括廉洁清白、重仁袭义、法夫前修等。

其次，方苞强调"守道"不移的坚固意志，如"忽反顾以游目兮，将往观乎四方"句，方苞论曰："忽然反顾昭质之未亏，而不忽坐视滔滔天下。故欲往观四荒，或有重我之佩饰，好我之芳菲者乎？然持我所守，安往而得合者？"又如："依前圣以节中兮，喟凭心而历兹？"方苞论曰："言我非不知道举世之好朋，守正之贾祸，但依前圣之道以自节于中，独任忠直之心，以至于此极也。"再如"既替余以蕙纕兮，又申之以揽茝"句，方苞论曰："言君所以替我者，以我之服义而不阿也。所以重替我者，以所持坚固而不移也。然求仁得仁，亦余生之所善，虽九死无悔，况废斥乎？"天下滔滔，守正者贾祸，所守安合？但所持依然坚固不移，九死而不悔。

方苞阐明为官之道在于"洁清"，同时又强调"守正""守道""守忠""持义"等，这些不仅仅限于"为官之道"，还包括人生的信念。如李中华曰："方氏通过解说《离骚》，阐发居官应该正直廉洁的道理，则为前人所未发。他立身正直耿介，重视人生道德节操的树立。理学家'民胞物与'的精神，陶冶着他的情怀，并贯穿在他的学术活动中。他注释《离骚》，亦时时不忘发挥这种人生原则。"[4]"为官之道"与"做人之道"相通，方苞论述"为官之道"，贯穿了他的人生原则。

2. 介臣之道：以技事君

方苞在《离骚正义》中论述了一介臣之道，在于以技事君，辅治而善成。方苞论"吾令丰隆乘云兮，求宓妃之所在"句曰："贯鱼以宫人宠，后夫人之职也；以有技彦圣事其君，一介臣之道也。故以帝妃喻左右大臣。"方苞在这里直接论述了"以技事君"为一介臣之道。

具体言之，人臣之道在于辅助君王以成善治。如方苞论"朝发轫于苍梧兮，夕余至乎悬圃"句："自明见疏之后，犹依依于君侧之故也。言吾欲稍留此灵琐，非有他也，念日之将暮，仍冀扶君及时图治耳。"又如方苞论"饮余马于咸池兮，总余辔乎扶桑"句："饮马咸池，总辔扶桑，自喻长驾远驭之志也。拂日以廻光，欲稍缓须臾以俟善治之成也。"又如方苞论"吾令凤鸟沸腾兮，继之以日夜"句："凤鸟喻贤德，言吾方欲贤德连翩而进，夜以继日，辅成善治。"再如方苞论"前望舒使先驱兮，后飞廉使奔属"句曰："此喻用众贤以辅治也。治道修远，时既不逮，必众贤同心协规，并力庶或有济。"这些皆论述了屈子和众贤欲辅君以成善治。

同时方苞也批评了人臣无德的情形，如方苞论"保厥美以骄傲兮，日康娱以淫游"曰："人臣无德而怙其势宠，犹女之无礼而恃其色美也。康娱、淫游，尚何美之有？曰保厥美，曰信美者，盖以色言之，为怙其势宠之喻。"人臣无德怙其势宠，反衬一介臣之道以技事君。

方苞论"为官之道"与"人臣之道"，看似有相同之处。方苞论"为官之道"在"洁清"与"守正"，"人臣之道"在于"辅治"与"善成"，前者重在修，后者重在治，皆为儒家思想的体现。

3. 同姓亲臣：舍死无由

方苞在《离骚正义》里，反复论述了同姓亲臣之义。如开篇"帝高阳之苗裔兮，朕皇考曰伯庸"句，方苞论曰："首推所自出，见同姓亲臣，义当与国同命也。"又如方苞论"跪敷衽以陈辞兮，耿吾既得此忠正"句曰："溘埃风余上征，喻己为同姓亲臣，虽遭时浊乱，义不可以苟止也。"又如论"何离心之可同兮，吾将远逝而自疏"句曰："其实同姓亲臣无去国之义，原思之审矣。"再如方苞论"乱曰"段曰："同姓亲臣舍死将安归哉？"这些从"与国同命"到"舍死安归"，方苞论述了同姓亲臣当遵守的道义。

方苞还论述了"同姓亲臣"在现实中的遭遇，如"吕望之鼓刀兮，遭周文而得举"句，方苞论曰："以二子之疏远，而三君者一见而信用不疑。今以同姓亲臣久于君所，而乃为群小所间，则君非其人可知，又何责夫党人，何怀乎故宇？"又如"溘吾游此春宫兮，折琼枝以继佩"方苞论曰："以众女比谗邪，则下女为亲臣重臣能为己解于君者。原之屡摧于谗嫉，已无意于人世矣，及反顾高丘而不能望情于宗国，则精神志趣勃然兴起，而有与物，皆春之思，故以游春宫为喻也。众女虽多嫉妒，然下女中独无好贤乐善而可诒，以琼枝之佩者乎，不可不多方以求济也。"方苞论"同姓亲臣"为群小所间，受到疏远而徘徊于君所，然不能忘情于宗国。

方苞论述"同姓亲臣"之义，或受到王夫之《楚辞通释》的影响。王夫之曰："言己与楚同姓，情不可离；得天之令辰，命不可褒；受父之鉴锡，名不可辱也。"[5]王夫之论述了三个方面，方苞只就"与楚同姓，情不可离"展开论述，阐发"同姓亲臣"之义，可见"同姓"在《离骚正义》阐释中的分量。方苞的"同姓亲臣"说，在《楚辞》阐释史上值得重视。

二、《离骚正义》"道义"阐释的生成缘由

1. 方苞出生世宦，幼受庭训，期以经术报国

方氏家族自明清以来，一直是比较显赫的家族，绵延不断，虽然到方苞父亲时家道已中落，但笃学修行的家族传统依然延续，据《清史稿》载："父仲舒，寄籍上元，善为诗，苞其次子也，笃学修内行，治古文，自为诸生，已有声于时。"[6]2956据方苞撰《台拱冈墓碣》载："五岁课章句，稍长治经书、古文，吾父口授指画焉。"[7]491方苞幼时聪颖敏慧，四岁时即能作韵语，父亲尝以"鸡声隔雾"命对，即以"龙气成文"答之，五岁时父亲口授经文章句，十岁时跟随兄长方舟读经书古文。①

方苞年轻时候刻苦向学，最惧虚度光阴，碌碌无为，如《与王昆绳书》曰："君子固穷，不畏其身辛苦憔悴，诚恐神智滑昏，学殖荒落，抱无穷之志而卒事不成也。苞之生二十六年矣，使蹉跎昏忽，常如既往，则由此而四十五十，岂有难哉？无所得于身，无所得于后，是将与众人同其蒇篾也。每念兹事，如沉痾之附其身。中夜起立，绕屋彷徨，仆夫童奴怪诧不知所谓。苞之心事，谁可告语哉？"[7]667又《与徐贻孙书》曰："苞之生二十八年而吾子加长焉，使侵寻玩喝，年倍于今而所得于中者，于今无异；虽欲不与世俗愚无知人混混以没世，岂可得哉？"[7]677可见方苞年轻时最担心空负怀抱、事业不成。

经术报国自古是文人的传统，也深深植根在方苞心中，如方苞入仕后作《与鄂张两相国论制驭西边书》："学先圣之道，仁义根于心，视民之病，犹吾兄弟之颠连焉；视国之疵，犹吾父母之疾痛焉。"[7]737《与鄂相国论荐贤书》："圣主求贤之论，殷切感人；但其中尚有宜分别者，如汤、陆二先生，湛心圣学，深明古贤以道事君之义，诚难多觏。"[7]649学先圣之道，以古道事君，这是方苞的志向所在。

方苞十九岁开始科举应试，三十年仕宦生涯，至七十五岁告老还乡。其间虽有穷困侵扰，亲人死亡，其间虽受"南山案"牵连，但纵观方苞一生，基本还是封建文人的正常轨迹。"南山案"最终使方苞对清政权由离心变为向心，据《清史稿》载："苞初蒙圣祖恩宥，奋欲以学术见诸政事，光地及左都御史徐元梦雅重苞。苞见朝政得失，有所论列……苞屡上疏言事。"[6]2956-2957方苞三十年的仕宦生涯，亲身践行文人以经术报国的传统。方苞在《离骚正义》中，以"以技事君"来论述屈原的人臣之道，应是基于这样的背景。

---

① 参见苏惇元辑《方苞年谱》，刘季高点校《方苞集》，上海古籍出版社，2008 年版，第 866 页。

2. 方苞从"南山案"解脱，对皇帝感恩戴德

方苞为戴名世《南山集》作序，被牵连入狱，刑部论罪拟斩。后得李光地营救，康熙御批："方苞学问天下莫不闻。"署"勿论"。[8]方苞得以出狱，并以白衣入值南书房，开始三十年的仕宦生涯。康、雍、乾三世，皇帝似乎对方苞优待有加，如方苞撰《圣训恭纪》曰："上怜臣苞弱足，特命内侍二人，扶翼至养心殿。入户，再进，跪御坐旁，垂问苞疾所由及近状。"[7]516又据《清史稿》载："苞老多病，上怜之，屡命御医往视。"[6]2957方苞以戴罪之身而行走中枢，其对皇恩自是感激不尽。

方苞对皇恩的感激之情，集中记录在《圣训恭纪》和《两朝圣恩恭纪》中，如《两朝圣恩恭纪》曰："臣身叨恩待，趋走内庭近十年，教诲奖掖，虽无过亲臣，蔑以加也。此圣祖之仁，所以如天，而皇上肆赦臣族，揆之圣祖迟疑矜恤之心，实相继承。顾臣何人，任此大德？自惟愚陋衰疾，欲效涓埃之报，其道靡由。谨详纪颠末，俾天下万世知两朝圣人之用心，盖不欲一夫或枉其性云。"[7]516又四川内江博物馆现存方苞铭文端砚，其铭曰："我皇嗣服，治如底平，皇有言，众心载宁。训迪有位，惟呼惟咨。勤思民隐，其寒其饥。一日二日万几，心营手救，惟尔必在侧。皇敛多服，用敷锡于亿兆群生，而锡尔嘉名。天章奕奕，于万斯年，尔终以无渤。"铭文为康熙五十三年方苞所作，属进献给皇帝的珍品，表达对皇帝的感激之情。①

方苞对皇恩浩荡，除了记录"两朝圣恩"之类的文字使之流传天下万世，还有就是勤于职守，清正为官，这应是方苞"效涓埃之报"的有效方法。"清正为官"是方苞"为学宗程朱"的践行，对皇恩的感激更加深了方苞"居官守正"的理念。方苞《离骚正义》发前人所未发，以清正为官的理念阐释屈原，应是基于这样的背景和缘由。

3. 方苞重宗子、讲宗法、念宗亲

方苞特别看重方氏宗族的传承与延续，尤其注重"宗子"的重要地位与作用。方苞文集中，有家训四篇，都是写给其亡兄方舟之子道希，其爱侄之心昭然可见，方苞撰《兄子道希墓志铭》曰："余子女五人，爱道希或过于同生。"[7]506方氏在遭遇宗祸时，道希一身担起家庭重任，体现出"宗子"的责任与担当。

方苞强调"宗子"不得随意废立。如《己亥四月示道希兄弟》："宗子非有大过不废，废则以子承；无子，支子以序承。虽有贵者，别为小宗，不得主祭。"强调宗子身份，无大过不废。[7]477又如《甲辰示道希兄弟》："自副使公以

---

①   参见罗仁忠《清代方苞铭文端砚》，载《四川文物》1994 年 04 期。

下，道希为宗子，凡出自副使公者，宜宗之……道希之世嗣，当为百世不迁之宗。"[7]484方苞明示，道希宗子的身份，不可动摇。又《兄孙仁圹铭》曰："盖先兄之子二，而在孙惟仁，曾祖副史公以后之宗子也。"[7]507方仁为道希之子，生十岁而夭，方苞明确肯定其宗子身份。

方苞立"宗法"，亦强调"宗子"的地位和权威，如《教忠祠规》："副史公曾孙苞为长，宗子惟敬尚未冠，苞宜主祭，惟敬再献，长兄弟三献。苞身后，子孙爵列相近，则三房主之。三房无爵，则五房有爵者主之，宗子有爵，支子虽异爵不敢干。"[7]765明确"宗子"在祭祀中的主祭位置。又如《教忠祠祭田条目》："凡田契官印后，房长即集宗子，众子姓，会同族姻、友朋助理祠事者，敬书余遗命于契末，各署名字。"[7]768明确"宗子"掌管宗族的祭田文书。又如《教忠祠禁》："故粗立祠禁，子孙有犯者，宗子及房长缚至祠右敦崇堂，挞如数，随注籍。"[7]772明确"宗子"有惩罚族人的权力。

方苞对家族亲人怀有深厚的感情，从其文集"家传志铭哀辞"十五篇中，可以清晰体现出来，如《沈氏姑生圹铭》："苞客游，家居日稀，曾不知姑之艰也。姑老矣，偶祖内襦，补缀无间尺隔者……虽知姑之艰，未暇为谋，常私自忖，以为生养死藏，吾终当任之，而今无望矣。"[7]495表达了对穷困老姑的愧疚之情。又如《鲍氏姊哀辞》："苦不能悉，生不能依，疾不能养，又无子女以寄其爱。呜呼，苞其若此心何哉?"[7]499表达对出嫁姐妹的关切之殷。又如《弟椒涂墓志铭》："有坏木委西阶下，每冬月，候曦光过檐下，辄大喜，相呼列坐木上，渐移就喧，至东墙下。日西夕，牵连入室，意常惨然。"[7]497-498回忆手足之情，表达对早逝弟兄沉痛的哀思。

最后，方苞对方氏宗族由"南山案"所遭不幸深表痛心，其文章中屡言"吾宗""宗祸"，如《大父马溪府君墓志铭》："及遭宗祸，近支皆北徙。""今天子嗣位，布大德，赦吾宗还乡里。"[7]490《台拱冈墓碣》："会宗祸，有司奏宜族诛。""且承圣制，谓以苞故而宥及全宗。"[7]492《兄孙仁圹铭》："雍正元年，吾宗邀恩赦，除旗籍。"[7]507"呜呼，仁之生，适当吾宗祸气之兴。"[7]508方苞族祖方孝标因《滇黔纪闻》而牵入"南山案"中，方式济为方孝标之孙，官内阁中书，父子俱被流放。方苞撰《弟屋源墓志铭》，回忆两家交好的往事，记叙族弟惨死异乡的遭遇，表达了幽怨与痛心之情。

据《清史稿》载："苞为学宗程、朱，尤究心《春秋》《三礼》，笃于伦纪。既家居，建宗祠，定祭礼，设义田。"[6]2957这与方苞的著文相互佐证，方苞作为中国传统文化培育出来的正统文人，在理论与实践上都宗奉儒家，对宗法血亲极端重视，所以方苞作《离骚正义》，以"同姓亲臣，义无可去"来阐释屈原和《离骚》，即是顺理成章。

三、《离骚正义》"道义"阐释的思想文化特征

1. 君尊臣卑

早在先秦时代，就产生了"君尊臣卑"的思想，据《周礼》："惟王建国，辨方正位，体国经野，设官分职，以为民极。"[9]1《周礼》记录了三百多种职官的职务及其具体执掌的事务。王者建国，臣子分职，君尊臣卑的文化传统开始建立。如《周易·系辞上》曰："天尊地卑，乾坤定矣。卑高已陈，贵贱位矣。"[10]《管子·明法解第六十七》曰："故君臣相与，高下之处也，如天之与地也。"[11]《礼记·乐记》曰："天尊地卑，君臣定矣。卑高已陈，贵贱位矣。"[9]427这些皆以"天尊地卑"，比拟君臣位置。

汉代以阴阳五行学说演绎"君尊臣卑"的思想，如董仲舒《春秋繁露·基义》："天为君而覆露之，地为臣而持载之；阳为夫而生之，阴为妇而助之……王道之三纲，可求于天。"[12]继承天地比拟君臣，以阴阳说论王道三纲。又班固《白虎通·天地篇》："天道所以左旋，地道右周何？以为天地动而不别，行而不离；所以左旋右周者，犹君臣阴阳相对之义也。"[13]234又如《白虎通·五行篇》："地之承天，犹妻之事夫，臣之事君也。其位卑，卑者亲视事，故自同与一，行尊于天也。"[13]81"子顺父，妻顺夫，臣顺君，何法？法地顺天也。"[13]95以天地阴阳论君臣夫妇，并将君臣与夫妇类比。

唐代孔颖达又有进一步阐释，如《周易正义·坤卦》以"坤道其顺""地道无成"论为臣之道，孔颖达疏曰："阴虽有美，含之以从王事，弗敢成也。地道也，妻道也，臣道也，地道无成，而代有终也。"孔颖达认为："臣不可先君，卑不可先尊。"因此臣子必须做到"不为事始""待命乃行""能自降退""事主顺命""上唱下和"，即使讽谏，也必须"不自擅其美，唯奉于上"[14]。至此关于"君尊臣卑"的思想创造基本完成，后世或有损益，但大体不超出这样的范围。

这种"君尊臣卑"的思想，在清代多被引入"楚辞学"研究中，如钱澄之《屈诂》曰："臣之于君，犹女之于夫。故《坤》曰：'地道也，妻道也，臣道也。'"[3]如方苞论"朝吾将济于白水兮，登阆风而绁马"曰："古人以男女喻君臣，盖地道也，妻道也，臣道也，以佐阳而成终一也。有男而无女则家不成，有君而无臣则国不立。故原以众女喻谗邪，以蛾眉自喻，盖此义也。"方苞在《离骚正义》里反复论述的"为官之道""人臣之道"等，虽然其中也有论及"君昏国危""君度昏迷"等字眼，但并无批评君王的言论，在本质上都是"君尊臣卑"思想的体现。

2. 以技论道

按照传统文化，中国古代处于社会底层的人，可以凭借自己的才能，通过与君王论道，从而达到辅助君王以成善治的目标，也实现自己的人生理想与价值，这就是"以技论道"。战国时期大量来往奔走于诸侯国之间的策士，是这种文化的践行者。"朝为田舍郎，暮登天子堂"是这种文化效应的真实写照，它对后世产生深远的影响。

司马迁在《史记》里记载了不少"以技论道"的例子。如《史记·殷本纪》载："伊尹名阿衡。阿衡欲干汤而无由，乃为有莘氏媵臣，负鼎俎，以滋味说汤，至于王道。"[15]12这是以烹调技术论道。《史记·管蔡世家》载："曹野人公孙强亦好田弋，获白雁而献之，且言田弋之说，因访政事。伯阳大说之，有宠，使为司城以听政。"[15]219这是以田弋技艺论道。《史记·平准书》载卜式语："非独羊也，治民亦犹是也。以时起居，恶者辄斥去，毋令败群。"[15]182这是以牧羊论道。司马迁《报任少卿书》曰："主上幸以先人之故，使得奉薄技，出入周卫中。仆以为戴盆何以望天？故绝宾客之知，忘家室之业，日夜思竭其不肖之才力，务一心营职，以求亲媚于主上。"司马迁的愿望被汉武帝的匕首刺碎，但以技论道的传统一直延续下来。

自隋朝开始的科举考试，到清代末年结束，这是士子"以技论道"的新体现。历代士子麻衣如雪，趋之若鹜，"学成文武艺，货与帝王家"成为士子"以技论道"的最高目标。"所谓文武干济、英伟特达之才，未尝不出乎其中。"[6]3151唐太宗曰："天下英雄入吾彀中矣。"[16]科举制度虽然从明代开始暴露出它的极端腐朽，但士子们修齐治平的人生理想和终极追求，顽强续写着"以技论道"的传统，历代文人如孟郊、苏轼、归有光、方苞等，他们都在这条道路上演绎了悲喜交加的故事。

据《尚书·秦誓》："昧昧我思之，如有一介臣，断断猗无他技，其心休休焉，其如有容。人之有技，若己有之。人之彦圣，其心好之，不啻若自其口出。是能容之，以保我子孙黎民，亦职有利哉！人之有技，冒疾以恶之；人之彦圣而违之，俾不达是不能容，以不能保我子孙黎民，亦曰殆哉！"[17]这可能是"以技彦圣事君"的最早文献记载，方苞阐释"一介臣之道"的思想，直接来源于此，它生动体现了方苞"道义"阐释的思想文化的特征。

3. "宗子维城"

自传说中的夏启开创家天下，就有了宗亲文化。西周实行分封制度，把宗亲文化上升到国家制度，《诗经·大雅·板》："价人维藩，大师维垣，大邦维屏，大宗维翰，怀德维宁，宗子维城。无俾城坏，无独斯畏。"[18]宗亲成为捍卫国家安全的长城。至此，"非我族类，其心必异"的理念千年延绵。

刘邦夺取天下后，"非刘氏而王者，若无功上所不置而侯者，天下共击之。"[15]114刘氏分封血亲的制度，造成了"七王之乱"；西晋分封司马氏各地为王，又上演了晋初的"八王之乱"，导致了晋王朝的分崩离析；明成祖朱棣原为驻守北京的燕王，后来夺取政权。血亲分封虽然一直都是皇室政权的隐患，但"宗亲封王"制度依然延续到清代。

这种"宗子维城"的思想，在《楚辞》阐释中起到了重要的作用。明清时期尤其是清代，屈原由"忠臣"上升为"孝子"，就是基于这种"宗亲"的思想。如清刘献庭《离骚经讲录》总论："若屈子者，千秋万世之下，以屈子为忠者无异辞矣。然未尝有知其孝者也。其《离骚》一经，开口曰：'帝高阳之苗裔兮，朕皇考曰伯庸'，则屈子为楚国之宗臣矣。屈子即为楚国之宗臣，则国事即其家事，尽心于君，即是尽心于父。故忠孝本无二致。然在他人，或可分为两，若屈子者，尽忠即所以尽孝，尽孝即所以尽忠。名则二，而实则一也。是故《离骚》一经，以忠孝为宗也。"[19]家国一体，忠孝合一，屈原由此成为"圣人之徒"，这是清代《楚辞》阐释出的新现象。

清代安徽是宗亲文化特别繁盛的地域，古徽州就是一个典型的宗族社会。清代皖籍学者在楚辞学研究中，多融入了这种宗亲思想。如贵池吴世尚《楚辞疏》曰："首原远祖，以见宗臣无可去之义，次本天亲，以见忠孝乃一致之理；次叙所生之月日，以见己之所得于天者隆；次及所赐之名字，以见亲之所期于子者厚，盖通篇大义皆檃栝于此。"[20]又如宣城梅冲《离骚经解》曰："其所以不可他去不能退隐者，则以国之宗族恩深义重，世同休戚，己又曾柄用，见国之破君之亡，同草野未仕之臣萧然高蹈哉？"[21]又如桐城马其昶《屈赋微》曰："宗国者，人之祖气也，宗国倾危，或乃鄙夷其先故，而潜之他族，冀绵须臾之喘息。吾见千古之贼臣篡子，不旋踵而即于亡者，其祖气既绝，斯无能独存也。"[22]可见传统的宗亲文化对皖地学术产生的影响。

方苞《离骚正义》开篇即论："首推所自出，见同姓亲臣义当与国同命也。"中间反复论述"不能望情于宗国"，至结尾处又论述："则帝高阳以来之宗绪，将至此而卒斩矣。"方苞的"宗亲"意识贯穿《离骚正义》的始终，或竟以屈子一身担当楚国之兴亡，正是"宗子维城"的传统思想的体现。

方苞《离骚正义》以"道义"阐释屈原及其《离骚》，在《楚辞》学史上独树一帜，对后世尤其是皖地学者楚辞学研究，有较大的影响，其所蕴含的思想文化特征也具有一定的意义。清代楚辞的经学阐释和文学阐释融合，促进了骚旨阐说的发展，方苞《离骚正义》具有浓厚的"经学"意味，使清代《楚辞》的经学阐释达到了新的高度，同时也折射出皖桐古地浓厚的学风与家风。方苞作为清代桐城文派的领袖，所著古文天下莫不闻，《离骚正义》是其研究《楚辞》仅有的成果，值得引起学界关注，我们还可以由此窥探桐城派在《楚辞》领域的治学风貌。

参考文献：

［1］方苞. 离骚正义［M］. 乾隆十一年方氏家刻《望溪全集》本.

［2］李光地. 离骚经注［M］. 四库全书存目丛书集部第二册. 济南：齐鲁书社，1997.

［3］钱澄之著，殷呈祥点校. 庄屈合诂［M］. 合肥：黄山书社，1998.

［4］李中华等. 楚辞学史［M］. 武汉：武汉出版社，1996：202.

［5］王夫之. 楚辞通释［M］. 上海：中华书局，1975：2.

［6］赵尔巽等. 清史稿［M］. 天津：天津古籍出版社，2012.

［7］方苞著，刘季高校点. 方苞集［M］. 上海：上海古籍出版社，2008.

［8］马其昶著，毛伯舟点注. 桐城耆旧传［M］. 合肥：黄山书社，1990：305.

［9］陈戍国点校. 周礼·仪礼·礼记［M］. 长沙：岳麓书社，1989.

［10］周明邦主编. 周易评注［M］. 北京：中华书局，1995：194.

［11］梁运华校点. 管子［M］. 沈阳：辽宁教育出版社，1997：191.

［12］董仲舒. 春秋繁露［M］. 郑州：中州古籍出版社，2010：162.

［13］班固撰. 白虎通［M］. 北京：中华书局，1985.

［14］阮元校刻. 十三经注疏［M］. 北京：中华书局，1980：17-18.

［15］司马迁著. 史记［M］. 长沙：岳麓书社，2001.

［16］王定保撰. 唐摭言［M］. 西安：三秦出版社，2011：4.

［17］张馨编. 尚书［M］. 北京：中国文史出版社，2003：342-343.

［18］朱熹著，赵长征点校. 诗集传［M］. 北京：中华书局，2011：267.

［20］刘献庭. 离骚经讲录［M］. 黄灵庚主编. 楚辞文献丛刊第53册. 北京：国家图书馆出版社，2014：333-334.

［21］吴世尚. 楚辞疏［M］. 雍正五年尚友堂刻本.

［22］梅冲. 离骚经解［M］. 嘉庆二十年刊本.

［23］孙维城等点校. 马其昶著作三种［M］. 合肥：安徽大学出版社，2009：95-96.

宣纸身世刍议

吴放驹

摘　要： 宣纸产自安徽省泾县，是具有润墨和耐久等独特性能，供书画、裱拓、水印等用途的高级艺术用纸。宣纸是在蔡伦初纸、孔丹皮纸、左伯纸等造纸技术的基础上发展起来的。唐代书画评论家张彦远的《历代名画记》中最早见"宣纸"一词。唐时，宣纸（宣州纸）在全国各地诸多手工书画用纸中逐渐脱颖而出，被列为"贡品"而闻名天下。但现代真正意义上的宣纸应该始自宋末元初曹大三率族人迁泾县小岭后。曹大三及其族人对造纸原料进行了反复试验，后经几代人的努力，历一个多世纪，终于在元末明初，以本地青檀皮纤维制浆造纸获得成功，又逐步试验并掌握了稻草制浆与皮浆、草浆掺和，按一定量配比的制纸法，"宣纸"诞生成型。所以，宣纸又叫泾县宣纸。至现代，"宣纸"已是一个特定的名称，它不再是宣州（宣城）范围内所产纸的统称，更不是宣城区域以外任何地方生产的任何纸的名号。现在的"宣纸"，乃宣纸原产地域产品专用标志！

关键词： 宣纸；曹大三；青檀皮；沙田稻草；传承与发展；成型与成熟；传统制作技艺；泾县；原产地域产品专用标志

宣纸（Xuan paper），是指"采用产自安徽省泾县境内及周边地区的青檀皮（Pterofeltis tatarinowii Maxim）和沙田稻草，不掺杂其他原材料，并利用泾县独有的山泉水，按照传统工艺经过特殊的传统工艺配方，在严密的技术监控下，在安徽省泾县内以传统工艺生产的，具有润墨和耐久等独特性能，供书画、裱拓、水印等用途的高级艺术用纸"[①]。宣纸，也称泾县宣纸，是中国古代劳动人民在长期的生产活动中，不断发明、创造出来的一种独特的手工艺品，被历朝历代誉为"纸寿千年，墨韵万变"。2002年，国家市场监督管理总局原产地域产品保护办公室批准宣纸为中华人民共和国"原产地域保护产品"，泾县为宣纸原产地域；

作者简介：吴放驹，泾县文旅委退休干部，文博馆员职称。

① 国家地理标志产品宣纸国家标准（GB/T 18739—2008），2008年10月1日起实施。

2006 年，"宣纸传统制作技艺"入选中国首批国家级非物质文化遗产代表作名录，2009 年又入选联合国教科文组织"人类非物质文化遗产代表作名录"。

　　但是，宣纸"产自安徽省泾县"，为什么名为"宣纸"？宣纸是如何起始并成型的？现代的宣纸和古代的宣纸是同一种纸吗？这些，都一直让世人产生诸多疑问，也使不少泾县本地人倍感困扰。笔者经查阅相关文献资料，走访、请教邢春荣、周乃空、曹光华、吴世新等宣纸人，并参照、引用当代刘仁庆、曹天生等宣纸研究大师的相关论述，结合自己的浅陋见解，不揣冒昧，从宣纸的产生和发展轨迹，就宣纸的前世今身谈一点粗浅认识。

一、纸的起源

　　纸是世界公认的中国古代"四大发明"之一。一般认为，东汉蔡伦始用植物纤维造纸并发明抄浆法技术而被尊为纸的创始人和"纸圣"。相传其徒弟孔丹在皖南山区偶见倒落水中久浸后变得洁白的青檀树而从中得到启示，开始用青檀树皮经反复试验造出了最早的皮纸，被称为"孔丹笺"，后人亦有将孔丹奉为宣纸始祖。但孔丹造纸说仅为口传，未见史籍记载。其后的东汉末期，魏国东莱（今山东莱州）书法家左伯在蔡伦和孔丹的造纸技术基础上，发明了床架式抄纸帘，造出了更为优良的史称"左伯纸"。自此，造纸术得到长足发展。"南北朝时期，随着中原土著和各种手工艺人大量南迁，将中原文化和造纸技术带到长江以南地区，现今之苏南、浙北、皖南形成重要的造纸中心。到唐代时，造纸技术进一步传播开来，现今江苏之常州，浙江之杭州、绍兴、金华、衢州，安徽之宣城、黄山、池州，江西之九江、上饶，湖南之衡阳，四川之成都等地，都成为重要的造纸基地。"①

二、宣纸初始

　　"宣纸"一词，最早见于唐代元和至乾符间书画评论家张彦远的《历代名画记》中《论画体工用搨写》一文："好事家宜置宣纸百幅，用法蜡之，以备摹写。"《唐六典·太府寺》有开元前各地杂物贡的记载，其中已有"宣、衢等州之案纸、次纸"的记录。明胡侍《珍珠船》文中亦有"唐永徽中，宣州僧欲写《华严经》，以沉香种树，用以制造宣纸"之说。唐时宣州的属县宣城、泾县、宁国均产纸，以"泾县所产尤工"②。可见唐时"宣纸"已是名闻遐迩。当然其时所谓"宣纸"，应理解为古宣州"一州"域内所产纸，并非独指泾县，只是

---

　　①　曹天生：《中国宣纸鼻祖曹大三》//《丁家桥镇故事》（第一辑），安徽人民出版社，2011 年版。
　　②　胡韫玉：《纸说》，《朴学斋丛书》第三册，1922 年自刊。

"泾县所产尤工"。所产"宣纸",还要"用法蜡之,以备摹写",所以不会是用青檀皮为主要原料而生产出来的纸张,而是当时宣州所产上乘纸的总称,这也就是唐代"宣纸"。

其时,宣纸(宣州纸)在全国各地诸多手工书画用纸如斑石纹纸、薛涛笺、窗纸、钱纸、褚纸、构皮纸、蚕茧纸、侧理纸、染黄纸、剡纸、玉版笺,以及各色加工笺纸等,逐渐脱颖而出,被列为"贡品"而闻名天下。《旧唐书·地理志》载:"唐天宝二年(743)韦坚引浐水到望春楼下,积广运潭。唐玄宗登楼看新潭。韦坚聚江、淮漕船数百艘,使一官员坐首船作号头,口唱《得宝歌》,船上百名美女和歌、鼓乐齐鸣,至望春楼下,后面漕船各写郡名,依次衔尾前列。各船载本郡特产,如广陵郡船载锦、镜、铜器、海产,丹阳郡船载京口绫衫缎,晋陵郡船载折造官端绫绣,会稽郡船载铜器、绫罗、吴绫、绛纱,南海郡船载玳瑁、珍珠、象牙、沉香,豫章郡船载名瓷、酒器、茶釜、茶铛、茶碗,宣城郡船载空青石、纸、笔、黄连,始安郡船载蕉葛、蚺胆、翡翠,吴郡船载方丈绫。……韦坚奏上诸郡轻货,玄宗大喜。"这是一次盛大的南方手工业品和特产的水上展览会,但在这诸郡"贡品"之中,唯有宣城郡贡奉"纸、笔"。而据《唐六典》记载:"唐时益州有大小黄白麻纸,杭、婺、衢、越等州的上细黄白状纸,均州的大模纸、蒲洲的细薄白纸等。"可见全国多地均有产纸,而韦坚所奏上的轻货中,却只见宣城郡有纸,这充分说明,唐时宣城郡所产"宣纸"已是名甲天下。

当然唐代宣纸并不是现代意义上的宣纸。"第一,唐代宣州有'纸、笔'之供,但不能将这种纸张与后来的宣纸等同起来,因为原料不同。唐代宣纸原料是沉香、楮皮等,而后来的宣纸制作原料是青檀皮和沙田稻草。第二,唐代起虽然已有'宣纸'的名称,但那时的宣纸是宣州地区所产高级纸张的统名,是以'宣州'地名来称谓的。"①

三、宣纸发展

迨至宋代,"宣纸"需求量大增,宣州各地产纸供不应求,而泾县"宣纸"则更为文人所索求。宋代诗人王令在《再寄权子满》诗中云:"有钱莫买金,多买江东纸,江东纸白如春云"②。宋初,南唐宫藏的"澄心堂纸"被北宋大臣刘敞所得,后有一些辗转经欧阳修、梅尧臣,到了潘谷手中。潘谷是制墨高手,亦是造纸名家,便依样造出了仿澄心堂纸,其后多有宋仿唐纸。那时,纸既可用于

---

① 曹天生:《宣纸的三个发展阶段》,宣纸研究项目组资料集,第三卷,打印本。
② 宋代泾县属江南东路宁国府。

书画、印刷、抄写，还可用于造钱币，制作日常用品及娱乐用品等。"黟歙间多良纸，有凝霜、澄心之号，复有长者，可五十尺为一幅。该歙民数日理其楮，然后于长船中浸之，数十夫举帘以抄之，傍一夫以鼓击之。续于大熏笼上周而焙之，不上于墙壁也。由是自首至尾，匀薄如一。"①"歙州绩溪纸，乃澄心堂遗物，其新也，鲜明过之。今世纸多出南方，如乌田、古田、由拳、温州、惠州皆知名，拟之绩溪，曾不及其门墙耳。"②《新安志》记载：宋代新安"贡表纸，麦光、白滑、冰翼纸。……熙宁中贡白滑纸千张，大龙凤墨十斤。元丰中贡白苎十匹，纸如熙宁。而无墨"。同时记载："上供七色纸，岁百四十四万八千六百三十二张。"③ 南宋人陈栖言："布缕为纸，今蜀笺犹多用之，其纸遇水滴则深作窠臼，然厚者乃尔，故薄而清莹者乃可贵。……今越之竹纸甲于他处，而藤乃独推抚之清江。清江（纸）使处在于坚滑而不留墨。新安玉版，色理极腻白，然纸性颇易软弱，今士大夫多糨而后用，既光且坚，用得其法，藏久亦不蒸蛀。"④ 明弘治《徽州府志·物产志》谓宋代纸品："旧有麦光、白滑、冰翼、凝霜之目。歙绩溪界中有龙须山，纸出其中，名龙须纸。……宋时纸名则有所谓进剳、殿剳、玉版、京帘、观音堂剳之类。"这一时期，宣纸生产已不局限于宣州，而扩展到徽州、池州甚至两浙等地，但仍以宣州产为正。宣纸品种名目繁多，尤其是各色加工纸，更是琳琅满目。宣纸的制作工艺也比其他纸的工艺进步更快更精湛。宣纸不但质量不断提高，原料加工也不断改进、使用范围不断扩大，以致朝廷直接下诏催造，产量也空前高升。"熙宁七年六月，诏降宣纸式下杭州，岁造五万番，自今公移常用纸，长短广狭，毋得用宣纸相乱。"⑤

元代，社会和文化艺术事业的发展并未因南宋以来的战乱频繁和少数民族入侵继而统治中原而中断，反而产生了淡泊政治、愤世逸情的文人书画家群体。他们的创作用纸除了继承前人习惯，更为求于真性、发挥情韵而选用前代文人弃而不用的生纸和未尽加工的半成品纸，不但保持了书画纸的需求量，也促成了书画纸生产的多样化发展。元代纸主要品种有：彩色粉笺、蜡笺、黄笺、花笺、罗纹纸、明仁殿纸、假苏笺、白鹿纸等。"白鹿纸"产于皖南，与江西产"白鹿笺"不同，这种纸质坚色白、性柔润滑，映日可见梅花鹿图案。《中国书法大辞典》中载："白鹿纸，原名白箓。本为龙虎山张天师书写符箓用纸，质近'帘四'而

① （北宋）苏易简：《文房四谱》。

② （南宋）罗愿：《新安志》。

③ （南宋）罗愿：《新安志·卷二·贡纸》。

④ （南宋）陈栖：《负暄野录·卷下·论纸品》。

⑤ （宋）李焘：《续资治通鉴长编》卷。

较厚，纸有韧性、装池家用为册页镶边，取其不脱，元时以此种纸最佳。"① 其时宣纸虽产地扩大，品种增多，造纸原料也已扩展到了竹子、稻麦秆、麻和树皮等，当时亦可见品种繁多的加工纸及各种艺术纸，但仍然未见有青檀皮造纸的记载。"造纸人从何时采用青檀皮作为宣纸原料？……遍查史籍，到目前为止尚没有查到明确的记载。我们只能根据已经掌握的材料做一些推测。根据一些史料，我们判断在宋元期间，青檀皮开始被作为宣纸的原料。《中国青檀》一书的作者方升佐等人认为：'宣纸在明代以前是用全青檀皮制成，到了清代改用檀树皮和稻草为主要原料，据宜兴《荆溪县志》记载，用檀树皮造纸始于元代。'更直接的证据是曹大三一支曹氏辗转迁徙到泾县小岭后，开创了全面系统地用青檀皮制作宣纸的历程。"②

四、宣纸成型

宋末元初，曹大三率族人迁泾县小岭。《小岭曹氏宗谱》记载："始祖大三公：春谷绿峰虬川百十一公之次子，行大三。自振铎公至此，凡七十四世，少英敏，卓有智猷。宋末时游至泾川，见小岭山水秀丽，风土淳朴，遂家焉……"③又载："泾，山邑也，故家大族往往聚居山谷间至数千户焉。邑西二十里曰小岭，曹氏居焉。曹为吾邑望族，其源自太平再迁至小岭，生齿繁多，分徙一十三宅。然天地稀少，无可耕种，以蔡伦术为生业，故诵读之外，经商者多，人物富庶，宛若通都大邑。"又云："且公为我子孙虑至深远也，见此系山陬，无可耕土，因贻蔡伦术于后，以为生计。"④

曹大三于南宋末年迁居到小岭后，带领族人，"根据当地盛产青檀等优越的自然条件，就地取材，以纸业为生计"⑤。此时青檀皮开始用于造纸，现代意义上的"宣纸"雏形出现。但是，"根据《小岭曹氏宗谱》记载，曹大三率全家刚到小岭，当地一片荒莽，条件十分艰苦。大三公在到小岭初期，忙于辟草开荒、垒堰造地、搭建屋舍。于是大三公数次回到绿岭虬川曹姓老家，请来强壮劳力，帮助一同开发，待初具定居条件后，老家人才逐步离去，以后，小岭曹氏才逐步发展起来。所以，我们完全可以确信，曹大三到小岭后的初期，宣纸生产只能是处在试制时期，不可能达到炉火纯青的程度，经试制到成熟，需要经过数代人的努力。……历史上为数不多的记载提及'宣纸'的是明代中叶及其以后，这也

---

① 《中国书法大辞典·器具·纸》。
② 曹天生：《宣纸的三个发展阶段》，宣纸研究项目组资料集，第三卷，打印本。
③ 《小岭曹氏宗谱》（卷四）《泾川小岭曹氏宗谱世系传》，民国三年刊本。
④ 《小岭曹氏宗谱》（卷一）《书始祖大三公像赞后》，民国三年刊本。
⑤ 曹天生：《宣纸的三个发展阶段》，宣纸研究项目组资料集，第三卷，打印本。

说明此前没有青檀皮为原料的宣纸出现，因而也就没有有关宣纸的文献出现，这也进一步佐证了此时宣纸必然处于试制阶段"①。试制阶段的宣纸，是以青檀皮为主要原料生产出来的纸张。"戴家璋等人分析指出：因为曹氏家族是由构皮产纸区迁往泾县的，构皮与檀皮同为树皮制浆，工艺上有很多借鉴之处，而稻草制浆另具许多技术难点，故先用檀皮是种正常现象。但掺用稻草的时间不会晚很多。而且稻草浆的加入比例，经常是作为调整纸张质量及用途的手段。"②

"曹大三及其族人对造纸原料，研究过用数十种树肤试验造纸，进行了反反复复的试验，为后裔的进一步研发积累了经验，后经几代人的努力，历约一个多世纪，终于在元末明初，以本地青檀皮纤维制浆造纸获得成功。……曹氏族人又逐步试验并掌握了稻草制浆与皮浆、草浆掺和，按一定量配比的制纸法，这样，便建立起小岭曹氏一套完整、系统、全面、合理的'灰碱蒸煮、雨洗露炼、日曝氧漂'的制料和'捞、晒、剪'环环相扣的制纸全过程宣纸生产工艺程序。"③ 至此，现代所称真正意义上的"宣纸"诞生成型。

五、宣纸成熟

"元明之际，泾县小岭曹氏创制了宣纸，但在明宣德之前150年左右的年代里尚不完全成熟。到明朝宣德年间（1426—1435）出现了由皇室监制的各种加工纸，这些加工纸的本色纸有多种，其中也有用宣纸作为本色纸来进行加工，于是就出现了一种陈清款宣纸。这种用宣纸作为本色纸加工的陈清款宣纸，是宣纸加工纸中的精品，有人称这种纸为'宣德纸'或更直接称为'宣纸'。"④ 明代，宣纸生产进入重要发展阶段，工艺精益求精，品种规格日益增多。尤以宣德年间制造的宣纸为最优，赞誉宣纸的诗文亦屡见不鲜。明末方以智在《物理小识》一文中说："永乐于江西造连七纸、奏本（纸）出铅山、榜纸出浙之常山、庐之英山。宣德五年（1430）造素馨纸，印有洒金笺、五色金粉、磁青蜡笺。此外，薛涛笺则矾潢云母粉者……松江潭笺、或仿宋藏经笺、渍荆川连、芨褙蜡砑者也。宣德陈清款，白楮皮、厚可揭三四张，声和而有穰。其桑皮者牙色，矾光者可书。今则棉（棉料纸）推兴国、泾县。敞邑桐城浮山左，亦抄楮皮结香纸。邵建则竹纸，顺昌纸，束纸则广信为佳，即奏本（纸）也。"⑤ 清人吴景旭在

————————

① 曹天生：《宣纸的三个发展阶段》，宣纸研究项目组资料集，第三卷，打印本。
② 曹天生：《宣纸的三个发展阶段》，宣纸研究项目组资料集，第三卷，打印本。
③ 曹天生：《宣纸的三个发展阶段》，宣纸研究项目组资料集，第三卷，打印本。
④ 曹天生：《宣纸的三个发展阶段》，宣纸研究项目组资料集，第三卷，打印本。
⑤ （明）方以智：《物理小识》。

《历代诗话》中指出："宣纸至薄能坚、至厚能腻、笺色古光、文藻精细，有贡笺、有棉料、式如榜纸，大小方幅可揭至三四张，边有'宣德五年造素馨纸'印。"① 清代查慎行在《人海记》中记载："宣德纸，有贡笺、有锦笺，边有'宣德五年造素馨纸'印。又有白笺、洒金笺、五色粉笺、金花五色笺、五色大帘纸、磁青纸，以'陈清款'为第一"；并赋诗赞："小印分明宣德印，南唐西蜀价争传。侬家自爱陈清款，不取金花五色笺。"著名的"丈六宣"（又名"露皇宣"）就创制于此时，清代画家金农在其《冬心画竹题记》中有"宣德丈六名纸"的记载。这种巨型匹纸，长一丈六尺、宽八尺，是明宣德年间创制的最大张幅宣纸。丈六宣工艺性强、技术复杂、纸质优良、坚韧净洁，深受书画家珍视。

明代中期，宣纸便基本以青檀皮和沙田稻草为主要原料，这个时期，是真正意义上宣纸的成熟期。"根据中国科学院王菊华等人的鉴定，明代中期的书法、绘画作品用纸中，同一张纸中出现了青檀皮和沙田稻草的纤维，也就是说，到明代中期，就开始有了以青檀皮和沙田稻草为原料的真正宣纸。"②

六、泾县宣纸

唐时宣州的属县宣城、泾县、宁国均产纸。胡韫玉《纸说》云："泾县古称宣州，产纸甲于全国，世谓之宣纸，宣城、宁国、泾县、太平皆能制造，故名宣纸。而泾县所产尤工。今则宣纸惟产于泾县，故又名泾县纸。"③ 宋元明，泾县所产"宣纸"已成诸纸之翘楚。小岭曹氏利用小岭得天独厚的自然地理条件，经过几代人一百多年的艰苦努力，对宣纸的用料和制造技术进行了实质性的改良，使宣纸工艺达到了前所未有的境界，进入成熟期。应该说，宣纸成型于泾县，宣纸更成熟于泾县。明《长物志》有云："周朝连七、观音、奏本、榜纸俱不佳，惟大内用细密洒金、五色粉笺、坚厚如板、砑光白玉。有印金花五色笺、有青纸如段素，俱可宝。近吴中洒金纸，松江潭笺，俱不耐久，泾县连四（即宣纸四尺单）最佳。"④ 泾县连四（泾县纸）因"最佳"已成为宣纸的代名词，明沈德符在《飞凫语略》文中直称宣纸为"泾县纸"。清代，是宣纸业发展的鼎盛时期，纸坊遍及皖南各地。泾县宣纸生产更得到长足发展，县西有小岭曹氏宣

① （清）吴景旭：《历代诗话》。

② 曹天生：《宣纸的三个发展阶段》，宣纸研究项目组资料集，第三卷，打印本。

③ 《纸说》，近代安徽泾县人胡韫玉撰。收在他1923年自刊文集《林学斋丛刊》第三册中。分十部分，计有《正名》《原始》《用料》《详品》《稽式》《染色》《辨潮》《分地》《考工》《故事》，另附《纸工》及《宣纸说》。

④ （明）文震亨：《长物志》。

纸世家，生产日益繁荣；县东漕溪汪六吉等造纸大户，生产颇具规模。其时，泾县不仅生产出仿南唐澄心堂纸，还研制生产出玉版宣、煮锤、汪六吉等名贵品种。此时，宣纸开始进行分类按质料组织生产，共分有棉料、净皮和特净三大种类，生产有单宣、夹贡宣、罗纹宣、扎花、料半等20多种规格品种。同时还生产出多种多样多色加工宣纸产品，如虎皮宣、珊瑚宣、玉版宣、冰琅宣、云母宣、泥金宣、蝉翼宣等，名目繁多、各具特色。康熙间进士储在文宦游泾县作《罗纹纸赋》详尽记述了泾县小岭、漕溪等山区宣纸生产兴旺景象："若夫泾素群推，种难悉指。山棱棱而秀簇，水汨汨而清驶。弥天谷树，阴连铜宝之云；匝地杵声，响入宣曹之里。精选则层岩似瀑，汇惩则孤村如市。度来白鹿，尺齐十一以同归；贡去黄龙，筐实万千而莫拟。固已轶玉版而无前，驾银光而直起。……越枫坑而西去，咸夸小岭之轻明；渡马渎以东来，并说曹溪之工致。志存自为，欣分瑜次之珍；雅好居奇，争拔波斯之帜。……歌曰：天生桂杨，开楮国兮，厥功避被，用靡极兮。千古而遥，畴比则兮，惟此泾川，迈新式兮。智巧绝殊，惊莫测兮，不绚而文，胜五色兮。洞洞瞩瞩，光涣渤兮，宛如棋布，泯白黑兮。复似星罗，辉南北兮。丝何纂纂，致偏直兮。巍彼越献，理胡侧兮。岂其龙梭，隐为织兮，敬仲虽神，阮亦逼兮。属在翰墨，胥关臆兮。传之无穷，宁有息兮。"①

至现代，"宣纸"已是一个特定的名称，它不再是宣州（宣城）范围内所产纸的统称，更不是宣城区域以外任何地方生产的任何纸的名号。现在的"宣纸"，乃宣纸原产地域产品专用标志！只有严格用传统材料、按传统工艺和规定标准在泾县域内生产的纸才能叫"宣纸"；即使在泾县，也只有部分符合条件的造纸企业被获准使用宣纸原产地域产品专用标志。2003年，经国家质量监督检验检疫总局批准，中国宣纸集团公司、泾县汪六吉宣纸有限公司、泾县汪同和宣纸有限公司、泾县金星宣纸有限公司、泾县李元宣纸厂等5户企业首批获准使用宣纸原产地域产品专用标志；2005年，泾县吉星（翔马）宣纸厂、泾县曹鸿记纸业有限公司、泾县红叶宣纸厂、泾县桃记宣纸有限公司、泾县双鹿宣纸有限公司、泾县玉泉宣纸纸业有限公司、泾县明星宣纸厂、泾县紫金楼宣纸厂、泾县小岭千年古宣宣纸厂等9户企业第二批获准使用宣纸原产地域产品专用标志；2015年，泾县金宣堂宣纸厂、泾县恒星宣纸厂等2户企业第三批获准使用宣纸原产地域产品专用标志。

不得不感谢一代代的造纸人！在充分传承前人造纸工艺的基础上，泾县小岭

---

① 清嘉庆版《泾县志》（点校本），黄山书社，2008年4月版，第1237-1239页。

曹姓在与当地汪姓、金姓、方姓、周姓等诸家族的共同努力下，使宣纸工艺进入一个再创造阶段，实现了一次宣纸生产大革命，宣纸也从诞生的近千年历程中，进入关键的成熟期。泾县所产宣纸也逐渐成为有别于他地所产的、独特的"泾县宣纸"，直至独据"宣纸"之名。

　　泾县宣纸，作为一种独特的文化艺术形象，它的诞生、传承与发展历程，体现了传统手工造纸业的精华所在，体现了中国古代劳动人民的集体智慧和中华民族文化艺术的深厚内涵；为促进书画艺术的发展与创新，提供了不可或缺的重要载体；在历代古籍文档及艺术精品的保存与传世以及中外文化艺术的交流中，展示出了无限美妙的艺术风采。

皖江家谱文化中的人文精神与当代价值

罗翔宇

　　摘　要：家谱文化是皖江优秀传统文化的重要组成部分。家谱中所传承的家风、亲情文化正与当下党和国家所倡导的家风文明建设相契合，皖江流域家谱文化的研究被赋予了新的时代意义与当代价值。

　　关键词：家谱；人文精神；当代价值

　　家谱，或曰族谱、宗谱，是记载同宗共祖的血亲集团世系、人物、事迹的历史图籍。① 早在汉代，司马迁便在《史记》中说："唯三代上矣，年纪不可考，盖取之谱牒旧闻。"② 由此可见，家谱作为一种记录家谱世系，记叙家族历史与文化发展的独特的历史文化现象，其发展可谓源远流长，博大精深。皖江文化与徽州文化也具有紧密的联系，皖江流域途经的芜湖、安庆等地的家谱文化也有着深厚的历史文化积淀。近年来也越来越受到学界的重视。其中皖江流域地带所发掘家谱作为安徽非物质文化遗产的组成部分之一，是我国区域文化研究的重要载体。家谱与方志、正史构成了中华历史文明的三大支柱，是中华民族悠久历史文化的重要组成部分，是一笔极为珍贵的历史文化遗产。③

一、皖江流域家谱文化概述

　　宋代，随着民间私修家谱的禁令被打破，为满足地方宗族社会基层管理与文化发展与认同的需要，宗族私修家谱逐渐成为风尚，并在明清时期达到鼎盛。这个时期的家谱文化已为后世家谱的内容体例奠定了基础。从其谱序、世系图、人物传记等内容中可以了解到，此时的宋元家谱已具备了后世家谱编修中在内容上

　　作者简介：罗翔宇（1991—），安徽师范大学历史与社会学院 16 级中国史专业硕士研究生，主要从事中国史研究。

① 王鹤鸣：《中国家谱总目的编撰》，《图书馆杂志》2006 年第 1 期。
② 司马迁：《史记》卷一百三十《太史公自序》，中华书局，2015 年 6 月版，第 137 页。
③ 王鹤鸣：《中国家谱体例概说（一）》，《寻根》2009 年第 2 期。

所必要的基本因素。宋元时期皖江地域中下游所流传家谱的谱序中对于宗谱的源流发展、前代家谱的编修情况、家谱编修或续修的原因及目的、修谱的意义等，都有了较为系统全面的论述。方桂森在《汉歙丹阳河南方氏衍庆统宗图谱》中载："寻其流可以知其源，叶可以知其根。日益远，族益繁，必至于不相维系，而昭穆之之辨殽矣。"① 表明其内容的编写已遵循着一定的理论指导及标准规范。这一时期谱学思想的发展已较为全面与成熟，如尊祖敬宗的思想、统宗合族的思想、书善隐恶的思想等均有较多的体现。对于宗族内部成员的行为规范的指导及其道德评价标准也已十分清晰与明确。《汉歙丹阳方氏衍庆族谱》凡例中载："闻人自相矜诩，要之阐扬祖功宗德，一脉相传，亦以启祐来许，世讲绳武云。"② 明确宗族子弟要弘扬祖先的光辉事迹和光荣传统，并世代传承下去。《左田黄氏宗派图序》曰："人之一身无尺寸之肤不爱也，至于祖宗之子孙则亦祖宗之身也，而有不爱者，由各身其身而不知身祖宗之身以为身耳。"认为宗族子孙要以祖先为榜样，宗族后辈是宗族先辈的血缘及精神的延续。教导宗族内的后辈要像爱护自身一样尊敬祖先。修谱的规范化与体系化也是宋元徽州家谱的主要特征之一。宋元时期欧苏谱法"五世一图"的家谱世系图的编修方式，已经得到广泛的普及。吴景存在《吴氏续谱序》中说："谱之作其来远矣。自古昔盛时，防民散越，立大宗小宗法，以统属之，而命太史掌其谱，司徒掌其教，厥后圣王不作，法弛教衰，故士大夫家各自为谱，若眉山苏氏、庐陵欧阳氏是也。"③《吴氏族谱》凡例中亦载："四图系以五世为一图，盖祖欧阳氏谱法也。其旁枝五世外或余二三世，则附载于枝下，不复具图焉。"④

　　总体而言，皖江家谱文化在宋元时期在内容上便已趋于完备，其具体的内容框架在宋元时期已基本搭建完成。随着历史的发展，家谱的社会功能及历史意义也在不断地变化与发展。在隋唐以前，家谱修编活动为官僚及世家大族所垄断，所谓"有司选举，必稽谱牒"。直至宋代科举制度逐渐兴起，士家大族对于家谱的垄断被打破⑤，家谱也由原来在官僚选举制度中"记资定品"的政治工具转变为"尊祖，敬宗，睦族"维系宗族管理与稳定的社会功能及道德教化功能。宋代是家谱理论形成的关键时期，此时的皖江家谱体裁已形成较为成熟的谱学理论思想，并不断得到发展，并最终在明清达到鼎盛。

① 方桂森：宋咸淳《方氏衍庆图叙》卷一《汉歙丹阳方氏衍庆族谱》（明洪武刻本），国家图书馆藏。
② 方桂森：宋咸淳《凡例》卷一《汉歙丹阳方氏衍庆族谱》（明洪武刻本），国家图书馆藏。
③ 吴景存：明弘治《吴氏续谱序》，《商山吴氏重修族谱》（明崇祯刻本），国家图书馆藏。
④ 吴浩：元大德《凡例》，《商山吴氏重修族谱》（明崇祯刻本），国家图书馆藏。
⑤ 王鹤鸣：《论徽州家谱的体与魂》，《复旦大学学报》（社会科学版），2006年第1期。

二、宋元徽州家谱所蕴含的人文精神

皖江家谱文化作为安徽家谱文化的重要组成部分，除了传统礼教宗法思想之外，在家谱编修的过程中也具备有一定的人文主义精神，具体体现在以下三个方面。

（一）立足于宗族的人文关怀

宋代儒家理学兴盛，"益尚文雅。宋名臣辈出，多为御史谏官者。自朱子而后为士者多明义理之学，称为东南邹鲁。山峭厉而水清激，君子务为高行奇节。"① 徽州作为大儒朱熹的故乡，文化昌盛，具有深厚的历史人文底蕴。与徽州相临近的皖江流域池州府、宁国府等地自然而然地受到徽州地区儒风文化的影响与熏陶，这一点在阅读池州、宣城等地家谱的过程中我们也能够深切地感受到。《宋左田黄氏宗派图序》中载："盖仁也者，人也。人之一身无尺寸之肤不爱也，至于祖宗之子孙则亦祖宗之身也，而有不爱者，由各身其身而不知身祖宗之身以为身耳。"② 可见儒家中"仁"的观念也寓于家谱思想之中。所谓仁者爱人，爱人者，人恒爱之；敬人者，人恒敬之。将"仁"的观念扩展至整个宗族之中，以宗族为依托，教导宗族成员要自爱，爱人。

《庆源詹氏族谱》曰："知亲爱尽者世俗之常自孝子仁人之心，视其初□非祖宗之遗体也，又何疏乎？诗曰：臧臧兄弟，莫远其尔，白北观之，兄弟之懿，骨肉之间，有具尔之心，则至陈犹亲也。苟为不然，则同气异思者，犹荼越之祖，肥瘠也，尚可论哉？"③ 则阐述了骨肉亲情是宗族团结的基础，是绝对不能疏忽的。《商山吴氏修谱序》中则要求吴氏宗族兄弟之间要"兄弟居相比邻，喜忧相庆，吊岁时蜡社相宴"，亲属之间有喜事要相互庆祝，有丧事时也要相互设宴招待，以加强兄弟姐妹之间的情感。《新安汪氏庆源宗谱》序载："复设庠序以明其大宗，小宗之法，序其昭穆，有喜则相庆，有急则相救，死葬相恤，而疾病相扶持，欢然有恩以相爱，絜然有文以相接，然则皆出于亲也。虽亲尽服绝，而和气蔼然，虽家析户分而尊卑秩善如初，皆宗有谱、谱有图之所致也。"④ 宗族亲友之间通过宗族相互扶持，互助互惠，相亲相爱。

（二）求真求实的理性精神

家谱作为记载宗族发展历程的重要史料载体，对于家谱修编者的理性精神亦

---

① 彭泽，江舜民：弘治《徽州府志》卷一《风俗》，黄山书社，2010 年版。
② 黄天衡：宋建炎《黄氏宗派图序》《左田黄氏宗派图》（影印本），安徽师范大学家谱研究中心藏复印本。
③ 詹晟：元至元《庆源詹氏族谱序》，《庆源詹氏族谱》（明刻本），国家图书馆藏。
④ 汪垚：元天历《汪氏宗谱序》《新安汪氏庆源宗谱》（明抄本），国家图书馆藏。

有很高的要求，因为这不仅关系到宗族本身上说本源下列支派的宗族起源的根本性问题，同时也是辨明不同宗族间血缘边界的凭证，是彰显宗族历史地位的重要依据。

　　家谱的修编者应具有这种独立客观的理性精神，因为修编家谱是宗族的"千秋之业"，必须召集各个宗族讨论认可后方能进行修编。宋代著名书法家陈北溪曰："谱系人之根本也，根本不明，则颠倒无据，或妄委其姓，而冒人户或妄附户贯而困其宗枝，何心于托。"① 家谱的真实性和权威性是关系到宗族血缘亲疏的根本性问题，故而宗族在修编家谱的过程中，往往都会基于求真求实的理性精神。南宋文林郎中书舍人彭龟年在《谢氏旧谱序》中说："公为迁地之祖，其宗派世系不敢妄附，崇实录也。书名书爵，记事记年，所以别贵贱，重出处也，移徙者，书名流之者入入其祠，使其生有所会，死有所归也。惟谢氏自受姓以来，历世相传，无所依托而乱之者，参考始宁旧谱足以征之矣。"② 家谱的修编者必须通过自己的理性判断，来辨别史料的真伪，保证所记载的世系、宗族成员的姓名、事迹及族产、祖墓、宗祠等内容的准确和真实。

　　就宗族本身而言，家谱对于宗族的重要性往往不亚于国家对于国史的重视程度，且家谱的修编者亦受到史书编修原则的影响，故而史学意识中的理性精神也寓于家谱修编之中。元代吴继良、吴继俊兄弟在商山吴氏重修家谱序中便记载家谱记录一定要遵循"贫贱不遗，微弱必录，志传必实，疑文则缺"的信史原则。汉《歙丹阳方氏统宗世谱凡例》中亦载"传示得姓本源，实录且以昭缺文之义"，指出家谱"实录"对于宗族世系本源的意义。元代《婺源庆源家谱序》载："新安詹氏派康邦之后，名敬者，斯为有据。谓敬、黄公不知世次，可谓不诬，辩黄公非假黄姓，亦有考证，载龙尾诸詹，得阙疑之体，至若逸老翁家训道堂翁乐善，皆表而出之。大抵族谱之作，要在纪实如传，会假托以昧其先以诳其后，谱法坏焉。"③ 族谱若没有求真求实的理性精神，就会导致"昧其先，诳其后"的严重后果。宗谱"辨昭穆，明尊卑"的功能就会丧失，谱学严谨的法度和规则也会随之被破坏，这表明宋元家谱已重视对其宗族祖先及宗族历史的考证和辨伪。正是在这种求真求实的理性精神的指导下，皖江流域的家谱文化才能够裨补阙漏，真实可靠。

---

① 陈北溪：《谱说》卷一《歙西谢氏统宗志》（明万历刻本），安徽师范大学家谱研究中心藏复印本。

② 彭龟年：《谢氏旧谱序》卷一《歙西谢氏统宗志》（明万历刻本），安徽师范大学家谱研究中心藏复印本。

③ 汪垚：元天历《汪氏宗谱序》，《新安汪氏庆源宗谱》（明抄本），国家图书馆藏。

可见皖江流域的家谱编撰者能够通过自身理性的判断考辨家族史料的真实性，并将这种求真求实的理性精神运用于实际的家谱修编活动之中，为家谱的创作提供了真实与理性的保障。

（三）以人为本的仁教观

家谱作为一种记载家族谱系人物的重要文献，它既是记载家族血缘繁衍、世系源流发展的图谱，也以人为核心，具有以人为本的道德教化功能。宋元时期家谱中的"仁教观"便已出现，南宋左天衡所作的《左田黄氏宗派图序》中有云："谱也者，通宗族于一身使之相亲相睦而无不爱者也。夫能通示族于一身而无不爱则由是而中国一人，天下一家，特扩而大之矣。故曰：谱系之作所以教仁也。"① 其明确地指出"仁教"的核心便是以人为本，若社会中能够实现以人为本，相互友爱的"仁教"，那么"天下一家"的崇高理想也就能够实现了。"通宗族于一身使之相亲相睦而无不爱者也"是为了教导宗族成员之间要尊祖敬宗，和睦相处，宗族成员之间要懂得自爱与爱人，这样以人为本的人文精神才能在宗族中才能得以延续和发展。

元代《商山吴氏重修族谱序》中云："人之至亲，莫过于父子兄弟，而父子兄弟有不和者，日教之孝悌而未必能孝悌，则引其类亦通之是亦通乎，孝悌之一类也，如之何其可废也，然则修之亦有道乎。"② 其指出若只是机械教条式地灌输孝道等道德，未必会使子女懂得真正的孝悌之义。要使人懂得真正的道德必须"修之有道"，而此道正是以人为本的仁教观。元人董元桂在作《庆源詹氏族谱序》中说："修孝悌义让之德，使子孙闻诗礼、习教训，时相与披阅而言某也。贫吾伯叔也，思有以赈之，某也，富吾弟侄也，思有以教之，其繁衍而昌盛者，率皆读书积善者也。于是乎可以劝矣。呜呼，观詹氏之谱，孝悌之心亦可以油然而生矣。"③ 仁教观正是要通过以人为本的德育才能够实现，通过教育子女"闻诗礼，习教训"，让他们理解道德教化的意义。以人为本，对于生活贫困的长辈，给予他们一定的物质资助，对于富裕的后辈，则要积极对他们加以教育，这样通过理论与实践的结合，孝悌之心就可以油然而生了。站在他人的角度去思考问题，设身处地地为他人着想，在处理宗族亲友的关系时，时刻本着以人为本的人文精神，则是保持宗族稳定和谐的应有之义。

---

　　① 黄天衡：宋建炎《黄氏宗派图序》，《左田黄氏宗派图》（影印本），安徽师范大学家谱研究中心藏复印本。

　　② 吴浩：元大德《吴氏重修族谱序》《商山吴氏重修族谱》（明崇祯刻本），国家图书馆藏。

　　③ 董元桂：元至元《庆源詹氏族谱序》，《庆源詹氏族谱》（明刻本），国家图书馆藏。

三、宋元徽州家谱的时代意义与当代价值

家谱文化的传承同时也是家风文化的传承，无数优良的家风文化在历史的积淀下载入浩如烟海的家谱之中，并通过家谱的形式传承至今，成为珍贵的非物质文化遗产之一。皖江家谱中所载的家风家训其目的在于"抑慵惰怨尤之风，修孝悌义让之德，使子孙闻诗礼、习教训"①。可知家风家训的传承是中国传统美德继承与延续的重要手段，从古至今都为人们所重视和关注。家风的建设更是关系到中国特色社会主义文化事业的发展，是中国全面建成小康社会的重要一环，其重要性不言而喻。家风是一个家庭所必须恪守的核心价值观，是经过时间沉淀，富含历史智慧与哲理，长期形成的具有鲜明家族特色与时代特色的家族文化，优良的家风家训是一个家族最宝贵的财产，是构成每个家庭成员人生观、价值观的重要基石。② 习近平总书记在第十八届中央纪律检查委员会第六次全体会议上的讲话中明确指出："要把家风建设摆在重要位置。"由此可见家风家训建设的重要性和必要性。

进入 21 世纪以来，随着国家越发对家风文明等精神文明建设的重视，以寻根文化和家风文化为核心的家谱文化又被赋予了当代价值与历史使命。习近平总书记指出："家风是一个家庭的精神内核，也是一个社会的价值缩影，良好家风和家庭美德正是社会主义核心价值观在现实生活中的直观体现。"皖江地区家谱中所倡导的"睦族亲亲之意"的家风文化也正与当今国家和政府努力建设和谐社会的传承优秀民族文化的构想不谋而合，所以，研究家谱文化对于我们传承弘扬崇德向善的传统文化风尚，践行社会主义核心价值观也具有深刻的现实意义。

---

① 吴景存：明弘治《吴氏续谱序》《商山吴氏重修族谱》（明崇祯刻本），国家图书馆藏。
② 瞿伯一：《家庭建设是弘扬社会主义核心价值观的基础》，《中国教育报》2015 年 2 月 27 日第三版。

明清皖江地区家训家风与家学

——以宣城为例

夏建圩

摘　要： 从宋代开始，宣城就涌现出众多在全国具有影响的人物，如梅尧臣、梅询、沈懋学、沈有容、梅文鼎、梅清、施润章、高咏等。这些历史人物不仅成就显著，而且品德高洁，并在千年岁月中形成特色家教家风，造就了丰富而有特色的家学，为中华文化延续作出了重要贡献。宣城地方文化虽属区域文化，但该区域的众多文化现象具有全国性的影响，如"宛陵体""宣城体"诗派，"宣城数学派""宣城画派"。

关键词： 皖南；家风；家学；施润章

中华文化绵延五千年，没有断流且脉络清晰，这其中除了有深刻的政治、经济与社会因素外，一个重要原因就在于中国家族文化一代代传承，形成家风家学，家族人才辈出，累世不绝，又通过婚姻、师承、交游，不断交流、传承、创新。宣城地区在历史上有着独特的文化地位，唐代就开始闻名全国，众多诗人纷至沓来，登山临水，赋诗流连。宋朝建立后，在近百年中社会相对稳定，"宋家天子与文人共治天下"的理念使得科考录取人数大大增加，科举繁荣；加上印刷技术的改进，"耕读传家"成为人们普遍认同的价值取向，书院在全国各地涌现，教育呈现出新的特点。宣城地方大族如梅氏、沈氏、施氏、吴氏、章氏、许氏、高氏、吕氏、徐氏、李氏等，大多是在两宋之际辗转迁来定居的。由于社会相对稳定，经过几代人的耕作与积累，宣城地区从宋初到清代的数百年中人物辈出，文化精神一脉相承，这与宣城地区家族重视家训、实践家训、培育家风的做法有直接关系。

钱穆先生在《略论魏晋南北朝学术文化与当时门第之间关系》一文说："欲

基金项目： 安徽省社科规划项目（AHSK2015D125）；安徽省社会科学知识普及及规划项目（Y17015）；合肥工业大学教学研究项目（JYYB179）。

作者简介： 夏建圩（1973—），合肥工业大学副教授，博士，研究方向为明清史、区域历史文化。

研究中国社会与中国文化，必当注意研究中国之家庭"，"在古代社会，这种带有浓厚的亲情化、世袭化色彩的家学世业，曾作为一种重要的载体而长期传衍延嗣，并对中华文化的发展做出了非常重要的贡献"，实际情况也正如此。宣城梅氏是该区域最具诗名的家族，自从"先穷后工"的宋诗之祖梅尧臣后，整个家族诗人辈出，直至清初，梅清辑宗族诗集《梅氏诗略》，他曾言"敢言诗是吾家事，只觉风流正未央"，言语中充满着自信。明中后期，心学在宣城广泛传播，与程朱理学并行，至清初皖南著名学者吴肃公坚守孔孟正宗，对程朱理学、陆王心学和佛禅进行批判；而著名诗人施润章在仕宦生涯中不忘发扬"家学"理学传统，诗歌以学为基础，试图和合程朱与陆王思想；梅文鼎以经学来会通西方历算和数学，发扬传统学术。清初宣城学术具有鲜明的特色和显著成就，在学术领域占有一席之地。石涛在《赠新安友人》诗中写道："文章与画事，近代宛称雄。最爱半山者，泼墨上诗筒。拟以羲之画，一字一万同。独立兼老健，解脱瞿硎翁。又爱雪坪子，落笔如清风。晓原黄山来，神参鬼斧工。"因学界对宣城梅氏家训家学有较多论述，故不赘述，本文选择宣城施氏、沈氏、吴氏，作为代表，试图论述其家风与家学。

一、宣城沈氏：清白留子孙，文章见典型

两宋之交，沈姓从浙江迁居建平县（今安徽郎溪）一个叫诸塘的地方；南宋淳熙年间（1174—1189），有叫沈德一的，又从建平迁居宣州洪林，沈德一是宣城沈氏的始迁祖，以耕读传家，从十一世沈宠开始，宣城沈氏就兴旺起来，所谓"兑起鸿业""后嗣著昌"，后人称之"为文行武皆惊世"，成为宣城望族。

《宣城洪林沈氏宗谱·德一公传》载："洪林沈氏始祖，即今所称德一公是也，源出梁建昌侯约，迨宋宰虚中居建平诸塘，公其文孙耳。诸塘距洪林才半舍，淳熙中公往来于此，爱其山川环秀，风气朴淳，谓可以歌、可以哭、可以聚国族也。徙而卜居，此其意念固深远矣。厥后子姓繁昌，椒衍瓞蔓，德业闻望震耀海区，遂为宣城右族。"① 正如姜垓所说："宣城沈梅知名久，梅为阿郎沈阿舅。"梅氏、沈氏互为姻娅，共同维持文化传家的局面。

沈氏家族有着严格的家训，世代相承袭，教育子弟："尊官大爵，非贵也。器识为宝，文艺次之。戒毋矜门第，毋轻谒官府，毋妄贷于人，毋多蓄厮养，倦倦于图报国恩"，"出仕不可不清也。致君泽民，吾儒分内事耳。……然则出而治国，不思循分尽职，以光前裕后，而贪黩之郎，夫岂非衣冠之盗贼也哉！"

---

① 沈嘉均：《宣城洪林沈氏宗谱》卷十三，光绪癸巳年刊刻。

沈宠（1510—1571），字思畏，号古林。万士和《广西布政司左参议沈君宠墓表》载："君人外貌乐易，而性实刚方，志存一体，然不务阿世，见一善事鼓勇直前不为不止，闻一善人，负笈千里不见不已，所交皆当世名士，故海内向道者，莫不知有古林君。其乡有贡受轩先生者，受学于欧阳南野氏，君师受轩，因同至南都参南野，有得于致知之说，已而得见王龙溪、钱绪山二公，悟证益明，然君每崇实践不落言诠，此君学问之终始也。……君自归田后，讲学一念，老而弥笃。时郡守罗君立开元之会，诸生环座者数十百人，耿楚侗督学临校深叹赏，檄聘君与梅宛溪参政主其席，诸生因而善良者甚众，宣城风俗至今知学者，君之倡也。"① 黄宗羲《明儒学案·南中王门学案一》载：沈宠，字思畏，号古林，宣城人。登嘉靖丁酉乡书。官至广西参议。师事受轩。受轩学于南野、龙溪而返，谓古林曰："王门之学在南畿，盍往从之？"于是古林又师南野、龙溪。在闽建养正书院，在蕲黄建崇正书院。近溪立开元之会于宣州，古林与梅宛溪主其席。疾革，有问其胸次如何？曰："已无物矣。"② 可见沈宠为王阳明再传弟子。沈宠、梅守德、贡安国并称"志学三先生"，奠定了宣城心学讲学活动的基础。沈宠致力于在"格物"上下功夫，"发明良知"，克服心学流入空疏的弊端。沈宠有二子：沈懋敬、沈懋学，沈懋学继承家学。

沈懋学（1539—1582），字君典，号少林，宣城人。万历五年（1577）殿试第一，授翰林修撰。他的文章辞赋天下共传，御书"谨言行明礼义"六字以赐，又能上马舞丈八矛，堪称文武双全。因不满张居正"夺情"，"三贻书劝嗣修谏，嗣修不能用"，沈懋学反而遭到申斥，嗣修为与沈懋学同年，张居正子。沈懋学面对同僚纷纷被廷杖贬谪罚俸，却无能为力，遂以病辞官归乡，沈懋学与梅鼎祚创建"敬亭诗社"，以文会友，与著名文学家汤显祖、屠隆交往密切，每日读书吟诵，遍游名胜，"放浪于西湖茗雪之间，登白岳，憩九华，或痛饮歌诗，挟声伎，自污数年"，赍志而亡，后追谥"文节"，著有《郊居集》。沈懋学为诸生时，曾跟随父亲沈宠，参与宁国府知府罗汝芳的讲学，但他并未信其道，反而认为泰州学派"卒流禅语，漫不知求"，坚持学养与经世致用。

沈寿民（1607—1675），字眉生，号耕岩，是复社名士，沈宠曾孙，性情严毅，不苟言笑，博通经史，学问尊孔孟，与芜湖沈士柱并称为"江上二沈"。崇祯九年（1636）举贤良方正，应天巡抚张国维特荐沈寿民。沈寿民一到京师，即先后上三疏，揭发弹劾杨嗣昌"夺情"及熊文灿等人误国之罪，均被留中不报，朝野震动。沈寿民即辞官返乡，在洪林麻姑山下筑讲堂，耕读其中，四方学

① 万士和：《万文恭公摘集》卷之九。
② 黄宗羲：《明儒学案》，中华书局，2008年版，第597页。

者、名流不远千里，前来问学，常达数百人，著名学者施润章、吴肃公等都是他的学生。崇祯十一年（1638），阉党阮大铖流寓南京，四处活动，企图为魏忠贤翻案。于是复社成员对此极为愤慨，贵池吴应箕执笔撰写《留都防乱公揭》来反对阮大铖的政治活动，当时在南京的复社成员有 140 余人纷纷在《留都防乱公揭》上署名，作为重要成员，沈寿民也在其中。

1644 年，明朝灭亡，南明小朝廷在南京建立，阮大铖掌握大权，他开始打击报复复社成员，按《留都防乱公揭》上的署名进行迫害，大兴党狱，周镳被杀，顾杲、黄宗羲等人被捕，沈寿民赫然列入名首。于是沈寿民更名为"王子云"，携子逃到浙南武义山村岩坞隐居。清顺治十二年（1655）其孙沈廷璐千里寻亲，一直到顺治十五年（1658），沈寿民父子才依依不舍告别武川山水回到宣城，但他此后不入城市，继续隐居麻姑山授学著述，常年"皂帽裹头"，盛夏依然，著有《姑山遗集》30 卷、《闲道录》16 卷及《剩庵诗稿》多卷。沈寿民坚守孟子的"仁义"之道，时人将沈寿民与吴县人徐枋、嘉兴人巢鸣盛并称明末清初"海内三遗民"。孟子说"天下有道，以道殉身；天下无道，以身殉道"，沈寿民极为推崇孟子，他也是这么做的，沈寿民经常对门生说："士不穷无以见义，不奇穷无以见操。"他临终命弟子吴肃公记下遗言："以此心还天地，以此身还父母，以此学还孔孟。"去世后门人私谥沈寿民为"贞文"先生。寿民胞弟寿国，字治先，是复社后期重要成员。另外，沈寿昌，字全昌，监生，笃志好学，曾师从陈九龙先生，捐资倡修宣城正学书院，建同仁会馆，著《易学图解》。沈寿民从兄三人，沈寿岳、沈寿崇、沈寿峣，三人均是沈有容之子。在各处参加抵抗清军南下的斗争与活动，先后被杀。寿民子沈埏（？—1705），字公厚，号稼亭，随父亲流寓十余年后归里，亦也遗民自居，娶吴铮（为吴肃公叔父）女为妻，著《稼亭诗集》。沈埏子沈廷璐，字元佩，从吴肃公游，"廷璐少禀至性，从予游，笃志工苦，日抑心而泣，矢徒步遍访"，曾徒步两粤间万里寻父，事见吴肃公《送沈生万里寻亲序》，时人有"江左称家世忠节者，常首推宣城沈氏"之美誉。①

二、宣城施氏：理学、诗歌传家

施氏出自姬姓，是周公旦后代。周武王之弟姬旦辅佐成王，其子伯禽封于鲁国，传十二世至惠公。惠公一子名叫尾生，字施父，为施氏一世祖，传至十一世孙施子恒，为孔子的学生。唐天宝年间，施氏第四十四世孙魁三教授宣城，见宣

---

① 吴肃公：《街南文集》卷十一，北京出版社，1999 年版。

城风俗淳美，兵燹鲜至，"遂于卫前而家焉"，施魁三即是宣城施氏始迁祖。

施润章《述祖》诗道："王风久颓缺，大道日浸微。孔辙岂不迩，百家争路驰。吾宗肇东鲁，七十肩相随。在汉显经学，雠也博士师。士匄扬其波，先后同声施。世远存本根，后劲振先绥。微言绍天学，高步追宣尼。讲肆群响臻，周游遂忘疲。闲先恢孟辩，排异搴韩旗。磐折劳公卿，闵声蜇布衣。辍餐饷窭士，商歌长乐饥。德音绍俎豆，奕叶流风徽。"① 可见施氏家族与儒学渊源已久，尤其重视孝义传家。

宣城施志穆年老无子，将一百三十亩田产和千余金都留给侄儿施鸿猷，但施鸿猷是长孙，又是家里的独子，不能过继给叔父施志穆房下。施鸿猷考虑到施氏家族内有很多贫穷家庭，决定以继承的田产来设置义田，并开办义塾以奖励族内子弟读书。因为没有变卖田产，加上施鸿猷慷慨豪爽的性格，很多租金债金都收不回来；而施志穆家举办四次丧礼、三女出嫁的所有费用，最终均由施鸿猷来承担，义田的经营成为施鸿猷沉重的负担。施鸿猷早逝后，他的儿子施察更是无力经营，以致债台高筑，日益沉重，最后只好卖田来解决债务。直到施察之子施润章考中举人后，又回购了 70 亩田，考中进士后，施润章购田达到 200 亩的规模。施鸿猷设置义田的计划并没有成功，不过他效法宋代范仲淹的义举，值得敬佩和表彰，也成为施氏子孙为人处世的重要原则。他们不管是对待族人还是朋友，都能以孝义为先，支撑这一举动的源头，则是施氏几代躬行的理学。

明万历七年（1579）张居正诏毁天下书院，宣城志学书院的故址或成为民舍，或改为官园；宛陵精舍则被改为理刑公署，其田产经费移作他用，宣城心学讲学活动受到挫折。加上宣城地方理学家贡安国、梅守德、沈宠等人于此前先后去世，所谓老成凋谢，而他们的后裔或对于讲学内容有指责或热衷于科举做官，并没有继承长辈的讲学精神，宣城讲学一度沉寂。到万历中期，宣城出现了以徽州祁门县贡生陈履祥（1540—1610，字光庭，号文台，又号九龙）为首，施鸿猷（施润章祖父）和汪有源（字惟清）为左右手的布衣讲学者活动的身影。陈九龙初来宛陵，跟随他的只有数十人，在施鸿猷积极倡导下，一时间随从者多至800 余人。施鸿猷成为陈九龙讲学事业发展的左右手。

陈九龙在宣城讲学重现此前的盛况多倚靠施鸿猷积极倡导，并为"陈门第一高足"，施家与宣城当地的章氏、徐氏、杨氏、刘氏等家族有着世交，在施鸿猷的带动下，各家族纷纷投入陈九龙门下。施鸿猷曾在宣城郡之西关建同仁会馆集六邑及南都十四郡大会，穷究性命之理，实践于躬行，施鸿猷与当时理学大家

---

① 施润章：《施愚山诗》，广陵书社，2006 年版，第 31 页。

焦弘、邹元标有交往，得到他们的重视，万历丙辰（1616）施鸿猷病逝，在南京清凉山依仁斋中祭祀。清初，众多学者质疑心学的空疏，宣城讲学活动再次销声匿迹。施润章仍以振兴理学家风自期，他一再表示："吾家以理学孝友三传而皆困于诸生，吾忝一第，抗颜称师，敢负吾君以负吾祖、父乎？"

施润章仕宦期间，积极从事重建明代讲学书院、恢复讲会、再举祠祀等工作。尤其在江西，施润章奉祀王守仁、邹元标、罗洪先三位理学家，他效法理学前辈倡导讲会，他在白鹭洲书院和青原山举办讲会，一时间山中父老扶杖而出，讲会进行了三天，听者多达千人，有很多人听后感动得流泪。施润章不是一心追求性、理的理学家，他在理学方法上能够融通"朱陆"，不偏执一家之说；但仍以继承理学家风自居，将之当作是义不容辞的责任，并努力将自己的感悟渗透到诗歌创作之中，在为官之道中实践自己的理想。他曾道："吾家世擅理学，三传皆困诸生，一旦抗颜为人师，进退学者，吾敢以俗学负家学哉！……吾性既尽，直见千圣无不同之道；吾善既明，当使天下无不明之人。"从施鸿猷到施察再传至施润章，三代以倡明理学作为自己的责任，施润章做官后，也一直没有放弃，他奖掖后进，发现人才；聚众讲学，提倡道德教化，虽然他不是阳明心学的继承者，但施润章还是以讲学的方法，融合朱陆学说，他强调从自己做起，尽心性，人人皆可为圣人。

清顺治十八年（1661）到康熙六年（1667），施润章任江西参议，分守湖西道（管辖吉安、临江、袁州三府）。由于该地遭受多年战争，破坏巨大，湖西家破人亡，田园荒废，但朝廷对军粮、赋税的征收仍在继续，当地百姓迫于生计纷纷逃亡，有的甚至组织起来反抗，官府立即进行残酷镇压，村舍田园被毁坏，生灵涂炭，一片荒凉景象。施润章到任后，认为朝廷应该实行"与民休息"的政策，否则民不安国不宁。他一改简单的镇压方式，走遍湖西各地，安抚百姓，并释放了聚众起义的首领，让他们安心恢复生产。施润章还向上级力争减轻赋税，告诫属下不准欺压百姓，几年后湖西地方经逐渐济恢复过来。施润章到民间寻访时，见到百姓疾苦，他十分痛心，常常解囊相助，以自己的薄俸赈济饥民，以致自己一贫如洗，官橐空空，老百姓称之为"施佛子"。卸任回乡时，亲故买船赠给他，因要乘船横渡鄱阳湖，而行囊少船体轻，压不住湖上大风，当地百姓争着买来石膏，装在船内对抗风浪。因缺乏粮食与路费，上岸后施润章只好将船卖掉，做了七年地方官，结果回乡时，两袖清风，两手空空。在当时贪污成风的官场，像施润章这样清廉爱民的官吏，真是凤毛麟角了，是真正的儒者。

在40岁后，施润章就开始整理父亲的遗稿，刻印成集。祖父曾有会纪语录，不幸毁于战火。在追述祖德的过程中，愚山也找到了教育子弟的方法，依靠传闻及回忆编写成立《施氏家风述略》，记述高祖以来四代人的嘉言懿行，汇成数十则。其目的在于"世远存本根，后劲振前绥"。施润章家法严格，又体现仁爱，其子弟多能淡泊名利，发愤读书著述。他在《舍弟阮、两儿淳恪读书双溪》写道："读书贵闻道，静专靡不成。送子适园馆，要使心魂清。仰首接洙泗，颜曾如弟兄。余少苦贫病，饥饱依藜藿。呻吟杂占哔，洒扫锄柴荆。空楼常独宿，鬼语窥灯檠。斋居寡言笑，槁木捐百情。……汝曹今逸乐，被服暖且轻。牙签乌几净，珍木黄鹂鸣。喆匠维师友，典训凛周程。黾勉念祖德，慎勿忝平生。吐词贲文绣，高步追六经。布衣苟若此，何必谈公卿。"[1] 舍弟阮，指的是施润阮，是施润章叔父施誉次子。两儿淳、恪，指的是施润章长子施彦淳，次子施彦恪。施润章教育子弟，读书重在求经问道，传承学术，并不是为了高官厚禄。读书的方法贵在专心、清静，不能贪图安逸，要珍惜青春年少的时光，积极努力，不要辜负韶华之光。辉煌的成绩必须用汗水来铸造，这对于今日青年教育，仍具有积极意义，值得借鉴。他又说："夫家挟猗顿之富，不若藏名山之书；岁有九迁之官，不若成一家之言。子恒氏之论文也，以为年寿有时而尽，荣乐止乎其身，文章为不朽盛事，传之无穷。"其次子施彦恪编写《施氏家风续编》，以施润章为主角，记述其言行；其孙施琮编写《矩斋先生外传》，记载愚山为人性情。

总的看来，施润章秉承家学实质是孝义，他提倡的理学核心就是宣扬孝义。施润章是清初著名诗人，其诗"一咏三叹，有风人之旨"，辞清句丽，时称"宣城体"，有"南施北宋"中"南施"之誉，又位居"燕台七子"之阵，又处"海内八大家"之中、"清初六家"之列，但他认为："士君子家居则修其道，为谏臣则尽其言，有官守则勤其职，所谓天下文章，莫大乎是矣，其溢而为诗歌赋颂之属，皆其余也。"

施润章二子，施彦淳、彦恪，毕生为亡父整理遗著，继承家学。《清儒学案》卷二十一，载：施彦恪，字孝虔，愚山次子，与兄彦淳均能世其所学，著有《施氏家风述略续编》。孙施琭，号随村，一生"耻趋炎俗"，后隐居田园，有《随村诗集》，人品与诗风直追乃祖。曾孙施念曾字得仍，号蘖斋。学有宗传，克承家法。令新会时，尝葺白沙先生祠。调任余姚，为黄宗羲父亲设置祭田。被荐博学鸿词，但"逾期不及试"，所至聚书，虽在官衙，不废稽古有政绩，善诗文。施润章未刻诸书，悉为付梓，并撰《愚山年谱》四卷。施念曾续刻《蠖斋诗话》2卷、《矩斋杂记》2卷为外集，另刻补《年谱》4卷、《家风述略》1卷。乾隆三十年（1765），施氏玄外孙刘琦又增补《砚林拾遗》《试院冰渊》入外集，遂合棟亭刻本藏版汇引为《愚山先生全集》。《四库全书》所收

---

① 施润章：《施愚山诗》，广陵书社，2006年版，第176页。

《学余堂集》收文 28 卷，诗 50 卷，外集 2 卷。1911 年上海国学扶轮社曾以乾隆汇印本《施愚山先生全集》石印出版。

施润章家族为整理、刊刻宣城地方诗歌总集，付出了几代人的努力。《宛雅》共 3 编，宣城旧称"宛陵"，故以《宛雅》命名。初编八卷为梅鼎祚（1549—1615，禹金）辑唐至明宣城之诗。《续编》为蔡蓁春（1597—1661，大美）、施润章合辑，继初编之后，收明嘉靖至清初作者，计 8 卷。《三编》为施润章曾孙施念曾（冀斋）与张汝霖（1709—1769，芸墅）合辑，计 24 卷，所收以清代为主，同时进行补辑，一并刊刻，成为宣城历史上收集最丰、质量最高的诗集。

《清儒学案》评价《愚山学案》称："愚山家传理学，根底深厚，出而莅政，廉明慈惠，泽加于民，特以夙负诗名，晚又以词科进，修史者列之文苑传中，德性政事实与睢州当湖相伯仲，固一代醇儒也。"[①] 从施鸿猷到施念曾，施氏七代人均以孝义世其家，故《清史稿·施润章列传》称"传业江南，言家法者推施氏"[②]。

三、宣城吴氏：五百年儒学经史传家

吴氏本在姑苏，北宋初八世祖（吴洙）徙宣城城南，以儒为业。此后吴氏家族逐渐形成礼让、至孝、好学、忧民的家风，家族成员的言行举止均烙上理学印记。吴洙次子吴丕承生四子，其三子吴渊、幼子吴潜最有声誉，吴潜南宋末年两度为相，抵抗元的入侵，至死不屈。吴潜出身理学世家，为南宋的股肱之臣，毕生著述颇丰。他与父亲（吴柔胜）兄长（吴渊）皆由科举入仕，家风大振，使宣城吴氏一跃成为一个政治声望与学术根基兼备的文化家族，吴氏世代谨守理学正宗，明代有儒林怪杰吴宗周，清初则有著名布衣学者吴肃公。

《宣城吴氏宗谱》载："礼义廉耻系身家存亡，故人须以此自勉。学为君子，则诸福自至，灾祸自消。吾宗自姑苏来千二百年有奇，世守家法号称江南。礼义之俗，凡我子孙逐一遵奉，守而勿失，则为贤子为良士民矣，敬之哉！"[③] 其子孙均能恪守。

宣城"南门吴"始迁祖吴胜之（1153—1224），讳柔胜，自幼跟随父亲听讲伊洛之学，"已知持敬之学，不妄言笑"。淳熙八年（1181）进士，曾随朱熹游学，为政、治学一以儒家学说贯之，是南宋时期程朱理学的主要倡导者，其诠释

① 徐世昌：《清儒学案》卷二十一，中国书店，1990 年版。
② 赵尔巽：《清史稿》卷四百八十四，中华书局，1977 年版。
③ 吴澍：《宣城吴氏宗谱》卷一，民国乙丑年刊刻。

儒学经传的著作都已散失。宣城吴氏，人才辈出，现简要介绍以下几位。

吴渊（1190—1257），字道夫，号退庵，嘉定七年（1214）进士，是南宋末著名的"能臣干吏"，著有《易解》《退庵文集》《庄敏奏议》等。对其父"志伊尹之所志，学颜子之所学"的训示，"终生拳拳，服膺而勿失者也"。

吴潜，（1195—1262）字毅夫，号履斋，嘉定十一年（1218）高中进士第一，以状元身份入仕。他生长在两世讲习理学的家庭，饱读张栻、朱熹、陆九渊著作，"幼闻先臣之训，……泣而识之不敢忘"。理学对吴潜的影响很深，他一生为政始终以儒家学说为主导思想。他在奏议中说："治国平天下乃大学之极功，一章之内反复数百言，大抵不过贤才、货财二事而已。盖贤才见用则天下平，贤才不见用则天下不平。"吴潜对父亲的教诲严格遵循，"吴潜以父正肃教以践履为先，故以额其斋，遂以为号（履斋）"。

吴宗周（1451—1523），字子旦，别号石冈，吴潜七世孙，明弘治九年（1496）进士及第，他不仅为官清正廉洁，还是名坚定的儒者，针对当时学者"逃于虚，溺于悟，阴溢于释氏"的恶劣风气，吴宗周极为不满，始终力排佛老而兴儒学，坚持"以吾儒伦纪之要，道德仁义之宗及性命之旨归"，临江旧有佛寺、老子宫，与文庙并称为"三教坊"，吴宗周任临江府知府时，改"三教坊"为"崇儒坊"，并将佛寺、道观改为学舍，聘请福建大儒陈璨等人讲授儒学，令原有僧尼还俗，回乡务农，他罢官归里后，教导子侄修儒，在《家约》中标明"凡我子姓，……释者黜，女而尼，与淫同杀"，显示其斥佛兴儒的决心，著有《广崇正辨》《周元公全书》《石冈诗文》等。

吴宗周为吴肃公父亲吴焕高祖之父，吴焕高祖吴大纶是太学生，吴肃公高祖吴仁卿，曾祖吴诏相为河南汝州知州，祖父吴伯敷为举人，有子五，分别是演、焕、楷、锬、坰，皆继承家学。吴肃公父亲吴焕是吴伯敷次子，明邑庠生，明亡后，绝意仕途。

吴肃公叔父吴坰（1610—1662），字季野，明庠生，"好高节寡交游"，好古文词，喜读史传。明亡后，吴坰愤然弃举业，教导吴肃公学作古文，通读史书，并与之合著《皇明通识》。吴肃公在《叔父季野先生文集序》中云："肃少从叔父学古文，不能得其万一，然叔父惓惓于肃；肃不肖，未敢一日忘也。"① 可见吴肃公经史学问受其叔父影响很深，吴坰对他期望很高。

吴肃公（1626—1699），字雨若，别号街南，学者称之"街南先生"，是明末清初江南遗民中重要的学者、史学家、文学家。吴肃公四十年著书不辍，著作

① 吴肃公：《街南文集》卷八，北京出版社，1999 年版。

颇丰，主要有《皇明通识》102 卷（与其叔父吴垌合著），《读书论世》16 卷，《明语林》14 卷，《阐义》12 卷，《街南文集》20 卷，《街南续集》7 卷，《街南诗集》，《明诚录》1 卷，《下王》1 卷，《正王或问》1 卷，《姑山事录》等。他坚守遗民节操，读史重鉴，研究儒学，耽志古文，关注民疾，痛斥流弊，把毕生精力投入到学术研究之中。吴肃公奉行"六经皆史"，"经史一家"的学术观点，这是吴肃公学问的起点。吴肃公在《读书论世》自序中云："余弱冠弃举子业，窃有志于古学，乃取《左氏春秋》，班马二史及涑水氏《通鉴》，以次读之，……中年后颇好经术。"①

从师承上看，吴肃公是皖南著名学者沈寿民的得意弟子。沈寿民"为世之名儒，为先朝遗老，为吾党师"，《宁国府志》记载"四方名流，不远千里，咸称'耕岩先生'，争来学焉"，吴肃公临终曰："以此心还天地，以此身还父母，以此学还孔孟。"② 毫无疑问，吴肃公深受其师沈寿民的影响。吴肃公一生秉承儒学家风，他在《明诚文会序》中说："明善诚身即所谓修道以仁，由学问思辨而实之以笃行，吾夫子之教然也。"③ 坚守儒学的核心思想，以保持遗民风骨。

综合起来看，吴肃公少年时期，阳明心学在宣城很有影响，以致"里中无不尊王氏学"，而吴肃公家族是以程朱理学为旗帜的，清初吴肃公不但看到了心学的弊端，彻底批判，反对"和合朱陆"，而且对程朱理学也同样质疑；同时，批判道家及佛教流弊，反对"三教同源"之说，吴肃公儒学直向前追溯至孔孟，并以孔孟为师，坚持"仁""义"立场。因此，吴肃公对其"家学"有继承，也有摒弃，但仍属于理学在清初的发展趋势之一，随着朱熹之学日渐成为清统治者推崇的政治学说，吴肃公尊孔孟的一派也就湮灭无闻了。时代巨变，以及这种变化对吴肃公个人产生的冲击，学术不可避免地与政权鼎革联系在一起，造成吴肃公学术的特征。④

一般来说，经学儒术是中古世家大族的立足根本；那么，到了明清时期，文化型家族传统，则成为家族普遍追求的目标。前后之间既有传承，又有时代印记。宣城施氏、沈氏、吴氏、梅氏、贡氏等家族，在明清鼎革之际虽际遇不同，但都维持自身文化特征，或在理学，或在经史，或在诗歌，或在绘画领域取得不菲成就，在变与不变中塑造家族的文化形象，丰富了区域文化内涵，在清前期其

---

① 吴肃公：《街南续集》卷二，北京出版社，1999 年版。
② 洪亮吉：《宁国府志》卷二十八，黄山书社，2007 年版。
③ 吴肃公：《街南文集》卷八，北京出版社，1999 年版。
④ 夏建圩：《清初望族与传统学术——以宣城吴肃公为例》，《合肥工业大学学报（社会科学版）》2015 年第 3 期。

成就颇具影响；而自清中叶始，宣城众多文化家族在历史洪流中，悄然无声，所谓"天地闭，贤人隐"，这是值得继续探索的领域。地方家族在保存文化、形成学风方面发挥了极大作用，加上家族之间的师承、姻娅、世交等关系，地方文化风气在交融传承中更加丰富，宗族社会的稳定保证了学风、学术的传承。

参考文献：

[1] 沈嘉均. 宣城洪林沈氏宗谱 [O]. 光绪癸巳年刊刻.

[2] 黄宗羲. 明儒学案 [M]. 北京：中华书局，2008.

[3] 吴肃公. 街南文集 [M]. //四库禁毁书丛刊：集部第 148 册. 北京：北京出版社，1999.

[4] 施润章. 施愚山诗 [M]. 扬州：广陵书社，2006.

[5] 徐世昌. 清儒学案 [M]. 北京：中国书店，1990.

[6] 赵尔巽. 清史稿 [M]. 北京：中华书局，1977.

[7] 吴澍. 宣城吴氏宗谱 [O]. 民国乙丑年刊刻.

[8] 吴肃公. 街南续集 [M]. //四库禁毁书丛刊：集部第 148 册. 北京：北京出版社，1999.

[9] 洪亮吉. 宁国府志 [M]. 合肥：黄山书社，2007.

论"农禅并重"在皖江地区的发生、发展及在当代生态文明建设中的重要作用和意义

殷书林　余世磊

摘　要："农禅并重",不仅是中国佛教的优良传统,也是佛教,特别是中国禅宗的根本精神所在。中国禅宗自从在皖江地区起源,即有"农禅"之结合;又在皖江地区得以发展,"农禅并重"更是蔚然成风。在当下,发挥皖江佛教的积极性,坚持走"人间佛教"之路,发扬"农禅并重"的传统,在生态文明建设、推动皖江绿色发展中尤其能彰显其重大作用和意义。

关键词：农禅并重；生态文明；作用；意义

早在佛教传入中国不久,东汉楚王刘英就将佛教带到其贬地——今天宣城市泾县一带,很快传播到整个皖江地区,这为禅宗将来在这里生根结果打下了基础;皖江地区农业发达,盛产水稻、茶叶等,这又为将来"农禅并重"在这里的盛行创造了条件。

禅宗传入中国,由二祖慧可在今皖江地区的安庆市太湖县一带发源开来,经三祖、四祖、五祖的不断中国化,最终由六祖开宗立派,成为中国佛教的八大宗派之一。禅宗在发源、发展的过程中,与农业、农事紧密结合,形成"农禅并重",不仅保障了禅宗的生存,也成为修行的方法之一。在生态问题十分突出今天,佛教界大力弘扬的"农禅并重",必将在生态文明建设中发挥其特殊的作用。皖江地区作为禅源之地,也是"农禅"发源地区,"农禅并重"蔚然成风。充分发挥佛教界的积极作用,发扬"农禅并重"之风,必将极大促进皖江地区经济和社会建设。

作者简介：殷书林,安徽省赵朴初研究会副会长兼秘书长;余世磊,安徽省赵朴初研究会研究员,《赵朴初研究》执行主编。

一、"农禅并重"是中国禅宗的重要特色之一，应当溯源于二祖、三祖时期，在四祖及其后期渐成规模

谈起"农禅"，现在一般认为，"农禅"结合，以禅宗四祖道信（580—651）和五祖弘忍（602—675）广聚徒众为主要标志；而至百丈怀海（720—814）"一日不作，一日不食"，使"农禅合一"成为制度，并成为禅宗修行的方式之一。但笔者以为，溯源"农禅"的发生，应该追溯到二祖、三祖，这是由禅宗本身的特点及其发展的时节因缘决定的。

初祖达摩（？—536）带着禅宗进入东土，其"净智妙圆，体自空寂"与中国注重布施、培福的传统佛教迥然不同，自然与梁武帝话不投机。二祖慧可（487—593）于嵩山接过达摩衣钵，到邺地一带弘扬禅宗，并不为时人接受，甚至被以道洹为代表的传统佛教斥为邪教，险遭杀身之祸。他不得不"韬光混迹，变易仪相，或入诸酒肆，或过于屠门，或习街谈，或随厮役"①，由此可知，禅宗在一开始并不为国人接受。而慧可为了生存，历尽艰辛，他不得不把禅法编成下俚歌谣传唱，希望人们有所了解。禅宗之"教外别传""廓然无圣"，不以布施、培福为"第一义"，使得禅僧不得不依靠自己寻找生存之道。

不久，即遭北周武帝灭佛，二祖慧可为保存禅宗，南下来到南朝陈国南豫州的太湖县（今安徽省太湖县）。慧可此举，不仅保存了中国禅宗，并为"农禅"结合创造了机缘。

这时的南朝不仅有兴佛的传统，更有活跃的学术氛围。慧可作为大根机之人，深知要使禅宗弘扬开来，一是必须与中国文化、与人们生活紧密结合，二是必须远离城市势力强劲的传统佛教，而是进入乡村，"从乡村包围城市"。因此，他不入城市，来到太湖县的山区，先卓锡于县北之狮子山。这里地处偏僻，民风淳朴，也是佛教流传地区，有一定的佛教基础。他得到山民们的敬重，为他筑屋而居（后称二祖禅堂）。在太湖县的青山绿水里，在这清净而安定的环境里，二祖慧可终于可以歇下身心，并对前期的弘法方式和内容进行思考加以改变，即开始了对西来禅宗的中国化、民众化，成为融入中国人智慧的中国禅宗之滥觞，故太湖县有"禅源"之美誉。

尽管此时二祖有了安定的住处，但禅宗之特点决定了二祖不可能像当时其他佛教僧人，以接受供养为生存。虽然没有明确文字记载二祖将"农禅"结缘，但可以想象，二祖与山民们生活在一起，一边靠劳作生存，一边将禅法以人们能

---

① 《景德传灯录》。

够接受的方式传播开来。再者，在北方"变易仪相"艰难谋生的经历，也决定了二祖必须以"农禅"来保证自己的生存。

太湖县位于大别山南、长江以北地区，四季分明，土质肥沃，水量充足，在南北朝时，农业已经相当发达，大米和茶叶已经颇有名气。唐时，这一带属舒州，舒州茶是很有名的。陆羽《茶经》就曾记载有太湖茶叶，曰："舒州生太湖县潜山者，与荆州同。"① 唐代杨华《膳夫经手录》载："舒州天柱茶，虽不峻拔遒劲，亦甚甘香芳美，良可重也。"

民间有传说，当年二祖教授山民制茶，至今仍有"二祖禅茶"。

二祖后于司空山（原属太湖县，1936 年民国政府另立岳西县，司空山划归岳西县）传衣三祖僧璨（510—606）。二祖居于司空山巅，得山民帮助，建有禅刹，山巅有地，传为二祖、三祖所种。有稳定的居所，靠劳动生存，"农禅"自然就出现了。

因此，"农禅"在中国禅宗发源之同时即萌芽出来。至三僧僧璨时，这萌芽渐已长大。

隋文帝开皇十年（590），三祖僧璨正式以皖公山下山谷寺（今安徽省潜山县三祖寺）为道场。山谷寺由名僧宝志禅师开山。史载，南朝梁天监四年（505），梁都建康（今江苏省南京市）道林寺高僧宝志与江南著名方士白鹤道人"斗法"，卓锡得地，开山建寺；又传宰相何充之后何求、何点、何胤三兄弟捐书院建寺；初名菩提庵，武帝萧衍闻奏，赐额"山谷寺"。由名族捐地，又得皇帝赐名，且经过 80 余年的发展，山谷寺已是名寺了，定然寺宇广大，僧众较多。若说"广聚徒众"，在三祖时就应有了。

《景德传灯录》载：

至隋开皇十二年壬子岁，有沙弥道信，年始十四，来礼祖曰："愿和尚慈悲，乞与解脱法门。"祖曰："谁缚汝？"曰："无人缚。"祖曰："何更求解脱乎？"信于言下大悟，服劳九载。

请特别注意"服劳九载"，即使像道信这样的得意弟子，也得在寺中"服劳"，也可想象当时"农禅"之状。

而至四祖道信（580—651），住持湖北黄梅县西山，这里与安徽太湖县、潜山县相距甚近，是农业发达地区，以出产水稻、茶叶闻名。"西山成为声誉最高的名刹之一，出现了'诸州学道，无远不至，日以数百，月以数千'的辉煌局面。为了保障僧众集体修禅，他极力倡导农禅并重的禅风，告诫弟子'努力而

---

① 《茶经》之《八之出》。

坐，坐为根本，能作三五年，得一口食塞饥肠'。这充分说明道信大师及门徒，不是靠官府供给或施舍来维持生计，而是自耕自给，自食其力，这样，不但解决了僧众吃饭问题，而且还有助于僧众养成劳动习惯，锻炼体质，弱化对社会的依赖意识，减轻百姓负担。"① 而至五祖弘忍（601—651），集徒更多，不得不于东山另开道场，传衣六祖，最后由六祖开宗立派，成就中国禅宗。

故笔者以为："农禅并重"，是中国禅宗是重要的特色之一，随中国禅宗之生而生，之发展而发展。

二、"农禅并重" 由百丈怀海禅师正式形成规制，成为禅宗修行的重要手段

由于禅宗不以接受供养等为第一义，而是注重以参禅明心见性；而禅宗又以山林为根据地，因为山林处更利于"长辞俗事，目前无物，心自安宁。从此道树花开，禅林果出也"，故禅宗不得不"农禅"结合，而保证自身的生存。经过祖师们对禅宗不断的中国化，赋予"农禅"更多的含义和功能，至百丈怀海（720—814），将"农禅"形成规制，并成为参禅的手段，由此将"农禅"变为中国禅宗不可或缺的一部分。

以六祖为代表的南禅，最终取代北禅，在江西、湖南的山林间，又经南岳怀让、青原行思、马祖道一等大匠们的阐扬，获得勃勃生机，而"农禅"无疑发挥了重要的作用，展现了其独特的魅力。

马祖道一之弟子百丈怀海居百丈山，地处深山老林，徒众甚多，首先必须维持生存，而作为禅者，怀海更追求做个自由人，无求他人布施，唯求自我解脱，故怀海将"农禅"提升至更高的层次，展现了中国禅人的智慧。

"农禅"，或曰"普请""出坡"，怀海制定清规：

> 普请之法，盖上下均力也。凡安众处有，必合资众力而办者。库司先禀住持，次令行者传语首座维那，分付堂司行者报众挂普请牌。仍用小片纸书贴牌，上云（某时某处）。或闻木鱼或闻鼓声，各持绊膊搭左臂上，趋普请处宣力。除守寮直堂老病外，并宜齐赴。当思"古人一日不作一日不食"之诚。②

由此清规可见，"农禅"更注重集体行为，"上下均力"，既有利于搞好农业生产，又有利僧团的和合共住，在共住中修禅证心。从此，"农禅并重"作为制度固定下来，成为自觉、必然的行为，这是怀海禅师对中国禅宗的伟大贡献。

---

① 赵金桃：《西山四祖》，宗教文化出版社，2003 年出版。

② 《敕修百丈清规》。

"一日不作，一日不食"之意义，成为中国人极为推崇的良好德行。

中国禅宗是佛教中国化的典型产物，怀海在制定清规时，也在将禅宗中国化，以佛教契理契机的精神，解决了"农禅"与戒律等的冲突：

问："斩草伐木、掘地垦土，为有罪报相否？"师云："不得定言有罪，亦不得定言无罪。有罪无罪，事在当人。若贪染一切有无等法，有取舍心在，透三句不过，此人定言有罪。若透三句外，心如虚空，莫作虚空想，此人定言无罪。"①

在百丈山的稻田里，走出了许多禅门宗匠，如黄檗希运禅师；

师因普请开田。回问："运阇梨开田不易。"檗云："众僧作务。"师云："有烦道用。"檗云："争敢辞劳。"师云："开得多少田？"檗作锄田势，师便喝，檗掩耳而出。②

唐宋以来，禅宗分成五家七派，"农禅"之风更盛，黄檗开田择菜，沩山摘茶合酱，石霜筛米，云严作鞋，临济栽松锄地，仰山牧牛开荒，洞山锄茶园，雪峰斫槽蒸饭，云门担米，玄沙砍柴……留下诸多禅门公案。

三、"农禅并重"在皖江地区的蔚然成风

皖江地区不仅是禅源之地，也是禅宗重要的发展地区。

马祖弟子黄檗禅师后来来到宛陵，即今宣城，住持广教寺和泾县宝胜寺，大力弘扬禅宗，故宣城有"皖佛之始，黄檗禅源"之美誉。

马祖另一弟子南泉普愿（748—834）住池州南泉山，"堙谷刊木，以构禅宇；蓑笠饭牛，溷于牧童；斫山畬田，种食以饶"，足不下南泉山长达30年之久，也正是在"农禅"中得以悟入，并培养了赵州从谂等著名禅师。池州之九华山，在唐代被尊为地藏菩萨应化道场。在今安徽省安庆市以及湖北省黄梅县等地，有二祖、三祖、四祖、五祖道场。在唐代，也产生了司空本净、投子大同等一大批著名禅师。

进入北宋，今安庆市、黄梅县一带，再度成为全国禅宗的中心，临济正宗杨岐派二世白云守端（1024—1072）、三世五祖法演（1024—1104）、四世"二勤一远（圆悟克勤、太平慧勤、龙门清远）"以及曹洞正宗投子义青（1032—1083）、义青弟子芙蓉道楷等均在此参禅悟道，而"农禅"也极为兴盛。

白云守端住太湖县白云山海会寺，其语录中不乏记载"农禅"之事：

---

① 《百丈怀海禅师语录》。
② 《百丈怀海语录》。

兴道者开田回。示众："三载区区弄水泥，捎裙掰裤又扶犁。满仓收稻方归院，一任禅和輷肚皮。"且道："輷底是禅是饭。"乃云："因风吹火。"用力不多。①

五祖法演由四川来太湖县海会寺守端禅师门下，被守端派为磨头。当时海会寺僧众超百人，拥有田产甚多，而法演也正是在磨房里得以开悟。

《禅林宝训》记载：

演祖自海会迁东山。太平佛鉴、龙门佛眼二人诣山头省觐。祖集耆旧主事，备汤果夜话。祖问佛鉴："舒州熟否？"对曰："熟。"祖曰："太平熟否？"对曰："熟。"祖曰："诸庄共收稻多少？"佛鉴筹虑间，祖正色厉声曰："汝滥为一寺之主，事无巨细悉要究心。常住岁计，一众所系，汝犹罔知，其他细务，不言可见。山门执事，知因识果。若师翁辅慈明师祖乎？汝不思常住物重如山乎？"

由此段文字可知，法演住持五祖寺（时属蕲州，今属湖北黄梅），对当时太平寺（时属舒州，今属安徽潜山）、龙门寺（时属舒州，今属安徽太湖）庄稼收成非常关心，要求弟子们"事无巨细悉要究心"，由此可知法演对"农禅"的重视及当时"农禅"与禅寺关系紧密。

而茶叶，也是这一带寺院"农禅"的重要内容，寺院种茶、饮茶成风。宋代实行榷茶制，安庆地区属舒州，黄梅属蕲州，江淮间设 13 个山场，即蕲州的王祺、石桥、洗马、黄梅，黄州的麻城，庐州的王同，舒州的太湖、罗源，寿州的霍山、麻埠、开顺口，光州的商城、子安等。

在太湖县海会寺里，茶也成了守端禅师说禅引众的重要道具。《白云禅录》就多处写到茶：

因嗣者点茶，上堂云："拈花付烛，土上加泥。断臂安心，水中捉月。且道作么生得此脉，到今日不坠。"良久云："青山不锁长飞势，沧海合知来处高。"

《五祖法演禅师语录》中有：

陈助教入山煎茶。上堂云："戒定慧相扶，堂堂大丈夫。吹毛光灿烂，佛祖不同途。"

圆悟克勤（1063—1135）年轻时到白云山海会寺参谒法演禅师，后又跟随法演住黄梅东山。在白云山和东山，克勤在师父法演带领下，每日与师兄弟们种茶饮茶，于茶中参禅悟道。克勤在法演启示下开悟，并且得到法演的印可。法演

---

① 《白云广录》。

对他十分器重，命他分座说法。克勤从此逐渐闻名于丛林之间。克勤离开法演后，先后住持南北 7 座寺院。

禅林传克勤潜心研习禅与茶的关系，以禅悟品味茶的奥妙，终有所悟，挥笔写下了"茶禅一味"之语。如果追根溯源，这"茶禅一味"应该追溯到海会寺、五祖寺。

南宋末年，日本茶道的鼻祖荣西禅师两度来到中国学佛，从其师虚庵怀敞处得到圆悟禅师的《碧岩录》和"茶禅一味"的墨宝，随同还带回大量中国茶籽，由此衍生了日本茶业和茶道。

"农禅并重"在近现代得到太虚大师和赵朴初居士的极力提倡，成为"人间佛教"的重要内容。

禅宗自南宋后虽然传承不断，法脉绵延，但已开始衰微，那种盛大气象和活跃宗风已经不再。到明清，禅宗渐与净土宗结合，"农禅"也随之衰落，一些较大寺院虽然拥有很多田产，但主要以出租获得收入；大量小寺院虽然还保持"农禅"，但这种"农禅"完全是出于生存之必需，那种大规模的"普请"和"以农参禅"也不复存在了。

至近代，西方新思潮、新科学和基督教等的涌入，太平天国战争的破坏，给衰朽的中国佛教以极大的冲击，僧人素质低下，佛教沦为"鬼神佛教"，佛教形象日益变坏，以致遭到社会的严重指责和诟病。但有一批清醒的佛教志士，高举改革和复兴大旗，以太虚大师为首，他认为必须革除传统佛教专言死后或鬼神之事，而应以佛教的真精神面向社会，服务人生。基于这种认识，他提出建立"人生佛教"的主张，喊出"即人成佛""人圆佛即成"等口号，以鼓励僧众和信众从现实人生出发，从当下做起。也就是说，成佛就在人的现实生活中，就在人的日常行为中，否则，人格尚亏，菩萨的地位便无处安置，更谈不上佛陀果成了。

太虚大师极其推崇百丈之"普请"制，甚至不再提整理僧伽制度，把重兴"农禅"之"新僧化"提到改革佛教的重要举措之一，他在《人工与佛学之新僧化》一文中说道：

传至中国，唐代百丈禅师易之以禅而农，农而禅，内外无乞于人之新僧化。百丈既舍离律寺，创设丛林，自行其一日不作、一日不食之劳动生活；复率其仰德影从之徒众，服开荒力农之务。其说法亦毫无死法系缀人心，唯以身作证，使人人自开发无师之智。常曰：老僧在镢头边为大众说法，大众亦当共同于镢头边自寻生活。

逮今丛林犹有出普之遗制，然浸微矣！或拥田财，坐享现成；或贩佛法，用糊身口；又不能明理行道，资慧命，扬佛化，遂致进退交病，为世诟之所丛集！

非拨返之百丈，僧其不复能为世之宝乎！

此予乍得之新感觉，谓须倡人工与佛学相倚之新僧化，故将政治与宗法相倚之整理僧伽制度论，突然中止其宣布。

第今不曰农禅、而曰人工与佛学者，以农者人工之一，禅者佛学之一，就百丈之农禅而广之，而实托百丈之农禅为本质。

民国时期社会动乱，政治腐朽，太虚大师的"人生佛教"不过一种理想，他在圆寂前把这个理想交给赵朴初居士，希望赵朴初能够继承并发扬。

赵朴初和巨赞法师作为党确定的佛教界代表，参与了开国大典，并担起了改革中国佛教的重任。1953 年，全新的中国佛教协会在北京成立。中华人民共和国成立之初，赵朴初虽然还没明确提出"农禅"之说，但他号召的新中国佛教徒"应当在各个岗位上积极参加国家经济建设、民主建设和文化建设"，以实现"庄严国土，利乐有情"的目标，实则包含了"农禅"的主张。当时，五台山僧众积极从事绿化荒山运动，仅在 1958 年至 1959 年，就造林 2 万亩，就受到赵朴初特别的表彰和推崇。

在经历了许多曲折道路之后，赵朴初摸索到丰富的经验和教训，对中国佛教到底走怎样的路也有了更成熟的主张。1983 年，在中国佛协成立 30 周年的大会上，赵朴初作了《中国佛教协会三十年》的讲话，正式提出"人间佛教"思想，倡导发扬三个传统，其中"农禅并重"作为三个传统之一被首先提出来。"农禅并重"作为一个词语，也首先由赵朴初提出，其意义是不平凡的。赵朴初说道：

第一是农禅并重的传统。中国古代的高僧大德们根据"净佛世界，成就众生"的思想，结合我国的国情，经过几百年的探索与实践，建立了农禅并重的丛林风规。从广义上理解，这里的"农"系指有益于社会的生产和服务性的劳动，"禅"系指宗教学修。正是在这一优良传统的影响下，我国古代许多僧徒们艰苦创业，辛勤劳作，精心管理，开创了田连阡陌、树木参天、环境幽静、风景优美的一座座名刹大寺，装点了我国锦绣河山。其中当然还凝结了劳动人民的劳动与智慧。中国佛教协会成立三十年来，一直大力发扬这一优良传统，号召全国佛教徒以"一日不作，一日不食"的精神，积极参加生产劳动和其他为社会主义建设事业服务的实践。在开创社会主义现代化建设新局面的今天，我们佛教徒更要大力发扬中国佛教的这一优良传统。①

赵朴初以精练的语言，总结了"农禅并重"在中国佛教史上的发展历程，

---

① 《中国佛教三十年》，见《赵朴初文集》（上卷），华文出版社，2007 年出版。

高度评价了其对中国佛教发展的重要意义，大力倡导新时期中国佛教要发扬这一优秀传统。

30 多年来，在赵朴初"人间佛教"思想指引下，"农禅并重"这一传统在各地佛教界得到很好的发扬。江西云居山真如寺一直坚持农禅并重，被赵朴初赞誉为样板寺院。当代，北京龙泉寺，河南少林寺、白马寺，广东云门寺，江西百丈寺、宝积寺，浙江国清寺，福建广化寺等佛教名寺，"农禅并重"都搞得很有特色。

四、大力发扬"农禅并重"的优良传统，在当今生态文明建设中具有十分重要的作用和意义

当今，在自然环境日益恶化、自然生态愈益失衡的严重形势下，人类如何应对才能化解危机，保障经济文化社会能够持续发展？党中央、国务院高度重视生态文明建设，先后出台了一系列重大决策部署。习近平总书记在党的十九大报告中特别强调，要加快生态文明体制改革，建设美丽中国。

佛教主张"众生平等、依正不二"的生态平等观，揭示了人与生态环境的相关性和统一性，在本质上也是对整个生态系统的关照。"人间佛教"更是提出"庄严国土、利乐有情"的奋斗目标，其意也就是把国家建设得美丽富强，让众生都活得快乐幸福。也就是说，佛教是高度重视生态文明建设的，而发扬"农禅并重"的优良传统，可以直接推动生态文明建设，其意义不仅在于自然界的生态，更深入人的心灵生态。

1. 以契理契机的精神，来理解今天的"农禅并重"

今天，如果把"农禅并重"的"农"仅仅理解为农业，未免有些狭隘。民国时，太虚大师提出"务人工以安色身"的理念，即是把"农禅"契机地扩大化，被太虚大师推崇的人工包括以下内容。

一、开凿山井。

二、陶匠土石。

三、采冶铜铁。

四、种植竹木、棉麻、五谷、诸蔬、众药。

五、造作道路、桥梁、屋宇、器皿、工具、农具、文具。

六、制布作衣。

七、造食制药。①

今天，时节因缘又发生了很大的变化，"农禅"的内容也应随之变化了。以

---

① 太虚大师：《人工与佛学之新僧化》。

赵朴初的话说："这里的'农'系指有益于社会的生产和服务性的劳动，'禅'系指宗教学修。"农村寺院，周围有土地，应积极开展"农禅"，种田辟园，砍柴搬石等。城市寺院，没有土地，不能从事农业生产，但可积极参加各种公益事业，譬如：开展环卫，到敬老院等参加劳动，参加城市建设，也可到郊外开辟农禅园，定期参加劳动，也可考虑与佛教相关的产品的生产。总之，让佛教徒积极投入劳动，改变寄生社会、四体不勤的状态。

2. 在"农禅并重"中回归佛教传统，以此加强修行

今天的佛教寺院，在党和政府的重视下，在十方善信的支持下，经济状况还是比较好的，甚至有的寺院经济还很雄厚，僧人已经不需自力更生，但如果长期脱离劳动，必然无益身心，甚至容易滋生好逸恶劳、贪恋享受等弊端，与"人间佛教"的指导思想是相违背的。有意识地推行"农禅并重"，积极参加社会公益劳动，不仅可以锻炼身体，还可在劳动中加强修行，特别是在劳动中行自利利他、知恩报恩的菩萨行，在劳动中培养慈悲心和惜福心，学习古人在运水搬柴的平常生活中参禅证道，而这，也是中国佛教大乘精神实实在在的一种展现。

3. 以"农禅并重"来"庄严国土"，必将成为祖国大地上一道道美丽的风景

正如赵朴初所说："我国古代许多僧徒们艰苦创业，辛勤劳作，精心管理，开创了田连阡陌、树木参天、环境幽静、风景优美的一座座名刹大寺，装点了我国锦绣河山。"在当今，推行"农禅并重"，可以想象，通过佛教四众的劳动，在寺院里栽花种草，真正是"曲径通幽处，禅房花木深"；寺院外，一片农禅田或农禅园，稻米飘香，果实累累，田中或园中，身着僧衣的僧人点缀其中，自然与人文融在一起，成为一道道多么动人的风景。人们走进寺院，在这样的美景中得到享受，可以放松身心，感悟佛法，知恩惜福，提升自我的境界。

4. 以"农禅并重"作为表率，大力倡导绿色环保、生态文明理念

今天的"农禅并重"，本身的产出已不重要，重要的是其表率作用。僧人们通过自己的劳动，宣扬依正不二、爱护环境的理念，树立一日不作、一日不食的美德，教导世人以此来息灭贪欲、培植福德，从而建设没有污秽、美好无比的人间净土。佛心者，大慈悲心也，要让众生都能离苦得乐，只有环境美化了，众生才能得以安定地生活。佛教徒通过"农禅"和积极参加环保公益活动，绿化荒地，去除污染，远离农药、化肥，过低碳生活，必然产生良好的示范作用。近年来，由僧人组织的行脚、托钵等活动，宣扬佛教的正命生活和精进精神，展现了中国佛教的良好形象，得到佛教四众的大力支持，受到社会的广泛赞誉，如果僧团能再现昔日"普请"之风，其良好的社会影响，对生态文明建设的促进，应是显而易见的。

5. "农禅并重"最重要的意义还在于倡导心灵的生态文明建设，从而建设人间净土

由太虚大师创立、赵朴初居士继承和发扬的"人间佛教"，是当今中国佛教发展的指导思想。"人间佛教"就是要以佛法化导、改良、完善社会和人生，从做一个好人出发，成就完美的人格，更要去教化所有人去做好人，而成就好人，在于塑造好人心。当前，物质生活丰富，而人的道德、理想水准反而在严重下滑，佛教就是要求通过勤修戒定慧，来息灭贪嗔痴，除去一切的迷妄和执着，从而呈现出一颗原本的佛心，焕发其本有的慈悲、智慧。古代禅师正是通过"农禅并重"，在平常生活、平常心里来明心见性，在"农禅"的亲身劳动中，来观照平常心，去除心灵的污染与执着。"心净则世界净"，个人心净了，社会也就净了，人间也就净了，人间净土也就实现了。

五、结语

"农禅并重"，不仅是中国佛教的优良传统，也是佛教，特别是禅宗的根本精神所在。尽管机缘变化了，"农禅"的内容和形式随之变化了，但其在劳动中修行、在修行中劳动的内在意义不会改变，其庄严国土、众生平等、在世间成就佛道的行愿不会改变，因此，"农禅并重"是佛教不可丢失的传统和精神。

当前，佛教文化作为中国传统文化的重要组成部分，受到全社会的高度重视。佛教，在中国人的灵性生活中，在实现中国梦的伟大历程中，能够有所作为，也必须有所作为。

今天的皖江地区，特别是安庆、池州、宣城，仍是佛教十分盛行的地区。池州之九华山，成为中国佛教四大名山之一。安庆、宣城也是寺宇林立，梵音袅袅，安庆市提出打造"禅源安庆"。佛教旅游资源在皖江旅游业中，占了十分重要的位置。在今天，进一步团结、发动皖江佛教界，坚持走"人间佛教"之路，发扬"农禅并重"的优良传统，其不仅在于发展皖江旅游业，推进绿色皖江建设，而且在对皖江佛教自身发展，对其他经济和社会事业之贡献，乃至对人类的和平与进步，都是能够起到极大的促进作用。

桐城吴氏编纂刊刻述论

黄 晶

摘 要： 吴汝纶是清末著名文学家、教育家、文献学家，桐城学派的后期代表人物，其子吴闿生为清末民初著名学者，以他们为代表的清末桐城吴氏在著述整理、典籍校勘、编纂刊刻等方面成就斐然，对传承保存和传播传统文化起到十分重要的作用。

关键词： 吴汝纶；吴闿生；吴氏家刻；刊刻

桐城吴氏分支繁多，在明清时期的吴姓宗族中，安徽的桐城高甸吴氏是其中非常显著的一支，不但人丁兴旺，宗族显贵，而且到近代还产生了清末著名文学家、桐城学派的后期代表人物吴汝纶。以吴汝纶、吴闿生父子为中心的桐城吴氏在著述整理、典籍校勘、编纂刊刻等方面成就斐然，同时也是桐城清后期尤为著名的家刻代表，现就吴氏私家刻书、著述整理和编纂刊行情况做一梳理分析，以见桐城吴氏编纂刊刻之状况及其价值。

一、吴氏家刻举隅

吴氏家刻主要指的就是吴汝纶及其子吴闿生主持编纂、刻印的书籍，是清末桐城家刻的代表。吴汝纶1840年生于桐城县南乡，字挚甫，又作挚父，号至父，他学贯古今中外，以训诂通文辞，古文经学时文皆卓然不群，对评点、校勘群籍尤力；同治四年（1865）取进士，"遂以内阁中书用"，曾先后任曾国藩、李鸿章的幕僚。光绪十九年（1893），吴汝纶辞官之后，受聘为保定莲池书院山长，开始执教书院并持续十二载。吴汝纶之子吴闿生（1877—1950），字辟疆，号北江，学者尊称北江先生，幼承家学，又师从范当世，得桐城文学真传，为中国近代学者、教育家。以吴氏父子为代表的吴氏家刻是桐城清后期著名的家刻代表，主要家刻作品有以下几方面内容。

作者简介： 黄晶，安庆师范大学图书馆副研究馆员。

1. 家刻个人著述

（1）《桐城吴先生全书》，包含了吴汝纶所著《文集》《诗集》《尺牍》《日记》《易说》《夏小正私笺》《尚书故》等著述。其中，他的《日记》起自同治四年（1865）至光绪二十九年（1903），长达 38 年时间，有很高的史料价值；《尺牍》收集了他与人交流所写的 700 余封信，主要反映了他对政治、经济、文化、教育等方面的看法；《文集》辑文 227 篇，《诗集》收诗 282 首，是研究清末政治、经济、文化、教育史的重要参考资料；《尚书故》是吴汝伦经学研究的代表作。清光绪年间，吴汝纶将其所著《易说》《尚书故》《文集》《诗集》《尺牍》等进行刻印，其中《尺牍》（5 卷）、《补遗》（1 卷）附《谕儿书》（1 卷）、《本传》（1 卷）刻于清光绪二十九年，《文集》（4 卷）、《诗集》（1 卷）刻于清光绪三十年（1904），整部《桐城吴先生全书》共 6 种于光绪三十年刊印行世，版框高 17.8 厘米，宽 26.2 厘米，半页 9 行，行 21 字，版式简洁大方，双边单栏，象鼻，白口，无鱼尾，版心印有目录、页码，正文无断句，校刊、书写、刻印均上承，刻板采用爨体、元体、宋体等多种字体，楮墨精良，字大悦目，为学者称誉。民国十七年（1928），吴汝纶之子吴闿生编其父著作《易说》（2 卷）、《尚书故》（3 卷）、《夏小正私笺》（1 卷）、《文集》（4 卷）、《诗集》（1 卷）、《尺牍》（5 卷）、补遗（1 卷）、谕儿书（1 卷）、《尺牍续编》（4 卷）、《传状》（1 卷）、《本传》（1 卷）、《行状》（1 卷）再成《桐城吴先生全书》，其中《桐城吴先生日记》（16 卷）于民国十七年（1928）在莲池书社刊印过，为红印本；20 世纪 80 年代中国书店将此套全书木板重刷，以传世人。

（2）《写定尚书》，吴氏家塾本。家塾本指私宅家塾刻印的书。在中国封建社会，官僚、地主、富商大贾，常常设立家塾，聘师教授自己的子侄。这种被聘的教师在教书的过程中，常常就自己的志趣和所长，或著述，或校勘，或整理、注释、阐明前人著作，依靠主人的财力，兼事刻书，称为家塾本①。《写定尚书》于光绪十八年（1892）春刊刻，板框高 13.8 厘米，宽 23.9 厘米，单边单栏，版式简洁大方，页边黑口，鱼尾，是书为吴汝纶手书上版，正文楷体字，并有小字注解，字体精美，版刻精致，刷印精雅，为石印本，书首牌记上刊印"桐城吴氏家塾本光绪十八年春三月印"，此书是吴汝伦对经学研究去伪存真的一个定本，此本亦作为吴汝伦主讲莲池书院时的教学刊印本。

2. 家刻前贤名典

（1）《古文辞类纂》。吴氏家刻于同治年刻姚鼐撰《古文辞类纂》，牌记内

---

① 任继愈：《中国文化版本丛书——家刻本》第 4 页，江苏古籍出版社，2003 年版。

容："同治庚午冬桐城吴氏重付刊于邴上独山莫友芝检。"吴汝纶与李赞臣书信中提及此书"世间多行康本，康本乃未定之书，独吴氏此刻，为姚公晚年定本"①，吴汝伦为求版本精准，弃世间通行的康本不用，而苦寻极难寻的吴本为底本，由此可见吴氏校勘之严谨。

（2）《老子章义》。吴氏家刻于清同治九年（1870）重刻了姚鼐撰《老子章义》（2 卷），为木刻本，书刊第三页题有"同治庚午冬桐城重付刊于邴上独山莫友芝检"，板框高 20 厘米，宽 29 厘米，版式为双边单栏，黑口、象鼻、鱼尾装饰，正文为宋体字，有注解，无断句，印刷清晰精美，是为吴氏家刻精品。

（3）清同治十三年（1874），吴氏家刻重刻了刘大櫆著《海峰文集》（10 卷）、《诗集》（8 卷）、《补遗》（1 卷），为木刻本。是书厚册装帧，前印，双边单栏，页边鱼尾，正文楷体，精写刻，半页九行，行十九字，白口，左右双边，书品上佳，内有钤章。

（4）《吴氏许本昭昧詹言》。清光绪十七年（1891）吴氏家刻吴闿生评、方东树著《吴氏许本昭昧詹言》，版式为双边双栏，正文宋体字，无断句，页边有页码，整书保持了吴氏家刻版式上乘、装饰精美、清晰悦目的风格。

（5）清光绪十七年（1891），吴氏家刻刻印了吴汝纶校勘《古文四家》（5 卷）。

（6）《桐城吴先生点勘诸子》等。吴汝纶之子吴闿生将吴汝伦点勘的作品辑成《桐城吴先生点勘诸子》（7 种 101 卷）、《国语》21 卷、吴汝纶评点《吴评史记》130 卷等于清宣统二年（1910）刊印，其中《桐城吴先生点勘诸子》为铅印本，《国语》和《吴评史记》为排印本。

（7）民国十九年（1930），吴氏家刻重刻了清吴直撰《井迁诗文集》。

3. 坊刻吴氏著述

吴氏父子个人著述除家刻本之外，诸多作品刻印刊行于当时的各书院、学社、书局，或为学子传道授业解惑，或为后世之学提供珍贵的参考资料。

（1）《深州直隶州风土记》，简称《深州风土记》，是吴汝伦诸多著作中唯一一部以地名为题的作品，这是研究深州（含武强、饶阳、安平三县）地域文化的记录。《深州风土记》从酝酿到刊刻成书，整整用了 30 年时间。同治十年（1871），吴汝纶刚到深州上任时，清政府即命令地方修志，吴汝纶奉檄修州志，并亲制采访条例十六则。两年后他离开深州，起复后转任天津、冀州，后又主讲莲池书院，修志的事便搁浅。其后十多年间，吴汝纶先后到天津、冀州和保定，

---

① 施培毅，徐寿凯：《吴汝纶全集》第三册《尺牍》，黄山书社，2002 年版，第 148-149 页。

修志的工作也断断续续。1900 年，吴汝纶从保定到深州避八国联军之乱，他才利用这个机会最终完成了《深州风土记》的编写工作，并于当年在深州文瑞书院刊刻，成书版框高 19.5 厘米，宽 26.2 厘米，双边双栏、象鼻、鱼尾，表格随书刻印。《深州风土记》共 22 卷，包括疆域、河渠、赋役、学校、兵事、官制、职官、名宦、艺文、古迹、金石、人谱、荐绅、名臣、文学、武节、吏绩、孝义、流寓、烈女、物产、叙录及后序二篇。该志条理清晰、门目分明、旁征博引、考证精当，在纂修方志不景气的清代晚期，被奉为方志中的佳作，吴汝纶曾以"字字有本，篇篇成文"自许，此书亦被清代方志界奉为近世方志佳作。现存有清光绪二十六年冬（1900）文瑞书院木刻本，清宣统元年（1909）国学扶轮社石印本，清宣统二年（1910）重印，亦为石印本。

（2）《东游丛录》。光绪二十八年（1902）五月，经张百熙推荐，吴汝纶出任京师大学堂总教习，同年五月去日本考察，其子吴闿生同行。吴汝纶将游学三个多月考察所得著成《东游丛录》（4 卷），于日本明治三十五年即清光绪二十八年（1902）九月在三省堂交付印刷。与国内木刻书不同，日本三省堂印刷版式简洁，无修饰，正文有断句。这是中国最早一部介绍日本的专著，被称为记载日本教育的"百科全书"，此书也成为当时京师大学堂制定学制的参考资料。

（3）《尚书大义》，吴闿生撰，民国十一年（1922）都门刊刻。是书先为吴闿生教授门生而作的《尚书》注释串讲注本，民国十一年成书并付梓。

（4）《周易大义》，吴汝纶原本、吴闿生录，民国十三年（1924）刻本，民国十四年（1925）为在吴闿生所办的文学社复刻。

（5）《汉碑文范》（四卷附编），吴闿生著，民国十五年（1926）武强贺氏木刻本，正文手写上书，以宋代洪适的金石学著作《隶释》为蓝本编选的断代碑文选本，角度新颖，颇具创新，对后世碑文研究影响甚广。

（6）《吉金文录》，此书为吴闿生收录吉金彝器共三十四类，四百一十四件之吉金原文，并进行注释评点，1932 年由南宫邢氏刻印，对学者研究历史、典籍制度等有所启发。

（7）《左传微》，吴闿生撰，是对《左传》中的微言大义进行详释，其重在义理而非考释，民国十二年（1923）刻印于文学社，为红印大开本，正文为方体字，镌刻整饬，白纸朱砂，显眼夺目。

（8）《北江先生文集》，吴闿生著，此书 1 函 7 册，为吴闿生门人贺培新编次，收录吴闿生文集 300 余篇，起清光绪丙申年（1896），迄民国十二年（1923）。天津徐世章、深泽王勤生等十余人集资，1924 年刊行于民国文学社刊行，木刻精本。

（9）《诗义会通》，即吴闿生所著《诗经》注解本，是其"经解"的三种著作之一，民国十六年（1927）文学社刊刻。

（10）《吴门弟子集》，吴闿生著，为吴闿生收集其父吴汝纶的弟子的诗文集，全书共收录七十八位吴门弟子青少年时所作诗文。莲池书社于民国二十九年（1940）板刻刊行，此书 20 世纪 80 年代底被北京书店重新以木板刷印行。

二、吴氏校勘编纂

吴氏辑佚、校勘和整理前人著述，以选本严苛、校勘精准，重视版本考订而闻名，作为我国近代史上的古籍文献校勘整理大家，吴汝伦校勘的估计多达数千卷，有《古文读本》《古文四家》《古诗钞》《韵学》《李文忠公全集》等；点校评选经、史、子、集括汉魏以来诸大家诗文集以及总集《文选》《古文辞类纂》等 160 余种，总卷数达数百卷。《清史稿·吴汝纶传》记载："汝纶为学，由训诂以通文辞，无古今，无中外，唯是之求。自群经子史、周、秦故籍，以下逮近世方、姚诸文集，无不博求慎取，穷其源而竟其委。于经、则易、书、时、礼、左氏、穀梁、四子书，旁及小学音韵，各有诠释。于史，则史记、汉书、三国志、新五代史、资治通鉴、国语、国策皆有点校，尤邃于史记，书发太史公立言微旨。于子，则老、庄、荀、韩、管、墨、吕览、淮南、法言、太玄各有评？而最取其精者。于集，则楚辞、文选、汉魏以来各大家时文皆有点校之本。"① 据《桐城吴先生集》收录《桐城吴先生年谱》之《著述表》统计，吴汝纶点勘并刊行的群书有上百种②，见表 1。

表 1　吴汝纶点勘群书列表

分类	点勘作品
经部	《周易》《尚书》《诗经》《四书》《左传》《谷梁》《三礼》（《礼记》《周礼》《仪礼》）《国语》《国策》
史部	《史记》《汉书》《后汉书》《晋书》《宋书》《齐书》《梁书》《陈书》《魏书》《隋书》《新唐书》《新五代史》《通滥》《明史稿》《一统舆图》
子部	《老子》《庄子》《管子》《墨子》《荀子》《韩非子》《吕氏春秋》《淮南子》《说苑》《新序》《法言》《太玄》《晏子春秋》《孔丛子》《文子》《灵枢》《素问》《抱朴子》

①　赵尔巽：《清史稿·吴汝纶传》卷 486，中华书局，1998 年版。
②　李松生：《桐城吴先生集》卷 35，广陵书社，2016 年版，第 501–201 页。

（续表）

分类	点勘作品
集部	《楚辞》《文选》《古文苑》《汉魏百三家集》《全唐文》《宋文滥》《古文约选》《古文辞类纂》《经史百家杂钞》《骈体文钞》《濂奎律髓》《唐诗鼓吹》《王姚古今诗选》《刘氏历朝诗约选》《十八家诗钞》
专集	《蔡中郎》《陶渊明》《徐孝穆》《庾子山》《李太白》《杜子美》《李元宾》《韩退之》《柳子厚》《李习之》《皇甫持正》《孙可之》《李长吉》《李义山》《杜牧之》《韩致尧》《欧阳永叔》《苏明允》《苏子瞻》《王介甫》《曾子固》《黄鲁直》《晁叔同》《宋诸家》《元裕之》《归熙甫》《方灵皋》《姚姬传》《张皋文》《梅伯言》《曾涤生》《张廉卿》《黎纯齐》《薛庸庵》金石小学：《说文》《隶释》《金石录》《汉隶字原》

以上校勘作品于清末民初刻印于各书斋、书院、书局，其中《桐城吴先生点勘史记》（130 卷附诸家评语 1 卷初校本点识 1 卷）有清宣统元年刻本（1909），此本民国十九年于南宫邢氏重刻印刊行。而后，吴闿生又将吴汝纶在1840—1903 年点勘的经典著述汇编辑成《桐城吴先生群书点勘记》于莲池书社刊印，为铅印本。吴氏父子校勘、编撰刊行的前贤代表作有以下几种。

（1）《李文忠公全集》。吴汝纶最大的编辑工程，是在李鸿章死后的第二年（1902）完成了《李文忠公全集》编辑任务，并在其后人的努力下，于金陵（今南京）李光明书庄用了三年半（1904 年 12 月至 1908 年 7 月）的时间完成了李鸿章全集的初次出版。主要内容包括：清光绪二十八年于保定莲池书社铅印的《李文忠公海军函稿》（4 卷）、《李文忠公外部函稿》（28 卷）、《李文忠公朋僚函稿》（24 卷）、《李文忠公译署函稿》（20 卷）、石印《李文忠公奏议》（20 卷）、《迁移蚕池口教堂函稿》（2 卷）、《李文忠公事略》（1 卷），其中《李文忠公事略》（1 卷）于明治三十五年（1902）在日本三省堂印刷刊行过，归国后经北洋管报局再版①；清光绪三十一到三十四年（1905—1908）刻印《李文忠公奏稿》（80 卷）。《李文忠公全集》收集了李鸿章自同治元年至光绪二十七年的所有文稿函电，内容广泛，不仅是研究李鸿章一生最翔实的资料，也是研究太平天国革命运动和义和团运动期间的政治、军事、经济、外交、洋务运动等方面的重要资料。

---

① 白春岩：《吴汝纶与〈李文忠公事略〉的出版》，中国出版史研究，2016 年第 1 期，第 110–121页。

（2）《古文读本》。吴汝纶辑，成书于 1903 年，即日本明治三十六年在日本铅印出版，共上下两册。光绪三十一年（1905）刻印了四卷，光绪三十二年（1906）铅印了十三卷。《古文读本》不仅是吴汝纶主讲莲池书院所有教本，亦成为晚清教育教科书范本。

（3）《左传文法读本》。吴闿生编，现存有清宣统元年（1909）铅印本。

（4）《古文范》。全书上下编选文 7 代 30 家，共 103 篇文章，成书于民国二年（1913），文学社初刊，民国十六年（1927）文学社重刊，重刊版有"民国纪元二年四月录竟，十六年五月复加更定编次如右桐城吴闿生书"字样，全书每半页 10 行，行 22 字，正文单行大字，注文双行小字，双边，白口。后中国书店出版社重刊此书。

（5）《桐城吴先生评点唐诗鼓吹十六卷》。此书为吴闿生录，邢之襄校勘，于民国初年刻印，版式沿用了清末雕版印刷的样式，黑框单边单栏，页边有鱼尾装饰，标卷次和页码，正文加入句读，更方便阅读。

（6）《汉魏六朝百三家集选》。此书是吴汝纶根据明代张溥《汉魏六朝百三家集》选编而成的一部诗文选集，共 103 卷，收录了从汉至隋共 72 名家的作品，其中文 820 篇，诗 1132 首。[①] 民国六年（1917）在其任教莲池书院期间选编并于都门书局刻印而成，集名由铜山张伯英题写，为竹纸铅印本。

（7）《晚清四十家诗钞》。由吴闿生评选编纂，于光绪三十年草创，民国十三年（1924）完稿刊刻，积载二十，仅为 3 卷，主要收录了张廉卿、范无错、范仲林、范秋门、李刚己、姚叔节等晚清 40 位诗人的作品，并作了点校，用功深而所得粹。

（8）《孟子文法读本》。吴闿生点评、高步瀛集解，现存有民国十四年（1925）铅印本。

（9）《古诗钞》。此书是我国古代著名的诗歌集，收录了汉代至元代 72 位诗人的 1800 余首诗歌，由吴汝伦校勘，民国十七年（1928）吴闿生在莲池书院刊刻，后由武强贺氏印刷，贺氏版本为大开本，有墨印、蓝印两种，一函 12 册，由徐世昌题写书名。

三、吴氏编纂刊刻的文化价值

1. 发表学术成果嘉惠后学

在中国古代，私家刻书一般不以盈利为目的，旨在流传文化，嘉惠后学。学

---

① 马玉：《吴汝纶与桐城派在清末民初的演变——以〈汉魏六朝百三家集选〉及其刊刻为考察中心》，湖南大学学报（社会科学版）2015 年第 4 期，第 98–104 页。

术的体现赖于著述，著述的流传赖于刊刻，私家刻书对学术文化发展贡献至巨。清代私家藏书风气兴盛，由此带动编纂刊刻图书的繁荣昌盛。在考据、辑佚、校勘兴起之时，私家刻书蔚然成风，士大夫率喜刻书使家刻达到了巅峰。当时的清政府除了禁止民间刊刻淫词小说外，其他种类的图书不设禁令，只要有钱有力均可刊刻，由此也促进了私刻和家刻的发展。桐城是清代安徽两大家刻中心之一，桐城文风熏陶下的桐城家刻在中国古代出版史上占有重要一席，其主要特点是以家族为主体，绵延传承，成为当时仅次于徽州地区的安徽另一刻书中心。私家刻书最主要的内容一方面是个人著述，使其竭心之作、孜孜之求得以一纸流传，从而不负著者之志；另一方面就是刻印自己收集的大量藏书，使之流传更广。但凡家刻繁荣之地，其藏书必兴盛，而学者为进行学术研究收集的大量藏书又会促进刻书事业的发展，两者相辅相成，在媒体欠发达，媒介十分有限的背景下，刻书成为当时文化流通的最好方式，同时私家刻书也推动了当地文化教育的发展，并对中国古代文化典籍整理、文化传承起到了积极的促进作用。吴汝纶爱书成痴，李景濂著《吴挚甫先生传》描述吴汝伦"居恒手一卷不释，购书数万卷"①，并在其创办的桐城中学堂建立藏书楼，名为"半山阁"，阁中藏书多亲自校定，并付诸刊刻，以传后世。

2. 传播前贤名典以教后人

作为晚清著名的教育家，吴汝伦花费大量心血兴办教育，引进西学，更不忘建立书院以造就人才，在他的倡议及多方努力下，莲池书院最终成立。光绪十六年（1890）十月，吴汝纶赴保定莲池书院担任主讲，吴汝纶点勘的诸子作品、群书经典，畅通大义，便于初学者使用，常被莲池书院的众多门徒和当时的社会文士奉为善本相互传阅学习，其间亦有刻书传世，如《桐城吴先生古文读本》于清光绪三十二年（1906）被门人常堉璋校印，为石印本；吴汝纶编辑《学古堂文集》（2卷）于莲池书院刊印，为莲池课艺。吴汝伦在莲池书院任教时引进西学，但同时也积极守护中国古典文学，并将姚鼐所著《古文辞类纂》、吴汝纶编纂的《古诗钞》《汉魏六朝百三家集选》等都视为莲池书院教科书。因刻书为教育所用，故吴汝纶校勘刻印的前贤名典多为经史子集等经世致用之作，而非迎合市场需求和大众口味的通俗读物。除教授官定的课本之外，吴汝纶校勘的四书五经、经史子集无一不用以教学，莲池书院也逐渐形成"恢宏教化，声播四方"的局面。

3. 纠前人刻书之陋以还原历史

历代刻书都存在篡改原文、改字删节的情况，而以严勘精审闻名的吴汝纶对

---

① 施培毅，徐寿凯：《吴汝纶全集》第四册，第1113页，黄山书社，2002年版。

前人刊刻书记存在的颠错讹脱现象甚为痛心，故吴氏家刻广搜善本、精校刊行，实事是正，多闻阙疑，力求恢复古书之原貌，不可乱加圈点、随意评价或改动原著文字，对被删节的部分，力求补全，这对保存文献起到很好的作用。如吴汝纶根据明代张溥《汉魏六朝百三家集》编选的《汉魏六朝百三家集选》，本着守护古文的立场，旨在纠正原著者张溥选编《汉魏六朝百三家集》时掇拾殆遍、零章断句、疏舛遂多的瑕疵，在张本的基础上删汰了31家，保存了自汉代至隋代负有盛名的72家，以期还原古文本来的面貌，也反映了吴汝纶对民国教育的深刻思考。

四、结语

吴汝纶治学严谨，思想创新，在古籍整理研究领域"于古今众说，无所不采，亦无所不扫"，其子吴闿生承其父志，将吴氏精校严勘的风格运用到文献整理当中，父子二人穷尽毕生之力，著述整理、典籍校勘、编纂刊刻，"传先哲之精蕴，启后学之困蒙"，不仅对清末桐城学术风气产生了良好影响，也对社会文明的发展起到潜移默化的作用。

参考文献：

[1] 施培毅，徐寿凯. 吴汝伦全集 [M]. 合肥：黄山书社，1998.

[2] 吴汝纶（著），李松生（编）. 桐城吴先生集 [M]. 杭州：广陵书社，2016.

[3] 国家清史编纂委员会. 清代诗文集汇编 [M]. 上海：上海古籍出版社，2011.

[4] 李松生. 桐城吴先生集 [M]. 扬州：广陵书社，2016.

[5] 杨怀志，江小角. 桐城派名家评传 [M]. 合肥：安徽人民出版社，2001.

[6] 刘尚恒，郑玲. 安徽藏书家传略 [M]. 合肥：黄山书社，2013.

[7] 任继愈. 中国版本文化丛书家刻本 [M]. 南京：江苏古籍出版社，2003.

[8] 任继愈. 中国版本文化丛书清刻本 [M]. 南京：江苏古籍出版社，2003.

[9] 孙毓修. 中国雕板源流考；陈彬龢，查猛济. 中国书史 [M]. 上海：上海古籍出版社，2007.

[10] 叶德辉. 书林清话 书林余话 [M]. 湖南：岳麓书社，1999.

[11] 曹之. 中国古籍版本学 [M]. 武汉：武汉大学出版社，1993.

［12］魏隐儒．中国古籍印刷史［M］．北京：印刷工业出版社，1988.

［13］卢贤中．古代刻书与古籍版本［M］．合肥：安徽大学出版社，1995.

［14］马玉．吴汝纶与桐城派在清末民初的演变——以《汉魏六朝百三家集选》及其刊刻为考察中心［J］．湖南大学学报（社会科学版），2015（7）．

［15］白春岩．吴汝纶与《李文忠公事略》的出版［J］．中国出版史研究，2016（1）．

百年道义谢殷勤　心性秋水一同清

——皖南青阳施氏宗族家风文化浅析

臧胜阳

摘　要： 皖南青阳有个施氏家族，自宋至清出了 17 个进士，文脉源远流长，文化底蕴深厚，至今依然保存下来天官府——狮子门和天官坟文化等，堪称经典。"一门四进士""兄弟京兆尹""一村六郎官""一家三书院"和"家训十六篇"等故事足以说明这个小小村落的文化内涵，尤其是其蔚然成风的读书风气，兴办书院的重视程度以及对《家训十六篇》的传承是周边其他宗族所没有的，足见施氏老祖宗的睿智和施家族人对良好家风的传承。

关键词： 施氏家族；家风；皖江文化

在皖南青阳一邑，江左之名郡，北濒皖江，南临黄山，西枕九华，东望敬亭，自古灵山圣水，贤良俊才辈出，费冠卿、王季文、范仲淹、程九万、刘光复等不一而足。"天降时雨，山川出云。笃生仲甫，嵩岳诞灵。九华佳境，必有吉人吉士出焉！"如此人杰地灵，堪称青阳文脉之源。在九华山东麓，自古以来被称为青阳十六都的地方，有一个文阳施氏家族，自唐朝始，济用公与蓝氏（临城县人，即青阳县）联姻，卜居九华山麓文阳里（一说自西汉开始施氏就卜居于陵阳县横榜里）。施氏一族自古为官清正廉洁，做人光明磊落，世代重视读书，传承良好家风。这个文阳施家自古名人辈出，自宋到清，一共出了 17 个进士（包括三个他姓晚辈，罗尚忠、王懿修、王宗诚）。至今民间流传的"一门四进士""兄弟京兆尹""一村六郎官""一家三书院"和"家训十六篇"等故事仍然让人交口称赞。

作者简介： 臧胜阳，安徽省池州市委办公室工作人员，法学硕士。

"一门四进士"——立身廉洁数长公

> 宦游三十载，眷属未携一人；
> 历官二十任，床头终无半文。

这副对联写的就是长公尧臣。施尧臣（1493—1586），小名芳生，字钦甫，号华江，又称长公（有别于族弟京兆尹笃臣）。青壮年时应试科举，屡考屡败，直至五十八岁时即明嘉靖二十九年（1550）才中进士。次年出任浙江萧山知县，年近花甲的县令只带了与自己年龄相仿的老仆，布衣草鞋，徒步千里到萧山上任。萧山交通便捷，是倭寇常常骚扰掠夺的肥地。尧臣到任后，为防御倭寇，做的第一件事就是把县城居民编为保甲，抽调民力，日夜巡逻防范。萧山城池原来虽有城墙，但低矮单薄，又多残垣断壁，有名无实，无任何防御抵抗功能。面对这种状况，尧臣认为："萧山地虽僻在一隅，然属东南之要冲，藩省之门户，兼欧明咽喉，三衢孔道也。无城岂待祸萧而已也！"于是，他做的第二件事，决定修筑城墙。乡民听说修筑城墙个个踊跃支持，他全力筹措资金，征集民工采办石料，修补旧城墙，筑建新城墙，深挖护城河，工程于嘉靖三十二年（1553）十一月开工。其间他经常不分昼夜，顶风冒雨，徒步工程现场多次，仅用 5 个多月时间，就新筑和修补成全长 9 里、高 2 丈 5 尺、厚 2 丈 2 尺的一座巍峨的萧山城墙并在城墙四周建造城门楼 4 座，在护城河东西两端设水门 3 道。竣工后，尧臣亲自撰写了《筑城记》。

萧山任上是他"以民为本，立身廉洁"一生的辉煌开端。嘉靖三十五年（1556），施尧臣升任吏部稽勋清吏司属员外郎（古人称吏部为天官）。离开萧山之日，萧山全城商贾停商歇业，倾城为其送行，童妇涕泪攀车，依恋难舍。人们为感其功德，在城厢镇仓桥边筑施侯遗爱祠，以示纪念。

施尧臣在吏部任职三年后，嘉靖三十八年（1559），调任开封禹州知州。时值大旱饥荒之年，百姓赋税多所欠缴，尧臣不忍催粮催款，但又不能违犯科条，便奏请朝廷豁免该州赋税减半，所缺税款由县里库储银两代纳。旱灾之后，疫病流行，他又不辞劳苦，一方面日夜奔波于富户大户人家，劝说他们捐款购药挽救病患者之生命；一方面动员乡民挖掘草药，煎熬汤药分文不取送给病患之人服用，救活了大批濒临毙命的贫苦农民，州人感其恩德，为他立生祠塑像奉祀。

嘉靖四十一年（1562），年届古稀的施尧臣迁任吉安知府。当时吉安府境内官僚地主侵占民用兼并土地且不纳赋税的情况十分严重，更有甚者，还要失地农民为其负担徭役；又怂恿地痞恶棍霸占民女，逼良为娼，造成无数家庭妻离子散，家破人亡，民怨沸腾。大批失地农民远走他乡，漂泊谋生。施尧臣依照朱元璋在位时制定的制止兼并土地法令，强令一批官僚地主退田于农民，同时减轻赋税；对流氓恶棍，苟以重刑，并清肃僚属，使人民安居乐业。吉安士民思念其功德，在城中显著地段为他竖放表、建生祠，高扬尧臣美名。朝廷以其政绩显著，诰封尧臣正二品服。

万历初年（1573），施尧臣年逾八秩，因德高望重，升任顺天府尹。适逢政治家张居正出任朝廷首辅，当时皇帝年幼，他�](掌朝纲，处理国事。官场中争名逐利，贪赃枉法成风。张居正决心励精图治，整顿政府机构，从澄清吏治、增加财源、减轻民负上进行大刀阔斧的改革。施尧臣坚决拥护、积极支持，常微服出访，视察民情，先后上书数千言，历陈弊政恶习之害和革除弊政之迫切，建议大力裁削宫廷和州府中冗员，减轻民间赋税及徭役，促成在吏治上实行"考成法"，在赋税上推行"一条鞭法"。

万历十年（1582），张居正病故，顽固派便一齐反扑过来。皇帝朱翊钧此时已经成年，亲理朝廷，听信顽固派的谗言，废除张居正推行的方兴未艾的"新政"。年逾九旬的施尧臣，便以年迈体衰为由上书乞休，恩准归居故里颐养天年。万历十四年（1586），施尧臣无疾而终，享年九十三。

民间所称"一门四进士"实际上指的是施尧臣、施笃臣、施台臣、施近臣。"兄弟京兆尹"指的是施尧臣、施笃臣同族兄弟先后任顺天府尹（北京）。施笃臣，字敦甫，施尧臣四代以内的族弟，丙辰科（1552）进士，后任顺天府尹。"雅善理学，明习典故，所至有声绩，创建祖祠、候驾、宗谱家训若干篇。"笃臣45岁卒于任上。光绪版《青阳县志》载："才敏捷，建白奏记累万言顷刻而就，根本经术，练达时宜，朝士咸服。"施台臣，字谏甫，嘉靖壬戌（1562）进士。任福建龙岩知县时，"值红毛入寇，台臣躬批甲胄，率民兵逐之山谷间寇窘遁，邑赖以全"。意思是正值欧洲红毛猖獗入境，台臣亲自骑马持弓将他们驱逐出境。天启乙丑（1625）年卒于船上，魂归家乡时，只有图书数卷。施近臣，字晋甫，中隆庆丁卯科（1567）亚元，戊辰科（1568）进士，曾任湖广沣州知州，升工部员外郎，"颖异绝人，文名籍甚"。

"一家三书院"——读书养性两不误

"爱种渊明菊，吾怀诸葛庐。""读书需养性，做事莫粗心。""我劳而民逸，我瘦而民肥。"这些经典名句均出自施氏书院。

九华自古多书院，既有太白、甘泉、云波、阳明等书院，又有费冠卿、王季文、范文正（范仲淹）、滕子京等读书堂。光绪版《青阳县志·武勋》载："施彪，十六都人，宋政和二年进士。徽宗以征南寇功封金武监国大将军。"青阳教谕程懋所作《施氏尚义碑记》曰："监国之子曰友直友谅友闻，同登绍兴乙丑（1145）进士第，为时显宦，而兰春文阳二书院其所创也。元之时应寅应先者复并登进士，宦耀当时。"

　　绍兴年间金吾监国大将军施彪的三个儿子友直、友谅、友闻，同榜进士，同任主簿。明朝内阁首辅大臣李东阳（当时署名为赐进士出身翰林国史编修文林郎长沙李东阳）所作《文阳施氏宗谱·重开文阳书院记》记载："池之青阳城南五十里有九华，李太白所改名者；山之东二十里有文阳书院，施氏之故业也。施之先有讳彪者，原宋徽宗朝，子友直友谅友闻同登绍兴乙丑进士，始建兹院。"元时（1206—1368），有应寅应先二人登进士第，光耀当时，施氏一族日益繁衍。

　　明朝永乐年间（1403—1424），"文阳公二世施溥（字雨均），以文学知名，当道荐入内廷，预修国典。""长子憼毅然自立，以继承先志，恢复旧业，修书院（兰春书院）以教子孙。"施溥次子施恕（号松轩）、三子施懋（号竹轩）、四子施宪（号梅轩）兄弟三人在文阳书院故地文阳里重建书院。当时重建书院的起因是施雨均"以书被选入内廷"，学冠群英，并且"与修大典"（指施溥以文学著称，被朝廷选中，参与修订《永乐大典》）。与施雨均同朝为官的嘉议大夫云南按察使尧封柯（成化丙戌冬）应施雨均次子施恕请求作《重修文阳书院记》，并为文阳书院题名。

　　李东阳的《文阳施氏宗谱·重开文阳书院记》其中一段文字记载了长子，"憼（长子，号兰轩）徙于兰春书院（侧居之）"，其他三兄弟"恕及懋宪徙于文阳书院"。兄弟四人分别筑轩于其所，足见施氏家族对读书的重视。《重开文阳书院记》再曰："于今日也，青阳为池郡之胜地，施氏又青阳之望族，书院以文阳名义者，余窃以为文则文章之称，阳则明盛之义。"明朝嘉靖至崇祯年间，一村出了六个郎官，除了上面讲的一门四个进士中的三个（台臣除外），还有尧臣外甥罗尚忠和侄儿施天麟，以及施天麟之子施承绪。除此之外还有施武臣（漕运江北把总，贵州都司金事）、施奇臣（由武功任左卫指挥）等武举，施氏家族可谓光宗耀祖、煊赫至极，想必和施家书院的重学之风不无关系。

　　除了兰春文阳二书院，还有明朝施下之创办的天柱书堂。同门盟弟八十一叟天都杜应成于顺治己亥（1659）秋会日写的《施征君天柱书堂及庄田碑记》记载："九华志称五老最胜，其东一峰，为天柱，下乃征君书堂也……凡三卜筑而获斯胜，终隐为书堂。"施征君，人称天柱先生，姓施名达，原名天通，字下之。明朝万历癸酉年（1573）年九月十五生。"幼慕理学，厌薄举业"，从小研读"四书""五经"等儒家经典，研究"濂洛关闽"宋代理学的四个学派。泰昌庚申（1620）年，他在天柱峰下创建书堂，癸亥（1623）落成。文士求见者络绎不绝，"其门者益众，春秋会集，远迩不下数百人"。

　　下之先生其兄施天遇同为理学名儒。下之先生在天柱书堂著书讲学长达17

年，闻名遐迩，"慕名登门求教者悉成名士"。崇祯丙子（1636）征诏，尚宝卿、张玮以隐士推荐，并将所著书及《时事十三策》一同奉上。传说天子三次下诏询问入职之事，他却以种种理由委婉拒绝，屡不应召，施氏祠堂门口挂着"天子三问"牌匾的典故由此而来。施下之摒弃科举，不入仕途，淡泊明志之举为时人所称颂。一生著述颇丰，有《读书知易信》《孝经注》《天柱志》《序卦杂卦图解》《儒行注》等。民国时期，生于光绪丁亥（1887）的施玉藻，能诗善文，十八岁考取秀才，后创办青阳第一高等学堂。1938年隐居天柱峰下，修缮施达讲学书堂，亲自题名"天柱馆"。相传九华山肉身殿门上"东南第一山"几个大字也为其所书。

"家训十六篇"——良好家风代代传

常言道国有国法，家有家规。家规最好的载体就是家风家训。家训是指家庭对子孙立身处世、持家治业的教诲。家训是家庭的重要组成部分，对个人的教养、原则都有着重要的约束作用。家训在中国形成已久，是中国传统文化的一部分，对个人、家庭乃至整个社会都有良好的作用。东至有周氏家训，贵池有杨氏家训、杜氏家训、章氏家训，石台有颜氏家训等，本地各族家训篇幅之大估计只有施笃臣写的《施氏家训》。

我们翻开文阳施氏宗谱，施氏族人尤其重视家训。以笃臣为代表撰写的《施氏家训》可谓精彩纷呈，远可和北齐的《颜氏家训》相媲美，近可拿明朝的《朱子家训》相借鉴。施氏家训一共十六篇，其中《正心术篇》中曰："天地之间人为贵者，正以此心之灵于万物也。……凡吾施氏子孙，欲知人之所以为贵，须各正尔心，以听家训可也。如有违玩者，宜以违犯教令论。"赐进士第知青阳县事晚生傅宾作家训序，开宗明义第一句写道："夫家之人内外尊卑长幼贵贱至不一矣，不有训，胡以齐？顾其所以齐者，又不专于训也。"最后一句点中要害："吾以责成于为宗正副者，先正其心修其身，而后能齐其家云。"

据传施尧臣非常崇拜关公，不信你可以到天官坟看看。关公亭是从狮子门上天官坟捷径的必经之地。这是一条非常险要的山路，翻至最后一个山峰，就到了关公亭。过了关公亭，才能到天官坟，缘因尧臣生前说过祭拜他要先祭拜关公。至今倒下来的柱子上依然有"汉寿亭侯"几个字。其实外人入天官府，首先也要经过坐落在在蓝村的关帝庙。

早在明朝成化年间，施溥的几个儿子就非常忠义。《施氏尚义碑记》记载："成化乙酉纳粟之命下，郡守邓候以憋单独捐己财若干重塑郡学文庙圣贤像，知其素贤且义也，特招而谕之……憋携其弟宪……各出米百石。"

施尧臣从政三十年如一日，立身极严，纤毫不染，他的"平民"和"廉洁"

言行赢得时人广泛赞誉，"归无半文，心性与秋水同清"。"英姿隽爽，才情敏丽"的他在《江西归入门对九华》诗云："百年道义谢殷勤，苍翠依然护水云。松桂花阴知几许，鹿麋游处惜离群。高山未得归绮李，洛社终当返富文。寡合唯君最知己，相期端不负平生。"相传尧臣在世的时候就是关羽的"铁粉"，并常常谆谆告诫子孙做人讲究忠义二字。"百年道义谢殷勤"和"相期端不负平生"句足以说明尧臣终生志向在"忠义"二字。尧臣终生为官，"归无半文，心性如秋水同清"也是时人对他的最高评价。史书中记载，他"从未携带眷属，从不接受私谊请托"。他如此之行为，其心中所虑不只是方便自己一心为公，重要的还是防止"裙带风"影响自己的廉政行为。当时朝廷十分欣赏施尧臣的夫人对他的理解与支持，万历丁丑年（1577）诰封施尧臣妻徐氏为"二品夫人"（布政夫人），其品级与施尧臣等同。

族弟笃臣写的《施氏家训·训子孙篇》："出仕者不论官职崇卑，须知当官尽瘁以报国恩，毋为身家之困贪赃坏法，致玷清白家风。"《施氏家训·禁非为篇》："古人云为善最乐，诚为确论人家子弟，不论士农商贾，须各安生理求做好人，勿以善小而不为，勿以恶小而为之。"笃臣和尧臣关于家训的思想性也是如出一辙。《施氏家训》才是施氏一族人真正的精神财富。

施尧臣的家风对青阳王氏家族也有一定的影响。尤其是清朝王懿修、王宗诚父子受施氏家风影响深远。两家自古情同手足，传说当年修天官坟的人都是王家人。施家姑娘嫁入王家，两家联姻，地方人物志记载多起。其中光绪版《青阳县志·人物志》载："诰赠一品夫人王宗诚之本生曾祖母章氏施氏""迨赠安人王宗诚之叔母施氏。"王宗诚之本生曾祖母也就是王懿修的祖母，而王懿修、王宗诚父子名垂青史，"父子五尚书"在青阳更是传为佳话。

基于景观生态学视角的九华山佛教文化旅游管理研究

文　静

摘　要： 当前在生态环境保护的大背景下，生态旅游建设及规划成为热门话题。景观生态学是以景观的功能、结构以及动态发展为研究对象的一门新兴学科，其研究目的是将生态环境保护与当地的自然地理实现有机融合，以指导生态旅游规划。本文运用景观生态学的思想，首先分析了景观生态学对佛教文化旅游的价值，然后探讨了基于景观生态学的九华山佛教文化旅游区总体规划状况，分析了九华山生态与文化融合的景观特点，最后基于以上分析提出了九华山佛教文化旅游管理策略。

关键词： 景观生态学；佛教文化旅游；九华山

九华山是著名的佛教圣地，它清静、庄严、神圣、神秘，其独特的自然风景和文化特色每年吸引了大量的国内外游客。佛教文化旅游作为一种独特的旅游方式，其演进过程中一般都会反映时代要求，在今天依然如此。如今很多景点都在着重发展生态旅游，如何将文化旅游和生态旅游相结合也成为研究的热点。因此，有必要从景观生态学的角度出发，研究如何发挥九华山的佛教文化优势，可持续性地发展九华山旅游，营造出文化品质较高的佛教文化旅游景观。

一、景观生态学的概念及相关研究

景观生态学的概念是 1939 年德国的 Carl Troll 首次提出的，景观生态学是主要研究景观的空间构造、功能属性、生态系统特征和生态保护的学科[1]，其研究对象是具备了相对复杂生态系统的景观，探讨如何通过景观规划、管理及生态系统构造来营造景观，属于当代北美生态学的前沿学科。

1981 年，中国开始引入景观生态学的概念，此后，国内学者对这个学科的

基金项目： 安徽省教育厅 2016 年人文社科重点研究项目"九华山佛教文化的旅游展示及形象管理研究"（SK2016A0644）。

作者简介： 刘静，池州学院讲师。

研究和关注较多，广泛运用于乡村、城市、景区等的规划设计中，并在不断探讨如何将景观生态学的基础理论研究和环境规划相结合，但是目前将景观生态学和佛教文化旅游规划相结合的成果较少，从这个角度对九华山开展研究的更少，因此希望本文的研究能够丰富这个方面的研究。

二、景观生态学思想对佛教文化旅游的价值

（一）佛教教义中蕴含的生态学思想与当今的生态理念不谋而合

第一，佛经中对西方极乐世界的描绘，就体现了佛教的生态理想，那里有奇异的动植物，音乐优美，水源丰富，展现佛教净土的观念。第二，佛教生命伦理观，强调众生平等及生命轮回，认为万事万物皆有佛性，包括动植物、山川丘陵、江海河流等，因此应尊重生命；第三，佛教的自然观和缘起论，认为人与周围的环境及各类生物互为依存，因此人与自然应该和谐相处，体现了朴素的生态观；第四，佛教的节约和克制的思想，认为人需要节制，才能由净心到实现净土，体现在居住环境、生活习惯等各方面，这与今天的环保和节约资源的理念有共通之处。比如九华山很多寺庙取名为"精舍""茅蓬"等，既体现了简朴之意，又透出贴近自然之风。

（二）佛教文化旅游区的生态环境特征

佛教生态旅游需要以佛教的自然和人文景观作为生态旅游的基础，并通过深入发掘宗教的生态观，让游客感受佛教文化。古代的寺庙很多都选择建在优美的自然环境中。由于寺庙广迎信众，属于社会的共享地域，清雅的生态环境和富有禅意的文化遗迹既为游客提供了观光览胜、娱乐休憩、暂避尘世的场所，同时也能让其感知文化，荡涤身心。九华山就符合这样的特点。[2]

（三）佛教文化旅游区的生态行为实践

1. 佛教文化旅游区的生态环境建设

佛教传入中国后，早期僧人持戒很严，大部分僧人依赖布施，但是这种方式局限性较大，很多时候难以维生，这影响了佛教的进一步传播。因此，东晋时期一些佛教徒开始耕种农田，有的僧人从事市井交易，同时大面积的农耕行为还改善了周边的生态环境。此后，大量寺庙开始拥有土地，寺院的数量也在增加，北魏后期时寺院已经遍布很多地方，达到30000余座，后来寺庙的数量随着政治、经济发展以及信仰的变化经历了兴衰，但是，到今天仍然有相当数量的寺庙，并且以一些著名寺庙为中心，还形成了可供游览的风景区。

至今全国很多寺院内都有一些古木名树，这都是佛教信徒精心保护的结果，比如北京潭柘寺内的千年银杏树号称帝王树，黄梅五祖寺内的黄梅古树，五台山的五郎拴马树，九华山的凤凰松等。[3]时至今日，佛教界普遍对绿化活动依然非

常重视，每年都组织很多信众种植花草树木，通过行动传达环保的思想。

2. 佛教文化旅游区的生态保护行为

佛教一般都要求佛教徒奉行很多戒律，比如戒杀生、节欲、放生、简朴、节约、食素、惜福等，这些理念体现在很多佛教信徒的行为中，并深深影响了中国的传统文化。其中的戒杀生、放生、食素等理念体现了生物保护的理念，并体现在很多佛教徒的行为中，很多寺院都修建了放生池，提倡保护生灵，维系生态平衡，而佛教要求僧众简朴节约、节制欲望等也是生态观在日常生活方式中的体现。佛教建筑也都非常强调与周围的自然环境协调，体现"天人合一"，这也是生态环保的一种体现。另外，佛教界热衷于宣传和保护自然环境，在很多佛教旅游区附近都有珍稀的动植物品种，除了珍惜花木，还有很多动物品种由于寺庙保护才得以存继，例如普陀岛上的鹅耳枥，峨眉山中的鹅鸽、小熊猫、枯叶蝶等。

从以上分析可以看出，在当前环境下，在开发佛教文化旅游景区时，有必要结合景观生态学的思想进行生态保护和景区开发，以利于景区的可持续发展。

三、基于景观生态学视角的九华山佛教文化旅游区规划状况分析

（一）九华山佛教文化旅游区整体景观格局

九华山是著名的佛教旅游胜地，主要包括九华街景区、闵园景区、天台景区、九华山大愿文化园、花台景区等。景区优美的自然风景和历史遗留的人文风景既可满足游客登山探险的爱好，又可以供游客步行观光、拜佛朝圣。

（二）基于 P-C-M 模式的九华山佛教文化风景区规划结构分析

斑块（Patch）—廊道（Corridor）—基质（Matrix）模式，简称 P-C-M 模式，是描述景观的空间结构及其空间异质性的基本模式，这三者是景观的基本构成要素。斑块最早指物种的聚集区，后演化为和周边环境不一样的非线性均质地域。廊道是带状或者现状的景观要素。基质则是在景观构成要素中范围最大，连通性属于最好，并且决定景观性质的要素。[4]

1. 九华山佛教文化风景区旅游斑的分类

（1）自然类

九华山佛教文化风景区旅游斑的自然类大概可以分为以下几种类型（表1）：

表1　九华山自然类风景区

自然类	主要构成
山地	花台景区，天台景区，莲花峰景区等
森林	九子岩景区等

（续表）

自然类	主要构成
河流	南阳湾景区等
峡谷	闵园景区等
盆地	九华街景区等

（2）人文类

九华山佛教文化风景区旅游斑的人文类主要包括以下几种类型（表2）：

表2　九华山人文类风景区

人文类	主要构成
寺庙	各类寺庙依地势而建，交错于自然景观之中，有90座以上
商业街	九华街等
大型佛像	圣像景区等

2. 廊道

九华山的廊道按照构成和形态可分为线形廊道（如森林、道路、索道）、带形廊道（如一些绿化带）和河流廊道等。在设计中充分运用自然资源，以生态环保理念为指导，并包含丰富的禅学思想。第一，九华山的道路可分为机动车道、野径以及很多步行道等。在设计中充分利用当地天然材料如石板和鹅卵石，上山的道路大多是依山就势。第二，在林地和绿化带的设计中，主要参考三百六十度景观衍射的思想，考虑到地形以及周边森林的辐射，以乡土树种为主，植物配置考虑充分贴近自然。第三，九华山的索道全长1400米，跨越闵园景区与天台景区，其中一站位于闵园凤凰松南，一站则在古拜经台西，还有百岁山地面观光缆车从祇园寺通东崖禅寺。第四，九华河发源于九华山北，长54公里，流程中形成龙池瀑、九子泉等瀑布。青通河发源于九华山东麓流入长江，长53公里，作用是疏浚河道、灌溉农田。喇叭河从九华山分水岭南流入太平湖，长28公里，两岸发育有石灰岩溶洞，以神仙洞、鱼龙洞最为著名。

3. 基质

九华山在距今4亿年前曾经处于古扬子海底部，后到了距今2亿年前时在印支造山运动中地壳开始隆起，花岗岩体开始突出，后来受到岩性、风雨侵蚀，形成以山峰为主，盆地、溪流、峡谷遍布其间的独特地貌，这种地貌构成了九华山风景区的基质，而其中山峰、峡谷、溪流、盆地以及人工绿化带、人工景区、居住地等分布其间，形成大小斑块。

（三）九华山文化旅游区旅游生态心理容量测算

九华山游客很多，通过计算旅游生态心理容量能够得出旅游生态承受能力，以及游客感到舒适、不拥挤的旅游容量，从而保证游客能感受生态环境的美好，并更好地领略文化。[5]九华山游客虽多，但是并非平均分布，而是主要集中在几个主要景区，其游客容量如下。

1. 九华山核心景区步行道生态心理容量

九华山核心景区占地面积较大，但以山地为主，因此总体面积容量的计算意义不大，游客容量可以参考交通容量来计算，计算公式为：

$$H = A \times J \div K$$

式中 H 为环境日容量，L 为游道全长，K 为游客占用的合理的步行道长度（心理容量），J 为游客周转率（等于景区一天的开放时间÷步行道游完所需时间）。计算所得为 $H = 60000\text{m} \times 10 \div 8 \div 5\text{m}/\text{人} = 15000$ 人/天。

但是这并不能代表全部的容量，九华山还有大量寺庙以及索道，加之在旅游高峰期游客心理容积降低，停留时间变短，因此九华山的旅游容积应远大于15000 人/天。

2. 寺庙旅游生态心理容量

九华山寺庙有99座，地理位置分散，计算日合理容量意义不大，只能计算瞬时容量。建筑总面积约为72000 平方米，按照游客心理容量 3 平方米/人，瞬时容量为24000 人。

3. 核心景区缆车游客生态容量

天台索道全长1350 米，单向运输能力为每小时340 人，按照开放时间10 小时计算，仅单向运输能力达3400 人/天。花台索道为单线循环脱挂8 人吊厢式索道，是目前世界最先进的3 条索道之一，索道全长2908 米，单向运输能力达到800 人/小时，一天开放时间10 小时计，仅单向运输能力达8000 人/天。百岁宫观光缆车全长452 米，每小时单向运输能力达1513 人，每天10 小时单向计15130 人。

4. 九华山核心景区森林生态容量

九华山总面积为120 平方千米，森林覆盖率为48.5%，国家规定的森林允许容人量为500 平方米/人，出于保护环境需要，日周转率假定为1，合理日容量为116400 人。

5. 大愿文化园游客生态心理容量

大愿文化园规划面积为4.59 平方千米，平均每天开放时间为10 小时，主要是平面面积，可用面积法计算容量，计算公式与以上步行道的容量计算公式基本相同，以游客平均停留 4 小时，日开放 10 小时，游客占用的合理的旅游景区面积（心理容量）取 50 平方米/人计算，则 $T = 229500$ 人。

6. 九华山风景区食、宿、交通容量分析

九华山旅游服务业比较发达，宾馆、客栈遍布全山，达 100 多家，可提供床位近万张，主要集中在九华街区。除多家涉外饭店之外，还有国营、集体旅社 20 多家，个体旅社 70 多家，很多都提供游客居住的净地和素斋等。另外很多旅客并不选择在山上住宿，且自备食物，因此对于旅游容量构不成较大压力。

五九公路是进入九华山主体景区的唯一一条道路，全长大约 27 千米，初建宽 6 米左右，后来从五溪到桥庵的 14.5 千米扩建为宽 14 米的二级公路，路段多为盘山公路，狭窄且弯道较多，旅游高峰期拥堵严重，但沿途风景优美，因此也形成九华山的一大特色。此外主干道还有九闵公路和后山公路，前者连接九华街和闵园，方便九华街到天台的出行。后山公路是九黄公路的一段，有利于后山新景区开发。

四、九华山生态与文化融合的景观特色

（一）寺庙建筑

1. 佛教文化和民俗文化融合的特点

九华山的寺庙建筑大体可分为三大类，其中有 60 余座均吸收了皖南民居的建筑特点，体现为民居式样，而肉身殿等呈现明显的宫殿式样，其余则为这两种形制的组合。九华山的很多寺庙都具有黄墙、青瓦、马头墙等典型的徽派建筑特点，很多寺庙、尼庵和一般民居只能用颜色来区分。

2. 寺庙规划设计的生态和文化特点

九华山的主体基本都是山地，建筑范围狭窄，多数的寺庙都是依托山势建造，成为高山悬寺。

中国古代的建筑中的平面布局多为均衡对称型，且以纵轴为主，横轴为辅，大部分的寺庙也符合该特点，但九华山的一些寺庙并非这样，例如祇园寺，其山门、天王殿、大雄宝殿、藏经楼等 10 多座建筑就非如此，原因是大雄宝殿是佛教中较重要的建筑，因为该寺庙为依山而建，从山门到天王殿最后再到大雄宝殿，其等级是在不断上升，也是比喻僧人的修行要不断提升。另外，祇园寺有寮房 130 多间，是九华山著名的丛林寺院。佛教所云丛林即十方丛林，指的是以南北东西四面以及八角，加上天、地总共为十方，是形容了僧人数量众多就如林木聚集。[6]

天台寺是九华山最高的一座高山悬寺。寺庙巧妙构建于山体凹陷处，和周围的山峰、奇石以及山洞自然相融,游人立于寺前,远可眺长江,近可俯瞰九华街,豪情顿生。而另一座独具特色的寺庙天桥寺,险跨于两峰中间,挂于岩壁,且下临深渊,桥面就是天桥寺长廊。百岁宫则不仅有五百罗汉堂,还供奉无暇禅师肉身,景区内可以观瞻到天然睡佛,人文与自然景观辉映成趣,富有禅意。

九华山的很多寺庙的设计一是巧妙利用周边的自然环境,二是突出佛教特色,体现佛教庄严、肃穆、神秘等特点,且不失简朴。

(二) 佛教文化视觉元素在九华山景区规划设计中的运用

佛教文化视觉元素在九华山景区规划设计中的运用主要体现在以下几个方面。一是视觉标志的佛教含义及其运用。九华山的景观视觉设标志设计中不乏对佛教吉祥元素,如佛像、祥云、九、山、莲花、卐等形象元素的运用,除了佛教传统的寺庙、钟、石刻、宝盖等建筑及装饰设计之外,还大量运用于宣传材料、广告、网站、路灯、视频宣传等传播媒介中,例如 2003 年九华山网的新 LOGO 将这些元素融合到了一起,九华山机场的 LOGO 则以莲花为主,很多路灯也运用了莲花之形,也暗含了九华山莲花佛国的意境。二是与九有关的景观设计,比如九华山有 9 座主峰形似莲花,肉身宝殿的台阶有九九八十一级,圣像景区的大佛高达 99 米,并设公厕 9 个,沿途休息椅 99 个,九华山有 99 座寺庙、99 座山峰,以体现佛教九九归一的思想及九华山的九字。三是佛教色彩元素的运用。佛教中最常见的就是红色、黄色、金色等,这些色彩在九华山的寺庙及内部装饰、佛像、工艺品中多有运用。

五、基于景观生态学视角的九华山佛教文化旅游管理策略

(一) 宣传环保理念,注重生态保护

九华山宣传环保理念,注重生态保护主要可从以下几个方面着手:①加强对景区自然资源的保护,这是景区可持续发展的基础,景区应该保证干净整洁,在景区增设垃圾桶,设置醒目的警示语,提醒游客不要乱扔垃圾,爱护动植物,景区可派专人巡查;②减少对景区的过度开发,推进景区环保项目引入,比如垃圾和水污染处理设备,降低对周边生态系统的破坏;③积极开展植树造林,提高植被覆盖率,利用佛教思想引导周边群众和游客保护动植物资源。

(二) 扩大生态容量,提升景区服务

九华山总体上生态容量较大,近几年开发力度也很大,但是核心景区的部分路线在旅游黄金期易出现拥堵,比如九华山进山路段、索道,从拜经台一直到天台的路段通过能力仅为每天 6000 人,因此,今后的建设中应该注意拓宽拥堵路段,或者分流客流,比如引导游客到新开发景点、旅游黄金期派人到各核心路段疏导客流。另外九华山应该注意周边服务、娱乐设施的建设,扩大停车场面积,

提升工作人员的服务质量，与旅行社建立友好合作关系，便于旺季更好地服务游客，提升其食宿体验，解决交通困难。

（三）在今后的景区建设和旅游开发中兼顾生态环境和佛教文化特色

九华山的自然景观和人文景观相互融合，尤其是其整体展现出来的佛教文化特色，是游客体验观赏的重要构成，且九华山的生态环境非常脆弱，如果遭遇破坏之后就很难修复，而人文景观多数来自历史遗留，亦需保护。因此，今后的景区开发应注重生态和人文特色的保护，起到景观作为文化展示的基底，文化为景观增色的效果。

主要措施包括：第一，在今后的项目建设、旅游线路设计中注重森林、动物、水资源、大气环境、山体的保护，在此前提下突出地藏文化特色，不仅要体现在总体设计上，还要体现在绿化带、照明、雕塑、壁画、栏杆、桌椅、垃圾桶、饮水器、水景、奇石等细节设计上，并用运用佛教的传说故事、经文教义、活动、标识、色彩等丰富景观的文化内涵；第二，在保护现有的历史文化遗迹基础上开发新项目；第三，开发特色型的生态文化旅游产品，包括开发九华山的饮食文化，如特色素斋、佛茶文化，发展养生游、文化意境游，开展居住体验活动、放生活动、与动物亲密接触的活动、历史文物展览等；第四，构建特色佛教园林，在环境允许的情况下引入具有佛教意义的植物，包括"五树六花"等，在景区设计中引入园林移步换景的手法，打破空间的静滞感，塑造曲折迂回的感觉，营造佛教幽远、神秘的意境。

参考文献：

[1] 白玉敏."文化生态"视域下的非物质文化遗产保护与开发 [J]. 长春教育学院学报，2015，31（24）：65-66.

[2] 江芳，郑燕宁. 基于传统水乡农业文化的现代旅游区景观分析 [J]. 中南林业科技大学学报（社会科学版），2013，7（6）：5-7.

[3] 徐靖婷，柳肃. 湖南隆回花瑶历史村落保护与旅游开发适应性研究 [J]. 中南林业科技大学学报（社会科学版），2014，8（6）：9-13.

[4] 郭清霞，鲁娟. 鄂西生态文化旅游圈生态竞争力分析 [J]. 经济地理，2012，32（1）：168-170.

[5] 宋刚. 基于生态文明建设的绿色发展研究 [J]. 中南林业科技大学学报（社会科学版），2015，9（1）：7-10.

[6] 王志文，樊友猛，卫银栋. 休闲时代背景下乡村养生旅游情境的感知研究 [J]. 中南林业科技大学学报（社会科学版），2015，9（5）：54-61.

空间合理重构：皖江民俗体育文化传承与发展的路径思考

——基于安庆宜秀区龙舟竞渡的田野调查

王晓东　　张书军

摘　　要： 本文通过田野调查和口述历史等研究方法对安庆市宜秀区的传统龙舟竞渡进行了探究，认为其作为一项民俗体育运动，在器物类型、组织方式、仪式流程都保留着独特的文化特征。在文化空间视域下，宜秀传统龙舟竞渡是一种历久弥新的历史记忆，积淀着厚重的族群认同，承载着浓烈的乡土情结，在现实中具有重要的社会价值和文化价值。现实条件下，近年政府主导打造龙舟文化节时关注到了对传统民俗文化的适度开发和保护，双方逐步走向相互融合，无形中完成了宜秀传统龙舟竞渡的空间合理重构，为传统龙舟的传承与发展探寻了一条尝试性的路径。

关键词： 皖江；民俗体育；龙舟文化；竞渡

在我国悠久的历史长河中，身体文化类型丰富多彩、争奇斗艳，其中在民间风俗、民间文化和民间生活方式中流传的身体文化，因顺应和满足人们多种需要而产生和发展开来，学界将之命名为民俗体育。[①] 民俗体育常常与时令节气、庙会集会等民俗活动相关联，具有浓厚的乡土气息、民俗气氛和休闲娱乐特征，因而群众基础夯实，传承历史久远，民众参与度和关注度很高。龙舟竞渡是我国流行范围极广的一项民俗体育活动，多在二月二、端午节、中秋节等节令期间举办，与中国古老的龙图腾崇拜、屈原祭祀等习俗相关，传承历史已逾千年。近年来，随着国家社会经济的飞速前行，在文化自信引领下，传统文化的发展日新月异，民族传统体育文化的发展形势也已火然泉达，而龙舟竞渡则可谓异军突起，成为几乎可与马拉松项目相媲美的体育运动。

皖江地区地处古荆楚文化与吴越文化的交汇地界，民俗类体育文化种类繁

作者简介： 王晓东，安庆师范大学副教授；张书军，安庆师范大学讲师。

①　中国体育科学学会. 体育科学辞典［M］. 北京：高等教育出版社，2000：76.

多、底蕴深厚；特殊地理和人文环境孕育下的皖龙舟文化更是源远流长、根深蒂固。然而，社会发展和变迁在给民俗体育文化带来发展机遇的同时，生存空间变异、传承方式转变、影响力削弱等带来的挑战及困境必须正视①。皖江地区端午的传统龙舟竞渡如何实现健康传承是个值得深入思考和探究的问题。本文选取皖江城市安庆市的宜秀区白泽乡作为调查地点，在 2017 年 5 月 24 日至 30 日、2018 年 6 月 13 日至 19 日两次对当地龙舟竞渡活动进行了田野调查，其间拍摄照片 300 多张，录音 160 多分钟，视频总长度 100 多分钟。通过文献资料搜阅、田野调查和口述历史研究，本研究希望能够在尽可能客观展现宜秀龙舟竞渡活动实况、价值的基础上，探寻一条可供皖江地区民俗体育文化传承与发展参考的绿色传承路径。

一、田野描绘：宜秀龙舟竞渡活动的田野呈现

（一）宜秀龙舟概况

安庆古称宜城，位于安徽省西南部，长江下游北岸，皖河入江处，清代诗人钱澄之誉之为："万里长江此咽喉，吴楚分疆第一州。"② 宜秀区位于安庆市区东北部，东南与迎江区、大观区及枞阳县接壤，西北与桐城市、怀宁县相连，前身为安庆市郊区、城中区。宜秀区人文历史荟萃，旅游资源丰富，辖区内尤以大龙山、小龙山、花山、菜子湖、石塘湖、破罡湖等山水风光闻名，号称"龙山凤水，怡人宜秀"。宜秀毗邻长江，水系异常发达，石塘湖、破罡湖、菜子湖等湖泊面积开阔、相互串联。

由于沿江近水，宜秀地区的龙王信仰较为普遍。宜秀境内有大龙山、小龙山，大龙山巅至今存在始建于明初的龙王庙一处，据称曾受明太祖朱元璋钦敕为"护国都督老龙王"，后清顺治皇帝又敕封为"天井顺济龙王"。宜秀区恰处"吴头楚尾"之地，其龙舟竞渡文化也由来已久，并且端午盛况惊人。明代东林党领袖之一的邹元标曾在文章中提到"安庆龙舟蔽江，竞江心三十里而返"③。地方志书中记载，安庆郊区（宜秀区）"端午节，家家户户两侧插艾条、菖蒲（谓'钢鞭''宝剑'），以祈驱疫、辟邪。是日，湖中有龙舟竞赛。男女老少着新装，张花伞，云集观看……"④ 至今宜秀本地还留有《龙舟会上景万千》等动人民

① 赵然. 现代化进程中民俗体育的发展困境和出路研究［D］. 南京：南京师范大学，2014.
② 安庆市政协文史委，安庆诗词学会. 历代著名诗人咏安庆［M］. 安庆：皖内部资料性图书，2008：122.
③ 邹元标. 愿学集·卷 5 下［DB/OL］. 四库全书文渊阁版.
④ 安庆市郊区地方志编纂领导小组. 安庆市郊区志［M］. 北京：社会科学文献出版社，1994：365.

歌。宜秀区所辖的杨桥镇、白泽乡、五横乡、罗岭镇等乡镇传统龙舟活动兴盛，龙舟文化积淀颇深。

（二）乡土仪式中的龙舟竞渡

宜秀地区各自然村普遍拥有龙舟，村庄较大者往往多于一条。各村成立有专门的龙会，负责人为村民选举出的德高望重的长者。龙舟多以杉木、松木为原料，大小、规格无特定限制，大者可乘50余人，小者仅乘10余人。龙舟的龙头、龙尾由实木整体雕刻而成，以油漆彩绘，龙头下颚穿缀麻线为龙须，造型古朴逼真。舟身、头尾绘有水纹、龙鳞等文饰，色彩鲜艳。当地人称桨为"桡子"，称舵为"艄子"，同样为实木打造；桨长1.2米左右，舵普遍较长，可达6至7米。龙舟头部或中部安装有特制的竹木或金属的架子，以方便安装大鼓和铜锣。

龙舟平时存放于各村庄专门建造的舟棚中，龙头和龙尾则存放于某位村民家中。龙舟头尾的存放权称为"窝龙"，需要履行一定的程序。如家中有新婚子女祈福求子添丁者，或家中有高寿长者希望身体康健者，或家中经商做贾祈求生意兴隆者，在向龙会提出意愿并得到会长同意后，以筹办酒席和向龙会赠送烟酒等礼品的方式获得"窝龙"许可。龙头、龙尾被安置于特定的香案上，"窝龙"主人每月初一、十五必须行焚香、上供、跪拜等祭祀礼仪。"窝龙"权一般为三年，其间端午龙舟竞渡的相关仪式、参与者的饮食均由"窝龙"主人负责安排和提供。当地人深信，虔诚、慷慨才能取得龙王的庇佑。

每个端午前期的农历四月二十八日开始，各村龙舟陆续下水。舟身入水、离岸、靠岸都必须鸣鞭炮、焚香蜡。龙舟需要经过复杂的"敕龙"仪式之后才能安装上龙头、龙尾。"敕龙"仪式安排在四月二十八、四月三十、五月初二和五月初四中的某一天，由附近道观请来的道士团队主持，时间自清晨六点至中午十二点之间，一般持续近两个小时。道士先在"窝龙"主人家中设立香案，用黄表纸和彩纸为主人书写对联和横批，在大幅红布上写下常人无法认读的符咒。写就后将红布铺于香案前沿，香案上则放有道士手书的"敕封都督金角老龙王"纸质牌位。接着，道士手持宝剑在锣鼓声伴奏下念诵咒语，主人全家男丁需跪于香案前叩首。咒语分三段完成，每段有间隔，咒语暂停时主人需放炮、燃纸。第三段咒文念罢后，道士手持放秤砣的杆秤向四方作法，主人与龙会成员此时将龙头与龙尾请出，摆放规整。然后，道士接过主人准备好的雄鸡，用力拧断鸡头，将鲜血涂抹于龙眼、龙嘴、龙角、龙鼻和龙尾等部位，口中念念有词。主人再次焚纸、鸣炮、跪拜后，由道士领头，会长用茶盘捧牌位和香烛，"窝龙"主人撑彩布大伞随行，前往江边用瓶取来谓为"九龙津液"的活水。活水不可见光，由布伞遮盖下返回。此后锣鼓齐鸣、道士念经、主人放炮，会长将活水淋于龙口，"敕龙"仪式完成。受敕封之后的龙头、龙尾被安装到龙舟上，全体参与者跪拜、叩首、焚香、鸣炮、燃纸，此时当地人确认龙舟有了灵性，自此可泛波江上、所向披靡，并能保佑全村上下平安、风调雨顺。

端午当日，各村完成"敕龙"仪式的龙舟色彩多样、形制各异，在铿锵锣鼓伴奏下划行于湖中、江上，相互争逐。竞渡完成后，龙舟在鞭炮和锣鼓声中靠岸，"窝龙"主人、许愿者将长卷绸缎挂于龙角上叩拜，向划手们分发礼品，围观村民会向会长讨要龙头的麻制胡须以获得佑护。然后龙舟龙头、龙尾拆分，舟身装车，鼓手敲锣打鼓，划手围坐四周，在众人护送中返回村庄。"窝龙"主人为参与者准备好丰盛的"龙饭"，在喜庆欢快中完成了今年的竞渡，许下来年的希冀。

二、文化空间视域下宜秀龙舟活动的价值探讨

（一）龙舟竞渡场域中的历史记忆

民俗体育的可贵之处，是在特殊的场域中，通过身体运动的方式，将某些历史传说和事件具象为仪式化、象征化的文化符号，再在一定的社会文化空间和特定时间范围内将之解码呈现、加深印象，使之成为一种不断延续和传承的历史记忆。

到目前为止，关于龙舟文化起源的争议并无定论，因而，若要去追认宜秀传统龙舟竞渡的文化起源难度太大，也没有必要。通过对"敕龙"仪式主持道士的访谈得知，宜秀现今敕封的"都督金角老龙王"跟明太祖朱元璋有关。传说中，朱元璋当年与陈友谅争霸，兵败后仓皇避难于大龙山顶的破龙王庙中。陈友谅紧追不舍，下令搜山。是时，天空乌云密布、山雨欲来。朱元璋心急如焚，向天诉愿："如若我江山有份，祈求老天助我三尺乘水。"愿望许罢，天降暴雨，山洪突发，庙前山涧涨水成河。朱元璋砍下毛竹扎成竹排，顺流而下逃出险境。多年后，朱元璋登基为帝，感念当年龙王救命之恩，敕封其为"护国都督老龙王"，并重修龙王庙。

传说真假难以辨析，但"护国老龙王"的传说口耳相传成为历史记忆。当地人坚信老龙王是他们"心目中保佑风调雨顺、兴旺发展而消灾消难的庇护之神"。因而，龙舟竞渡及其祭祀行为"更多地体现民众对自身生存环境的关注，对自然环境的敬畏，同时也达到和睦乡邻、增加凝聚力的作用"[①]。每年的端午龙舟竞渡，成为宜秀地区百姓通过龙舟这一身体行为追忆过往、形塑认同和祭祀

---

① 崔磊. 明清皖江流域文化消费与社会生活 [M]. 合肥：合肥工业大学出版社，2015：122.

祈福的重要仪式和方式。在经久不衰的龙舟竞渡活动中，人们"从造船到祭拜，从试水到竞渡，便有太多的故事交融于其中，从而营造出故事耳口相传的传奇"①。层层叠加与龙舟关联的历史记忆交织在一起，又成为龙舟竞渡传承发展的重要推动力量。

（二）龙舟竞渡反映出的族群认同

身体运动的背后，原生性和建构性的历史记忆可以使自我认同得以展现，族群认同获得强化。② 宜秀龙舟竞渡的历史记忆中，与身体运动相依附的是近乎残酷的族群争斗。据当地村民的口述历史，宜秀地区的百姓多聚族而居，一村庄一姓氏或一宗族。龙舟划行区域为长江泄洪地带，耕地面积有限，山林湖泊众多，水面龙舟竞逐则往往成为族群间相互宣誓势力范围和展现人丁实力的机会。族群间内在的亲密性与外在的封闭性，造成了龙舟竞渡时常有血腥斗殴事件发生。③

宜秀龙舟在竞渡时无特定起点、终点，也无特定对手。两村龙舟相遇时，一方领桨划手以手中的桨"点桡"以示挑衅，另一方若不甘示弱，双方立刻将船头调整一致，随后全力竞速。若一舟整体超越另一舟，以舟身横亘挡住对手则表示取胜。然而，在这过程中，落后者常常将舟体撞向挡道的领先者，故而引发争斗。这种危险的竞渡行为显然并不可取，但是受访者谈及这些事迹来大多眉飞色舞、兴奋不已。历史记忆与族群认同更多的是以身体运动中历史场域再现的社会活动来实现的，以达到强化某一族群组合凝聚的目的。④ 回归历史场域来看，这种争斗又何尝不是族群内部加强认同的一种特定方式呢？

当然，如今的法制社会环境下，血腥争斗的竞渡场面基本不可再见也不允许再有，但是当地龙舟竞渡活动中保留的村社故事可以起到的加强族群认同的功能并没有消失。

（三）龙舟竞渡承载的乡土情结

从宜秀地区传统龙舟竞渡的器物构造、仪式流程、组织方式、竞渡形式和结果认定等方面来看，本地龙舟保留着较为明显的自在自发特征，即我国龙舟整体

① 罗湘林，刘亚云，谢玉. 从故事到赛事——汨罗龙舟竞渡的底层视角 ［J］. 体育与科学，2015，36（1）：81-84.

② 郭学松，方千华，杨海晨，等. 作为象征载体的身体运动：乡土社会仪式中的历史记忆与认同 ［J］. 上海体育学院学报，2016，40（6）：45-50.

③ 罗湘林，邱芬. 脱域与重构——现代化过程中的传统体育演化 ［J］. 体育与科学，2018，39（3）：75-82.

④ Lewis A. Coser. Maurice Halbwachs on Collective Memory ［M］. Chicago：The University of Chicago press，1992：136.

发展形态具有 1949 年前后的特征①，这样的推导并非意味着宜秀龙舟的落后，而恰恰证明其难得。在各地传统龙舟都纷纷转向竞技化、标准化发展的当下，宜秀龙舟能够维持自己特有的乡土特色，这非常难得又值得深究。

田野调查过程中，不止一位村民表示，在当地民众眼中，端午龙舟竞渡比欢度春节都值得重视。端午前夕大量外出务工青壮年劳动力扎堆返乡参与龙舟活动的事实也证明了龙舟在当地群众心中重要的地位，而现实场域下神秘庄重的"敕龙"仪式、激情四射的竞渡赛场、欢快喜乐的"龙饭"痛饮，实际上都承载着极为浓重的乡土情结，这无形中令龙舟成为当地百姓心中极为重要的乡土文化符号。

三、空间重构："国家-社会"关系下宜秀龙舟传承和发展路径的尝试

（一）国家主导：政府主办的龙舟文化节

在民俗体育发展的历史过程中，政府参与甚至主导的事例屡见不鲜，这在李志清关于广西地区"抢花炮"活动的研究中曾有详细而生动的描绘。②

宜秀当地政府权力向龙舟竞渡的渗透其实也早已有之，但由于较为复杂的原因，政府权力的作用一直并不明显。政府真正着手龙舟事务并对其产生影响应该从 2017 年开始。2017 年端午前，宜秀区白泽乡政府经过谋划和讨论决定以当地龙舟活动为着力点，打造龙舟文化节。政府的这种行为应该出于两个方面考虑：一是模仿当前通行的文化（民俗体育）搭台、经济唱戏的运营模式，二是便于对散落于辖区内的传统龙舟竞渡进行规范的"治理"。为达成目的，白泽乡政府当年以 110 万元的价格将赛事的组织、宣传工作打包给了安庆市的一家传媒公司。为增加比赛的观赏性和关注度，引进了国际龙舟协会通用的 22 人制标准龙舟。组织者以政府倡议的方式要求以各村庄为单位组织人员报名参赛。比赛用船、用桨统一，按照国际龙舟竞赛规则比赛。2017 年的龙舟比赛在安庆市电视台现场直播，并因前期的大范围宣传而吸引了众多观光者的到来。

2018 年，宜秀区政府接手了龙舟赛事，并将之升格为"宜秀区龙舟文化节"，区政府以 140 万元的招标价格将赛事打包给了上海一家广告公司来操办。由于参赛规模的扩大，在端午节前一天举办了预赛，最后留下了 12 支队伍参加端午当天的决赛。赛事联系了国内众多媒体，由安徽卫视公共频道现场直播比赛。比赛期间设置了经贸洽谈会，据称吸引了 100 多位商家，签订了数亿元合作意向。比赛吸引的到场观赛观众人数超过了前一年。

---

① 王凯珍，胡娟，杨风华. 我国龙舟竞渡发展研究 [J]. 体育文化导刊，2010（3）：110-113.
② 李志清. 乡土中国的仪式性少数民族体育 [M]. 北京：中国社会科学出版社，2008.

（二）相互在场：节庆里的传统龙舟和竞技龙舟的融合

政府主导的龙舟文化节以政府文件的方式要求各乡镇组织队伍参加，比赛提供一定数额的奖金，赛事过程有众多媒体和观众的关注，这些因素的存在从一定程度上对当地传统龙舟竞渡的模式产生了冲击。但是即便如此，各村落的传统龙舟在端午期间仍然正常活动。不过，在这一过程中政府有意识地改变了生硬的"治理"面孔，而传统龙舟参与者们也选择性地接受了政府的引导，于是"国家与社会"的关系，走向了相互在场①，于是在端午节庆中，宜秀传承悠久的传统龙舟与当前迅速兴起的竞技龙舟在特定空间中走向了融合。

宜秀龙舟赛事组织方除设立以标准竞技龙舟为参赛器械的标准组外，照顾到当地实际情况，另设立了传统组。传统组同样以村庄为单位报名参赛，但不规定船体规格、人员数量和用桨标准，将之分为 36 人、36 人以下、36 人以上 3 个组别进行比赛，赛道长度和判定成绩方式与标准组相同。传统组的龙舟在试水、比赛时被允许按照传统习俗操作，"敕龙"仪式照旧。与此同时，政府对宜秀其他村落传统竞渡进行了必要的规范，例如禁止龙舟在长江江面上竞渡，所有上船人员必须穿戴救生衣，端午当天政府安排特警及相关工作人员在竞渡区域负责安保等工作。

对于龙舟这样的民俗体育文化来说，在现实条件下仅仅通过宣传和引导来实现传统的延续的"重写"实际是有其难度的，完全参照西方竞技体育模式来走所谓的现代性"复写"也是不现实的，在不失民俗传统特色的基础上，保留竞技发展目标的"续写"方式可能最为可取。② 宜秀龙舟赛事的组织过程显然从某种程度遵循了这种"续写"的思维方式。首先，引进了标准竞技龙舟，组织标准化的竞技龙舟赛事；其次，赛事中特地设置了传统组龙舟竞渡，并保留了传统龙舟竞渡的相关仪式——这些具有"浓郁的巫术礼仪维系着本支系聚居群体的文化认同和精神交往"③，具有极为重要的价值；最后，政府主导下，民间传统龙舟竞渡由原发逐步趋于规范，对于其健康传承也具有不可忽视的意义。无论作为组织者的政府和参与者的民众是有意而为之，还是在现有场域下无意间促成，双方走向在场共同完成了龙舟竞渡的空间合理重构，虽然目前这一合理重构还很粗糙、肤浅，但不失为一种有益的路径探寻。

---

① 杨海晨，吴林隐，王斌. 走向相互在场："国家-社会"关系变迁之仪式性体育管窥 [J]. 体育与科学，2017，38（3）：84-93.

② 胡娟. 我国民俗体育的流变——以龙舟竞渡为例 [J]. 体育科学，2008，28（4）：84-96.

③ 胡小明，杨世如. 独木龙舟的文化解析——体育人类学的实证研究（二）[J]. 体育学刊，2010，17（1）：1-7.

四、结论

　　宜秀地区的传统龙舟竞渡在器物类型、组织方式、仪式流程都保留着独特的文化特征。在文化空间视域下，当地传统龙舟竞渡是一种历久弥新的历史记忆，积淀着厚重的族群认同，承载着浓烈的乡土情结，在现实中具有重要的社会价值和文化价值。近年来，政府主导打造了宜秀龙舟文化节，国家权力的参与势必会影响传统龙舟的发展导向。庆幸的是政府在主导的同时，关注到了对传统民俗文化的适度开发和保护，双方逐步走向相互在场，无形中完成了宜秀传统龙舟竞渡的空间合理重构，虽然这种重构在目前来看还有许多方面需要通过理论探讨和实践检验加以完善，但作为一条尝试性的路径值得重视和研究。

繁昌窑青白瓷图形文化审美意蕴和民间哲学探解

朱铁军

摘　要：繁昌窑是 20 世纪八九十年代确立的最早烧制中国陶瓷史上的重要品种青白瓷的古代窑址，对研究我国青白瓷及南方白瓷的起源等问题都具有重要的学术意义。通过考究繁昌窑青白瓷及其图形文化的历史渊源与背景，紧密结合地方文化与民俗，深入研析其图形文化所彰显的集质朴风华、恬淡温润、刚柔有度的江南气质及卓尔不群的江南情愫为一体的鲜明的地域特征，并进而揭示出以繁昌窑青白瓷为代表的古代江南地域陶瓷图形文化密码。

关键词：繁昌窑；青白瓷；图形文化；江南情愫；地域特征

一、引言

在现安徽省芜湖市繁昌县县城的西郊和南郊的丘陵山地之中，坐落着大大小小十余处古代窑址，主要有柯家冲窑、骆冲窑、姚冲窑、柳墩窑、西门窑遗址等，"1995 年，全国古陶瓷学术年会在繁昌召开。一百多位知名学者云集繁昌，实地考察，给予当地出土的青白瓷极高的评价，并从此统称其为'繁昌窑'"[1]。

由于繁昌窑在历朝历代的文献中均没有较为明确的文字记载，故长期以来，考古界和学术界对繁昌窑的认知十分有限，直至 20 世纪 50 年代，安徽省博物馆首次发现了柯家冲窑，即繁昌窑中规模最大的窑址之后，考古部门组织人员对其遗址进行了多次考古发掘，获取了大量的考古资料和数量较多的窑具及瓷器标本，经过清理和研究，发现繁昌窑是长江中下游地区一处专烧青白瓷的窑址，遗址规模大，且时代较早，目前学术界多数学者认为其制瓷年代为五代及北宋，是"目前已知的我国最早烧造青白瓷的窑场，对研究我国青白瓷及南方白瓷的起源

作者简介：朱铁军，安徽工程大学副教授。

等问题都具有重要的学术意义，2001 年被国务院公布为全国重点文物保护单位"[2]。有报道称："'繁昌窑'惊世发掘，改写瓷器历史。"[3]

图形作为人类交流与信息传递的一种语言形式，在长期的发展历程中已呈现出一种特有的文化形态，犹如一股涓涓细流汇入人类博大文化的江河之中，并不断地传承、发展和壮大。至于图形文化的概念，"在当今艺术设计与艺术创作中常被提及，但对图形文化一词的指向和内涵却尚少明晰的界定"[4]，这是因为"文化"一词的滥觞以及图形文化宽广的包容性，据大量参阅资料分析认为，图形文化是一种产品，一种活动，产生于人类认识与改造世界的需求，是在人类不断发展的历程中创立、丰富和发展起来的以图形语言、视觉传播为形式，内容涉及艺术、文学、政治、经济、科技、宗教等意识形态和社会生活的方方面面。因此，对繁昌窑青白瓷图形文化进行研究，也不能仅仅局限于其图案造型、纹样装饰等方面，而应对其制瓷年代、烧制工艺、胎质原料、装饰造型以及地方文化民俗、历史渊源等进行综合考量。

繁昌窑青白瓷作为经抢救性发掘出的在中国陶瓷史上具有重要地位的瓷器品种，其特定的历史时期、特殊的地理区位和深厚的地域文化均赋予其无与伦比的特质和内涵，深入挖掘、整理、剖析和展现在江南文化渗透、熏陶和影响下的繁昌窑青白瓷图形文化所彰显的独树一帜的江南地域情结和特征，对于系统研究繁昌窑青白瓷具有十分重要的价值和意义。

二、繁昌窑青白瓷图形文化的依托与背景

繁昌窑青白瓷图形文化研究之所以意义非凡，不仅在于其独特的地域特征，更重要的是其所依附的繁昌窑青白瓷的历史意义和学术地位十分重大，背景也较为深远。据考古界和学术界研究，繁昌窑是最早烧制青白瓷品种的窑址之一，研究已表明，其烧制青白瓷早于著名的景德镇窑，但除了繁昌窑，其周边地域还分布着年代大致相同且同样烧制青白瓷的窑址，如泾县琴溪窑、泾县摇头岭窑、芜湖县东门渡窑、绩溪县霞间窑、江西吉安永和窑等，最终形成了以繁昌窑为中心，辐射广大江南地域的青白瓷烧制格局，蜚声中外的景德镇窑也是在繁昌窑衰落的过程中逐步替代其历史地位的，究其原因与背景，大致有以下几点。

（一）区位明显，地理优越

公元 318 年，晋元帝司马睿率领民众，长途跋涉，南迁至此，见此地土地肥沃，环境宜居，便定居下来，起名繁昌，喻意前景繁荣昌盛。繁昌位于八百里皖江南岸，其北紧邻浩浩长江，南望九华佛教圣地，西连中部广袤腹地，东接长江金三角，自古便被称为"皖南门户"，宽阔平稳的长江"黄金水道"贯穿全境，为古代瓷具运输提供了极其便利的条件，也为文化的传播奠定了坚实的基础。

（二）历史深远，文化精粹

江南文化历史悠远，繁昌作为江南地域的一颗璀璨明珠，其地域历史文化具有强烈的独特性和代表性。繁昌地域历史极为久远，震惊中外的古人类遗址人字洞便坐落在繁昌县境内，据考古发掘，早在240万年前，人类先祖就开始在这片地域繁衍生息。新石器时期，人们在这里聚居成群，不断发展，创造了灿烂的缪墩文化。进入人类文明以后，历朝历代，众多文人墨客，名家名士均在繁昌留下了为数众多的美丽诗篇和动人传说，最著名的有王维、李白、梅尧臣等。境内还出土有楚铜贝范和春秋早期的青铜器等，这些均被列为国家一级文物，西周至春秋时期的墓群——皖南土墩墓群，被列为全国重点文物保护单位。这些深厚渊薮的历史文化氛围是周边地区无法比拟的，这也赋予了繁昌窑青白瓷图形文化悠扬独到的先天气质。

（三）文化南移，技术迁移

繁昌古属吴越，包容繁昌文化在内的江南文化在春秋战国的吴越时期得以成型崛起，历经秦汉魏晋隋唐，江南文化逐步发展成熟兴盛，"随着中国古代社会政治、经济的新发展，政治中心与文化中心逐渐开始分离，唐尤其是中唐以后，在北方长安、洛阳的政治中心之外，出现了江南文化中心。而到宋以后直至近代江南文化完全成熟稳定，并进入高峰期"[5]。由此可见，中华文化自唐起则开始了迅速南移，繁昌窑所历时期，正是文化南移的高峰期。如上文所述，繁昌是"皖南门户"，是文化南移的必经之地和先驱阵地，南北文化在此地最先融会贯通，文化南移势必带来先进生产力和科学技术的迁移，在迁移的人口中有着大量的经验技术高超的北方瓷匠和技工，他们的北方经验和审美标准渗透交融了南方审美意识，从而创烧出了独特性的青白瓷品种。

（四）原料独特，工艺先进

繁昌丰富的地形地貌和适宜的气候环境孕育了各类充沛资源，不仅在矿产资源和动植物资源方面极为丰富，其植被环境优良并与众不同。繁昌地域基本上属于红层地貌，即红岩红壤，红壤是分布在繁昌及周边地区独特性的地带性土壤，属中度脱硅富铝化的铁铝土，其黏土矿物以高岭石为主，富含铝，呈酸性，故呈现红色。繁昌窑正是以大量独特的红壤高岭石为制瓷原料，不仅原料获取较易，且烧制成了与周边青白瓷质地不同的独具一格的饶玉似的青白瓷种，具有较高的质量与美感。另一方面，"经繁昌窑窑址科学试验证实，该窑当时已经使用一钵一匣装烧方法，瓷胎中已使用二元配方工艺技法"[6]，即在制瓷原料中再添加其他的黏土矿物，以使烧制而成的瓷器具有温润莹亮的饶玉效果。这一工艺在中国制瓷史上具有创新性的革命意义，价值非凡，贡献巨大，同时为繁昌窑青白瓷图形文化的卓尔不群给予了所供依附的精美绝伦的物质基础和技艺内涵。

三、灵动质朴之青白式繁昌民间生活哲学渗透

繁昌自古以来即处江南地域，具有典型的江南气候特征，即属于亚热带季风性气候，境内雨量充沛，河网密布，山川秀美，丘陵起伏，四季分明，温暖湿润，是地道的鱼米之乡，水乡泽国，画里人家。繁昌的水土造就了繁昌的水乡风情，养育了繁昌的质朴百姓，也成就了繁昌窑青白瓷图形文化的质朴风格。繁昌窑青白瓷的图形文化在繁昌乡土人情的熏染下，体现了繁昌民间生活哲学，折射出繁昌大众的审美追求，它展示了繁昌地区自古及今飘动的青白灵动的质朴之风。

（一）形制和施釉——素面纯净之表征

据考古发掘，繁昌窑出土的青白瓷多为白中微黄，素面纯净，少有纹样装饰，单观朴实无华，细细品味则古风质朴、古意盎然，以其形制和施釉为例，繁昌窑出土的瓷器种类多为生产日用瓷具，主要有杯、盘、碟、碗、盆、盒、执壶、枕、盏托、水盂、注子等，占其产量的80%以上，这也奠定了其民用质朴的风格，然繁昌历史文化悠久，其瓷工和技工在经年累月层层积淀的地方文化的熏陶下，在创烧的过程中糅合了地方性的文化内涵和审美意识，所以繁昌窑烧制的青白瓷有别于周边古窑出产的青白瓷，虽现质朴，但透发出一股古韵，这从其施釉和釉色即可看出。

繁昌窑出土器具重视个性化的形体特色，即多数产品为挖足成型，且以45度角斜削足圈根部以成"台阶"，并多不施釉，这一手法不仅更加体现出了质朴的风格，也是一种独特的繁昌地域的形体特征，因为周边的各窑十分注意底足的处理，工艺细腻，鲜有"台阶"。在施釉方法方面，繁昌窑产品多以点釉作为施釉方法，故釉层厚薄不一，更显古朴，而如江西吉安永和窑则"重釉不重胎"且多用吹釉，釉面均匀，更显精致。在釉色方面，"繁昌窑烧造的青白瓷大多白中微黄，光亮、温润而有柔和感；而景德镇窑烧造的青白瓷大多白中泛青，青中显白，晶莹、明亮"[7]，一润一亮，古意自分。

（二）装饰技法——简练大方之灵性

繁昌地处江南水乡，水的性情虽平淡无奇，然灵动飘逸。繁昌水乡的品格造就了繁昌窑青白瓷的大方洒脱、灵幻流动的气质和风韵，其一方面在造型上简洁大方，点、线、面干净利落，潇洒大度，看似一气呵成，光洁飘逸，无多余之笔，无冗余之墨，无形中透出一股形神兼备的江南流水的性情，显然融入繁昌窑陶工的江南情愫；另一方面，繁昌窑青白瓷在刻花与划花等装饰技法上呈现出的同样是线条流畅，虽简单但不失大气，给人以豪放畅快的感受，举例来说，繁昌窑出土的北宋青釉凤首执壶（图1），瓶颈处置以凤首，其布局巧妙，刀法利落，线条游走欢畅，印、雕、缕、划、刻各种技法组合得当，相得益彰，不仅体现了

地方的装饰图形与文化特色，更展现了简练大方、灵动飘逸的品性。另以繁昌窑骆冲窑青白瓷为例，其"装饰技法主要是素面施釉，少数饰刻花纹"[8]，如繁昌窑荷花炉（图2），清新素雅之气油然而生，超凡脱俗的江南恬淡之雅的风韵魅力经久不息。

图1　（宋）繁昌窑青釉凤首执壶　　　　图2　（宋）繁昌窑荷花炉

四、恬淡温润之江南格调养成与繁昌风骨落定

江南文化具有恬淡高雅之气，这与江南沿江濒海的地域特征密不可分，繁昌位于长江之滨，其所在的芜湖市更有着千湖之城的美誉，当地民众千百年来受到水的熏陶和哺育，水汽凝结，水性使然，地方文化已深深地扎根于江南水文化的大环境与背景之中。陶瓷图形不仅是一种表现形式，更是地方文化与艺术的载体，繁昌窑青白瓷作为地方性瓷器品种，其图形文化更是以温润的恬淡之雅带给人们以清新的江南格调与繁昌风骨。

（一）器形——清新雅致之典制

繁昌窑青白瓷的器形虽以碗、盘、壶等为主，但各类器形并不是单一化的造型，而是形式多样，富于变化，且均造型优美，清新雅致，以碗、壶为例，繁昌窑出土的瓷碗大多有敞口翻沿，线条顺畅，与瓷内壁与外壁自然衔接，且碗内壁与碗底所构成的角度较大，故碗整体较浅，有如江南建筑中的斜坡屋顶与屋檐等构造，碗口多呈瓣口或莲口，如图3所示；从繁昌窑出土的瓷壶标本来看，其壶颈较为细长，壶口、颈、腹呈现出清新的喇叭状，腹鼓较为圆润，配以圈足和扁长把手，整体形态十分温润可爱，以上形制特征既于细节处体现出江南文化中水的流动风格，在整体效果上又展示出平稳安谧恬静的柔和特性。

图3   （宋）繁昌窑青白釉花口碗

（二）质地——洁净清润之水韵

繁昌文化是秉承江南文化的，江南文化又是秉承水文化的，水的本质是洁净清润的，水的本性是清冽甘甜的，水的本原是纯净透彻的。繁昌窑青白瓷诞生于繁昌这片水气丰泽的土地上，骨子里与生俱来的种有江南文化的情愫和水文化的基因，其胎质坚密，甚少杂质，洁净如玉，"瓷胎均洁白，为高岭土胎，质地细腻，无明显颗粒和杂质，结构致密，多无气孔、气泡，产品烧成都胎表一致，少见胎釉泛黄。制坯较精，内外表都比较平整光洁，胎釉结合牢固，无脱釉现象"[9]，其在高温中淬烧，瓷化程度高，透现出江南特有的水的光泽和清透，如图4所示。

（三）色调——青白风骨之积淀

虽称为青白瓷，然非青色浓重，而是白中微泛青色，整体釉色略为偏白或为浅青，洁净浅淡，其色调本身就给人一种清新自然、轻舞飞扬的灵气，且其施釉厚薄均匀，少有积釉和流釉的现象，"给人印象施釉时很认真，没有马虎的感觉"[10]。釉表光洁如镜，莹润透明，玻璃质感十分突显，玻化程度较高，外观色调视觉效果十分柔和静雅，摆放眼前，莹亮温润，细腻雅致，安然超逸，完美地呈现出清新温润的江南恬淡之雅，如图5所示。

图4   （宋）繁昌窑执壶   图5   （宋）繁昌窑荷花托盘

五、刚柔相济之繁昌性情熏陶下的青白瓷及图形文化张扬

长期熏陶在江南水性文化的环境中，繁昌人多灵秀聪颖，思维活跃，情感丰富，并从水的特性中汲取灵感，启迪创想，形成了繁昌窑青白瓷细腻婉丽、自然高雅、清秀俊逸、轻盈柔滑的整体特质，柔性特征显露无遗，但水在平静柔和的外表下隐藏了坚韧不屈、奔流腾达的刚毅豪迈精神，繁昌先民既与水相亲相近，也与江河的肆虐相抗衡，并最终征服，因此江南文化是刚柔并济的，古语云"刚柔相济，然后克得其和，能为民用"①，繁昌窑青白瓷在轻盈秀丽的外表下，处处映射出挺拔刚韧的性格与气质，主要体现在以下几方面。

（一）制胎与锻炼——刚硬骨性与柔玉特质之融汇

繁昌窑青白瓷制胎十分考究，其坯体的制作主要采用轮制，通过拉坯、印坯、利坯、旋坯等技艺和流程处理胎泥，最终挖足成型，且其胎泥用料也很讲究，不仅创新性地使用了二元配方，而且根据出土瓷片标本和残瓷器进行仪器检测和化学分析，"繁昌窑青白瓷瓷胎的主要物相为石英、莫来石和方英石"[11]，这些矿物质硬度较高，可以说繁昌窑青白瓷的骨性刚硬，再经过凉坯、上釉等程序后，经高温煅烧出窑，方为成品，出窑的青白瓷不仅如饶玉般精致，透现出光洁温润的柔美之气，且敲之有金玉之声，铮铮响亮，萦绕耳畔，沁入心脾，一观一听，刚柔之性立现。

（二）格调气质——明朗欢快与婉约俏丽之呼应

繁昌窑青白瓷无论是其外观造型，还是其内部构造，都显得优雅大方、端庄秀丽，有如大家闺秀内敛而富有气质，但细细品味，其端庄而不呆板，典雅而不乏味，于秀丽中显灵韵，于内敛中显外放，俏丽挺拔、生动灵活、格调明快、浑然天成。例如繁昌窑出土的刻花注子，注子壶整体圆润匀称，简洁素雅，观之安然宁静之感油然而生，以此器斟酒，与江南儒雅婉约的饮酒文化相得益彰，但明察局部，壶腹略显凹凸有致的瓜棱线条，饱满流畅，明朗欢快；壶为斜折肩，与壶腹、壶颈形成一弧线斜坡面，壶颈根部与壶肩覆有浅浮雕莲瓣形纹，造型亦棱亦圆，富有韧性，壶盖顶部塑有立狮，昂首挺胸，目视远方，一股豪迈大度之气隐于身形之中，其挺拔向上的身姿又与圆润光洁的壶流相互呼应，刚柔相济，明快生动，给人以物质上的享受与精神上的愉悦，如图6所示。

（三）布局表现——静谧氛围与动感张性之结合

繁昌窑青白瓷常以自然植物的局部特征或表现形态作为瓷体外部装饰的图形

---

① ［东汉］王粲《为刘荆州与袁尚书》。

纹样，常见的如碗、盘、碟等圆形器物的口沿通常做成花口、莲瓣口或葵口等，十分清新淡雅，静若处子，然寓动于静，于静谧中展现出自然生态植物的生长状态与开放形态，生动美观，动静平衡。又如以执壶为代表的繁昌窑青白瓷中的琢器，常在制胎时在壶外腹壁印压竖形凹槽，出窑后便呈现出浑圆但伴有较为强劲的出筋效果，立体的张性彰显无余，有如成熟的瓜果融于其中，充满了无尽的生动气息，活泼而又富有情趣，更有的在局部营造出富有变化、不对称造型或线条起伏错落的极富运动感的图纹，动静结合，将张弛有度的江南文化与性情演绎得淋漓尽致。

图6　宋·繁昌窑刻花注子

六、结语

在中国陶瓷史上，五代及北宋是中国瓷业最为鼎盛的时期，定、汝、官、钧等窑均因形制优美且独具地方特色而名扬古今，诞生于这一时期的繁昌窑青白瓷及其图形文化自然也秉承了这一特性，不仅反映出繁昌地域人们的生活面貌以及相应的思维方式、审美倾向和心理归指，更一目了然地展现出卓尔不群的江南情愫和其包容的丰富的江南文化内涵和文化意蕴，成为江南地域图形文化的代表和典型。

参考文献：

[1] 翟艳艳. 繁昌窑的兴衰 [J]. 东南文化，2009（03）：88-92.

[2] 杨玉璋，张居中，鲁厚祖. 安徽繁昌窑研究新进展 [J]. 东南文化，2009（03）：83-87.

[3] 程代广，石琼. "繁昌窑"惊世发掘，改写瓷器历史 [N]. 大江晚报，2003-01-07（6）.

[4] 胡国瑞. 关于"图形文化" [J]. 南京艺术学院学报（美术及设计版），2003（01）：93-97.

[5] 景退东. 江南文化传统的形成及其主要特征 [J]. 浙江师范大学学报（社会科学版），2006（04）：13-19.

[6] 宋康年. 略论安徽望江宋墓出土青白瓷的属性——兼论景德镇与繁昌窑青白瓷的异同 [J]. 考古与文物，2001（01）：74-77.

[7] 杨玉璋，张居中. 试论安徽繁昌窑——2002年柯家冲窑址发掘的主要

收获 [J]. 华夏考古，2006（02）：96-101，112.

[8] 阚绪杭. 繁昌县骆冲窑遗址的发掘及其青白釉瓷的创烧问题 [J]. 文物春秋，1997（增刊）：170-174.

[9] 阚绪杭. 繁昌县骆冲窑遗址的发掘及其青白釉瓷的创烧问题 [J]. 文物春秋，1997：170-174.

[10] 冯敏. 繁昌窑青白瓷的初步研究 [J]. 文物保护与考古科学，2004（03）：29-31.

皖江围棋历史文化研究

刘良政

摘 要：安徽围棋历史文化源远流长。皖江地区围棋历史文化深厚，围棋资源丰富。文章以文献史料为出发点，按照历史分期，对皖江围棋历史进行梳理，并对不同时期的围棋人物、围棋事件、围棋棋谱作重点研究。

关键词：皖江；围棋；分期

一、安徽围棋历史文化溯源

老庄道法自然、虚实相生、无为而治等道家思想，对围棋有深远的影响，是中国传统围棋思想发展与形成的理论支撑。元代张拟《玄玄棋经十三篇》这一集中体现围棋思想理论的典范著作，就是取老子"玄之又玄，众妙之门"的意思。从棋经十三篇的内容看，其篇目及论述与老庄的道家思想有着充分耦合。从篇名看，虚实、斜正、名数等与道家思想中的辩证观点有着天然的一致性。从具体论述看，其关联度高：如"棋局篇"云：万物之数，从一而起，局之路三百六十一，一者，生数之主，据其极而运四方也。枯棋三百六十，白黑相半，以法阴阳。"这与老子的"道生一，一生二，二生三，三生万物。万物负阴而抱阳冲气以为和"近似，其相似点在于万物生成与棋局发展由一而起。

老庄博大精深道家思想，对中国传统各艺术门类影响深远。围棋的思想理论、战略战术在很大程度上体现出对老庄道家思想的传承。

汉代淮南王刘安在其所著的《淮南子》这一鸿篇巨制中，有借棋阐释其思想的精彩论述，如《淮南子·泰族训》有云："行棋者或食两而路穷，或予踦而取胜。"吃掉两子而造成棋路不畅，失去一路而取得优势，这是在谈论取舍的哲理。

汉代沛国相人（今安徽濉溪）桓谭，博学广识，作为文学家和哲学家，其

作者简介：刘良政，安徽体育运动职业技术学院教科处副处长、副教授。

所著的《新论》中对围棋与兵法的关联，做了深入阐释：

> 俗有围棋，或言是兵法之类：上者张置疏远，多得道而为胜；中者务相撷绝，要以争便求利；下者守边，趋作罫，自生于小地。犹薛公之言黥布反也，上计取足楚广，得道者也；中计塞城皋，遮要争利者也；下计趋长沙以临越，此守边趋作罫者也。更始帝将相不能防卫，而令罫中死棋皆生。

魏晋"三曹"（曹操、曹丕、曹植）不仅有围棋爱好，且有一定棋技。曹摅所著的《围棋赋》，与马融、蔡洪、梁武帝、梁宣帝的《围棋赋》并称围棋五赋，在中国围棋理论史上有一定地位。从曹摅的"君子围棋"论，可见当时围棋为宫廷官宦、文人士大夫所研习钟爱。

皖江地区围棋较早可追溯到《宋书·羊玄保传》所记载的羊玄保"围棋赌郡"事。羊玄保的宣城太守是赌来的，赌的不是金银财物，而是官位，"围棋赌郡"成为中国围棋史上有名的典故。当然，后世对这种拿名位、官职进行赌戏的行为颇多非议。明代冯元仲《弈旦评》中曾评论说："羊玄保围棋赌郡，弄臣也。"意思是武帝刘裕因为自己喜欢围棋，爱屋及乌，对于下棋的朝臣就特别宽容和宠信。但是不管怎么说，安徽宣城与围棋的结缘，这也成为宣城厚重围棋历史文化的一部分。

二、唐宋元时期的皖江围棋

唐宋时期，皖江围棋以创作围棋题材的诗歌、记述围棋活动为主，知名弈家屈指可数。张籍、杜荀鹤、张乔、梅尧臣等围棋诗作，反映了唐宋时期围棋活动的普及情况，成为中国围棋文化史的重要史料。

唐代宫女懂得围棋，并在宫中对弈，是唐代围棋兴盛的一个表现。唐代文学家为宫女对弈围棋吟咏，再现了宫女下棋的历史场景。张籍所作的《美人宫棋》诗："红烛台前出翠娥，海沙铺局巧相和。趁行移手巡收尽，数数看谁得最多。"他这首诗写得浅显清淡，没有任何修饰，像白描画一样寥寥几笔，却勾勒出一幅宫廷女子围棋图。宫廷美丽的女子在烛光下夜摆棋局，翠蛾粉黛，以铺沙为棋盘，巧妙对局，局罢边收子边数，看看是谁赢了，写得栩栩如生，反映了宫女悠闲的宫中生活。从中也看出，宫女好弈，但棋艺水平不高。同为乐府诗人的王建作有《夜看美人宫棋》，其云："宫棋布局不依经，黑白分明子数停。巡拾玉沙天汉晓，犹残织女两三星。"诗中也说明了宫棋水平不高。两诗有异曲同工之妙。

杜荀鹤所著的《唐风集》中有《咏棋》一诗，诗云："对面不相见，用心如用兵。算人尝欲杀，顾己自贪生。得势侵吞远，乘危打劫赢。有时逢敌手，当局到深更。"这是一首五律，全诗把行棋者的心理活动以及对弈过程中的情境，写得逼真而深刻。尾联更是道出了棋逢对手，长时间博弈难分胜负的情况，这种围棋竞技中的精彩场景从另一个侧面反映出当时对弈者棋艺水平高。

　　晚唐诗人张乔现存的170多首诗中，有3首关于围棋的赠诗。两首赠给弈僧的，一首赠给异域弈家的。《赠棋僧侣》云："机谋时未有，多向弈棋销。已与山僧敌，无令海客饶。静驱云阵起，疏点雁行遥。夜雨如相忆，松窗更见招。"从这首赠诗看，张乔与山僧是棋友。二人借棋消机心，对弈中不乏波澜起伏。尾联则将赠诗变成召弈，如果相忆，可以松窗之下，纹枰对弈。诗中通过二人的对弈，表现彼此友谊之情。《咏棋子赠弈僧》云："黑白谁能用入玄，千回生死体方圆。空门说得恒沙劫，应笑终年为一先。"这首七绝，将佛教术语中的"方圆""生死""劫"与围棋紧密结合，既是佛语又是棋语。僧人习弈，是中国围棋发展史上的一个重要现象，历代不缺少僧人习弈、对弈，其中有些棋僧还是高手，如晚清的秋航等。《送棋待诏朴球归新罗》云："海东谁敌手，归去道应孤。阙下传新势，船中覆旧图。穷荒回日月，积水载寰区。故国多年别，桑田复在无。"从这首诗中可看到晚唐时期域外弈家在唐朝的活动情况，这是中外围棋传播史上的重要史料。唐朝是中外围棋交往史上的重要时期，在遣唐使中，有的成为棋待诏，足见棋艺之高。该诗中的朴球是新罗人，在归国之际，张乔作诗赠之。前四句表现的是朴球对棋艺的追求和水平；后四句表达了慰问之情，反映了二人之间的友情。

　　北宋梅尧臣所著《宛陵先生集》中《闻宣叔挺之围棋》云："人以棋销日，我观棋辄寐。未必尽死生，何兹较愚智。只将多胜少，复取先为利。不若酒之贤，悠然共醒醉。"由此诗看出，梅尧臣不会下棋，但是对围棋中的一些术语"以棋销日""争先"等，有所了解。更为有趣的是，在棋酒之间，梅尧臣更倾向于酒，这反映了文人的诗酒爱好。

　　北宋欧阳修能够诗文棋酒并举，《送张景纯知邵武军》云："赌却华亭鹤，围棋未肯还。方为剖符守，又近烂柯山。鱼稻荆扬下，风烟楚越间。小君能赋咏，应得助余闲。"这是一首送别诗，前四句多处用典。治军者习弈对弈，是围棋史上重要现象。诗中的张景纯看来也是一位军中围棋爱好者。作者希望张景纯在治军之余，能够借棋消闲。

　　此外，欧阳修在枞阳浮山上的因棋说法典故，成为这一时期皖江围棋的重要事件，有着深远影响。欧阳修来到浮山，听说法远禅术奇逸，名气很大，于是造访华严寺。他先是与客人在会圣岩下棋，法远坐在一旁观看。下了几棋，欧阳修将棋盘收了起来，请法远因棋说法。法远知道来者就是大名鼎鼎的欧阳修，于是播鼓升堂说法。"若论此事，如两家着棋相似。何谓也？敌手知音，当机不让。

若是缀五饶三，又通一路始得。有一般底，只解闭门作活，不会夺角冲关，硬节与虎口齐彰，局破后徒劳绰斡。所以道，肥边易得，瘦肚难求。思行则往往失粘，心粗而时时头撞。休夸国手，谩说神仙，赢局输筹即不问，且道黑白未分时，一着落在甚么处？"

欧阳修对法远的这番说法深表赞叹，从此确信禅语并非虚妄之谈，而是包含着深刻的人生哲理。这种借棋说法，从棋道到禅道，再到人生哲理，丰富了欧阳修的人生体悟。

需要指出的是，受"因棋说法"的影响，浮山更加声名远播。因棋说法成为浮山的人文历史故事，九带堂成为浮山的历史遗迹。历来文人墨客来此行游，留下了大量吟咏的诗文篇赋。

可能由于浮山"因棋说法"的人文历史，或者是由于僧人好棋的原因，浮山僧人下棋，成为浮山华严寺中僧人日常生活的一部分。《浮山志》中就有反映山中僧人对弈的记载。

谈心慰我十年后，高手让君一着先。——释兴蕴《赠山足法兄》

山公饶有拈花句，石上谈棋证劫灰。——李天爵《过浮山访山足和尚》

浮渡棋声在眼前，通天陌路让谁先？——僧人愚者智《与山足斧》

大量诗文吟咏，将浮山的"因棋说法"的历史文化传承下来，也增添了这座江边名山的历史文化底蕴。山因棋而名。

三、明清时期的皖江围棋

这一时期安徽围棋的重镇在徽州，并且发展成为中国地域围棋史上的三大流派之一"徽派"（又称新安派）。皖江地区围棋受徽州围棋影响，出现了知名弈家及重要棋谱，其中文人弈家阮大铖、知名棋谱《弈正》、籍外知名国手周小松在游历安庆期间的《皖游弈萃》棋谱等是明清时期皖江围棋发展的标志。

雍晫如，字熙世，一作熙日，号穆野，南直隶无为人（今安徽无为），明代万历、天启年间著名棋手。他常以"收着胜人"，当时缙绅乐与之游，为内阁首辅大学士叶向高所器重，尝云："不奇之极，不足以言正，正之外无余法。"雍晫如所著的棋谱《弈正》（刻于万历间，现存）中录有棋手陈肖南与雍晫如论死活棋形"盘角曲四"的着法。

雍晫如《弈正》撰成后，文学家李维桢为该谱作序。序文讲述了雍晫如因与棋友方子谦（一作方子振，有说是永嘉派，亦有说是新安派弈家）交往而向当时文坛领袖李维桢请求作序。李维桢认为，方子振的《弈微》与雍晫如的《弈正》，可以相互发明，正是本，由正才可入微。他对雍晫如的对弈评价很高，运用了一个南北朝时期的典故。《南史·到溉传》云：溉特被武帝赏接，每与对棋，从夕达旦，或复失寝，加以低睡，帝诗嘲之曰：状若丧家狗，又似悬风槌。此典故说出了南朝到溉与梁武帝对弈，日夜不停，有困顿入睡的状态，像悬挂在风中的木槌，随风飘荡，东倒西歪。由此可见，雍皞如对弈成癖，从夕达旦。正是基于对围棋的执着，雍皞如才成为明代知名国手。

明代中期知名文人陈继儒，他与安徽弈家雍皞如、苏具瞻等有交往，并且为二人棋谱作序，对二人之谱评价较高。他认为《弈正》，"不废法而能不法法，不法法而又能指示人以法"。陈继儒作为当时知名文人，由他所作的序文，对棋手的宣传起到积极的作用，扩大了棋手的影响。同时也说明了明代文人与弈家的不解之缘。陈继儒认为，明代前中期的围棋领军人物六人：李釜、鲍一中、颜伦、程汝亮、方子谦、岑乾。事实上，这六人分别属于明代中期的围棋三派：京师派、永嘉派、新安派。在三派发展的后期，雍皞如崛起，成为明代中后期棋坛的领军人物，也是安徽围棋界的翘楚。

阮大铖（1587—1646），字集之，号圆海，又号石巢、百子山樵，安徽怀宁人，有江南第一才子之称。其所撰的《咏怀堂诗集》中，有几首诗歌，表明其与文人士大夫对弈情况，充分说明了明代中后期文人士大夫的围棋爱好。其中《隐知渊宗移供舟中同丰之手谈茗饮竟日》云："何必云林叩远公，钓筒棋局有宗风。濠间喻旨元非马，海上澄观可是鸿。遂罕尘机酬耳目，绝无名理媚虚空。萧然共听长淮雨，清响泠泠接暮钟。"这些诗歌再现了中国古代文人围棋的对局场景，竹下围棋、品茗对弈、饮弈交错、舟中围棋等反映了明代士大夫文人的休闲生活和生活情趣。

周鼎，字小松，扬州人，周小松与陈子仙是清后期围棋界双峰并峙人物。周小松与官僚、文人接触广泛，其与安徽巡抚英翰、淮军将领刘铭传、两淮盐运使方濬颐等都有交往。据刘善承《中国围棋史》记载，安徽巡抚英翰曾聘请周小松来皖评解范西屏、施襄夏《当湖十局》，周小松"覃精研思，历月余，不著一字"，并自谦不敢妄加评论，其著有《餐菊斋棋谱》《皖游弈萃》。安徽定远人方濬颐曾为自己刊刻的《皖游弈萃》作序文，该谱为以周小松为主的弈家游皖时对局谱（其中周小松与陈子仙的对局16局，另有周小松与李湛源、程德堂、周星垣、张春林、黄晓江、钱贡南、松茂亭、何暠庵、刘云峰、方秋客、朱锦川、郑夜池、戴星门、郭云海、丁剑侯、汪叙诗等对局），对局具体时间尚难确定，大致可推定为清道光年间。从二十七人，五十二对局谱看，当时的安徽汇集了围棋界的精英，掀起了安徽围棋活动高潮，近似于国手开展围棋江淮行活动。可惜的是，在这场广泛的对弈活动中，无一安徽棋手。虽然周小松评价安徽棋界善弈者为方濬颐，这也只能说是道光之后的安徽棋界高手。此外，我们不能不说安徽道台刘文枏关于此次围棋活动的记载之功，为围棋界留存了珍贵的对局谱。

四、晚清以降的皖江围棋

（一）桐城大将刘棣怀

这一时期皖江围棋出现了中国围棋领军人物刘棣怀，他与过惕生并称为"南刘北过"。刘棣怀（1897—1979），名昌华，桐城人。祖父、父亲受桐城文风影响，均擅长古文。在其幼时，全家迁至南京。刘棣怀就读于南京的学校。13岁那年，学校放假，刘棣怀随祖父在夫子庙逛街，当时的南京，围棋氛围浓厚，茶馆里棋声叮叮，刘棣怀对棋盘上黑白纵横游戏产生莫大兴趣，并入迷于此，从而开启了围棋人生。围棋研究界大家赵之云所著的《桐城大将——刘棣怀》，系统记述了刘棣怀的人生经历和围棋事业发展，是一篇客观公允的人物传记。刘棣怀的早期受到一位法名"慧可"的僧人指导。在南京时期，刘棣怀的棋风就呈现剽悍之风。1914年，刘棣怀随父北上来到京城。此时的京城围棋活动日渐萧条，棋手通过下指导棋、赌彩为生，刘棣怀也不例外，在此期间刘棣怀结识了上海而来的顾水如，并相互切磋，棋力愈增，棋风浑厚有气魄。刘棣怀下棋不骄不馁，颇有大将风度，当时北方棋界誉之为"大将"。20世纪初期，刘棣怀与顾水如、汪云峰进入段祺瑞府宅与各阶层棋手对弈。20世纪中期，刘棣怀已经是北方棋坛的领军人物。由于政局变化，1928年，刘棣怀南下上海。此时的上海围棋界，以潘朗东、王子晏为代表。1929年，刘棣怀与王子晏四局大战结果，按照赵之云的记述，是刘棣怀三比一领先。棋界遂有"南刘北顾"（指顾水如）之名。20世纪30年代初期，刘棣怀受聘于大商业家张澹如创办的"上海围棋研究室"。1935年刘棣怀来到南京。在刘棣怀的奔走下，南京围棋再度兴起。当时的《中国围棋月刊》曾报道说："国内弈界年来确有蓬勃之象，而尤以首都（指南京）为最，此则不能不推刘君棣怀之力。"

抗战期间，刘棣怀远走西南。1940年在重庆成立中国围棋总会，继续围棋推广活动。解放战争期间，刘棣怀返回上海。1948年在与过惕生的六局比赛中，过惕生领先。这已表明过惕生步入国内最高水平棋手之列。

中华人民共和国成立初期，上海市市长陈毅关怀老棋手生活，介绍刘棣怀进入上海文史馆。刘棣怀经常应约与陈毅对弈。20世纪50年代初期，刘棣怀不仅与上海棋界汪振雄、王幼宸、董文渊名手对局，还指导青少年，无私传授棋艺。1954年，刘棣怀等上海棋手北上与京城棋手对弈，在与金亚贤的对局后，棋界流传着"一子不舍刘大将，满盘追杀金亚贤"。

1958、1959年刘棣怀两度夺取全国围棋赛冠军。1960年，日本围棋代表团来访，刘棣怀在与濑川良雄的对子中，战胜了这位日本七段棋手。此局堪为刘棣怀后期经典对局。1962 年刘棣怀随中国围棋代表团访问日本，并亲身感受了日本围棋的发展与进步。同年，刘棣怀当选为中国围棋协会副主席。1964 年，在首次全国围棋职业段位授予仪式上，刘棣怀、过惕生获五段称号，这是当时棋手的最高段位。

刘棣怀注重围棋宣传与推广，普及与教育。1959 年与众多上海棋手创办了《围棋》刊物，并主审稿件；同时还加强对青少年围棋的指导，华以刚、曹志林、邱鑫等知名棋手均受益于其门下；另外还出版了多本围棋普及性读物。

（二）新四军在皖南的围棋活动

1938 年 2 月，新四军军部由南昌前往徽州歙县岩寺，各支队也集中到岩寺整编，分驻在岩寺镇、西溪南、潜口、琶村、琶塘等地。陈毅在每天晚饭后，总是在岩寺门口与人下围棋，叶飞也总是在一旁默默地观看，看了几天后，便产生了浓厚的兴趣。叶飞在同陈毅下棋时，对陈毅的这些用语熟记在心，融会贯通。叶飞说，他同陈毅下棋是名，学打仗是实。受陈毅影响，新四军有一批官兵喜欢围棋。后来，在 1980 年中国围棋协会举行的"陈毅杯"围棋大赛上。叶飞一路过关斩将，经多番较量，赢得了冠军，叶飞被称为"围棋将军"。

此外，当时新四军的义务军医罗敏修也是一位围棋爱好者。陈毅与叶挺常常在一起下棋，叶挺军长把罗医生的棋子借到军部。当新四军转战他地时，叶军长特地派人把棋子还给罗敏修。中华人民共和国成立后，该棋子由北京革命军事博物馆保存。

新四军在皖南（包括芜湖、宣城、黄山）的围棋活动，丰富了紧张备战、抗战的官兵的生活，同时，也给皖南的围棋增添了一份厚重的历史。为传承新四军围棋传统，新四军铁军围棋赛得到连续举办。今天的宣城，已经被授予全国"围棋之乡"称号。

（三）黄永吉——当代安徽围棋事业发展的奠基者

黄永吉，字亚斋，1927 年生于安徽当涂，卒于 2012 年。祖父是清朝举人，父亲是北京大学高才生。受父亲喜欢围棋的影响，幼时即随父学棋。小学阶段的黄永吉在乡里就有"江淮神童"之誉；中学阶段转至芜湖一所教会中学，并经常到茶馆、棋摊下棋。1945 年黄永吉来到南京读专科。当时的南京围棋氛围浓厚，获得了向当时一流高手刘棣怀、董文渊等请教的机会。1948 年，黄永吉在南京参加全国知名棋手比赛，获得冠军，遂名耀江南。在 1959 年全国第一届运动会上，获得铜牌。更为辉煌的是 1960 年的全国棋类锦标赛上，安徽黄永吉斩落上海、北京等地众多高手，荣耀夺冠。陈祖德《无极谱》中对本次大赛上黄永吉的表现评论道："不愧是一员大将，每战必兢兢业业，比赛每方 4 个半小时总用得足足的，显示了中年棋手的充沛精力和沉稳干练。"

参考文献：

［1］刘善承. 中国围棋史［M］. 成都：成都时代出版社，2007.

［2］黄俊. 弈人传［M］. 长沙：岳麓书社，1985.

［3］雍暤如. 弈正（中国历代围棋棋谱第五册）［M］. 北京：北京图书馆出版社，2004.

［4］周小松. 皖游弈萃·围棋文献集成（一）［M］. 杭州：浙江古籍出版社，2016.

［5］阮大铖. 咏怀堂诗集［M］. 合肥：黄山书社，2006.

［6］赵之云. 桐城大将——刘棣怀生平.

［7］苏杰：《围棋元老过惕生》，《歙县文史资料》（第三辑），1989.

［8］过旭初口述，鲍弘道整理：《我的棋坛经历》，《歙县文史资料》（第一辑），1985.

［9］刘良政. 安徽围棋史话［M］. 杭州：杭州出版社，2017.

皖江城市绿色体育与城市形象耦合关系研究

——以池州市绿运会为例

杨广艳　舒　扬

摘　要：绿色是社会发展永恒的基色调，池州市多年来始终坚持生态立市，将各方面建设与"绿色、生态、文明、休闲"相结合。绿运会作为由国家体育总局社体中心、安徽省体育局和池州市人民政府共同联合主办的全民健身赛事，主要借助皖南青山绿水开展活动，是池州市政府顺应新时代新要求，主打健康牌的重大举措。绿运会与池州市城市形象耦合关系主要体现在办赛理念上与池州城市发展理念相耦合，城市形象建设与绿运会内容相耦合，城市视觉形象与绿运形象相耦合。池州市积极探索体育的绿色可持续发展道路，极大地推动了全国体育健康休闲运动的普及与发展，举办绿运会得到了国家和人民的高度认可，响应了群众的新要求，顺应了新时代人们体育健身的新潮流和低碳环保的新思想。

关键词：皖江城市；绿色运动；城市形象；耦合

一、绿运会是全民健身赛事

绿色是自然界中的常见的颜色，在中国文化中还含有"生命"的意思，可代表自然、生态、环保等。党的十八大以来，党和政府非常重视绿色环保理念，提出把生态文明建设放在突出地位，融入经济建设、政治建设、文化建设、社会建设各方面和全过程，努力建设美丽中国，实现中华民族永续发展。尤其是党的十九大以来，进一步提出要加快生态文明体制改革，建设美丽中国，为人民创造良好的生产生活环境。在体育领域，自 2008 年北京奥运会提出"绿色奥运、科技奥运、人文奥运"主题以来，绿色成为现代奥运会发展的新的主旋律，俨然成为时代潮流，也是国际奥委会衡量评估举办城市的新标准。绿色体育作为绿色奥运的延伸，也就是文化、生态环境的相互协调、相互关怀、共生共荣、共同发

作者简介：杨广艳，池州学院副教授；舒扬，安徽省池州市第六中学高级教师。

展。绿色体育是时代文明进步的结果，也是体育自身发展的趋势，它以全面协调的思想和手段，达到人与自然、人与人以及人自身三大系统整体的动态和谐。[1]现代体育的发展迫切呼唤绿色体育思想理论的建立和实现，以使体育更好地实现可持续发展。

每座城市在其发展进程中，都非常重视自身形象的建设。城市形象作为城市符号起到了宣传城市的作用，是一种营销手段。不同的城市定位有利于打造各具特色的城市形象。城市形象，是人们对城市外在物质形象和内在精神素质的总体印象，也是城市文化景观上的反映。[2]根据其特点，城市形象可归纳为视觉形象、感知形象和行为形象三类。[3]池州作为皖江重要的城市之一，作为中国第一个国家生态经济示范区，同时也是"水清岸绿产业优 美丽长江（安徽）经济带"生态文明建设"一号工程"的城市之一，池州市多年来始终坚持生态立市，将各方面建设与"绿色、生态、文明、休闲"相结合。

全国绿色健身体育大会（以下简称绿运会）是由国家体育总局社体中心、安徽省体育局和池州市人民政府共同联合主办的全民健身赛事。"绿运会"是国家体育总局社体指导中心倡导"绿色、自然、环保、低碳"生活理念，结合池州生态特色和地域文化，精心打造的全国性大型综合体育赛事，也是面向全国普及推广的集竞技、休闲、健身于一体的全新休闲文化大餐，对池州来说更是弘扬生态文明、增强人民体质，促进体育与生态、文化、旅游融合发展的一件大事、盛事、喜事。"绿运会"在池州已连续举办了七届，是充分利用池州独特的自然资源和文化资源，将绿色、健身、休闲、旅游等融为一体，将体育健身类项目与皖南地区的青山绿水结合在一起，体现出当代社会发展绿色理念和可持续发展，拒绝任何有碍人类社会发展的污染能源类运动项目的赛事，同时高度提倡赛事的参与性和互动性。绿运会作为全民健身标杆赛事已经形成，所以本研究特以池州市绿运会为例。

二、绿运会与池州城市形象耦合关系的内涵

耦合作为物理学概念，是指两个（或两个以上的）系统或运动形式通过各种相互作用而彼此影响的现象。[4]系统耦合最初也来源于物理学，指两个或两个以上性质相近的系统相互作用、彼此影响和融合，进而形成新的更高一级结构，功能统一体的状态和过程。随着耦合概念内涵的不断扩展，其应用逐渐渗透到生物学、农学、地理学、环境经济学等各个领域。[5]耦合关系是指某两个事物之间如果存在一种相互作用、相互影响的关系，那么这种关系就称"耦合关系"。

根据耦合概念的内涵，本研究把绿运会与池州市城市形象（两个系统）通

过各要素（子系统）产生相互作用、彼此影响的现象定义为绿运会与池州市城市形象耦合关系。从理论上讲，城市形象包括三大系统，即城市理念系统、城市行为系统和城市视觉形象系统。[6]这三个方面既是城市形象的整体展现，也是塑造和构建城市形象的三个着力点，也是进行城市形象塑造的三个层次。本文主要从城市理念与绿运会理念的耦合、城市形象建设与绿运会内容耦合、城市视觉形象与绿运会形象的耦合三个方面研究池州城市形象与绿运会的耦合关系。

（一）宏观层面：池州城市理念与绿运会理念的耦合

《辞海》（1989）对"理念"一词的解释有两条，一是看法、思想，思维活动的结果；二是理论，观念（希腊文 idea），通常指思想，有时亦指表象或客观事物在人脑里留下的概括的形象。理念与观念关联，上升到理性高度的观念叫"理念"。

城市理念指城市独特的价值观、发展目标、规划、文化内涵等，是城市的"大脑"和城市形象的核心。城市理念融合文化形象、城市定位、社会经济发展等内容，沟通、凝聚城市居民的思想认识，影响城市行为的价值取向，激发公众积极进取。城市理念的主要表现形式包括：城市性质、发展战略和规划、城市文化、城市精神等。[7]城市性质反映城市的历史方位和时代要求，构成城市理念基本内容和出发点；城市发展战略具体表现为不同时期的发展方针和指导思想；城市文化指城市发展历史的延续、文脉的承接以及市民精神状态等。城市理念高度概括和升华而成城市精神。

池州市自"十二五"以来，一直奉行绿色发展理念，扎实推行"生态立市"的战略。绿运会一直以"绿色、健康"作为办赛理念，绿运会选择池州这座小城，也与池州"生态立市"理念相契合，池州通过举办绿运会，也进一步塑造了池州市生态立市的形象，使池州的山水更绿更美，绿色、生态、休闲的城市形象与绿运会办赛理念完全耦合，与当今社会绿色发展理念和可持续发展契合。如在首届绿运会期间，西南财经大学经济学院院长刘方健教授作的《从道家思想宝库中发掘绿色与健康的智慧》报告、北京师范大学人本发展与管理研究中心主任李宝元教授作的《绿色发展的人本意义》报告、首都体育学院休闲与社会体育系主任李相如教授作的《科学健身与健康》报告，都是围绕"绿色与健康"的主题展开，深化了池州"生态立市"的内涵，扩大了外延。

（二）中观层面：城市形象建设与绿运会内容的耦合

城市形象建设通俗地说是城市的"所作所为"，是在城市理念识别的基础上的行为表现和重要特征，是人们对城市做了什么、正在做什么和将要做什么的基本印象，主要表现为城市内部的组织管理及活动，如围绕经济增长、社会发展、科技进步、政府政策、文化宣传、体育健身、环境保护等进行的活动，尤其是有利于突出城市形象的广告、宣传、博览、体育赛事等活动。城市内部对群体、个体的组织管理、教育以及改善投资软硬环境、生活环境,对环境所提供的优质服务活动等为对内行为识别;对外宣传、广告活动、招商活动、公益性活动、公关活动等面对城市外部的活动为对外行为识别。

近几年,池州市在城市发展理念的指引下,在生态立市、旅游兴市等战略布局下,"十一五"期间成功创建了中国优秀旅游城市、国家园林城市,获得中国人居环境范例奖、首届安徽省文明城市等称号;"十二五"期间成功成为全国首批海绵城市试点、全国低碳城市试点,成功创建国家森林城市、中国人居环境奖城市、全国可再生能源建筑应用示范城市、中国十大特色休闲城市(2012年)、全国生态保护与建设示范区等,完成绿道建设近200公里,使池州市生态环境得到持续改善,服务业得到快速发展,等等。这些成绩的取得都是池州市委市政府在城市发展过程中的顶层设计的结果。池州市在城市形象建设中,要继续统筹好各方利益,特别是要重视本地民众利益诉求,树立以人为本的城市形象,持续提升城市的整体形象。

众所周知,大兴土木,很多时候会造成环境污染,影响周边居民的出行,后期还会造成维护成本增高,甚至经营不善或场馆空置等现象,产生负面效应。绿运会自2011年举办以来,充分借助池州的青山绿水来开展,所有项目将体育健身类项目与皖南地区的青山绿水结合在一起,体现出当代社会发展绿色理念和可持续发展,拒绝任何有碍于人类社会发展的污染能源类运动项目的赛事,同时高度提倡赛事的参与性和互动性。绿运会内容主要包括赛、展、论、游、会等五个板块,"赛"即通过跳绳、毽球、自行车、登山、健身瑜伽等比赛、体验及展示项目达到全民健身目的。"展"即举办"摄影展""万人绘作品展""非遗和民俗文化展""旅游产品展""绿色产品展销会"等。"论"即借助新兴媒体力量和名人宣传带动效应,引导广大群众踊跃参与绿运会相关主题的讨论,传播绿运信息,进一步扩大绿运会品牌和池州的影响力。"游"即以皖南国际文化旅游区建设为契机,组织池州绿色生态游等活动,推介池州丰富的旅游资源。"会"即绿运会期间,组织推介系列招商会等。活动开展的地点主要有平天湖、杏花村文化旅游区、烟柳园、三台山公园、齐山公园、湿地广场公园、百荷公园、清溪河公园等。

绿运会的举办,是推动全民健身、经济增长、保护环境和建设生态城市融为一体,并将绿色山水资源与体育运动相互交融的全新创举,它创新了生态体育的内容,兴起了全民参与、全民快乐、全民健身的新热潮,谱写了我国全民健身的新篇章,它传递着社会文明和人与自然和谐进步的正能量,它更从发展绿色运动、尊重自然规律、探索绿色发展、提高国民素质、打造体育强国等角度诠释和实现着美丽中国的梦想。

（三）微观层面：城市视觉形象与绿运会形象耦合

视觉形象是指人们能直观到的城市物化，是城市建筑、城市标志等在人脑中的综合反映。[8] 著名学者吉伯特说："城市中一切看到的东西，都是要素。"体现城市视觉形象的事物多种多样，只要是能够直观的事物都是影响视觉形象的元素，具体包括：城市吉祥物，市花、市树、市徽等城市标志，自然、历史原因或整合后形成的城市色彩，建筑物、雕塑或人工景观构成的标志物及自然景观构成的城市标志物。[9]

池州市自唐武德四年（621）设立州府建制以来，已有1390多年历史。不仅有"天下第一诗村"的杏花村、"莲花佛国"之称的九华山、"戏曲活化石"的贵池傩等人文资源，还有被誉为"中国鹤湖"的亚洲重要湿地自然保护区升金湖、有"华东动植物基因库"之称的国家级野生动植物自然保护区牯牛降、九华山国家森林公园以及多处省级自然保护区和省级风景名胜区等自然风光。全市森林覆盖率达60%，城市植被率达43%，主要河流水质均在二级以上，特别是主城区负氧离子浓度达到1143个/立方米，森林景区的负氧离子浓度是国家标准的35倍，是一个天然绿色大"氧吧"。人文资源与自然资源交相辉映，如今都成为池州重要的旅游资源，也是池州市的特色名片。

市树、市花是一个城市形象的重要标志，2002年3月29日，正式确立了池州市市树为香樟，市花为杏花。绿运会的会徽为池州籍设计师徐纪泽设计作品，会徽选取汉字"池"字为主体，造型选用水墨书法表现手法，进行动感变形，使拼音字母、运动人形、山水融为一体，形成灵动活泼、大气磅礴的意念构图。书法表现形式体现池州依山傍水的地域特色和"千载诗邦"的人文气质，巧妙地勾勒出山水赛场，融入绿运赛事的韵律与节奏；造型简练大方，以绿色和蓝色为主，表现出绿运会在天蓝水绿的池州举行，更体现了绿运会亲近自然、回归自然的赛事属性，表达了"绿色、低碳、环保"的理念。绿运会吉祥物"绿宝"由江苏盐城纪永明设计，以池州的市树"樟树"树叶为主体，风格亲切活泼，充满活力和激情；整体简洁而生动、现代而吉祥，体现了"绿色、低碳、环保"的大会理念。竖起拇指，张开双臂，融"动感、健康、开放、时尚、活泼、可爱"于一身的"绿宝"，诚邀社会各界人士亲赴池州，共享盛会。

绿运会期间，社会各界人士，运动员、裁判员走进天然山水赛场；公园广场处，路边高炮广告牌上，处处都可以看到张开双臂的"绿宝"，既美化了城市，又起到了很好的宣传效果，使池州形象与绿运会形象完美融合到一起。

三、结语

池州作为皖江小城，主打生态牌，发挥"一山一园一菩提""一村一河一文化""一峰一湖一自然"资源特色优势；主打健康牌，举办绿运会，得到了社会的高度认可，顺应了新时代人们体育健身的新潮流和低碳环保的新思想。绿色体育是"生态、人态、心态"和谐的本真体现。池州绿运会在办赛理念上与池州城市发展理念相耦合，城市形象建设与绿运会内容相耦合，城市视觉形象与绿运形象相耦合。池州市积极探索体育的绿色可持续发展道路，一年一届的全国绿色运动健身大赛已经成为池州的一张靓丽名片，成为颇具特色的全国群众性体育赛事和安徽省群众体育品牌赛事。

参考文献：

[1] 陈颖刚. 从北京奥运会谈绿色体育的兴起与发展 [J]. 湖南工业大学学报：社会科学版，2008，13（4）：127-129.

[2] 田静，徐成立. 大型体育赛事对城市发展的影响机制 [J]. 北京体育大学学报，2012（12）：7-11.

[3] 饶会林. 城市经济理论前沿课题研究 [M] 大连：东北财经大学出版社，2001：129-135.

[4] 罗能生，李佳佳，罗富正. 城镇化与生态环境耦合关系研究——以长株潭城市群为例 [J]. 湖湘论坛，2014（1）：34-38.

[5] 高明秀，赵庚星. 土地整理与新农村建设耦合关系模型研究 [J]. 中国土地科学，2012（5）：20-24.

[6] 张鸿雁. 城市形象与城市文化资本论 [M]. 南京：东南大学出版社，2002：51.

[7] 周丹敏. 基于城市形象提升的节事活动开发研究 [J]. 现代商贸工业，2014，26（03）：46-49.

[8] 田静，徐成立. 大型体育赛事对城市发展的影响机制 [J]. 北京体育大学学报，2012（12）：7-11.

[9] 张婷. 城市视觉形象的整合与提升 [J]. 同济大学学报（社会科学版），2013，3（4）：60-66.

岳西高腔和太湖曲子戏比较研究

唐彦春

摘　要： 岳西高腔和太湖曲子戏分属岳西县和太湖县，都被收入非物质文化遗产名录，又同属安徽省稀有剧种。这两个剧种自形成之初就与弋阳、余姚、青阳诸腔密不可分，后来在流布过程中又共同受到本地民歌、歌舞、说唱及民俗活动影响，本文运用音乐学的方法从腔源腔系、表演形式和剧目唱腔等方面对二者进行横向比较，探寻两剧种之间的诸多关联。

关键词： 岳西高腔；太湖曲子戏；腔源；剧本；唱腔

岳西和太湖两县位于皖西南，隶属于安徽省安庆市，两县毗邻，地形地貌和气候特征非常相近，方言都属赣语皖西南片区，文化上也有诸多相通之处，如皆为非物质文化遗产的岳西高腔和太湖曲子戏，在腔源与音乐表演形态方面也有许多相似之处。目前学界较少将其作横向的比较研究，本文将从音乐形态方面对两剧种进行考察，运用音乐学分析方法，在腔源腔系、表演形式和伴奏、剧目、唱腔等方面对两剧种做进一步的比对和梳理。

一、腔源腔系

岳西高腔流行于安徽省岳西县境内，民间俗称"高腔""曲子"，属高腔腔系。20 世纪 50 年代，学者在五河、菖蒲、白帽等地搜集高腔手抄本计 290 多个单出，其中多数为青阳腔传统剧目。一些学者据此将岳西高腔看作青阳腔的后裔。[1]37 太湖曲子戏流行于安徽省太湖县境内，俗称"曲子"，也属高腔腔系。[1]155

岳西高腔被视为青阳腔遗脉，而青阳地区的戏曲在很早就初见端倪。唐代开元年间，新罗王族近亲金乔觉来华求法，法号地藏，开创了九华山佛教，以佛唱的形式来宣扬佛教教义。这种佛唱的内容多为类似《目连救母》的劝善劝信题

作者简介： 唐彦春，安庆师范大学音乐学院副教授。

材，表演形式就已有说白、吟唱和帮唱。宋元时期，南戏也在这一带流传过，明代徐文长（1521—1593）《南词叙录》中又写道："称'余姚腔'者，出于会稽，常、润、池、太、扬、徐用之。"由此可知，余姚腔于嘉靖年间即已在池州地区广为流传，是群众所喜看乐听的声腔剧种。汤显祖《玉茗堂文集》卷七《宜黄县戏神清源师庙记》也云："南则昆山之次为海盐，吴浙音也，其体局静好，以拍为之节。江以西弋阳，其节以鼓，其调喧。至嘉靖而弋阳之调绝，变为乐平，为徽青阳。"而王骥德《曲律》卷一"论腔调第十"中又云："数十年来，又有弋阳、义乌、青阳、徽州、乐平诸腔之出。"沈宠绥《度曲须知》则言："腔则有海盐、义乌、弋阳、青阳、四平、乐平、太平之殊派。"其中汤显祖认为青阳腔是在弋阳之调绝后发展演变而成的，而王骥德、沈宠绥则将弋阳、青阳二腔并列而置，不管怎样，至少可以证明青阳腔在万历年间就已经是广为人知的声腔，并且已与昆腔并称"时调青昆"了。"水路即戏路"，安庆府与青阳县所属池州府仅一江之隔，青阳腔也传入安庆地区，并改调歌之，与当地民间艺术结合，在灯会、民俗等活动中广泛运用。明末清初之际，潜山、太湖管辖下的柳畈、菖蒲、五河等地，有大量的仕宦、商人频繁往来于皖河流域的安庆、石牌等地方，他们出于自身对高腔艺术的爱好和家乡民俗、社会文化生活的需求，渐渐将高腔传入该地。总体来看，岳西高腔是在受到了佛唱、余姚腔、弋阳腔和安庆、池州当地民歌、民俗表演综合影响的基础之上形成的，属于高腔腔系。

太湖曲子戏，俗称唱曲子，是流传在太湖县的一个极其古老的稀有剧种，有"戏曲的活化石"之称。太湖地区民间曲艺历史悠久，从本地驱邪祈福的仪式遗存中可以看出这种歌舞祀神的习俗是受到楚巫文化的影响。此外，太湖宗教俗乐兴盛，早在齐梁时期，慧可驻锡太湖，县内历代庙宇二百五十余座，其佛经讲唱流行一时，又距离太湖不远的齐云山，也有大量的步虚清音及"山人"歌舞，据《中国戏曲志》（安徽卷）大事年表"万历三十三年（1605）"所记：三月三日为皖南道教圣地齐云山元君降凡之日，远近香客，填塞道庐，连三日，延弋阳梨园，演戏酬神。明代时期，南戏四大声腔传入安徽，其中余姚腔和弋阳腔活动于太湖乡村野台。这些外来的戏曲形式，与本地村坊小曲、里巷歌谣及僧人"放焰口"、道士"道场"熔于一炉，逐渐形成各自地区的新戏种，即曲子戏。在清代，各种采茶戏、皮影戏、夫子戏等在太湖、怀宁等地流传。采茶戏"俗名灯戏"，"因演出节目有灯有戏，未脱离花灯行列，故称'灯带戏''灯戏'。"皮影戏用灯光照影，也可称灯戏，或灯影戏，这些表演形态也丰富了曲子戏的内容，总之，太湖曲子戏就是由余姚腔、弋阳腔传入太湖、怀宁地区，结合当地民歌小调、佛教道教音乐、花灯戏、灯戏等表演元素逐渐形成发展起来的，也属高腔腔系。

通过对岳西高腔及太湖曲子戏的腔源腔系进行考察可以看出，弋阳腔、余姚腔等剧种在安庆岳西、太湖等地流传的过程中受到了本土佛教、道教音乐文化影响，并逐步地吸收当地民歌、歌舞、说唱以及民俗表演等艺术元素，逐渐发展成为本地的曲艺表演形态，就腔系来看，应同属高腔腔系。

二、表演形式和主、伴奏乐器

岳西高腔和太湖曲子戏的表演形式都经历了不同的发展阶段和历史沿革，传统演出时所用乐器都不用管弦，而采用锣鼓帮腔，一唱众和、独唱和帮唱结合的形式，"唱、帮、打"浑然一体。

岳西高腔的演出形式多样，其一是"围鼓坐唱"，属清唱，即演唱者皆不扮装，主唱者领，众人拥鼓师为核心，执打击乐而帮和，艺人人数有五到七个，按剧本分唱剧中角色，以鼓板师领头，一唱众和；另一类演出即为化装登台，在岳西高腔表演中居主导地位。帮腔多在句末，俗称"和尾子"。主唱者为剧中人，帮腔者由鼓师领头，凡参加演出者均可帮腔。帮腔的方式有两种：一种是全体帮腔者直接帮唱；另一种是由鼓师先帮唱几小节或几拍，众人再接唱，俗称"背弓"。打击乐以低音响器为主，和唱、帮浑然一体，不可或缺。旧时岳西高腔被奉为正宗，可参与喜庆、娱乐、宗教性的演出，不演"赌戏"。

太湖曲子戏音乐也由唱、帮、打三者组合而成，以唱为主体。在演唱过程中，有一人唱一个角色或是两个角色；有一唱而众人唱和围唱形式。围唱时一般有五至八人，每人手执乐器，由鼓板师领头，用方言演唱，包括念白和干唱，以唱腔为主体，一唱众帮，帮在句末，亦称和尾子，主唱者扮剧中人，帮唱者由鼓师领头，其余人帮唱。开始演唱前要打闹台，可由唢呐领起。围唱时不事妆粉，还要画脸子（如"鬼腔壳"，即面具），锣鼓伴奏者手持乐器，围鼓而座，边奏边和。走唱时，按角色着装，表演者需作相应装扮，不执乐器，只持与人物相应的道具。参加者一般为当地农民、手工业者中有一定文化基础的男性，演唱多用本嗓，高音区偶用假声，分别以称"阔音"（即真声）、"窄音"（即假声）来分饰生角和旦角。随着妇女地位的提高，相应角色也开始由女性担任。演唱内容多为喜曲，部分含有南戏和目连戏相关内容。大致上有农民曲子戏班和道士班曲子戏班两类。农民班主要以自娱和年节娱乐活动为主，无固定收入，传承较为灵活。道士班则以丧事活动和平安社醮等法事活动为主，有比较稳定的收入，因而以家族传承方式为主。

岳西高腔所用乐器有：脆鼓（即单皮鼓）、牙子（即板）、冬鼓、箍金、大钹、车光、小锣、马锣，一般由六人演奏；鼓师执掌脆鼓、牙子、冬鼓，其余各人一件。太湖曲子戏所用乐器牙板、扁鼓、堂鼓、大钹、小锣、马锣，偶也辅用二胡，演奏者一般也多为六人，鼓师掌鼓（扁鼓、堂鼓）和牙板，其余人也是各执一件。

相比较而言，岳西高腔的表演不参与丧葬白事，而曲子戏还存在于高龄人的丧葬活动中。总体来看，二者的表演形式和主、伴奏的乐器几乎相同，作为民间戏曲，它们都经历这样一个发展的阶段，即从坐唱到表演唱，从草台到花台，这也是绝大多数地方戏曲发展的规律，比如同属皖西南的剧种文南词也是如此。

三、剧本、剧目比较

中华人民共和国成立以来，在五河、菖蒲、白帽等地搜集高腔抄本达三百余种，其中多数为青阳腔传统剧目。从时间上看，有元明南戏，也有清代的各种文人传奇，数量众多，如《青阳时调》《时调青昆》《昆池新调》《滚调乐府》《摘锦奇音》《玉谷新簧》《徽池雅调》等青阳腔剧本选集。岳西高腔现存剧目达一百二十多种，二百五十余出，基本囊括了明末以来的主要剧目，在内容上可分为"喜曲"与"正戏"两类。"喜曲"只有三十余出，是在"围鼓坐唱"时期就进入岳西高腔的早期剧目，主要包括杂剧与大戏的单折戏，可分赐福、庆寿、送子、进宝、灯会、家教、贺屋、贺婚、饮宴等十个类别，所唱均为颂祝、吉庆之词，"喜曲"常常在民俗节庆活动中演出，其内容与民众日常生活紧密相关。特定的演出场合有特定的演出剧目、演出习俗，比如宗祠落成、宗族修谱，要在宗祠万年台首演"采台"，唱"谱戏"贺谱，所唱剧目有《小赐福》《九世同居》《六国封相》等象征兴旺和谐的曲目。一般而言，谱戏必另加《点元》，以祝族中子弟应试高中；"关帝会"要唱《坐场》《降曹》《过府》等；"娘娘会""刘大仙庙会"等酬神还愿的"香火戏"，要唱《戏连》《大度》《小度》《思春》《思婚》等剧；"贺新屋"要唱《观门楼》《鲁班修造》；新店开张要唱《财神进宝》《贺店》；老人做寿要唱《八仙庆寿》《彭祖讨寿》；学子赴考、高中唱《点元》《报喜》；官员升迁要唱《封赠》《大金榜》等。但凡民俗活动各类事项，"喜曲"都有与之对应的曲目，这也是最能体现其社会功能的部分。

"正戏"是岳西高腔剧目的主流，有近百种计二百余出，现存剧目绝大多数为元、明南戏和明人创编的传奇剧目，包括《荆钗记》等南戏五大传奇经典剧目，《玉簪记》《百花记》等明代传奇以及《三国》《水浒》《岳飞传》等连台大戏。正戏文武兼备，门类齐全，风格多样，充分展示了岳西高腔剧目的文学价值、文化品位和艺术造诣。

与岳西高腔繁多的剧目相比，太湖曲子戏的剧本要少些，20世纪80年代末，人们陆续在太湖百里乡镇收集了一些折子戏或小戏剧本三十余个，连台大戏剧本七个，根据题材可分为历史戏、爱情戏、宗教神话戏与喜曲四类。而就如今太湖曲子戏所存剧目数量看来，剧本流失情况十分严重。据考察，现今所唱剧目多是不明出处的吉庆"喜曲",如《庆寿》《闹洞房》等,有的是元代南戏、明清传奇剧的单折,如《古城记·降曹》等,有的则与目连戏有关,如《小度》等,唱词多为长短句,也有齐言体,手抄本上无曲牌名留存。兴盛时期的太湖曲子戏,在本县山区和畈区民间广为传唱,所唱剧目全部为手抄本。现在能见到的最早剧本是天光山程本烈所存抄本。原耿家乡青天畈为了祈求六畜兴旺,人丁平安,过去每年正月都要舞龙灯、出花灯、踩高跷,唱《走八仙》《过府》《降曹》等曲子。村里人结婚闹新房要唱《酒帐》《送子》《新房》等曲子。就连道士每年正月、二月做平安也唱曲子,当道士的法事做到扬幡时,唱《庆寿》。老艺人张泽贵(已故)家还保存了他的父亲张栾春1931年留下的曲子《戏词》手抄本。《戏词》的抄本中基本属于杂剧本中的折子戏,有独角戏、二小戏、三小戏、多角戏。[2]45在弋阳腔、青阳腔等高腔系统中都可以找到这些折子戏。戏中演员的角色标明了正生、正旦、小旦、丑、末、净、付等七个角色,每个能唱曲子戏的地方都基本相同。在现存剧目抄本中,由于受历代禁毁的影响,只选单折,不选全剧。例如《古城记》,明代的戏曲艺术家曾把民间流传的刘、关、张故事改编成多种传奇作品,《古城记》是其中之一。祁彪佳《远山堂曲品·具品》说:"三国传中曲,首《桃园》,《古城》次之,《草庐》又次之。"曲子戏中《古城记·降曹》只是单出,曲子戏只唱单折,这点和岳西高腔是非常不同的。

　　岳西高腔与太湖曲子戏皆有大量的喜曲,如果我们追溯其源头的话,主要原因有两点:其一,元明以来,出现大量为宫廷和贵族生活服务的专用剧目,即宫廷"庆赏剧"创作演出十分活跃,这种"庆赏剧"在内容上多为喜曲,表演形式在早期的上层社会主要为杂剧,后来传到民间则逐渐演变为近似唱曲的艺术形式;其二,南戏余姚腔和弋阳腔在江南乡村流布时就有唱喜曲的传统,是明代青阳腔在发展中就已形成了的惯例,岳西高腔最先传入的也是喜曲。太湖曲子戏也随之受其影响,多以喜曲为主。

四、唱腔及记谱比较

　　岳西高腔唱腔常见的板式有:挂板、平板、紧中漏、急板等。唱腔的基本结构是"腔句"和"滚句"。腔句的旋律具有较强独立性,不受方言字调的制约,乐句较长并有帮腔,且都有散板,有"靠腔锣"随腔伴奏。根据节奏形态的差异,腔句可分为三种类型:引腔、正腔、尾腔组合形成"全式腔句",引腔和尾腔为散板;由引腔单独形成的"引腔式腔句",全句皆由散板演唱;由正腔、尾腔组成的"正尾式腔句",尾腔为散板。这三种腔句引腔、尾腔皆为散板,正腔有帮唱。腔句在唱段中有"安腔立柱"的稳定作用。滚句在很多方面则表现出不同的音乐特点,首先旋律独立性不强,必须依附于某一腔句才能终止,不可独立构成唱段，较多地受方言字调的影响；其次，乐句较短，很少帮腔并且不用靠腔锣伴唱。节拍采用一眼板或无眼板，不用散板。根据节奏节拍、落音等不同滚句也可以分为四种类型：单滚式、平滚式、漏滚和急滚。

较为完整的高腔唱段，有单用腔句构成，也有腔、滚结合而成。前者较短小，后者长短皆可，因其更加自由、灵活而运用较多。

例《槐荫记·路遇》中七仙女唱段《我与孝子成婚配》：

我与孝子成婚配
《槐荫记·路遇》七仙女 [花旦] 唱

王伦之演唱
徐东升记谱

上例中就是典型的单用腔句构成的一个较为短小的唱段，每个腔句采用正尾式结构类型，由正腔和尾腔组成，正腔采用一眼板，尾腔为散板，每句句中都有帮腔和靠腔锣。岳西高腔对于滚调的运用则更有特色，使曲牌结构发生了根本性的变化，例如《荆钗记·撬窗》钱玉莲唱段，就采用的是在曲中插入了一段单滚式滚句后又接全式腔句，使这段唱腔的感染力大为提高。

太湖曲子戏唱腔与岳西高腔相近，有提板、数板、流水双尖、单尖、怒板、花板、哭板、溜板、娇板、九板十三呢等板式腔调，也有腔句、滚句。腔句结构也有引腔、正腔和尾腔，帮腔也多从正腔进入尾腔结束，尾腔典型乐汇落在3、2等音，落在3音的与高腔"驻云飞"类颇类似，落在2音的则与高腔"混江龙"和"傍妆台"相近。

例《古城记·降曹》中二皇嫂唱段《想你兄弟桃园结义》：

想你兄弟桃园结义
《古城记·降曹》二皇嫂[旦]唱

田　和　祥演唱
陈培春　时白林记谱

从上面谱例可以看出腔句之间也有靠腔锣，句中至句尾有帮腔，句尾结束乐汇处很有特点，变化音运用令焦急忧虑之情溢于言表，增加了这段唱腔表现力。

岳西高腔和太湖曲子戏历来都是口传心授，所用曲谱都是手抄本，均为自右至左直行书写，不被管弦，不叶宫调，也无工尺谱，但艺人们有一套特殊的唱腔符号，用朱笔记于唱词右侧，称为"箍点"，即箍腔点板。这些符号可以明确地标示板眼，并规定某些唱法和暗示某些旋法。艺人们约定俗成，一看便知。因传入的途径、师承关系不一，各地班社所用符号略有不同，但同一曲目的唱腔基本相同。

五、结语

岳西高腔和太湖曲子戏同属于高腔腔系，在形成之初就受到了宗教文化、区域方言、当地民歌、歌舞和说唱的影响，流传区域又相互交叉，所以两剧种在唱腔、记谱、伴奏、表演形式和剧目等方面虽有些许不同，但关联甚为紧密，此外，岳西县和太湖县还流传着目连戏、徽剧及黄梅戏等剧种，这对于高腔和曲子戏的唱腔也有影响。目前，岳西高腔已有剧目集成、音乐集成及抄本选粹等资料的整理，而太湖曲子戏则资料匮乏，又没有得到系统整理和研究，作为联系紧密、相互影响的两剧种，亟待给予更多的关注。

参考文献：

[1] 时白林. 中国戏曲音乐集成（安徽卷）[M]. 中国 ISBN 中心，1994.

[2] 中国人民政治协商会议安徽省太湖县委员会. 太湖文史资料（第四辑）[M]. 1987.

太平灯文化内涵解读与传承困境分析

程 凯

摘 要：太平灯是国家级非物质文化遗产东至花灯的主要灯种之一。东至花灯是一种较具特色的地方民间民俗文化，反映了皖南山民祈福、纳财和祈求平安的朴素愿望。从多次田野调查收集到的资料看，太平灯具有丰富的文化内涵，但其传承现状令人担忧。因此，对太平灯困境的探讨既有必要，也有助于引起更多的人对诸如东至花灯等非遗文化资源在现代文明中的保护与传承的深度思考。

关键词：太平灯；文化内涵；传承困境

自从联合国教科文组织公布第一批世界级非物质文化遗产以来，国内逐渐出现了一股申遗热潮，与此同时对非物质文化遗产的研究越来越引起学术界重视。2008 年 6 月，东至花灯成功申报为国家级非物质文化遗产。遗憾的是，成功申遗后的十年学术研究成果极为单薄，人们对东至花灯的内涵、现状与传承困境并不十分了解。为避免对东至花灯停留在表面化常识性的认知中，严谨的学术梳理显得尤为必要，且理论研究也能为花灯保护与传承提供更为合理和持久的智力支持。本文以东至花灯主要灯种太平灯为个案展开分析，作为引玉之砖希望能引起更多学人关注东至花灯等非遗文化资源的保护与传承。

一、太平灯文化内涵

太平灯，又名"五猖太平灯"，是远古祖先为了除病消灾、求得太平而排演的一种类似傩戏的舞蹈，因多在春节进行，为了增加喜庆气氛，先人们遂将狮舞与之结合，使之成为一种有灯有戏、有舞有唱、有狮有神的综合性民间民俗文化。灯仪通常以"天官赐福"和"招财进宝"的排灯引导，雌雄双狮开路，以戴有青、黑、白、赤、黄五彩面具的五猖神压阵，七十多盏形状各异的彩灯簇拥

基金项目：池州学院校级科研课题"国家级非遗'东至花灯'的保护与传承研究"（2017RWZ002）。
作者简介：程凯（1979—），池州学院旅游与历史文化学院讲师，研究方向：文化社会学。

着，走村串户，远远望去，宛如黑夜中一条金光闪闪的巨龙。"流水""浪淘沙"等狮子锣、十番调响彻原野，声震山乡。灯仪不走回头路，每到一个村庄，打灯笼的领队首先与当地德高望重的长者一道到该村的庙宇、祠堂亮烛敬香。然后由近至远，从左到右进家入户，在鞭炮与鼓乐中双狮开始登门叩首，紧接着耍起了"闹四门""大滚翻""小滚翻""草里寻珠""狮子拜月""双狮戏球"、盘桌登柱等技艺，精彩动人。尤其是贺新屋、闹洞房时，那出口成章的"长彩"声是一人上口，百人叫好。最后出场的是身披盔甲、手执钢鞭、骑着猛虎的玄坛大仙和头戴诡秘面具、身着彩服、手持莲花灯与马叉的五猖神，土地神随后。诸神齐声吆喝，冲进厅堂造型亮相。玄坛大仙"驾祥云、到人间……手拿钢鞭把妖斩"的说唱声刚落，诸神便在急促的鼓乐与马叉声中，过厨房，经猪栏，手舞足蹈，热闹非凡。①

　　太平灯重在突出赐福、纳财和太平的思想，首先表现在"天官赐福"和"招财进宝"上。道教有三元三官之说，上元天官赐福，中元地官赦罪，下元水官解厄。太平灯的演出时间是在春节上元，因此这里打出"天官赐福"的排灯，当是上元天官。"招财进宝"是五路财神之一，元帅为赵公明，即玄坛大仙。明清《封神演义》第四十七、四十八回，写峨眉山道人赵公明助商，武夷山散人萧升、曹宝助周。双方交战，各显道法，姜子牙最后用巫祝术才将赵公明弄死。以后姜子牙封神，封赵公明为金龙如意正一龙虎玄坛真君，统率招宝天尊萧升、纳珍天尊曹宝、招财使者陈九公、利市仙官姚少司，俗称五路财神，亦即太平灯中的五猖神。灯仪中，赵公明骑黑虎，身披盔甲，手持钢鞭，带领五路猖兵，威风凛凛，象征了纳财。明清《三教源流搜神大全》曰："赵元帅，姓赵，讳公明……其位在乾，金水合气之象也；其服色头戴铁冠、手执铁鞭者，金遭水气也；面色黑而胡须者，北气也；跨虎者，金象也，故此水中金之义……而帅以金轮称，亦西方金象也……部下有五方猖兵，以应五行。"② 这里交代了赵公明是金水之义。在民间信仰中，金是金钱，水是流动之义，二者之结合象征了财富的流通，也就是说赵公明是财神，他的坐骑、盔甲等皆是财神之体现，如虎五行为金，水五行之色为黑，故黑虎象征了金水，象征了财富；盔甲、钢鞭五行也是金。五是土之数字，《易经》曰"天五生土，地十成之"，兵五行为金，因此五路猖兵象征了土生金，象征了纳财进宝。

　　其次表现在五路猖兵上，猖兵化妆成青、赤、白、黑、黄五行之色，分别对应东、南、西、北、中，乃是取五行五方之义。又分东方九夷兵、南方八蛮兵、

---

① 资料来源于与太平灯传承人的访谈记录。
② （民国）叶德辉刻《三教源流搜神大全》卷三"赵公明"。

西方六戌兵、北方五狄兵，中央三秦兵，这显然是受到了儒教明堂制度的影响。《礼记·明堂位》曰：“昔者周公朝诸侯于明堂之位，天子负斧依南乡而立；三公，中阶之前，北面东上；诸侯之位，阼偕之东，西面北上；诸伯之国，西阶之西，东面北上；诸子之国，门东，北面东上；诸男之国，门西，北面东上；九夷之国，东门之外，西面北上；八蛮之国，南门之外，北面东上；六戎之国，西门之外，东面南上；五狄之国，北门之外，南面东上；九采之国，应门之外，北面东上；四塞世告至。此周公明堂之位也。明堂也者，明诸侯之尊卑也。”① 因此五路猖兵是取《礼记》明堂尊卑之义，并由此通达天下太平之意。这在最后出场的赵公明所唱的《太平歌》中得到了淋漓尽致的表现：

（开场白）：势大如山岳，遍体是金装，站立三殿门下，巍巍四大金刚，四大金刚，一站两厢，有请元帅进帐。

（元帅白）：法律无边，神通光显，威灵显，速把殿前转，道号龙虎佛，吾是管三仙，长江自倒月，度过世间山。吾乃赵公明是也，站立云头观望，看见人间有难，六畜有灾，领了金奉玉旨，带来五路猖兵，下凡赶走一番。

（众将官）：有！驾赶祥云，跟我下凡走啊一走。

（元帅唱）：身居碧云霄，祥云光照，身骑黑虎乐逍遥，手持金鞭多进宝，驱邪降妖。

（元帅白）：按落云头，不知本方土地哪里走来？

（土地白）：来也、福德正神，吾神显威灵，因我阳间有事奏天庭，好事奏天庭。都督在上，土地叩首，不知都督唤我哪方使用？

（元帅唱）：玉帝圣言，责令吾神到此间，此处六畜有灾星，吾神要把威灵显，莫迟延！保佑此处家家清洁、户户平安、六畜兴旺、一年四季乐太平。

从这里可以看出，《太平歌》主要是围绕赵公明而展开的。赵公明是财神，唱的又是太平歌，整个灯仪以“天官赐福”开始，以《太平歌》结束，反映了太平灯以赐福、纳财和太平为主题的思想内涵。

二、传承困境

1. 植根于农耕社会中的太平灯与现代社会的冲突

太平灯是扎根于小农经济体之上的农耕文明中的“文化符号”，“其产生、发展都是在一种相对封闭的自然和社会环境中进行的”[1]。无论在其物化的表现形态（如手工制作花灯的技艺）还是在文化内涵上（如驱鬼纳福的原始信仰），

① 明胡广等撰《礼记大全》卷十四《明堂位第十四》，文渊阁四库全书本。

都已深深烙上了农耕文明时代的信息。从农耕社会进入现代社会，市场经济取代了小农经济，尤其是在经济全球化和现代化的宏观背景下，太平灯受到前所未有的冲击，传承的根基被一点点瓦解，血脉也被一点点地隔断，一些灯种老艺人的相继离世，不仅仅意味着个体生命的消亡，更意味着将古朴粗犷的花灯的原始文化密码与技艺等深埋地底。

农耕社会是一种封闭型的社会形态，社会生产力低下，对大自然缺乏科学合理的解释力，太平灯产生最原始的动机是请神祭祖、驱邪纳福，因生活节奏缓慢，太平灯逐渐从祈求太平开始向娱神娱人的功能转变，为农闲时封闭的山民年节增添了喜庆的氛围。进入现代开放型社会，当主流强势文化及其传播载体（尤其是电视与网络的普及）汹涌而来时，太平灯被边缘化了。传统的以村落、家族表演为主要特征的花灯已无法与图文并茂、声形兼备的现代媒体抗衡。而且，在现代社会人们对文化需求更趋向于多元化，需求的层次也越来越高。因此，在现代文明与现代传媒的强势扩张下，太平灯黯然失色，被迫表露出一种文化自卑感，丧失了在农耕文明中的文化自信。

2. 传统乡土社会文化生态的破坏导致传承出现断代危机

"文化生态，是指文化所赖以存在的自然、人文和社会相互影响、相互作用的状态。"[2]作为活态文化的太平灯，是在特定区域、特定文化生态中形成的非物质文化遗产，"有着特定的文化渊源，扎根于传统历史文化中，体现了地区文化特质和价值"[3]。改革开放后，伴随着大规模青壮年劳动力的外出打工，太平灯表演腹地的文化生态遭到前所未有的破坏。农村青壮年劳动力是太平灯表演的主体，常年外出打工仅在假日节点返乡，表演班底的躯干发生物理位移，导致依赖口传身教进行传承的花灯未能在有效时间内向文化素质较高的青年群体及时传授花灯的文化内涵与传统技艺。因为，在短暂的时间内，传授的内容仅仅是碎片化的知识与技艺。对此，波兰尼指出："在师傅的示范下通过观察和模仿，徒弟在不知不觉中学会了那种技艺的规则，包括那些连师傅本人也不外显地知道的规则。一个人要想吸收这些隐含的规则，就只能那样毫无批判地委身于另一个人进行模仿。一个社会要想把个人知识的资产保存下来就得屈从于传统。"[4]而在当今社会，这种观察和模仿学习传统技艺的自觉性已不再多见。

再者，长期浸润于就业城市的现代性，外出青年群体对家乡的花灯产生了距离感，觉得花灯越来越陌生，与自己已没有多少关系，开始出现文化认同危机，作为"非遗"的花灯在他们心中的地位大打折扣，因此，外出青年群体表演花灯的激情消退，对花灯的情节逐渐淡化。而且由于深谙市场交易规则，受工具理性的支配，返乡农民工对劳动付出与经济收益已形成了固化的经济学意义上的考量。经笔者调查，现在太平灯的表演腹地，留守的都是老弱病残，适龄儿童要完成学业任务，青壮年又外出打工，乡村文化生态不断退化和空洞化，花灯传承正面临着断代危机。

3. 乡土精英式传承模式衰微

本文中的精英主要指在乡村共同体中具有一定社会地位、威望和影响力的人。乡土社会中乡村精英比一般村民拥有更多的话语权，因此能直接影响甚至支配其他村民，花灯传承人都是这个方面意义上的乡村精英。因为花灯传承人是乡村中的精英，所以获得了花灯代表性传承人的身份，而这种身份又反过来强化了精英的地位，二者是互为建构的。

传承人的合法性身份获得了乡村共同体的一致认同，这有助于花灯的传承与延续，精英的示范和引导，一定程度上带动了其他村民模仿学习的可能性。但目前这些传承人基本已步入老年，后继无人的尴尬让他们忧虑。工业化、现代化、城市化让乡村几乎成为空壳，文化生态像没有血肉的木乃伊，乡村缺乏精英再生的内生性力量。按社会学推拉理论，城市因资源多、机会多、前景好，对农村人口形成了强大的拉力，立足城市发展成为越来越多年轻人的选择。城市的生活、打拼的阅历使得返乡村民在短暂的休息时间内，"也未必会对传统的乡村文化产生亲切之感，城市文明的繁荣刺激他们以更大的精力去追求经济的利益以及实现符合市场经济标准的个人价值目标"[5]。因此，乡村精英的再生产面临内外双重压力。

三、保护与传承对策

太平灯是一种濒临消失的民间民俗文化，亟待抢救性地保护和传承下去。鉴于此，拙文认为应从以下几个方面展开。

1. 利用现代传媒传播历史文化遗产

首先，深度挖掘太平灯的历史渊源与文化内涵，充分运用文字、录音的方式记录相关资料，将花灯表演实物拍照存档，拍摄花灯表演宣传片与纪录片，建立花灯及民间艺人资料档案库；其次，在相关地方电视台开播东至花灯文化节目，并开通东至花灯门户网站，上挂太平灯资料，加大区域内部文化普及与对外传播力度。

2. 构建丰满的地方文化生态

首先，在太平灯传承的高山村等地，辟出专门的物理空间，建立花灯表演保护区，妥善保存现有的花灯道具、灯具、服饰等实物，避免分散搁置或遗失，适时开展花灯表演，增加表演频次，活跃花灯表演的文化氛围。

其次，编制东至县九年义务教育《东至花灯文化遗产志》校本教材，督促地方学校开设相关课程，让太平灯走进课堂教学中，普及花灯知识，达到文化的多向度传播与交流，构建出丰满的地方文化生态。

3. 建立传承人专项传承基金制度

非遗传承最大的特点是依靠传承人建立起文化链接，保护非遗的重点即保护非遗的传承人。因此，可采取建立传承人专项传承基金制度（资金来源主要是政府拨款，可接纳其他社会团体或个人捐赠），细化基金项目（如花灯制作与维护、演出与外出学习交流、年度津贴等），由传承人申报，为花灯传承切实提供物质保障，凸显传承人作为乡村精英的社会地位，强化角色自豪感，而不仅仅是一纸证书的身份标签，更好地实现传承人的代际循环。

4. 搭乘池州市全域旅游规划班车，积极打造东至花灯文化旅游品牌

池州不仅是省级历史文化名城，也是安徽省"两山一湖"（黄山、九华山、太平湖）旅游区的重要组成部分。2016 年池州市政府相关职能部门编制了《池州市全域旅游专项规划》，现已进入实践阶段。全域旅游不仅仅是自然观光旅游，更是人文旅游。在专项规划的特色村落项目中，东至花灯作为具有浓厚地方色彩的文化旅游资源赫然出现在官港、木塔、张溪、洋湖等乡镇与古村落旅游开发计划中。作为主要灯种之一的太平灯，可以积极对接全域旅游规划，把握机会，谋划更多更好的传承路径。既能在新时代彰显出地方民间民俗文化的时代张力，又能丰富全域旅游的文化内涵，拓展全域旅游的深度。

四、结语

皖南地区在我国历史上，是对我国传统文化做出很大贡献的地区之一，其中蕴含的丰富的文化信息，至今尚未得到全面、系统的梳理。作为重要历史文化资源的太平灯，理应在学术界有着知识性的解读和相关资源的知识性储备。再者，从地方经济发展和文化产业化角度来看，如何让这一极具民俗色彩和审美价值的文化形态，合理有效地结合到当今的文化产品开发和文化经济效应的创造中，既保留这一独特文化形态的魅力和内涵，又促使其产生市场化、产业化、规模化的文化增值效应，做到保护与开发的双赢，是摆在我们面前一项重要且重大的理论课题。然而，作为池州较具地方特色的民间民俗文化，太平灯在获得国家"非遗"的文化标签后，生存与传承境况令人担忧。为避免非物质文化遗产博物馆化，我们应将非遗保护与传承带入公共视野，变"沉默的大多数"为"觉醒的大多数"，重构花灯生存的文化生态，积极为地方传统文化寻找文化自信。否则，当一种厚重的文化资本消逝时，我们在扼腕叹息之余也会深深自责。

参考文献：

［1］李孝梅．现代化冲击下的农耕文明传承研究——以贵州苗族芦笙文化传承为例［J］．安徽农业科学，2012，40（5）：3012-3016.

［2］苑焕乔．文化生态视野下的北京非物质文化遗产的传承与保护——以京西非物质文化遗产为例［J］．西华大学学报，2010（10）：37-40.

［3］朱以青．文化生态保护与文化可持续发展——兼论中国的非物质文化遗产保护［J］．山东大学学报，2012（2）：156-160.

［4］［英］迈克尔·波兰尼．个人知识——迈向后批判哲学［M］．贵阳：贵州人民出版社，2000：79-80.

［5］刘博．精英历史变迁与乡村文化断裂——对乡村精英身份地位的历史考察与现实思考［J］．青年研究，2008（4）：44-49.

比较视域下的池州傩舞及其特点

鲍红信　胡孔发　钱芳华

摘　要： 通过与全国一些有代表性的傩舞进行比较可以看出：池州傩舞是形成、发展于民间的地方舞蹈，其发展既有一般舞蹈的共性特点又有其独特的个性特征。池州傩舞较完备地保存了傩舞的原生形态，具有原始性与世俗性；较集中地呈现了池州丰厚的历史文化习俗，具有宗族性与多元崇拜的特点；较直观地展示了池州人重德尚文的人文精神内涵。总之，独特的池州孕育了独特的傩舞。

关键词： 池州；傩舞；历史文化

"五里不同风，十里不同俗"，独特的地理位置、多元文化的交融汇聚，形成了池州风格迥异的民俗文化，并孕育了被誉为"戏曲活化石"的池州傩。① 傩在池州分布很广，几乎所有的古老家族都有自己的傩神会。所以，池州民间素有"无傩不成村"的说法。近些年来，随着民俗文化的开发，池州傩亦已从僻寂山区的黄尘泥沼中走了出来，堂皇地步入了艺术舞台和学术殿堂。作为池州傩的重要组成部分，池州傩舞为何藏于深山？为何藏于民间？有何特点？其与全国其他地区的傩舞有何异同呢？

一、全国各地一些代表性的傩舞及其异同

为了研究的需要，本文主要关注江西南丰、安徽贵池、兰州西固、湖南吉首、贵州屯堡、广西毛南等几片大的"傩"文化区域上；选取一些较有代表性的傩舞作为考察对象，难免挂一漏万。

基金项目： 安徽高校人文社科重点项目——社会史视野中的国家级"非遗"池州傩舞与乡村社会（SK2018A0391）阶段性研究成果。

作者简介： 鲍红信（1974—），博士，研究方向为西方城市史、历史教学法，池州学院教师；胡孔发，池州学院教师；钱芳华，池州学院教师。

① 王义彬：《池州傩戏艺术及其文化研究》，福建师范大学博士学位论文，2004 年 4 月。

（一）福建省邵武傩舞

福建省邵武傩舞保留的是头戴面具、脑后缀一块红布、没有故事情节、没有说唱的原始的"舞"。在面具、服饰和舞蹈动作等方面，均有明显的古傩遗韵，保留祭仪乐舞中的驱傩原生形象。邵武傩舞除保留原始的驱疫逐鬼的内容外，还增添了诸如春祈秋报、祈愿生子添丁、健康平安等，内涵更广泛丰富。邵武地方跳傩均不称"傩舞"，而是以具体节目名称如"跳番僧""跳八蛮"等直接称呼。各乡村跳傩均有愿神，其奉祀的愿神不尽相同，举行跳傩活动的时间也不尽相同。① 其中邵武河源村的傩舞最有代表性，呈现以下几个特点：首先，就整体而言，中原傩文化发展至偏远山区的邵武已有了很大的变化，远古的傩祭仪式得到了保存，也受到了改造。改驱鬼为招魂，化干戈为玉帛，易驱鬼为礼送，变冷遇为厚待；经历了从"刑"到"礼"的改造。其次，河源村的宗教性祭祀仪式讲究一定的程序，但是去魅成分居多，威严中渗透着礼遇，礼遇中掺杂着嬉戏。与其说邵武傩祭是庄严肃穆，不如说热闹中渗透着庄重。邵武傩舞早已融入社区民众世代的智慧和创造。最后，其外在形态和内在底蕴都隐含着一定的审美意识形态、文化价值取向的特征。②

（二）江西省萍乡傩舞

江西萍乡傩舞又称"仰傩神"（仰，抖动之意）、"耍傩神""耍傩案""踩傩案"等，它有"耍傩神""还愿傩""讨米傩"以及为催生接产、治病而跳的几种类型傩。③ 萍乡傩舞是一种古典舞蹈与彩绘木雕相结合的艺术，是开展傩事活动的主要形式。萍乡傩舞一直沿袭着"逐疫于衙署中及各民户"，所谓"沿门舞"的习俗。傩舞剧目一般分两大类：一是沿门索室"扫堂"时表演的单人和多人舞；二是"封洞"前表演的节目，以唱和念为主。传统的萍乡傩舞多以"踩"的动作来表现，主要以锣、鼓伴奏，用锣鼓点子来烘托气氛、渲染情境。萍乡拥有中国最多的古傩面具，其中一枚出自宋代的石傩面具，据专家考证，它是迄今全国所独有的文物面具。据载，在萍乡地区挖掘出明清刻制的傩面具有三百余具，各型各态，极具美学价值。④

（三）江西省南丰傩舞

江西南丰傩舞风格古老稚拙、粗犷豪放，具有原生形态特质。南丰县三溪乡石邮村的傩舞是江西傩文化中的佼佼者，具有原生态的文化特征，保留了"起

---

① 何兴明：《邵武傩舞："活化石"期待复活》，福建日报 2007 年 7 月 10 日。
② 钟莹：《邵武傩舞"跳番僧"之形态研究》，中央民族大学 2013 年硕士学位论文。
③ 汤书梅：《万载傩舞的灵魂舞动》，江西师范大学 2012 届硕士学位论文。
④ 付红玲、张琼：《基于禳灾祈福视阈下的江西傩舞赏析》，《农业考古》2011 年第 3 期。

傩""演傩""搜傩""圆傩"等古老的仪式。南丰傩舞从傩舞的品种上分，既有传统的大傩舞，也有衍生的竹马、和合、八仙等杂傩舞；从傩舞的内容看，大多取材神话传说及历史典故；从表演特点来看，还有文傩与武傩之分，单人舞、双人舞和多人舞之分。① 傩仪式上，南丰傩舞中的石邮傩队的"搜傩"仪式是最具特色的：一是持续的时间长，从晚上八点左右开始一直到第二天的黎明；二是步骤比较多，先谢傩神，再报情况与神听，完后卜卦，卜卦完是再次驱鬼逐疫。这才搜傩完毕。②

（四）江西省乐安傩舞

江西乐安的傩舞以武技见长，乐安舞在傩表演中武功成分显示得尤为突出。东湖村"滚傩神"中的《鸡嘴舞》与《猪嘴舞》在表演风格上较大程度地展示了武术韵味，表演独舞时，鸡嘴执刀与握枪上阵，表演一个个武术动作，如"挑马枪""托环刀"等。③

（五）江西省婺源傩舞

江西婺源的傩舞内容多为神话和民间传说故事，表演非常古朴、粗犷、夸张、简练，如《开天辟地》，舞者头挂"盘古氏"面具，手持大斧，四面砍劈，表现出开创乾坤的盘古勇往直前、无坚不摧的英雄气概。婺源"山阻而弗车，水激而弗舟"，自古以来交通不便，因此，婺源傩舞受外界影响极少，在表演艺术上仍保留着古朴、粗犷、简练、夸张、形象、传神的独特风格。④

（六）江西省万载傩舞

江西万载傩舞因有二十四面面具，所以又被称为"二十四戏"，因表演形式的不同，只跳不唱的被称为"闭口傩"，有唱、念、做的是"开口傩"。万载傩舞和别处傩舞不同的地方就是"开口傩"，在傩舞的表演中加入了唱的表演。唱、做、念、打，以唱为主。众所周知，舞蹈不利于叙述，但唱词能把节目的故事情节叙说清楚，故事的情节发展皆由唱段来解释和交代，这是别的傩舞种所不能比拟的。⑤

（七）广西壮族自治区毛南族傩舞

毛南族主要聚居在广西壮族自治区的环江毛南自治县。传统的毛南族傩舞，在跳傩舞的过程中，有很多的仪式上的程序和禁忌。比如，第一，每个成了家的

---

① 付红玲、张琼：《基于禳灾祈福视阈下的江西傩舞赏析》，《农业考古》2011 年第 3 期。
② 汤书梅：《万载傩舞的灵魂舞动》，江西师范大学 2012 届硕士学位论文。
③ 付红玲、张琼：《基于禳灾祈福视阈下的江西傩舞赏析》，《农业考古》2011 年第 3 期。
④ 付红玲、张琼：《基于禳灾祈福视阈下的江西傩舞赏析》，《农业考古》2011 年第 3 期。
⑤ 汤书梅：《万载傩舞的灵魂舞动》，江西师范大学 2012 届硕士学位论文。

毛南族成年男子都必须请师公回家跳傩舞——还愿;第二,跳傩舞还愿必须是每一代都进行的,如果上一代没有还愿,他的下一代就必须要帮上一代把愿一起还,还愿时所有的祭品等都要翻倍,如果是连续三代一起还愿,毛南人称为"套三朝";第三,所请的跳傩舞的师公最好是子女双全的,这代表着"有福气的人";第四,因为跳傩舞是为了帮主家(要还愿的人家)还愿,所以跳傩舞的场地是在主家家中搭建坛场起舞;第五,跳傩舞期间一定要迎接万岁娘娘。①

(八)甘肃省兰州西固军傩舞

甘肃兰州西固军傩舞来源于中原,据说是霍去病远征匈奴时从中原地区带去的,目的是振奋士气及军威,祈求汉军在战斗中获得胜利。傩舞中傩神的演出者一般都要由德高望重的人来担当。表演内容主要以无唱词的舞蹈形式展现,需要鼓点配合,以固定统一步伐来展现古代祭祀、出征、战斗、胜利归来的场面。表1为各地傩舞的相同特质。②

表1 各地傩舞的相同特质

目的	都是以驱鬼逐疫为目的的祭祀仪式,根据遗传下来的文献记载来进行的一系列活动
地点	都生存并活跃于广阔的农村,演出的地点主要在一些公共空间进行,例如神庙、祠堂、村口等
成员	艺人们都是当地的村民,一代一代仅靠"口传心授"遗传下来,有着严格的傩队规定,只传男不传女,各种角色均由男艺人来担任
时间	开傩时间基本是年终岁首,都是在正月春节期间表演,在元宵节前后收傩,或是其他约定俗成的日期
内容	都是围绕驱疫消灾,祈求平安健康、人畜兴旺、风调雨顺,反映着人们的良好心愿
面具	一般都是古怪狰狞,能够给人心灵带来震撼的模型,这是傩面具独特的特点,同时,各种各样的面具,也反映出人们多神崇拜的特征
服装	傩舞艺人们的服装色彩大致都是红、黄、黑、白,这与戏剧服饰特征有着不可分割的联系
动作	动作都是以晃头、抖肩、钓脚、弯手、诀指、弹腕、顺拐这些特异性的舞蹈形态,表现舞蹈者追求和谐有序的艺术审美,展现对称与平衡的动作风格,呈现阴阳相生、天人合一的传统审美理念

① 赖程程:《毛南族傩舞传承与教育研究》,2011年广西师范大学硕士学位论文。
② 刘曼冬:《兰州西固军傩舞的历史研究》,西北民族大学2014年硕士学位论文。

二、地域性与池州傩舞的特点

民族民间舞蹈是在一定的自然与人文环境中孕育生成的，其基本形态在一定程度上取决于该民族生存环境所提供的物质条件，这些物质条件主要包括地理环境、自然资源、生物群落等以及在这种特定物质条件下的生产、生活方式。所以民间舞蹈有着很强的地域性，是各民族在自己特定的地缘关系的影响和制约下，在各民族生存的地域环境和社会环境里共同塑磨的结果。①

池州傩舞在具有各地傩舞一般特质基础上还具有自己的特点。一方面，作为"千载诗人地""佛教圣地"的池州，其独特的地理环境与人文环境孕育了傩舞，使其具有宗族性与多元崇拜的特点和重德尚文的特性。另一方面，"七山二水一分田"的相对封闭的地域环境，产生并无形中保护了原有池州傩舞的原生形态，使其含有原始性与世俗性的双重特性。

（一）较完备地保存了傩舞的原生形态，具有原始性与世俗性的特征

池州傩舞具有久远的源头，在漫长的历史进程中人们不断地为之增添新的内容和形式，并保持着古老的遗风，从中可以窥视到人类初期生活的影子。

首先，池州傩舞有极强的原始性。其中包摄着上古图腾崇拜、动物崇拜、鬼神崇拜、祖先崇拜、文化英雄崇拜等原始观念，带有高禖之祭、社祭、骑马逐疫、祈子求嗣、祈求丰产等原始文化内容。这些原始古朴的宗教信仰与禁忌意识大多隐藏在乡民虔诚的傩祭、傩舞与傩戏之中，在傩舞《舞伞》《打赤鸟》《舞回回》《舞滚灯》《舞古老钱》《舞和合》等中寄寓和表现了降神迎神、驱邪逐疫、祈求风调雨顺、祈求子嗣绵延等原始意识。

其次，宗教的本质不是在天上而是在人间。乡民跳傩的本质目的是世俗性的，都与乡民日常的生产生活息息相关，这从池州宗族跳傩的种种禁忌中可以得到反映。乡民以歌舞事神，以求驱邪避鬼、祈福免灾、预测丰歉，更隐含着乡民祈求和企盼祖灵在冥冥中发挥超自然的力量，满足家族宗族的各种现实的和心理的需求和渴望；傩舞《舞滚灯》中对"滚灯"的禁忌包含了乡民古老的生殖祈求和对风调雨顺的期盼；《打赤鸟》中对"桃弓棘矢"的禁忌也是为了在精神上达到祓除旱灾、实现降雨、禳解邪祟、实现丰产的功利目的；人们企望通过《舞滚灯》达到祭请二郎神，实现风调雨顺的心理祈愿等。从这个角度可以说池州傩舞的世俗性特征也很明显。

不仅如此，池州傩舞具有的原生态意义更在于它保留了中国古老舞蹈的

---

① 李雪梅：《地域舞蹈与生态环境——试论中国民族民间舞蹈的地理特征》，《北京舞蹈学院学报》，2002 年第 2 期。

"活材料"（包括舞蹈的形态与构图等），这些都具有活化石的意义，也是对中国古舞文化具体而实证的起点的理性观照，尤其可以从中发现中国古老舞蹈的种种"蛛丝马迹"与现实遗存。

比如池州太和章演出的傩舞回回饮酒型。傩舞开始，由族中长辈提灯前引，引神伞首先上场，舞伞完毕，便是舞回回。回回由二人装扮，戴棕色无须面具，穿土布长袍。一位长者手拿酒壶、酒杯道具，引二回回登场，锣鼓奏鸣，二人先徒手舞蹈一周，然后一长者将酒具递给舞者，退下。二回回相对劝酒，先站立而饮，并不时举杯送到观众面前，表示相邀（自然酒壶和酒杯都是道具，并没有酒）。绕场一周后，二人便坐地而饮。酒酣，竟卧地而饮。酒醉，两人持刀相向，比起武来。傩舞回回饮酒岂不是与早已绝迹的唐代乐舞"醉胡腾"有几分神似吗？一千多年后，竟然在池州的一些偏僻的山乡还奇迹般地保存着，尽管它已在江南农村代代相传而失去了原来的舞步和风貌，但仍不难看出其所反映的胡人饮酒的内容。"醉胡腾"又名"醉胡子"，大约在公元6世纪的南北朝时便已由波斯传入中国。《乐府诗集》卷五十一"上云乐"收录南朝时西方胡人向梁武帝所献舞蹈的情况①。当时老胡文康所跳的胡舞也许还没有专称，到了唐代，随着丝绸之路的开通，胡舞更加流行，"胡饮酒"便被归纳为西凉伎的一个品种，在首都长安十分流行。处于深山里的太和章的"舞回回"，虽然与1200年前的胡人舞姿已相距甚远，但仍不难看出它是从胡舞辗转而来，所描绘的内容与"醉胡子"仍旧相同，这就不能不令人深感惊异了。另外，傩舞《舞伞》近似先秦的"绂舞"，是古老的祭社舞蹈；池州清溪乡的假面胡人舞狮，也是唐代著名的西凉伎的孑遗；《舞古老钱》实是宋代"抱锣"的遗留，它是一种祈求丰收、太平的舞蹈，等等。

因此，在池州傩舞身上，饱含了诸多原始艺术形式的残存，如舞蹈、音乐（"喊断"、曲牌、锣鼓经等）、戏曲等。它们不仅在各种祭祀、礼仪、操作过程中使用，而且有的已和生活甚至生产混为一体。在这些古老的节奏和韵律中，我们完全可以窥测到沉积于其中的文明的原始含义及发生学因素。②

（二）较集中地呈现了池州丰厚的历史文化习俗，具有宗族性与多元崇拜的特点

池州傩舞是这个乡村社会村民生活的一个不可分割的部分，开展这样的活动需要特定的组织，这个组织的核心就是宗族。

---

① 何根海、王兆乾：《在假面的背后——安徽贵池傩文化研究》，安徽大学出版社，2000年版，第74页。

② 孟凡玉：《假面真情》，中国艺术研究院博士学位论文，2007年5月。

池州傩舞以"社"为组织单元，"社"下设"傩神会"具体承办演出；"社"与血缘宗族关系和宗族社区范围基本上是吻合的，因而，池州傩舞实质上是由宗族力量来举办。因而宗族的需求，为傩舞能够立足池州且传承不绝提供了良好的宗族社会环境的土壤。我们看到池州各村落每年正月均演绎傩舞，同社者轮流迎接"社神"至家，"或踹竹马，或肖狮象或滚球灯、装神像、扮杂戏、震以锣鼓，和以喧号"。这些活动时人称之为"鸣金跳号，谓之逐疫"（《梨村章氏宗谱》卷二《风土》，中华民国十六年重修本）。这些各族姓举办的各具特色的活动：跳傩舞、唱傩戏，本质上是"寄希望于神祇和巫觋去驱除灾祸、疾病和祈求丰年"①，祈求傩神保佑。

与此同时，宗族对傩舞也具有强大的组织与保护的作用。其一，宗族为傩舞活动提供了人力资源的支撑。池州各"傩神会"组织的管理人员和演员均由宗族内人员充任，如"会首"由家族内长辈担任，或由族长兼任。其二，宗族势力为傩舞的展演提供了经济保障。明中叶以后，长江流域普遍出现以祠堂为中心的宗族组织，"祠堂、族谱、族田成为普遍的宗族组织形式"。"族田"类的"祖产设立最大目的是为祭祀之用"。池州各族也重视"族田"的设置，田多由家族中富户捐赠。太和章氏的"总祠堂和所有支系从前都设公堂，各有土地数亩，专供常年祭祀之用。傩神会则由两大支系中的'公堂'负担经济，一年一轮"。正是有了家族"公堂田"财力的保障与支持，池州各傩神会的傩舞演出活动才得以年复一年地延续下来。其三，宗族为傩舞活动提供了空间的支持。池州傩舞演出的主要场所一般都是祠堂。祠堂本是"祭祖的场所，同时是家族组织的代称"，是家族村落社会的中心与公共设施，具有"举办家族礼俗活动的功能"，在池州民间称为"公屋"，即家族公共活动的场所。

池州各宗族因逐疫祈福的需要，每年正月都盛演傩舞，而且为傩舞活动的展开提供了组织上、财力上、空间上的支持与保障。因此，傩舞能够在各宗族社区里延续不衰，展演至今，这一古老的文化才能够保存下来。

农民大众生活的艰难和心态的卑微，决定了他们的信仰是多神崇拜的，所谓"见到菩萨就拜"。在池州缟溪曹，那里正月十三日演傩戏请神，方圆5公里左右便有神52个，要一一请到。大体呈现如下状况：一是灵魂。在池州傩舞中，属于主要驱逐对象的"冤魂""厉鬼"，因其不能入土为安，恐其危害世人，故而须抑制其"行动自由"。但这些鬼族，不属于信仰对象中的"灵魂"范畴。二是自然神。池州傩舞中的社神（树神），即属于自然现象神化的产物；而天上的

---

① 王兆乾：《池州傩舞》，《黄梅戏艺术》，1983年第1期。

如来、观音、太上老君、雷公电母以及五猖神等，则属于天体或自然物象构成的社神。三是图腾。在池州傩的范畴内，几乎无法准确界定其存在。四是祖先神。祖先神的供奉，在池州傩文化圈中似乎难以构成概念和规模。五是生育神。六是行业神，如庙宇神、桥梁使者、风水之神、灶王爷等。①

在池州傩舞的另一个乡村荡里姚傩活动中也有一个复杂的神灵体系：有为人驱邪逐疫的傩神，有为人送来子嗣的张仙，有赏赐功名的魁星，有赐福的福星，有赐禄的禄星，有赐寿的寿星，有赐喜的喜星，有赐财的财星，有主管桥梁的桥梁使者，有主管水口的水口之神，有专管一村的土地神，有分管一乡的社神，有当地土主昭明太子保护神，更不要说无所不管、有求必应的儒、释、道各教大神。真是凡是人间有需求的领域，就有主管该领域的神灵，神灵与人类需求呈直接对应关系：

> 傩神——生命安全
> 张仙——人种延续
> 土地——农业丰收
> 魁星——金榜题名
> 财星——发财
> 福星——求福
> 寿星——长寿
> 喜星——家庭和谐、人口繁衍
> 禄星——高官厚禄

这些多元的宗教崇拜所体现出来的是人们在各个层面的追求的折射，农业生产需要风调雨顺，读书人渴望金榜题名、光宗耀祖，普通人需要无病无灾、家门和顺。做生意、开工厂以及普通民众都希望财源滚滚、发财兴盛，故财神除了在五星会中一起出场外，还有一次单独的舞蹈，体现出人们对求财的特殊关注。"当人们对许多自然现象、生理现象以及一些无法预料的事故还不能用科学的方法来解释、认识、掌握时，于是便幻化出许多带有崇拜性、信仰性的宗教观念，并由此产生宗教信仰和派生出一系列的宗教活动。其中很多宗教活动的方式均以舞蹈的形式表现出来，并反映着他们的情感。"②

---

① 孟凡玉：《假面真情》，中国艺术研究院博士学位论文，2007 年 5 月。
② 李雪梅：《地域舞蹈与生态环境——试论中国民族民间舞蹈的地理特征》，《北京舞蹈学院学报》，2002 年第 2 期。

（三）较直观地展示了池州人独特的人文精神内涵，具有重德尚文的特性

池州傩舞渗透着重德尚文的特性，其中昭明太子和魁星在傩舞中占有特殊的地位就是明证。据说，晚唐，安徽巫傩曾出现祭祀昭明太子的热潮，池州籍晚唐诗人罗隐有诗云：

> 秋浦昭明庙，乾坤一白眉，
>
> 神通高学识，天下神鬼师。

昭明是梁武帝萧衍之子，名萧统，传他五岁通读五经，数行并下，过目不忘，号"高斋十学士"，编《昭明文选》，被后人称为"修词之家举为轨则"的典范。为人仁德，颇受百姓爱戴。志书言他曾尝过池阳鲫鱼味美，遂将县治从八十里外的石城迁至池阳，改称池州。① 萧统死后，邑人迎其衣冠葬于池州秀山，建祠祀之，俗称"祖殿"。唐永泰元年（765）又在新县西址修"昭明祠"，当地俗称萧统为"文孝昭明圣帝"，各家均以香案供昭明木偶神像，称"案菩萨"。每年正月初六乡村唱"案戏"以酬昭明。昭明在池州傩祭中被称为"阳神"，在当地傩坛巫书《请阳神薄》以及傩戏关目"众神出位"的唱词中，被称为"嚎啕神圣"之一。②

梁昭明太子为什么在池州是一位享祀规格很高的大神？昭明太子萧统，少喜读书，做太子后，共辑《文选》三十卷③，收自周迄梁八朝一百三十余家类兼众体的文学作品七百余篇，被后世认为是"修词之家举为轨则"的典范读物，世称《昭明文选》，为我国现存最早的诗文总集。这位颇有文学气质的太子没有能登上帝王的宝座，于梁中大通三年（531）便夭折了，时年仅 31 岁。死后谥"昭明"，世称昭明太子。对于萧统的死，《梁书》记述道："太子仁德素著，及薨，朝野恸愕，京师男女奔走宫门，泪泣满路；四方氓庶及疆缴之民，闻声皆恸哭。"也许有些夸大其词，但萧统生活较简朴，能体恤民情并能团结一批下层文人，这在南朝生活日益奢靡的贵族中还是不多见的。人民的同情总是在不幸者或弱者一边的。南朝统治集团十分腐败，饥馑不时迫使重压下的灾民铤而走险。侯景之乱以后，梁武帝困死台城，萧梁陷于长期的动乱，人们便更怀念和同情起这位未能登基的太子来。加之，他的《文选》行世后有较大的影响，按照中国祭祀之制，"德者必百岁祀"，这位笃信佛教的太子便成了民间祭祀的对象。

当然池州对昭明太子的纪念，还有另外的原因。据明嘉靖《池州府志》：萧

---

① 王义彬：《池州傩戏艺术及其文化研究》，福建师范大学博士学位论文，2004 年 4 月。

② 胡健国：《巫傩与巫术》，海南出版社，1993 年版，第 111 页。

③ 与萧统合编《文选》的人，众说不一。

统曾食过这里的鲫鱼而美其味，遂将池阳之地命名贵池，从此县治也就从 40 公里外的石城迁到池阳，改称贵池县。但是，萧统本人在池州的活动史无记载。虽然池州有昭明太子的花园、钓鱼台和所食鱼的香鲫村遗址，不过是后人附会之说，并无实据。实际，萧统所称道的是"池"，而不是鱼。池，即池州城南的东南二湖。从前，这里山光湖色十分秀丽，堪与西子媲美山，指池阴之齐山，乾隆镌版《齐山志》记述颇详。如果萧统不亲临其境，是不可能赞叹其美而更名的。再加上池州是自建康乘船去九华山必经的停泊港，九华山风景秀丽，又是佛教圣地，信佛又喜爱山水的萧统，完全可能经池阳上九华山。萧统死后，邑人为表示对他的感念，迎其衣冠葬于池州秀山（靠近旧县石城），并建祠祀之，世称"祖殿"。

如果说崇拜昭明太子体现了池州傩舞崇尚德行的特点，那么对魁星的崇拜则展现了池州人一脉相承的尊重知识和文化，傩舞《魁星点斗》就是这样一种文化心理的表征。读书人一旦中举，则从根本上改变了处境，整个家族都觉得荣耀，所以历代人民都幻想子弟读书做官，以光耀门楣。因此，在庆贺新春的仪式上跳魁星，所要表征的是祈求家族读书人之文运昌盛，早日为官。

为什么池州傩坛上的魁星是主文运的神呢？魁星俗称文曲星，传说是主管科举的神灵。在安徽祁门以及江西南丰等地的傩戏中，还有《开天辟地》的傩舞，也由魁星独舞，其魁星面具与池州相近似，也狰狞如兽形，这个傩舞与池州傩舞《魁星点斗》内涵不同，反映的却是天地开辟的神话；而池州点斗的魁星则是南斗斗魁或者斗尾，两个魁星有着各自不同的渊源。池州的魁星，仅为文运之神，虽然也是星宿的人格化，但与祁门、南丰傩舞的跳魁星并非同源，而且文运之神是科举制度之后的产物，其出现是较晚的。

池州傩舞是中国舞蹈艺术中最具特色的地方艺术之一，本文在系统整理前人研究成果的基础上，通过调查、采访，搜集并分析相关资料，对池州傩舞的形成、内容、特点等进行了分析和探讨，同时就池州傩舞的傩面具、舞蹈者、舞蹈的动作与图像等提出了一些看法，旨在对池州傩舞予以全面考察，试图在此基础上回答中国舞蹈是不是一部信史的问题，也是对千百年来，傩舞为何藏于宗族、藏于民间、藏于深山，搬演不坠问题的解释。

如何发挥主题公园在傩文化传承保护方面的作用

——以大沙河仡佬文化国际度假区和杏花村农耕文化园为例

檀新建

摘　要： 若要主题公园很好地发挥对傩文化传承保护的作用，就应针对傩文化的特点进行科学规划，从布局策展、互动细节、衍生产品等方面的设计极尽体现东方式的、小而精的审美，力避形成纯展览馆式的公园。要有一支相对稳定和专业的傩艺队伍，要在集中呈现傩文化的同时，重点设置互动性、娱乐性较强，并具备傩文化特质的特色游乐项目，走文化体验式旅游的新路，让"傩"在游客的游玩中"活"起来、动起来；既要让人看够"热闹"，还要让人看懂"门道"。只有特色鲜明，"土"（传统）、"洋"（现代）搭配，动、静结合，才能持续吸引游客热情关注和积极参与；只有公园能可持续经营发展了，才能真正起到传承、保护、弘扬傩文化的作用。

关键词： 主题公园；傩文化；传承保护；作用

主题公园是一种以游乐为目标的模拟景观的呈现，其最大特点就是赋予游乐形式以某种主题，围绕既定主题来营造游乐的内容与形式。园内所有的建筑色彩、造型、游乐项目等都为主题服务，共同构成游客容易辨认的特质和游园的线索。

主题公园是现代旅游业在旅游资源的开发过程中所孕育产生的新的旅游吸引物，是自然资源和人文资源的一个或多个特定的主题，采用现代化的科学技术和多层次空间活动的设置方式，集诸多娱乐内容、休闲要素和服务接待设施于一体的现代旅游目的地。主题公园的成败，主要受景区知名度、交通便捷度和游客满意度等三大关键因素的影响。而景区知名度和游客满意度在很大程度上是由有效的产品供给决定的，参与性和娱乐性是决定产品有效性供给的基本条件。因为产

作者简介：檀新建，池州市贵池区文联戏剧家协会副主席。

品只有具有了参与性和娱乐性，才能形成感召力和亲和力，从而促进主题公园与游客之间的良性互动关系。主题公园在运营、管理中，还应当注意队伍的稳定性和专业化，产品的互动性和现代化，娱乐的创意性和多样化，活动的参与性和个性化，游乐的刺激性和场景化，园林的真实性和自然化，消费的便捷性和超市化，滞留的扩张性和多日化，游乐的安全性和舒适化。主题公园将在导游系统、餐饮系统、购物系统、表演系统、乘骑系统、氛围营造系统等方面丰富表演性内容，强化参与性内容，增加互动性内容，甚至推出创意性内容，如亲子娱乐内容、情侣娱乐内容、团队娱乐内容，注重造型视觉化、颜色多彩化、材料逼真化、性能精致化、故事文本化。另外，声光电技术的广泛应用，场景的艺术效果也要更加真实和精彩。

"非物质文化遗产"，无疑是"非遗"主题公园中的一个大主题。近年，国内包括傩在内的非遗类主题公园层出不穷、方兴未艾，既有成功的经验，也有失败的教训，大多还在摸索中完善和提高。例如：贵州道真中国傩城、南昌中国傩园、合肥非遗园、上海非遗文化城、安庆中华五千年文博园、池州杏花村农耕文化园等。其中的"傩"，有的独立成"园"，有的则作为非遗项目的一部分，依附于大园，成为园中园，有的将傩文化元素点缀其中。它们中，只要是运营效果不错的，多数面积不一定很大，也不一定有刺激性强的游艺项目，但布局策展、互动细节、衍生产品等方面的设计都极尽体现东方式的、小而精的审美。

综观国内傩文化主题公园，其建设和发展参差不齐，它们大多对傩文化的传承、保护都不同程度地发挥了作用。但是，毋庸讳言，许多这类公园还存在诸多缺陷和不足，还有较大完善和提升的空间。如何更好地发挥主题公园在傩文化传承方面的作用？这里，我们不妨通过正反两方面的实例，试作如下综合分析和浅探。

一、道真中国傩城初步成功的经验

大沙河仡佬文化国际度假区位于金佛山南麓，属贵州省道真仡佬族苗族自治县所辖。项目占地近60平方千米，总投资300亿元，按照每年接待1500万人次的标准进行建造，预计分10年建成，是集旅游、休闲、度假、养生、养老、教育、医疗、现代农业、体育运动等功能为一体的大型生态旅游度假区。对外宣传口号是：东方迪士尼，不一样的丽江，又一个巴马。"让居民望得见山、看得见水、记得住乡愁"，大沙河项目遵循"道法自然，返璞归真"的规划原则，构筑低碳、环保、生态、集约、智慧的新型城市，重点建设包含"中国傩城、大千新城、天子养生城、英国城、冰雪温泉小镇、童话世界、茶山花海、野人谷、小须弥山、温莎湖、黔乡风情"的"四城、一镇、六景区"，形成第一产业与第三产业联动、第三产业与文化旅游产业深度融合的集约、高效的产业发展模式。

中国傩城，是该旅游度假区首批建设项目，已于 2017 年 9 月正式对外开放。占地 775 亩，总建筑面积为 246545 平方米，总投资 9.8 亿元，包含傩戏王国主题公园、魔幻岛生态亲子主题乐园、北部风情街、南部商业街、活态博物馆、湿地公园、花园山居和山地院墅、南大门广场、三幺台等 9 大板块。该项目除了在选址规划上依托交通便利、自然生态资源丰富等得天独厚的优越条件之外，重要的是充分利用了贵州本地的人文资源优势。

贵州省聚集了众多仡佬族人口，主要为务川仡佬族苗族自治县和道真仡佬族苗族自治县。仡佬族历史悠久，拥有属于自己的语言，但没有自己的文字，历史由口传文学（如古歌）传承。由于大沙河仡佬文化国际度假区位于道真仡佬族苗族自治县，因此仡佬族的传统节日、饮食文化、家居建筑、雕刻等民族特色文化在这里得到了极大的保护和传承。尤其值得注意的是，贵州傩被学术界誉为古代文化的"活化石"，备受瞩目，多次应邀远赴法国、日本、韩国、新加坡等国及中国香港、台湾地区表演、交流，产生了一定的影响。道真仡佬族有着深广的傩戏傩文化背景，道真仡佬傩戏包含的文化内涵和多学科的学术价值、审美价值，被学术界誉为"中国古文化的活化石"。因此，道真也被誉为"傩戏王国"。这里极为丰富的优势资源条件为园区走向成功奠定了坚实的基础。

中国傩城，不仅充分利用了本地的傩文化元素，而且巧妙地融入其他民间传统文化，从一开始就在如何吸引游客上下足了功夫。例如：在游园时，设置了一个"八仙游傩城"的游戏：故事背景——2017 年，八仙（铁拐李、汉钟离、蓝采和、张果老、韩湘子、曹国舅、吕洞宾、何仙姑）路过中国傩城，只见山高林密、碧水幽潭，山腰间紫气冲天，好一个福地洞天。八仙按下云头，仔细一探，原来是南极仙翁在傩城玄天洞闭关修炼。得知此洞冬暖夏凉，可延年益寿，八仙便商量着也到洞里清修几日，顺便给南极仙翁贺寿。不料被通灵的仡佬族人们知道了，大家都想沾沾南极仙翁的福气，于是争相涌向傩城，请求八仙带他们赴宴。看着来的人越来越多，八仙吓得化身铜像躲进傩城藏了起来……想参加南极仙翁的寿宴吗？想获得长寿、吉祥吗？只要在中国傩城里找到八仙铜像并与他们一一合影，便能得到好运，还能得到南极仙翁送出的超级福禧。游客进入景区后，首先获得地图攻略；地图上显示的八仙铜像分别坐落在中国傩城的九个区域，每个神仙从 1 到 9 分别标有不同的序号，游客只需要按照顺序从 1 开始找到对应的神仙后与其合影并保存合影到相册，再寻找下一神仙 2 号并合影，直到最后一站与 9 号南极仙翁合影。找到九尊神仙铜像并与每尊铜像合影，集齐 9 张神仙合影后把 9 张合影照按顺序分享到朋友圈，就可参加抽奖活动。

还有，中国傩城十分注重广告宣传，在开放当日，超过 3 万名游客慕名而来，人流如织，欢乐气氛爆棚。在体验区开放现场，锣鼓震天，彩球放飞，神秘而原始的山谷向世人揭开了面纱。欢快的杂耍闹起来，高台舞狮闹起来，游客洗去一周的浮躁，回归生活的原点。魔幻岛上坐过山车，玩淘金小镇，丛林穿越，惊险刺激。环岛湖边划游船、唠嗑、自拍、发呆，惬意无须言表。三幺台里，仡佬文化，国粹表演，饕餮美食，叫好又叫座。入夜，傩城的灯光映亮了湖光山色，丰富的夜生活让人渐入佳境，看水幕电影，逛美食街，吃烤串，喝啤酒，吟诗唱歌。中国傩城里的傩戏表演，驱邪祈福，寓意吉祥幸福，观赏性强，颇受游客欢迎。

这是一个"土""洋"搭配、中西兼顾、动静结合的杂烩型公园，而其中的傩城尤为特色鲜明，这无疑为主题公园保护、传承傩文化提供了成功的例子和鲜活的范本。但也有其局限性，目前展示的仅仅是贵州道真一地的傩文化，如果能增加贵州多地如威宁"撮泰吉"等傩事，就更具贵州特色。既然号称"中国傩城"，若能将全国有傩省份的傩面具和代表性傩剧在园内集中展示，则更加全面、系统、丰富多彩了。2017 年 10 月份，"第二届仡佬傩文化艺术节暨傩文化学术研讨会"在园内举办，与会人员参观游览"中华仡佬文化园"与"中国傩城"，全新体验国家级"非遗"项目"三幺台"饮食文化，观摩考察道真仡佬原生傩，多角度深入开展傩学研讨。人们有理由相信和期待中国傩城在不久的将来会积累更多的傩文化传承保护经验，将会取得更大的成功。

二、南昌中国傩园失败的教训

2010 年 7 月，经过 4 年的打造，江西南昌中国傩园正式开园。建成后的南昌傩文化公园位于红谷滩新区卧龙山风景区内，北挽梅岭，遥对赣江，枕山依水，占地约 10 万平方米，园内集中展示了国内乃至世界各国各具特色的傩面具和傩文化。园内建筑曾创下三项"中国之最"——最大的傩冠建筑、最大的傩面具、最大的面具馆。园内主干道两旁，矗立着两排巨型傩面石雕，每座傩面雕像均用净重约 120 吨的整块毛坯石头费时一至二年雕刻而成，最后的成品平均重达 90 吨，而作为园内标志性建筑的鼎状傩冠，高达 39 米。2006 年 6 月，南昌中国傩园正式动工建设。当时，南昌市的初衷是将该园打造成世界最大的"面具公园"，并借助傩丰富的文化内涵，打造出一个属于南昌的标志性景点和一张城市文化名片。

当时的傩园也着实火了一把，每天有多场别开生面的傩文化表演，不少市民和外地游客直呼"大饱眼福"。遗憾的是，好景不长，2013 年 7 月，运营仅 3 年的南昌中国傩园最终低调闭馆。造成这样结果的原因是多方面的，最主要是因为公园经营陷入困境。为了挽回危局，2013 年 7 月，南昌市曾召开相关会议，明确将南昌市瓷板画研究中心迁入南昌傩文化公园,将傩文化公园改建成南昌瓷板画文化艺术园。当初欲让此傩园担负起"奠定江西傩文化大省地位和抢救、保护民间文化遗产两项历史使命"的美丽愿景还未来得及实现,这个曾经一度火爆的,号称"全国最大的傩文化公园"从此便黯然淡出人们的记忆。

从号称要打造成世界最大的"傩面具公园",到后来的黯然闭馆,南昌中国傩园的命运之跌宕,让人为之叹息,个中原因更值得深思。

"无论是收费还是免费,南昌傩文化公园说到底都是在为市民或游客提供一种文化服务,这个定位决定了它必须面对大众,得到大众的认同,这样才能长期吸引游客,然而,它显然是先天不足、后天失调。"南昌市民俗博物馆馆长梅联华认为,傩不是南昌的本土特色文化类型,本地市民对傩本来就缺少亲近感,况且傩文化公园所在位置距中心城区较远,在傩文化公园后期的运营中,更缺乏与市民、游客互动的文化产品,如此运营,傩文化公园肯定要陷入尴尬境地。①

在2006年文化部公布的第一批国家级非物质文化遗产中,江西南丰跳傩、婺源傩舞、乐安傩舞入选其中。萍乡、宜春、南丰等地保存的傩面、傩庙、傩舞,素有中国"傩文化三宝"之称。而南丰的"石邮傩"、乐安的"流坑傩"、婺源的"长径傩"、万载的"沙桥傩"、萍乡的"车湘傩"等,在中国傩文化中均具有重要的地位。为何拥有如此丰富的傩文化资源却没能成功发挥作用?梅联华先生分析道:"作为难得的国家级非物质文化遗产,江西傩文化应该得到保护和利用,但绝不能搞成展览馆,仅仅让游客在园内走马观花,更不能将其作为逝去的'死'的文化,而应该在集中呈现傩文化的同时,重点设置互动性、娱乐性较强,并具备傩文化特质的特色游玩项目,走文化体验式旅游的新路,让非遗文化在游客的游玩中'活'起来、动起来,只有这样才能真正起到保护、弘扬非遗文化的作用,并丰富市民、游客的文化生活。"② 显然,南昌中国傩园失败的教训是其他"傩"主题公园应当认真汲取的。

三、对池州杏花村农耕文化园传承傩文化的建议和思考

现在的农业类旅游景区都以大量的图、文或实物展示了物质层面的农耕文化面貌,但遗憾的是,都鲜见有对农耕文化精神层面的展现,而农耕文明的精神,是活态的,有生命的,是灵魂,是支柱。因此,农耕类教育园地或旅游景区不能停留在或满足于简单的实物展示和农事活动的体验,而更应将农耕文化的思想内

---

①　杨建智、詹薇:《南昌傩文化公园黯然闭馆低调转型》,载《江西日报》2013年10月31日。
②　杨建智、詹薇:《南昌傩文化公园黯然闭馆低调转型》,载《江西日报》2013年10月31日。

涵挖掘出来并汲取其精髓，给世人以启发、思索和教益，而安徽省池州市杏花村旅游文化区中的"农耕文化园"正好可以填补这一空白。

傩文化是农耕文明的产物，它与土地、庄稼等农民赖以生存的东西有着密不可分的联系，它体现了人类与自然的相融相协、和谐共生关系及先人对自然、天地、神灵和祖先的崇拜和敬畏，充满了对生命的崇高礼赞。在所有民间民俗文化中，最古老、最完整、最丰富、最独特、最直接体现农耕文化的形式，就是"乡人傩"。乡人傩汇蓄和沉淀了上古到近代各个历史时期诸多文化信息，涉及多种学科、多个领域，内涵十分丰富，隐藏着博大精深的文化内涵和极高的文化人类学、戏剧学、宗教学、美术学、历史学、考古学和民俗学等学术研究价值，仍保持着古朴、粗犷的原始风貌，是中国最古老最重要的民俗仪式，是中国最具民族特色的文化象征。

有专家认为，中国农耕社会的意识形态就是傩文化。傩文化是深藏民间的"农耕文明精神活化石"，是傩文化创造了农耕文明。可以说，傩文化是萌生和依存于农耕社会的，它伴随着农耕文明走过数千年的历史，相互渗透，相互影响。通过反映农民精神信仰的独特而丰富的傩俗事象，可以看到农耕时代行走的步履，可以看到农耕社会丰富的精神世界。傩文化具有创新型文化基因、和合型文化基因、开放型文化基因、民主型文化基因，这些都是农耕民族优秀的精神品格。①

在杏花村农耕文化园里展示中华五千年（包括池州本地）丰富深厚的农耕文化成就，在园区内开发一个兼有弘扬中华农耕文化发展史、观光娱乐和休闲度假功能的大型综合体项目，融知识性、趣味性、参与性、娱乐性于一体，雅文化与俗文化共存，使之成为中华农耕文化苑中一项脍炙人口、风格独特的教育体验游览观光项目，有一定的现实意义。如何在杏花村农耕文化园内融入丰富而独特的傩文化元素，全面、系统（或者有重点）地讲述和展示池州傩的传承、发展史？怎样践行"动静结合、学玩结合、观赏与体验结合"的运行模式？如何体现杏花村傩文化旅游项目的展示性、介入性，突出体验、参与的功能，以促进和发挥其传承、保护傩文化的作用？这些都是我们应当思考和探索的问题。我们认为，在杏花村展示乡人傩等农耕民俗文化，除了遵循民俗文化旅游开发的文化保存原则和经济效益原则之外，还应考虑以下几个原则。

1. 特色突出原则

一个旅游项目（主题公园）的开发一开始就要明确其定位和树立其鲜明的

---

① 林河：《中国巫傩史》，花城出版社，2001年版，第231页、第503页。

形象并围绕文化体验与娱乐休闲做文章。杏花村农耕文化体验指以农事体验为主线，充分挖掘展示神农事迹、乡人傩等中华传统文化元素，突出特点，保持原味，铺陈表象，发掘内涵；娱乐休闲指设置传统节日情境，设计学歌舞、学古戏、学民艺等互动环节和"踩高跷""打赤鸟""胡饮酒"等傩舞。将以上全部内容贯穿到体验全过程即吃、住、行、游、娱、购旅游六大要素环节中去，着力打造出一个有学有玩、有声有色的傩文化教育体验休闲基地。

2. 联动发展原则

在展示农耕文化的同时，带动傩酒、傩乡茶、傩面具等相关纪念品、地方土特产，带动傩乡"吃腰台"餐饮、傩主题宾馆、休闲娱乐等相关产业发展。

3. 动静结合原则

傩文化是历史的沉淀，是劳动人民在长期的生产、生活中形成的独特文化，其表现要有一定的载体，可用动、静两种形式来表示，傩文化的展示根据其内涵和特色及大众的领悟程度采用多种形式，静态展示有摄影、绘画、雕塑、文字、实物等；动态展示有声、光、电模拟场景及室内和户外真人演绎……

4. 系统开发原则

傩文化的发展是在融合物质资料生产过程中形成的异彩纷呈多样化的文化集合，因此，在开发过程中必须在宏观视野和系统整合中研究民间文化的关联性、互动性、整合性、系统性，不能孤立地开发，造成项目的扁平发展。

不仅要把握好以上原则，项目的策划理念也应当明晰。

文化旅游项目形象展示是策划的灵魂，而文化就是要通过主题形象向旅游者进行传递，因此，傩文化应该把握住特有的文脉，让受众感受到浓厚的乡土文化与教育体验结合带来的奇特感受。

一要注重体验氛围营造。通过在杏花村农耕文化园建立与傩相关的特色园区等，让旅游者在全方位的环境中感受到傩文化魅力。在建园时，注意从外围环境的设计到内部员工服饰等都与整个文化理念相协调。体验氛围的营造还应在时空设置、语言、行为、环境布置上进行精心包装，让游客在此感受到浓浓的乡傩文化气息，在各主要通道还要设计出不同的解说牌，并培训一批具有传统文化功底的导游。

二要搞好体验剧场设计。根据旅游者对傩民俗的认识，进一步深化体验环境，可在园区内相关区域设计出符合傩文化的外部氛围，同时还可以设计出即兴表演的舞台，让喜爱傩民俗的旅游者可以在身临其境的艺术舞台中进行展示并设计相关小场景，为旅游者提供真实感受的场所。

三要重视体验角色分配。在整个乡傩体验环境的策划中，包括工作人员，都是体验环境的策划者，旅游者既是环境的创造者，又是体验环境的受益者，通过主动以及被动的方式让游客参与到民艺体验中来。

深入挖掘傩文化的内涵，把握旅游者对池州傩民俗的好奇与期待，将民俗文化特别是本地乡傩民俗这一无形的旅游资源通过物质形式进行展示，使进入旅游者视线的文化载体能够生动化、形象化，进而引导旅游者在欣赏民间艺术过程中，能够参与到相关活动中来。通过一系列切实、有效的方案和措施，向受众传播傩文化知识，让人们在游览、体验中感受傩文化的魅力，以达到传承和保护傩文化的目的。

由此，我们不妨围绕如下内容制定具体的方案。

第一，在园内组建"池州乡人傩艺班"，以乡村老、中、青傩艺人为主要成员。以傩文化为主题，以游客为中心，以动静结合、多样化的手段生动展示傩文化艺术及其内涵的动态演出。整个演出，体现古朴、稚拙、神秘的特点，突显喜庆、祥和、热烈的气氛。

表演内容：

（1）小型傩戏舞——《印象乡人傩》

①一群戴古拙面具，赤膊赤脚的壮汉手拿木棍、弓箭等武器在锣鼓声中一边喊叫一边跳傩舞《围猎》《打赤鸟》……②傩舞：舞伞、开天辟地、舞回回。配以吉祥喊段（古代一种一领众和的致语口号）。③傩戏选段：孟姜女（男女对唱手扶栏杆、洗菜薹）；送寒衣（姑嫂唱十二月小调，唱腔包括傩腔和高腔）。④傩高跷马：高亢震撼的鼓乐声中，高跷马列队出场，演出傩舞《花关索大战鲍三娘》……

（2）多媒体傩歌舞剧演出——《乡傩赋》

定期演出《乡傩赋》。这是一台以剧场演出为主的大型多媒体歌舞剧。以首批"国家级非物质文化遗产"——"池州傩戏"为核心题材，由傩俗、傩仪、傩舞、傩戏串联，分为：序幕《远古傩风》《天地祭仪》《千秋稼穑》《戏舞人生》《国泰民安》和尾声《傩颂吉祥》6个章节，总时长约60分钟。

通过挖掘池州傩这一古老传统文化所蕴含的民族精神和主流价值，融合鞭春、祈雨、迎神、朝社、抢灯伞、高跷马等摇曳多姿的池州活态民间艺术与民俗事象，反映出先民的生存状态、生活理想和生命意识，体现中华民族特有的文化风貌和精神气质，全剧内容应积极健康，组织和编排独具创意，特色鲜明，具有较强的艺术性和时代精神。

（3）园区傩事活动

定期（周末或法定节假日）在园区内举行傩队踩园活动（举面具牌，踩高跷，一路敲锣打鼓，高声喊段），或再现当年孔子见"乡人傩，朝服而立于阼阶"的情景……（仿青山庙朝社的队伍，有旗锣伞铳供品回避牌灯笼伞等）。

适时在园区内适当地方举行"请阳神""鞭春牛""抢灯伞"等傩仪、傩俗活动（部分傩俗、傩仪在园区特定环境中的情景再现）。

（4）傩戏故事情景再现

在园区内利用原有实景或人工布景，再现傩戏《孟姜女》《刘文龙》《章文显》等民间传奇故事情景。设置观众参与互动情节，进行深度体验。

第二，在园内设立首批国家级非物质文化遗产——徽傩（池州傩戏）展览馆，对池州傩的历史沿革、文化内涵、民俗事象、艺术特色以及传承状况进行通俗、系统的静态展示。主要是对池州傩文化的一个全景展示，依托还原傩事活动、民间祭祀、民间娱乐的过程，通过文字、图片资料、实物，进行陈列、展示、诠释。

展示内容：

（1）图文部分

中华傩及徽傩概述；国家级非物质文化遗产"池州傩戏""青阳腔"批文、匾额，代表性传承人情况简介、证章、图片；名人眼中的中华傩；作家眼中徽傩；书法家眼中的徽傩；画家眼中的徽傩；摄影家眼中的徽傩；专家学者眼中的徽傩；民间艺人眼中的徽傩；诗人眼中的徽傩；媒体眼中的徽傩。

（2）实物部分

主要包括：面具、服装、道具、灯伞、舞台背景。

（3）相关艺术品、工艺品

微型面具、祈子灯笼、光盘、录音带、邮册、漫画、农民画、折扇、笔筒等傩工艺品、纪念品。

（4）体验部分

参观者戴面具穿戏服学傩舞动作，摆造型摄影、摄像留念。

第三，成立学艺堂（傩艺传习所）。通过聘请"傩戏"传承人（民间艺人）、面具雕刻师、灯伞等道具制作工匠等有关专业人士作为老师，向游客讲授乡傩民俗相关知识，传授傩具手工技艺，并邀请专家学者举办讲座，全面、系统、深入地阐释傩文化内涵；开展相关傩舞赛事活动，可将游客学做、学唱、学演等参与经历拍摄视频制成光盘，留作纪念。

第四，每年在园内定期举办傩文化题材摄影比赛、影展和民俗文化研讨会。制定民俗专家学者、民俗摄影学会会员免费游杏花村旅游景区等优惠措施，以促进各界对杏花村傩文化旅游资源的宣传和推介。

第五，在每年正月十五或当地有影响的民俗活动期间举办各类以乡傩为主要内容的文化艺术节，并结合民俗节庆、农耕文化活动开展相关征文、征诗联、征书画等赛事。

第六，寒暑假期间在园内举办农耕生活夏令营。由园区主导，在非假期，不定期组织有关专家学者和农禅人士进省内外高校、中小学校，开展"傩文化"进校园活动，吸引学生对乡傩民俗文化的关注，增进学生对池州傩文化旅游资源的了解，培养学生对傩文化的兴趣。

第七，组建一支对外交流的表演团队，精选傩艺节目，旅游旺季时在九华山、杏花村等景区固定场所演出，淡季时结合宣传促销，赴外地巡回演出。

第八，在全国范围内广泛征集杏花村傩文化旅游宣传标志、广告语、宣传歌曲；设计乡傩民俗景区 LOGO、二维码及服务员服饰；建立乡傩民俗文化及杏花村（傩园）旅游网站、微博、微信公众号。形成整体形象，统一宣传。

第九，打造全方位会展营销体系。每年定期在园区内举办"杏花村农耕民俗文化旅游用品博览会"，展会以"杏花村农耕民俗（傩）文化与旅游产业发展"为主题，通过展览、论坛、主题活动等多种形式全面展现安徽乃至中东部地区农耕民俗文化旅游用品产业的发展空间和广阔前景，为国内外展商拓展中东部市场搭建最佳贸易平台，吸引全国乃至东南亚国家的展商参展、投资。

博览会主要展示农耕民俗（傩）文化用品、民间文化旅游工艺品及书画、傩乡茶叶特产等，同时，建立参展商线上 O2O 常年网展、线下临时展和常年展贸中心三大平台，打造全方位会展营销推动体系，实现线上线下展示交易互动，常年展与临时展结合的"永不落幕"展会。

总之，要立足池州，面向全国甚至世界，整合全区旅游资源，进行整体开发，把农耕民俗（傩）文化的精华，形象地在功能分区和景观结构中加以展示，并重点协调好镇村与景区的关系，在规划设计中融入乡傩民俗文化元素、地方特色和民族精神等特征要素，逐步培养居民和游客同步的"民俗体验"，为塑造池州旅游整体形象注入核心价值。

尽管对主题公园在发挥傩文化传承方面的作用值得我们期待，但也应当清醒地认识到，与乡村民俗发生地相比，主题公园对傩文化的传承作用是有限的。首先，乡傩是依托宗族及其综合体而存续的，宗族及其综合体作为乡傩依赖的特殊载体，它所涉及的包括文化认同、情感归依等诸多影响乡傩传承发展的因素，极为宽泛和复杂，这是任何一个主题公园无力承载和无法具备的。其次，在乡村，族人、宗亲或其他村民均可成为傩艺传承的稳定主体（客体），而在主题公园，一方面，表演者或为专业演员或为业余演员，他们的演出多为实用功利目的，随时可以放弃传艺和学艺；另一方面，绝大部分游客来自五湖四海，对他们而言，乡傩这种"异地"文化，参与体验和感受，充其量只是满足自己的好奇心而已，无法真正与这种文化相亲相融。因此，传播者与受众对傩文化均有着不同程度的"隔膜"。再则，主题公园的时空环境、背景均为"人造"，无法复制出乡村独有的真实的傩事场景，如祠堂、社树、水口、田畈、河流等，这使得主题公园里的"傩仪"缺乏乡村傩仪的一种庄严、肃穆的气氛，如若把控不当，将会使现代化舞美等手段呈现的"傩艺"显得生硬和做作，参与者也会因此在情感上产生一定程度的"疏离"。

　　但如果傩文化主题公园能够扬长避短，则会是另一种效果，比如尽量在公园内淡化宗教类的内容，减少仪式类剧目的呈现，以喜庆吉祥和谐为核心元素，避免过度娱乐化，突出和强化傩文化中的艺术美感，特别是视、听效果较好的傩舞、傩戏节目，在面具、服装、道具、唱腔的美上做足功夫——面具的神圣凝重之美，服装的斑斓绚丽之美，砌末的象征写意之美，舞台的质朴典雅之美，傩仪的玄秘灵异之美，傩舞的野拙稚趣之美，傩戏的风雅古奥之美，傩腔的酣畅悠扬之美……皆可发挥得淋漓尽致。若着重以民间傩艺人为传承主体，将学生为主的青少年游客作为受众群体，注重研学和游玩相结合，持之以恒传播傩艺，坚持不懈创新方式，则主题公园在传承傩文化方面的劣势或可转变为优势。

图书在版编目（CIP）数据

皖江文化与绿色发展：第八届皖江地区历史文化研讨会论文选编/马雷主编.
—合肥：合肥工业大学出版社，2019.11
ISBN 978－7－5650－4714－5

Ⅰ.①皖…　Ⅱ.①马…　Ⅲ.①文化史—安徽—学术会议—文集
Ⅳ.①K295.4－53

中国版本图书馆 CIP 数据核字（2019）第 275300 号

皖江文化与绿色发展
——第八届皖江地区历史文化研讨会论文选编

马　雷　主编　　　　　　　　责任编辑　朱移山

出　版	合肥工业大学出版社	版　次	2019 年 11 月第 1 版
地　址	合肥市屯溪路 193 号	印　次	2020 年 6 月第 1 次印刷
邮　编	230009	开　本	710 毫米×1000 毫米　1/16
电　话	人文编辑室：0551－62903310	印　张	33.5
	市场营销部：0551－62903198	字　数	637 千字
网　址	www.hfutpress.com.cn	印　刷	安徽联众印刷有限公司
E-mail	hfutpress@163.com	发　行	全国新华书店

ISBN 978－7－5650－4714－5　　　　　　　　定价：68.00 元

如果有影响阅读的印装质量问题，请与出版社市场营销部联系调换。